우선순위 경찰헌법

기출의 완성 800제

Police Constitution

우선순위 경찰헌법 2권
기출의 완성 800제

발행일 2판1쇄 발행 2022년 11월 20일
발행처 듀오북스
지은이 양승우
펴낸이 박승희

등록일자 2018년 10월 12일 제2021-20호
주소 서울시 중랑구 용마산로96길 82, 2층(면목동)
편집부 (070)7807_3690
팩스 (050)4277_8651
웹사이트 www.duobooks.co.kr

정가 42,500원 **ISBN** 979-11-90349-48-2 13350

preface

안녕하세요. 반갑습니다. **양승우**입니다.

공직시험에서 기출문제의 중요성은 아무리 강조해도 지나치지 않을 것입니다. 특히 헌법은 각종 시험에서 80% 이상 기존의 기출문제들을 그대로 또는 변형하여 나왔다는 점이 중요합니다. 따라서 다양한 기출문제들을 꼼꼼하게 반복하여 공부해야만 고득점에 다가갈 수 있겠습니다.

이 교재의 가장 큰 특징은

1. 헌법과 관련된 다양한 문제들을 충분히 수록하여 시험에 나올 수 있는 문제들을 완벽하게 예상하고 정확하게 맞출 수 있도록 구성하였습니다.
2. 해설의 중요부분에 밑줄 등으로 포인트를 두어서 시험직전에도 짧은 시간 내에 반복하여 볼 수 있도록 정리하였습니다.

기출문제를 풀어보면서 맞고 틀리는 것에 너무 연연하기 보다는 **해설을 검토하면서 밑줄 그은 부분 중심으로 키워드를 정하고 결론을 꼼꼼하게 암기하는 것이 가장 중요하겠습니다.**

이 교재가 나오기까지 큰 힘이 되어주신 모든 분들께 감사드리며, 여러분의 합격을 기원합니다.

상도동 연구실에서 **양승우**

Contents

우선순위 경찰헌법 기출의 완성 800제 2권

Contents

Police Constitution

우선순위
경찰헌법

기출의 완성
800제

제5편 자유권적 기본권

제1장 사회·경제적 자유

제1항 거주·이전의 자유

01 거주·이전의 자유에 대한 설명으로 가장 적절한 것은? (다툼이 있는 경우 판례에 의함)

〈2021 경정승진〉

① 거주·이전의 자유는 해외여행 및 해외 이주의 자유를 포함하고 있지만, 국적변경의 자유는 그 내용에 포섭되지 않는다.

② 영내 기거하는 현역병은 그가 속한 세대의 거주지에서 등록하여야 한다고 규정하고 있는 「주민등록법」 조항은 거주·이전의 자유를 제한하지 않는다.

③ 서울특별시 서울광장을 경찰버스들로 둘러싸 통행을 제지한 행위는 거주·이전의 자유를 제한한다.

④ 복수국적자에 대하여 제1국민 역에 편입된 날부터 3개월 이내에 대한민국 국적을 이탈하지 않으면 병역의무를 해소한 후에야 이를 가능하도록 한 「국적법」 조항은 복수국적자의 국적이탈의 자유를 침해하지 않는다.

해설

① × (1) 우리 헌법 제14조 제1항은 "모든 국민은 거주·이전의 자유를 가진다."고 규정하고 있고, 이러한 거주·이전의 자유에는 국내에서의 거주·이전의 자유뿐 아니라 **국외 이주의 자유, 해외여행의 자유 및 귀국의 자유가 포함**되는바, 아프가니스탄 등 일정한 국가로의 이주, 해외여행 등을 제한하는 이 사건 고시로 인하여 청구인들의 거주·이전의 자유가 일부 제한된 점은 인정된다(헌재 2008.6.26. 2007헌마1366).

(2) **국적을 이탈하거나 변경하는 것은 헌법 제14조가 보장하는 거주·이전의 자유에 포함**되므로 법 제12조 제1항 단서 및 그에 관한 제14조 제1항 단서는 이중국적자의 국적선택(국적이탈)의 자유를 제한하는 것이라 할 것이고, 그것이 병역의무이행의 확보라는 공익을 위하여 정당화될 수 있는 것인지가 문제된다(헌재 2006.11.30. 2005헌마739).

② ○ 누구든지 주민등록 여부와 무관하게 거주지를 자유롭게 이전할 수 있으므로 주민등록 여부가 거주·이전의 자유와 직접적인 관계가 있다고 보기 어려우며, 영내 기거하는 현역병은 병역법으로 인해 거주·이전의 자유를 제한받게 되므로 이 사건 법률조항은 **영내 기거 현역병의 거주·이전의 자유를 제한하지 않는다**(헌재 2011.6.30. 2009헌마59).

③ × 거주·이전의 자유는 거주지나 체류지라고 볼 만한 정도로 생활과 밀접한 연관을 갖는 장소를 선택하고 변경하는 행위를 보호하는 기본권인바, 이 사건에서 서울광장이 청구인들의 생활 형성의 중심지인 거주지나 체류지에 해당한다고 할 수 없고, **서울광장에 출입하고 통행하는 행위**가 그 장소를 중심으로 생활을 형성해 나가는 행위에 속한다고 볼 수도 없으므로 청구인들의 **거주·이전의 자유가 제한되었다고 할 수 없다**(헌재 2011.6.30. 2009헌마406).

④ × 복수국적자는 **제1국민 역에 편입**된 날부터 **3개월 이내**에 대한민국 국적을 이탈하지 않으면 **병역의무를 해소**한 후에야 국적이탈이 가능하도록 한 것은 과잉금지원칙에 위반하여 **복수국적자의 국적이탈의 자유를 침해한다**(헌재 2020.9.24. 2016헌마889).

정답 ②

02 거주·이전의 자유에 대한 설명으로 옳은 것은? (다툼이 있는 경우 판례에 의함) *〈2016 국가직 7급〉*

① 서울광장으로 출입하고 통행하는 행위를 제지하는 것은 거주·이전의 자유를 제한한다.

② 대한민국 국민의 거주·이전의 자유에는 대한민국을 떠날 수 있는 출국의 자유와 다시 대한민국으로 돌아 올 수 있는 입국의 자유뿐만 아니라 대한민국 국적을 이탈할 수 있는 국적변경의 자유가 포함된다.

③ 이른바 세입자입주권의 매매계약에 있어 '매도자는 어떠한 경우에도 현 거주지에서 세입자카드가 발급될 때까지 살아야 한다.'라는 조건을 붙였다면 계약당사자의 자유로운 의사에 기하여 약정되었다 하더라도 거주·이전의 자유를 제한하여 헌법에 위반된다.

④ 한약업사의 허가 및 영업행위에 대하여 지역적 제한을 가하는 것은 평등의 원칙과 거주·이전의 자유를 침해한다.

해설

① × 거주·이전의 자유는 거주지나 체류지라고 볼 만한 정도로 생활과 밀접한 연관을 갖는 장소를 선택하고 변경하는 행위를 보호하는 기본권인바, 이 사건에서 서울광장이 청구인들의 생활형성의 중심지인 거주지나 체류지에 해당한다고 할 수 없고, 서울광장에 출입하고 통행하는 행위가 그 장소를 중심으로 생활을 형성해 나가는 행위에 속한다고 볼 수도 없으므로 청구인들의 거주·이전의 자유가 제한되었다고 할 수 없다(헌재 2011.6.30. 2009헌마406).

② ○ 구체적으로는 국내에서 체류지와 거주지를 자유롭게 정할 수 있는 자유영역뿐 아니라 나아가 국외에서 체류지와 거주지를 자유롭게 정할 수 있는 '해외여행 및 해외 이주의 자유'를 포함하고 덧붙여 대한민국의 국적을 이탈할 수 있는 '국적변경의 자유' 등도 그 내용에 포섭된다고 보아야 한다. 따라서 해외여행 및 해외이주의 자유는 필연적으로 외국에서 체류 또는 거주하기 위해서 대한민국을 떠날 수 있는 "출국의 자유"와 외국체류 또는 거주를 중단하고 다시 대한민국으로 돌아올 수 있는 '입국의 자유'를 포함한다(헌재 2004.10.28. 2003헌가18).

③ × 위 세입자입주권의 매매계약에 있어 매도자는 어떠한 경우에도 현 거주지에서 세입자카드가 발급될 때까지 살아야 한다는 조건을 붙였다고 하더라도 그 계약상의 조건이 계약당사자의 자유로운 의사에 기하여 약정된 것인 이상 그러한 조건이 거주·이전의 자유를 제한하는 약정으로서 헌법에 위반되고 사회질서에 반하는 약정으로서 무효로 된다고 할 수 없다(대판 1991.5.28. 90다19770).

④ × 한약업사의 허가 및 영업행위에 내하여 지역적 제한을 가한 내용의 약사법 제37조 제2항은 오로지 국민건강의 유지·향상이라는 공공의 복리를 위하여 마련된 것이고, 그 제한의 정도 또한 목적을 달성하기 위하여 적정한 것이라 할 것이므로 헌법 제11조의 평등의 원칙에 위배된다거나 헌법 제14조의 거주이전의 자유 및 헌법 제15조의 직업선택의 자유 등 기본권을 침해하는 것으로 볼 수 없어 헌법에 위반되지 아니한다(헌재 1991.9.16. 89헌마231).

정답 ②

03 거주·이전의 자유에 관한 설명 중 가장 적절한 것은? (다툼이 있는 경우 판례에 의함)

〈2016 경정승진 변형〉

① 복수국적자에 대하여 제1국민 역에 편입된 날부터 3개월 이내에 대한민국 국적을 이탈하지 않으면 병역의무를 해소한 후에야 이를 가능하도록 한 「국적법」 조항은 복수국적자의 국적이탈의 자유를 침해한다.

② 거주지를 중심으로 중·고등학교의 입학을 제한하는 입학제도는 특정학교에 자녀를 입학시키려고 하는 부모에게 해당 학교가 소재하고 있는 지역으로의 이주를 사실상 강제하는 것으로 거주·이전의 자유를 침해하고 있는 것이다.

③ 선거일 현재 계속하여 일정기간 이상 당해 지방자치단체의 관할 구역에 주민등록이 되어 있을 것을 입후보요건으로 하는 공직취임의 자격에 관한 제한규정은 해당 공직에 취임하려고 하는 자에게 특정시점까지 특정지역으로의 이주를 강제하는 것으로 거주·이전의 자유를 침해한다.

④ 거주·이전의 자유는 국민에게 그가 선택할 직업을 그가 선택하는 임의의 장소에서 자유롭게 행사할 수 있는 권리까지 보장하는 것이므로, 법인의 대도시내 부동산 취득에 대하여 통상보다 높은 세율인 5배의 등록세를 부과함으로써 법인의 대도시내 활동을 간접적으로 억제하는 것은 거주·이전의 자유를 침해하는 것이다.

해설

① ○ 복수국적자는 제1국민 역에 편입된 날부터 3개월 이내에 대한민국 국적을 이탈하지 않으면 병역의무를 해소한 후에야 국적이탈이 가능하도록 한 것은 과잉금지원칙에 위반하여 복수국적자의 국적이탈의 자유를 침해한다(헌재 2020.9.24. 2016헌마889).

② × 학부모는 원하는 경우 언제든지 자유로이 거주지를 이전할 수 있으므로 그와 같은 생활상의 불이익만으로는 이 사건 규정이 거주이전의 자유를 제한한다고는 할 수 없고, 설혹 이 사건 규정이 거주이전의 자유를 다소 제한한다고 하더라도 앞서 본 바와 같이 그 입법목적 및 입법수단이 정당하므로 그 제한의 정도는 기본권의 본질적인 내용을 침해하였다거나 이를 과도하게 제한한 경우에 해당하지 않으므로 헌법 제14조 및 헌법 제37조 제2항에 위반되지 아니한다고 할 것이어서, 이 사건 규정이 청구인의 거주이전의 자유를 침해하는 것이라고는 할 수 없다(헌재 1995.2.23. 91헌마204).

③ × 직업에 관한 규정이나 공직취임의 자격에 관한 제한규정이 그 직업 또는 공직을 선택하거나 행사하려는 자의 거주·이전의 자유를 간접적으로 어렵게 하거나 불가능하게 하거나 원하지 않는 지역으로 이주할 것을 강요하게 될 수 있다 하더라도, 그와 같은 조치가 특정한 직업 내지 공직의 선택 또는 행사에 있어서의 필요와 관련되어 있는 것인 한, 그러한 조치에 의하여 직업의 자유 내지 공무담임권이 제한될 수는 있어도 거주·이전의 자유가 제한되었다고 볼 수는 없다. 그러므로 선거일 현재 계속하여 90일 이상 당해 지방자치단체의 관할구역 안에 주민등록이 되어 있을 것을 입후보의 요건으로 하는 이 사건 법률조항으로 인하여 청구인이 그 체류지와 거주지의 자유로운 결정과 선택에 사실상 제약을 받는다고 하더라도 청구인의 공무담임권에 대한 위와 같은 제한이 있는 것은 별론으로 하고 거주·이전의 자유가 침해되었다고 할 수는 없다(헌재 1996.6.26. 96헌마200).

④ × (1) 거주·이전의 자유가 국민에게 그가 선택할 직업 내지 그가 취임할 공직을 그가 선택하는 임의의 장소에서 자유롭게 행사할 수 있는 권리까지 보장하는 것은 아니다(헌재 1996.6.26. 96헌마200).

(2) 구 지방세법 제138조 제1항 제3호가 법인의 대도시내의 부동산 등기에 대하여 통상 세율의 5배를 규정하고 있다 하더라도 그것이 대도시내에서 업무용 부동산을 취득할 정도의 재정능력을 갖춘 법인의 담세능력을 일반적으로 또는 절대적으로 초과하는 것이어서 그 때문에 법인이 대도시내에서 향유하여야 할 직업수행의 자유나 거주·이전의 자유가 형해화할 정도에 이르러 그 기본적인 내용이 침해되었다고 볼 수 없다(헌재 1996.3.28. 94헌바42).

정답 ①

04 거주·이전의 자유에 대한 설명으로 옳은 것은? (다툼이 있는 경우 판례에 의함) 〈2019 국가직 7급〉

① 경찰청장이 경찰버스들로 서울광장을 둘러싸 통행을 제지한 행위는 서울광장을 가로질러 통행하려는 사람들의 거주·이전의 자유를 제한하는 것이다.

② 거주·이전의 자유에는 국내에서의 거주·이전의 자유와 귀국의 자유가 포함되나 국외 이주의 자유와 해외여행의 자유는 포함되지 않는다.

③ 법인이 과밀억제권역 내에 본점의 사업용 부동산으로 건축물을 신축하여 이를 취득하는 경우, 취득세를 중과세하는 구「지방세법」조항은 법인의 영업의 자유를 제한하는 것으로서 법인의 거주·이전의 자유를 제한하는 것은 아니다.

④ 헌법 제14조가 보장하는 거주·이전의 자유에는 국적을 이탈하거나 변경하는 것이 포함된다.

해설

① × 거주 이전의 자유는 거주지나 체류지라고 볼 만한 정도로 생활과 밀접한 연관을 갖는 장소를 선택하고 변경하는 행위를 보호하는 기본권인바, 이 사건에서 서울광장이 청구인들의 생활형성의 중심지인 거주지나 체류지에 해당한다고 할 수 없고, 서울광장에 출입하고 통행하는 행위가 그 장소를 중심으로 생활을 형성해 나가는 행위에 속한다고 볼 수도 없으므로 청구인들의 거주이전의 자유가 제한되었다고 할 수 없다(헌재 2011.6.30. 2009헌마406).

② × 우리 헌법 제14조 제1항은 "모든 국민은 거주·이전의 자유를 가진다."고 규정하고 있고, 이러한 거주·이전의 자유에는 국내에서의 거주·이전의 자유뿐 아니라 국외 이주의 자유, 해외여행의 자유 및 귀국의 자유가 포함되는바, 아프가니스탄 등 일정한 국가로의 이주, 해외여행 등을 제한하는 이 사건 고시로 인하여 청구인들의 거주·이전의 자유가 일부 제한된 점은 인정된다(헌재 2008.6.26. 2007헌마1366).

③ × 이 사건 법률조항은 수도권 내의 과밀억제권역 안에서 법인의 본점의 사업용 부동산, 특히 본점용 건축물을 신축 또는 증축하는 경우에 취득세를 중과세하는 조항이므로, 이 사건 법률조항에 의하여 청구인의 거주·이전의 자유와 영업의 자유가 침해되는지 여부가 문제된다(헌재 2014.7.24. 2012헌바408).

④ ○ 국적을 이탈하거나 변경하는 것은 헌법 제14조가 보장하는 거주·이전의 자유에 포함되므로 법 제12조 제1항 단서 및 그에 관한 제14조 제1항 단서는 이중국적자의 국적선택(국적이탈)의 자유를 제한하는 것이라 할 것이고, 그것이 병역의무이행의 확보라는 공익을 위하여 정당화될 수 있는 것인지가 문제된다(헌재 2006.11.30. 2005헌마739).

정답 ④

05 거주·이전의 자유에 대한 설명으로 옳지 않은 것은? (다툼이 있는 경우 판례에 의함)

〈2018 국회직 9급〉

① 헌법 제14조가 보장하는 거주·이전의 자유는 대한민국 영토 안에서 국가의 간섭이나 방해를 받지 않고 생활의 근거지와 거주지를 임의로 선택할 수 있는 자유를 뜻하므로, 이로부터 자신이 소속된 국적을 버리거나 변경할 자유가 파생된다고 볼 수는 없다.

② 자경농지의 양도소득세면제의 요건으로 농지소재지 거주요건을 둔 것은 거주·이전의 자유를 침해하는 것이 아니다.

③ 형사재판에 계속 중인 사람에 대하여 출국을 금지할 수 있다고 규정한 「출입국관리법」 조항은 거주·이전의 자유를 침해하지 않는다.

④ 주택 등의 재산권에 대한 수용이 헌법 제23조 제3항이 정하고 있는 정당보상의 원칙에 부합하는 이상, 그러한 수용만으로 거주·이전의 자유를 침해한다고는 할 수 없다.

⑤ 영내에 기거하는 군인은 그가 속한 세대의 거주지에서 등록하여야 한다고 규정하고 있는 「주민등록법」 제6조 제2항은 현역병의 거주·이전의 자유를 제한하지 않는다.

해설

① × 거주·이전의 자유는 국가의 간섭 없이 자유롭게 거주와 체류지를 정할 수 있는 자유로서 정치·경제·사회·문화 등 모든 생활영역에서 개성신장을 촉진함으로써 헌법상 보장되고 있는 다른 기본권들의 실효성을 증대시켜주는 기능을 한다. 구체적으로는 국내에서 체류지와 거주지를 자유롭게 정할 수 있는 자유영역뿐 아니라 나아가 국외에서 체류지와 거주지를 자유롭게 정할 수 있는 '해외여행 및 해외 이주의 자유'를 포함하고 덧붙여 대한민국의 국적을 이탈할 수 있는 '국적변경의 자유' 등도 그 내용에 포섭된다고 보아야 한다(헌재 2004.10.28. 2003헌가18).

② ○ 위 규정은 자경농민이 농지소재지로부터 거주를 이전하는 것을 직접적으로 제한하는 내용의 규정이라고 볼 수 없고, 다만 8년 이상 농지를 자경한 농민이 농지소재지에 거주하는 경우 양도소득세를 면제함으로써 농지소재지 거주자가 농지에서 이탈되는 것이 억제될 것을 기대하는 범위 내에서 간접적으로 제한되는 측면이 있을 뿐이며, 따라서 양도세의 부담을 감수하기만 한다면 자유롭게 거주를 이전할 수 있는 것이므로 거주·이전의 자유를 형해화할 정도로 침해하는 것은 아니라 할 것이다(헌재 2003.11.27. 2003헌바2).

③ ○ 형사재판에 계속 중인 사람의 해외도피를 막아 국가 형벌권을 확보함으로써 실체적 진실발견과 사법정의를 실현하고자 하는 심판대상조항은 그 입법목적이 정당하고, 형사재판에 계속 중인 사람의 출국을 일정 기간 동안 금지할 수 있도록 하는 것은 이러한 입법목적을 달성하는 데 기여할 수 있으므로 수단의 적정성도 인정된다. … 따라서 심판대상조항은 과잉금지원칙에 위배되어 출국의 자유를 침해하지 아니한다(헌재 2015.9.24. 2012헌바302).

④ ○ 이 사건 사업인정 의제조항에 의하여 주택 등에 대한 수용권이 발동됨으로써 주거이전의 자유가 사실상 제약당할 여지가 있으나, 주택 등의 재산권에 대한 수용이 헌법 제23조 제3항이 정하고 있는 정당보상의 원칙에 부합하는 이상 그러한 수용만으로 주거이전의 자유를 침해한다고는 할 수 없고, 더구나 이 사건 수용재결은 청구인 소유의 임야와 그 지상 잣나무 등을 대상으로 하는 것이어서 청구인의 주거이전의 자유의 침해와는 관련이 없는 것이다(헌재 2011.11.24. 2010헌바231).

⑤ ○ 누구든지 주민등록 여부와 무관하게 거주지를 자유롭게 이전할 있으므로 주민등록 여부가 거주·이전의 자유와 직접적인 관계가 있다고 보기 어려우며, 영내 기거하는 현역병은 병역법으로 인해 거주·이전의 자유를 제한받게 되므로 이 사건 법률조항은 영내 기거 현역병의 거주·이전의 자유를 제한하지 않는다(헌재 2011.6.30. 2009헌마59).

정답 ①

제 2 항 직업선택의 자유

01 직업의 자유에 대한 설명으로 옳지 않은 것은? (다툼이 있는 경우 헌법재판소의 판례에 의함)

〈2017 국회직 8급〉

① 20년 이상 관세행정 분야에서 근무한 자에게 일정한 절차를 거쳐 관세사자격을 부여한 구「관세사법」 규정은 헌법에 위반되지 않는다.

② 복수면허 의료인들에게 단수면허 의료인과 같이 하나의 의료기관만을 개설할 수 있다고 한 법률 조항은 '다른 것을 같게' 대우하는 것으로 합리적인 이유를 찾기 어렵다.

③ 성적목적공공장소침입죄로 형을 선고받아 확정된 자로 하여금 그 형의 집행을 종료한 날부터 10년 동안 의료기관을 제외한 아동·청소년 관련기관 등을 개설하거나 그에 취업할 수 없도록 하는 것은 직업선택의 자유를 침해한다.

④ 초등학교, 중학교, 고등학교의 학교환경위생정화구역 내에서의 당구장시설을 제한하면서 예외적으로 학습과 학교보건 위생에 나쁜 영향을 주지 않는다고 인정하는 경우에 한하여 당구장시설을 허용하도록 하는 것은 과도하게 직업의 자유를 침해한다.

⑤ 「마약류 관리에 관한 법률」을 위반하여 금고 이상의 실형을 선고받고 그 집행이 끝나거나 면제된 날부터 20년이 지나지 아니한 것을 택시운송사업의 운전업무 종사자격의 결격사유 및 취소 사유로 정한 구「여객자동차운수사업법」조항은 직업선택의 자유를 침해한다.

해설

① ○ 입법부는 일정한 전문분야에 관한 자격제도를 마련함에 있어서 그 제도를 마련한 목적을 고려하여 정책적인 판단에 따라 자유롭게 제도의 내용을 구성할 수 있고, 그 내용이 명백히 불합리하고 불공정하지 아니하는 한 원칙적으로 입법부의 정책적 판단은 존중되어야 한다. 구「관세사법」 제4조 제3호 소정의 특별전형제도로 인하여 청구인들이 일반 공개경쟁시험 절차를 통하여 관세사라는 직업을 선택할 자유가 봉쇄되어 있는 것이 아니다. 따라서 관세사 자격을 부여함에 있어 공개경쟁시험제도를 통한 자격부여 이외에 <u>20년 이상을 관세행정 분야에서 근무한 자라면 관세사로서의 직무수행을 위한 전문 지식이 있다고 보아 위와 같은 특별전형제도도 아울러 택한 입법자의 정책적 판단은 입법목적의 정당성과 수단의 합리성이 인정되므로 전문분야 자격제도에 대한 입법형성권의 범위를 넘는 명백히 불합리한 것이라고 볼 수 없다</u>(헌재 2001.1.18. 2000헌마364).

② ○ 복수면허 의료인이든, 단수면허 의료인이든 '하나의' 의료기관만을 개설할 수 있다는 점에서는 '같은' 대우를 받는다. 그런데 복수면허 의료인은 의과대학과 한의과 대학을 각각 졸업하고, 의사와 한의사 자격 국가고시에 모두 합격하였다. 따라서 단수면허 의료인에 비하여 양방 및 한방의 의료행위에 대하여 상대적으로 지식 및 능력이 뛰어나거나, 그가 행하는 양방 및 한방의 의료행위의 내용과 그것이 인체에 미치는 영향 등에 대하여도 상대적으로 더 유용한 지식과 정보를 취득하고 이를 분석하여 적절하게 대처할 수 있다고 평가될 수 있다. 복수면허 의료인들에게 단수면허 의료인과 같이 하나의 의료기관만을 개설할 수 있다고 한 이 사건 법률조항은 '다른 것을 같게' 대우하는 것으로 합리적인 이유를 찾기 어렵다(헌재 2007.12.27. 2004헌마1021).

③ ○ 취업제한 조항은 피해자가 존재하지 않거나 피해자의 성적자기결정권을 침해하지 아니하는 경우에도 발생할 수 있는 성적목적공공장소침입행위를 범죄화함과 동시에 취업제한 대상 성범죄로 규정하였다. 취업제한 조항이 성적목적공공장소침입죄 전력만으로 그가 장래에 동일한 유형의 범죄를 저지를 것을 당연시하고, 형의 집행이 종료된 때로부터 10년이 경과하기 전에는 결코 재범의 위험성이 소멸하지 않는다고 보아, 각 행위의 죄질에 따른 상이한 제재의 필요성을 간과함으로써, 위 범죄 전력자 중 재범의 위험성이 없는 자, 위 범죄 전력이 있지만 10년의 기간 안에 재범의 위험성이 해소될 수 있는 자, 범행의 정도가 가볍고 재범의 위험성이 상대적으로 크지 않은 자에게까지 10년 동안 일률적인 취업제한을 하는 것은 침해의 최소성 원칙과 법익의 균형성 원칙에 위배된다. 따라서 취업제한 조항은 청구인의 직업선택의 자유를 침해한다(헌재 2016.10.27. 2014헌마709).

④ × 초등학교, 중학교, 고등학교 기타 이와 유사한 교육기관의 학생들은 아직 변별력 및 의지력이 미약하여 당구의 오락성에 빠져 학습을 소홀히 하고 당구장의 유해환경으로부터 나쁜 영향을 받을 위험성이 크므로 이들을 이러한 위험으로부터 보호할 필요가 있는바, 이를 위하여 위 각 학교 경계선으로부터 200미터 이내에 설정되는 학교환경위생정화구역 내에서의 당구장시설을 제한하면서 예외적으로 학습과 학교보건 위생에 나쁜 영향을 주지 않는다고 인정하는 경우에 한하여 당구장시설을 허용하도록 하는 것은 기본권제한의 입법목적, 기본권제한의 정도, 입법목적 달성의 효과 등에 비추어 필요한 정도를 넘어 과도하게 직업(행사)의 자유를 침해하는 것이라 할 수 없다(헌재 1997.3.27. 94헌마196 등).

⑤ ○ 일정한 자격제도의 일부를 형성하고 있는 법령에서 결격사유 또는 취소사유의 적용기간을 얼마로 할 것인지에 대해서는 기본적으로 입법자의 입법재량이 인정되는 부분임을 감안하더라도, 20년이라는 기간은 좁게는 여객자동차운송사업과 관련된 결격사유 또는 취소사유를 규정하는 법률에서, 넓게는 기타 자격증 관련 직업의 결격사유 또는 취소사유를 규율하는 법률에서도 쉽게 찾아보기 어려운 긴 기간으로, 택시운송사업 운전업무 종사자의 일반적인 취업 연령이나 취업 실태에 비추어 볼 때 실질적으로 해당 직업의 진입 자체를 거의 영구적으로 막는

것에 가까운 효과를 나타내며, 타 운송수단 대비 택시의 특수성을 고려하더라도 지나치게 긴 기간이라 할 수 있다. … 심판대상조항은 구체적 사안의 개별성과 특수성을 고려할 수 있는 여지를 일체 배제하고 그 위법의 정도나 비난 가능성의 정도가 미약한 경우까지도 획일적으로 20년이라는 장기간 동안 택시운송사업의 운전업무 종사자격을 제한하는 것이므로 침해의 최소성 원칙에 위배되며, 법익의 균형성 원칙에도 반한다. 따라서 심판대상조항은 청구인들의 직업선택의 자유를 침해한다(헌재 2015.12.23. 2014헌바446 등).

정답 ④

02 헌법상 직업의 자유에 대한 설명으로 가장 적절하지 않은 것은? (다툼이 있는 경우 헌법재판소 판례에 의함) *〈2019 경정승진〉*

① 직장선택의 자유는 국민의 권리로 보아야 하므로, 외국인은 직장선택의 자유를 향유할 수 없다.

② 직업결정의 자유나 전직의 자유에 비하여 직업수행의 자유에 대하여는 상대적으로 더욱 넓은 법률상의 규제가 가능하다.

③ 직업선택의 자유에는 자신이 원하는 직업 내지 직종에 종사하는데 필요한 전문지식을 습득하기 위한 직업교육장을 임의로 선택할 수 있는 '직업교육장 선택의 자유'도 포함된다.

④ 직업의 자유에 '해당 직업에 합당한 보수를 받을 권리'까지 포함되지 않는다.

해설

① × 직업의 자유 중 이 사건에서 문제되는 직장선택의 자유는 인간의 존엄과 가치 및 행복추구권과도 밀접한 관련을 가지는 만큼 단순히 국민의 권리가 아닌 인간의 권리로 보아야 할 것이므로 권리의 성질상 참정권, 사회권적 기본권, 입국의 자유 등과 같이 외국인의 기본권 주체성을 전면적으로 부정할 수는 없고, 외국인도 제한적으로라도 직장선택의 자유를 향유할 수 있다고 보아야 한다(헌재 2011.9.29. 2007헌마1083 등).

② ○ 직업선택의 자유에는 직업결정의 자유, 직업종사(직업수행)의 자유, 전직의 자유 등이 포함되지만 직업결정의 자유나 전직의 자유에 비하여 직업종사(직업수행)의 자유에 대하여서는 상대적으로 더욱 넓은 법률상의 규제가 가능하다고 할 것이고 따라서 다른 기본권의 경우와 마찬가지로 국가안전보장·질서유지 또는 공공복리를 위하여 필요한 경우에는 제한이 가하여질 수 있는 것은 물론이지만 그 제한의 방법은 법률로써만 가능하고 제한의 정도도 필요한 최소한도에 그쳐야 하는 것 또한 의문의 여지가 없이 지명한 것이다(헌재 1993.5.13. 92헌마80).

③ ○ 헌법 제15조에 의한 직업선택의 자유라 함은 자신이 원하는 직업 내지 직종을 자유롭게 선택하는 직업선택의 자유뿐만 아니라 그가 선택한 직업을 자기가 결정한 방식으로 자유롭게 수행할 수 있는 직업수행의 자유를 포함한다. 그리고 직업선택의 자유에는 자신이 원하는 직업 내지 직종에 종사하는데 필요한 전문지식을 습득하기 위한 직업교육장을 임의로 선택할 수 있는 '직업교육장 선택의 자유'도 포함된다(헌재 2009.2.26. 2007헌마1262).

④ ○ 청구인들은 이 사건 입법부작위로 인하여 직업의 자유, 평등권, 재산권, 행복추구권이 침해되었다고 주장한다. 그런데 시행령이 제정되지 않아 법관, 검사와 같은 보수를 받지 못한다 하더라도, 직업의 자유에 '해당 직업에 합당한 보수를 받을 권리'까지 포함되어 있다고 보기 어려우므로 청구인들의 직업선택이나 직업수행의 자유가 침해되었다고 할 수 없다(헌재 2004.2.26. 2001헌마718).

정답 ①

03 직업의 자유에 관한 설명으로 옳지 않은 것은? (다툼이 있는 경우 헌법재판소 판례에 의함)

〈2022 소방간부〉

① 직업선택의 자유는 각자의 생활의 기본적 수요를 충족시키는 방편이 되고 개성신장의 바탕이 된다는 점에서 주관적 공권의 성격을 가지면서도 국민 개개인이 선택한 직업의 수행에 의하여 국가의 사회질서와 경제질서가 형성된다는 점에서 사회적 시장경제질서라고 하는 객관적 법질서의 구성요소이기도 하다.

② 직업수행의 자유는 직업결정의 자유에 비하여 상대적으로 그 제한의 정도가 작다고 할 것이므로 이에 대하여는 공공복리 등 공익상의 이유로 비교적 넓은 법률상의 규제가 가능하다.

③ 이미 국내에서 치과의사면허를 취득하고 외국의 의료기관에서 치과전문의 과정을 이수한 사람들에게 국내에서 전문의 과정을 다시 이수할 것을 요구하는 것은 치과의사의 직업수행의 자유를 침해한다.

④ 건설업자가 명의대여행위를 한 경우 그 대여행위의 동기, 과정 및 피해자의 유무 등을 고려하여 그에 상응하는 조치나 영업정지 및 등록말소 등의 행정상 제재를 부과할 수 있음에도 불구하고, 그 건설업의 등록을 필요적으로 말소하도록 하는 것은 과잉금지 원칙을 위반하여 건설업자의 직업수행의 자유를 침해하는 것이다.

⑤ 범죄의 종류나 내용을 불문하고 금고 이상의 형의 선고유예를 받은 청원경찰을 당연 퇴직되도록 한 법률조항은 청원경찰의 직업의 자유를 침해하는 것이다.

해설

① ○ 헌법 제15조에 의한 직업선택의 자유라 함은 자신이 원하는 직업 내지 직종을 자유롭게 선택하는 직업의 선택의 자유뿐만 아니라 그가 선택한 직업을 자기가 결정한 방식으로 자유롭게 수행할 수 있는 직업의 수행의 자유를 포함한다고 할 것인바, 이 자유는 각자의 생활의 기본적 수요를 충족시키는 방편이 되고 개성신장의 바탕이 된다는 점에서 주관적 공권의 성격을 가지면서도 국민 개개인이 선택한 직업의 수행에 의하여 국가의 사회질서와 경제질서가 형성된다는 점에서 사회적 시장경제질서라고 하는 객관적 법질서의 구성요소이기도 하다(헌재 1995.7.21. 94헌마125).

② ○ 헌법 제15조는 "모든 국민은 직업선택의 자유를 가진다."고 규정함으로써 직업선택의 자유를 보장하고 있으며, 직업선택의 자유는 직업결정의 자유, 직업수행의 자유 등을 포괄하는 직업의 자유를 의미한다. 직업수행의 자유는 직업결정의 자유에 비하여 상대적으로 그 침해의 정도가 작다고 할 것이어서, 이에 대하여는 공공복리 등 공익상의 이유로 비교적 넓은 법률상의 규제가 가능하나, 직업수행의 자유를 제한할 때에도 헌법 제37조 제2항에 의거한 비례의 원칙에 위배되어서는 안된다(헌재 2017.11.30. 2015헌바377).

③ ○ 이미 국내에서 치과의사면허를 취득하고 외국의 의료기관에서 치과전문의 과정을 이수한 사람들에게 다시 국내에서 전문의 과정을 다시 이수할 것을 요구하는 것은 지나친 부담을 지우는 것이므로, 심판대상조항은 침해의 최소성원칙에 위배되고 법익의 균형성도 충족하지 못한다. 따라서 심판대상조항은 과잉금지원칙에 위배되어 청구인들의 직업수행의 자유를 침해한다(헌재 2015.9.24. 2013헌마197).

④ × 건설업자가 명의대여행위를 한 경우 그 건설업 등록을 필요적으로 말소하도록 한 이 사건 법률조항은 건설업등록제도의 근간을 유지하고 부실공사를 방지하여 국민의 생명과 재산을 보호하려는 것으로 그 목적의 정당성이 인정되고, 명의대여행위가 국민이 생명과 재산에 미치는 위험과 그 위험방지의 긴절성을 고려할 때 반드시 필요하며, … 청구인의 직업수행의 자유 및 재산권을 침해한다고 할수 없다(헌재 2001.3.21. 2000헌바27).

⑤ ○ 심판대상조항은 청원경찰이 저지른 범죄의 종류나 내용을 불문하고 금고 이상의 형의 선고유예를 받게 되면 당연히 퇴직되도록 규정함으로써 청원경찰에게 공무원보다 더 가혹한 제재를 가하고 있으므로, 침해의 최소성 원칙에 위배된다. 심판대상조항은 청원경찰이 저지른 범죄의 종류나 내용을 불문하고 범죄행위로 금고 이상의 형의 선고유예를 받게 되면 당연히 퇴직되도록 규정함으로써 그것이 달성하려는 공익의 비중에도 불구하고 청원경찰의 직업의 자유를 과도하게 제한하고 있어 법익의 균형성 원칙에도 위배된다. 따라서, 심판대상조항은 과잉금지원칙에 반하여 직업의 자유를 침해한다(헌재 2018.1.25. 2017헌가26).

정답 ④

04 직업의 자유에 대한 설명으로 옳은 것은? (다툼이 있는 경우 판례에 의함) 〈2020 국회직 8급〉

① 의료인의 중복운영 허용 여부는 입법정책적인 문제이나 1인의 의료인에 대하여 운영할 수 있는 의료기관의 수를 제한하는 입법자의 판단은 그 목적에 비해 입법자에게 부여된 입법재량을 명백히 일탈하였다.

② 유사군복을 판매할 목적으로 소지하는 행위를 처벌하는 조항은 오인 가능성이 낮은 유사품이나 단순 밀리터리룩 의복을 취급하는 행위를 제외하고 있다고 하더라도 국가안전보장과 질서를 유지하려는 공익에 비추어 볼 때 직업선택의 자유를 과도하게 제한한다.

③ 외국인 근로자의 사업장 변경을 원칙적으로 3회를 초과할 수 없도록 하는 규정은 외국인 근로자에게 일단 형성된 근로관계를 포기하는 것을 제한하기 때문에 직업 선택의 자유에 대한 제한이 아니라 근로의 권리에 대한 제한으로 보아야 한다.

④ 감차사업구역 내에 있는 일반택시 운송사업자에게 택시운송사업 양도를 금지하고 감차 계획에 따른 감차 보상만 신청할 수 있도록 하는 조항은 일반택시운송사업자의 직업수행의 자유를 과도하게 제한한다고 볼 수 없다.

⑤ 현금영수증 의무발행업종 사업자에게 건당 10만원 이상 현금을 거래할 때 현금영수증을 의무 발급하도록 하고, 위반 시 현금영수증 미발급 거래대금의 100분의 50에 상당하는 과태료를 부과하도록 한 규정은 공익과 비교할 때 과태료 제재에 따른 불이익이 매우 커서 직업수행의 자유를 침해한다.

해설

① × 의료는 단순한 상거래의 대상이 아니라 사람의 생명과 건강을 다루는 특별한 것으로서, 국민보건에 미치는 영향이 크다. 그 외에 우라나라의 취약한 공공의료의 실태, 의료인이 여러 개의 의료기관을 운영할 때 의료계 및 국민건강 보험 재정 등 국민보건 전반에 미치는 영향, 국가가 국민의 건강을 보호하고 적정한 의료급여를 보장해야 하는 사회국가적 의무 등을 종합하여 볼 때, 의료의 질을 관리하고 건전한 의료질서를 확립하기 위하여 1인의 의료인에 대하여 운영할 수 있는 의료기관의 수를 제한하고 있는 입법자의 판단이 입법재량을 명백히 일탈하였다고 보기는 어렵다. … 이 사건 법률조항은 과잉금지원칙에 반한다고 할 수 없다(헌재 20019.8.29. 2014헌바212 등).

② × 군인 아닌 자가 유사군복을 입고 군인임을 사칭하여 군인에 대한 국민의 신뢰를 실추시키는 행동을 하는 등 군에 대한 신뢰 저하 문제로 이어져 향후 발생할 국가안전보장상의 부작용을 상정해볼 때, 단지 유사군복의 착용을 금지하는 것으로는 입법목적을 달성하기에 부족하고, 유사군복을 판매 목적으로 소지하는 것까지 금지하여 유사군복이 유통되지 않도록 하는 사전적 규제조치가 불가피하다. … 이를 판매 목적으로 소지하지 못하여 입는 개인의 직업의 자유나

일반적 행동의 자유의 제한 정도는, 국가안전을 보장하고자 하는 공익에 비하여 결코 중하다고 볼 수 없다. 따라서 심판대상조항은 과잉금지원칙을 위반하여 직업의 자유 내지 일반적 행동의 자유를 침해한다고 볼 수 없다(헌재 2019.4.11. 2018헌가14).

③ × 근로의 권리란 "일할 자리에 관한 권리"와 "일할 환경에 관한 권리"를 말하며, 후자는 건강한 작업환경, 일에 대한 정당한 보수, 합리적인 근로조건의 보장 등을 요구할 수 있는 권리 등을 의미하는바, 직장변경의 횟수를 제한하고 있는 이 사건 법률 조항은 위와 같은 근로의 권리를 제한하는 것은 아니라 할 것이다. 한편, 직업선택의 자유는 누구나 자유롭게 자신이 종사할 직업을 선택하고, 그 직업에 종사하며, 이를 변경할 수 있는 자유를 말하며, 이에는 개인의 직업적 활동을 하는 장소 즉 직장을 선택할 자유도 포함된다. 이때 직장선택의 자유란 개인이 그 선택한 직업분야에서 구체적인 취업의 기회를 가지거나, 이미 형성된 근로관계를 계속 유지하거나 포기하는데 있어 국가의 방해를 받지 않는 자유로운 선택·결정을 보호하는 것을 내용으로 한다. 이 사건 법률조항은 외국인근로자의 사업장 최대변경가능 횟수를 설정하고 있는 바. 이로 인하여 외국인근로자는 일단 형성된 근로관계를 포기(직장이탈)하는 데 있어 제한을 받게 되므로 이는 직업선택의 자유 중 직장선택의 자유를 제한하고 있다(헌재 2011.9.29. 2007헌마1083 등).

④ ○ 택시운송사업에 사용되는 차량의 총량을 합리적으로 조정함으로써 수요공급의 균형을 이루어 택시운송업의 안정적 발전을 유지하고자 하는 것은 중대한 공익이라고 할 것이다. 심판대상조항으로 인하여 일반택시운송사업자가 원하는 시기에 자유롭게 택시운송사업을 양도하지 못함으로써 직업수행의 자유와 재산권을 제한받게 된다고 하더라도, 그로 인하여 입게 되는 불이익이 심판대상조항을 통하여 달성하고자 하는 공익보다 크다고 할 수 없으므로, 심판대상조항은 추구하는 공익과 제한되는 기본권 사이의 법익균형성 요건도 충족하고 있다. 심판대상조항은 과잉금지원칙을 위반하여 일반택시운송사업자의 직업수행의 자유와 재산권을 침해하지 아니한다(헌재 2019.9.26. 2017헌바467).

⑤ × 심판대상조항은 현금거래가 많은 업종의 사업자에 대한 과세표준을 양성화하여 세금 탈루를 방지하고 공정한 거래질서를 확립하기 위한 것이므로, 입법목적의 정당성과 수단의 적합성이 인정된다. … 투명하고 공정한 거래질서를 확립하고 현금거래가 많은 업종의 과세표준을 양성화하려는 공익은 현금영수증 의무발행업종 사업자가 입게 되는 불이익보다 훨씬 크므로 법익균형성도 충족한다. 따라서 심판대상조항은 직업수행의 자유를 침해하지 아니한다(헌재 2019.8.29. 2018헌바265 등).

정답 ④

05 **직업의 자유에 대한 설명으로 가장 적절하지 않은 것을 모두 고른 것은? (다툼이 있는 경우 판례에 의함)** *〈2021 경정승진〉*

> ㉠ 운전면허를 받은 사람이 자동차등을 이용하여 살인 또는 강간 등 범죄행위를 한 때 필요적으로 운전면허를 취소하도록 규정한 구「도로교통법」 조항은 직업의 자유를 침해한다.
> ㉡ 청원경찰이 금고 이상의 형의 선고유예를 받은 경우 당연퇴직되도록 규정한 「청원경찰법」 조항은 청원경찰의 직업의 자유를 침해하지 않는다.
> ㉢ 제조업의 직접생산 공정업무를 근로자파견의 대상 업무에서 제외하는 「파견근로자보호 등에 관한 법률」 조항은 사용사업주의 직업수행의 자유를 침해한다.
> ㉣ 성인대상 성범죄로 형을 선고받아 확정된 자에게 그 형의 집행을 종료한 날부터 10년 동안 의료기관을 개설하거나 의료기관에 취업할 수 없도록 한 「아동·청소년의 성보호에 관한 법률」 조항은 직업선택의 자유를 침해한다.

① ㉠, ㉡　　② ㉠, ㉣
③ ㉡, ㉢　　④ ㉢, ㉣

해설

ㄱ. ○ 심판대상조항은 이에 그치지 아니하고 자동차등을 이용하여 살인 또는 강간 등 행정안전부령이 정하는 범죄행위를 하기만 하면 범죄행위의 유형, 운전자의 형사처벌 여부, 자동차등이 이용된 범죄의 경중이나 그 위법성의 정도, 자동차 등의 당해 범죄행위에 대한 기여도, 당해 범죄행위에 이르게 된 경위 등 제반사정을 전혀 고려할 여지없이 **필요적으로 운전면허를 취소하도록 규정**하고 있다. 그렇다면 임의적 운전면허 취소 또는 정지제도만으로도 철저한 단속, 엄격한 법집행 등을 함으로써 자동차등을 이용한 범죄의 근절이라는 입법목적을 효과적으로 달성할 수 있다. 따라서 심판대상조항은 침해의 최소성 원칙에 위반된다. 따라서 심판대상조항은 **직업의 자유** 내지 일반적 행동의 자유를 **침해하여 헌법에 위반**된다(헌재 2015.5.28. 2013헌가6).

ㄴ. × 심판대상조항은 **청원경찰이 저지른 범죄의 종류나 내용을 불문**하고 범죄행위로 금고 이상의 형의 선고유예를 받게 되면 당연히 퇴직되도록 규정함으로써 그것이 달성하려는 공익의 비중에도 불구하고 청원경찰의 직업의 자유를 과도하게 제한하고 있어 법익의 균형성 원칙에도 위배된다. 따라서 심판대상조항은 과잉금지원칙에 반하여 **직업의 자유를 침해**한다(헌재 2018.1.25. 2017헌가26).

ㄷ. × 심판대상조항은 제조업의 핵심 업무인 직접생산 공정업무의 적정한 운영을 기하고 근로자에 대한 직접고용 증진 및 적정임금 지급을 보장하기 위한 것으로 입법목적의 정당성 및 수단의

적합성이 인정된다. 또한, 제조업의 직접생산 공정업무의 적정한 운영, 근로자의 직접고용 증진 및 적정임금 보장이라는 공익이 사용사업주가 제조업의 직접생산 공정업무에 관하여 근로자파견의 역무를 제공받지 못하는 직업수행의 자유 제한에 비하여 작다고 볼 수 없으므로, 법익의 균형성도 충족된다. 따라서 심판대상조항이 **제조업의 직접생산 공정업무**에 관하여 **근로자파견의 역무를 제공**받고자 하는 사업주의 **직업수행의 자유를 침해한다고 볼 수 없다** (헌재 2017.12.28. 2016헌바346).

ㄹ. ○ 이 사건 법률조항은 오직 **성범죄 전과에 기초해 10년이라는 일률적인 기간 동안 취업제한의 제재**를 부과하며, 이 기간 내에는 취업제한 대상자가 그러한 제재로부터 벗어날 수 있는 어떠한 기회도 존재하지 않는 점, 재범의 위험에 대한 사회적 차원의 대처가 필요하다 해도 이 위험의 경중에 대한 고려가 있어야 하는 점 등에 비추어 침해의 최소성 요건을 충족했다고 보기 힘들다. 이상과 같이 이 사건 법률조항은 그 목적의 정당성, 수단의 적합성이 인정되지만, 침해의 최소성과 법익의 균형성 원칙에 위반되어 청구인들의 **직업선택의 자유를 침해한다** (헌재 2014.1.28. 2012헌마431 등).

정답 ③

06 직업의 자유에 대한 설명으로 가장 적절하지 않은 것은? (다툼이 있는 경우 판례에 의함)

〈2017 경정승진〉

① 판매를 목적으로 모의총포를 소지하는 행위는 일률적으로 영업활동으로 볼 수는 없지만, 소지의 목적이나 정황에 따라 이를 영업을 위한 준비행위로 보아 영업활동의 일환으로 평가할 수 있으므로 직업의 자유의 보호범위에 포함될 수 있다.

② 변호사시험의 성적 공개를 금지하고 있는 「변호사시험법」 관련 조항은 변호사시험 합격자에 대하여 그 성적을 공개하지 않도록 규정하고 있을 뿐이고, 이러한 시험 성적의 비공개가 청구인들의 법조인으로서의 직역 선택이나 직업수행에 있어서 어떠한 제한을 두고 있는 것은 아니므로 청구인들의 직업선택의 자유를 제한하고 있다고 볼 수 없다.

③ 직업의 자유를 제한함에 있어서도 다른 기본권과 마찬가지로 헌법 제37조 제2항에서 정한 과잉금지의 원칙은 준수되어야 하므로, 직업수행의 자유를 제한하는 법령에 대한 위헌 여부를 심사하는 데 있어서 좁은 의미의 직업선택의 자유에 비하여 다소 완화된 심사기준을 적용할 수는 없다.

④ 어떠한 직업분야에 관하여 자격제도를 만들면서 그 자격요건을 어떻게 설정할 것인가에 관하여는 국가에게 폭넓은 입법재량권이 부여되어 있으므로, 다른 방법으로 직업의 자유를 제한하는 경우에 비하여 유연하고 탄력적인 심사가 필요하다.

해설

① ○ 청구인은 판매를 목적으로 모의총포를 소지하는 자인바 소지하는 행위 자체를 일률적으로 영업활동이라 볼 수는 없지만, 그 소지 목적이나 정황적 근거에 따라 소지행위가 영업을 위한 준비행위로서 영업활동의 일환으로 평가될 수 있고, 이 사건 법률조항에 의하여 금지되는 소지행위도 영업으로서 직업의 자유의 보호범위에 포함될 수 있다(헌재 2011.11.24. 2011헌바18).

② ○ 심판대상조항은 변호사시험 합격자에 대하여 그 성적을 공개하지 않도록 규정하고 있을 뿐이고, 이러한 시험 성적의 비공개가 청구인들의 법조인으로서의 직역 선택이나 직업수행에 있어서 어떠한 제한을 두고 있는 것은 아니므로 심판대상조항이 청구인들의 직업선택의 자유를 제한하고 있다고 볼 수 없다(헌재 2015.6.25. 2011헌마769 등).

③ × 직업의 자유는 기본권제한입법의 한계조항인 헌법 제37조 제2항에 따라 국가안전보장·질서유지 또는 공공복리를 위하여 불가피한 경우에는 이를 제한할 수 있는 것이고, 직업의 자유를 구체적으로 어느 정도까지 제한할 수 있는지에 관하여 헌법재판소는 좁은 의미의 직업선택의 자유에 비하여 직업행사의 자유에 대하여는 상대적으로 더욱 폭 넓은 법률상의 규제가 가능하다고 판시하고 있다(헌재 2001.6.28. 2001헌마132).

④ ○ 과잉금지의 원칙을 적용함에 있어서도, 어떠한 직업분야에 관한 자격제도를 만들면서 그 자격요건을 어떻게 설정할 것인가에 관하여는 국가에게 폭넓은 입법재량권이 부여되어 있는 것이므로 다른 방법으로 직업선택의 자유를 제한하는 경우에 비하여 보다 유연하고 탄력적인 심사가 필요하다 할 것이다(헌재 2003.9.25. 2002헌마519).

정답 ③

07 **직업선택의 자유에 관한 설명으로 가장 적절하지 않은 것은? (다툼이 있는 경우 판례에 의함)**

〈2016 경정승진〉

① 외국의 의사·치과의사·한의사 자격을 가진 자에게 예비시험을 치도록 한 것은 사실상 외국에서 학위를 받은 사람이 국내에서 면허를 받는 길을 봉쇄하는 방향으로 악용될 소지가 있으므로 직업선택의 자유를 침해한다.

② 인터넷 게임의 결과물의 환전, 즉 게임이용자로부터 게임결과물을 매수하여 다른 게임이용자에게 이윤을 붙여 되파는 것을 영업으로 하는 것은 생활의 기본적 수요를 충족시키는 계속적인 소득활동이 될 수 있으므로, 게임결과물의 환전업은 헌법 제15조가 보장하고 있는 직업에 해당한다.

③ 어떤 직업의 수행을 위한 전제요건으로서 일정한 주관적 요건을 갖춘 자에게만 그 직업에 종사할 수 있도록 직업선택의 자유를 제한하는 경우에는, 주관적 요건 자체가 그 제한목적과 합리적인 관계가 있어야 한다.

④ 입법자가 설정한 자격요건을 구비하여 자격을 부여받은 자에게 사후적으로 결격사유가 발생했다고 해서 당연히 그 자격을 박탈할 수 있는 것은 아니다.

해설

① × 예비시험 조항은 외국 의과대학 졸업생에 대해 우리나라 의료계에서 활동할 수 있는 정도의 능력과 자질이 있음을 검증한 후 의사면허 국가시험에 응시하도록 함으로써 외국에서 수학한 보건의료인력의 질적 수준을 담보하려는 것을 주된 입법목적으로 하는 것이므로 그 정당성을 인정할 수 있다. 또한 예비시험 제도는 학제나 교육내용이 다른 외국에서 수학한 예비의료인들의 자질과 능력을 좀 더 구체적으로 평가하는 데 기여할 것임이 인정되므로 수단의 적정성을 갖춘 것이라 볼 것이며 예비시험 제도를 통한 자격검증보다도 덜 제약적이면서도 입법목적을 달성할 수 있는 다른 입법수단도 상정하기 어렵다. … 그러므로 예비시험 조항은 청구인들의 직업선택의 자유를 침해하지 않는다(헌재 2003.4.24. 2002헌마611).

② ○ 이 사건에서 문제되는 게임 결과물의 환전은 게임이용자로부터 게임 결과물을 매수하여 다른 게임이용자에게 이윤을 붙여 되파는 것으로, 이러한 행위를 영업으로 하는 것은 생활의 기본적 수요를 충족시키는 계속적인 소득활동이 될 수 있으므로, 게임 결과물의 환전업은 헌법 제15조가 보장하고 있는 직업에 해당한다(헌재 2010.2.25. 2009헌바38).

③ ○ 일반적으로 직업선택의 자유를 제한함에 있어, 어떤 직업의 수행을 위한 전제요건으로서 일정한 주관적 요건을 갖춘 자에게만 그 직업에 종사할 수 있도록 제한하는 경우에는, 이러한 주관적 요건을 갖추도록 요구하는 것이, 누구에게나 제한 없이 그 직업에 종사하도록 방임함으로써 발생할 우려가 있는 공공의 손실과 위험을 방지하기 위한 적절한 수단이고, 그 직업을 희망하는 모든 사람에게 동일하게 적용되어야 하며, 주관적 요건자체가 그 제한목적과 합리적인 관계가 있어야 한다는 비례의 원칙이 적용되어야 할 것이다(헌재 1995.6.29. 90헌바43).

④ ○ 비록 어떠한 직업분야에 관한 자격제도를 만들면서 그 자격요건 내지 결격사유를 어떻게 설정할 것인가에 관하여 입법자에게 폭넓은 입법재량이 인정되기는 하나, 일단 자격요건을 구비하여 자격을 부여받았다면 사후적으로 결격사유가 발생했다고 해서 당연히 그 자격을 박탈할 수 있는 것은 아니다. 국가가 설정한 자격요건을 구비하지 못했다는 이유로 일정한 자격을 부여하지 않더라도 해당자가 잃는 이익이 크다고 볼 수 없는 반면 그러한 자격을 일단 취득하여 직업 활동을 영위해 오고 있는 자의 자격을 상실시킬 경우 장기간 쌓아온 지위를 박탈하는 것으로서 그 불이익이 중대할 수 있기 때문이다(헌재 2014.1.28. 2011헌바252).

정답 ①

08 직업의 자유에 대한 설명 중 옳은 것을 모두 고른 것은? (다툼이 있는 경우 판례에 의함)

〈2018 경정승진〉

㉠ 직업의 선택 혹은 수행의 자유는 주관적 공권의 성격이 두드러진 것이므로 사회적 시장경제질서라고 하는 객관적 법질서의 구성요소가 될 수는 없다.

㉡ 로스쿨에 입학하는 자들에 대하여 학사 전공별, 출신대학별로 로스쿨 입학정원의 비율을 각각 규정한 법학전문대학원 설치·운영에 관한 법률 조항은 변호사가 되기 위한 과정에 있어 필요한 전문지식을 습득할 수 있는 로스쿨에 입학하는 것을 제한할 뿐이므로 직업선택의 자유를 제한하는 것으로 보기 어렵다.

㉢ 경쟁의 자유는 기본권의 주체가 직업의 자유를 실제로 행사하는데 에서 나오는 결과이므로 당연히 직업의 자유에 의하여 보장되고, 다른 기업과의 경쟁에서 국가의 간섭이나 방해를 받지 않고 기업 활동을 할 수 있는 자유를 의미한다.

㉣ 이륜자동차를 운전하여 고속도로 또는 자동차전용도로를 통행한 자를 처벌하는 것은 퀵서비스 배달업자들의 직업수행의 자유를 제한하는 것이지만, 사고의 위험성과 사고결과의 중대성에 비추어 이를 기본권 침해라고 볼 수는 없다.

① ㉠ ② ㉢
③ ㉢, ㉣ ④ ㉡, ㉢

해설

㉠ × 직업의 선택 혹은 수행의 자유는 각자의 생활의 기본적 수요를 충족시키는 방편이 되고, 또한 개성신장의 바탕이 된다는 점에서 주관적 공권의 성격이 두드러진 것이기는 하나, 다른 한편으로는 국민 개개인이 선택한 직업의 수행에 의하여 국가의 사회질서와 경제 질서가 형성된다는 점에서 사회적 시장경제질서라고 하는 객관적 법질서의 구성요소이기도 하다(헌재 1996.8.29. 94헌마113).

㉡ × 직업선택의 자유에는 자신이 원하는 직업 내지 직종에 종사하는데 필요한 전문지식을 습득하기 위한 직업교육장을 임의로 선택할 수 있는 '직업교육장 선택의 자유'도 포함된다. 그런데 법 제26조 제2항 및 제3항이 로스쿨에 입학하는 자들에 대하여 학사 전공별로, 그리고 출신 대학별로 로스쿨 입학정원의 비율을 각각 규정한 것은 변호사가 되기 위하여 필요한 전문지식을 습득할 수 있는 로스쿨에 입학하는 것을 제한하는 것이기 때문에 직업교육장 선택의 자유 내지 직업선택의 자유를 제한한다고 할 것이다(헌재 2009.2.26. 2007헌마1262).

㉢ ○ 직업의 자유는 영업의 자유와 기업의 자유를 포함하고, 이러한 영업 및 기업의 자유를 근거로 원칙적으로 누구나가 자유롭게 경쟁에 참여할 수 있다. 경쟁의 자유는 기본권의 주체가 직업의 자유를 실제로 행사하는데 에서 나오는 결과이므로 당연히 직업의 자유에 의하여 보장되고, 다른 기업과의 경쟁에서 국가의 간섭이나 방해를 받지 않고 기업 활동을 할 수 있는 자유를 의미한다(헌재 1996.12.26. 96헌가18).

㉣ × 이 사건 법률조항은 이륜자동차 운전자가 고속도로 등을 통행하는 것을 금지하고 있을 뿐, 퀵서비스 배달업의 직업수행행위를 직접적으로 제한하는 것이 아니다. 사륜자동차를 이용하여 퀵서비스 업을 수행하는 사람은 이 사건 법률조항으로 인하여 아무런 제한을 받지 아니한다. 이 사건 법률조항으로 인하여 청구인들이 퀵서비스 배달업의 수행에 지장을 받는 점이 있다고 하더라도, 그것은 청구인들이 이륜자동차를 운행하고 이 사건 법률조항이 이륜자동차의 고속도로 등 통행을 금지하는 데서 비롯되는 간접적·사실상의 효과일 뿐이다. 그리고 이 사건 법률조항은 이륜자동차 운전자가 고속도로 등을 통행하는 것만을 금지할 뿐 일반도로의 통행까지 금지하는 것은 아니다. 청구인들은 기타 일반 도로를 이용하여 배달업을 하는 데에는 아무런 영향을 받지 않는다. 따라서 이 사건 법률조항은 청구인들의 직업수행의 자유를 침해한다고 볼 수 없다(헌재 2011.11.24. 2011헌바51).

정답 ②

09 직업의 자유에 대한 설명으로 옳은 것은? (다툼이 있는 경우 판례에 의함) *〈2019 국가직 5급〉*

① 계속성과 생활수단성을 개념표지로 하는 직업의 개념에 비추어 보면 학업 수행이 본업인 대학생의 경우 빙학기간을 이용하어 또는 휴학 중에 악비 등을 벌기 위해 학원 강사로서 일하는 행위는 일시적인 소득활동으로서 직업의 자유의 보호영역에 속하지 않는다.

② 직업수행의 자유는 직업결정의 자유에 비하여 상대적으로 그 침해의 정도가 작다고 할 것이므로 이에 대하여는 공공복리등 공익상의 이유로 비교적 넓은 법률상의 규제가 가능하다.

③ 소주판매업자에게 자도소주구입을 강제하는 자도소주구입명령제도는 독과점을 방지하고, 중소기업을 보호한다는 공익적 목적달성을 위한 적합한 수단이므로 소주판매업자의 직업의 자유를 침해하지 않는다.

④ 대통령령으로 정하는 공공기관 및 공기업으로 하여금 매년 정원의 100분의 3 이상씩 34세 이하의 청년 미취업자를 채용하도록 한 이른바 '청년할당제'는 35세 이상 미취업자들의 평등권, 직업선택의 자유를 침해한다.

해설

① × 직업의 개념표지들은 개방적 성질을 지녀 엄격하게 해석할 필요는 없는바, '계속성'과 관련하여서는 주관적으로 활동의 주체가 어느 정도 계속적으로 해당 소득활동을 영위할 의사가 있고, 객관적으로도 그러한 활동이 계속성을 띨 수 있으면 족하다고 해석되므로 휴가기간 중에 하는 일, 수습직으로서의 활동 따위도 이에 포함된다고 볼 것이고, 또 '생활수단성'과 관련하여서는 단순한 여가활동이나 취미활동은 직업의 개념에 포함되지 않으나 겸업이나 부업은 삶의 수요를 충족하기에 적합하므로 직업에 해당한다고 말할 수 있다. … 위에서 살펴본 '직업'의 개념에 비추어 보면 비록 학업수행이 청구인과 같은 대학생의 본업이라 하더라도 방학기간을 이용하여 또는 휴학 중에 학비 등을 벌기 위해 학원 강사로서 일하는 행위는 어느 정도 계속성을 띤 소득활동으로서 직업의 자유의 보호영역에 속한다고 봄이 상당하다(헌재 2003.9.25. 2002헌마519).

② ○ 직업수행의 자유는 직업결정의 자유에 비하여 상대적으로 그 침해의 정도가 작다고 할 것이어서, 이에 대하여는 공공복리 등 공익상의 이유로 비교적 넓은 법률상의 규제가 가능하다. 그러나 직업수행의 자유를 제한할 때에도 헌법 제37조 제2항에 의거한 비례의 원칙에 위배되어서는 안 된다(헌재 2004.10.28. 2002헌바41).

③ × 주세법의 구입명령제도는 전국적으로 자유경쟁을 배제한 채 지역할거주의로 자리잡게 되고 그로써 지역 독과점현상의 고착화를 초래하므로, 독과점규제란 공익을 달성하기에 적정한 조치로 보기 어렵다. … 중소기업의 보호란 공익이 자유경쟁질서 안에서 발생하는 불리함을 국가의 지원으로 보완하여 경쟁을 유지하고 촉진시키려는데 그 목적이 있으므로, 구입명령제도는 이러한 공익을 실현하기에 적합한 수단으로 보기 어렵다. 따라서 구입명령제도는 소주판매업자의 직업의 자유는 물론 소주제조업자의 경쟁 및 기업의 자유, 즉 직업의 자유와 소비자의 행복추구권에서 파생된 자기결정권을 지나치게 침해하는 위헌적인 규정이다. 소주시장과 다른 상품시장, 소주판매업자와 다른 상품의 판매업자, 중소소주제조업자와 다른 상품의 중소제조업자 사이의 차별을 정당화할 수 있는 합리적인 이유를 찾아볼 수 없으므로 이 사건 법률조항은 평등원칙에도 위반된다(헌재 1996.12.26. 96헌가18).

④ × 비록 청년할당제도가 35세 이상의 미취업자들의 공공기관 취업기회에 불이익을 준다고 할지라도 그로 인한 불이익이 수인할 수 없는 정도라고 볼 수 없는 데 비하여, 청년할당제가 시행됨으로써 청년실업률이 조금이라도 호전된다면 그로 인하여 얻게 되는 사회 안정 등 공익적 효과는 상대적으로 크다고 볼 수 있다. 따라서 심판대상조항이 법익의 균형성도 갖추고 있다고 인정된다. 결국, 심판대상조항이 35세 이상의 미취업자를 비례의 원칙에 어긋나게 차별하는 것이라고 볼 수 없고, 이들의 직업선택의 자유를 과도하게 침해하여 헌법에 위반된다고 보기도 어렵다(헌재 2014.8.28. 2013헌마553).

정답 ②

10 직업의 자유에 대한 설명으로 가장 적절하지 않은 것은? (다툼이 있는 경우 판례에 의함)

〈2021 경정승진〉

① 직업의 자유에는 해당 직업에 대한 합당한 보수를 받을 권리까지 포함되어 있다고 보기 어려우므로 자신이 원하는 수준보다 적은 보수를 법령에서 규정하고 있다고 하여 직업선택이나 직업수행의 자유가 침해된다고 할 수 없다.

② 국가정책에 따라 정부의 허가를 받은 외국인은 정부가 허가한 범위 내에서 소득활동을 할 수 있는 것이므로, 외국인이 국내에서 누리는 직업의 자유는 헌법에 의해서 부여된 기본권이 아닌 법률에 따른 정부의 허가에 의해 비로소 발생하는 권리이다.

③ 직업선택의 자유에는 자신이 원하는 직업 내지 직종에 종사하는데 필요한 전문지식을 습득하기 위한 직업교육장을 임의로 선택할 수 있는 '직업교육장 선택의 자유'도 포함된다.

④ 직장 선택의 자유는 인간의 존엄과 가치 및 행복추구권과도 밀접한 관련을 가지는 만큼 단순히 국민의 권리가 아닌 인간의 권리이기 때문에, 외국인도 국내에서 제한 없이 직장 선택의 자유를 향유할 수 있다고 보아야 한다.

해설

① ○ 직업의 자유에 **'해당 직업에 합당한 보수를 받을 권리'까지 포함되어 있다고 보기 어려우므로** 이 사건 법령조항이 청구인이 원하는 수준 보다 **적은 봉급월액**을 규정하고 있다고 하여 이로 인해 청구인의 **직업선택이나 직업수행의 자유가 침해되었다고 할 수 없고**, 위 조항은 경찰공무원인 경장의 봉급표를 규정한 것으로서 개성 신장을 위한 행복추구권의 제한과는 직접적인 관련이 없으므로, 청구인의 위 주장들은 모두 이유 없다(헌재 2008.12.26. 2007헌마444).

② ○ 이와 같이 헌법에서 인정하는 직업의 자유는 원칙적으로 대한민국 국민에게 인정되는 기본권이지, 외국인에게 인정되는 기본권은 아니다. 국가 정책에 따라 정부의 허가를 받은 외국인은 정부가 허가한 범위 내에서 소득활동을 할 수 있는 것이므로, **외국인이 국내에서 누리는 직업의 자유**는 법률 이전에 헌법에 의해서 부여된 기본권이라고 할 수는 없고, **법률에 따른 정부의 허가에 의해 비로소 발생하는 권리**이다(헌재 2014.8.28. 2013헌마359).

③ ○ 헌법 제15조에 의한 직업선택의 자유라 함은 자신이 원하는 직업 내지 직종을 자유롭게 선택하는 직업선택의 자유뿐만 아니라 그가 선택한 직업을 자기가 결정한 방식으로 자유롭게 수행할 수 있는 직업수행의 자유를 포함한다. 그리고 직업선택의 자유에는 자신이 원하는 직업 내지 직종에 종사하는데 필요한 전문지식을 습득하기 위한 **직업교육장을 임의로 선택할 수 있는 '직업교육장 선택의 자유'도 포함**된다(헌재 2009.2.26. 2007헌마1262).

④ × 직업의 자유 중 이 사건에서 문제되는 **직장 선택의 자유는 인간의 존엄과 가치 및 행복추구권과도 밀접한 관련**을 가지는 만큼 단순히 국민의 권리가 아닌 인간의 권리로 보아야 할 것이므로 **외국인도 제한적으로라도 직장 선택의 자유를 향유할 수 있다**고 보아야 한다. 청구인들이 이미 적법하게 고용허가를 받아 적법하게 우리나라에 입국하여 우리나라에서 일정한 생활관계를 형성, 유지하는 등, 우리 사회에서 정당한 노동인력으로서의 지위를 부여받은 상황임을 전제로 하는 이상, 이 사건 청구인들에게 직장 선택의 자유에 대한 기본권 수제성을 인정할 수 있다 할 것이다(헌재 2011.9.29. 2007헌마1083 등).

정답 ④

11 직업의 자유에 대한 설명으로 가장 옳지 않은 것은? *〈2018 서울시 7급〉*

① 변호사시험 성적의 비공개를 규정한 관련 법 조항은 성적공개 청구인들의 법조인으로서의 직역 선택이나 직업수행에 있어서 어떠한 제한을 두고 있는 것은 아니므로 성적공개 청구인들의 직업 선택의 자유를 제한하고 있다고 볼 수 없다.

② 형의 집행을 유예하는 경우에 사회봉사를 명할 수 있도록 하는 법규정에 의하여 사회봉사명령을 선고받은 이의 일반적 행동의 자유는 제한되지만, 이로 인하여 직업의 자유까지 제한된다고 볼 수 없다.

③ 법령에서 사법시험 시행 전에 선발예정인원을 정하는 정원제를 규정하는 것은 사법시험을 통하여 변호사에게 필요한 자질과 능력을 검증하는 것이 아니라 변호사의 사회적 수급 상황 등을 고려한 것이기에 객관적 사유에 의한 직업의 자유의 제한에 해당한다.

④ 게임 결과물의 환전업을 영위한 자를 처벌하는 법규정에서 문제되는 게임 결과물의 환전은 이러한 행위를 영업으로 하는 경우 생활의 기본적 수요를 충족시키는 계속적인 소득활동이 될 수 있기에 게임 결과물의 환전업 역시 헌법 제15조가 보장하고 있는 직업에 해당한다.

해설

① ○ 심판대상조항은 변호사시험 합격자에 대하여 그 성적을 공개하지 않도록 규정하고 있을 뿐이고, 이러한 시험 성적의 비공개가 청구인들의 법조인으로서의 직역 선택이나 직업수행에 있어서 어떠한 제한을 두고 있는 것은 아니므로 심판대상조항이 청구인들의 직업선택의 자유를 제한하고 있다고 볼 수 없다(헌재 2015.6.25. 2011헌마769 등).

② ○ 이 사건 법률조항에 의한 사회봉사명령이 직접적으로 청구인에게 직업의 선택 및 수행을 금지 또는 제한하는 것은 아니고, 사회봉사명령 이행 기간 중에 직업의 선택 및 수행이 사실상 어려워지는 면이 있다 하더라도 이는 사회봉사명령으로 인하여 일반적 행동의 자유가 제한됨에 따라 부수적으로 발생하는 결과일 뿐이므로 이 사건 법률조항이 직업의 자유를 제한한다고 볼 수도 없다(헌재 2012.3.29. 2010헌바100).

③ × 시험제도란 본질적으로 응시자의 자질과 능력을 측정하는 것이며, 합격자의 결정을 상대평가(정원제)와 절대평가 중 어느 것에 의할 것인지는 측정방법의 선택의 문제일 뿐이고, 이 사건 법률조항이 사법시험의 합격자를 결정하는 방법으로 정원제를 취한 이유는 상대평가라는 방식을 통하여 응시자의 자질과 능력을 검정하려는 것이므로 이는 객관적 사유가 아닌 주관적 사유에 의한 직업선택의 자유의 제한이다(헌재 2010.5.27. 2008헌바1108).

④ ○ 이 사건에서 문제되는 게임 결과물의 환전은 게임이용자로부터 게임 결과물을 매수하여 다른 게임이용자에게 이윤을 붙여 되파는 것으로, 이러한 행위를 영업으로 하는 것은 생활의 기본적 수요를 충족시키는 계속적인 소득활동이 될 수 있으므로, 게임 결과물의 환전업은 헌법 제15조가 보장하고 있는 직업에 해당한다(헌재 2010.2.25. 2009헌바3).

정답 ③

12 직업의 자유에 대한 설명으로 옳지 않은 것은? (다툼이 있는 경우 판례에 의함) 〈2020 국가직 5급〉

① 직업의 자유는 영업의 자유와 기업의 자유를 포함하고, 이러한 영업 및 기업의 자유를 근거로 원칙적으로 누구나가 자유롭게 경쟁에 참여할 수 있다.

② 직업의 자유는 직장선택의 자유를 포함하며, 직장선택의 자유는 원하는 직장을 제공하여 줄 것을 청구하거나 한번 선택한 직장의 존속보호를 청구할 권리를 보장하는 것이다.

③ 공무담임권은 국가 등에게 능력주의를 존중하는 공정한 공직자선발을 요구할 수 있는 권리라는 점에서 직업선택의 자유보다는 그 기본권의 효과가 현실적·구체적이므로, 공직을 직업으로 선택하는 경우에 있어서 직업선택의 자유는 공무담임권을 통해서 그 기본권보호를 받게 된다.

④ 복수면허 의료인에게 양방이든 한방이든 하나의 의료 기관만을 개설하도록 하는 것은 복수면허 의료인들의 직업의 자유를 침해한다.

해설

① ○ 직업의 자유는 영업의 자유와 기업의 자유를 포함하고, 이러한 영업 및 기업의 자유를 근거로 원칙적으로 누구나가 자유롭게 경쟁에 참여할 수 있다. 경쟁의 자유는 기본권의 주체가 직업의 자유를 실제로 행사하는데 에서 나오는 결과이므로 당연히 직업의 자유에 의하여 보장되고, 다른 기입과의 경쟁에서 국기의 간섭이나 방해를 받지 않고 기업 활동을 할 수 있는 자유를 의미한다(헌재 1996.12.26. 96헌가18).

② × 헌법 제15조가 보장하는 직업선택의 자유는 직업 "선택" 의 자유만이 아니라 직업과 관련된 종합적이고 포괄적인 직업의 자유를 보장하는 것이다. 또한 직업의 자유는 독립적 형태의 직업 활동 뿐만 아니라 고용된 형태의 종속적인 직업 활동도 보장한다. 따라서 직업선택의 자유는 직장선택의 자유를 포함한다. … 이러한 직장선택의 자유는 개인이 그 선택한 직업분야에서 구체적인 취업의 기회를 가지거나, 이미 형성된 근로관계를 계속 유지하거나 포기하는 데에 있어 국가의 방해를 받지 않는 자유로운 선택·결정을 보호하는 것을 내용으로 한다. 그러나 이 기본권은 원하는 직장을 제공하여 줄 것을 청구하거나 한번 선택한 직장의 존속보호를 청구할 권리를 보장하지 않으며, 또한 사용자의 처분에 따른 직장 상실로부터 직접 보호하여 줄 것을 청구할 수도 없다(헌재 2002.11.28. 2001헌바50).

③ ○ 공무담임권은 국가 등에게 능력주의를 존중하는 공정한 공직자선발을 요구할 수 있는 권리라는 점에서 직업선택의 자유보다는 그 기본권의 효과가 현실적·구체적이므로, 공직을 직업으로 선택하는 경우에 있어서 직업선택의 자유는 공무담임권을 통해서 그 기본권 보호를 받게 된다고 할 수 있으므로 공무담임권을 침해하는지 여부를 심사하는 이상 이와 별도로 직업선택의 자유 침해 여부를 심사할 필요는 없다(헌재 2006.3.30. 2005헌마598).

④ ○ 상대적으로 쌍방 의료행위에 대한 지식과 능력이 우수한 사람들에 대하여 어느 한쪽의 의료기관의 개설만을 허용하고 나머지를 금지하는 이 사건 법률 조항은 그 제한의 목적과 수단이 정당하고 적절하다고 보기도 어렵다. … 이 사건 법률조항은 청구인들과 같은 복수면허 의료인에게 양방이든 한방이든 하나의 의료 기관만을 개설하도록 하는 규범으로 작용한다는 점에서 과잉금지원칙에 반하여 청구인들의 직업의 자유를 침해한다(헌재 2007.12.27. 2004헌마1021).

정답 ②

13 직업의 자유에 대한 설명으로 옳지 않은 것은? (다툼이 있는 경우 판례에 의함) 〈2020 지방직 7급〉

① 전문 과목을 표시한 치과의원은 그 표시한 전문 과목에 해당하는 환자만을 진료하여야 한다고 규정한 「의료법」 제77조 제3항은 과잉금지원칙을 위배하여 치과전문의인 청구인들의 직업수행의 자유를 침해한다.

② 법인의 임원이 「학원의 설립·운영 및 과외교습에 관한 법률」을 위반하여 벌금형을 선고받은 경우, 법인의 등록이 효력을 잃도록 규정하는 것은 과잉금지원칙을 위배하여 법인의 직업수행의 자유를 침해한다.

③ 헌법 제15조에서 보장하는 직업이란 생활의 기본적 수요를 충족시키기 위하여 행하는 계속적인 소득활동을 의미하고, 성매매는 그것이 가지는 사회적 유해성과는 별개로 성판매자의 입장에서 생활의 기본적 수요를 충족하기 위한 소득활동에 해당함을 부인할 수 없으나, 성매매자를 처벌하는 것은 과잉금지원칙에 반하지 않는다.

④ 변호사시험의 응시기회를 법학전문대학원의 석사학위 취득자의 경우 석사학위를 취득한 달의 말일부터 또는 석사학위 취득 예정자의 경우 그 예정기간 내 시행된 시험일부터 5년 내에 5회로 제한한 「변호사시험법」 규정은 응시기회의 획일적 제한으로 청구인들의 직업선택의 자유를 침해한다.

해설

① ○ 치과의원의 치과전문의가 표시한 전문 과목 이외의 영역에서 치과일반의로서의 진료도 전혀 하지 못하는 데서 오는 사적인 불이익은 매우 크므로, 심판대상조항은 과잉금지원칙에 위배되어 청구인들의 직업수행의 자유를 침해한다(헌재 2015.5.28. 2013헌마799).

② ○ 이 사건 등록실효조항은 법인의 임원이 학원법을 위반하여 벌금형을 선고받으면 일률적으로 법인의 등록을 실효시키고 있고, 법인으로서는 대표자인 임원이건 그렇지 아니한 임원이건 모든 임원 개개인의 학원법위반범죄와 형사처벌 여부를 항시 감독하여야만 등록의 실효를 면할 수 있게 되므로 학원을 설립하고 운영하는 법인에게 지나치게 과중한 부담을 지우고 있다. 또한 이로 인하여 법인의 등록이 실효되면 해당 임원이 더 이상 임원직을 수행할 수 없게 될 뿐 아니라, 학원법인 소속 근로자는 모두 생계의 위협을 받을 수 있으며, 갑작스러운 수업의 중단으로 학습자 역시 불측의 피해를 입을 수밖에 없으므로 이 사건 등록실효조항은 학원법인의 직업수행의 자유를 침해한다(헌재 2015.5.28. 2012헌마653).

③ ○ 헌법 제15조에서 보장하는 '직업'이란 생활의 기본적 수요를 충족시키기 위하여 행하는 계속적인 소득활동을 의미하고, 성매매는 그것이 가지는 사회적 유해성과는 별개로 성판매자의 입장에서 생활의 기본적 수요를 충족하기 위한 소득활동에 해당함을 부인할 수 없다 할 것이므로, 심판대상조항은 성판매자의 직업선택의 자유도 제한하고 있다. … 심판대상조항은 개인의 성적 자기결정권, 사생활의 비밀과 자유, 직업선택의 자유를 침해하지 아니한다(헌재 2016.3.31. 2013헌가2).

④ × 장기간의 시험 준비로 인력 낭비가 문제되었던 사법시험의 폐해를 극복하고 교육을 통하여 법조인을 양성한다는 법학전문대학원의 도입취지를 살리기 위하여 응시기회에 제한을 두어 시험 합격률을 일정 비율로 유지하고, 법학전문대학원의 교육이 끝난 때로부터 일정기간 동안만 시험에 응시할 수 있게 한 것은 정당한 입법목적을 달성하기 위한 적절한 수단이다. … 따라서 위 조항은 청구인들의 직업선택의 자유를 침해하지 아니한다(헌재 2016.9.29. 2016헌마47 등).

정답 ④

14 직업의 자유에 대한 설명으로 옳은 것을 모두 고르면? (다툼이 있는 경우 헌법재판소 판례에 의함)

〈2018 국회직 8급〉

㉠ 청원경찰이 법원에서 금고 이상의 형의 선고유예를 받은 경우 당연퇴직하도록 규정한 조항은 청원경찰의 직업의 자유를 침해한다.

㉡ 청원경찰이 법원에서 자격정지의 형을 선고받은 경우 「국가공무원법」을 준용하여 당연퇴직하도록 한 조항은 청원경찰의 직업의 자유를 침해한다.

㉢ 변호사가 변호사 업무수행을 하던 중 변리사 등록을 한 경우 대한변리사회에 의무적으로 가입하게 하는 조항은 변호사의 직업수행의 자유를 침해한다.

㉣ 변호사가 변리사 업무를 수행하는 경우 변리사 연수교육을 받을 의무를 부과하는 조항은 변호사의 직업수행 자유를 침해하지 않는다.

㉤ 의료기기 수입업자가 의료기관 개설자에게 리베이트를 제공하는 경우를 처벌하는 조항은 의료기기 수입업자의 직업의 자유를 침해한다.

㉥ 품목허가를 받지 아니한 의료기기를 수리·판매·임대·수여 또는 사용의 목적으로 수입한 자를 처벌하는 조항은 의료기기 수입업자의 직업수행의 자유를 침해하지 않는다.

① ㉠, ㉣, ㉤
② ㉠, ㉣, ㉥
③ ㉡, ㉢, ㉤
④ ㉡, ㉢, ㉥
⑤ ㉡, ㉣, ㉤

해설

㉠ ○ 심판대상조항은 청원경찰이 저지른 범죄의 종류나 내용을 불문하고 금고 이상의 형의 선고유예를 받게 되면 당연히 퇴직되도록 규정함으로써 청원경찰에게 공무원보다 더 가혹한 제재를 가하고 있으므로, 침해의 최소성 원칙에 위배된다. 심판대상조항은 청원경찰이 저지른 범죄의 종류나 내용을 불문하고 범죄행위로 금고 이상의 형의 선고유예를 받게 되면 당연히 퇴직되도록 규정함으로써 그것이 달성하려는 공익의 비중에도 불구하고 청원경찰의 직업의 자유를 과도하게 제한하고 있어 법익의 균형성 원칙에도 위배된다. 따라서, 심판대상조항은 과잉금지원칙에 반하여 직업의 자유를 침해한다(헌재 2018.1.25. 2017헌가26).

㉡ × 이 사건 법률조항은 자격정지의 형을 선고받은 자를 청원경찰직에서 당연퇴직시킴으로써 청원경찰의 사회적 책임 및 청원경찰직에 대한 국민의 신뢰를 제고하고, 청원경찰로서의 성실하고 공정한 직무수행을 담보하기 위한 법적 조치이므로, 그 입법목적의 정당성이 인정되고, 범죄행위로 인하여 형사처벌을 받은 청원경찰은 청원경찰로서의 자질에 심각한 흠결이 생겼다고 볼 수 있고, 그 자질에 심각한 흠결이 생긴 청원경찰에 대하여 경비 및 공안업무 수행의 위임을 거두어들여 그에 상응하는 신분상의 불이익을 과하는 것은 국민 전체의 이익을 위해 적절한 수단이 될 수 있으므로, 이 사건 법률조항이 범죄행위로 자격정지의 형을 선고받은 자를 청원경찰직에서 배제하도록 한 것은 위와 같은 입법목적을 달성하기 위해 효과적이고 적절한 수단이 될 수 있다. … 따라서 이 사건 법률조항은 과잉금지원칙을 위반하여 청구인의 직업의 자유를 침해하지 아니한다(헌재 2011.10.5. 2011헌마85).

㉢ × 이 사건 가입조항은 변리사의 변리사회 의무가입을 통하여 변리사회의 대표성과 법적 지위를 강화함으로써 변리사회가 무료 변리 등의 공익사업, 산업재산권 및 변리사 제도·정책에 대한 연구·조사사업, 산업재산권에 관한 국제협력 및 교류 사업을 원활하게 수행할 수 있도록 하고 산업재산권에 대한 민관공조체제를 강화하여 궁극적으로 산업재산권 제도 및 관련 산업의 발전을 도모하기 위한 것으로, 그 입법목적의 정당성이 인정된다. … 이 사건 가입조항은 청구인의 소극적 결사의 자유 및 직업수행의 자유를 침해하지 않는다(헌재 2017.12.28. 2015헌마1000).

㉣ ○ 이 사건 연수조항은 변리사에게 연수교육을 받을 의무를 부과함으로써 변리사의 전문성과 윤리의식을 높이고 산업재산권 및 그 권리자를 보호하여 관련 산업의 발전을 도모하기 위한 것이다. … 이 사건 연수조항으로 인하여 청구인은 연수교육을 받는 시간만큼 영업활동을 할 수 없게 되는 불이익을 받게 되나, 이와 같은 불이익이 변리사의 전문성과 윤리의식을 높임으로써 산업재산권 및 그 권리자를 보호하고 관련 산업의 발전을 도모하고자 하는 공익에 비하여 크다고 볼 수 없다. 따라서 이 사건 연수조항은 법익의 균형성 요건도 갖추었다. 이 사건 연수조항은 청구인의 직업수행의 자유를 침해하지 않는다(헌재 2017.12.28. 2015헌마1000).

ⓜ × 이 사건 법률조항은 리베이트를 금지함으로써 의료기기 가격이 인상되고 환자에게 그 비용이 부당하게 전가되는 것을 방지하고, 의료서비스의 질을 높여 국가의 보호를 받는 국민 보건에 기여하는 한편, 보건의료시장에서 공정하고 자유로운 경쟁을 확보하여 의료기기 유통질서를 투명화하기 위한 것이므로 목적의 정당성이 인정되고, 징역형이라는 제재방법은 리베이트를 효과적으로 억제할 수 있다는 점에서 수단의 적합성도 인정된다. 위반행위에 대한 처벌 수위에 있어서도 구성 요건이 까다로운 기존의 다른 형사처벌 규정에 비해서도 상대적으로 낮은 수준이고, 징역형을 규정하면서 벌금형도 선택적으로 규정하고 있어 지나치게 과중한 형벌을 규정하고 있다고 볼 수 없는 점 등을 고려하면 침해의 최소성 및 법익의 균형성도 인정되므로 과잉금지원칙에 위배되어 직업의 자유를 침해한다고 할 수 없다(헌재 2015.11.26. 2014헌바299).

ⓑ ○ 심판대상조항은 의료기기의 효율적인 관리를 통하여 보건위생상의 위해요소를 사전에 차단함으로써 국민의 생명권과 건강권을 보호하고 국민의 보건에 관한 국가의 보호의무를 이행하기 위한 것으로 입법목적의 정당성이 인정되고, 품목허가를 받지 아니한 의료기기를 수입한 행위를 형사처벌 하도록 한 것은 위와 같은 입법목적을 달성하기 위한 적절한 수단이다. … 따라서 심판대상조항은 과잉금지원칙에 위배되어 의료기기 수입업자의 직업수행의 자유를 침해하지 아니한다(헌재 2015.7.30. 2014헌바6).

정답 ②

15 직업의 자유에 대한 설명으로 옳은 것은? (다툼이 있는 경우 판례에 의함) *〈2015 지방직 7급〉*

① 우리 헌법사에서 직업의 자유는 1960년 제3차 개정헌법에서부터 명문화되었다.

② 직업의 자유 중 직장선택의 자유는 국민의 권리가 아닌 인간의 권리로 보아야 할 것이므로 외국인도 제한적으로 주체가 된다.

③ 식품이나 식품의 용기·포장에 '음주전후' 또는 '숙취해소'라는 표시를 금지하는 것은 음주를 조장하는 내용에 정당한 금지로 영업의 자유를 침해하지 아니한다.

④ 「법학전문대학원 설치·운영에 관한 법률」이 인가주의와 총 입학정원주의를 정하고 있는 것은 대학의 자율성과 국민의 직업선택의 자유를 침해하는 것이다.

해설

① × 직업의 자유는 경제적인 생활영역에서 개인의 인격발현을 목적으로 하며 자유주의적 경제사회질서의 요소가 되는 기본권으로 바이마르 헌법이 최초로 명문화하였다. 우리나라에서는 제3공화국 헌법에서 직업선택의 자유를 처음으로 규정하였다. 제3공화국 헌법 전까지는 직업의 자유의 헌법적 근거를 거주·이전의 자유에서 찾았다.

② ○ 직업의 자유 중 이 사건에서 문제되는 직장선택의 자유는 인간의 존엄과 가치 및 행복추구권과도 밀접한 관련을 가지는 만큼 단순히 국민의 권리가 아닌 인간의 권리로 보아야 할 것이므로 외국인도 제한적으로라도 직장선택의 자유를 향유할 수 있다고 보아야 한다(헌재 2011.9.29. 2007헌마1083 등).

③ × 식품에 숙취해소 작용이 있음에도 불구하고 이러한 표시를 금지하면 숙취해소용 식품에 관한 정확한 정보 및 제품의 제공을 차단함으로써 숙취해소의 기회를 국민으로부터 박탈하게 될 뿐만 아니라, 보다 나은 숙취해소용 식품을 개발하기 위한 연구와 시도를 차단하는 결과를 초래하므로, 위 규정은 숙취해소용 식품의 제조·판매에 관한 영업의 자유 및 광고표현의 자유를 과잉금지원칙에 위반하여 침해하는 것이다. 특히 청구인들은 "숙취해소용 천연차 및 그 제조방법"에 관하여 특허권을 획득하였음에도 불구하고 위 규정으로 인하여 특허권자인 청구인들조차 그 특허발명제품에 "숙취해소용 천연차" 라는 표시를 하지 못하고 "천연차"라는 표시만 할 수밖에 없게 됨으로써 청구인들의 헌법상 보호받는 재산권인 특허권도 침해되었다(헌재 2000.3.30. 99헌마143).

④ × 이 사건 법률 제5조 제2항, 제6조 제1항, 제7조 제1항은 수급상황에 맞게 법조 인력의 배출규모를 조절하고 이를 통해 국가인력을 효율적으로 운용하고자 함에 그 목적이 있는바, 위 조항에 의한 인가주의 및 총 입학정원주의는 이러한 목적을 달성함에 있어 적절한 수단이며, 현재 법학전문대학원 설치인가를 받지 못한 대학이 법학전문대학원을 설치할 수 있는 기회를 영구히 박탈당하는 것은 아니며 학사과정운영을 통해 법학교육의 기회를 유지할 수 있으므로 위 조항들이 피해최소성의 원칙에 위배되지도 아니한다. … 따라서 이 사건 법률조항은 대학의 자율성과 국민의 직업선택의 자유를 침해하지 아니한다(헌재 2009.2. 26. 2008헌마370 등).

정답 ②

16 **직업선택의 자유에 관한 다음 설명 중 가장 옳지 않은 것은? (다툼이 있는 경우 헌법재판소 결정에 의함)** *〈2015 법원직 9급〉*

① 헌법은 개인이 국가의 간섭을 받지 아니하고 원하는 직업을 자유롭게 선택하는 '직업선택의 자유'뿐만 아니라 선택한 직업을 자신이 원하는 대로 자유롭게 수행할 수 있는 '직업수행의 자유'를 보장한다.

② 어떤 직업의 수행을 위한 전제요건으로서 일정한 주관적 요건을 갖춘 자에게만 그 직업에 종사할 수 있도록 직업선택의 자유를 제한하는 경우에는, 주관적 요건 자체가 그 제한목적과 합리적인 관계가 있어야 한다.

③ 입법자는 어떠한 직업분야에 관한 자격제도를 만들면서 그 자격요건 내지 결격사유를 어떻게 설정할 것인가에 관하여 폭넓은 입법재량을 갖는다.

④ 입법자가 설정한 자격요건을 구비하여 자격을 부여받은 자에게 사후적으로 결격사유가 발생하면, 입법자는 당연히 그 자격을 박탈할 수 있다.

해설

① ○ 헌법은 제15조에서 "모든 국민은 직업선택의 자유를 가진다."고 하여 직업의 자유를 보장하고 있다. 여기에는 개인이 국가의 간섭을 받지 아니하고 원하는 직업을 자유롭게 선택하는 '직업선택의 자유' 뿐만 아니라 선택한 직업을 자신이 원하는 대로 자유롭게 행사할 수 있는 '직업수행의 자유'가 포함된다(헌재 2006.1.26. 2005헌마424).

② ○ 일반적으로 직업선택의 자유를 제한함에 있어, 어떤 직업의 수행을 위한 전제요건으로서 일정한 주관적 요건을 갖춘 자에게만 그 직업에 종사할 수 있도록 제한하는 경우에는, 이러한 주관적 요건을 갖추도록 요구하는 것이, 누구에게나 제한 없이 그 직업에 종사하도록 방임함으로써 발생할 우려가 있는 공공의 손실과 위험을 방지하기 위한 적절한 수단이고, 그 직업을 희망하는 모든 사람에게 동일하게 적용되어야 하며, 주관적 요건 자체가 그 제한목적과 합리적인 관계가 있어야 한다는 비례의 원칙이 적용되어야 할 것이다(헌재 1995.6.29. 90헌바43).

③ ○

④ × 비록 어떠한 직업분야에 관한 자격제도를 만들면서 그 자격요건 내지 결격사유를 어떻게 설정할 것인가에 관하여 입법자에게 폭넓은 입법재량이 인정되기는 하나, 일단 자격요건을 구비하여 자격을 부여받았다면 사후적으로 결격사유가 발생했다고 해서 당연히 그 자격을 박탈할 수 있는 것은 아니다. 국가가 설정한 자격요건을 구비하지 못했다는 이유로 일정한 자격을 부여하지 않더라도 해당자가 잃는 이익이 크다고 볼 수 없는 반면 그러한 자격을 일단 취득하여 직업 활동을 영위해 오고 있는 자의 자격을 상실시킬 경우 장기간 쌓아온 지위를 박탈하는 것으로서 그 불이익이 중대할 수 있기 때문이다(헌재 2014.1.28. 2011헌바252).

정답 ④

17 **직업의 자유에 관한 다음 설명 중 가장 옳지 않은 것은? (다툼이 있는 경우 헌법재판소 결정에 의함)** *〈2016 법원직 9급〉*

① 헌법 제15조에 따라 모든 국민은 직업의 자유를 가지지만, 국가는 국민의 신체와 재산의 보호와 밀접한 관련이 있는 직업들에 대해서는 공공의 이익을 위해 그 직업의 수행에 필요한 자격제도를 둘 수 있으며, 이때 그 구체적인 자격제도의 형성에 있어서는 입법자에게 광범위한 입법형성권이 인정되고, 다만 입법자가 합리적인 이유 없이 자의적으로 자격제도의 내용을 형성한 경우에만 그 자격제도가 헌법에 위반된다고 할 수 있다.

② 헌법 제15조가 규정하는 직업선택의 자유는 자신이 원하는 직업을 자유롭게 선택하는 좁은 의미의 '직업선택의 자유'와 그가 선택한 직업을 자기가 원하는 방식으로 자유롭게 수행할 수 있는 '직업수행의 자유'를 포함하는 직업의 자유를 의미한다.

③ 직업선택의 자유와 직업수행의 자유는 기본권 주체에 대한 그 제한의 효과가 다르기 때문에 제한에 있어서 적용되는 기준도 다르며, 특히 직업수행의 자유에 대한 제한의 경우 인격발현에 대한 침해의 효과가 일반적으로 직업선택 그 자체에 대한 제한에 비하여 작기 때문에 그에 대한 제한은 폭넓게 허용된다.

④ 직업의 자유를 제한함에 있어서도 다른 기본권과 마찬가지로 헌법 제37조 제2항에서 정한 과잉금지의 원칙은 준수되어야 하므로, 직업수행의 자유를 제한하는 법령에 대한 위헌 여부를 심사하는 데 있어서 좁은 의미의 직업선택의 자유에 비하여 다소 완화된 심사기준을 적용할 수는 없다.

해설

① ○ 헌법 제15조에 따라 모든 국민은 직업의 자유를 가지지만, 국가는 국민의 신체와 재산의 보호와 밀접한 관련이 있는 직업들에 대해서는 공공의 이익을 위해 그 직업의 수행에 필요한 자격제도를 둘 수 있으며, 이 때 그 자격제도를 구체적으로 어떻게 형성할 것인지는 그 직업에 요구되는 전문적인 능력이나 자질, 그 직업에 대한 사회적 수요와 공급 상황 기타 여러 사회·경제적 여건을 종합적으로 고려하여 판단할 사항이다. 따라서 구체적인 자격제도의 형성에 있어서는 입법자에게 광범위한 입법형성권이 인정되며, 입법자가 합리적인 이유 없이 자의적으로 자격제도의 내용을 규정한 것으로 인정되는 경우에만 그 자격제도가 헌법에 위반된다고 할 수 있다(헌재 2007.5.31. 2006헌마646).

② ○ 헌법 제15조에 의한 직업선택의 자유는 자신이 원하는 직업을 자유롭게 선택하는 좁은 의미의 직업선택의 자유와 그가 선택한 직업을 자기가 원하는 방식으로 자유롭게 수행할 수 있는 직업수행의 자유를 포함하는 직업의 자유를 뜻한다(헌재 1998.3.26. 97헌마194).

③ ○ 직업선택의 자유와 직업행사의 자유는 기본권주체에 대한 그 제한의 효과가 다르기 때문에 제한에 있어서 적용되는 기준도 다르며, 특히 직업행사의 자유에 대한 제한의 경우 인격발현에 대한 침해의 효과가 일반적으로 직업선택 그 자체에 대한 제한에 비하여 작기 때문에, 그에 대한 제한은보다 폭넓게 허용된다고 할 수 있다(헌재 2002.12.18. 2000헌마764).

④ × 헌법재판소는 직업수행의 자유는 입법자의 재량의 여지가 많은 것으로, 그 제한을 규정하는 법령에 대한 위헌 여부를 심사하는데 있어서 좁은 의미의 직업선택의 자유에 비하여 상대적으로 폭넓은 법률상의 규제가 가능한 것으로 보아 다소 완화된 심사기준을 적용하여 왔다(헌재 2007.2.22. 2003헌마428 등).

정답 ④

18 직업의 자유에 대한 설명으로 옳지 않은 것은? (다툼이 있는 경우 헌법재판소 판례에 의함)

〈2017 국회직 5급〉

① 직업교육장 선택의 자유는 직업의 자유에 포함된다.

② 개인이 다수의 직업을 선택하여 동시에 행사하는 겸직의 자유는 직업의 자유에 포함된다.

③ 대학생이 방학기간 또는 휴학 중에 학비를 벌기 위하여 학원 강사로 일하는 행위는 직업의 자유의 보호영역에 해당한다.

④ 지방공무원의 의사에 반하는 타 지방자치단체로의 전출명령은 직업의 자유를 침해하지 않는다.

⑤ 외국인근로자의 사업장 이동을 3회로 제한하는 것은 직업의 자유를 침해하지 않는다.

해설

① ○ 직업선택의 자유에는 자신이 원하는 직업 내지 직종에 종사하는데 필요한 전문지식을 습득하기 위한 직업교육장을 임의로 선택할 수 있는 '직업교육장 선택의 자유'도 포함된다(헌재 2009.2.26. 2007헌마1262).

② ○ 헌법 제15조는 모든 국민은 직업선택의 자유를 가진다고 규정하고 있는데 그 뜻은 누구든지 자기가 선택한 직업에 종사하여 이를 영위하고 언제든지 임의로 그것을 바꿀 수 있는 자유와 여러 개의 직업을 선택하여 동시에 함께 행사할 수 있는 자유, 즉 겸직의 자유도 가질 수 있다는 것이다(헌재 1997.4.24. 95헌마90).

③ ○ 직업의 자유에 의한 보호의 대상이 되는 '직업'은 '생활의 기본적 수요를 충족시키기 위한 계속적 소득활동'을 의미하며 그러한 내용의 활동인 한 그 종류나 성질을 묻지 아니한다. … 위에서 살펴본 '직업'의 개념에 비추어 보면 비록 학업 수행이 청구인과 같은 대학생의 본업이라 하더라도 방학기간을 이용하여 또는 휴학 중에 학비 등을 벌기 위해 학원 강사로서 일하는 행위는 어느 정도 계속성을 띤 소득활동으로서 직업의 자유의 보호영역에 속한다고 봄이 상당하다(헌재 2003.9.25. 2002헌마519).

④ × 「지방공무원법」 제29조의3은 "지방자치단체의 장은 다른 지방자치단체의장의 동의를 얻어 그 소속 공무원을 전입할 수 있다"라고만 규정하고 있어. 이러한 전입에 있어 지방공무원 본인의 동의가 필요한지에 관하여 다툼의 여지없이 명백한 것은 아니나, 위 법률조항을 해당 지방공무원의 동의 없이도 지방자치단체의 장 사이의 동의만으로 지방공무원에 대한 전출 및 전입명령이 가능하다고 풀이하는 것은 헌법적으로 용인되지 아니하며, 헌법 제7조에 규정된 공무원의 신분보장 및 헌법 제15조에서 보장하는 직업선택의 자유의 의미와 효력에 비추어 볼 때 위 법률조항은 해당 지방공무원의 동의가 있을 것을 당연한 전제로 하여 그 공무원이 소속된 지방자치단체의 장의 동의를 얻어서만 그 공무원을 전입할 수 있음을 규정하고 있는 것으로 해석하는 것이 타당하고, 이렇게 본다면 인사교류를 통한 행정의 능률성이라는 입법목적도 적절히 달성할 수 있을 뿐만 아니라 지방공무원의 신분보장이라는 헌법적 요청도 충족할 수 있게 된다(헌재 2002.11.28. 98헌바101 등).

⑤ ○ 이 사건 법률조항은 외국인근로자의 무분별한 사업장 이동을 제한함으로써 내국인근로자의 고용기회를 보호하고 외국인근로자에 대한 효율적인 고용관리로 중소기업의 인력수급을 원활히 하여 국민경제의 균형 있는 발전이 이루어지도록 하기 위하여 도입된 것이다. … 이 사건 법률조항은 청구인들의 직장선택의 자유를 침해하지 아니한다(헌재 2011.9.29. 2007헌마1083 등).

정답 ④

19 직업의 자유에 관한 설명 중 가장 적절하지 않은 것은? (다툼이 있는 경우 판례에 의함)

〈2022 경정승진〉

① 직업선택의 자유에는 직업결정의 자유, 직업종사(직업수행)의 자유, 전직의 자유 등이 포함된다.

② 직장선택의 자유는 개인이 선택한 직업분야에서 구체적인 취업의 기회를 가지거나, 이미 형성된 근로관계를 계속 유지하거나 포기하는 데에 있어 국가의 방해를 받지 않는 자유로운 선택·결정을 보호하는 것을 내용으로 하는바, 이 기본권은 원하는 직장을 제공하여 줄 것을 청구하거나 한번 선택한 직장의 존속보호를 청구할 권리를 보장하며, 사용자의 처분에 따른 직장상실로부터 보호하여 줄 것을 청구할 권리도 보장한다.

③ 경쟁의 자유는 기본권의 주체가 직업의 자유를 실제로 행사하는 데에서 나오는 결과이므로 당연히 직업의 자유에 의하여 보장되고, 다른 기업과의 경쟁에서 국가의 간섭이나 방해를 받지 않고 기업활동을 할 수 있는 자유를 의미한다.

④ 헌법 제15조에서 보장하는 '직업'이란 생활의 기본적 수요를 충족시키기 위하여 행하는 계속적인 소득활동을 의미하는바, 성매매는 그것이 가지는 사회적 유해성과는 별개로 성판매자의 입장에서 생활의 기본적 수요를 충족하기 위한 소득활동에 해당함은 부인할 수 없으므로, 성매매를 한 자를 형사처벌하는 「성매매알선등 행위의 처벌에 관한 법률」 조항은 성판매자의 직업선택의 자유를 제한한다.

해설

① ○ 헌법 제15조의 직업선택의 자유에는 직업결정의 자유, 직업종사(직업수행)의 자유, 전직의 자유 등이 포함되지만, 직업결정의 자유나 전직의 자유에 비하여 직업종사(직업수행)의 자유에 대하여서는 상대적으로 더욱 넓은 법률상의 규제가 가능하다. 따라서 다른 기본권의 경우와 마찬가지로 국가안전보장·질서유지 또는 공공복리를 위하여 필요한 경우에는 법률로써 이를 제한 할 수 있고, 그 제한의 정도는 필요·최소한에 그쳐야 하는 것이다(헌재 1999.9.16. 96헌마39).

② × 직장선택의 자유는 개인이 그 선택한 직업분야에서 구체적인 취업의 기회를 가지거나, 이미 형성된 근로관계를 계속 유지하거나 포기하는 데에 있어 국가의 방해를 받지 않는 자유로운 선택·결정을 보호하는 것을 내용으로 한다. 그러나 이 기본권은 원하는 직장을 제공하여 줄 것을 청구하거나 한번 선택한 직장의 존속보호를 청구할 권리를 보장하지 않으며, 또한 사용자의 처분에 따른 직장 상실로부터 직접 보호하여 줄 것을 청구할 수도 없다(헌재 2002.11.28. 2001헌바50).

③ ○ 직업의 자유는 영업의 자유와 기업의 자유를 포함하고, 이러한 영업 및 기업의 자유를 근거로 원칙적으로 누구나가 자유롭게 경쟁에 참여할 수 있다. 경쟁의 자유는 기본권의 주체가 직업의 자유를 실제로 행사하는데에서 나오는 결과이므로 당연히 직업의 자유에 의하여 보장되고, 다른 기업과의 경쟁에서 국가의 간섭이나 방해를 받지 않고 기업활동을 할 수 있는 자유를 의미한다(헌재 1996.12.26. 96헌가18).

④ ○ 헌법 제15조에서 보장하는 '직업'이란 생활의 기본적 수요를 충족시키기 위하여 행하는 계속적인 소득활동을 의미하고, 성매매는 그것이 가지는 사회적 유해성과는 별개로 성판매자의 입장에서 생활의 기본적 수요를 충족하기 위한 소득활동에 해당함을 부인할 수 없다 할 것이므로, 심판대상조항은 성판매자의 직업선택의 자유도 제한하고 있다. … 따라서 심판대상조항은 개인의 성적 자기결정권, 사생활의 비밀과 자유, 직업선택의 자유를 침해하지 아니한다(헌재 2016.3.31. 2013헌가2).

정답 ②

20 직업의 자유에 관한 설명 중 가장 적절하지 않은 것은? (다툼이 있는 경우 판례에 의함)

〈2020 경정승진〉

① 유치원 주변 학교환경위생 정화구역에서 성관련 청소년유해물건을 제작·생산·유통하는 청소년유해업소를 예외 없이 금지하는 구「학교보건법」 관련조항은 직업의 자유를 침해한 것이다.

② 연락운송 운임수입의 배분에 관한 협의가 성립되지 아니한 때에는 당사자의 신청을 받아 국토교통부장관이 결정한다는 「도시철도법」 규정은 도시철도운영자들의 「행정절차법」에 따른 의견 제출이 가능하고 국토부장관의 전문성과 객관성도 인정되므로 운임수입 배분에 관한 별도의 위원회를 구성하지 않는다 하더라도 직업수행의 자유를 침해하지 않는다.

③ 개인이 다수의 직업을 선택하여 동시에 행사하는 겸직의 자유는 직업의 자유에 포함된다.

④ 청원경찰이 법원에서 금고 이상의 형의 선고유예를 받은 경우 당연퇴직하도록 규정한 조항은 청원경찰의 직업의 자유를 침해한다.

해설

① × 이 사건 법률조항들은 유치원 주변 및 아직 유아 단계인 청소년을 유해한 환경으로부터 보호하고 이들의 건전한 성장을 돕기 위한 것으로 그 입법목적이 정당하고, 이를 위해서 유치원 주변의 일정구역 안에서 해당업소를 절대적으로 금지하는 것은 그러한 유해성으로부터 청소년을 격리하기 위하여 필요·적절한 방법이며, 그 범위가 유치원 부근 200미터 이내에서 금지되는 것에 불과하므로, 청구인들의 직업의 자유를 침해하지 아니한다(헌재 2013.6.27. 2011헌바8 등).

② ○ 국토교통부장관은 도시철도운영자에 대한 감독 및 조정기능을 담당하는 주무관청으로서 전문성과 객관성을 갖추고 있고, 당사자들은 행정절차법에 따라 의견 제출이 가능하며, 공청회를 통한 의견 수렴도 가능하므로, 심판대상조항이 별도의 위원회를 구성하여 그 판단을 받도록 규정하지 않았다는 사정만으로 기본권을 덜 제한하는 수단을 간과하였다고 보기 어렵다. … 심판대상조항으로 인해 제한되는 직업수행의 자유는 도시철도운영자 등이 연락운송 운임수입 배분을 자율적으로 정하지 못한다는 성노에 그치나, 이를 동해 달성되는 공익은 도시교통 이용자의 편의 증진에 이바지하는 것으로서 위와 같은 불이익에 비하여 더 중대하다. 따라서 심판대상조항은 과잉금지원칙을 위반하여 도시철도운영자 등의 직업수행의 자유를 침해하였다고 볼 수 없다(헌재 2019.6.28. 2017헌바135).

③ ○ 헌법 제15조는 모든 국민은 직업선택의 자유를 가진다고 규정하고 있는데 그 뜻은 누구든지 자기가 선택한 직업에 종사하여 이를 영위하고 언제든지 임의로 그것을 바꿀 수 있는 자유와 여러 개의 직업을 선택하여 동시에 함께 행사할 수 있는 자유, 즉 겸직의 자유도 가질 수 있다는 것이다(헌재 1997.4.24. 95헌마90).

④ ○ 심판대상조항은 청원경찰이 저지른 범죄의 종류나 내용을 불문하고 금고 이상의 형의 선고유예를 받게 되면 당연히 퇴직되도록 규정함으로써 청원경찰에게 공무원보다 더 가혹한 제재를 가하고 있으므로, 침해의 최소성 원칙에 위배된다. 심판대상조항은 청원경찰이 저지른 범죄의 종류나 내용을 불문하고 범죄행위로 금고 이상의 형의 선고유예를 받게 되면 당연히 퇴직되도록 규정함으로써 그것이 달성하려는 공익의 비중에도 불구하고 청원경찰의 직업의 자유를 과도하게 제한하고 있어 법익의 균형성 원칙에도 위배된다. 따라서 심판대상조항은 과잉금지원칙에 반하여 직업의 자유를 침해한다(헌재 2018.1.25. 2017헌가26).

정답 ①

21 직업선택의 자유와 관련된 헌법재판소의 판시내용으로 가장 적절하지 않은 것은? *〈2015 경정승진〉*

① 안경사의 안경제조행위 및 그 전제가 되는 도수측정행위를 허용하는 것은 안과의사의 의료권과 직업선택의 자유를 침해하는 것이 아니다.

② 초·중·고등학교 등 학교환경위생정화구역 안에서 노래연습장의 설치를 제한하는 것은 직업선택의 자유에 대한 과도한 침해이다.

③ 건설업자가 명의대여행위를 한 경우 그 건설업 등록을 필요적으로 말소하도록 규정한 것은 직업수행의 자유 및 재산권을 침해한다고 할 수 없다.

④ 청소년의 보호를 위하여 담배자판기 설치의 제한은 반드시 요하다고 할 것이고 이로 인하여 담배소매인의 직업수행의 자유가 다소 제한되더라도 법익형량의 원리상 감수되어야 할 것이다.

해설

① ○ 의료기사법 및 동 법시행령에 의하여 인정되는 안경사의 업무인 안경조제행위 및 그 전제가 되는 도수측정행위는 국민의 보건 및 의료향상행위로서 그것은 의료법 소정의 의료행위와는 별개의 법령에 의하여 안경사에 허용된 업무행위이며 의료법을 근거로 해서 그 가부를 논할 성질의 것이 아닐뿐더러, 안경사에게 허용된 자동굴절기기를 사용하여 하는 안경의 조제 판매까지 안과의사가 전담하는 것이 공익상 필수적인 것이라고 하기는 어렵고, 이 사건에서 문제된 직업수행의 영역조정은 일반 공익과의 비교형량문제로서 입법자의 합리적 재량에 속하는 문제라 할 것이므로 안경사에게 한정된 범위 내의 시력검사를 허용하고 있는 심판대상규정(의료기사법 시행령 제2조 제1항 제8호)이 안과의사의 전문적인 의료영역을 정면으로 침해하는 것이라고 할 수는 없고, 나아가 그 규정이 청구인의 직업선택(수행)의 자유를 침해하는 것이라고도 보기 어렵다(헌재 1993.11.25. 92헌마87).

② × 이 사건 시행령조항은 학교보건법 소정의 학교환경위생정화구역 안에서 노래연습장 시설을 못하게 하여 노래연습장으로 인하여 청소년 학생이 학습을 소홀히 하는 것을 막고 노래연습장의 유해환경으로부터 학생들을 차단, 보호하여 학교교육의 능률화를 기하려는 것으로서 그 입법목적이 정당하고, 따라서 이 사건 시행령조항은 직업선택의 자유와 행복추구권으로부터 파생되는 일반적 행동자유권을 침해한 것으로 볼 수 없다(헌재 1999.7.22. 98헌마480 등).

③ ○ 건설업자가 명의대여행위를 한 경우 그 건설업 등록을 필요적으로 말소하도록 한 이 사건 법률조항은 건설업등록제도의 근간을 유지하고 부실공사를 방지하여 국민의 생명과 재산을 보호하려는 것으로 그 목적의 정당성이 인정되고, 명의대여행위가 국민의 생명과 재산에 미치는 위험과 그 위험 방지의 긴절성을 고려할 때 반드시 필요하며, 또한 등록이 말소된 후에도 5년이 경과하면 다시 건설업등록을 할 수 있도록 하는 등 기본권 제한을 완화하는 규정을 두고 있음을 고려하면 피해최소성의 원칙에도 부합될 뿐 아니라, 유기적 일체로서의 건설공사의 특성으로 말미암아 경미한 부분의 명의대여행위라도 건축물 전체의 부실로 이어신다는 섬을 고려할 때 이로 인해 명의대여행위를 한 건설업자가 더 이상 건설업을 영위하지 못하는 등 손해를 입는다고 하더라도 이를 두고 침해되는 사익이 더 중대하다고 할 수는 없으므로 청구인의 직업수행의 자유 및 재산권을 침해한다고 할 수 없다(헌재 2001.3.21. 2000헌바27).

④ ○ 자동판매기를 통한 담배판매는 구입자가 누구인지를 분별하는 것이 곤란하여 청소년의 담배구입을 막기 어렵고, 또 그 특성상 판매자와 대면하지 않는 익명성, 비노출성으로 인하여 청소년으로 하여금 심리적으로 담배구입을 용이하게 하고, 주야를 불문하고 언제라도 담배구입을 가능하게 하며, 청소년이 쉽게 볼 수 있는 장소에 설치됨으로써 청소년에 대한 흡연유발효과도 매우 크다고 아니할 수 없으므로, 청소년의 보호를 위하여 자판기설치의 제한은 반드시 필요하다고 할 것이고, 이로 인하여 담배소매인의 직업수행의 자유가 다소 제한되더라도 법익형량의 원리상 감수되어야 할 것이다(헌재 1995.4.20. 92헌마264 등).

정답 ②

22 **직업의 자유에 대한 설명으로 옳은 것은? (다툼이 있는 경우 판례에 의함)** *〈2018 국회직 9급〉*

① 택시운전자격을 취득한 사람이 강제추행 등 성범죄를 범하여 금고 이상의 형의 집행유예를 선고받은 경우 그 자격을 취소하도록 규정한 「여객자동차 운수사업법」 관련 조항은 과잉금지원칙에 위배되어 직업의 자유를 침해한다.

② 세무사 자격 보유 변호사로 하여금 세무사로서 세무사의 업무를 할 수 없도록 규정한 「세무사법」 관련 조항은 세무사 자격 보유 변호사의 직업선택의 자유를 침해하지 않는다.

③ 청원경찰이 금고 이상의 형의 선고유예를 받은 경우 당연 퇴직되도록 규정한 「청원경찰법」 관련 조항은 청원경찰이 저지른 범죄의 종류나 내용에 따른 적절한 제재로서 청원경찰의 직업의 자유를 침해하는 것이 아니다.

④ 사람을 사상한 후 필요한 조치 및 신고를 하지 아니하여 벌금 이상의 형을 선고 받고 운전면허가 취소된 사람은 운전면허가 취소된 날부터 4년간 운전면허를 받을 수 없도록 하는 「도로교통법」 관련 조항은 운전자의 직업의 자유 및 일반적 행동의 자유를 침해하는 것이다.

⑤ 「성적목적 공공장소 침입죄」로 형을 선고받아 확정된 사람은 그 형의 집행을 종료한 날부터 10년 동안 의료기관을 제외한 아동·청소년 관련기관 등을 운영하거나 위 기관에 취업할 수 없도록 한 「아동·청소년의 성보호에 관한 법률」 관련 조항은 「성적목적 공공장소 침입죄」 전과자의 직업선택의 자유를 침해하는 것이다.

해설

① × 택시를 이용하는 국민을 성범죄 등으로부터 보호하고, 여객운송서비스 이용에 대한 불안감을 해소하며, 도로교통에 관한 공공의 안전을 확보하려는 심판대상조항의 입법목적은 정당하고, 또한 해당 범죄를 범한 택시운송사업자의 운전자격의 필요적 취소라는 수단의 적합성도 인정된다. … 운전자격이 취소되더라도 집행유예기간이 경과하면 다시 운전자격을 취득할 수 있으므로 운수종사자가 받는 불이익은 제한적인 반면, 심판대상조항으로 달성되는 입법목적은 매우 중요하므로, 법익의 균형성 요건도 충족한다. 따라서 심판대상조항은 과잉금지원칙에 위배되지 않는다(헌재 2018.5.31. 2016헌바14 등).

② × 세무사 자격 보유 변호사는 법률에 의해 세무사의 자격을 부여받은 이상 그 자격에 따른 업무를 수행할 자유를 회복한 것이고, 세무사의 업무 중 세법 및 관련 법령에 대한 해석·적용이 필요한 업무에 대한 전문성과 능력이 인정됨에도 불구하고, 심판대상조항이 세무사 자격 보유 변호사에 대하여 세무사로서의 세무대리를 일체 할 수 없도록 전면 금지하는 것은 세무사 자격 부여의 의미를 상실시키는 것일 뿐만 아니라, 세무사 자격에 기한 직업선택의 자유를 지나치게 제한하는 것이다. … 그렇다면, 심판대상조항은 과잉금지원칙을 위반하여 세무사 자격 보유 변호사의 직업선택의 자유를 침해하므로 헌법에 위반된다(헌재 2018.4.26. 2015헌가19).

③ × 심판대상조항은 청원경찰이 저지른 범죄의 종류나 내용을 불문하고 범죄행위로 금고 이상의 형의 선고유예를 받게 되면 당연히 퇴직되도록 규정함으로써 그것이 달성하려는 공익의 비중에도 불구하고 청원경찰의 직업의 자유를 과도하게 제한하고 있어 법익의 균형성 원칙에도 위배된다. 따라서 심판대상조항은 과잉금지원칙에 반하여 직업의 자유를 침해한다(헌재 2018.1.25. 2017헌가26).

④ × 국민의 생명·신체를 보호하고 도로교통에 관련된 공공의 안전을 확보함과 동시에 4년의 운전면허 결격기간이라는 엄격한 제재를 통하여 교통사고 발생 시 구호조치의무 및 신고의무를 이행하도록 하는 예방적 효과를 달성하고자 하는 데 그 입법목적을 가지고 있다. 이러한 입법목적은 정당하고, 그 수단의 적합성 또한 인정된다. … 따라서 심판대상조항은 직업의 자유 및 일반적 행동의 자유를 침해하지 않는다(헌재 2017.12.28. 2016헌바254).

⑤ ○ 위 범죄 전력자 중 재범의 위험성이 없는 자, 위 범죄 전력이 있지만 10년의 기간 안에 재범의 위험성이 해소될 수 있는 자, 범행의 정도가 가볍고 재범의 위험성이 상대적으로 크지 않은 자에게까지 10년 동안 일률적인 취업제한을 하고 있는 것은 침해의 최소성 원칙과 법익의 균형성 원칙에 위배된다. 따라서 취업제한조항은 청구인의 직업선택의 자유를 침해한다(헌재 2016.10.27. 2014헌마709).

정답 ⑤

23 직업의 자유에 대한 설명으로 옳지 않은 것은? (다툼이 있는 경우 판례에 의함) 〈2015 경정승진〉

① 국가기술자격증을 다른 자로부터 빌려 건설업의 등록기준을 충족시킨 경우 그 건설업 등록을 필요적으로 말소하도록 한 법률규정은 건설업자의 직업의 자유를 침해하지 않는다.

② 택시운전자격을 취득한 사람이 강제추행 등 성범죄를 범하여 금고 이상의 형의 집행유예를 선고받은 경우 그 자격을 취소하도록 하는 것은 직업의 자유를 침해한다.

③ 청원경찰이 금고 이상의 형의 선고유예를 받은 경우 당연 퇴직하도록 규정한 「청원경찰법」은 직업의 자유를 침해한다.

④ 현금영수증 의무발행업종 사업자로 하여금 건당 10만 원 이상의 현금거래 시 현금영수증을 의무발급하도록 하고 위반 시 과태료를 부과하는 것은 직업의 자유를 침해하지 않는다.

⑤ 변호인선임서 등을 공공기관에 제출할 때 소속 지방변호사회를 경유하도록 한 법률규정은 변호사의 직업수행의 자유를 침해하지 않는다.

해설

① ○ 건설업 등록제도는 일정한 기술능력을 갖춘 자에 한하여 건설업을 영위할 수 있도록 하는 제도인데, 이는 적정한 시공을 담보할 수 있는 최소한의 요건을 갖춘 건설업자로 하여금 건설공사를 하게 함으로써 부실공사를 방지하고 국민의 생명과 안전을 보호하기 위한 것이다. 그런데 법이 정하는 등록요건인 기술능력을 충족하지 못하게 된 자가 타인의 국가기술자격증을 빌려 건설업 등록을 유지하는 행위는 이러한 등록제도의 취지를 형해화하는 것이고, 그 결과 건설공사의 적정한 시공과 시설물의 안전에 위험을 야기하여 국민의 생명·재산에 돌이킬 수 없는 손해를 초래할 수 있기 때문에, 임의적 등록말소만으로 이러한 위험을 방지하기에 충분하다고 단정하기 어렵다. … 따라서 심판대상조항은 과잉금지원칙에 위배되어 직업의 자유를 침해하지 아니한다(헌재 2016.12.29. 2015헌바429).

② × 택시를 이용하는 국민을 성범죄 등으로부터 보호하고, 여객운송서비스이용에 대한 불안감을 해소하며, 도로교통에 관한 공공의 안전을 확보하려는 심판대상조항의 입법목적은 정당하고, 또한 해당 범죄를 범한 택시운송사업자의 운전자격의 필요적 취소라는 수단의 적합성도 인정된다. … 따라서 심판대상조항은 과잉금지원칙에 위배되지 않는다(헌재 2018.5.31. 2016헌바14 등).

③ ○ 심판대상조항은 청원경찰이 저지른 범죄의 종류나 내용을 불문하고 금고 이상의 형의 선고유예를 받게 되면 당연히 퇴직되도록 규정함으로써 청원경찰에게 공무원보다 더 가혹한 제재를 가하고 있으므로, 침해의 최소성 원칙에 위배된다. 심판대상조항은 청원경찰이 저지른 범죄의 종류나 내용을 불문하고 범죄행위로 금고 이상의 형의 선고유예를 받게 되면 당연히 퇴직되도록 규정함으로써 그것이 달성하려는 공익의 비중에도 불구하고 청원경찰의 직업의 자유를 과도하게 제한하고 있어 법익의 균형성 원칙에도 위배된다. 따라서 심판대상조항은 과잉금지원칙에 반하여 직업의 자유를 침해한다(헌재 2018.1.25. 2017헌가26).

④ ○ 심판대상조항들은 고소득 전문직 사업자 등 고액 현금거래가 많은 업종의 사업자에 대하여 과세표준을 양성화하여 세금탈루를 방지하고 공정한 거래질서를 확립하기 위한 것이다. 입법자가 그 재량으로 과태료를 부과하기로 한 경우에 그 과태료의 액수를 정하는 것 역시 입법재량에 속한다. 현금영수증 미발급액의 50%라는 과태료 부과율은 거래금액에 비례하여 탄력적으로 정하여지고, 고소득 전문직 사업자 등의 종합소득세 세율 등을 감안할 때 이러한 제재가 불합리하게 과중하다고 볼 수 없다. … 심판대상조항들은 직업수행의 자유를 침해하지 아니한다(헌재 2015.7.30. 2013헌바56 등).

⑤ ○ 변호인선임서 등의 지방변호사회 경유제도는 사건브로커 등 수임관련 비리의 근절 및 사건수임 투명성을 위하여 도입된 것으로서 그 입법목적이 정당하고 그 수단도 적절하다. … 변호사법 제29조는 변호사의 직업수행의 자유를 침해하지 아니한다(헌재 2013.5.30. 2011헌마131).

정답 ②

24 직업의 자유에 관한 다음 설명 중 가장 옳지 않은 것은? 〈2019 법원직 9급〉

① 성인대상 성범죄로 형을 선고받아 확정된 자에게 그 형의 집행을 종료한 날로부터 10년 동안 의료기관을 개설하거나 의료기관에 취업할 수 없도록 한 아동·청소년의 성보호에 관한 법률은 직업선택의 자유를 침해한다.

② 보건복지부장관이 치과전문의자격시험제도를 실시할 수 있도록 시행규칙을 마련하지 아니한 행정입법부작위는 전공의 수련과정을 마친 청구인들의 직업의 자유를 침해한 것이다.

③ 운전면허를 받은 사람이 자동차 등을 이용하여 살인 또는 강간 등의 범죄행위를 한 때 운전면허를 취소하도록 규정한 도로교통법은 직업의 자유를 침해한 것이다.

④ 유치원 주변 학교환경위생 정화구역에서 성관련 청소년유해물건을 제작·생산·유통하는 청소년유해업소를 예외 없이 금지하는 학교보건법은 직업의 자유를 침해한 것이다.

해설

① ○ 이 사건 법률조항은 오직 성범죄 전과에 기초해 10년이라는 일률적인 기간 동안 취업제한의 제재를 부과하며, 이 기간 내에는 취업제한 대상자가 그러한 제재로부터 벗어날 수 있는 어떠한 기회도 존재하지 않는 점, 재범의 위험에 대한 사회적 차원의 대처가 필요하다 해도 이 위험의 경중에 대한 고려가 있어야 하는 점 등에 비추어 침해의 최소성 요건을 충족했다고 보기 힘들다. … 이상과 같이 이 사건 법률조항은 그 목적의 정당성, 수단의 적합성이 인정되지만, 침해의 최소성과 법익의 균형성 원칙에 위반되어 청구인들의 직업선택의 자유를 침해한다(헌재 2014.1.28. 2012헌마431등).

② ○ 청구인들은 치과대학을 졸업하고 국가시험에 합격하여 치과의사 면허를 받았을 뿐만 아니라, 전공의수련과정을 사실상 마쳤다. 그런데 현행 의료법과 위 규정에 의하면 치과전문의의 전문 과목은 10개로 세분화되어 있고, 일반치과의까지 포함하면 11가지의 치과의가 존재할 수 있는데도 이를 시행하기 위한 시행규칙의 미비로 청구인들은 일반치과의로서 존재할 수밖에 없는 실정이다. 따라서 이로 말미암아 청구인들은 직업으로서 치과전문의를 선택하고 이를 수행할 자유(직업의 자유)를 침해당하고 있다(헌재 1998.7. 16. 96헌마246).

③ ○ 심판대상조항은 이에 그치지 아니하고 자동차등을 이용하여 살인 또는 강간 등 행정안전부령이 정하는 범죄행위를 하기만 하면 범죄행위의 유형, 운전자의 형사처벌 여부, 자동차등이 이용된 범죄의 경중이나 그 위법성의 정도, 자동차등의 당해 범죄행위에 대한 기여도, 당해 범죄행위에 이르게 된 경위 등 제반사정을 전혀 고려할 여지없이 필요적으로 운전면허를 취소하도록 규정하고 있다. 이에 따라 범죄행위 속에 나타난 운전자의 운전행태나 운전에의 적격성 등에 비추어 볼 때 행정제재를 가할 필요가 없는 경우에도 운전면허를 취소할 수밖에 없게 되었는바, 이는 구체적 사안의 개별성과 특수성을 고려할 수 있는 여지를 일체 배제하여 그와 같은

범죄를 저지르기만 하면 그 위법의 정도나 비난의 정도가 극히 미약한 경우를 포함하여 모든 경우에 운전면허를 취소할 수밖에 없도록 하는 것이어서 지나친 제재에 해당한다. 게다가 필요적 운전면허 취소제도가 반드시 임의적 운전면허 취소제도에 비하여 자동차등을 이용한 범죄의 근절에 실효적이라고 단정하기도 어렵다. 그렇다면 임의적 운전면허 취소 또는 정지제도만으로도 철저한 단속, 엄격한 법집행 등을 함으로써 자동차등을 이용한 범죄의 근절이라는 입법목적을 효과적으로 달성할 수 있다. … 따라서 심판대상조항은 침해의 최소성 원칙에 위반된다. … 따라서 심판대상조항은 직업의 자유 내지 일반적 행동의 자유를 침해하여 헌법에 위반된다(헌재 2015.5.28. 2013헌가6).

④ × 심판대상 조항은 유치원 주변 환경에서 성관련 물건 등 청소년에게 유해한 물건을 취급하는 시설을 금지함으로써 유치원 주변 환경을 쾌적하고 안전하게 보호·유지하고, 이를 통해 아직 신체적·정신적으로 미숙하고성 내지 옳고 그름에 관한 관념이 제대로 형성되어 있지 않은 유아 단계에 있는 청소년을 보호함과 동시에 이들의 건전한 성장을 돕기 위한 것으로 공공복리에 기여하므로 그 입법목적이 정당하다. 성에 관한 올바른 관념이 형성되지 않은 청소년, 특히 그 중에서도 유아 단계의 청소년이 성관련 청소년유해물건을 접하여 성에 관한 왜곡된 인식이 형성될 경우 그 부정적 영향은 크고 장기적일 수 있다. 따라서 유치원이 소재하는 곳으로부터 일정한 범위를 정화구역으로 지정하고, 그 구역 안에서 해당 업소를 절대적으로 금지하는 것은 위와 같은 입법목적을 달성하기 위하여 효과적이고 적절한 방법으로 볼 수 있다. … 그렇다면 심판대상조항이 청구인들의 직업의 자유를 침해하여 위헌이라고 할 수 없다(헌재 2013.6.27. 2011헌바8 등).

정답 ④

25 직업의 자유에 관한 다음 설명 중 가장 옳지 않은 것은? 〈2020 법원직 9급〉

① 게임 결과물의 환전은 게임이용자로부터 게임 결과물을 매수하여 다른 게임이용자에게 이윤을 붙여 되파는 것으로, 게임결과물의 환전업은 헌법 제15조가 보장하고 있는 직업에 해당한다.

② 성매매는 그것이 가지는 사회적 유해성과는 별개로 성판매자의 입장에서 생활의 기본적 수요를 충족하기 위한 소득활동에 해당하므로, 성매매 행위를 처벌하는 것은 성판매자의 직업선택의 자유도 제한하는 것이다.

③ 생활수단성과 관련하여서는 단순한 여가활동이나 취미활동은 직업의 개념에 포함되지 않으나 겸업이나 부업은 삶의 수요를 충족하기에 적합하므로 직업에 해당한다.

④ 금고 이상의 실형을 선고받고 그 집행이 종료된 날부터 3년이 경과되지 않은 경우 중개사무소 개설등록을 취소하도록 한 공인중개사법 조항은 직업선택의 자유를 침해한 것이다.

해설

① ○ 이 사건에서 문제되는 게임 결과물의 환전은 게임이용자로부터 게임 결과물을 매수하여 다른 게임이용자에게 이윤을 붙여 되파는 것으로, 이러한 행위를 영업으로 하는 것은 생활의 기본적 수요를 충족시키는 계속적인 소득활동이 될 수 있으므로, 게임 결과물의 환전업은 헌법 제15조가 보장하고 있는 직업에 해당한다(헌재 2010.2.25. 2009헌바38).

② ○ 헌법 제15조에서 보장하는 '직업'이란 생활의 기본적 수요를 충족시키기 위하여 행하는 계속적인 소득활동을 의미하고, 성매매는 그것이 가지는 사회적 유해성과는 별개로 성판매자의 입장에서 생활의 기본적 수요를 충족하기 위한 소득활동에 해당함을 부인할 수 없다 할 것이므로, 심판대상조항은 성판매자의 직업선택의 자유도 제한하고 있다(헌재 2016.3.31. 2013헌가2).

③ ○ 직업의 개념표지들은 개방적 성질을 지녀 엄격하게 해석할 필요는 없는바, '계속성'과 관련하여서는 주관적으로 활동의 주체가 어느 정도 계속적으로 해당 소득활동을 영위할 의사가 있고, 객관적으로도 그러한 활동이 계속성을 띨 수 있으면 족하다고 해석되므로 휴가기간 중에 하는 일, 수습직으로서의 활동 따위도 이에 포함된다고 볼 것이고, 또 '생활수단성'과 관련하여서는 단순한 여가활동이나 취미활동은 직업의 개념에 포함되지 않으나 겸업이나 부업은 삶의 수요를 충족하기에 적합하므로 직업에 해당한다고 말할 수 있다(헌재 2003.9.25. 2002헌마519).

④ × 심판대상조항은 공인중개사가 부동산 거래시장에서 수행하는 업무의 공정성 및 그에 대한 국민적 신뢰를 확보하기 위한 것으로서 입법목적의 정당성을 인정할 수 있고, 개업공인중개사가 금고 이상의 실형을 선고받는 경우 중개사무소 개설등록을 필요적으로 취소하여 중개업에 종사할 수 없도록 배제하는 것은 위와 같은 입법목적을 달성하는 데 적절한 수단이 된다. … 따라서 심판대상조항은 과잉금지원칙에 반하여 직업선택의 자유를 침해하지 아니한다(헌재 2019.2.28. 2016헌바467).

정답 ④

26 직업의 자유에 대한 제한의 사례 중 헌법재판소가 합헌으로 판단한 것은? (다툼이 있는 경우 헌법재판소 판례에 의함) *〈2018 국회직 5급〉*

① 샘플 화장품을 판매 금지하고 그 위반자에 대해서 형사처벌을 규정한 것

② 지적측량업무를 비영리법인에게만 대행할 수 있도록 하는 것

③ 유치원 주변 학교정화구역 안에서 당구장 설치를 금지하는 것

④ 「마약류 관리에 관한 법률」을 위반하여 금고 이상의 실형을 선고받고, 그 집행이 끝나거나 면제된 날부터 20년이 지나지 않은 것을 택시운송사업의 운전업무 종사자격의 결격사유 및 취소사유로 정한 것

⑤ 성인 대상 성범죄로 형을 선고받아 확정된 자를 그 형의 집행이 종료한 날로부터 10년 동안 아동·청소년 관련 교육기관 등을 운영하거나 위 기관에 취업할 수 없도록 한 것

해설

① ○ 심판대상조항은 일반적으로 화장품 판매 영업을 제한하는 것이 아니라, 처음부터 판매하지 않을 목적으로 제조 또는 수입된 화장품에 대한 판매만을 금지할 뿐이고, 그 수범자도 '소비자에게 화장품을 판매하는 자'로 한정하고 있다. 심판대상조항과 상관없이, 샘플 화장품을 본래 목적인 마케팅 수단으로 무상 제공하는 것은 얼마든지 가능하다. 따라서 심판대상조항은 과잉금지원칙을 위반하여 직업수행의 자유를 침해하지 아니하고, 책임과 형벌 간 비례원칙에도 위배되지 아니한다(헌재 2017.5.25. 2016헌바408).

② × 이 사건 법률조항은 초벌측량을 대행하려면 비영리법인을 설립하도록 강제하고 있는바, 그러한 요건은 그 비영리법인의 주된 목적사업인 지적측량이란 결국 「지적법」 제50조 제1항에 따라 토지소유자로부터 지적측량수수료를 직접 납부 받는 초벌측량을 뜻하는바 초벌측량은 지적측량수수료를 대가로 한 수익사업이므로 비영리법인이 추구할 목적사업 자체가 될 수 없다는 의미에서 측량성과의 정확성을 확보한다는 입법목적 달성과는 무관한 수단으로 보이고, … 나아가 그 입법목적에 비추어 볼 때 직업선택의 자유를 제한당하는 청구인 등 지적기술자의 기본권과의 법익의 균형성도 현저하게 상실하고 있으므로, 과잉금지의 원칙에 위배되는 위헌적인 법률이다(헌재 2002.5.30. 2000헌마81).

③ × 유치원 주변에 당구장시설을 허용한다고 하여도 이로 인하여 유치원생이 학습을 소홀히 하거나 교육적으로 나쁜 영향을 받을 위험성이 있다고 보기 어려우므로, 유치원 및 이와 유사한 교육기관의 학교환경위생정화구역 안에서 당구장시설을 하지 못하도록 기본권을 제한하는 것은 입법목적의 달성을 위하여 필요하고도 적정한 방법이라고 할 수 없어 역시 기본권 제한의 한계를 벗어난 것이다(헌재 1997.3.27. 94헌마196 등).

④ × 일정한 자격제도의 일부를 형성하고 있는 법령에서 결격사유 또는 취소사유의 적용기간을 얼마로 할 것인지에 대해서는 기본적으로 입법자의 입법재량이 인정되는 부분임을 감안하더라도, 20년이라는 기간은 좁게는 여객자동차운송사업과 관련된 결격사유 또는 취소사유를 규정하는 법률에서, 넓게는 기타 자격증 관련 직업의 결격사유 또는 취소사유를 규율하는 법률에서도 쉽게 찾아보기 어려운 긴 기간으로, 택시운송사업 운전업무 종사자의 일반적인 취업 연령이나 취업 실태에 비추어볼 때 실질적으로 해당 직업의 진입 자체를 거의 영구적으로 막는 것에 가까운 효과를 나타내며, 타 운송수단 대비 택시의 특수성을 고려하더라도 지나치게 긴 기간이라 할 수 있다. … 따라서 심판대상조항은 청구인들의 직업선택의 자유를 침해한다(헌재 2015.12.23. 2014헌바446 등).

⑤ × 이 사건 취업제한 조항은 아동·청소년대상 성범죄 전력에 기초하여 어떠한 예외도 없이 그 대상자가 재범의 위험성이 있다고 간주하여 일률적으로 아동·청소년 관련기관 등의 취업 등을 10년간 금지하고 있는 점, … 이 사건 취업제한 조항이 범죄행위의 유형이나 구체적 태양 등을 고려하지 않은 채 범행의 정도가 가볍고 재범의 위험성이 상대적으로 크지 않은 자에게까지 10년 동안 일률적인 취업제한을 부과하고 있는 점 등을 종합하면, 이 사건 취업제한 조항은 침해의 최소성 원칙에 위배된다. … 따라서 이 사건 취업제한 조항은 청구인의 직업선택의 자유를 침해한다(헌재 2016.4.28. 2015헌마98).

정답 ①

27 직업의 자유에 대한 설명으로 옳은 것은? (다툼이 있는 경우 헌법재판소 판례에 의함)

〈2017 국가직 7급〉

① 운전면허를 받은 사람이 다른 사람의 자동차를 훔친 경우 운전면허를 필요적으로 취소하게 하는 것은, 자동차 운행과정에서 야기될 수 있는 교통상 위험과 장해를 방지함으로써 안전하고 원활한 교통을 확보하기 위한 것으로서, 자동차 절도라는 불법의 정도에 상응하는 제재수단에 해당하여 직업의 자유를 침해하지 않는다.

② 허위로 진료비를 청구해서 환자나 진료비 지급기관 등을 속여 사기죄로 금고 이상 형을 선고받고 그 형의 집행이 종료되지 아니하였거나 집행을 받지 않기로 확정되지 않은 의료인에 대하여 필요적으로 면허를 취소하도록 하는 것은, 의료인이 의료관련범죄로 인하여 형사처벌을 받는 경우 당해 의료인에 대한 국민의 신뢰가 손상될 수 있는 것을 방지하기 위한 것이지만, 의료인의 불법의 정도에 상응하는 제재수단을 선택할 수 있도록 임의적 면허취소 내지 면허정지를 규정해도 충분히 목적 달성이 가능하므로, 과도하게 의료인의 직업의 자유를 침해하는 것이다.

③ 마약류 관리에 관한 법률을 위반하여 금고 이상의 실형을 선고받고, 그 집행이 끝나거나 면제된 날부터 20년이 지나지 않은 것을 택시운송사업의 종사자격의 결격사유 및 취소사유로 정하는 것은, 국민의 생명, 신체, 재산을 보호하고 시민들의 택시이용에 대한 불안감을 해소하며 도로교통에 관한 공공안전을 확보하기 위한 것으로서, 택시의 특수성을 고려하면 장기간 동안 택시운송사업의 종사자격을 제한하는 것은 직업의 자유를 침해하지 아니한다.

④ 법인의 임원이 「학원의 설립·운영 및 과외교습에 관한 법률」을 위반하여 벌금형을 선고받은 경우 법인에 대한 학원설립·운영 등록이 효력을 잃도록 한 법률규정은, 학원을 설립하고 운영하는 법인에게 지나치게 과중한 부담을 지우고 있고, 이로 인하여 법인의 등록이 실효되면 해당 임원이 더 이상 임원직을 수행할 수 없게 될 뿐만이 아니라, 갑작스러운 수업의 중단으로 학습자 역시 불측의 피해를 입을 수밖에 없게 되어 학원법인의 직업수행의 자유를 침해한다.

해설

① × 자동차등을 훔친 범죄행위에 대한 행정적 제재를 강화하더라도 불법의 정도에 상응하는 제재수단을 선택할 수 있도록 임의적 운전면허 취소 또는 정지사유로 규정하여도 충분히 그 목적을 달성하는 것이 가능함에도, 심판대상조항은 필요적으로 운전면허를 취소하도록 하여 구체적 사안의 개별성과 특수성을 고려할 수 있는 여지를 일절 배제하고 있다. … 그러므로 심판대상조항은 직업의 자유 내지 일반적 행동의 자유를 침해한다(헌재 2017.5.25. 2016헌가6).

② × 형법 제347조(허위로 진료비를 청구하여 환자나 진료비를 지급하는 기관이나 단체를 속인 경우만을 말한다) 위반행위로 금고 이상의 형까지 받은 의료인의 면허를 필요적으로 취소하지 아니하고 그대로 유지하도록 둘 경우 의료인에 대한 공공의 신뢰확보라는 공익이 침해될 위험이 클 것임은 위 2005헌바50 결정 및 2012헌바102 결정과 달리 볼 이유가 없다. … 이 사건 면허취소조항은 과잉금지원칙에 위배되어 의료인의 직업의 자유를 침해한다고 볼 수 없다(헌재 2017.6.29. 2016헌바394).

③ × 반사회적 중범죄의 하나인 '마약류 관리에 관한 법률'을 위반한 자가택시운송사업의 운전업무에 종사하는 것을 일정기간 동안 금지하여 국민의 생명, 신체, 재산을 보호하고 시민들의 택시이용에 대한 불안감을 해소하며, 도로교통에 관한 공공의 안전을 확보하고자 하는 입법목적은 정당하며, … 심판대상조항은 구체적 사안의 개별성과 특수성을 고려할 수 있는 여지를 일체 배제하고 그 위법의 정도나 비난 가능성의 정도가 미약한 경우까지도 획일적으로 20년이라는 장기간 동안 택시운송사업의 운전업무종사자격을 제한하는 것이므로 침해의 최소성 원칙에 위배되며, 법익의 균형성 원칙에도 반한다. 따라서 심판대상조항은 청구인들의 직업선택의 자유를 침해한다(헌재 2015.12.23. 2014헌바446 등).

④ ○ 이 사건 등록실효조항은 법인의 임원이 학원법을 위반하여 벌금형을 선고받으면 일률적으로 법인의 등록을 실효시키고 있고, 법인으로서는 대표자인 임원이건 그렇지 아니한 임원이건 모든 임원 개개인의 학원법위반범죄와 형사처벌 여부를 항시 감독하여야만 등록의 실효를 면할 수 있게 되므로 학원을 설립하고 운영하는 법인에게 지나치게 과중한 부담을 지우고 있다. 또한 이로 인하여 법인의 등록이 실효되면 해당 임원이 더 이상임원직을 수행할 수 없게 될 뿐 아니라, 학원법인 소속 근로자는 모두 생계의 위협을 받을 수 있으며, 갑작스러운 수업의 중단으로 학습자 역시 불측의 피해를 입을 수밖에 없으므로 이 사건 등록실효조항은 학원법인의 직업수행의 자유를 침해한다(헌재 2015.5.28. 2012헌마653).

정답 ④

28 직업의 자유에 대한 설명으로 옳지 않은 것은? (다툼이 있는 경우 판례에 의함) 〈2018 국가직 7급〉

① 제조업의 직접생산공정업무를 근로자파견의 대상 업무에서 제외하는 법률조항은 근로자 파견을 허용하되 파견기간을 제한하는 방법도 고려해 볼 수 있으므로 제조업의 직접생산공정업무에 관하여 근로자파견의 역무를 제공받고자 하는 사업주의 직업수행의 자유를 침해한다.

② 세무사 자격 보유 변호사가 세무사로서 세무조정업무를 일체 수행할 수 없도록 한 규정은 이들에게 세무사 자격을 부여한 의미를 상실시키는 것일 뿐만 아니라 세무사 자격에 기한 직업선택의 자유를 지나치게 제한하는 것으로 헌법에 위반된다.

③ 청원경찰이 저지른 범죄의 종류나 내용을 불문하고 범죄행위로 금고 이상의 형의 선고유예를 받게 되면 당연히 퇴직되도록 규정한 것은 이를 통해 달성하려는 공익의 비중에도 불구하고 청원경찰의 직업의 자유를 과도하게 제한하고 있어 헌법에 위반된다.

④ 아동학대 관련 범죄전력자가 아동 관련 기관인 체육시설 등을 운영하거나 학교에 취업하는 것을 형이 확정된 때부터 형의 집행이 종료되거나 집행을 받지 아니하기로 확정된 후 10년까지의 기간 동안 제한하는 것은 직업의 자유를 침해한다.

해설

① × 심판대상조항은 제조업의 핵심 업무인 직접생산공정업무의 적정한 운영을 기하고 근로자에 대한 직접고용 증진 및 적정임금 지급을 보장하기 위한 것으로 입법목적의 정당성 및 수단의 적합성이 인정된다. … 또한, 제조업의 직접생산공정업무의 적정한 운영, 근로자의 직접고용 증진 및 적정임금 보장이라는 공익이 사용사업주가 제조업의 직접생산공정업무에 관하여 근로자파견의 역무를 제공받지 못하는 직업수행의 자유 제한에 비하여 작다고 볼 수 없으므로, 법익의 균형성도 충족된다. 따라서 심판대상조항이 제조업의 직접생산공정업무에 관하여 근로자파견의 역무를 제공받고자 하는 사업주의 직업수행의 자유를 침해한다고 볼 수 없다(헌재 2017.12.28. 2016헌바346).

② ○ 세무사의 업무에는 세법 및 관련 법령에 대한 전문 지식과 법률에 대한 해석·적용능력이 필수적으로 요구되는 업무가 포함되어 있다. 세법 및 관련 법령에 대한 해석·적용에 있어서는 세무사나 공인회계사보다 변호사에게 오히려 전문성과 능력이 인정됨에도 불구하고, 심판대상조항은 세무사 자격 보유 변호사로 하여금 세무대리를 일체 할 수 없도록 전면적으로 금지하고 있으므로, 수단의 적합성을 인정할 수 없다. … 그렇다면, 심판대상조항은 과잉금지원칙을 위반하여 세무사 자격 보유 변호사의 직업선택의 자유를 침해하므로 헌법에 위반된다(헌재 2018.4.26. 2015헌가19).

③ ○ 심판대상조항은 청원경찰이 저지른 범죄의 종류나 내용을 불문하고 금고 이상의 형의 선고유예를 받게 되면 당연히 퇴직되도록 규정함으로써 청원경찰에게 공무원보다 더 가혹한 제재를 가하고 있으므로, 침해의 최소성 원칙에 위배된다. 심판대상조항은 청원경찰이 저지른 범죄의 종류나 내용을 불문하고 범죄행위로 금고 이상의 형의 선고유예를 받게 되면 당연히 퇴직되도록 규정함으로써 그것이 달성하려는 공익의 비중에도 불구하고 청원경찰의 직업의 자유를 과도하게 제한하고 있어 법익의 균형성 원칙에도 위배된다. 따라서 심판대상조항은 과잉금지원칙에 반하여 직업의 자유를 침해한다(헌재 2018.1.25. 2017헌가26).

④ ○ 이 사건 법률조항은 아동학대 관련 범죄전력만으로 그가 장래에 동일한 유형의 범죄를 다시 저지를 것을 당연시하고, 형의 집행이 종료된 때부터 10년이 경과하기 전에는 결코 재범의 위험성이 소멸하지 않는다고 보며, 각 행위의 죄질에 따른 상이한 제재의 필요성을 간과함으로써, 아동학대 관련 범죄전력자 중 재범의 위험성이 없는 자, 아동학대 관련 범죄전력이 있지만 10년의 기간 안에 재범의 위험성이 해소될 수 있는 자, 범행의 정도가 가볍고 재범의 위험성이 상대적으로 크지 않은 자에게까지 10년 동안 일률적인 취업제한을 부과하고 있는데, 이는 침해의 최소성 원칙과 법익의 균형성 원칙에 위배된다. 따라서 이 사건 법률조항은 청구인들의 직업선택의 자유를 침해한다(헌재 2018.6.28. 2017헌마130 등).

정답 ①

29 다음 사례에서 헌법재판소 결정으로 옳지 않은 것은? 〈2017 지방직 7급〉

甲은 21세 여성에 대해 2011.12.15. 준강제추행죄를 범하여 300만원의 벌금형이 2012.12.23. 확정된 후 공중보건의사로 임용되어 근무를 하고 있었다. 이후 甲의 근무지 관할 경찰서장은 甲과 관할 지방자치단체장에게 甲이 2012.2.1. 시행된 「아동·청소년 성보호에 관한 법률」에 따라 형의 집행을 종료한 때로부터 10년간 의료기관 취업제한대상자에 해당된다는 통보를 하였다. 이에 관할 지방자치단체장은 甲의 근무지를 비의료기관인 ○○ 소방안전본부로 변경하는 근무시설 변경조치를 하였다. 이에 甲은 위 법률이 '아동·청소년 대상 성범죄'뿐만 아니라 성인대상 성범죄를 범한 경우도 취업제한의 대상으로 규율하고 있는 것이 자신의 기본권을 침해한다고 주장하면서 헌법소원심판을 청구하였다.

① '성인대상 성범죄'의 의미에 대해서는 「아동·청소년 성보호에 관한 법률」에 규정되어 있지 않아, 甲의 범죄가 취업제한의 대상인 성범죄에 해당하는지가 불명확하여 명확성원칙에 위배된다.

② 甲에 대한 취업제한은 형벌이 아니므로 헌법 제13조 제1항 전단의 형벌불소급원칙이 적용되지 않는다.

③ 甲이 의료기관에 취업할 수 없게 것은 일정한 직업을 선택함에 있어 기본권 주체의 능력과 자질에 따른 제한이므로 이른바 '주관적 요건에 의한 좁은 의미의 직업선택의 자유'에 대한 제한에 해당한다.

④ 재범의 위험성 여부를 불문하고 10년간 일률적으로 취업제한을 부과하는 것은 침해의 최소성과 법익의 균형성 원칙에 위반되어 甲의 직업선택의 자유를 침해한다.

해설

① × 청소년성보호법에 이미 규정된 "아동·청소년대상 성범죄"의 내용들을 살펴봄으로써 "성인대상 성범죄"의 내용도 "아동·청소년대상 성범죄"와 유사하게 규율될 것임을 어느 정도 예상할 수 있고, 성범죄를 예방하고 피해자를 보호한다는 측면에서 청소년성보호법과 긴밀한 법적 연관성이 있는 '성폭력범죄의 처벌 등에 관한 특례법'의 내용들도 "성인대상 성범죄"의 내용을 파악하는 데에 도움이 된다. 이상의 내용을 종합하면 "성인 대상 성범죄" 부분은 불명확하다고 볼 수 없어 헌법상 명확성원칙에 위배되지 않는다(헌재 2016.3.31. 2013헌마585 등).

② ○ 이 사건 부칙조항은 의료인의 취업제한제도가 시행된 후 형이 확정된 자부터 적용되도록 규정하였는데, 취업제한은 형벌이 아니므로 헌법 제13조 제1항 전단의 형벌불소급원칙이 적용되지 않는다(헌재 2016.3.31. 2013헌마585 등).

③ ○ 청구인들은 이 사건 법률조항에 의하여 형의 집행을 종료한 때부터 10년간 의료기관에 취업할 수 없게 되었는바, 이는 일정한 직업을 선택함에 있어 기본권 주체의 능력과 자질에 따른 제한이므로 이른바 '주관적 요건에 의한 좁은 의미의 직업선택의 자유'에 대한 제한에 해당한다(헌재 2016.3.31. 2013헌마585 등).

④ ○ 이 사건 법률조항이 성범죄 전력만으로 그가 장래에 동일한 유형의 범죄를 다시 저지를 것을 당연시하고, 형의 집행이 종료된 때부터 10년이 경과하기 전에는 결코 재범의 위험성이 소멸하지 않는다고 보며, 각 행위의 죄질에 따른 상이한 제재의 필요성을 간과함으로써, 성범죄 전력자 중 재범의 위험성이 없는 자, 성범죄 전력이 있지만 10년의 기간 안에 재범의 위험성이 해소될 수 있는 자, 범행의 정도가 가볍고 재범의 위험성이 상대적으로 크지 않은 자에게까지 10년 동안 일률적인 취업제한을 부과하고 있는 것은 침해의 최소성 원칙과 법익의 균형성 원칙에 위배된다. 따라서 이 사건 법률조항은 청구인들의 직업선택의 자유를 침해한다(헌재 2016.3.31. 2013헌마585 등).

정답 ①

30 직업의 자유와 재산권에 관한 설명으로 옳지 않은 것은? (다툼이 있는 경우 헌법재판소 결정례에 의함) *〈2020 소방간부〉*

① 헌법 제15조에 의한 직업선택의 자유에는 직업 수행의 자유, 전직의 자유, 직장선택의 자유 등도 포함되는 것으로 이해된다.

② 공용수용은 국민의 재산권을 그 의사에 반하여 강제적으로라도 취득해야 할 공익적 필요성이 있을 것, 법률에 의거할 것, 정당한 보상을 지급할 것의 요건을 모두 갖추어야 한다.

③ 객관적 사유에 의한 직업결정의 자유에 대한 제한은 월등하게 중요한 공익을 위하여 명백하고 확실한 위험을 방지하기 위한 경우에만 정당화될 수 있다.

④ 재산권 행사의 대상이 되는 객체가 지닌 사회적인 연관성과 사회적 기능이 크면 클수록 입법자에 의한 보다 더 광범위한 제한이 정당화된다.

⑤ 직업선택의 자유에 직업 내지 직종에 종사하는데 필요한 전문지식을 습득하기 위한 직업교육장을 임의로 선택할 수 있는 직업교육장 선택의 자유까지 포함되는 것은 아니다.

해설

① ○ 헌법 제15조에 따라 모든 국민은 직업선택의 자유를 가진다. 따라서 국민은 누구나 자유롭게 자신이 종사할 직업을 선택하고, 그 직업에 종사하며, 이를 변경할 수 있다. 이에는 개인의 직업적 활동을 하는 장소 즉 직장을 선택할 자유도 포함된다(헌재 1989.11.20. 89헌가102).

② ○ 우리 헌법의 재산권 보장에 관한 규정의 근본취지에 비추어 볼 때, 공공필요에 의한 재산권의 공권력적, 강제적 박탈을 의미하는 공용수용(公用收用)은 헌법상의 재산권 보장의 요청상 불가피한 최소한에 그쳐야 한다. 즉 공용수용은 헌법 제23조 제3항에 명시되어 있는 대로 국민의 재산권을 그 의사에 반하여 강제적으로라도 취득해야 할 공익적 필요성이 있을 것, 법률에 의거할 것, 정당한 보상을 지급할 것의 요건을 모두 갖추어야 한다(헌재 1995.2.23. 92헌바14).

③ ○ 당사자의 능력이나 자격과 상관없는 객관적 사유에 의한 제한은 월등하게 중요한 공익을 위하여 명백하고 확실한 위험을 방지하기 위한 경우에만 정당화될 수 있고, 따라서 헌법재판소가 이 사건을 심사함에 있어서는 헌법 제37조 제2항이 요구하는바 과잉금지의 원칙, 즉 엄격한 비례의 원칙이 그 심사척도가 된다(헌재 2002.4.25. 2001헌마614).

④ ○ 재산권에 대한 제한의 허용정도는 재산권행사의 대상이 되는 객체가 기본권의 주체인 국민 개개인에 대하여 가지는 의미와 다른 한편으로는 그것이 사회전반에 대하여 가지는 의미가 어떠한가에 달려 있다. 즉, 재산권 행사의 대상이 되는 객체가 지닌 사회적인 연관성과 사회적 기능이 크면 클수록 입법자에 의한 보다 광범위한 제한이 정당화된다(헌재 1998.12.24. 89헌마214 등).

⑤ × 헌법 제15조에 의한 직업선택의 자유라 함은 자신이 원하는 직업 내지 직종을 자유롭게 선택하는 직업선택의 자유뿐만 아니라 그가 선택한 직업을 자기가 결정한 방식으로 자유롭게 수행할 수 있는 직업수행의 자유를 포함한다. 그리고 직업선택의 자유에는 자신이 원하는 직업 내지 직종에 종사하는데 필요한 전문지식을 습득하기 위한 직업교육장을 임의로 선택할 수 있는 '직업교육장 선택의 자유'도 포함된다(헌재 2009.2.26. 2007헌마1262).

정답 ⑤

31 **직업의 자유에 대한 설명으로 옳지 않은 것은? (다툼이 있는 경우 판례에 의함)** *〈2017 지방직 7급〉*

① 치과의사의 치과전문의 자격 인정 요건으로 '외국의 의료기관에서 치과의사전문의 과정을 이수한 사람'을 포함하지 아니한 '치과의사전문의의 수련 및 자격 인정 등에 관한 규정'은 직업수행의 자유를 침해한다.

② 의사 및 한의사의 복수면허 의료인이라고 하더라도 양방 또는 한방 중 그 선택에 따라 어느 하나의 의료기관 이외에 다른 의료기관의 개설을 금지하는 것은 직업선택의 자유를 침해한다.

③ 전문 과목을 표시한 치과의원은 그 표시한 전문 과목에 해당하는 환자만을 진료하여야 한다고 규정한 「의료법」 규정은 직업수행의 자유를 침해한다.

④ 입원환자에 대하여 의약분업의 예외를 인정하면서도 의사로 하여금 조제를 직접 담당하도록 한 것은 직업수행의 자유를 침해한다.

해설

① ○ 외국의 의료기관에서 치과전문의 과정을 이수한 사람에 대해 그 외국의 치과전문의 과정에 대한 인정절차를 거치거나, 치과전문의 자격시험에 앞서 예비시험제도를 두는 등 직업의 자유를 덜 제한하는 방법으로도 입법목적을 달성할 수 있고, 이미 국내에서 치과의사면허를 취득하고 외국의 의료기관에서 치과전문의 과정을 이수한 사람들에게 다시 국내에서 전문의 과정을 다시 이수할 것을 요구하는 것은 지나친 부담을 지우는 것이므로, 심판대상조항은 침해의 최소성원칙에 위배되고 법익의 균형성도 충족하지 못한다. 따라서 심판대상조항은 과잉금지원칙에 위배되어 청구인들의 직업수행의 자유를 침해한다(헌재 2015.9.24. 2013헌마197).

② ○ 환자가 양방과 한방 의료기관에서 순차적, 교차적으로 의료서비스를 받는 경우가 금지되지 않는 현실에서 복수면허 의료인은 양방 및 한방 의료행위 양쪽에 대하여 상대적으로 지식이 많거나 능력이 뛰어나고, 그가 행하는 양방 및 한방 의료행위의 내용과 그것이 인체에 미치는 영향 등에 대하여 더 유용한 정보를 취득하고 이를 분석하여 적절하게 대처할 수 있다고 평가될 수 있다. 양방 및 한방 의료행위가 중첩될 경우 인체에 미치는 영향에 대한 과학적 검증이 없다는 점을 고려한다 하여도 위험영역을 한정하여 규제를 하면 족한 것이지 진단 등과 같이 위험이 없는 영역까지 전면적으로 금지하는 것은 지나치다. … 결국 이 사건 법률조항은 청구인들과 같은 복수면허 의료인에게 양방이든 한방이든 하나의 의료 기관만을 개설하도록 하는 규범으로 작용한다는 점에서 과잉금지원칙에 반하여 청구인들의 직업의 자유를 침해한다(헌재 2007.12.27. 2004헌마1021).

③ ○ 심판대상조항이 달성하고자 하는 적정한 치과 의료전달체계의 정립 및 치과전문의의 특정 전문 과목에의 편중 방지라는 공익은 중요하나, 심판대상조항으로 그러한 공익이 얼마나 달성될 수 있을 것인지 의문인 반면, 치과의원의 치과전문의가 표시한 전문 과목 이외의 영역에서 치과일반의로서의 진료도 전혀 하지 못하는 데서 오는 사적인 불이익은 매우 크므로, 심판대상조항은 과잉금지원칙에 위배되어 청구인들의 직업수행의 자유를 침해한다(헌재 2015.5.28. 2013헌마799).

④ × 이 사건 법률조항에서 의약분업의 예외를 인정한 취지를 살리면서도 약사 이외의 사람이 조제를 담당하여 발생할 수 있는 약화사고 등을 방지하기 위해서는, 의과대학에서 기초의학부터 시작하여 체계적으로 의학을 공부하고 상당기간 임상실습을 한 후 국가의 검증을 거친 의사로 하여금 조제를 직접 담당하도록 하는 것이 타당하고, 의사가 손수 의약품을 조제한 것에 준한다고 볼 수 있는 정도의 지휘·감독이 이루어진 경우에는 간호사의 보조를 받아 의약품을 조제하는 것이 허용되는 점 등을 감안하면 침해 최소성 원칙에 반한다고 볼 수 없으며, 이 사건 법률조항을 통하여 달성하고자 하는 국민보건의 향상과 약화사고의 방지라는 공익은 의약품조제가 인정되는 가운데 의사가 받게 되는 조제방식의 제한이라는 사익에 비하여 현저히 커 법익균형성도 충족되므로, 이 사건 법률조항은 직업수행의 자유를 침해하지 아니한다(헌재 2015.7.30. 2013헌바422).

정답 ④

제 3 항 주거의 자유

01 주거의 자유에 대한 설명으로 가장 적절하지 않은 것은? (다툼이 있는 경우 판례에 의함)

〈2021 경정승진〉

① 헌법 제16조가 영장주의에 대한 예외를 마련하고 있지 않으므로 주거에 대한 압수나 수색에 있어서 영장주의의 예외를 인정할 수 없다.

② 헌법 제16조가 보장하는 주거의 자유는 개방되지 않은 사적 공간인 주거를 공권력이나 제3자에 의해 침해당하지 않도록 함으로써 국민의 사생활영역을 보호하기 위한 권리이다.

③ 주거용 건축물의 사용·수익관계를 정하고 있는 「도시 및 주거환경정비법」 조항은 헌법 제16조에 의해 보호되는 주거의 자유를 제한하지 않는다.

④ 점유할 권리 없는 자의 점유라고 하더라도 그 주거의 평온은 보호되어야 할 것이므로, 권리자가 그 권리를 실행함에 있어 법에 정하여진 절차에 의하지 아니하고 그 건조물 등에 침입한 경우에 주거침입죄가 성립한다.

해설

① × 헌법 제16조에서 **영장주의에 대한 예외를 마련하지 아니하였다고 하여**, 주거에 대한 압수나 수색에 있어 **영장주의가 예외 없이 반드시 관철되어야 함을 의미하는 것은 아닌 점**, 인간의 존엄성 실현과 인격의 자유로운 발현을 위한 핵심적 자유영역에 속하는 기본권인 신체의 자유에 대해서도 헌법 제12조 제3항에서 영장주의의 예외를 인정하고 있는데, 이러한 신체의 자유에 비하여 주거의 자유는 그 기본권 제한의 여지가 크므로, 형사사법 및 공권력 작용의 기능적 효율성을 함께 고려하여 본다면, 헌법 제16조의 영장주의에 대해서도 일정한 요건 하에서 그 예외를 인정할 필요가 있는 점, 헌법 제16조가 주거의 자유와 관련하여 영장주의를 선언하고 있는 이상, 그 예외는 매우 엄격한 요건 하에서만 인정되어야 하는 점 등을 종합하면, 헌법 제16조의 영장주의에 대해서도 그 예외를 인정하되, 이는 그 장소에 범죄혐의 등을 입증할 자료나 피의자가 존재할 개연성이 소명되고, **사전에 영장을 발부받기 어려운 긴급한 사정이 있는 경우에만 제한적으로 허용될 수 있다고 보는 것이 타당하다**(헌재 2018.4.26. 2015헌바370 등).

② ○ 헌법 제16조가 보장하는 **주거의 자유**는 **개방되지 않은 사적 공간인 주거**를 **공권력이나 제3자에 의해 침해당하지 않도록 함**으로써 **국민의 사생활영역을 보호**하기 위한 권리이므로, 주거용 건축물의 사용·수익관계를 정하고 있는 이 사건 법률조항이 주거의 자유를 제한한다고 볼 수도 없다(헌재 2014.7.24. 2012헌마662).

③ ○ 이 사건 수용조항은, 정비사업조합에 수용권한을 부여하여 주택재개발사업에 반대하는 청구인의 토지 등을 강제로 취득할 수 있도록 하고 있다. 따라서 이 사건 수용조항이 토지 등 소유자의 재산권을 침해하는지 여부가 문제된다. 청구인은 이 사건 수용조항으로 인하여 거주이전의 자유도 제한된다고 주장하고 있다. **주거로 사용하던 건물이 수용될 경우 그 효과로 거주지도 이전**하여야 하는 것은 사실이나, 이는 토지 및 건물 등의 수용에 따른 부수적 효과로서 **간접적, 사실적 제약**에 해당하므로 **거주이전의 자유 침해여부는 별도로 판단하지 않는다**(헌재 2019.11.28. 2017헌바241).

④ ○ 주거침입죄는 사실상의 주거의 평온을 보호법익으로 하는 것이므로 그 주거자 또는 간수자가 건조물 등에 거주 또는 간수할 권리를 가지고 있는가의 여부는 범죄의 성립을 좌우하는 것이 아니며, **점유할 권리 없는 자의 점유**라고 하더라도 그 주거의 평온은 보호되어야 할 것이므로, **권리자가 그 권리를 실행함에 있어 법에 정하여진 절차에 의하지 아니하고** 그 건조물 등에 침입한 경우에는 **주거침입죄가 성립**한다(대판 1987.11.10. 87도1760).

정답 ①

02 주거의 자유에 대한 설명으로 옳지 않은 것은? (다툼이 있는 경우 판례에 의함) 〈2019 국가직 5급〉

① 헌법 제16조가 보장하는 주거의 자유는 개방되지 않은 사적 공간인 주거를 공권력이나 제3자에 의해 침해당하지 않도록 함으로써 국민의 사생활영역을 보호하기 위한 권리이다.

② 헌법 제16조에서 영장주의에 대한 예외를 마련하고 있지 않으므로 주거에 대한 압수나 수색에 있어 영장주의가 예외 없이 반드시 관철되어야 함을 의미하는 것이다.

③ 주거의 자유와 관련한 영장주의는 1962년 제5차 헌법개정에서 처음으로 헌법에 명시되었다.

④ 출입국관리법에 의한 보호에 있어서 용의자에 대한 긴급보호를 위해 그의 주거에 들어간 것이라면 그 긴급보호가 적법한 이상 주거의 자유를 침해한 것으로 볼 수 없다.

해설

① ○ 헌법 제16조가 보장하는 주거의 자유는 개방되지 않은 사적 공간인 주거를 공권력이나 제3자에 의해 침해당하지 않도록 함으로써 국민의 사생활영역을 보호하기 위한 권리이므로, 주거용 건축물의 사용·수익관계를 정하고 있는 이 사건 법률조항이 주거의 자유를 제한한다고 볼 수도 없다(헌재 2014.7.24. 2012헌마662).

② × 헌법 제12조 제3항은 "체포·구속·압수 또는 수색을 할 때에는 적법한 절차에 따라 검사의 신청에 의하여 법관이 발부한 영장을 제시하여야 한다. 다만, 현행범인인 경우와 장기 3년 이상의 형에 해당하는 죄를 범하고 도피 또는 증거인멸의 염려가 있을 때에는 사후에 영장을 청구할 수 있다."라고 규정함으로써, 사전영장주의에 대한 예외를 명문으로 인정하고 있다. 이와 달리 헌법 제16조 후문은 "주거에 대한 압수나 수색을 할 때에는 검사의 신청에 의하여 법관이 발부한 영장을 제시하여야 한다."라고 규정하고 있을 뿐 영장주의에 대한 예외를 명문화하고 있지 않다. 그러나 헌법 제16조에서 영장주의에 대한 예외를 마련하지 아니하였다고 하여, 주거에 대한 압수나 수색에 있어 영장주의가 예외 없이 반드시 관철되어야 함을 의미하는 것은 아닌 점, 인간의 존엄성 실현과 인격의 자유로운 발현을 위한 핵심적 자유영역에 속하는 기본권인 신체의 자유에 대해서도 헌법 제12조 제3항에서 영장주의의 예외를 인정하고 있는데, 이러한 신체의 자유에 비하여 주거의 자유는 그 기본권 제한의 여지가 크므로, 형사사법 및 공권력 작용의 기능적 효율성을 함께 고려하여 본다면, 헌법 제16조의 영장주의에 대해서도 일정한 요건 하에서 그 예외를 인정할 필요가 있는 점, … 등을 종합하면, 헌법 제16조의 영장주의에 대해서도 그 예외를 인정하되, 이는 ① 그 장소에 범죄혐의 등을 입증할 자료나 피의자가 존재할 개연성이 소명되고, ② 사전에 영장을 발부받기 어려운 긴급한 사정이 있는 경우에만 제한적으로 허용될 수 있다고 보는 것이 타당하다(헌재 2018.4.26. 2015헌바370 등).

③ ○ 헌법 제16조는 "모든 국민은 주거의 자유를 침해받지 아니한다. 주거에 대하여 압수나 수색을 할 때에는 검사의 신청에 의하여 법관이 발부한 영장을 제시하여야 한다."라고 규정하고 있다. 이와 같은 주거의 자유와 관련한 영장주의는 1962. 12. 26. 헌법 제6호로 헌법이 전부 개정되면서 처음으로 명시되었다(헌재 2018.4.26. 2015헌바370 등).

④ ○ 출입국관리법에 의한 보호에 있어서 용의자에 대한 긴급보호를 위해 그의 주거에 들어간 것이라면 그 긴급보호가 적법한 이상 주거의 자유를 침해한 것으로 볼 수 없으므로 청구인에 대한 긴급보호가 적법한 이상 그 긴급보호 과정에서 청구인의 주거에 들어갔다고 하더라도 주거의 자유를 침해하였다고 볼 수 없다(헌재 2012.8.23. 2008헌마430).

정답 ②

제 4 항 사생활의 비밀과 자유

01 사생활의 비밀과 자유에 대한 설명으로 옳지 않은 것은? (다툼이 있는 경우 헌법재판소 판례에 의함) *〈2018 국회직 8급〉*

① 4급 이상 공무원들까지 대상으로 삼아 모든 질병명을 예외 없이 공개토록 한 것은 사생활의 비밀과 자유에 대한 침해이다.

② 성폭력범죄를 2회 이상 범하여 그 습벽이 인정된 때에 해당하고 성폭력범죄를 다시 범할 위험성이 인정되는 자에 대해 전자장치 부착을 명할 수 있도록 한 것은 사생활의 비밀과 자유를 침해하는 것이 아니다.

③ 간통죄를 처벌하는 것은 사생활의 비밀과 자유를 침해하는 것으로 헌법에 위배된다.

④ 피보안관찰자에게 자신의 주거지 등 현황을 신고하게 하고, 정당한 이유 없이 신고를 하지 아니한 자를 처벌하는 것은 사생활의 비밀과 자유에 대한 침해이다.

⑤ 금융감독원 4급 이상 직원에 대한 재산등록제도 및 취업제한 제도는 사생활의 비밀과 자유를 침해하지 않는다.

해설

① ○ 이 사건 법률조항이 공적 관심의 정도가 약한 4급 이상의 공무원들까지 대상으로 삼아 모든 질병명을 아무런 예외 없이 공개토록 한 것은 입법목적 실현에 치중한 나머지 사생활 보호의 헌법적 요청을 현저히 무시한 것이고, 이로 인하여 청구인들을 비롯한 해당 공무원들의 헌법 제17조가 보장하는 기본권인 사생활의 비밀과 자유를 침해하는 것이다(헌재 2007.5.31. 2005헌마1139).

② ○ 이 사건 전자장치부착조항은 성폭력범죄로부터 국민을 보호하고 성폭력범죄자의 재범을 방지하고자 하는 입법목적의 정당성 및 수단의 적절성이 인정되며, … 이 사건 전자장치부착조항이 보호하고자 하는 이익에 비해 재범의 위험성이 있는 성폭력범죄자가 입는 불이익이 결코 크다고 할 수 없어 법익의 균형성원칙에 반하지 아니하므로, 이 사건 전자장치부착조항이 과잉금지원칙에 위배하여 피부착자의 사생활의 비밀과 자유, 개인정보자기결정권, 인격권을 침해한다고 볼 수 없다(헌재 2012.12.27. 2011헌바89).

③ ○ 간통죄의 보호법익인 혼인과 가정의 유지는 당사자의 자유로운 의지와 애정에 맡겨야지, 형벌을 통하여 타율적으로 강제될 수 없는 것이며, 현재 간통으로 처벌되는 비율이 매우 낮고, 간통행위에 대한 사회적 비난 역시 상당한 수준으로 낮아져 간통죄는 행위규제규범으로서 기능을 잃어가고, 형사정책상 일반예방 및 특별예방의 효과를 거두기도 어렵게 되었다. … 결국, 심판대상조항은 과잉금지원칙에 위배하여 국민의 성적 자기결정권 및 사생활의 비밀과 자유를 침해하는 것으로서 헌법에 위반된다(헌재 2015.2.26. 2009헌바17 등).

④ × 보안관찰해당범죄를 범한 자의 재범의 위험성을 예방하고 건전한 사회 복귀를 촉진하는 보안관찰법의 목적달성 및 보안관찰처분의 실효성 확보를 위하여 신고의무를 부과하는 입법목적의 정당성이 인정되고, … 신고할 사항의 내용, 신고사항 작성의 난이도 등에 비추어 피보안관찰자에게 과도한 의무를 부과한다고 볼 수 없으며, 신고의무 위반행위에 대한 형벌이 상대적으로 과중하지 아니한 점을 고려하면 이 사건 처벌조항은 사생활의 비밀과 자유를 침해하지 아니한다(헌재 2015.11.26. 2014헌바475).

⑤ ○ 이 사건 재산등록 조항은 금융감독원 직원의 비리 유혹을 억제하고 업무 집행의 투명성 및 청렴성을 확보하기 위한 것으로 입법목적이 정당하고, 금융기관의 업무 및 재산 상황에 대한 검사 및 감독과 그에 따른 제재를 업무로 하는 금융감독원의 특성상 소속 직원의 금융기관에 대한 실질적인 영향력 및 비리 개연성이 클 수 있다는 점을 고려할 때 일정 직급 이상의 금융감독원 직원에게 재산등록의무를 부과하는 것은 적절한 수단이다. … 또한, 이 사건 재산등록 조항에 의하여 제한되는 사생활영역은 재산 관계에 한정됨에 비하여 이를 통해 달성할 수 있는 공익은 금융감독원 업무의 투명성 및 책임성 확보 등으로 중대하므로 법익균형성도 충족하고 있다. 따라서 이 사건 재산등록 조항은 청구인들의 사생활의 비밀과 자유를 침해하지 아니한다. … 이 사건 취업제한 조항은 청구인들의 직업선택의 자유를 침해하지 아니한다(헌재 2014.6.26. 2012헌마331).

정답 ④

02 사생활의 비밀과 자유에 대한 설명으로 옳지 않은 것은? (다툼이 있는 경우 판례에 의함)

〈2015 지방직 7급〉

① 사생활의 자유란 사회공동체의 일반적인 생활규범의 범위 내에서 사생활을 자유롭게 형성해 나가고 그 설계 및 내용에 대해서 외부로부터의 간섭을 받지 아니할 권리를 의미한다.

② 자동차를 도로에서 운전할 때 운전자가 좌석안전띠를 착용할 의무는 운전자의 사생활의 비밀과 자유를 침해하는 것이라 할 수 없다.

③ 청소년 성 매수 범죄자들의 '성명, 연령, 직업 등의 신상과 범죄사실의 요지'를 공개하도록 하는 규정에 따라 범죄인들의 신상과 전과를 일반인이 알게 된다고 하여 그들의 인격권 내지 사생활의 비밀을 침해하는 것은 아니다.

④ 교도소 내 엄중격리대상자의 수용거실에 CCTV를 설치하여 24시간 감시하는 행위는 그들에 대한 지속적이고 부단한 감시의 필요성과 그들의 자살·자해나 흉기 제작 등의 위험성 등을 고려하더라도 사생활의 비밀과 자유를 침해하는 것이다.

해설

① ○ '사생활의 자유'란, 사회공동체의 일반적인 생활규범의 범위 내에서 사생활을 자유롭게 형성해 나가고 그 설계 및 내용에 대해서 외부로부터의 간섭을 받지 아니할 권리로서, 사생활과 관련된 사사로운 자신만의 영역이 본인의 의사에 반해서 타인에게 알려지지 않도록 할 수 있는 권리인 '사생활의 비밀'과 함께 헌법상 보장되고 있는바, 위 법 조항이 선거의 자유와 공정이라는 이념을 실현하기 위한 입법목적 하에 선거에 영향을 미치게 하기 위한 일정한 선거운동 행위를 제한한다고 하여 위 청구인의 사생활의 자유가 침해된다고는 볼 수 없고, 달리 위 법 조항이 사생활의 자유를 해한다고 볼 만한 사정도 없다(헌재 2001.8. 30. 99헌바92 등).

② ○ 자동차를 운전하는 행위는 더 이상 개인적인 내밀한 영역에서의 행위가 아니며, 자동차를 도로에서 운전하는 중에 좌석안전띠를 착용할 것인가 여부의 생활관계가 개인의 전체적 인격과 생존에 관계되는 '사생활의 기본조건'이라거나 자기결정의 핵심적 영역 또는 인격적 핵심과 관련된다고 보기 어려워 더 이상 사생활영역의 문제가 아니므로, 운전할 때 운전자가 좌석안전띠를 착용할 의무는 청구인의 사생활의 비밀과 자유를 침해하는 것이라 할 수 없다(헌재 2003.10.30. 2002헌마518).

③ ○ 청소년 성 매수자의 일반적 인격권과 사생활의 비밀의 자유가 제한되는 정도가 청소년 성보호라는 공익적 요청에 비해 크다고 할 수 없으므로 결국 법 제20조 제2항 제1호의 신상공개는 해당 범죄인들의 일반적 인격권, 사생활의 비밀의 자유를 과잉금지의 원칙에 위배하여 침해한 것이라 할 수 없다(헌재 2003.6.26. 2002헌가14).

④ × CCTV에 의하여 감시되는 엄중격리대상자에 대하여 지속적이고 부단한 감시가 필요하고 자살·자해나 흉기 제작 등의 위험성 등을 고려하면, 제반사정을 종합하여 볼 때 기본권 제한의 최소성 요건이나 법익균형성의 요건도 충족하고 있다. … 따라서 이 사건 CCTV 설치행위는 헌법 제17조 및 제37조 제2항을 위반하여 청구인들이 사생활의 비밀 및 자유를 침해하였다고 볼 수 없다(헌재 2008.5.29. 2005헌마137 등).

정답 ④

03 사생활의 비밀과 자유에 대한 설명으로 옳은 것은? (다툼이 있는 경우 판례에 의함)

〈2021 국가직 7급〉

① 피고인이나 변호인에 의한 공판정에서의 녹취는 진술인의 인격권 또는 사생활의 비밀과 자유에 대한 침해를 수반하고, 실체적 진실발견 등 다른 법익과 충돌할 개연성이 있으므로, 녹취를 금지해야 할 필요성이 녹취를 허용함으로써 달성하고자 하는 이익보다 큰 경우에는 녹취를 금지 또는 제한함이 타당하다.

② 자동차를 도로에서 운전하는 중에 좌석안전띠를 착용할 것인가 여부의 생활관계는 개인의 전체적 인격과 생존에 관계되는 '사생활의 기본조건'이라 할 수 있으므로, 운전할 때 운전자가 좌석안전띠를 착용할 의무는 청구인의 사생활의 비밀과 자유를 침해한다.

③ 헌법 제17조의 사생활의 비밀과 자유 및 헌법 제18조의 통신의 자유에 의하여 보장되는 개인정보자기결정권의 보호대상이 되는 개인정보는 개인의 신체, 신념, 사회적 지위, 신분 등과 같이 개인의 사적 영역에 국한된 사항으로서 그 개인의 동일성을 식별할 수 있게 하는 일체의 정보라고 할 수 있다.

④ 지문은 그 정보주체를 타인으로부터 식별가능하게 하는 개인정보가 아니므로, 경찰청장이 이를 보관·전산화하여 범죄수사목적에 이용하는 것은 정보주체의 개인정보자기결정권을 제한하는 것이 아니다.

해설

① ○ 피고인이나 변호인에 의한 **공판정에서의 녹취**는 **진술인의 인격권 또는 사생활의 비밀과 자유에 대한 침해**를 수반하고, 실체적 진실발견 등 다른 법익과 충돌할 개연성이 있으므로, 녹취를 금지해야 할 필요성이 녹취를 허용함으로써 달성하고자 하는 이익보다 큰 경우에는 **녹취를 금지 또는 제한함이 타당**하다(헌재 1995.12.28. 91헌마114).

② × 자동차를 도로에서 운전하는 중에 **좌석안전띠를 착용할 것인가 여부**의 생활관계가 개인의 전체적 인격과 생존에 관계되는 **'사생활의 기본조건'**이라거나 자기결정의 핵심적 영역 또는 인격적 핵심과 관련된다고 보기 어려워 더 이상 **사생활영역의 문제가 아니므로**, 운전할 때 운전자가 좌석안전띠를 착용할 의무는 청구인의 **사생활의 비밀과 자유를 침해하는 것이라 할 수 없다**(헌재 2003.10.30. 2002헌마518).

③ × 개인정보자기결정권의 보호대상이 되는 **개인정보**는 개인의 신체, 신념, 사회적 지위, 신분 등과 같이 **개인의 인격주체성을 특징짓는 사항**으로서 그 **개인의 동일성을 식별**할 수 있게 하는 **일체의 정보**라고 할 수 있고, 반드시 개인의 내밀한 영역이나 사사(私事)의 영역에 속하는 정보에 국한되지 않고 공적 생활에서 형성되었거나 이미 공개된 개인정보까지 포함한다. 또한 그러한 개인정보를 대상으로 한 조사·수집·보관·처리·이용 등의 행위는 모두 원칙적으로 개인정보자기결정권에 대한 제한에 해당한다(헌재 2005.5.26. 99헌마513 등).

④ × 개인의 고유성, 동일성을 나타내는 **지문**은 그 정보주체를 타인으로부터 식별가능하게 하는 **개인정보**이므로, 시장·군수 또는 구청장이 개인의 지문정보를 수집하고, 경찰청장이 이를 보관·전산화하여 범죄수사목적에 이용하는 것은 모두 **개인정보자기결정권을 제한**하는 것이다 (헌재 2005.5.26. 99헌마513 등).

정답 ①

04 사생활의 비밀과 자유에 대한 설명으로 옳지 않은 것은? (다툼이 있는 경우 판례에 의함)

〈2022 국회직 5급〉

① 4급 이상 공무원들의 병역 면제사유인 질병명을 관보와 인터넷을 통해 공개하도록 하는 것은 '부정한 병역면탈의 방지'와 '병역의무의 자진이행에 기여'라는 입법목적을 달성하기 위한 것으로서 사생활의 비밀과 자유를 침해하는 것이 아니다.

② '전자발찌'로 불리는 '위치추적 전자장치'의 부착명령을 규정한 「특정 범죄자에 대한 위치추적 전자장치 부착 등에 관한 법률」 조항은 피부착자의 개인정보자기결정권을 제한할 뿐만 아니라 피부착자의 위치와 이동경로를 실시간으로 파악하여 24시간 감시할 수 있도록 하고 있으므로 피부착자의 사생활의 비밀과 자유를 제한한다.

③ 교도소 내 거실이나 작업장은 수용자의 사생활 영역이거나 사생활에 연결될 수 있는 영역이므로 수용자가 없는 상태에서 교도소장이 비밀리에 거실 및 작업장에서 개인물품 등을 검사하는 행위는 수용자의 사생활의 비밀과 자유를 제한한다.

④ 헌법 제17조의 사생활의 자유란 사회공동체의 일반적인 생활규범의 범위 내에서 사생활을 자유롭게 형성해 나가고 그 설계 및 내용에 대해서 외부로부터의 간섭을 받지 아니할 권리를 말하는바 흡연을 하는 행위는 이와 같은 사생활의 영역에 포함된다.

⑤ 자동차를 도로에서 운전하는 중에 좌석안전띠를 착용할 것인가 여부는 더 이상 사생활영역의 문제가 아니므로 운전할 때 좌석안전띠를 착용할 의무는 운전자의 사생활의 비밀과 자유를 침해하는 것이 아니다.

해설

① × 이 사건 법률조항이 공적 관심의 정도가 약한 4급 이상의 공무원들까지 대상으로 삼아 모든 질병명을 아무런 예외 없이 공개토록 한 것은 입법목적 실현에 치중한 나머지 사생활 보호의 헌법적 요청을 현저히 무시한 것이고, 이로 인하여 청구인들을 비롯한 해당 공무원들의 헌법 제17조가 보장하는 기본권인 사생활의 비밀과 자유를 침해하는 것이다(헌재 2007.5.31. 2005헌마1139).

② ○ 이 사건 부칙조항은 피부착자의 위치와 이동경로를 실시간으로 파악하여 피부착자를 24시간 감시할 수 있도록 하고 있으므로 피부착자의 사생활의 비밀과 자유를 제한하며, 피부착자의 위치와 이동경로 등 '위치 정보'를 수집·보관·이용한다는 측면에서 개인정보자기결정권도 제한한다. 한편 전자장치를 강제로 착용하게 함으로써 피부착자는 옷차림이나 신체활동의 자유가 제한될 수밖에 없고, 24시간 전자장치 부착 위치 감시 그 자체로 모욕감과 수치심을 느낄 수 있으므로 헌법 제10조로부터 유래하는 인격권을 제한한다. 그러므로 이 사건 전자감시 부착명령에 의하여 제한받는 피부착자의 기본권은 사생활의 비밀과 자유, 개인정보자기결정권 및 인격권이다(헌재 2012.12.27. 2010헌가82).

③ ○ 청구인은 청구인이 없는 상태에서 피청구인이 비밀리에 거실 및 작업장 검사를 실시함으로써 청구인의 사생활의 비밀과 자유를 침해하였다고 주장하는바, 피청구인은 청구인이 없는 상태에서 사생활 영역이거나 사생활에 연결될 수 있는 청구인의 거실 또는 작업장에서 이 사건 검사행위를 하여 개인 물품 등을 조사함으로써 일응 청구인의 사생활의 비밀 및 자유를 제한하였다고 볼 수 있으므로, 이 사건 검사행위가 과잉금지원칙에 위배하여 청구인의 사생활의 비밀 및 자유를 침해하였는지 여부를 살펴본다(헌재 2011.10.25. 2009헌마691).

④ ○ 사생활의 자유란 사회공동체의 일반적인 생활규범의 범위 내에서 사생활을 자유롭게 형성해 나가고 그 설계 및 내용에 대해서 외부로부터의 간섭을 받지 아니할 권리를 말하는바, 흡연을 하는 행위는 이와 같은 사생활의 영역에 포함된다고 할 것이므로, 흡연권은 헌법 제17조에서 그 헌법적 근거를 찾을 수 있다(헌재 2004.8.26. 2003헌마457).

⑤ ○ 자동차를 도로에서 운전하는 중에 좌석안전띠를 착용할 것인가 여부의 생활관계가 개인의 전체적 인격과 생존에 관계되는 '사생활의 기본조건'이라거나 자기결정의 핵심적 영역 또는 인격적 핵심과 관련된다고 보기 어려워 더 이상 사생활영역의 문제가 아니므로, 운전할 때 운전자가 좌석안전띠를 착용할 의무는 청구인의 사생활의 비밀과 자유를 침해하는 것이라 할 수 없다(헌재 2003.10.30. 2002헌마518).

정답 ①

05 사생활의 비밀과 자유에 관한 설명으로 옳지 않은 것은? (다툼이 있는 경우 헌법재판소 판례에 의함) *〈2021 소방간부〉*

① 우리 헌법에 처음으로 규정된 것은 1980년 제5공화국 헌법에서부터이다.

② 개인정보자기결정권의 보호 대상인 개인정보는 개인의 내밀한 영역이나 사사의 영역에 속하는 정보에 국한되지 않고 공적생활에서 형성되었거나 이미 공개된 개인정보를 포함한다.

③ 사실적 주장에 관한 언론보도 등으로 인하여 피해를 입은 자는 그 보도내용에 관한 반론보도를 언론사 등에 청구할 수 있다.

④ 운전자가 운전할 때 자동차 좌석안전띠를 착용하는 문제는 더 이상 사생활영역의 문제가 아니어서 사생활의 비밀과 자유에 의하여 보호되는 범주를 벗어난 행위라고 볼 것이다.

⑤ 형제자매에게 가족관계등록부 등의 기록사항에 관한 증명서 교부청구권을 부여하는 「가족관계의 등록 등에 관한 법률」 제14조 제1항 본문 중 '형제자매' 부분은 본인의 권리보호를 위해 형제자매를 교부청구권자로 규정할 필요가 있으므로 개인정보자기결정권을 침해하지 않는다.

해설

① ○ 우리 헌법은 1980년 제5공화국 헌법에서 사생활의 비밀과 자유를 헌법의 기본권으로 처음 명문화하였다.

② ○ 개인정보자기결정권의 보호대상이 되는 **개인정보**는 개인의 신체, 신념, 사회적 지위, 신분 등과 같이 개인의 인격주체성을 특징짓는 사항으로서 그 **개인의 동일성을 식별**할 수 있게 하는 **일체의 정보**라고 할 수 있고, 반드시 **개인의 내밀한 영역이나 사사(私事)의 영역**에 속하는 정보에 국한되지 않고 **공적 생활에서 형성**되었거나 **이미 공개된 개인정보까지 포함**한다(헌재 2005.7.21. 2003헌마282 등).

③ ○

언론중재 및 피해구제 등에 관한 법률 제16조 (반론보도청구권) ① **사실적 주장에 관한 언론보도 등**으로 인하여 **피해를 입은 자**는 그 보도 내용에 관한 **반론보도를 언론사 등에 청구**할 수 있다.

④ ○ 자동차를 도로에서 운전하는 중에 좌석안전띠를 착용할 것인가의 여부의 생활관계가 개인의 전체적 인격과 생존에 관계되는 '사생활의 기본조건'이라거나 자기결정의 핵심적 영역 또는 인격적 핵심과 관련된다고 보기 어렵다. 운전할 때 **운전자가 좌석안전띠를 착용하는 문제**는 더 이상 사생활영역의 문제가 아니어서 **사생활의 비밀과 자유**에 의하여 보호되는 **범주를 벗어난 행위**라고 볼 것이므로, 이 사건 심판대상조항들은 청구인의 사생활의 비밀과 자유를 침해하는 것이라 할 수 없다(헌재 2003.10.30. 2002헌마518).

⑤ × 이 사건 법률조항을 통해 달성하려는 것은 본인과 형제자매의 편익 증진인바, 이러한 공익의 중요성은 그다지 크다고 볼 수 없고, 이를 통해 달성되는 공익 실현의 효과 또한 크지 않다. 반면, 이 사건 법률조항으로 말미암아 형제자매가 각종 증명서를 발급받을 수 있도록 함으로써 초래되는 기본권 침해는 중대하다고 볼 수 있으므로 이 사건 법률조항에 대해서는 법익의 균형성을 인정하기 어렵다. 따라서 이 사건 법률조항은 과잉금지원칙을 위반하여 청구인의 **개인정보자기결정권을 침해**한다(헌재 2016.6.30. 2015헌마924).

정답 ⑤

06 사생활의 비밀과 자유 또는 개인정보자기결정권에 대한 설명으로 가장 적절하지 않은 것은? (다툼이 있는 경우 판례에 의함) *〈2021 경정승진〉*

① 징벌혐의의 조사를 받고 있는 수용자가 변호인 아닌 자와 접견할 당시 교도관이 참여하여 대화내용을 기록하게 한 행위는 수용자의 사생활의 비밀과 자유를 침해한다.

② 교도소장이 교도소 수용자가 없는 상태에서 실시한 거실 및 작업장 검사행위는 수용자의 사생활의 비밀과 자유를 침해하지 않는다.

③ 형제자매에게 가족관계등록부 등의 기록사항에 관한 증명서 교부청구권을 부여하는 「가족관계의 등록 등에 관한 법률」 조항은 개인정보자기결정권을 침해한다.

④ 통계청장이 인구주택총조사의 방문 면접조사를 실시하면서, 담당 조사원을 통해 청구인에게 인구주택총조사 조사표의 조사항목들에 응답할 것을 요구한 행위는 개인정보자기결정권을 침해하지 않는다.

해설

① × 청구인이 나눈 접견내용에 대한 사생활의 비밀로서의 보호가치에 비해 증거인멸의 위험을 방지하고 교정시설 내의 안전과 질서유지에 기여하려는 공익이 크고 중요하다는 점에 비추어 볼 때, 이 사건 접견참여·기록이 청구인의 **사생활의 비밀과 자유를 침해하였다고 볼 수 없다**(헌재 2014.9.25. 2012헌마523).

② ○ 이 사건 **검사행위**는 교도소의 안전과 질서를 유지하고, 수형자의 교화·개선에 지장을 초래할 수 있는 물품을 차단하기 위한 것으로서 그 목적이 정당하고, 수단도 적절하며, 검사의 실효성을 확보하기 위한 최소한의 조치로 보이고, 달리 덜 제한적인 대체수단을 찾기 어려운 점 등에 비추어 보면 이 사건 검사행위가 과잉금지원칙에 위배하여 **사생활의 비밀 및 자유를 침해하였다고 할 수 없다**(헌재 2011.10.25. 2009헌마691).

③ ○ 이 사건 법률조항을 통해 달성하려는 것은 본인과 형제자매의 편익 증진인바, 이러한 공익의 중요성은 그다지 크다고 볼 수 없고, 이를 통해 달성되는 공익 실현의 효과 또한 크지 않다. 반면, 이 사건 법률조항으로 말미암아 **형제자매가 각종 증명서를 발급**받을 수 있도록 함으로써 초래되는 기본권 침해는 중대하다고 볼 수 있으므로 이 사건 법률조항에 대해서는 법익의 균형성을 인정하기 어렵다. 따라서 이 사건 법률조항은 과잉금지원칙을 위반하여 청구인의 **개인정보자기결정권을 침해**한다(헌재 2016.6.30. 2015헌마924).

④ ○ 심판대상행위는 방문 면접을 통해 행정자료로 파악하기 곤란한 항목들을 조사하여 그 결과를 사회 현안에 대한 심층 분석과 각종 정책수립, 통계작성의 기초자료 또는 사회·경제현상의 연구·분석 등에 활용하도록 하고자 한 것이므로 그 목적이 정당하고, 15일이라는 짧은 방문 면접조사 기간 등 현실적 여건을 감안하면 인근 주민을 조사원으로 채용하여 방문면접 조사를 실시한 것은 목적을 달성하기 위한 적정한 수단이 된다. 따라서 심판대상행위가 과잉금지원칙을 위반하여 청구인의 **개인정보자기결정권을 침해하였다고 볼 수 없다**(헌재 2017.7.27. 2015헌마1094).

정답 ①

07 개인정보자기결정권에 관한 설명 중 가장 적절하지 않은 것은? (다툼이 있는 경우 판례에 의함)

〈2022 경찰공채 1차〉

① 아동·청소년 성매수죄로 유죄가 확정된 자는 신상정보 등록대상자가 되도록 규정한 성폭력범죄의 처벌 등에 관한 특례법 제42조 제1항 중 "구「아동·청소년의 성보호에 관한 법률」제2주 제2호 가운데 제10조 제1항의 범죄로 유죄판결이 확정된 자는 신상정보 등록대상자가 된다."는 부분은 청구인의 개인정보자기 결정권을 침해하지 않는다.

② 성적목적공공장소침입죄로 형을 선고받아 유죄판결이 확정된 자는 신상정보 등록대상자가 된다고 규정한「성폭력범죄의 처벌 등에 관한 특례법」제42조 제1항 중 "제12조의 범죄로 유죄판결이 확정된 자"에 관한 부분은 청구인의 개인정보자기결정권을 침해하지 않는다.

③ 통신매체이용음란죄로 유죄판결이 확정된 자는 신상정보 등록대상자가 된다고 규정한「성폭력범죄의 처벌 등에 관한 특례법」제42조 제1항 중 "제13조의 범죄로 유죄판결이 확정된 자는 신상정보 등록대상자가 된다."는 부분은 청구인의 개인정보자기결정권을 침해한다.

④ 가상의 아동·청소년이용음란물배포죄로 유죄판결이 확정된 자는 신상정보 등록대상자가 되도록 규정한 성폭력범죄의 처벌 등에 관한 특례법 제42조 제1항 중 구「아동·청소년의 성보호에 관한 법률」 제8조 제4항의 아동 청소년이용음란물 가운데 "아동·청소년으로 인식될 수 있는 사람이나 표현물이 등장하는 것"에 관한 부분으로 유죄판결이 확정된 자에 관한 부분은 청구인의 개인정보자기결정권을 침해한다.

해설

① ○ 성범죄의 재범을 억제하고 수사의 효율성을 제고하기 위하여, 일정한 성범죄를 저지른 자로부터 신상정보를 제출받아 보존·관리하는 것은 정당한 목적을 위한 적합한 수단이다. 아동·청소년 성매수죄로 처벌받은 사람에 대한 정보를 국가가 관리하는 것은 재범을 방지하는 유효한 방법이 될 수 있다. 전과기록이나 수사경력자료는 상대적으로 좁은 범위의 신상정보를 담고 있고 정보의 변경이 반영되지 않아 등록조항에 의한 정보 수집과 같은 효과를 거둘 수 없다. 아동·청소년 성매수죄는 그 죄질이 무겁고, 그 행위 태양 및 불법성이 다양하다고 보기 어려우므로, 입법자가 개별 아동·청소년 성매수죄의 행위 태양, 불법성을 구별하지 않은 것이 불필요한 제한이라고 볼 수 없다. 또한, 신상정보 등록대상자가 된다고 하여 그 자체로 사회복귀가 저해되거나 전과자라는 사회적 낙인이 찍히는 것은 아니므로 침해되는 사익은 크지 않고, 반면 등록조항을 통해 달성되는 공익은 매우 중요하다. 따라서 등록조항(아동·청소년 성매수죄로 유죄가 확정된 자는 신상정보 등록대상자가 되도록 규정한 성폭력범죄의 처벌 등에 관한 특례법 제42조 제1항 중 "구「아동·청소년의 성보호에 관한 법률」 제2조 제2호 가운데 제10조 제1항의 범죄로 유죄판결이 확정된 자는 신상정보 등록대상자가 된다."는 부분)은 청구인의 개인정보자기결정권을 침해하지 않는다(2016.2.25. 2013헌마830).

② ○ 등록조항은 성범죄자의 재범을 억제하고 효율적인 수사를 위한 것으로 정당한 목적을 달성하기 위한 적합한 수단이다. 신상정보 등록제도는 국가기관이 성범죄자의 관리를 목적으로 신상정보를 내부적으로만 보존·관리하는 것으로, 성범죄자의 신상정보를 일반에게 공개하는 신상정보 공개·고지제도와는 달리 법익침해의 정도가 크지 않다. 성적목적공공장소침입죄는 공공화장실 등 일정한 장소를 침입하는 경우에 한하여 성립하므로 등록조항에 따른 등록대상자의 범위는 이에 따라 제한되는바, 등록조항은 침해의 최소성 원칙에 위배되지 않는다. 등록조항으로 인하여 제한되는 사익에 비하여 성범죄의 재범 방지와 사회 방위라는 공익이 크다는 점에서 법익의 균형성도 인정된다. 따라서 등록조항(성적목적공공장소침입죄로 형을 선고받아 유죄판결이 확정된 자는 신상정보 등록대상자가 된다고 규정한「성폭력범죄의 처벌 등에 관한 특례법」 제42조 제1항 중 "제12조의 범죄로 유죄판결이 확정된 자"에 관한 부분)은 청구인의 개인정보자기결정권을 침해하지 않는다(헌재 2016.10.27. 2014헌마709).

③ ○ 성범죄자의 재범을 억제하고 재범 발생시 수사의 효율성을 제고하기 위하여, 일정한 성범죄를 저지른 자로부터 신상정보를 제출받아 보존·관리하는 것은 **정당한 목적**을 위한 **적합한 수단**이다. 그러나, 모든 성범죄자가 신상정보 등록대상이 되어서는 안되고, 신상정보 등록제도의 입법목적에 필요한 범위 내로 제한되어야 한다. 통신매체이용음란죄의 구성요건에 해당하는 행위 태양은 행위자의 범의·범행 동기·행위 상대방·행위 횟수 및 방법 등에 따라 매우 다양한 유형이 존재하고, 개별 행위유형에 따라 재범의 위험성 및 신상정보 등록 필요성은 현저히 다르다. 그런데 심판대상조항은 통신매체이용음란죄로 유죄판결이 확정된 사람은 누구나 법관의 판단 등 별도의 절차 없이 필요적으로 신상정보 등록대상자가 되도록 하고 있고, 등록된 이후에는 그 결과를 다툴 방법도 없다. 그렇다면 심판대상조항은 통신매체이용음란죄의 죄질 및 재범의 위험성에 따라 등록대상을 축소하거나, 유죄판결 확정과 별도로 신상정보 등록 여부에 관하여 법관의 판단을 받도록 하는 절차를 두는 등 기본권 침해를 줄일 수 있는 다른 수단을 채택하지 않았다는 점에서 **침해의 최소성 원칙**에 **위배**된다. 또한, 심판대상조항으로 인하여 비교적 불법성이 경미한 통신매체이용음란죄를 저지르고 재범의 위험성이 인정되지 않는 이들에 대하여는 달성되는 공익과 침해되는 사익 사이에 불균형이 발생할 수 있다는 점에서 **법익의 균형성**도 인정하기 **어렵다**. 따라서 심판대상조항(통신매체이용음란죄로 유죄판결이 확정된 자는 신상정보 등록대상자가 된다고 규정한 「성폭력범죄의 처벌 등에 관한 특례법」 제42조 제1항 중 "제13조의 범죄로 유죄판결이 확정된 자는 신상정보 등록대상자가 된다."는 부분)은 청구인의 개인정보자기결정권을 침해한다(헌재 2016.3.31. 2015헌마688).

④ × 가상의 아동·청소년이용음란물배포죄로 유죄판결이 확정된 자는 **신상정보 등록대상자**가 되도록 규정한 성폭력범죄의 처벌 등에 관한 특례법 제42조 제1항 중 구「아동·청소년의 성보호에 관한 법률」 제8조 제4항의 아동 청소년이용음란물 가운데 **"아동·청소년으로 인식될 수 있는 사람이나 표현물이 등상하는 것"에 관한 부분으로 유죄판결이 확정된 자**에 관한 부분은 과잉금지원칙을 위반하여 청구인의 개인정보자기결정권을 침해하지 않는다(헌재 2017.10.26. 2016헌마656).

정답 ④

08 개인정보자기결정권에 대한 설명으로 옳지 않은 것은? (다툼이 있는 경우 판례에 의함)

〈2021 국가직 5급〉

① 헌법재판소는 수사를 위하여 필요한 경우 검사 또는 사법경찰관이 전기통신사업자에게 기지국을 이용하여 착·발신한 전화번호 등의 통신사실 확인 자료의 제공을 요청할 수 있도록 하는 「통신비밀보호법」 제13조 제1항이 과잉금지원칙에 위반되어 정보주체의 개인정보자기결정권을 침해한다고 판시하였다.

② '각 급 학교 교원의 교원단체 및 교원노조 가입현황 실명자료'를 인터넷을 통하여 일반 대중에게 공개하는 국회의원의 행위는 해당 교원들의 개인정보자기결정권을 침해한다.

③ 개인정보자기결정권은 자신에 관한 정보가 언제 누구에게 어느 범위까지 알려지고 또 이용되도록 할 것인지를 그 정보주체가 스스로 결정할 수 있는 권리로서, 헌법 제10조 제1문에서 도출되는 일반적 인격권 및 헌법 제17조의 사생활의 비밀과 자유에 의하여 보장된다.

④ 수형인등이 재범하지 않고 상당 기간을 경과하는 경우에는 재범의 위험성이 그만큼 줄어든다고 할 것임에도 일률적으로 이들 대상자가 사망할 때까지 디엔에이신원확인정보를 보관하는 것은 과잉금지원칙에 위반하여 수형인등의 개인정보자기결정권을 침해한다.

해설

① ○ 이동전화의 이용과 관련하여 필연적으로 발생하는 **통신사실 확인 자료**는 비록 비 내용적 정보이지만 여러 정보의 결합과 분석을 통해 정보주체에 관한 정보를 유추해낼 수 있는 **민감한 정보**인 점, 수사기관의 통신사실 확인자료 제공요청에 대해 법원의 허가를 거치도록 규정하고 있으나 **수사의 필요성만을 그 요건**으로 하고 있어 제대로 된 통제가 이루어지기 어려운 점, 기지국수사의 허용과 관련하여서는 유괴·납치·성폭력범죄 등 강력범죄나 국가안보를 위협하는 각종 범죄와 같이 피의자나 피해자의 통신사실 확인 자료가 **반드시 필요한 범죄로 그 대상을 한정**하는 방안 또는 다른 방법으로는 범죄수사가 어려운 경우(**보충성**)를 요건으로 추가하는 방안 등을 검토함으로써 수사에 지장을 초래하지 않으면서도 불특정 다수의 기본권을 덜 침해하는 수단이 존재하는 점을 고려할 때, 이 사건 요청조항은 과잉금지원칙에 반하여 청구인의 **개인정보자기결정권과 통신의 자유를 침해**한다(헌재 2018.6.28. 2012헌마538 등).

② ○ 국회의원인 甲 등이 '**각 급 학교 교원의 교원단체 및 교원노조 가입현황 실명자료**'를 인터넷을 통하여 공개한 사안에서, 위 정보는 개인정보자기결정권의 보호대상이 되는 개인정보에 해당하므로 이를 **일반 대중에게 공개하는 행위는 해당 교원들**의 **개인정보자기결정권**과 **전국교직원노동조합**의 **존속, 유지, 발전에 관한 권리**를 **침해**하는 것이고, 甲 등이 위 정보를 공개한 표현행위로 인하여 얻을 수 있는 법적 이익이 이를 공개하지 않음으로써 보호받을 수 있는 해당 교원 등의 법적 이익에 비하여 우월하다고 할 수 없으므로, 甲 등의 **정보 공개행위가 위법**하다(대판 2014.7.24. 2012다49933).

③ ○ 개인정보자기결정권은 자신에 관한 정보가 **언제 누구에게 어느 범위**까지 **알려지고 또 이용되도록 할 것인지**를 그 **정보주체가 스스로 결정**할 수 있는 권리로서, 헌법 제10조 제1문에서 도출되는 **일반적 인격권** 및 헌법 제17조의 **사생활의 비밀과 자유**에 의하여 보장된다. 개인정보를 대상으로 한 조사·수집·보관·처리·이용 등의 행위는 모두 원칙적으로 개인정보자기결정권에 대한 제한에 해당한다(헌재 2018.8.30. 2016헌마483).

④ × 재범의 위험성이 높은 범죄를 범한 수형인 등은 생존하는 동안 **재범의 가능성**이 있으므로, 디엔에이신원확인정보를 수형인등이 사망할 때까지 관리하여 **범죄 수사 및 예방에 이바지**하고자 하는 이 사건 삭제조항은 입법목적의 정당성과 수단의 적절성이 인정된다. … 디엔에이신원확인정보를 범죄수사 등에 이용함으로써 달성할 수 있는 공익의 중요성에 비하여 청구인의 불이익이 크다고 보기 어려워 법익균형성도 갖추었다. 따라서 이 사건 삭제조항이 과도하게 **개인정보자기결정권**을 침해한다고 **볼 수 없다**(헌재 2014.8.28. 2011헌마28 등).

정답 ④

09 개인정보자기결정권에 대한 설명으로 옳은 것을 모두 고른 것은? (다툼이 있는 경우 판례에 의함)

〈2018 경정승진〉

㉠ 학교생활세부사항기록부의 '행동특성 및 종합의견'에 「학교폭력예방법」 제17조에 규정된 가해학생에 대한 조치사항을 입력하고, 이러한 내용을 학생의 졸업과 동시에 삭제하도록 규정한 학교생활기록 작성 및 관리지침 이 법률유보원칙에 반하여 개인정보자기결정권을 침해하는 것이라 할 수 없다.

㉡ 형제자매에게 가족관계등록부 등의 기록사항에 관한 증명서 교부 청구권을 부여하는 가족관계의 등록 등에 관한 법률 조항은 개인정보자기결정권을 침해하지 않는다.

㉢ 「국민기초생활보장법」상의 급여신청자에게 금융거래정보의 제출을 요구할 수 있도록 한 동법 시행규칙은 급여신청자의 개인정보자기결정권을 침해한다.

㉣ 게임물 관련사업자에게 게임물 이용자의 회원가입 시 본인인증을 할 수 있는 절차를 마련하도록 하고, 청소년의 회원가입 시 법정대리인의 동의를 확보하도록 하고 있는 게임산업진흥에 관한 법률 조항은 개인정보자기결정권을 제한한다.

① ㉠, ㉡
② ㉡, ㉢
③ ㉠, ㉣
④ ㉠, ㉡, ㉢, ㉣

해설

㉠ ○ 이 사건 기재조항 및 보존조항은 학교폭력 가해학생에 대한 교정 및 선도와 학교폭력예방을 그 목적으로 하므로, 목적의 정당성 및 수단의 적합성이 인정된다. 학교폭력 관련 조치사항들을 학교생활기록부에 기재하고 보존하는 것은 가해학생을 선도하고 교육할 수 있는 유용한 정보가 되고, 특히 상급학교로의 진학 자료로 사용됨으로써 학생들의 경각심을 고취시켜 학교폭력을 예방하고 재발을 방지하는 가장 효과적인 수단이 된다. … 따라서 이 사건 기재조항 및 보존조항은 과잉금지원칙에 위배되어 청구인의 개인정보자기결정권을 침해하지 않는다(헌재 2016.4.28. 2012헌마630).

㉡ × 「가족관계등록법」상 각종 증명서에 기재된 개인정보가 유출되거나 오남용될 경우 정보의 주체에게 가해지는 타격은 크므로 증명서 교부 청구권자의 범위는 가능한 한 축소하여야 하는데, 형제자매는 언제나 이해관계를 같이 하는 것은 아니므로 형제자매가 본인에 대한 개인정보를 오남용 또는 유출할 가능성은 얼마든지 있다. 그런데 이 사건 법률조항은 증명서 발급에 있어 형제자매에게 정보주체인 본인과 거의 같은 지위를 부여하고 있으므로, 이는 증명서 교부 청구권자의 범위를 필요한 최소한도로 한정한 것이라고 볼 수 없다. 본인은 인터넷을 이용하거나 위임을 통해 각종 증명서를 발급받을 수 있으며, 「가족관계등록법」 제14조 제1항 단서 각 호에서 일정한 경우에는 제3자도 각종 증명서의 교부를 청구할 수 있으므로 형제자매는 이를 통해 각종 증명서를 발급받을 수 있다. 따라서 이 사건 법률조항은 침해의 최소성에 위배된다. 또한, 이 사건 법률조항을 통해 달성하려는 공익에 비해 초래되는 기본권 제한의 정도가 중대하므로 법익의 균형성도 인정하기 어려워, 이 사건 법률조항은 청구인의 개인정보자기결정권을 침해한다(헌재 2016.6.30. 2015헌마924).

㉢ × 보장법시행규칙 제35조 제1항 제5호는 급여신청자의 수급자격 및 급여액 결정을 객관적이고 공정하게 판정하려는 데 그 목적이 있는 것으로 그 정당성이 인정되고, 이를 위해서 금융거래정보를 파악하는 것은 적절한 수단이며 금융기관과의 금융거래정보로 제한된 범위에서 수집되고 조사를 통해 얻은 정보와 자료를 목적 외의 다른 용도로 사용하거나 다른 기관에 제공하는 것이 금지될 뿐만 아니라 이를 어긴 경우 형벌을 부과하고 있으므로 정보주체의 자기결정권을 제한하는 데 따른 피해를 최소화하고 있고 위 시행규칙조항으로 인한 정보주체의 불이익보다 추구하는 공익이 더 크므로 개인정보자기결정권을 침해하지 아니한다(헌재 2005.11.24. 2005헌마112).

㉣ ○ 인터넷게임을 이용하고자 하는 사람들은 본인인증 절차를 거치기 위한 전제로서 공인인증기관이나 본인확인기관에 실명이나 주민등록번호 등의 정보를 제공할 것이 강제되고, 이러한 기관들은 개인정보의 보유 및 이용기간 동안 이러한 정보들을 보유할 수 있으므로(정보통신망법 제29조제1항 제2호), 본인인증 및 동의확보 조항은 인터넷게임 이용자가 자기의 개인정보에 대한 제공, 이용 및 보관에 관하여 스스로 결정할 권리인 개인정보자기결정권을 제한한다(헌재 2015.3.26. 2013헌마517).

정답 ③

10 개인정보자기결정권에 관한 다음 설명 중 가장 옳지 않은 것은? 〈2021 법원직 9급〉

① '형제자매'에게 가족관계등록부 등의 기록사항에 관한 증명서 교부 청구권을 부여하는 '가족관계의 등록 등에 관한 법률' 조항은 과잉금지원칙에 반하여 정보주체의 개인정보자기결정권을 침해한다.

② '직계혈족'에게 가족관계증명서 및 기본증명서의 교부 청구권을 부여하는 '가족관계의 등록 등에 관한 법률' 조항은 가정폭력 피해자의 개인정보가 가정폭력 가해자인 전 배우자에게 무단으로 유출될 수 있는 가능성을 열어놓고 있으므로 가정폭력 피해자의 개인정보자기결정권을 침해한다.

③ 공개되지 아니한 타인간의 대화를 녹음 또는 청취하여 그 내용을 공개하거나 누설한 자를 처벌하는 통신비밀보호법 조항은 불법 감청·녹음 등으로 생성된 정보를 합법적으로 취득한 자가 이를 공개 또는 누설하는 경우에도 그것이 진실한 사실로서 오로지 공공의 이익을 위한 경우에는 이를 처벌하지 아니한다는 특별한 위법성조각사유를 두지 아니한 이상 통신비밀 만을 과도하게 보호하고 표현의 자유 보장을 소홀히 한 것이므로 그 범위에서는 헌법에 위반된다.

④ 송·수신이 완료된 전기통신에 대한 압수·수색 사실을 수사대상이 된 가입자에게만 통지하도록 하고, 그 상대방에 대하여는 통지하지 않도록 한 통신비밀보호법 조항은 청구인들의 개인정보자기결정권을 침해하지 아니한다.

해설

① ○ 이 사건 법률조항을 통해 달성하려는 것은 본인과 형제자매의 편익 증진인바, 이러한 공익의 중요성은 그다지 크다고 볼 수 없고, 이를 통해 달성되는 공익 실현의 효과 또한 크지 않다. 반면, 이 사건 법률조항으로 말미암아 형제자매가 각종 증명서를 발급받을 수 있도록 함으로써 초래되는 **기본권 침해는 중대**하다고 볼 수 있으므로 이 사건 법률조항에 대해서는 법익의 균형성을 인정하기 어렵다. 따라서 이 사건 법률조항은 과잉금지원칙을 위반하여 청구인의 **개인정보자기결정권을 침해**한다(헌재 2016.6.30. 2015헌마924).

② ○ 이 사건 법률조항이 **가정폭력 가해자인 직계혈족**에 대하여 아무런 제한 없이 그 **자녀의 가족관계증명서 및 기본증명서의 발급을 청구**할 수 있도록 하여, 결과적으로 **가정폭력 피해자인 청구인의 개인정보**가 무단으로 가정폭력 가해자에게 유출될 수 있도록 한 것은 입법목적을 달성하기 위하여 필요한 범위를 넘어선 것이므로 침해의 최소성에 위배된다. 따라서 이 사건 법률조항이 불완전·불충분하게 규정되어, 직계혈족이 가정폭력의 가해자로 판명된 경우 주민등록법 제29조 제6항 및 제7항과 같이 가정폭력 피해자가 가정폭력 가해자를 지정하여 가족관계증명서 및 기본증명서의 교부를 제한하는 등의 가정폭력 피해자의 개인정보를 보호하기 위한 구체적 방안을 마련하지 아니한 **부진정입법부작위**가 과잉금지원칙을 위반하여 청구인의 **개인정보자기결정권을 침해**한다(헌재 2020.8.28. 2018헌마927).

③ × 이 사건 법률조항이 불법 취득한 타인간의 대화내용을 공개한 자를 처벌함에 있어 형법 제20조(정당행위)의 일반적 위법성조각사유에 관한 규정을 적정하게 해석 적용함으로써 공개자의 표현의 자유도 적절히 보장될 수 있는 이상, 이 사건 법률조항에 **형법상의 명예훼손죄와 같은 위법성조각사유**에 관한 특별규정을 두지 아니하였다는 점만으로 **기본권 제한의 비례성을 상실하였다고는 볼 수 없다**(헌재 2011.8.30. 2009헌바42).

④ ○ 심판대상조항은 피의자의 방어권을 보장하기 위하여 도입된 것이나, **수사의 밀행성을 확보**하기 위하여 송·수신이 완료된 전기통신에 대한 압수·수색영장 집행 사실을 수사대상이 된 **가입자에게만 통지**하도록 하고, 그 상대방(이하 '상대방'이라 한다)에 대해서는 통지하지 않도록 한 것이다. 형사소송법 조항과 영장실무가 압수·수색영장의 효력범위를 한정하고 있으므로, 송·수신이 완료된 전기통신에 관하여 수사대상이 된 가입자의 상대방에 대한 기본권 침해를 최소화하는 장치는 어느 정도 마련되어 있다. 따라서 심판대상조항은 적법절차원칙에 위배되어 청구인들의 **개인정보자기결정권을 침해한다고 볼 수 없다**(헌재 2018.4.26. 2014헌마1178).

정답 ③

11 개인정보자기결정권에 대한 설명으로 옳지 않은 것은? (다툼이 있는 경우 판례에 의함)

〈2021 국가직 5급〉

① 구「형의 실효 등에 관한 법률」의 해당 조항이 법원에서 불처분결정된 소년부송치 사건에 대한 수사경력 자료의 삭제 및 보존기간에 대하여 규정하지 아니하여 수사경력 자료에 기록된 개인정보가 당사자의 사망 시까지 보존되면서 이용되는 것은 당사자의 개인정보자기결정권에 대한 제한에 해당한다.

② 선거운동기간 중 모든 익명표현을 사전적·포괄적으로 규율하는 것은 표현의 자유보다 행정편의와 단속편의를 우선함으로써 익명표현의 자유와 개인정보자기결정권 등을 지나치게 제한한다.

③ 야당 소속 후보자 지지 혹은 정부 비판은 정치적 견해로서 개인의 인격주체성을 특징짓는 개인정보에 해당하지만, 그것이 지지 선언 등의 형식으로 공개적으로 이루어진 것이라면 개인정보자기결정권의 보호범위 내에 속하지 않는다.

④ 서울용산경찰서장이 전기통신사업자로부터 위치추적 자료를 제공받아 청구인들의 위치를 확인하였거나 확인할 수 있었음에도 불구하고 청구인들의 검거를 위하여 국민건강보험공단으로부터 2년 내지 3년 동안의 요양급여정보를 제공받은 것은 청구인들의 개인정보자기결정권에 대한 중대한 침해에 해당한다.

해설

① ○ 이 사건 구법 조항이 법원에서 불처분결정된 **소년부송치 사건에 대한 수사경력 자료**의 삭제 및 보존기간에 대하여 규정하지 아니하여 수사경력 자료에 기록된 개인정보가 당사자의 사망 시까지 보존되면서 이용되는 것은 당사자의 **개인정보자기결정권에 대한 제한**에 해당하는바, 이 사건 구법 조항이 과잉금지원칙을 위반하여 개인정보자기결정권을 침해하는지 여부가 문제된다. 따라서 법원에서 불처분결정된 소년부송치 사건에 대한 수사경력 자료의 보존기간과 삭제에 대한 규정을 두지 않은 이 사건 구법 조항은 과잉금지원칙을 위반하여 소년부송치 후 불처분결정을 받은 자의 **개인정보자기결정권을 침해**한다(헌재 2021.6.24. 2018헌가2).

② ○ **선거운동기간 중 정치적 익명표현**의 부정적 효과는 익명성 외에도 해당 익명표현의 내용과 함께 정치적 표현행위를 규제하는 관련 제도, 정치적·사회적 상황의 여러 조건들이 아울러 작용하여 발생하므로, **모든 익명표현을 사전적·포괄적으로 규율**하는 것은 표현의 자유보다 행정편의와 단속편의를 우선함으로써 **익명표현의 자유와 개인정보자기결정권 등을 지나치게 제한**한다(헌재 2021.1.28. 2018헌마456 등).

③ × 이 사건 정보수집 등 행위는 청구인 윤○○, 정○○이 과거 야당 후보를 지지하거나 세월호 참사에 대한 정부의 대응을 비판한 의사표시에 관한 정보를 대상으로 한다. 이러한 **야당 소속 후보자 지지 혹은 정부 비판**은 정치적 견해로서 개인의 인격주체성을 특징짓는 **개인정보에 해당**하고, 그것이 지지 선언 등의 형식으로 공개적으로 이루어진 것이라고 하더라도 여전히 **개인정보자기결정권의 보호범위 내**에 속한다(헌재 2020.12.23. 2017헌마416).

④ ○ 서울용산경찰서장은 청구인들을 검거하기 위해서 국민건강보험공단에게 청구인들의 요양급여내역을 요청한 것인데, 서울용산경찰서장은 그와 같은 요청을 할 당시 전기통신사업자로부터 위치추적 자료를 제공받는 등으로 청구인들의 위치를 확인하였거나 확인할 수 있는 상태였다. 따라서 서울용산경찰서장이 청구인들을 검거하기 위하여 청구인들의 약 2년 또는 3년이라는 장기간의 요양급여내역을 제공받는 것이 불가피하였다고 보기 어렵다. 그렇다면 이 사건 정보제공행위는 이 사건 정보제공조항 등이 정한 요건을 충족한 것으로 볼 수 없고, 침해의 최소성 및 법익의 균형성에 위배되어 청구인들의 **개인정보자기결정권을 침해**하였다(헌재 2018.8.30. 2014헌마368).

정답 ③

12 사생활의 비밀과 자유에 대한 설명으로 옳지 않은 것은? (다툼이 있는 경우 판례에 의함)

〈2022 국가직 5급〉

① 사생활의 비밀은 국가가 사생활영역을 들여다보는 것에 대한 보호를 제공하는 기본권이며, 사생활의 자유는 국가가 사생활의 자유로운 형성을 방해하거나 금지하는 것에 대한 보호를 의미한다.

② 인터넷회선 감청은 타인과의 관계를 전제로 하는 개인의 사적영역을 보호하려는 헌법 제18조의 통신의 비밀과 자유 외에 헌법 제17조 사생활의 비밀과 자유도 제한한다.

③ 공직자의 자질·도덕성·청렴성에 관한 사실이 개인적인 사생활에 관한 것이라면, 순수한 사생활의 영역에 있다고 보아야 할 것이므로 공적인 관심 사안에 해당할 수 없다.

④ 자동차를 도로에서 운전하는 중에 좌석안전띠를 착용할것인가 여부의 생활관계가 개인의 전체적 인격과 생존에 관계되는 '사생활의 기본조건'이라거나 자기결정의 핵심적영역 또는 인격적 핵심과 관련된다고 보기 어려워, 운전할 때 운전자가 좌석안전띠를 착용할 의무는 운전자의 사생활의 비밀과 자유를 침해하는 것이라 할 수 없다.

해설

① ○ 사생활의 비밀은 국가가 사생활영역을 들여다보는 것에 대한 보호를 제공하는 기본권이며, 사생활의 자유는 국가가 사생활의 자유로운 형성을 방해하거나 금지하는 것에 대한 보호를 의미한다. 구체적으로 사생활의 비밀과 자유가 보호하는 것은 개인의 내밀한 내용의 비밀을 유지할 권리, 개인이 자신의 사생활의 불가침을 보장받을 수 있는 권리, 개인의 양심영역이나 성적 영역과 같은 내밀한 영역에 대한 보호, 인격적인 감정세계의 존중의 권리와 정신적인 내면생활이 침해받지 아니할 권리 등이다(헌재 2003.10.30. 2002헌마518).

② ○ 인터넷회선 감청은 해당 인터넷회선을 통하여 흐르는 모든 정보가 감청 대상이 되므로, 이를 통해 드러나게 되는 개인의 사생활 영역은 전화나 우편물 등을 통하여 교환되는 통신의 범위를 넘는다. 더욱이 오늘날 이메일, 메신저, 전화 등 통신뿐 아니라, 각종 구매, 게시물 등록, 금융서비스 이용 등 생활의 전 영역이 인터넷을 기반으로 이루어지기 때문에, 인터넷회선 감청은 타인과의 관계를 전제로 하는 개인의 사적 영역을 보호하려는 헌법 제18조의 통신의 비밀과 자유 외에 헌법 제17조의 사생활의 비밀과 자유도 제한하게 된다(헌재 2018.8.30. 2016헌마263).

③ × 공직자의 공무집행과 직접적인 관련이 없는 개인적인 사생활에 관한 사실이라도 일정한 경우 공적인 관심 사안에 해당할 수 있다. 공직자의 자질·도덕성·청렴성에 관한 사실은 그 내용이 개인적인 사생활에 관한 것이라 할지라도 순수한 사생활의 영역에 있다고 보기 어렵다(헌재 2013.12.26. 2009헌마747).

④ ○ 일반 교통에 사용되고 있는 도로는 국가와 지방자치단체가 그 관리책임을 맡고 있는 영역이

며, 수많은 다른 운전자 및 보행자 등의 법익 또는 공동체의 이익과 관련된 영역으로, 그 위에서 자동차를 운전하는 행위는 더 이상 개인적인 내밀한 영역에서의 행위가 아니며, 자동차를 도로에서 운전하는 중에 좌석안전띠를 착용할 것인가 여부의 생활관계가 개인의 전체적 인격과 생존에 관계되는 '사생활의 기본조건'이라거나 자기결정의 핵심적 영역 또는 인격적 핵심과 관련된다고 보기 어려워 더 이상 사생활영역의 문제가 아니므로, 운전할 때 운전자가 좌석안전띠를 착용할 의무는 청구인의 사생활의 비밀과 자유를 침해하는 것이라 할 수 없다(헌재 2003.10.30. 2002헌마518).

정답 ③

13 사생활의 비밀과 자유에 대한 설명으로 옳지 않은 것은? (다툼이 있는 경우 판례에 의함)

〈2017 서울시 7급〉

① 미결수용자와 변호인 아닌 자와의 접견 시 그 대화내용을 녹음·녹화할 수 있도록 한 것은 미결수용자와의 사생활의 비밀과 자유를 침해한다.

② 금융감독원의 4급 이상 직원에 대하여 「공직자윤리법」상 재산등록의무를 부과하는 것은 금융감독원의 4급 이상 직원의 사생활의 비밀의 자유를 침해하지 않는다.

③ 구치소장이 수용자의 거실에 폐쇄회로 텔레비전을 설치하여 계호한 행위는 수용자의 사생활의 비밀 및 자유를 침해하지 않는다.

④ 4급 이상 공무원들의 병역 면제사유인 질병명을 관보와 인터넷을 통해 공개하도록 하는 것은 해당 공무원들의 사생활의 비밀과 자유를 침해한다.

해설

① × 청구인이 나눈 접견내용에 대한 사생활의 비밀로서의 보호가치에 비해 증거인멸의 위험을 방지하고 교정시설 내의 안전과 질서유지에 기여하려는 공익이 크고 중요하다는 점에 비추어 볼 때, 이 사건 접견참여·기록이 청구인의 사생활의 비밀과 자유를 침해하였다고 볼 수 없다(헌재 2014.9.25. 2012헌마523).

② ○ 사건 재산등록 조항은 금융감독원 직원의 비리유혹을 억제하고 업무집행의 투명성 및 청렴성을 확보하기 위한 것으로 입법목적이 정당하고, … 또한 이 사건 재산등록 조항에 의하여 제한되는 사생활 영역은 재산관계에 한정됨에 비하여 이를 통해 달성할 수 있는 공익은 금융감독원 업무의 투명성 및 책임성 확보 등으로 중대하므로 법익균형성도 충족하고 있다. 따라서 이 사건 재산등록 조항은 청구인들의 사생활의 비밀과 자유를 침해하지 아니한다(헌재 2014.6.26. 2012헌마331).

③ ○ 이 사건 CCTV 계호행위는 청구인의 생명·신체의 안전을 보호하기 위한 것으로서 그 목적이

정당하고, 교도관의 시선에 의한 감시만으로는 자살·자해 등의 교정사고 발생을 막는 데 시간적·공간적 공백이 있으므로 이를 메우기 위하여 CCTV를 설치하여 수형자를 상시적으로 관찰하는 것은 위 목적 달성에 적합한 수단이라 할 것이며, … 따라서 이 사건 CCTV 계호행위가 과잉금지원칙을 위배하여 청구인의 사생활의 비밀 및 자유를 침해하였다고는 볼 수 없다(헌재 2011.9.29. 2010헌마413).

④ ○ 이 사건 법률조항이 공적 관심의 정도가 약한 4급 이상의 공무원들까지 대상으로 삼아 모든 질병명을 아무런 예외 없이 공개토록 한 것은 입법목적 실현에 치중한 나머지 사생활 보호의 헌법적 요청을 현저히 무시한 것이고, 이로 인하여 청구인들을 비롯한 해당 공무들의 헌법 제17조가 보장하는 기본권인 사생활의 비밀과 자유를 침해하는 것이다(헌재 2007.5.31. 2005헌마1139).

정답 ①

14 다음 중 사생활의 비밀과 자유에 대한 설명으로 옳지 않은 것은? (다툼이 있는 경우 헌법재판소 판례에 의함) *〈2016 국회직 9급〉*

① 존속상해치사죄를 가중 처벌하는 것이 사생활의 자유를 침해하는 것은 아니다.

② 공직선거후보자로 등록하고자 하는 자가 제출하여야 하는 금고 이상의 형의 범죄경력에 실효된 형까지 포함하도록 하는 것은 사생활의 비밀과 자유를 침해한다.

③ 4급 이상 공무원의 병역면제 사유인 질병명 공개는 사생활의 비밀과 자유를 침해한다.

④ 국정감사는 개인의 사생활을 침해하여서는 아니 된다.

⑤ 구치소장이 수용자의 거실에 CCTV를 설치하여 계호한 행위가 수용자의 사생활의 비밀과 자유를 침해하는 것은 아니다.

해설

① ○ 존속상해치사죄와 같은 범죄행위가 헌법상 보호되는 사생활의 영역에 속한다고 볼 수 없을 뿐만 아니라, 이 사건 법률조항의 입법목적이 정당하고 그 형의 가중에 합리적 이유가 있으며 직계존속이 아닌 통상인에 대한 상해치사죄도 형사상 처벌되고 있는 이상, 그 가중처벌에 의하여 가족관계상 비속의 사생활이 왜곡된다거나 존속에 대한 효의 강요나 개인 윤리문제에의 개입 등 외부로부터 부당한 간섭이 있는 것이라고는 말할 수 없으므로, 이 사건 법률조항은 헌법 제17조의 사생활의 자유를 침해하지 아니한다(헌재 2002.3.28. 2000헌바53).

② × 후보자의 실효된 형까지 포함한 금고 이상의 형의 범죄경력을 공개함으로써 국민의 알 권리

를 충족하고 공정하고 정당한 선거권 행사를 보장하고자 하는 이 사건 법률조항의 입법목적은 정당하며, 이러한 입법목적을 달성하기 위하여는 선거권자가 후보자의 모든 범죄경력을 인지한 후 그 공직적합성을 판단하는 것이 효과적이다. … 따라서 이 사건 법률조항은 청구인들의 사생활의 비밀과 자유를 침해한다고 볼 수 없다(헌재 2008.4.24. 2006헌마402 등).

③ ○ 이 사건 법률조항이 공적 관심의 정도가 약한 4급 이상의 공무원들까지 대상으로 삼아 모든 질병명을 아무런 예외 없이 공개토록 한 것은 입법목적 실현에 치중한 나머지 사생활 보호의 헌법적 요청을 현저히 무시한 것이고, 이로 인하여 청구인들을 비롯한 해당 공무원들의 헌법 제17조가 보장하는 기본권인 사생활의 비밀과 자유를 침해하는 것이다(헌재 2007.5.31. 2005헌마1139).

④ ○

국정감사 및 조사에 관한 법률 제8조 (감사 또는 조사의 한계) 감사 또는 조사는 개인의 사생활을 침해하거나 계속 중인 재판 또는 수사 중인 사건의 소추에 관여할 목적으로 행사되어서는 아니 된다.

⑤ ○ 이 사건 CCTV 계호행위는 청구인의 생명·신체의 안전을 보호하기 위한 것으로서 그 목적이 정당하고, 교도관의 시선에 의한 감시만으로는 자살·자해 등의 교정사고 발생을 막는 데 시간적·공간적 공백이 있으므로 이를 메우기 위하여 CCTV를 설치하여 수형자를 상시적으로 관찰하는 것은 위 목적 달성에 적합한 수단이라 할 것이며, … 따라서 이 사건CCTV 계호행위가 과잉금지원칙을 위배하여 청구인의 사생활의 비밀 및 자유를 침해하였다고는 볼 수 없다(헌재 2011.9.29. 2010헌마413).

정답 ②

15 개인정보자기결정권에 대한 설명으로 가장 옳지 않은 것은? 〈2019 서울시 7급〉

① 시장·군수 또는 구청장이 개인의 지문정보를 수집하고 경찰청장이 이를 보관·전산화하여 범죄수사 목적에 이용하는 것은, 국가가 국민의 지문을 수집하는 본래 목적에 어긋나므로 개인정보자기결정권을 침해하는 것이다.

② 사람의 지문은 개인의 고유성, 동일성을 나타내고, 정보주체를 타인으로부터 식별가능하게 하는 개인정보이다.

③ 개인정보자기결정권은 자신에 관한 정보가 언제, 누구에게, 어느 범위까지 알려지고 또 이용되도록 할 것인지를 정보주체가 스스로 결정할 수 있는 권리를 말한다.

④ 개인정보자기결정권은 헌법상 사생활의 비밀과 자유, 일반적인격권, 자유민주적 기본질서 규정 또는 국민주권원리와 민주주의원리 등에 근거하고 있지만, 이들 모두를 이념적 기초로 하는 독자적 기본권으로 보아야 한다.

해설

① × 이 사건 지문날인제도가 범죄자 등 특정인만이 아닌 17세 이상 모든 국민의 열 손가락 지문정보를 수집하여 보관하도록 한 것은 신원확인기능의 효율적인 수행을 도모하고, 신원 확인의 정확성 내지 완벽성을 제고하기 위한 것으로서, 그 목적의 정당성이 인정되고, 또한 이 사건 지문날인제도가 위와 같은 목적을 달성하기 위한 효과적이고 적절한 방법의 하나가 될 수 있다. … 결국 이 사건 지문날인제도가 과잉금지의 원칙에 위배하여 청구인들의 개인정보자기결정권을 침해하였다고 볼 수 없다(헌재 2005.5.26. 99헌마513 등).

② ○ 개인의 고유성, 동일성을 나타내는 지문은 그 정보주체를 타인으로부터 식별가능하게 하는 개인정보이므로, 시장·군수 또는 구청장이 개인의 지문정보를 수집하고, 경찰청장이 이를 보관·전산화하여 범죄수사목적에 이용하는 것은 모두 개인정보자기결정권을 제한하는 것이라고 할 수 있다(헌재 2005.5.26. 99헌마513 등).

③ ○ 개인정보자기결정권은 자신에 관한 정보가 언제 누구에게 어느 범위까지 알려지고 또 이용되도록 할 것인지를 그 정보주체가 스스로 결정할 수 있는 권리이다. 즉 정보주체가 개인정보의 공개와 이용에 관하여 스스로 결정할 권리를 말한다(헌재 2005.5.26. 99헌마513 등).

④ ○ 개인정보자기결정권의 헌법상 근거로는 헌법 제17조의 사생활의 비밀과 자유, 헌법 제10조 제1문의 인간의 존엄과 가치 및 행복추구권에 근거를 둔 일반적 인격권 또는 위 조문들과 동시에 우리 헌법의 자유민주적 기본질서 규정 또는 국민주권원리와 민주주의원리 등을 고려할 수 있으나, 개인정보자기결정권으로 보호하려는 내용을 위 각 기본권들 및 헌법원리들 중 일부에 완전히 포섭시키는 것은 불가능하다고 할 것이므로, 그 헌법적 근거를 굳이 어느 한두

개에 국한시키는 것은 바람직하지 않은 것으로 보이고, 오히려 개인정보자기결정권은 이들을 이념적 기초로 하는 독자적 기본권으로서 헌법에 명시되지 아니한 기본권이라고 보아야 할 것이다(헌재 2005.5.26. 99헌마513 등).

정답 ①

16 **개인정보자기결정권에 대한 설명으로 가장 적절하지 않은 것은? (다툼이 있는 경우 헌법재판소 판례에 의함)** *〈2019 경정승진〉*

① 형제자매에게 가족관계등록부 등의 기록사항에 관한 증명서교부청구권을 부여하는 「가족관계의 등록 등에 관한 법률」 조항은 과잉금지원칙을 위반하여 청구인의 개인정보자기결정권을 침해한다.

② 국민건강보험공단이 서울용산경찰서장에게 청구인들의 요양급여내역을 제공한 행위는 검거 목적에 필요한 최소한의 정보에 해당하는 '급여일자와 요양기관명'만을 제공하였기 때문에, 과잉금지원칙에 위배되지 않아 청구인들의 개인정보자기결정권을 침해하지 않는다.

③ 가축전염병의 발생 예방 및 확산 방지를 위해 축산관계시설 출입차량에 차량무선인식장치를 설치하여 이동경로를 파악할 수 있도록 한 구「가축전염병예방법」 조항은 축산관계시설에 출입하는 청구인들의 개인정보자기결정권을 침해하지 않는다.

④ 이 사건 법률 시행 당시 DNA감식시료 채취 대상범죄로 이미 징역이나 금고 실형을 선고받아 그 형이 확정되어 수용 중인 사람에게 DNA감식시료 채취 및 DNA확인정보의 수집·이용에 있어서 「DNA 신원확인정보의 이용 및 보호에 관한 법률」을 적용할 수 있도록 규정한 동 법률 부칙 조항은 개인정보자기결정권을 과도하게 침해하지 않는다.

해설

① ○ 이 사건 법률조항을 통해 달성하려는 것은 본인과 형제자매의 편익 증진인바, 이러한 공익의 중요성은 그다지 크다고 볼 수 없고, 이를 통해 달성되는 공익 실현의 효과 또한 크지 않다. 반면, 이 사건 법률조항으로 말미암아 형제자매가 각종 증명서를 발급받을 수 있도록 함으로써 초래되는 기본권 침해는 중대하다고 볼 수 있으므로 이 사건 법률조항에 대해서는 법익의 균형성을 인정하기 어렵다. 따라서 이 사건 법률조항은 과잉금지원칙을 위반하여 청구인의 개인정보자기결정권을 침해한다(헌재 2016.6.30. 2015헌마924).

② × 서울용산경찰서장은 청구인들을 검거하기 위하여 청구인들의 요양급여정보를 제공받는 것이 불가피한 상황이 아니었음에도 불구하고 이 사건 정보제공요청을 하였고, 국민건강보험공단은 이 사건 정보제공조항 등이 정한 요건에 해당하는지 여부에 대하여 실질적으로 판단하지 아니한 채 민감정보에 해당하는 청구인들의 요양급여정보를 제공한 것이므로, 이 사건 정보제공행위는 '청구인들의 민감정보를 제공받는 것이 범죄의 수사를 위하여 불가피할 것'이라는 요건을 갖춘 것으로 볼 수 없다. … 그렇다면 이 사건정보제공행위는 침해의 최소성에 위배된다. 앞서 본 바와 같이 서울용산경찰서장은 청구인들의 소재를 파악한 상태였거나 다른 수단으로 충분히 파악할 수 있었으므로 이 사건 정보제공행위로 얻을 수 있는 수사상의 이익은 거의 없거나 미약하였던 반면, 청구인들은 자신도 모르는 사이에 민감 정보인 요양급여정보가 수사기관에 제공되어 개인정보자기결정권에 대한 중대한 불이익을 받게 되었으므로, 이 사건 정보제공행위는 법익의 균형성도 갖추지 못하였다. 이 사건 정보제공행위는 과잉금지원칙에 위배되어 청구인들의 개인정보자기결정권을 침해하였다(헌재 2018.8.30. 2014헌마368).

③ ○ 심판대상조항의 입법목적은 차량의 축산관계시설 출입정보를 국가가축방역 통합정보시스템으로 송신하여 이를 통합적·체계적으로 관리하고 차량의 이동경로를 신속하게 파악하여 구제역과 같은 가축전염병이 발생한 경우 신속한 역학조사를 행함으로써 가축전염병의 확산을 방지하고 효과적으로 대응하고자 함에 있으므로, 그 입법목적의 정당성이 인정된다. … 따라서 심판대상조항은 청구인들의 개인정보자기결정권을 침해하지 아니한다(헌재 2015.4.30. 2013헌마81).

④ ○ 다른 범죄에 비하여 상대적으로 재범의 위험성이 높은 범죄를 범한 수형인등은 언제 다시 동종의 범죄를 저지를지 알 수 없어 그가 생존하는 동안에는 재범의 위험성이 있다고 할 수 있으므로, 데이터베이스에 수록된 DNA신원확인정보를 수형인등이 사망할 때까지 관리하여 범죄수사 및 범죄예방에 이바지하고자 하는 이 사건 삭제조항은 입법 목적의 정당성과 수단의 적절성이 인정된다. … 그러므로 이 사건 삭제조항은 과잉금지원칙을 위반하여 DNA신원확인정보 수록 대상자의 개인정보자기결정권을 침해한다고 볼 수 없다(헌재 2014.8.28. 2011헌마28 등).

정답 ②

17 **사생활의 비밀과 자유에 대한 설명으로 옳지 않은 것은? (다툼이 있는 경우 헌법재판소 판례에 의함)** *〈2020 국가직 7급〉*

① 엄중격리대상자의 수용거실에 CCTV를 설치하여 24시간 감시하는 행위는 교도관의 계호활동 중 육안에 의한 시선계호를 CCTV 장비에 의한 시선계호로 대체한 것에 불과하므로, 특별한 법적 근거가 없더라도 일반적인 계호활동을 허용하는 법률규정에 의하여 허용되고, 엄중격리대상자의 사생활의 비밀 및 자유를 침해하였다고 볼 수 없다.

② 흡연자들이 자유롭게 흡연할 권리를 흡연권이라고 한다면, 이러한 흡연권은 인간의 존엄과 행복추구권을 규정한 헌법 제10조와 사생활의 자유를 규정한 헌법 제17조에 의하여 뒷받침된다.

③ 금융감독원의 4급 이상 직원에 대하여 「공직자윤리법」상 재산등록의무를 부과하는 조항은 해당 업무에 대한 권한과 책임이 부여되지 아니한 3급 또는 4급 직원까지 재산등록의무자로 규정하여 재산등록의무자의 범위를 지나치게 확대하고, 등록대상 재산의 범위도 지나치게 광범위하며, 직원 본인뿐 아니라 배우자, 직계존비속의 재산까지 등록하도록 하는 등 이들의 사생활의 비밀과 자유를 침해한다.

④ 교도소장이 수용자가 없는 상태에서 실시한 거실 및 작업장검사행위는 교도소의 안전과 질서를 유지하고, 수형자의 교화·개선에 지장을 초래할 수 있는 물품을 차단하기 위한 것으로서 그 목적이 정당하고, 수단도 적절하며, 검사의 실효성을 확보하기 위한 최소한의 조치로 보이고, 달리 덜 제한적인 대체수단을 찾기 어려운 점 등에 비추어 보면 사생활의 비밀 및 자유를 침해하였다고 할 수 없다.

해설

① ○ 이 사건 CCTV 설치행위는 행형법 및 교도관직무규칙 등에 규정된 교도관의 계호활동 중 육안에 의한 시선계호를 CCTV 장비에 의한 시선계호로 대체한 것에 불과하므로, 이 사건 CCTV 설치행위에 대한 특별한 법적 근거가 없더라도 일반적인 계호활동을 허용하는 법률규정에 의하여 허용된다고 보아야 한다. 한편 CCTV에 의하여 감시되는 엄중격리대상자에 대하여 지속적이고 부단한 감시가 필요하고 자살·자해나 흉기 제작 등의 위험성 등을 고려하면, 제반사정을 종합하여 볼 때 기본권 제한의 최소성 요건이나 법익균형성의 요건도 충족하고 있다. … 따라서 이 사건 CCTV 설치행위는 헌법 제17조 및 제37조 제2항을 위반하여 청구인들의 사생활의 비밀 및 자유를 침해하였다고 볼 수 없다(헌재 2008.5.29. 2005헌마137 등).

② ○ 흡연자들이 자유롭게 흡연할 권리를 흡연권이라고 한다면, 이러한 흡연권은 인간의 존엄과 행복추구권을 규정한 헌법 제10조와 사생활의 자유를 규정한 헌법 제17조에 의하여 뒷받침된다(헌재 2004.8.26. 2003헌마457).

③ × 이 사건 재산등록 조항은 금융감독원 직원의 비리유혹을 억제하고 업무 집행의 투명성 및 청렴성을 확보하기 위한 것으로 입법목적이 정당하고, 금융기관의 업무 및 재산상황에 대한 검사 및 감독과 그에 따른 제재를 업무로 하는 금융감독원의 특성상 소속 직원의 금융기관에 대한 실질적인 영향력 및 비리 개연성이 클 수 있다는 점을 고려할 때 일정 직급이상의 금융감독원 직원에게 재산등록의무를 부과하는 것은 적절한 수단이다. … 따라서 이 사건 재산등록 조항은 청구인들의 사생활의 비밀과 자유를 침해하지 아니한다(헌재 2014.6.26. 2012헌마331).

④ ○ 이 사건 검사행위는 교도소의 안전과 질서를 유지하고, 수형자의 교화·개선에 지장을 초래할 수 있는 물품을 차단하기 위한 것으로서 그 목적이 정당하고, 수단도 적절하며, 검사의 실효성을 확보하기 위한 최소한의 조치로 보이고, 달리 덜 제한적인 대체수단을 찾기 어려운 점 등에 비추어보면 이 사건 검사행위가 과잉금지원칙에 위배하여 사생활의 비밀 및 자유를 침해하였다고 할 수 없다(헌재 2011.10.25. 2009헌마691).

정답 ③

18 사생활의 비밀과 자유 내지 개인정보자기결정권에 관한 다음 설명 중 가장 옳은 것은?

〈2021 법원직 9급〉

① 교육감이 졸업생 관련 증명업무를 위해 졸업생의 성명, 생년월일 및 졸업 일자에 대한 정보를 교육정보시스템에 보유하는 행위는 개인정보보호법제가 완비되지 않은 상황에서 그 보유의 목적과 수단의 적정성을 인정할 수 없어 졸업생의 개인정보자기결정권을 침해한다.

② 개인정보자기결정권은 헌법에 명시된 기본권이다.

③ 사생활의 비밀과 자유가 보호하는 것은 개인의 내밀한 내용의 비밀을 유지할 권리, 개인이 자신의 사생활의 불가침을 보장받을 수 있는 권리, 개인의 양심영역이나 성적 영역과 같은 내밀한 영역에 대한 보호, 인격적인 감정세계의 존중의 권리와 정신적인 내면생활이 침해받지 아니할 권리 등이다.

④ 자동차 안에서 이루어지는 활동은 사생활의 영역에 속한다 할 것이므로, 운전할 때 운전자가 좌석안전띠를 착용하는 문제는 사생활 영역의 문제로서 좌석안전띠의 착용을 강제하는 것이 사생활의 비밀과 자유를 침해하는지 여부에 대하여는 과잉금지원칙에 따른 비례심사를 하여야 한다.

해설

① × 개인정보의 종류 및 성격, 수집목적, 이용형태, 정보처리방식 등에 따라 개인정보자기결정권의 제한이 인격권 또는 사생활의 자유에 미치는 영향이나 침해의 정도는 달라지므로 개인정보자기결정권의 제한이 정당한지 여부를 판단함에 있어서는 위와 같은 요소들과 추구하는

공익의 중요성을 헤아려야 하는바, 피청구인들이 **졸업증명서 발급업무에 관한 민원인의 편의도모, 행정효율성의 제고**를 위하여 개인의 존엄과 인격권에 심대한 영향을 미칠 수 있는 민감한 정보라고 보기 어려운 **성명, 생년월일, 졸업일자 정보만을 NEIS에 보유**하고 있는 것은 **목적의 달성에 필요한 최소한의 정보만을 보유**하는 것이라 할 수 있고, 공공기관의개인정보보호에관한법률에 규정된 개인정보 보호를 위한 법 규정들의 적용을 받을 뿐만 아니라 피청구인들이 보유목적을 벗어나 개인정보를 무단 사용하였다는 점을 인정할 만한 자료가 없는 한 NEIS라는 **자동화된 전산시스템**으로 그 **정보를 보유**하고 있다는 점만으로 피청구인들의 **적법한 보유행위 자체의 정당성마저 부인하기는 어렵다**(헌재 2005.7.21. 2003헌마282 등).

② × 개인정보자기결정권의 헌법상 근거로는 헌법 제17조의 사생활의 비밀과 자유, 헌법 제10조 제1문의 인간의 존엄과 가치 및 행복추구권에 근거를 둔 일반적 인격권 또는 위 조문들과 동시에 우리 헌법의 자유민주적 기본질서 규정 또는 국민주권원리와 민주주의원리 등을 고려할 수 있으나, 개인정보자기결정권으로 보호하려는 내용을 위 각 기본권들 및 헌법원리들 중 일부에 완전히 포섭시키는 것은 불가능하다고 할 것이므로, 그 헌법적 근거를 굳이 어느 한두 개에 국한시키는 것은 바람직하지 않은 것으로 보이고, 오히려 **개인정보자기결정권**은 이들을 이념적 기초로 하는 **독자적 기본권**으로서 **헌법에 명시되지 아니한 기본권**이라고 보아야 할 것이다(헌재 2005.5.26. 99헌마513 등).

③ ○ 사생활의 비밀은 국가가 사생활영역을 들여다보는 것에 대한 보호를 제공하는 기본권이며, 사생활의 자유는 국가가 사생활의 자유로운 형성을 방해하거나 금지하는 것에 대한 보호를 의미한다. 구체적으로 **사생활의 비밀과 자유**가 보호하는 것은 개인의 **내밀한 내용의 비밀을 유지**할 권리, **개인이 자신의 사생활의 불가침을 보장**받을 수 있는 권리, **개인의 양심영역이나 성적 영역과 같은 내밀한 영역에 대한 보호, 인격적인 감정세계의 존중**의 권리와 **정신적인 내면생활이 침해받지 아니할 권리** 등이다(헌재 2003.10.30. 2002헌마518).

④ × 일반교통에 사용되고 있는 **도로**는 국가와 지방자치단체가 그 관리책임을 맡고 있는 영역이며, 수많은 다른 운전자 및 보행자 등의 법익 또는 공동체의 이익과 관련된 영역으로, 그 위에서 자동차를 운전하는 행위는 더 이상 **개인적인 내밀한 영역에서의 행위가 아니다**. 또한 자동차를 도로에서 운전하는 중에 좌석안전띠를 착용할 것인가의 여부의 생활관계가 개인의 전체적 인격과 생존에 관계되는 '사생활의 기본조건'이라거나 자기결정의 핵심적 영역 또는 인격적 핵심과 관련된다고 보기 어렵다. 그렇다면 **운전할 때 운전자가 좌석안전띠를 착용하는 문제**는 더 이상 **사생활영역의 문제가 아니**어서 **사생활의 비밀과 자유에 의하여 보호되는 범주를 벗어난 행위**라고 볼 것이므로, 이 사건 심판대상조항들은 청구인의 사생활의 비밀과 자유를 침해하는 것이라 할 수 없다(헌재 2003.10.30. 2002헌마518).

정답 ③

19 **개인정보자기결정권에 대한 설명으로 가장 적절하지 않은 것은? (다툼이 있는 경우 판례에 의함)**

〈2017 경정승진〉

① 헌법재판소는 개인정보자기결정권을 헌법상의 기본권으로 인정하며, 그 헌법적 근거는 독자적인 기본권으로서 헌법상 명시되지 않은 기본권에 해당한다고 본다.

② 주민등록번호 변경에 관한 규정을 두지 않는 「주민등록법」관련 조항은 주민등록번호 불법유출 등을 원인으로 자신의 주민등록번호를 변경하고자 하는 사람들의 개인정보자기결정권을 침해하고 있다.

③ 개인정보자기결정권은 인간의 존엄과 가치, 행복추구권을 규정한 헌법 제10조 제1문의 일반적 인격권 및 헌법 제17조의 사생활의 비밀과 자유에 의하여 도출되고 보장된다.

④ 개인정보자기결정권의 보호대상이 되는 개인정보에는 이미 공개된 개인정보는 포함되지 않는다.

해설

① ○ 개인정보자기결정권의 헌법상 근거로는 헌법 제17조의 사생활의 비밀과 자유, 헌법 제10조 제1문의 인간의 존엄과 가치 및 행복추구권에 근거를 둔 일반적 인격권 또는 위 조문들과 동시에 우리 헌법의 자유민주적 기본질서 규정 또는 국민주권원리와 민주주의원리 등을 고려할 수 있으나, 개인정보자기결정권으로 보호하려는 내용을 위 각 기본권들 및 헌법원리들 중 일부에 완전히 포섭시키는 것은 불가능하다고 할 것이므로, 그 헌법적 근거를 굳이 어느 한두 개에 국한시키는 것은 바람직하지 않은 것으로 보이고, 오히려 개인정보자기결정권은 이들을 이념적 기초로 하는 독자적 기본권으로서 헌법에 명시되지 아니한 기본권이라고 보아야 할 것이다(헌재 2005.5.26. 99헌마513 등).

② ○ 주민등록번호는 표준식별번호로 기능함으로써 개인정보를 통합하는 연결자로 사용되고 있어, 불법 유출 또는 오·남용될 경우 개인의 사생활뿐만 아니라 생명·신체·재산까지 침해될 소지가 크므로 이를 관리하는 국가는 이러한 사례가 발생하지 않도록 철저히 관리하여야 하고, 이러한 문제가 발생한 경우 그로 인한 피해가 최소화되도록 제도를 정비하고 보완하여야 할 의무가 있다. 그럼에도 불구하고 주민등록번호 유출 또는 오·남용으로 인하여 발생할 수 있는 피해 등에 대한 아무런 고려 없이 주민등록번호 변경을 일체 허용하지 않는 것은 그 자체로 개인정보자기결정권에 대한 과도한 침해가 될 수 있다. … 따라서 주민등록번호 변경에 관한 규정을 두고 있지 않은 심판대상조항은 과잉금지원칙에 위배되어 개인정보자기결정권을 침해한다(헌재 2015.12.23. 2013헌바68 등).

③ ○ 인간의 존엄과 가치, 행복추구권을 규정한 헌법 제10조 제1문에서 도출되는 일반적 인격권 및 헌법 제17조의 사생활의 비밀과 자유에 의하여 보장되는 개인정보자기결정권은 자신에 관한 정보가 언제 누구에게 어느 범위까지 알려지고 또 이용되도록 할 것인지를 그 정보주체가 스스로 결정할 수 있는 권리이다(헌재 2005.7.21. 2003헌마282 등).

④ × 개인정보자기결정권의 보호대상이 되는 개인정보는 개인의 신체, 신념, 사회적 지위, 신분 등과 같이 개인의 인격주체성을 특징짓는 사항으로서 그 개인의 동일성을 식별할 수 있게 하는 일체의 정보라고 할 수 있고, 반드시 개인의 내밀한 영역이나 사사(私事)의 영역에 속하는 정보에 국한되지 않고 공적 생활에서 형성되었거나 이미 공개된 개인정보까지 포함한다(헌재 2005.5.26. 99헌마513 등).

정답 ④

20 개인정보자기결정권에 관한 설명 중 가장 적절하지 않은 것은? (다툼이 있는 경우 판례에 의함)

〈2015 경정승진〉

① 개인정보자기결정권은 자신에 관한 정보가 언제 누구에게 어느 범위까지 알려지고 또 이용되도록 할 것인지를 그 정보주체가 스스로 결정할 수 있는 권리이다.

② 헌법재판소는 개인정보자기결정권을 헌법상의 기본권으로 인정하며, 그 헌법적 근거는 독자적인 기본권으로서 헌법상 명시되지 않은 기본권에 해당한다고 본다.

③ 개인정보자기결정권의 보호대상이 되는 개인정보는 공적 생활에서 형성되었거나 이미 공개된 개인정보는 포함되지 아니한다.

④ 「개인정보보호법」에서는 구「공공기관의 개인정보보호에 관한 법률」과 달리 공공기관 뿐만 아니라 법인, 단체, 개인 등으로 개인정보처리자의 범위가 확대되었다.

해설

① ○ 개인정보자기결정권은 자신에 관한 정보가 언제 누구에게 어느 범위까지 알려지고 또 이용되도록 할 것인지를 그 정보주체가 스스로 결정할 수 있는 권리이다. 즉 정보주체가 개인정보의 공개와 이용에 관하여 스스로 결정할 권리를 말한다(헌재 2005.5.26. 99헌마513 등).

② ○ 개인정보자기결정권의 헌법상 근거로는 헌법 제17조의 사생활의 비밀과 자유, 헌법 제10조 제1문의 인간의 존엄과 가치 및 행복추구권에 근거를 둔 일반적 인격권 또는 위 조문들과 동시에 우리 헌법의 자유민주적 기본질서 규정 또는 국민주권원리와 민주주의원리 등을 고려할 수 있으나, 개인정보자기결정권으로 보호하려는 내용을 위 각 기본권들 및 헌법원리들 중 일부에 완전히 포섭시키는 것은 불가능하다고 할 것이므로, 그 헌법적 근거를 굳이 어느 한두 개에 국한시키는 것은 바람직하지 않은 것으로 보이고, 오히려 개인정보자기결정권은 이들을 이념적 기초로 하는 독자적 기본권으로서 헌법에 명시되지 아니한 기본권이라고 보아야 할 것이다(헌재 2005.5.26. 99헌마513 등).

③ × 개인정보자기결정권의 보호대상이 되는 개인정보는 개인의 신체, 신념, 사회적 지위, 신분 등과 같이 개인의 인격주체성을 특징짓는 사항으로서 그 개인의 동일성을 식별할 수 있게 하는 일체의 정보라고 할 수 있고, 반드시 개인의 내밀한 영역이나 사사(私事)의 영역에 속하는 정보에 국한되지 않고 공적 생활에서 형성되었거나 이미 공개된 개인정보까지 포함한다(헌재 2005.5.26. 99헌마513 등).

④ ○ 우리나라에서도 1995년 1월부터 '공공기관의 개인정보보호에 관한 법률'이 제정되어 시행되었다. 이 법은 공공기관이 컴퓨터·폐쇄회로 텔레비전 등 정보의 처리 또는 송·수신 기능을 가진 장치에 의해 개인정보를 취급함에 있어서 준수할 사항들을 전하고 있었으며, 개인·단체에 대해서도 공공기관에 준하여 개인정보보호에 관한 조치를 강구하도록 하고 있었다. 그러나 사적 기관에서의 개인정보보호문제가 심각함에도 불구하고 이를 규율하는 체계적인 입법이 미흡하였다. 이에 공공부문과 민간부문을 망라하여 국가사회 전반에 걸쳐 국제 수준에 부합하는 개인정보의 수집과 이용 등 개인정보 처리원칙 등을 규정하고 개인정보의 침해로 인한 국민의 피해 구제를 강화하여 개인정보에 관한 주체의 권리와 이익을 보장하기 위하여 개인정보보호에 관한 일반법으로 '개인정보보호법'이 제정되었다.

정답 ③

21 「개인정보보호법」에 대한 설명으로 옳지 않은 것은? 〈2019 국회직 9급〉

① 정보주체는 자신의 개인정보에 대하여 열람 및 사본의 발급을 요구할 권리를 가진다.

② 정보주체는 자신의 개인정보의 처리 정지, 정정·삭제 및 파기를 요구할 권리를 가진다.

③ 개인정보처리자란 업무를 목적으로 개인정보파일을 운용하기 위하여 스스로 또는 다른 사람을 통하여 개인정보를 처리하는 공공기관, 법인, 단체를 의미하며, 개인은 개인정보처리자가 될 수 없다.

④ 개인정보처리자는 사상·신념, 노동조합·정당의 가입·탈퇴, 정치적 견해, 건강, 성생활 등에 관한 정보 등을 처리하여서는 아니 된다.

⑤ 「개인정보보호법」에서는 제한적인 징벌적 손해배상제와 법정손해배상제를 규정하고 있다.

해설

① ○

② ○

개인정보보호법 제4조 (정보주체의 권리) 정보주체는 자신의 개인정보처리와 관련하여 다음 각 호의 권리를 가진다.

1. 개인정보의 처리에 관한 정보를 제공받을 권리
2. 개인정보의 처리에 관한 동의 여부, 동의 범위 등을 선택하고 결정할 권리
3. 개인정보의 처리 여부를 확인하고 개인정보에 대하여 열람(사본의 발급을 포함한다. 이하 같다)을 요구할 권리
4. 개인정보의 처리 정지, 정정·삭제 및 파기를 요구할 권리
5. 개인정보의 처리로 인하여 발생한 피해를 신속하고 공정한 절차에 따라 구제받을 권리

③ ×

개인정보보호법 제2조 (정의) 이 법에서 사용하는 용어의 뜻은 다음과 같다.

5. "개인정보처리자"란 업무를 목적으로 개인정보파일을 운용하기 위하여 스스로 또는 다른 사람을 통하여 개인정보를 처리하는 공공기관, 법인, 단체 및 개인 등을 말한다.

④ ○

개인정보보호법 제23조 (민감정보의 처리 제한) ① 개인정보처리자는 사상·신념, 노동조합·정당의 가입·탈퇴, 정치적 견해, 건강, 성생활 등에 관한 정보, 그 밖에 정보주체의 사생활을 현저히 침해할 우려가 있는 개인정보로서 대통령령으로 정하는 정보(이하 "민감정보"라 한다)를 처리하여서는 아니 된다. 다만, 다음 각 호의 어느 하나에 해당하는 경우에는 그러하지 아니하다.

⑤ ○

개인정보보호법 제39조 (손해배상책임) ① 정보주체는 개인정보처리자가 이 법을 위반한 행위로 손해를 입으면 개인정보처리자에게 손해배상을 청구할 수 있다. 이 경우 그 개인정보처리자는 고의 또는 과실이 없음을 입증하지 아니하면 책임을 면할 수 없다.

③ 개인정보처리자의 고의 또는 중대한 과실로 인하여 개인정보가 분실도난·유출·위조·변조 또는 훼손된 경우로서 정보주체에게 손해가 발생한 때에는 법원은 그 손해액의 3배를 넘지 아니하는 범위에서 손해배상액을 정할 수 있다. 다만, 개인정보처리자가 고의 또는 중대한 과실이 없음을 증명한 경우에는 그러하지 아니하다.

제39조의2 (법정손해배상의 청구) ① 제39조 제1항에도 불구하고 정보주체는 개인정보처리자의 고의 또는 과실로 인하여 개인정보가 분실·도난·유출·위조·변조 또는 훼손된 경우에는 300만원 이하의 범위에서 상당한 금액을 손해액으로 하여 배상을 청구할 수 있다. 이 경우 해당 개인정보처리자는 고의 또는 과실이 없음을 입증하지 아니하면 책임을 면할 수 없다.

정답 ③

22 **사생활의 자유에 대한 설명으로 옳지 않은 것은? (다툼이 있는 경우 헌법재판소의 판례에 의함)**

〈2017 국회직 8급〉

① 교정시설의 장이 수용자가 범죄의 증거를 인멸하거나 형사 법령에 저촉되는 행위를 할 우려가 있는 때에 교도관으로 하여금 수용자의 접견내용을 청취·기록·녹음 또는 녹화하게 하는 것은 미결수용자의 사생활을 침해한다.

② 형제자매에게 가족관계등록부 등의 기록사항에 관한 증명서 교부청구권을 부여하는 「가족관계의 등록 등에 관한 법률」 조항은 해당 본인의 개인정보자기결정권을 침해한다.

③ 정보통신망을 통해 청소년유해매체물을 제공하는 자에게 이용자의 본인확인의무를 부과하고 있는 「청소년보호법」 조항은 관계자의 개인정보자기결정권을 침해하지 않는다.

④ 독거실 내 CCTV를 설치하여 수형자를 상시적으로 관찰한 것은 사생활의 비밀 및 자유를 침해하였다고는 볼 수 없다.

⑤ '성적목적공공장소침입죄'로 형을 선고받아 확정된 자는 신상정보 등록대상자가 된다고 규정한 「성폭력범죄의 처벌 등에 관한 특례법」 조항은 해당 성범죄자의 개인정보자기결정권을 침해하지 않는다.

해설

① × 이 사건 녹음조항은 수용자의 증거인멸의 가능성 및 추가범죄의 발생 가능성을 차단하고, 교정시설 내의 안전과 질서유지를 위한 것으로 목적의 정당성이 인정되며, 수용자는 증거인멸 또는 형사 법령 저촉 행위를 할 경우 쉽게 발각될 수 있다는 점을 예상하여 이를 억제하게 될 것이므로 수단의 적합성도 인정된다. … 나아가 청구인의 접견내용을 녹음·녹화함으로써 증거인멸이나 형사 법령 저촉 행위의 위험을 방지하고, 교정시설 내의 안전과 질서유지에 기여하려는 공익은 미결수용자가 받게 되는 사익의 제한보다 훨씬 크고 중요하므로 법익의 균형성도 인정된다. 따라서 이 사건 녹음조항은 과잉금지원칙에 위배되어 청구인의 사생활의 비밀과 자유 및 통신의 비밀을 침해하지 아니한다(헌재 2016.11.24. 2014헌바401).

② ○ 이 사건 법률조항은 본인이 스스로 증명서를 발급받기 어려운 경우 형제자매를 통해 증명서를 간편하게 발급받게 하고, 친족·상속 등과 관련된 자료를 수집하려는 형제자매가 본인에 대한 증명서를 편리하게 발급받을 수 있도록 하기 위한 것으로, 목적의 정당성 및 수단의 적합성이 인정된다. … 그런데 이 사건 법률조항은 증명서 발급에 있어 형제자매에게 정보주체인 본인과 거의 같은 지위를 부여하고 있으므로, 이는 증명서 교부청구권자의 범위를 필요한 최소한도로 한정한 것이라고 볼 수 없다. 본인은 인터넷을 이용하거나 위임을 통해 각종 증명서를 발급받을 수 있으며, 가족관계등록법 제14조 제1항 단서 각 호에서 일정한 경우에는 제3자도 각종 증명서의 교부를 청구할 수 있으므로 형제자매는 이를 통해 각종 증명서를 발급받을 수 있다. 따라서 이 사건 법률조항은 침해의 최소성에 위배된다. 또한, 이 사건 법률조항을 통해

달성하려는 공익에 비해 초래되는 기본권 제한의 정도가 중대하므로 법익의 균형성도 인정하기 어려워, 이 사건 법률조항은 청구인의 개인정보자기결정권을 침해한다(헌재 2016.6.30. 2015헌마924).

③ ○ 이 사건 본인확인 조항은 청소년유해매체물 이용자의 연령을 정확하게 확인함으로써 청소년을 음란·폭력성 등을 지닌 유해매체물로부터 차단·보호하기 위한 것으로 입법목적의 정당성이 인정되고, 인터넷상에서는 대면 접촉을 통한 신분증 확인이 사실상 불가능하므로 공인인증기관이나 본인확인정보를 가지고 있는 제3자 등을 통해 본인인증을 거치도록 하는 것은 입법목적 달성을 위한 적절한 수단이다. …강한 전파력을 가지고 무차별적으로 유포될 수 있는 가능성을 지닌 인터넷 매체의 특성을 고려할 때 이러한 제한을 통하여 달성하고자 하는 청소년 보호라는 공익은 매우 중대한 것임에 반해, 이 사건 본인확인 조항으로 인하여 청구인들이 입게 되는 불이익은 인터넷상 청소년유해매체물을 이용하려는 경우 본인인증 절차를 거쳐야 하는 것이므로, 법익의 균형성도 갖추었다. 따라서 이 사건 본인확인 조항은 과잉금지원칙에 반하여 청구인들의 알 권리 및 개인정보자기결정권을 침해하지 않는다(헌재 2015.3.26. 2013헌마354).

④ ○ 이 사건 CCTV 계호행위는 청구인의 생명·신체의 안전을 보호하기 위한 것으로서 그 목적이 정당하고, 교도관의 시선에 의한 감시만으로는 자살·자해 등의 교정사고 발생을 막는 데 시간적·공간적 공백이 있으므로 이를 메우기 위하여 CCTV를 설치하여 수형자를 상시적으로 관찰하는 것은 위 목적달성에 적합한 수단이라 할 것이며, … 이로 인하여 청구인의 사생활에 상당한 제약이 가하여진다고 하더라도, 청구인의 행동을 상시적으로 관찰함으로써 그의 생명·신체를 보호하고 교정시설 내의 안전과 질서를 보호하려는 공익 또한 그보다 결코 작다고 할 수 없으므로, 법익의 균형성도 갖추었다. 따라서 이 사건 CCTV 계호행위가 과잉금지원칙을 위배하여 청구인의 사생활의 비밀 및 자유를 침해하였다고는 볼 수 없다(헌재 2011.9.29. 2010헌마413).

⑤ ○ 등록조항은 성범죄자의 재범을 억제하고 효율적인 수사를 위한 것으로 정당한 목적을 달성하기 위한 적합한 수단이다. 신상정보 등록제도는 국가기관이 성범죄자의 관리를 목적으로 신상정보를 내부적으로만 보존·관리하는 것으로, 성범죄자의 신상정보를 일반에게 공개하는 신상정보 공개·고지제도와는 달리 법익침해의 정도가 크지 않다. 성적목적공공장소침입죄는 공공화장실 등 일정한 장소를 침입하는 경우에 한하여 성립하므로 등록조항에 따른 등록대상자의 범위는 이에 따라 제한되는바, 등록조항은 침해의 최소성 원칙에 위배되지 않는다. 등록조항으로 인하여 제한되는 사익에 비하여 성범죄의 재범 방지와 사회 방위라는 공익이 크다는 점에서 법익의 균형성도 인정된다. 따라서 등록조항은 청구인의 개인정보자기결정권을 침해하지 않는다(헌재 2016.10.27. 2014헌마709).

정답 ①

23 **개인정보보호에 대한 설명으로 옳지 않은 것은? (다툼이 있는 경우 판례에 의함)** *〈2018 지방직 7급〉*

① 개별 교원의 교원단체 및 노동조합 가입 정보는 「개인정보보호법」 제23조의 노동조합의 가입·탈퇴에 관한 정보로서 민감정보에 해당한다.

② 「개인정보보호법」상 개인정보란 살아 있는 개인 또는 사자(死者)에 관한 정보로서 성명, 주민등록번호 및 영상 등을 통하여 개인을 알아볼 수 있는 정보를 말한다.

③ 통계청장이 인구주택총조사의 방문 면접조사를 실시하면서, 담당 조사원을 통해 조사대상자에게 통계청장이 작성한 인구주택총조사 조사표의 조사항목들에 응답할 것을 요구한 행위는 조사대상자의 개인정보자기결정권을 침해하지 않는다.

④ 통신매체이용음란죄로 유죄판결이 확정된 자는 신상정보등록대상자가 된다고 정한 「성폭력 범죄의 처벌 등에 관한 특례법」 조항은 신상정보등록대상자의 개인정보자기결정권을 침해한다.

해설

① ○

개인정보보호법 제23조 (민감 정보의 처리 제한) ① 개인정보처리자는 사상·신념, 노동조합·정당의 가입·탈퇴, 정치적 견해, 건강, 성생활 등에 관한 정보, 그 밖에 정보주체의 사생활을 현저히 침해할 우려가 있는 개인정보로서 대통령령으로 정하는 정보(이하 "민감정보"라 한다)를 처리하여서는 아니 된다. 다만, 다음 각 호의 어느 하나에 해당하는 경우에는 그러하지 아니하다.

② ×

개인정보보호법 제2조 (정의) 이 법에서 사용하는 용어의 뜻은 다음과 같다.

1. "개인정보"란 살아 있는 개인에 관한 정보로서 다음 각 목의 어느 하나에 해당하는 정보를 말한다.

가. 성명, 주민등록번호 및 영상 등을 통하여 개인을 알아볼 수 있는 정보

나. 해당 정보만으로는 특정 개인을 알아볼 수 없더라도 다른 정보와 쉽게 결합하여 알아볼 수 있는 정보, 이 경우 쉽게 결합할 수 있는지 여부는 다른 정보의 입수 가능성 등 개인을 알아보는 데 소요되는 시간, 비용, 기술 등을 합리적으로 고려하여야 한다.

다. 가목 또는 나목을 제1호의2에 따라 가명 처리함으로써 원래의 상태로 복원하기 위한 추가 정보의 사용·결합 없이는 특정 개인을 알아볼 수 없는 정보(이하 "가명정보"라 한다)

③ ○ 심판대상행위는 방문 면접을 통해 행정자료로 파악하기 곤란한 항목들을 조사하여 그 결과를 사회 현안에 대한 심층 분석과 각종 정책수립, 통계작성의 기초자료 또는 사회·경제현상의 연구·분석 등에 활용하도록 하고자 한 것이므로 그 목적이 정당하고, 15일이라는 짧은 방문 면접조사 기간 등 현실적 여건을 감안하면 인근 주민을 조사원으로 채용하여 방문면접 조사를 실시한 것은 목적을 달성하기 위한 적정한 수단이 된다. … 나아가 관련 법령이나 실제 운용상 표본조사 대상 가구의 개인정보 남용을 방지할 수 있는 여러 제도적 장치도 충분히 마련되어 있다. 따라서 심판대상행위가 과잉금지원칙을 위반하여 청구인의 개인정보자기결정권을 침해하였다고 볼 수 없다(헌재 2017.7.27. 2015헌마1094).

④ ○ 통신매체이용음란죄의 구성요건에 해당하는 행위 태양은 행위자의 범의 범행 동기·행위 상대방·행위 횟수 및 방법 등에 따라 매우 다양한 유형이 존재하고, 개별 행위유형에 따라 재범의 위험성 및 신상정보 등록 필요성은 현저히 다르다. 그런데 심판대상조항은 통신매체이용음란죄로 유죄판결이 확정된 사람은 누구나 법관의 판단 등 별도의 절차 없이 필요적으로 신상정보 등록대상자가 되도록 하고 있고, 등록된 이후에는 그 결과를 다툴 방법도 없다. 그렇다면 심판대상조항은 통신매체이용음란죄의 죄질 및 재범의 위험성에 따라 등록대상을 축소하거나, 유죄판결 확정과 별도로 신상정보 등록 여부에 관하여 법관의 판단을 받도록 하는 절차를 두는 등 기본권 침해를 줄일 수 있는 다른 수단을 채택하지 않았다는 점에서 침해의 최소성 원칙에 위배된다. 또한, 심판대상조항으로 인하여 비교적 불법성이 경미한 통신매체이용음란죄를 저지르고 재범의 위험성이 인정되지 않는 이들에 대하여는 달성되는 공익과 침해되는 사익 사이에 불균형이 발생할 수 있다는 점에서 법익의 균형성도 인정하기 어렵다. … 그렇다면, 심판대상조항은 과잉금지원칙을 위반하여 청구인의 개인정보자기결정권을 침해한다(헌재 2016.3.31. 2015헌마688).

정답 ②

24 **개인정보자기결정권에 대한 설명으로 옳은 것은? (다툼이 있는 경우 판례에 의함)** 〈2020 국회직 8급〉

① 검사 또는 사법경찰관이 수사를 위하여 필요한 경우에 전기통신사업자에게 위치정보 추적자료의 열람이나 제출을 요청할 수 있도록 하는 규정은 수사기관에 수사대상자의 민감한 개인정보인 위치정보추적자료 제공을 허용하여 수사대상자의 기본권을 과도하게 제한하면서도 절차적 통제가 제대로 이루어지고 있지 않으므로 개인정보자기결정권을 침해한다.

② 건강에 관한 정보는 민감정보에 해당하지만, 국민건강보험공단 이사장이 경찰서장의 요청에 따라 질병명이 기재되지 않은 수사대상자의 요양급여내역만을 제공한 행위 자체만으로는 수사대상자의 개인정보자기결정권이 침해되었다고 볼 수는 없다.

③ 익명휴대전화를 이용하는 자들이 언제나 범죄의 목적을 가진다고 볼 수 없고 익명통신은 도덕적으로 중립적이므로, 익명휴대전화를 금지하기 위해 이동통신서비스 가입 시 본인확인절차를 거치도록 한다면 그 규정은 정당한 입법목적을 가지고 있다고 볼 수 없으므로 개인정보자기결정권을 침해한다.

④ 아동·청소년에 대한 강제추행죄로 유죄판결이 확정된 자를 신상정보 등록대상자로 정하여 신상정보 관할 경찰관서의 장에게 신상정보를 제출하도록 하고 신상정보가 변경될 경우 그 사유와 변경내용을 제출하도록 하는 규정은 재범의 위험성에 대신 심사 없이 유죄판결을 받은 모든 자를 일률적으로 등록대상자로 정하므로 과잉금지원칙에 위반된다.

⑤ '각급 학교교원의 교원단체 및 교원노조 가입현황 실명자료'는 개인정보자기결정권의 보호대상이 되나 이를 공개한 표현행위로 인하여 얻을 수 있는 법적 이익이 이를 공개하지 않음으로써 보호받을 수 있는 해당 교원 등의 법적 이익에 비하여 우월하다고 할 수 있으므로 해당 정보공개행위가 위법하다고 볼 수 없다.

해설

① ○ 수사기관은 위치정보 추적자료를 통해 특정 시간대 정보주체의 위치 및 이동상황에 대한 정보를 취득할 수 있으므로 위치정보 추적자료는 충분한 보호가 필요한 민감한 정보에 해당되는 점, 그럼에도 이 사건 요청조항은 수사기관의 광범위한 위치정보 추적자료 제공요청을 허용하여 정보주체의 기본권을 과도하게 제한하는 점, … 수사기관의 위치정보 추적자료 제공요청에 대해 법원의 허가를 거치도록 규정하고 있으나 수사의 필요성만을 그 요건으로 하고 있어 절차적 통제마저도 제대로 이루어지기 어려운 현실인 점 등을 고려할 때, 이 사건 요청조항은 과잉금지원칙에 반하여 청구인들의 개인정보자기결정권과 통신의 자유를 침해한다 (헌재 2018.6.28. 2012헌마191 등).

② × 이 사건 정보제공행위에 의하여 제공된 청구인 김○환의 약 2년 동안의 총 44회 요양급여내역 및 청구인 박○만의 약 3년 동안의 총 38회 요양급여내역은 건강에 관한 정보로서 '개인정보 보호법' 제23조 제1항이 규정한 민감정보에 해당한다. … 급여일자와 요양기관명은 피의자의 현재 위치를 곧바로 파악할 수 있는 정보는 아니므로, 이 사건 정보제공행위로 얻을 수 있는 수사상의 이익은 없었거나 미약한 정도였다. … 이 사건 정보제공행위로 인한 청구인들의 개인정보자기결정권에 대한 침해는 매우 중대하다. 그렇다면 이사건 정보제공행위는 이 사건 정보제공조항 등이 정한 요건을 충족한 것으로 볼 수 없고, 침해의 최소성 및 법익의 균형성에 위배되어 청구인들의 개인정보자기결정권을 침해하였다(헌재 2018.8.30. 2014헌마368).

③ × 심판대상조항이 이동통신서비스 가입 시 본인확인절차를 거치도록 함으로써 타인 허무인의 이름을 사용한 휴대전화인 이른바 대포폰이 보이스피싱 등 범죄의 범행도구로 이용되는 것을 막고, 개인정보를 도영하여 타인의 명의로 가입한 다음 휴대전화 소액결제나 서비스요금을 그 명의인에게 전가하는 등 명의도용범죄의 피해를 막고자 하는 입법목적은 정당하고, 이를 위하여 본인확인절차를 거치게 한 것은 적합한 수단이다. … 개인정보자기결정권, 통신의 자유가 제한되는 불이익과 비교했을 때, 명의도용피해를 막고, 차명휴대전화의 생성을 억제하여 보이스피싱 등 범죄의 범행도구로 악용될 가능성을 방지함으로써 잠재적 범죄피해 방지 및 통신망 질서 유지라는 더욱 중대한 공익의 달성효과가 인정된다. 따라서 심판대상조항은 청구인들의 개인정보자기결정권 및 통신의 자유를 침해하지 않는다(헌재 2019.9.26. 2017헌마1209).

④ × 제출조항은 범죄 수사 및 예방을 위하여 일정한 신상정보를 제출하도록 하는 것으로서, 목적의 정당성 및 수단의 적합성이 인정된다. … 제출조항으로 인하여 청구인은 일정한 신상정보를 제출해야 하는 불이익을 받게 되나, 이에 비하여 제출조항이 달성하려는 공익이 크다고 보이므로 법익의 균형성도 인정된다. 따라서 제출조항은 청구인의 개인정보자기결정권을 침해하지 않는다(헌재 2016.3.31. 2014헌마457).

⑤ × 국회의원인 甲 등이 '각급 학교교원의 교원단체 및 교원노조 가입현황 실명자료'를 인터넷을 통하여 공개한 사안에서, 위 정보는 개인정보자기결정권의 보호대상이 되는 개인정보에 해당하므로 이를 일반 대중에게 공개하는 행위는 해당 교원들의 개인정보자기결정권과 전국교직원노동조합의 존속, 유지, 발전에 관한 권리를 침해하는 것이고, 甲 등이 위 정보를 공개한 표현행위로 인하여 얻을 수 있는 법적 이익이 이를 공개하지 않음으로써 보호받을 수 있는 해당 교원 등의 법적 이익에 비하여 우월하다고 할 수 없으므로, 甲 등의 정보공개행위가 위법하다(대판 2014.7.24. 2012다49933).

정답 ①

25 **개인정보보호에 대한 설명으로 옳지 않은 것은? (다툼이 있는 경우 판례에 의함)** *〈2019 국가직 5급〉*

① 개인정보란 살아 있는 개인에 관한 정보로서 성명, 주민등록번호 및 영상 등을 통하여 개인을 알아볼 수 있는 정보(해당 정보만으로는 특정 개인을 알아볼 수 없더라도 다른 정보와 쉽게 결합하여 알아볼 수 있는 것을 포함한다)를 말한다.

② 정보주체는 자신의 개인정보처리로 인하여 발생한 피해를 신속하고 공정한 절차에 따라 구제받을 권리를 가진다.

③ 개인정보처리자는 정보주체가 필요한 최소한의 정보 외의 개인정보 수집에 동의하지 아니 한다는 이유로 정보주체에게 재화 또는 서비스의 제공을 거부하여서는 아니 된다.

④ 국민건강보험공단이 피의자의 급여일자와 요양기관명에 관한 정보를 수사기관에 제공하는 것은, 당해 정보가 개인의 건강에 관한 것이기는 하나 개인의 건강 상태에 관한 막연하고 추상적인 정보에 불과하여 보호의 필요성이 높지 않을 뿐만 아니라, 검거목적에 필요한 최소한의 정보를 제공한 것으로써 그의 개인정보자기결정권을 침해하지 아니한다.

해설

① ○

개인정보보호법 제2조 (정의) 이 법에서 사용하는 용어의 뜻은 다음과 같다.
1. "개인정보"란 살아 있는 개인에 관한 정보로서 다음 각 목의 어느 하나에 해당하는 정보를 말한다.
가. 성명, 주민등록번호 및 영상 등을 통하여 개인을 알아볼 수 있는 정보
나. 해당 정보만으로는 특정 개인을 알아볼 수 없더라도 다른 정보와 쉽게 결합하여 알아볼 수 있는 정보, 이 경우 쉽게 결합할 수 있는지 여부는 다른 정보의 입수 가능성 등 개인을 알아보는 데 소요되는 시간, 비용, 기술 등을 합리적으로 고려하여야 한다.
다. 가목 또는 나목을 제1호의2에 따라 가명 처리함으로써 원래의 상태로 복원하기 위한 추가 정보의 사용·결합 없이는 특정 개인을 알아볼 수 없는 정보(이하 "가명정보"라 한다)

② ○

개인정보보호법 제4조 (정보주체의 권리) 정보주체는 자신의 개인정보처리와 관련하여 다음 각 호의 권리를 가진다.
5. 개인정보의 처리로 인하여 발생한 피해를 신속하고 공정한 절차에 따라 구제받을 권리

③ ○

개인정보보호법 제16조 (개인정보의 수집 제한) ③ 개인정보처리자는 정보주체가 필요한 최소한의 정보 외의 개인정보 수집에 동의하지 아니한다는 이유로 정보주체에게 재화 또는 서비스의 제공을 거부하여서는 아니 된다.

④ × 서울용산경찰서장은 청구인들의 소재를 파악한 상태였거나 다른 수단으로 충분히 파악할 수 있었으므로 이 사건 정보제공행위로 얻을 수 있는 수사상의 이익은 거의 없거나 미약하였던 반면, 청구인들은 자신도 모르는 사이에 민감정보인 요양급여정보가 수사기관에 제공되어 개인정보자기결정권에 대한 중대한 불이익을 받게 되었으므로, 이 사건 정보제공행위는 법익의 균형성도 갖추지 못하였다. 이 사건 정보제공행위는 과잉금지원칙에 위배되어 청구인들의 개인정보자기결정권을 침해하였다(헌재 2018.8.30. 2014헌마368).

정답 ④

26 개인정보자기결정권에 관한 다음 설명 중 가장 옳지 않은 것은? 〈2020 법원직 9급〉

① 국회의원인 甲이 '각급 학교교원의 교원단체 및 교원노조 가입현황 실명자료'를 인터넷을 통하여 공개하였다면, 이는 개인정보자기결정권의 보호대상이 되는 개인정보를 일반 대중에게 공개함으로써 해당 교원들의 개인정보자기결정권을 침해하는 것이다.

② 법률정보 제공 사이트를 운영하는 甲주식회사가 공립대학교인 乙 대학교 법과대학 법학과 교수로 재직 중인 丙의 사진, 성명, 성별, 출생연도, 직업, 직장, 학력, 경력 등의 개인정보를 위 법학과 홈페이지 등을 통해 수집하여 위 사이트 내 '법조인' 항목에서 유료로 제공한 행위는 丙의 개인정보자기결정권을 침해하지 않는다.

③ 지문은 개인의 고유성과 동일성을 나타내는 생체정보로서 개인이 임의로 변경할 수 없는 정보이고, 행정상 목적으로 신원확인이 필요한 경우 반드시 열 손가락 지문 전부가 필요한 것은 아니므로 주민등록증 발급신청서에 열 손가락 지문을 찍도록 하는 것은 개인정보자기결정권을 침해한다.

④ 국민건강보험공단이 경찰서장에게 일정기간 동안의 피의자에 대한 급여일자, 요양기관명을 포함한 요양급여내역을 제공한 행위는 개인정보자기결정권을 침해한다.

해설

① ○ 이 사건 정보는 개인정보자기결정권의 보호대상이 되는 개인정보에 해당하므로, 이 사건 정보를 일반 대중에게 공개하는 행위는 해당 교원들의 개인정보자기결정권의 침해에 해당한다고 봄이 상당하다. 또한 위와 같은 조합 가입 여부에 관한 개인정보가 공개될 경우 원고 전국교직원노동조합(이하 '전교조' 라고 한다)에 속한 조합원들이 조합을 탈퇴하거나, 비조합원들이 조합에 가입하는 것을 꺼리게 될 수 있어 원고 전교조 역시 그 존속, 유지, 발전에 지장을 받을 수 있으므로, 이 사건 정보를 일반 대중에게 공개하는 행위는 원고 전교조의 그러한 권리를 침해하는 경우에 해당한다고 봄이 상당하다(대판 2014.7.24. 2012다49933).

② ○ 갑 회사가 영리 목적으로 병의 개인정보를 수집하여 제3자에게 제공하였더라도 그에 의하여 얻을 수 있는 법적 이익이 정보처리를 막음으로써 얻을 수 있는 정보주체의 인격적 법익에 비하여 우월하므로, 갑 회사의 행위를 병의 개인정보자기결정권을 침해하는 위법한 행위로 평가할 수 없고, 갑 회사가 병의 개인정보를 수집하여 제3자에게 제공한 행위는 병의 동의가 있었다고 객관적으로 인정되는 범위 내이고, 갑 회사에 영리 목적이 있었다고 하여 달리 볼 수 없으므로, 갑 회사가 병의 별도의 동의를 받지 아니하였다고 하여 개인정보보호법 제15조나 제17조를 위반하였다고 볼 수 없다(대판 2016.8.17. 2014다235080).

③ × 이 사건 시행령 조항은 신원확인기능의 효율적 수행을 도모하고, 신원확인의 정확성 내지 완벽성을 제고하기 위하여 열 손가락 지문 전부를 주민등록증 발급신청서에 날인하도록 규정하고 있는바, 지문정보가 유전자, 홍채, 치아 등 다른 신원확인수단에 비하여 간편하고 효율적이며, 일정한 범위의 범죄자나 손가락 일부의 지문정보를 수집하는 것만으로는 열 손가락 지문을 대조하는 것과 그 정확성 면에서 비교하기 어렵다는 점 등을 고려하면, 이 사건 시행령 조항이 과도하게 개인정보자기결정권을 침해하였다고 볼 수 없다(헌재 2015.5.28. 2011헌마731).

④ ○ 급여일자와 요양기관명은 피의자의 현재 위치를 곧바로 파악할 수 있는 정보는 아니므로, 이 사건 정보제공행위로 얻을 수 있는 수사상의 이익은 없었거나 미약한 정도였다. 반면 서울용산경찰서장에게 제공된 요양기관명에는 전문의의 병원도 포함되어 있어 청구인들의 질병의 종류를 예측할 수 있는 점, 2년 내지 3년 동안의 요양급여정보는 청구인들의 건강 상태에 대한 총체적인 정보를 구성할 수 있는 점 등에 비추어 볼 때, 이 사건 정보제공행위로 인한 청구인들의 개인정보자기결정권에 대한 침해는 매우 중대하다. 그렇다면 이 사건 정보제공행위는 이 사건 정보제공조항 등이 정한 요건을 충족한 것으로 볼 수 없고, 침해의 최소성 및 법익의 균형성에 위배되어 청구인들의 개인정보자기결정권을 침해하였다(헌재 2018.8. 30. 2014헌마368).

정답 ③

27 **다음 중 개인정보자기결정권에 대한 설명으로 옳지 않은 것은? (다툼이 있는 경우 헌법재판소 판례에 의함)** *〈2017 국회직 9급〉*

① 국회의원이 각 급 학교 교원의 교원단체 가입현황과 교원노조 가입현황에 관한 실명자료를 인터넷을 통해 공개하는 것은 공익을 위해서 적정한 것으로서 위헌이 아니다.

② 「개인정보보호법」은 개인정보를 살아 있는 개인에 관한 정보로 한정한다.

③ 보호대상은 개인에 관한 '비밀' 정보에만 한정되지 않는다.

④ 개인정보처리자에 대하여 자신의 개인정보 처리를 정지할 것을 요구할 수 있는 권리를 포함한다.

⑤ 「개인정보보호법」에 의하면 특별한 보호대상이 되는 민감정보에는 정치적 견해나 노동조합에 가입에 관한 정보도 포함된다.

해설

① × 국회의원인 甲 등이 '각 급 학교 교원의 교원단체 및 교원노조 가입현황 실명자료'를 인터넷을 통하여 공개한 사안에서, 위 정보는 개인정보자기결정권의 보호대상이 되는 개인정보에 해당하므로 이를 일반 대중에게 공개하는 행위는 해당 교원들의 개인정보자기결정권과 전국교직원노동조합의 존속, 유지, 발전에 관한 권리를 침해하는 것이고, 甲 등이 위 정보를 공개한 표현행위로 인하여 얻을 수 있는 법적 이익이 이를 공개하지 않음으로써 보호받을 수 있는 해당 교원 등의 법적 이익에 비하여 우월하다고 할 수 없으므로, 甲 등의 정보공개행위가 위법하다(대판 2014.7.24. 2012다49933).

② ○

개인정보보호법 제2조 (정의) 이 법에서 사용하는 용어의 뜻은 다음과 같다.
1. "개인정보"란 살아 있는 개인에 관한 정보로서 다음 각 목의 어느 하나에 해당하는 정보를 말한다.
가. 성명, 주민등록번호 및 영상 등을 통하여 개인을 알아볼 수 있는 정보
나. 해당 정보만으로는 특정 개인을 알아볼 수 없더라도 다른 정보와 쉽게 결합하여 알아볼 수 있는 정보 이 경우 쉽게 결합할 수 있는지 여부는 다른 정보의 입수 가능성 등 개인을 알아보는 데 소요되는 시간, 비용, 기술 등을 합리적으로 고려하여야 한다.
다. 가목 또는 나목을 제1호의2에 따라 가명 처리함으로써 원래의 상태로 복원하기 위한 추가 정보의 사용·결합 없이는 특정 개인을 알아볼 수 없는 정보(이하 "가명정보"라 한다)

③ ○ 개인정보자기결정권의 보호대상이 되는 개인정보는 개인의 신체, 신념, 사회적 지위, 신분 등과 같이 개인의 인격주체성을 특징짓는 사항으로서 그 개인의 동일성을 식별할 수 있게 하는 일체의 정보라고 할 수 있고, 반드시 개인의 내밀한 영역이나 사사의 영역에 속하는 정보에 국한되지 않고 공적 생활에서 형성되었거나 이미 공개된 개인정보까지 포함한다(헌재 2005.5.26. 99 헌마513 등).

④ ○

> **개인정보보호법 제4조 (정보주체의 권리)** 정보주체는 자신의 개인정보처리와 관련하여 다음 각 호의 권리를 가진다.
> 4. 개인정보의 처리 정지, 정정·삭제 및 파기를 요구할 권리

⑤ ○

> **개인정보보호법 제23조 (민감정보의 처리 제한)** ① 개인정보처리자는 사상·신념, 노동조합·정당의 가입·탈퇴, 정치적 견해, 건강, 성생활 등에 관한 정보, 그 밖에 정보주체의 사생활을 현저히 침해할 우려가 있는 개인정보로서 대통령령으로 정하는 정보(이하 "민감정보"라 한다)를 처리하여서는 아니 된다. 다만, 다음 각 호의 어느 하나에 해당하는 경우에는 그러하지 아니하다.

정답 ①

28 개인정보자기결정권에 대한 설명으로 가장 옳지 않은 것은? 〈2016 서울시 7급〉

① 개인정보자기결정권의 보호대상이 되는 개인정보는 반드시 개인의 내밀한 영역에 속하는 정보에 국한되지 않고 공적 생활에서 형성되었거나 이미 공개된 개인정보까지 포함한다.

② 「개인정보보호법」 제2조 제1호는 이 법률의 보호대상인 개인정보의 개념을 살아 있는 개인에 관한 정보에 한정하고 있다.

③ 자신의 주민등록표를 열람하거나 그 등·초본을 교부받는 경우에도 소정의 수수료를 부과하도록 하고 있는 규정은 개인정보자기결정권을 침해한다고 볼 수 없다.

④ 개인별로 주민등록번호를 부여하면서 주민등록번호 변경에 관한 규정을 두고 있지 않은 「주민등록법」은 개인정보자기결정권을 침해한다고 볼 수 없다.

해설

① ○ 개인정보자기결정권의 보호대상이 되는 개인정보는 개인의 신체, 신념, 사회적 지위, 신분 등과 같이 개인의 인격주체성을 특징짓는 사항으로서 그 개인의 동일성을 식별할 수 있게 하는 일체의 정보라고 할 수 있고, 반드시 개인의 내밀한 영역이나 사사(私事)의 영역에 속하는 정보에 국한되지 않고 공적 생활에서 형성되었거나 이미 공개된 개인정보까지 포함한다(헌재 2005.5.26. 99헌마513 등).

② ○

개인정보보호법 제2조 (정의) 이 법에서 사용하는 용어의 뜻은 다음과 같다.

1. "개인정보"란 살아 있는 개인에 관한 정보로서 다음 각 목의 어느 하나에 해당하는 정보를 말한다.

가. 성명, 주민등록번호 및 영상 등을 통하여 개인을 알아볼 수 있는 정보

나. 해당 정보만으로는 특정 개인을 알아볼 수 없더라도 다른 정보와 쉽게 결합하여 알아볼 수 있는 정보, 이 경우 쉽게 결합할 수 있는지 여부는 다른 정보의 입수 가능성 등 개인을 알아보는 데 소요되는 시간, 비용, 기술 등을 합리적으로 고려하여야 한다.

다. 가목 또는 나목을 제1호의2에 따라 가명 처리함으로써 원래의 상태로 복원하기 위한 추가 정보의 사용·결합 없이는 특정 개인을 알아볼 수 없는 정보(이하 "가명정보"라 한다)

③ ○ 주민등록표 열람 및 그 등·초본 교부에 따른 수수료는 특정인의 신원증명 등의 편익을 위하여 행정기관의 인적·물적 시설에 드는 비용을 조달하려는 목적에서 부과되는 것으로서 수수료 부과 자체의 정당성이 정되고, 소요되는 비용에 비하여 그 수수료 액수가 지나치게 고액이라든가 부당하게 책정되었다고 볼 수 없으므로, 이 사건 심판대상조항으로 인하여 청구인들의 개인정보자기결정권 및 재산권이 침해된다고 할 수 없다(헌재 2013.7.25. 2011헌마364).

④ × 주민등록번호 유출 또는 오·남용으로 인하여 발생할 수 있는 피해 등에 대한 아무런 고려 없이 주민등록번호 변경을 일체 허용하지 않는 것은 그 자체로 개인정보자기결정권에 대한 과도한 침해가 될 수 있다. 따라서 주민등록번호 변경에 관한 규정을 두고 있지 않은 심판대상조항은 과잉금지원칙에 위배되어 개인정보자기결정권을 침해한다(헌재 2015.12.23. 2013헌바68 등).

정답 ④

29 사생활의 보호를 위한 기본권에 대한 설명으로 옳지 않은 것은? (다툼이 있는 경우 판례에 의함)

〈2017 국가직 7급〉

① 공직자의 자질·도덕성·청렴성에 관한 사실은 그 내용이 개인적인 사생활에 관한 것이라 할지라도 순수한 사생활의 영역에 있다고 보기 어렵다.

② 구치소장이 미결수용자와 그 배우자 사이의 접견내용을 녹음한 행위는 과잉금지원칙에 위반하여 미결수용자의 사생활의 비밀과 자유를 침해한다.

③ 사생활의 비밀은 국가가 사생활영역을 들여다보는 것에 대한 보호를 제공하는 기본권이며, 사생활의 자유는 국가가 사생활의 자유로운 형성을 방해하거나 금지하는 것에 대한 보호를 의미한다.

④ 통신의 자유를 기본권으로서 보장하는 것은 사적 영역에 속하는 개인 간의 의사소통을 사생활의 일부로서 보장하겠다는 취지에서 비롯된 것이다.

해설

① ○ 공직자의 공무집행과 직접적인 관련이 없는 개인적인 사생활에 관한 사실이라도 일정한 경우 공적인 관심 사안에 해당할 수 있다. 공직자의 자질·도덕성·청렴성에 관한 사실은 그 내용이 개인적인 사생활에 관한 것이라 할지라도 순수한 사생활의 영역에 있다고 보기 어렵다. 이러한 사실은 공직자 등의 사회적 활동에 대한 비판 내지 평가의 한 자료가 될 수 있고, 업무집행의 내용에 따라서는 업무와 관련이 있을 수도 있으므로, 이에 대한 문제 제기 내지 비판은 허용되어야 한다(헌재 2013.12.26. 2009헌마747).

② × 이 사건 녹음행위는 교정시설 내의 안전과 질서유지에 기여하기 위한 것으로서 그 목적이 정당할 뿐 아니라 수단이 적절하다. 또한, 소장은 미리 접견내용의 녹음 사실 등을 고지하며, 접견기록물의 엄격한 관리를 위한 제도적 장치도 마련되어 있는 점 등을 고려할 때 침해의 최소성 요건도 갖추었고, 이 사건 녹음행위는 미리 고지되어 청구인의 접견내용은 사생활의 비밀로서의 보호가치가 그리 크지 않다고 할 것이므로 법익의 불균형을 인정하기도 어려워, 과잉금지원칙에 위반하여 청구인의 사생활의 비밀과 자유를 침해하였다고 볼 수 없다(헌재 2012.12.27. 2010헌마153).

③ ○ 사생활의 비밀은 국가가 사생활영역을 들여다보는 것에 대한 보호를 제공하는 기본권이며, 사생활의 자유는 국가가 사생활의 자유로운 형성을 방해하거나 금지하는 것에 대한 보호를 의미한다. 구체적으로 사생활의 비밀과 자유가 보호하는 것은 개인의 내밀한 내용의 비밀을 유지할 권리, 개인이 자신의 사생활의 불가침을 보장받을 수 있는 권리, 개인의 양심영역이나 성적 영역과 같은 내밀한 영역에 대한 보호, 인격적인 감정세계의 존중의 권리와 정신적인 내면생활이 침해받지 아니할 권리 등이다(헌재 2003.10.30. 2002헌마518).

④ ○ 헌법 제18조에서는 "모든 국민은 통신의 비밀을 침해받지 아니한다."라고 규정하여 통신의 비밀보호를 그 핵심내용으로 하는 통신의 자유를 기본권으로 보장하고 있다. 통신의 자유를 기본권으로서 보장하는 것은 사적 영역에 속하는 개인 간의 의사소통을 사생활의 일부로서 보장하겠다는 취지에서 비롯된 것이라 할 것이다(헌재 2001.3.21. 2000헌바25).

정답 ②

30 **개인정보자기결정권에 관한 다음 설명 중 가장 옳지 않은 것은? (다툼이 있는 경우 대법원 판례에 의함)** *〈2016 법원직 9급〉*

① 개인정보자기결정권의 보호대상이 되는 개인정보는 개인의 신체, 신념, 사회적 지위, 신분 등과 같이 개인의 인격주체성을 특징짓는 사항으로서 개인의 동일성을 식별할 수 있게 하는 일체의 정보라고 할 수 있고, 반드시 개인의 내밀한 영역에 속하는 정보에 국한되지 않고 공적 생활에서 형성되었거나 이미 공개된 개인정보까지 포함한다.

② 개인정보자기결정권은 인간의 존엄과 가치, 행복추구권을 규정한 헌법 제10조 제1문의 일반적 인격권 및 헌법 제17조의 사생활의 비밀과 자유에 의하여 도출되고 보장된다.

③ 다만 개인정보를 대상으로 한 조사·수집·보관·처리·이용 등의 행위 일체는 모두 원칙적으로 개인정보자기결정권에 대한 제한에 해당한다.

④ 국회의원인 甲 등이 각 급 학교 교원의 교원단체 및 교원노조 가입현황 실명자료를 인터넷을 통하여 공개한 사안에서, 대법원은 위 정보가 개인정보자기결정권의 보호대상이 되는 개인정보에 해당하므로 이를 일반 대중에게 공개하는 행위는 해당 교원들의 개인정보자기결정권과 전국교직원노동조합의 존속, 유지, 발전에 관한 권리를 침해할 여지가 있다고 보았으나, 甲 등이 위 정보를 공개한 표현행위로 인하여 얻을 수 있는 법적 이익이 이를 공개하지 않음으로써 보호받을 수 있는 해당 교원 등의 법적 이익보다 우월하므로, 甲 등의 정보공개행위는 적법하다고 보았다.

해설

① ○

② ○ 인간의 존엄과 가치, 행복추구권을 규정한 헌법 제10조 제1문에서 도출되는 일반적 인격권 및 헌법 제17조의 사생활의 비밀과 자유에 의하여 보장되는 개인정보자기결정권은 자신에 관한 정보가 언제 누구에게 어느 범위까지 알려지고 또 이용되도록 할 것인지를 그 정보주체가 스스로 결정할 수 있는 권리이다. 즉 정보주체가 개인정보의 공개와 이용에 관하여 스스로 결정할 권리를 말한다(헌재 2005.7.21. 2003헌마282 등).

③ ○ 개인정보자기결정권의 보호대상이 되는 개인정보는 개인의 신체, 신념, 사회적 지위, 신분 등과 같이 개인의 인격주체성을 특징짓는 사항으로서 그 개인의 동일성을 식별할 수 있게 하는 일체의 정보라고 할 수 있고, 반드시 개인의 내밀한 영역이나 사사(私事)의 영역에 속하는 정보에 국한되지 않고 공적 생활에서 형성되었거나 이미 공개된 개인정보까지 포함한다. 또한 그러한 개인정보를 대상으로 한 조사·수집·보관·처리·이용 등의 행위는 모두 원칙적으로 개인정보자기결정권에 대한 제한에 해당한다(헌재 2005.5. 26. 99헌마513 등).

④ × 국회의원인 甲 등이 각 급 학교 교원의 교원단체 및 교원노조 가입현황 실명자료를 인터넷을 통하여 공개한 사안에서, 위 정보는 개인정보자기결정권의 보호대상이 되는 개인정보에 해당하므로 이를 일반 대중에게 공개하는 행위는 해당 교원들의 개인정보자기결정권과 전국교직원노동조합의 존속, 유지, 발전에 관한 권리를 침해하는 것이고, 甲 등이 위 정보를 공개한 표현행위로 인하여 얻을 수 있는 법적 이익이 이를 공개하지 않음으로써 보호받을 수 있는 해당 교원 등의 법적 이익에 비하여 우월하다고 할 수 없으므로, 甲 등의 정보공개행위가 위법하다 (대판 2014.7.24. 2012다49933).

정답 ④

31 개인정보자기결정권에 대한 설명으로 옳지 않은 것은? (다툼이 있는 경우 판례에 의함)

〈2018 국가직 7급〉

① 가족관계등록부 등의 기록사항에 관한 증명서 교부 청구권을 형제자매에게도 부여하는 「가족관계의 등록 등에 관한 법률」 규정은 증명서 발급에 있어 형제자매에게 정보주체인 본인과 거의 같은 지위를 부여하고 있기에 정보주체의 개인정보자기결정권을 침해한다.

② 구치소장이 검사의 요청에 따라 미결수용자와 그 배우자의 접견녹음파일을 미결수용자의 동의 없이 제공하더라도, 이러한 제공행위는 형사사법의 실체적 진실을 발견하고 이를 통해 형사사법의 적정한 수행을 도모하기 위한 것으로 미결수용자의 개인정보자기결정권을 침해하는 것은 아니다.

③ 아동·청소년대상 성폭력범죄를 저지른 자에 대한 신상정보고지제도는 성범죄자가 거주하는 읍·면·동에 사는 지역주민 중 아동·청소년 자녀를 둔 가구 및 교육기관의 장 등을 상대로 이루어져, 고지대상자와 그 가족을 경계하고 외면하도록 하므로 고지대상자와 그 가족의 개인정보자기결정권을 침해한다.

④ 「영유아보육법」은 CCTV 열람의 활용 목적을 제한하고 있고, 어린이집 원장은 열람시간 지정 등을 통해 보육활동에 지장이 없도록 보호자의 열람 요청에 적절히 대응할 수 있으므로 동법의 CCTV 열람조항으로 보육교사의 개인정보자기결정권이 필요 이상으로 과도하게 제한된다고 볼 수 없다.

해설

① ○ 이 사건 법률조항은 증명서 발급에 있어 형제자매에게 정보주체인 본인과 거의 같은 지위를 부여하고 있으므로, 이는 증명서 교부청구권자의 범위를 필요한 최소한도로 한정한 것이라고 볼 수 없다. 본인은 인터넷을 이용하거나 위임을 통해 각종 증명서를 발급받을 수 있으며, 가족관계등록법 제14조 제1항 단서 각 호에서 일정한 경우에는 제3자도 각종 증명서의 교부를 청구할 수 있으므로 형제자매는 이를 통해 각종 증명서를 발급받을 수 있다. 따라서 이 사건 법률조항은 침해의 최소성에 위배된다. 또한, 이 사건 법률조항을 통해 달성하려는 공익에 비해 초래되는 기본권 제한의 정도가 중대하므로 법익의 균형성도 인정하기 어려워, 이 사건 법률조항은 청구인의 개인정보자기결정권을 침해한다(헌재 2016.6.30. 2015헌마924).

② ○ 이 사건 제공행위는 형사사법의 실체적 진실을 발견하고 이를 통해 형사사법의 적정한 수행을 도모하기 위한 것으로 그 목적이 정당하고, 수단 역시 적합하다. … 나아가 접견내용이 기록된다는 사실이 미리 고지되어 그에 대한 보호가치가 그리 크다고 볼 수 없는 점 등을 고려할 때, 법익의 불균형을 인정하기도 어려우므로, 과잉금지원칙에 위반하여 청구인의 개인정보자기결정권을 침해하였다고 볼 수 없다(헌재 2012.12.27. 2010헌마153).

③ × 신상정보 고지조항은 성폭력범죄행위에 대하여 일반 국민에게 경각심을 주어 유사한 범죄를 예방하고, 성폭력범죄자로부터 잠재적인 피해자와 지역사회를 보호하며, 특히, 성범죄자들이 사회에 복귀함을 그 지역에 거주하는 아동·청소년들의 안전에 책임이 있는 자들에게 경고하여 성범죄자들이 거주하는 지역의 아동·청소년의 안전을 보호하고자 하는 데 그 입법목적이 있다. 또한, 성범죄자의 신상정보를 직접 우편 등으로 고지하는 것은 지역 주민 등에게 경각심을 불러일으키는 데 효과적이므로 수단의 적합성도 인정된다. … 따라서 신상정보 고지조항은 과잉금지원칙을 위반하여 청구인의 인격권, 개인정보자기결정권을 침해한다고 볼 수 없다(헌재 2016.5.26. 2015헌바21).

④ ○ 법은 CCTV 열람의 활용 목적을 제한하고 있고, 어린이집 원장은 열람시간 지정 등을 통해 보육활동에 지장이 없도록 보호자의 열람 요청에 적절히 대응할 수 있으므로 이 조항으로 어린이집 원장이나 보육교사 등의 기본권이 필요 이상으로 과도하게 제한된다고 볼 수 없다. 또한 이를 통해 달성할 수 있는 보호자와 어린이집 사이의 신뢰회복 및 어린이집 아동학대 근절이라는 공익의 중대함에 반하여, 제한되는 사익이 크다고 보기 어렵다. 따라서 법 제15조의5 제1항 제1호는 과잉금지원칙을 위반하여 어린이집 보육교사 등의 개인정보자기결정권 및 어린이집 원장의 직업수행의 자유를 침해하지 아니한다(헌재 2017.12.28. 2015헌마994).

정답 ③

32 개인정보자기결정권에 대한 설명으로 옳지 않은 것은? (다툼이 있는 경우 헌법재판소 판례에 의함)

〈2017 국회직 5급〉

① 개인별로 주민등록번호를 부여하면서 주민등록번호 변경에 관한 규정을 두고 있지 않은 「주민등록법」 제7조는 개인정보자기결정권을 침해한다.

② 본인 또는 배우자, 직계혈족, 형제자매에게 가족관계등록부 등의 기록사항에 관한 증명서 교부청구권을 부여하는 「가족관계의 등록 등에 관한 법률」 제14조 제1항 본문 중 '형제자매' 부분은 본인의 개인정보자기결정권을 침해한다.

③ 통신매체이용음란죄로 유죄판결이 확정된 자도 신상정보 등록대상자가 된다고 규정한 「성폭력범죄의 처벌 등에 관한 특례법」 제42조 제1항은 통신매체이용음란죄로 유죄판결이 확정된 자의 개인정보자기결정권을 침해한다.

④ 가축전염병의 발생 예방 및 확산 방지를 위해 축산관계시설 출입 차량에 차량무선인식장치를 설치하여 이동경로를 파악할 수 있도록 한 구「가축전염병예방법」 제17조의3 제2항은 축산관계시설에 출입하는 자의 개인정보자기결정권을 침해한다.

⑤ 구치소장이 검사의 요청에 따라 미결수용자와 배우자의 접견녹음파일을 제공한 행위는 미결수용자의 개인정보자기결정권을 침해하지 않는다.

해설

① ○ 주민등록번호 유출 또는 오·남용으로 인하여 발생할 수 있는 피해 등에 대한 아무런 고려 없이 주민등록번호 변경을 일체 허용하지 않는 것은 그 자체로 개인정보자기결정권에 대한 과도한 침해가 될 수 있다. … 따라서 주민등록번호 변경에 관한 규정을 두고 있지 않은 심판대상조항은 과잉금지원칙에 위배되어 개인정보자기결정권을 침해한다(헌재 2015.12.23. 2013헌바68 등).

② ○ 본인은 인터넷을 이용하거나 위임을 통해 각종 증명서를 발급받을 수 있으며, 「가족관계등록법」 제14조 제1항 단서 각 호에서 일정한 경우에는 제3자도 각종 증명서의 교부를 청구할 수 있으므로 형제자매는 이를 통해 각종 증명서를 발급받을 수 있다. 따라서 이 사건 법률조항은 침해의 최소성에 위배된다. 또한, 이 사건 법률조항을 통해 달성하려는 공익에 비해 초래되는 기본권 제한의 정도가 중대하므로 법익의 균형성도 인정하기 어려워, 이 사건 법률조항은 청구인의 개인정보자기결정권을 침해한다(헌재 2016.6.30. 2015헌마924).

③ ○ 심판대상조항은 통신매체이용음란죄의 죄질 및 재범의 위험성에 따라 등록대상을 축소하거나, 유죄판결 확정과 별도로 신상정보 등록 여부에 관하여 법관의 판단을 받도록 하는 절차를 두는 등 기본권 침해를 줄일 수 있는 다른 수단을 채택하지 않았다는 점에서 침해의 최소성

원칙에 위배된다. 또한, 심판대상조항으로 인하여 비교적 불법성이 경미한 통신매체이용음란죄를 저지르고 재범의 위험성이 인정되지 않는 이들에 대하여는 달성되는 공익과 침해되는 사익 사이에 불균형이 발생할 수 있다는 점에서 법익의 균형성도 인정하기 어렵다(헌재 2016.3.31. 2015헌마688).

④ × 심판대상조항은 축산관계시설 출입차량의 출입 정보를 국가가축방역 통합정보시스템으로 송신하여 차량의 이동경로를 신속하게 파악함으로써 구제역과 같은 가축전염병이 발생한 경우 신속한 역학조사를 통해 가축전염병의 확산을 방지하고 효과적으로 대응하고자 하는 것으로 입법목적의 정당성과 수단의 적절성이 인정된다. … 심판대상조항은 청구인들의 개인정보자기결정권을 침해하지 아니한다(헌재 2015.4. 30. 2013헌마81).

⑤ ○ 접견내용이 기록된다는 사실이 미리 고지되어 그에 대한 보호가치가 그리 크다고 볼 수 없는 점 등을 고려할 때, 법익의 불균형을 인정하기도 어려우므로 과잉금지원칙에 위반하여 청구인의 개인정보자기결정권을 침해하였다고 볼 수 없다(헌재 2012.12.27. 2010헌마153).

정답 ④

33 사생활의 비밀과 자유에 관한 설명 중 가장 적절하지 않은 것은? (다툼이 있는 경우 판례에 의함)

〈2015 경정승진〉

① 사생활의 자유란 사회공동체의 일반적인 생활규범의 범위 내에서 사생활을 자유롭게 형성해 나가고 그 설계 및 내용에 대해서 외부로부터의 간섭을 받지 아니할 권리를 말하는 바, 흡연을 하는 행위는 이와 같은 사생활의 영역에 포함된다고 할 것이다.

② 대법원은 헌법 제17조는 개인의 사생활 활동이 타인으로부터 침해되거나 사생활이 함부로 공개되지 아니할 소극적인 권리를 보장하는 것에 국한되고, 자신에 대한 정보를 자율적으로 통제할 수 있는 적극적인 권리까지 보장하는 것은 아니라고 판시한 바 있다.

③ 공직선거에 후보자로 등록하고자 하는 자가 제출하여야 하는 금고 이상의 형의 범죄경력에 실효된 형을 포함시키고 있는 「공직선거법」 제49조 제4항 제5호가 과잉금지의 원칙에 위배하여 사생활의 비밀과 자유를 침해한다고 볼 수 없다.

④ 시장, 군수 또는 구청장이 개인의 지문정보를 수집하고, 경찰청장이 이를 보관·전산화하여 범죄수사 목적에 이용하는 지문날인제도가 과잉금지의 원칙에 위배하여 청구인들의 개인정보자기결정권을 침해한다고 볼 수 없다.

해설

① ○ 사생활의 자유란 사회공동체의 일반적인 생활규범의 범위 내에서 사생활을 자유롭게 형성해 나가고 그 설계 및 내용에 대해서 외부로부터의 간섭을 받지 아니할 권리를 말하는바, 흡연을 하는 행위는 이와 같은 사생활의 영역에 포함된다고 할 것이므로, 흡연권은 헌법 제17조에서 그 헌법적 근거를 찾을 수 있다(헌재 2004.8.26. 2003헌마457).

② × 헌법 제10조는 "모든 국민은 인간으로서의 존엄과 가치를 가지며, 행복을 추구할 권리를 가진다. 국가는 개인이 가지는 불가침의 기본적 인권을 확인하고 이를 보장할 의무를 진다."고 규정하고, 헌법 제17조는 "모든 국민은 사생활의 비밀과 자유를 침해받지 아니한다."라고 규정하고 있는바, 이들 헌법 규정은 개인의 사생활 활동이 타인으로부터 침해되거나 사생활이 함부로 공개되지 아니할 소극적인 권리는 물론, 오늘날 고도로 정보화된 현대사회에서 자신에 대한 정보를 자율적으로 통제할 수 있는 적극적인 권리까지도 보장하려는 데에 그 취지가 있는 것으로 해석된다(대판 1998.7.24. 96다42789).

③ ○ 후보자의 실효된 형까지 포함한 금고 이상의 형의 범죄경력을 공개함으로써 국민의 알 권리를 충족하고 공정하고 정당한 선거권 행사를 보장하고자 하는 이 사건 법률조항의 입법목적은 정당하며, 이러한 입법목적을 달성하기 위해서는 선거권자가 후보자의 모든 범죄경력을 인지한 후 그 공직적합성을 판단하는 것이 효과적이다. … 따라서 이 사건 법률조항은 청구인들의 사생활의 비밀과 자유를 침해한다고 볼 수 없다(헌재 2008.4.24. 2006헌마402 등).

④ ○ 이 사건 지문날인제도가 범죄자 등 특정인만이 아닌 17세 이상 모든 국민의 열 손가락 지문정보를 수집하여 보관하도록 한 것은 신원확인기능의 효율적인 수행을 도모하고, 신원확인의 정확성 내지 완벽성을 제고하기 위한 것으로서, 그 목적의 정당성이 인정되고, 또한 이 사건 지문날인제도가 위와 같은 목적을 달성하기 위한 효과적이고 적절한 방법의 하나가 될 수 있다. … 결국 이 사건 지문날인제도가 과잉금지의 원칙에 위배하여 청구인들의 개인정보자기결정권을 침해하였다고 볼 수 없다(헌재 2005.5.26. 99헌마513 등).

정답 ②

34 개인정보자기결정권에 대한 헌법재판소 결정으로 옳은 것은? *〈2016 국가직 7급〉*

① 「주민등록법」에서 주민등록번호 변경에 관한 규정을 두고 있지 않은 것이 주민등록번호 불법유출 등을 원인으로 자신의 주민등록번호를 변경하고자 하는 사람들의 개인정보자기결정권을 침해하는 것은 아니다.

② 학교폭력 가해학생에 대한 조치사항을 학교생활기록부에 기재하고 졸업할 때까지 보존하는 것은 과잉금지원칙에 위배되어 가해학생의 개인정보자기결정권을 침해한다.

③ 통신매체이용음란죄로 유죄판결이 확정된 사람을 일률적으로 신상정보등록대상자가 되도록 하는 것은 침해의 최소성에 위배되어 개인정보자기결정권을 침해한다.

④ 기소유예처분에 관한 수사경력자료를 최장 5년까지 보존하도록 하는 것은 기소유예처분을 받은 자의 개인정보자기결정권을 침해한다.

해설

① × 주민등록번호 유출 또는 오·남용으로 인하여 발생할 수 있는 피해 등에 대한 아무런 고려 없이 주민등록번호 변경을 일체 허용하지 않는 것은 그 자체로 개인정보자기결정권에 대한 과도한 침해가 될 수 있다. … 따라서 주민등록번호 변경에 관한 규정을 두고 있지 않은 심판대상조항은 과잉금지원칙에 위배되어 개인정보자기결정권을 침해한다(헌재 2015.12.23. 2013헌바68 등).

② × 이 사건 기재조항 및 보존조항에서는 학교생활세부사항기록부의 '행동특성 및 종합의견'에 「학교폭력예방법」 제17조에 규정된 가해학생에 대한 조치사항을 입력하고 이를 졸업할 때까지 보존하도록 규정하고 있는바, 이는 「초·중등교육법」 제25조 제1항이 교육부령에 위임하고 동법 시행규칙 제23조 및 제24조가 교육부장관에게 재위임한 '학교생활기록의 작성과 관리에 관한 사항'에 해당한다. 따라서 이 사건 기재조항 및 보존조항은 법률유보원칙에 위배되어 청구인의 개인정보자기결정권을 침해하지 않는다(헌재 2016.4.28. 2012헌마630).

③ ○ 심판대상조항은 통신매체이용음란죄의 죄질 및 재범의 위험성에 따라 등록대상을 축소하거나, 유죄판결 확정과 별도로 신상정보 등록 여부에 관하여 법관의 판단을 받도록 하는 절차를 두는 등 기본권 침해를 줄일 수 있는 다른 수단을 채택하지 않았다는 점에서 침해의 최소성 원칙에 위배된다. 또한, 심판대상조항으로 인하여 비교적 불법성이 경미한 통신매체이용음란죄를 저지르고 재범의 위험성이 인정되지 않는 이들에 대하여는 달성되는 공익과 침해되는 사익 사이에 불균형이 발생할 수 있다는 점에서 법익의 균형성도 인정하기 어렵다. … 그렇다면, 심판대상조항은 과잉금지원칙을 위반하여 청구인의 개인정보자기결정권을 침해한다(헌재 2016.3.31. 2015헌마688).

④ × 기소유예처분에 관한 수사경력자료를 보존하도록 하는 것은 새기소나 재수사 상황에 대비한 기초자료를 제공하고, 수사 및 재판과정에서 적정한 양형 등을 통해 사법정의를 실현하기 위한 것으로서 그 목적이 정당하고 수단의 적합성이 인정된다. 보존되는 정보가 최소한에 그치고 이용범위도 제한적이며, 수사경력자료의 누설이나 목적 외 취득과 사용이 엄격히 금지될 뿐만 아니라 법정 보존기간이 합리적 범위 안에 있어 침해의 최소성에 반한다고 볼 수 없고, 수사경력자료의 보존으로 청구인이 현실적으로 입게 되는 불이익이 그다지 크지 않으므로 법익의 균형성도 갖추고 있다. 따라서 심판대상조항은 과잉금지원칙을 위반하여 청구인의 개인정보자기결정권을 침해하지 아니한다(헌재 2016.6.30. 2015헌마828).

정답 ③

35 **다음 중 사생활의 비밀과 자유 또는 개인정보자기결정권을 침해한 것은? (다툼이 있는 경우 판례에 의함)** *〈2020 경정승진〉*

① A시장이 B경찰서장의 사실조회 요청에 따라 B경찰서장에게 청구인들의 이름, 생년월일, 전화번호, 주소를 제공한 행위

② 공직선거의 후보자등록 신청을 함에 있어 형의 실효여부와 관계없이 일률적으로 금고 이상의 형의 범죄경력을 제출·공개하도록 한 규정

③ 국민건강보험공단이 2013.12.20. C경찰서장에게 체포영장이 발부된 피의자의 '2010.12.18.부터 2013.12.18.'까지의 상병명, 요양기관명, 요양기관주소, 전화번호 등 요양급여내용을 제공한 행위

④ 통계청장이 인구주택총조사의 방문 면접조사를 실시하면서, 담당 조사원을 통해 청구인에게 인구주택총조사 조사표의 조사 항목들에 응답할 것을 요구한 행위

해설

① × 김포시장은 이 사건 정보제공조항에 따라 범죄의 수사를 위하여 필요한 경우 정보주체 또는 제3자의 이익을 부당하게 침해할 우려가 있을 때를 제외하고 개인정보를 수사기관에게 제공할 수 있다. … 이름, 생년월일, 주소는 수사의 초기 단계에서 범죄의 피의자를 특정하기 위하여 필요한 가장 기초적인 정보이고, 전화번호는 피의자 등에게 연락을 하기 위하여 필요한 정보이다. 또한 활동지원급여가 제공된 시간을 확인하기 위해서 수급자에 대하여도 조사를 할 필요성을 인정할 수 있다. … 이와 같은 점에 더하여, 활동보조인의 부정 수급 관련 범죄의 수사를 가능하게 함으로써 실체적 진실 발견과 국가형벌권의 적정한 행사에 기여하고자 하는 공익은 매우 중대한 것인 점을 고려하면, 이 사건 정보제공행는 과잉금지원칙에 위배되어 청구인들의 개인정보자기결정권을 침해하였다고 볼 수 없다(헌재 2018.8.30. 2016헌마483).

② × 후보자의 실효된 형까지 포함한 금고 이상의 형의 범죄경력을 공개함으로써 국민의 알 권리를 충족하고 공정하고 정당한 선거권 행사를 보장하고자 하는 이 사건 법률조항의 입법목적은 정당하며, 이러한 입법목적을 위해서는 선거권자가 후보자의 모든 범죄경력을 인지한 후 그 공직적합성을 판단하는 것이 효과적이다. … 따라서 이 사건 법률조항은 청구인들의 사생활의 비밀과 자유를 침해한다고 볼 수 없다(헌재 2008.4.24. 2006헌마402 등).

③ ○ 이 사건 정보제공행위에 의하여 제공된 청구인 김○환의 약 2년 동안의 총 44회 요양 급여내역 및 청구인 박○만의 약 3년 동안의 총 38회 요양급여내역은 건강에 관한 정보로서 '개인정보보호법' 제23조 제1항이 규정한 민감 정보에 해당한다. … 한편 급여일자와 요양기관명은 피의자의 현재 위치를 곧바로 파악할 수 있는 정보는 아니므로, 이 사건 정보제공행위로 얻을 수 있는 수사상의 이익은 없었거나 미약한 정도였다. 반면 서울용산경찰서장에게 제공된 요양기관명에는 전문의의 병원도 포함되어 있어 청구인들의 질병의 종류를 예측할 수 있는 점, 2년 내지 3년 동안의 요양급여정보는 청구인들의 건강 상태에 대한 총체적인 정보를 구성할 수 있는 점 등에 비추어 볼 때, 이 사건 정보제공행위로 인한 청구인들의 개인정보자기결정권에 대한 침해는 매우 중대하다. 그렇다면 이 사건 정보제공행위는 이 사건 정보제공조항 등이 정한 요건을 충족한 것으로 볼 수 없고, 침해의 최소성 및 법익의 균형성에 위배되어 청구인들의 개인정보자기결정권을 침해하였다(헌재 2018.8.30. 2014헌마368).

④ × 심판대상행위는 방문 면접을 통해 행정자료로 파악하기 곤란한 항목들을 조사하여 그 결과를 사회 현안에 대한 심층 분석과 각종 정책수립, 통계작성의 기초자료 또는 사회·경제현상의 연구·분석 등에 활용하도록 하고자 한 것이므로 그 목적이 정당하고, 15일이라는 짧은 방문면접조사기간 등 현실적 여건을 감안하면 인근 주민을 조사원으로 채용하여 방문면접 조사를 실시한 것은 목적을 달성하기 위한 적정한 수단이 된다. … 따라서 심판대상행위가 과잉금지원칙을 위반하여 청구인의 개인정보자기결정권을 침해하였다고 볼 수 없다(헌재 2017.7.27. 2015헌마1094).

정답 ③

36 사생활의 비밀과 자유에 관한 설명 중 가장 적절하지 않은 것은? (다툼이 있는 경우 판례에 의함)

〈2016 경정승진〉

① 교도소장이 수용자가 없는 상태에서 실시한 거실 및 작업장의 검사행위가 과잉금지원칙에 위배하여 수용자의 사생활의 비밀 및 자유를 침해한다고 할 수 없다.

② 아동·청소년 대상 성 범죄사에 내하여 신상정보 등록 후 1년마다 새로 촬영한 사진을 관할경찰서에 제출하도록 하고 이에 위반하는 경우 형벌로 제재를 가하는 것은 기본권의 최소침해성 원칙에 반한다.

③ 개인정보자기결정권이란 자신에 관한 정보의 공개와 유통을 스스로 결정하고 통제할 수 있는 권리를 말하며, 이 때 '자신에 관한 정보'는 그 자체가 꼭 비밀성이 있는 정보일 필요는 없다.

④ 범죄의 경중·재범의 위험성 여부를 불문하고 모든 신상정보등록대상자의 등록정보를 20년 동안 보존·관리하도록 한 「성폭력범죄의 처벌 등에 관한 특례법」 관련 규정은 신상정보 등록대상자의 개인정보자기결정권을 침해한다.

해설

① ○ 이 사건 검사행위는 교도소의 안전과 질서를 유지하고, 수형자의 교화·개선에 지장을 초래할 수 있는 물품을 차단하기 위한 것으로서 그 목적이 정당하고, 수단도 적절하며, 검사의 실효성을 확보하기 위한 최소한의 조치로 보이고, 달리 덜 제한적인 대체수단을 찾기 어려운 점 등에 비추어보면 이 사건 검사행위가 과잉금지원칙에 위배하여 사생활의 비밀 및 자유를 침해하였다고 할 수 없다(헌재 2011.10.25. 2009헌마691).

② × 외모라는 신상정보의 특성에 비추어 보면 변경되는 정보의 보관을 위하여 정기적으로 사진을 제출하게 하는 방법 외에는 다른 대체수단을 찾기 어렵고, 등록의무자에게 매년 새로 촬영된 사진을 제출하게 하는 것이 그리 큰 부담은 아닐 뿐만 아니라, 의무위반 시 제재방법은 입법자에게 재량이 있으며 형벌 부과는 입법재량의 범위 내에 있고 또한 명백히 잘못 되었다고 할 수는 없으며, 법정형 또한 비교적 경미하므로 침해의 최소성 원칙 및 법익균형성원칙에도 위배되지 아니한다. 따라서 이 사건 심판대상조항은 일반적 행동의 자유를 침해하지 아니한다(헌재 2015.7.30. 2014헌바257).

③ ○ 개인정보자기결정권은 자신에 관한 정보가 언제 누구에게 어느 범위까지 알려지고 또 이용되도록 할 것인지를 그 정보주체가 스스로 결정할 수 있는 권리이다. 즉 정보주체가 개인정보의 공개와 이용에 관하여 스스로 결정할 권리를 말한다. 개인정보자기결정권의 보호대상이 되는 개인정보는 개인의 신체, 신념, 사회적 지위, 신분 등과 같이 개인의 인격주체성을 특징짓는 사항으로서 그 개인의 동일성을 식별할 수 있게 하는 일체의 정보라고 할 수 있고, 반드시 개인의 내밀한 영역이나 사사(私事)의 영역에 속하는 정보에 국한되지 않고 공적 생활에서 형성되었거나 이미 공개된 개인정보까지 포함한다(헌재 2005.5.26. 99헌마513 등).

④ ○ 재범의 위험성은 등록대상 성범죄의 종류, 등록대상자의 특성에 따라 다르게 나타날 수 있고, 입법자는 이에 따라 등록기간을 차등화함으로써 등록대상자의 개인정보자기결정권에 대한 제한을 최소화하는 것이 바람직함에도, 이 사건 관리조항은 모든 등록대상 성범죄자에 대하여 일률적으로 20년의 등록기간을 적용하고 있으며, 이 사건 관리조항에 따라 등록기간이 정해지고 나면, 등록의무를 면하거나 등록기간을 단축하기 위해 심사를 받을 수 있는 여지도 없으므로 지나치게 가혹하다. 그리고 이 사건 관리조항이 추구하는 공익이 중요하더라도, 모든 등록대상자에게 20년 동안 신상정보를 등록하게 하고 위 기간 동안 각종 의무를 부과하는 것은 비교적 경미한 등록대상 성범죄를 저지르고 재범의 위험성도 많지 않은 자들에 대해서는 달성되는 공익과 침해되는 사익 사이의 불균형이 발생할 수 있으므로 이 사건 관리조항은 개인정보자기결정권을 침해한다(헌재 2015.7.30. 2014헌마340 등).

정답 ②

37 사생활의 비밀의 자유와 개인정보자기결정권에 대한 설명으로 가장 옳지 않은 것은?

〈2018 서울시 7급〉

① '혐의 없음'의 불기소처분 등에 관한 수사경력자료의 수임 및 보존은 당사자의 개인정보자기결정권을 침해하지 않는다.

② 교도소장이 수용자가 없는 상태에서 실시한 거실 및 작업장의 검사행위는 수용자의 사생활의 비밀과 자유를 침해하는 것이 아니다.

③ 징벌 혐의로 조사를 받고 있는 수용자라 하더라도 수용자가 변호인이 아닌 자와 접견할 당시 교도관이 참여하여 대화 내용을 기록하게 한 행위는 과잉금지원칙을 위반하여 수용자의 사생활의 비밀과 자유를 침해한다.

④ 공직선거에 후보자로 등록하려는 자가 제출하여야 하는 '금고이상의 형의 범죄경력'에 이미 실효된 형까지 포함시키는 법률 규정은 공직선거후보자의 사생활의 비밀과 자유를 침해하지 않는다.

해설

① ○ 이 사건 수사경력자료 정리조항에서 '혐의 없음'의 불기소처분에 관한 개인정보를 보존하도록 하는 것은 재수사에 대비한 기초자료를 보존하고 수사의 반복을 피하기 위한 것으로서 그 목적이 정당하고 수단의 적합성이 인정된다. 또한 해당범죄의 공소시효를 고려할 때 이 사건 수사경력자료 정리조항이 규정한 수사경력자료의 보존기간이 필요 이상으로 긴 것으로 보기도 어려우므로 침해의 최소성을 갖추고 있고, 수사경력자료의 보존으로 청구인이 현실적으로 입게 되는 불이익이 그다지 크지 않으므로 법익의 균형성도 갖추고 있다. 따라서 이 사건 수사경력자료 정리조항에서 '혐의 없음'의 불기소처분에 관한 개인정보를 보존하도록 하는 것은 청구인의 개인정보 자기결정권을 침해하지 아니한다(헌재 2012.7.26. 2010헌마446).

② ○ 이 사건 검사행위는 교도소의 안전과 질서를 유지하고, 수형자의 교화·개선에 지장을 초래할 수 있는 물품을 차단하기 위한 것으로서 그 목적이 정당하고, 수단도 적절하며, 검사의 실효성을 확보하기 위한 최소한의 조치로 보이고, 달리 덜 제한적인 대체수단을 찾기 어려운 점 등에 비추어보면 이 사건 검사행위가 과잉금지원칙에 위배하여 사생활의 비밀 및 자유를 침해하였다고 할 수 없다(헌재 2011.10.25. 2009헌마691).

③ × 접견내용을 녹음·녹화하는 경우 수용자 및 그 상대방에게 그 사실을 말이나 서면 등으로 알려주어야 하고 취득된 접견기록물은 법령에 의해 보호·관리되고 있으므로 사생활의 비밀과 자유에 대한 침해를 최소화하는 수단이 마련되어 있다는 점, 청구인이 나눈 접견내용에 대한 사생활의 비밀로서의 보호가치에 비해 증거인멸의 위험을 방지하고 교정시설 내의 안전과 질서유지에 기여하려는 공익이 크고 중요하다는 점에 비추어 볼 때, 이 사건 접견참여·기록이 청구인의 사생활의 비밀과 자유를 침해하였다고 볼 수 없다(헌재 2014. 9. 25. 2012헌마523).

④ ○ 후보자의 실효된 형까지 포함한 금고 이상의 형의 범죄경력을 공개함으로써 국민의 알 권리를 충족하고 공정하고 정당한 선거권 행사를 보장하고자 하는 이 사건 법률조항의 입법목적은 정당하며, 이러한 입법목적을 달성하기 위하여는 선거권자가 후보자의 모든 범죄경력을 인지한 후 그 공직적합성을 판단하는 것이 효과적이다. 또한 금고 이상의 범죄경력에 실효된 형을 포함시키는 이유는 선거권자가 공직후보자의 자질과 적격성을 판단할 수 있도록 하기 위한 점, 전과기록은 통상 공개재판에서 이루어진 국가의 사법작용의 결과라는 점, 전과기록의 범위와 공개시기 등이 한정되어 있는 점 등을 종합하면, 이 사건 법률조항은 피해최소성의 원칙에 반한다고 볼 수 없고, 공익적 목적을 위하여 공직선거 후보자의 사생활 비밀과 자유를 한정적으로 제한하는 것이어서 법익균형성의 원칙도 충족한다. 따라서 이 사건 법률조항은 청구인들의 사생활의 비밀과 자유를 침해한다고 볼 수 없다(헌재 2008.4.24. 2006헌마402 등).

정답 ③

38 **다음 중 헌법재판소가 사생활의 비밀과 자유 또는 개인정보자기결정권을 침해한다고 결정한 것은 모두 몇 개인가?** *〈2018 법원직 9급〉*

가. 성폭력범죄의 처벌 등에 관한 특례법에 따라 등록된 신상정보를 최초 등록일부터 20년간 보존·관리하여야 한다는 규정
나. 4급 이상 공무원들의 병역 면제사유인 질병명을 관보와 인터넷을 통해 공개하도록 하는 규정
다. 개인별로 주민등록번호를 부여하면서 주민등록번호 변경에 관한 규정을 두고 있지 않은 규정
라. 공직선거의 후보자등록 신청을 함에 있어 형의 실효여부와 관계없이 일률적으로 금고 이상의 형의 범죄경력을 제출·공개하도록 한 규정

① 1개　　② 2개
③ 3개　　④ 4개

해설

가. ○ 성범죄의 재범을 억제하고 수사의 효율성을 제고하기 위하여, 법무부장관이 등록대상자의 재범 위험성이 상존하는 20년 동안 그의 신상정보를 보존·관리하는 것은 정당한 목적을 위한 적합한 수단이다. 그런데 재범의 위험성은 등록대상 성범죄의 종류, 등록대상자의 특성에 따라 다르게 나타날 수 있고, 입법자는 이에 따라 등록기간을 차등화함으로써 등록대상자의 개인정보자기결정권에 대한 제한을 최소화하는 것이 바람직함에도, 이 사건 관리조항은 모든 등록대상 성범죄자에 대하여 일률적으로 20년의 등록기간을 적용하고 있으며, 이 사건 관리조항에 따라 등록기간이 정해지고 나면, 등록의무를 면하거나 등록기간을 단축하기 위해 심사를 받을 수 있는 여지도 없으므로 지나치게 가혹하다. … 이 사건 관리조항은 개인정보자기결정권을 침해한다(헌재 2015.7.30. 2014헌마340 등).

나. ○ 이 사건 법률조항은 사생활 보호의 헌법적 요청을 거의 고려하지 않은 채 인격 또는 사생활의 핵심에 관련되는 질병명과 그렇지 않은 것을 가리지 않고 무차별적으로 공개토록 하고 있으며, 일정한 질병에 대한 비공개요구권도 인정하고 있지 않다. 그리하여 그 공개 시 인격이나 사생활의 심각한 침해를 초래할 수 있는 질병이나 심신장애내용까지도 예외 없이 공개함으로써 신고의무자인 공무원의 사생활의 비밀을 심각하게 침해하고 있다. … 결론적으로, 이 사건 법률조항이 공적 관심의 정도가 약한 4급 이상의 공무원들까지 대상으로 삼아 모든 질병명을 아무런 예외 없이 공개토록 한 것은 입법목적 실현에 치중한 나머지 사생활 보호의 헌법적 요청을 현저히 무시한 것이고, 이로 인하여 청구인들을 비롯한 해당 공무원들의 헌법 제17조가 보장하는 기본권인 사생활의 비밀과 자유를 침해하는 것이다(헌재 2007.5.31. 2005헌마1139).

다. ○ 주민등록번호는 표준식별번호로 기능함으로써 개인정보를 통합하는 연결자로 사용되고 있어, 불법 유출 또는 오·남용될 경우 개인의 사생활뿐만 아니라 생명·신체·재산까지 침해될 소지가 크므로 이를 관리하는 국가는 이러한 사례가 발생하지 않도록 철저히 관리하여야 하고, 이러한 문제가 발생한 경우 그로 인한 피해가 최소화되도록 제도를 정비하고 보완하여야 할 의무가 있다. 그럼에도 불구하고 주민등록번호 유출 또는 오·남용으로 인하여 발생할 수 있는 피해 등에 대한 아무런 고려 없이 주민등록번호 변경을 일체 허용하지 않는 것은 그 자체로 개인정보자기결정권에 대한 과도한 침해가 될 수 있다. … 따라서 주민등록번호 변경에 관한 규정을 두고 있지 않은 심판대상조항은 과잉금지원칙에 위배되어 개인정보자기결정권을 침해한다(헌재 2015.12.23. 2013헌바68 등).

라. × 후보자의 실효된 형까지 포함한 금고 이상의 형의 범죄경력을 공개함으로써 국민의 알 권리를 충족하고 공정하고 정당한 선거권 행사를 보장하고자 하는 이 사건 법률조항의 입법목적은 정당하며, 이러한 입법목적을 달성하기 위해서는 선거권자가 후보자의 모든 범죄경력을 인지한 후 그 공직적합성을 판단하는 것이 효과적이다. … 따라서 이 사건 법률조항은 청구인들의 사생활의 비밀과 자유를 침해한다고 볼 수 없다(헌재 2008.4.24. 2006헌마402 등).

정답 ③

39 사생활의 비밀과 자유에 대한 설명으로 옳은 것은? (다툼이 있는 경우 판례에 의함)

〈2015 국가직 7급〉

① 범죄의 경중·재범의 위험성 여부를 불문하고 모든 신상정보등록대상자의 등록정보를 20년 동안 보존·관리하도록 한 「성폭력범죄의 처벌 등에 관한 특례법」 관련 규정은 신상정보 등록대상자의 개인정보자기결정권을 침해한다.

② 질병은 병역처분에 있어서 고려되는 본질적 요소이므로 4급 이상 공무원들의 병역 면제사유인 질병명을 관보와 인터넷을 통해 공개하도록 하는 것은 해당 공무원들의 사생활의 비밀과 자유를 침해하지 않는다.

③ 구「특정 범죄자에 대한 위치추적 전자장치 부착 등에 관한 법률」에 의하여 성폭력범죄를 2회 이상 범하여 습벽이 인정되고 재범의 위험성이 있는 자에게 검사의 청구에 따라 법원이 10년의 범위 내에서 위치추적 전자장치를 부착할 수 있도록 하는 것은 피부착자의 사생활의 비밀과 자유 및 개인정보자기결정권을 침해한다.

④ 아동·청소년 대상 성범죄자에 대하여 신상정보 등록 후 1년 마다 새로 촬영한 사진을 관할경찰관서에 제출하도록 하고 이에 위반하는 경우 형벌로 제재를 가하는 것은 기본권의 최소침해성 원칙에 반한다.

해설

① ○ 이 사건 관리조항은 모든 등록대상 성범죄자에 대하여 일률적으로 20년의 등록기간을 적용하고 있으며, 이 사건 관리조항에 따라 등록기간이 정해지고 나면, 등록의무를 면하거나 등록기간을 단축하기 위해 심사를 받을 수 있는 여지도 없으므로 지나치게 가혹하다. 그리고 이 사건 관리조항이 추구하는 공익이 중요하더라도, 모든 등록대상자에게 20년 동안 신상정보를 등록하게 하고 위 기간 동안 각종 의무를 부과하는 것은 비교적 경미한 등록대상 성범죄를 저지르고 재범의 위험성도 많지 않은 자들에 대해서는 달성되는 공익과 침해되는 사익 사이의 불균형이 발생할 수 있으므로 이 사건 관리조항은 개인정보자기결정권을 침해한다 (헌재 2015.7.30. 2014헌마340 등).

② × 이 사건 법률조항이 공적 관심의 정도가 약한 4급 이상의 공무원들까지 대상으로 삼아 모든 질병명을 아무런 예외 없이 공개토록 한 것은 입법목적 실현에 치중한 나머지 사생활 보호의 헌법적 요청을 현저히 무시한 것이고, 이로 인하여 청구인들을 비롯한 해당 공무원들의 헌법 제17조가 보장하는 기본권인 사생활의 비밀과 자유를 침해하는 것이다(헌재 2007.5.31. 2005헌마1139).

③ × 이 사건 전자장치부착조항은 성폭력범죄의 재범을 방지하고 성폭력 범죄로부터 국민을 보호하려는 것으로 그 입법목적이 정당하고, 위치추적에 의한 감시제도가 재범 방지에 매우 효과적임이 실증적으로 확인되고 있어 수단의 적절성도 인정된다. … 구체적 사건에서 재범의 위험성에 상응한 적정한 부착기간을 선고하기 위해서는 그 상한을 비교적 높게 설정할 필요가 있고, 전자장치 부착 후 매 3개월마다 재범의 위험성을 심사하여 가해제를 통해 전자장치 부착으로부터 벗어날 수 있으므로 "10년"이라는 부착기간의 상한 역시 지나치게 길다고 보기 어렵다. … 이 사건 전자장치부착조항은 과잉금지원칙에 위배되지 않는다(헌재 2012.12.27. 2010헌바187).

④ × 아동·청소년대상 성범죄자의 신상정보를 등록하게 하고, 그 중 사진의 경우에는 1년 마다 새로 촬영하여 제출하게 하고 이를 보존하는 것은 신상정보 등록대상자의 재범을 억제하고, 재범한 경우에는 범인을 신속하게 검거하기 위한 것이므로 그 입법목적이 정당하고, 사진이 징표하는 신상정보인 외모는 쉽게 변하고, 그 변경 유무를 객관적으로 판단하기 어려우므로 1년마다 사진제출 의무를 부과하는 것은 그러한 입법목적 달성을 위한 적합한 수단이다. 외모라는 신상정보의 특성에 비추어 보면 변경되는 정보의 보관을 위하여 정기적으로 사진을 제출하게 하는 방법 외에는 다른 대체수단을 찾기 어렵고, 등록의무자에게 매년 새로 촬영된 사진을 제출하게 하는 것이 그리 큰 부담은 아닐 뿐만 아니라, 의무위반 시 제재방법은 입법자에게 재량이 있으며 형벌 부과는 입법재량의 범위 내에 있고 또한 명백히 잘못 되었다고 할 수는 없으며, 법정형 또한 비교적 경미하므로 침해의 최소성 원칙 및 법익균형성 원칙에도 위배되지 아니한다. 따라서 이 사건 심판대상조항은 일반적 행동의 자유를 침해하지 아니한다 (헌재 2015.7.30. 2014헌바257).

정답 ①

40 사생활의 비밀과 자유에 대한 설명으로 옳지 않은 것은? (다툼이 있는 경우 헌법재판소 판례에 의함) *〈2018 국회직 5급〉*

① 인터넷언론사의 공개된 게시판·대화방에서 스스로의 의사에 의하여 정당·후보자에 대한 지지·반대의 글을 게시하는 행위는 양심의 자유나 사생활의 비밀의 자유에 의해 보호되는 영역이다.

② 불법감청에 의하여 지득 또는 채록된 전기통신의 내용은 재판 또는 징계절차에서 증거로 사용할 수 없다.

③ 「개인정보보호법」 제2조 제1호는 이 법률의 보호대상인 개인정보의 개념을 살아있는 개인에 관한 정보로 한정하고 있다.

④ 보험회사직원이 보험회사를 상대로 손해배상청구소송을 제기한 교통사고 피해자들의 장해 정도에 관한 증거자료를 수집할 목적으로 피해자들의 일상생활을 촬영한 행위는 불법이다.

⑤ 개인정보자기결정권의 보호대상이 되는 개인정보는 그 개인의 동일성을 식별할 수 있게 하는 일체의 정보로서, 반드시 개인의 내밀한 영역이나 사사(私)의 영역에 속하는 정보에 국한되지 않고 공적 생활에서 형성되었거나 이미 공개된 개인정보까지 포함한다.

해설

① × 인터넷언론사의 공개된 게시판·대화방에서 스스로의 의사에 의하여 정당·후보자에 대한 지지·반대의 글을 게시하는 행위가 양심의 자유나 사생활 비밀의 자유에 의하여 보호되는 영역이라고 할 수 없다(헌재 2010.2.25. 2008헌마324 등).

② ○

통신비밀보호법 제4조 (불법검열에 의한 우편물의 내용과 불법감청에 의한 전기통신내용의 증거사용 금지) 제3조(통신 및 대화비밀의 보호)의 규정에 위반하여, 불법검열에 의하여 취득한 우편물이나 그 내용 및 불법감청에 의하여 지득 또는 채록된 전기통신의 내용은 재판 또는 징계절차에서 증거로 사용할 수 없다.

③ ○

개인정보보호법 제2조 (정의) 이 법에서 사용하는 용어의 뜻은 다음과 같다.

1. "개인정보"란 살아 있는 개인에 관한 정보로서 성명, 주민등록번호 및 영상 등을 통하여 개인을 알아볼 수 있는 정보(해당 정보만으로는 특정 개인을 알아볼 수 없더라도 다른 정보와 쉽게 결합하여 알아볼 수 있는 것을 포함한다)를 말한다.

④ ○ 보험회사 직원이 보험회사를 상대로 손해배상청구소송을 제기한 교통사고 피해자들의 장해 정도에 관한 증거자료를 수집할 목적으로 피해자들의 일상생활을 촬영한 행위가 초상권 및 사생활의 비밀과 자유를 침해하는 불법행위에 해당한다(대판 2006.10.13. 2004다16280).

⑤ ○ 개인정보자기결정권의 보호대상이 되는 개인정보는 개인의 신체, 신념, 사회적 지위, 신분 등과 같이 개인의 인격주체성을 특징짓는 사항으로서 그 개인의 동일성을 식별할 수 있게 하는 일체의 정보라고 할 수 있고, 반드시 개인의 내밀한 영역이나 사사(私事)의 영역에 속하는 정보에 국한되지 않고 공적 생활에서 형성되었거나 이미 공개된 개인정보까지 포함한다. 또한 그러한 개인정보를 대상으로 한 조사·수집·보관·처리·이용 등의 행위는 모두 원칙적으로 개인정보자기결정권에 대한 제한에 해당한다(헌재 2005.5. 26. 99헌마513 등).

정답 ①

41 **사생활의 비밀과 자유 및 개인정보자기결정권에 대한 설명으로 옳지 않은 것은? (다툼이 있는 경우 판례에 의함)** *〈2019 국회직 5급〉*

① 흡연을 하는 행위는 사생활의 영역에 포함되며, 자유로운 흡연에의 결정 및 흡연행위를 포함하는 흡연권은 헌법 제10조에서도 그 근거를 찾을 수 있다.

② 구치소수용자와 배우자의 접견녹음파일은 개인정보에 해당하며, 이를 관계기관에 제공하는 것은 개인정보자기결정권을 제한하는 것이다.

③ 디엔에이감식시료 채취 대상자인 수형인이 사망할 때까지 디엔에이신원확인정보를 데이터베이스에 수록·관리할 수 있도록 하는 것은 개인정보자기결정권을 침해하는 것이다.

④ 선거운동 과정에서 자신의 인격권이나 명예권을 보호하기 위하여 대외적으로 해명을 하는 행위는 표현의 자유에 속하는 것이지 사생활의 자유에 속하는 것은 아니다.

⑤ 어린이집에 폐쇄회로 텔레비전(Closed Circuit Television, 'CCTV')을 원칙적으로 설치하도록 정하는 것은 어린이집 보육교사의 사생활의 비밀과 자유 등을 침해하는 것은 아니다.

해설

① ○ 헌법 제17조가 근거가 될 수 있다는 점에 관하여 보건대, 사생활의 자유란 사회공동체의 일반적인 생활규범의 범위 내에서 사생활을 자유롭게 형성해 나가고 그 설계 및 내용에 대해서 외부로부터의 간섭을 받지 아니할 권리를 말하는바, 흡연을 하는 행위는 이와 같은 사생활의 영역에 포함된다고 할 것이므로, 흡연권은 헌법 제17조에서 그 헌법적 근거를 찾을 수 있다.

인간으로서의 존엄과 가치를 실현하고 행복을 추구하기 위하여서는 누구나 자유로이 의사를 결정하고 그에 기하여 자율적인 생활을 형성할 수 있어야 하므로, 자유로운 흡연에의 결정 및 흡연행위를 포함하는 흡연권은 헌법 제10조에서도 그 근거를 찾을 수 있다(헌재 2004.8.26. 2003헌마457).

② ○ 이 사건 접견녹음파일은 접견자의 성명, 녹음일시 등을 기록함으로써 특정 개인을 식별할 수 있고, 접견시 이루어지는 대화의 방식과 내용은 개인의 신분, 사회적 지위 등 인격 주체성을 특징짓는 사항으로서 그 개인의 동일성을 식별할 수 있게 하는 정보이므로 이 사건 접견녹음파일은 위 규정상 '개인정보'에 해당한다. 이처럼 이 사건 제공행위는 정보주체인 청구인의 동의 없이 이 사건 접견녹음파일을 관계기관에 제공한 것으로 청구인의 개인정보자기결정권을 제한하는 것이므로 그 침해 여부가 문제된다(헌재 2012. 12.27. 2010헌마153).

③ × 재범의 위험성이 높은 범죄를 범한 수형인 등은 생존하는 동안 재범의 가능성이 있으므로, 디엔에이신원확인정보를 수형인등이 사망할 때까지 관리하여 범죄 수사 및 예방에 이바지하고자 하는 이 사건 삭제조항은 입법목적의 정당성과 수단의 적절성이 인정된다. … 디엔에이신원확인정보를 범죄수사 등에 이용함으로써 달성할 수 있는 공익의 중요성에 비하여 청구인의 불이익이 크다고 보기 어려워 법익균형성도 갖추었다. 따라서 이 사건 삭제조항이 과도하게 개인정보자기결정권을 침해한다고 볼 수 없다(헌재 2014. 8.28. 2011헌마28 등).

④ ○ 자신의 인격권이나 명예권을 보호하기 위하여 대외적으로 해명을 하는 행위는 표현의 자유에 속하는 영역일 뿐 이미 사생활의 자유에 의하여 보호되는 범주를 벗어난 행위이고, 또한, 자신의 태도나 입장을 외부에 설명하거나 해명하는 행위는 진지한 윤리적 결정에 관계된 행위라기보다는 단순한 생각이나 의견, 사상이나 확신 등의 표현행위라고 볼 수 있어, 그 행위가 선거에 영향을 미치게 하기 위한 것이라는 이유로 이를 하지 못하게 된다 하더라도 내면적으로 구축된 인간의 양심이 왜곡 굴절된다고는 할 수 없다는 점에서 양심의 자유의 보호영역에 포괄되지 아니하므로, 위 제93조 제1항은 사생활의 자유나 양심의 자유를 침해하지 아니한다(헌재 2001.8.30. 99헌바92 등).

⑤ ○ 어린이집 CCTV 설치는 어린이집에서 발생하는 안전사고와 보육교사 등에 의한 아동학대를 방지하기 위한 것으로, 그 자체로 어린이집 운영자나 보육교사 등으로 하여금 사전에 영유아 안전사고 방지에 만전을 기하고 아동학대행위를 저지르지 못하도록 하는 효과가 있고, 어린이집 내 안전사고나 아동학대 발생 여부의 확인이 필요한 경우 도움이 될 수 있으므로, CCTV 설치 조항은 목적의 정당성과 수단의 적합성이 인정된다. … 그러므로 CCTV 설치 조항은 과잉금지원칙을 위반하여 청구인들의 기본권을 침해하지 않는다(헌재 2017.12.28. 2015헌마994).

정답 ③

제 5 항 통신의 자유

01 통신의 자유에 관한 설명 중 가장 적절하지 않은 것은? (다툼이 있는 경우 판례에 의함)

〈2022 경찰공채 1차〉

① 「통신비밀보호법」상 '통신'이라 함은 우편물 및 전기통신을 말한다.

② 전기통신역무제공에 관한 계약을 체결하는 경우 전기통신사업자로 하여금 가입자에게 본인임을 확인할 수 있는 증서 등을 제시하도록 요구하고 부정가입방지시스템 등을 이용하여 본인인지 여부를 확인하도록 한 「전기통신사업법」 조항 및 「전기통신사업법 시행령」 조항은 이동통신서비스에 가입하려는 청구인들의 통신의 비밀을 제한한다.

③ 「통신비밀보호법」 조항 중 '인터넷회선을 통하여 송·수신하는 전기통신'에 관한 부분은 인터넷회선 감청의 특성을 고려하여 그 집행 단계나 집행 이후에 수사기관의 권한 남용을 통제하고 관련 기본권의 침해를 최소화하기 위한 제도적 조치가 제대로 마련되어 있지 않은 상태에서, 범죄수사 목적을 이유로 인터넷회선 감청을 통신제한조치 허가 대상 중 하나로 정하고 있으므로 청구인의 기본권을 침해한다.

④ 미결수용자가 교정시설 내에서 규율위반행위 등을 이유로 금치처분을 받은 경우 금치기간 중 서신수수, 접견, 전화통화를 제한하는 「형의 집행 및 수용자의 처우에 관한 법률 조항」 중 미결수용자에게 적용되는 부분은 미결수용자인 청구인의 통신의 자유를 침해하지 않는다.

해설

① ○

> **통신비밀보호법 제2조 (정의)** 이 법에서 사용하는 용어의 정의는 다음과 같다.
> **1. "통신"**이라 함은 **우편물 및 전기통신**을 말한다.

② × 전기통신역무제공에 관한 계약을 체결하는 경우 전기통신사업자로 하여금 가입자에게 본인임을 확인할 수 있는 증서 등을 제시하도록 요구하고 부정가입방지시스템 등을 이용하여 본인인지 여부를 확인하도록 한 「전기통신사업법」 조항 및 「전기통신사업법 시행령」 조항은 통신의 비밀을 제한하는 것은 아니다. 가입자의 인적사항이라는 정보는 통신의 내용·상황과 관계없는 '비 내용적 정보'이며 휴대전화 통신계약 체결 단계에서는 아직 통신수단을 통하여 어떠한 의사소통이 이루어지는 것이 아니므로 통신의 비밀에 대한 제한이 이루어진다고 보기는 어렵기 때문이다(헌재 2019.2.26. 2017헌마1209).

③ ○ 이 사건 법률조항(**「통신비밀보호법」 조항 중 '인터넷회선을 통하여 송·수신하는 전기통신'에**

관한 부분)은 인터넷회선 감청의 특성을 고려하여 그 집행 단계나 집행 이후에 수사기관의 권한 남용을 통제하고 관련 기본권의 침해를 최소화하기 위한 제도적 조치가 제대로 마련되어 있지 않은 상태에서, 범죄수사 목적을 이유로 인터넷회선 감청을 통신제한조치 허가 대상 중 하나로 정하고 있으므로 침해의 최소성 요건을 충족한다고 할 수 없다. … 그러므로 이 사건 법률조항은 과잉금지원칙에 위반하는 것으로 청구인의 **기본권**을 **침해**한다(헌재 2018.8.30. 2016헌마263).

④ ○ **금치처분**을 받은 미결수용자에 대하여 금치기간 중 서신수수, 접견, 전화통화를 제한하는 것은 대상자를 구속감과 외로움 속에 반성에 전념하게 함으로써 수용시설 내 안전과 질서를 유지하기 위한 것이다. …따라서 이 사건 서신수수·접견·전화통화 제한조항(**미결수용자가 교정시설 내에서 규율위반행위 등을 이유로 금치처분을 받은 경우 금치기간 중 서신수수, 접견, 전화통화를 제한하는 「형의 집행 및 수용자의 처우에 관한 법률 조항」 중 미결수용자에게 적용되는 부분**)은 청구인의 **통신의 자유**를 **침해**하지 **아니한다**(헌재 2016.4.28. 2012헌마549).

정답 ②

02 통신의 자유에 대한 설명으로 가장 적절하지 않은 것은? (다툼이 있는 경우 판례에 의함)

〈2017 경정승진〉

① 미결수용자가 교정시설 내에서 규율위반 행위를 이유로 금치처분을 받은 경우 금치기간 중 서신수수·접견·전화통화를 제한하는 것은 통신의 자유를 침해하지 아니한다.

② 긴급조치 제1호는 유신헌법을 부정하거나 반대하고 폐지를 주장하는 행위 중 실제로 국가의 안전보장과 공공의 안녕질서에 대한 심각하고 중대한 위협이 명백하고 현존하는 경우 이외에도, 국가긴급권의 발동이 필요한 상황과는 전혀 무관하게 헌법과 관련하여 자신의 견해를 단순하게 표명하는 행위까지 모두 처벌하고 처벌의 대상이 되는 행위를 구체적으로 특정할 수 없으므로 표현의 자유를 침해한다.

③ 국가기관이 정보통신부 장관의 인가 없이 감청설비의 제조·수입 등의 방법으로 감청설비를 보유·사용할 수 있도록 하는 것은 통신의 자유를 침해한 것이다.

④ 통신의 자유는 국가안전보장·질서유지 또는 공공복리를 위하여 필요한 경우에는 법률로 제한될 수 있다.

해설

① ○ 금치처분을 받은 미결수용자에 대하여 금치기간 중 서신수수, 접견, 전화통화를 제한하는 것은 대상자를 구속감과 외로움 속에 반성에 전념하게 함으로써 수용시설 내 안전과 질서를 유지하기 위한 것이다. 접견이나 서신수수의 경우에는 교정시설의 장이 수용자의 권리구제 등을 위해 필요하다고 인정한 때에는 예외적으로 허용할 수 있도록 하여 기본권 제한을 최소화하고 있다. 전화통화의 경우에는 위와 같은 예외가 규정되어 있지는 않으나, 증거인멸 우려 등의 측면에서 미결수용자의 전화통화의 자유를 제한할 필요성이 더 크다고 할 수 있다. 나아가 금치처분을 받은 자는 수용시설의 안전과 질서유지에 위반되는 행위, 그 중에서도 가장 중하다고 평가된 행위를 한 자이므로 이에 대하여 금치기간 중 일률적으로 전화통화를 금지한다 하더라도 과도하다고 보기 어렵다. 따라서 이 사건 서신수수·접견·전화통화 제한조항은 청구인의 통신의 자유를 침해하지 아니한다(헌재 2016.4.28. 2012헌마549 등).

② ○ 긴급조치 제1호는 유신헌법을 부정하거나 반대하고 폐지를 주장하는 행위 중 실제로 국가의 안전보장과 공공의 안녕질서에 대한 심각하고 중대한 위협이 명백하고 현존하는 경우 이외에도, 국가긴급권의 발동이 필요한 상황과는 전혀 무관하게 헌법과 관련하여 자신의 견해를 단순하게 표명하는 모든 행위까지 처벌하고, 처벌의 대상이 되는 행위를 전혀 구체적으로 특정할 수 없으므로, 이는 표현의 자유 제한의 한계를 일탈한 것이다(헌재 2013.3.21. 2010헌바70 등).

③ × 국가기관의 감청설비 보유·사용에 대한 관리와 통제를 위한 법적·제도적 장치가 마련되어 있으므로, 국가기관이 인가 없이 감청설비를 보유·사용할 수 있다는 사실만 가지고 바로 국가기관에 의한 통신비밀침해행위를 용이하게 하는 결과를 초래함으로써 통신의 자유를 침해한다고 볼 수는 없다(헌재 2001.3.21. 2000헌바25).

④ ○ 헌법 제18조에서 "모든 국민은 통신의 비밀을 침해받지 아니한다."라고 규정하여 통신의 비밀을 침해받지 아니할 권리 즉, 통신의 자유를 국민의 기본권으로 보장하고 있다. 따라서 통신의 중요한 수단인 서신의 당사자나 내용은 본인의 의사에 반하여 공개될 수 없으므로 서신의 검열은 원칙으로 금지된다고 할 것이다. 그러나 위와 같은 기본권도 절대적인 것은 아니므로 헌법 제37조 제2항에 따라 국가안전보장·질서유지 또는 공공복리를 위하여 필요한 경우에는 법률로써 제한할 수 있고, 다만 제한하는 경우에도 그 본질적인 내용은 침해할 수 없다(헌재 1998.8.27. 96헌마398).

정답 ③

03 **통신의 자유에 대한 설명으로 가장 적절하지 않은 것은? (다툼이 있는 경우 판례에 의함)**

〈2022 경정승진〉

① 「통신비밀보호법」 제3조의 규정에 위반하여, 불법검열에 의하여 취득한 우편물이나 그 내용 및 불법감청에 의하여 지득 또는 채록된 전기통신의 내용은 재판 또는 징계절차에서 증거로 사용할 수 없다.

② 「통신비밀보호법」상 '감청'이란 대상이 되는 전기통신의 송·수신과 동시에 이루어지는 경우만을 의미하고 이미 수신이 완료된 전기통신의 내용을 지득하는 등의 행위는 포함되지 아니한다.

③ 통신제한조치 기간의 연장을 허가함에 있어 총연장기간 내지 총연장횟수의 제한을 두지 아니하고 무제한 연장을 허가할 수 있도록 규정한 「통신비밀보호법」 중 전기통신에 관한 '통신제한조치 기간의 연장'에 관한 부분은 과잉금지원칙을 위반하여 통신의 비밀을 침해한다.

④ 피청구인 구치소장이 구치소에 수용 중인 수형자에게 온 서신에 '허가 없이 수수되는 물품'인 녹취서와 사진이 동봉되어 있음을 확인하여 서신수수를 금지하고 발신인인 청구인에게 위 물품을 반송한 것은 과잉금지원칙에 위반되어 청구인의 통신의 자유를 침해한다.

해설

① ○

통신비밀보호법 제4조 (불법검열에 의한 우편물의 내용과 불법감청에 의한 전기통신내용의 증거사용 금지) 제3조의 규정에 위반하여, 불법검열에 의하여 취득한 우편물이나 그 내용 및 불법감청에 의하여 지득 또는 채록된 전기통신의 내용은 재판 또는 징계절차에서 증거로 사용할 수 없다.

② ○ 통신비밀보호법 제2조 제3호 및 제7호에 의하면 같은 법상의 "감청"은 전자적 방식에 의하여 모든 종류의 음향·문언·부호 또는 영상을 송신하거나 수신하는 전기통신에 대하여 당사자의 동의 없이 전자장치·기계장치 등을 사용하여 통신의 음향·문언·부호·영상을 청취·공독하여 그 내용을 지득 또는 채록하거나 전기통신의 송·수신을 방해하는 것을 말하는 것이다. … 통신비밀보호법상의 "감청"이란 그 대상이 되는 전기통신의 송·수신과 동시에 이루어지는 경우만을 의미하고, 이미 수신이 완료된 전기통신의 내용을 지득하는 등의 행위는 포함되지 않는다(대판 2012.10.25. 2012도4644).

③ ○ 법원이 실제 통신제한조치의 기간연장절차의 남용을 통제하는데 한계가 있는 이상 통신제한조치 기간연장에 사법적 통제절차가 있다는 사정만으로는 그 남용으로 인하여 개인의 통신의 비밀이 과도하게 제한되는 것을 막을 수 없다. 그럼에도 통신제한조치기간을 연장함에 있어 법운용자의 남용을 막을 수 있는 최소한의 한계를 설정하지 않은 이 사건 법률조항은 침해의 최소성원칙에 위반한다. … 그러므로 이 사건 법률조항은 과잉금지원칙에 위반하여 청구인의 통신의 비밀을 침해하였다고 할 것이다(헌재 2010.12.28. 2009헌가30).

④ × 피청구인 ○○구치소장이 ○○구치소에 수용중인 수형자에게 온 서신에 '허가 없이 수수되는 물품'인 녹취서와 사진이 동봉되어 있음을 확인하여 서신수수를 금지하고 발신인인 청구인에게 위 물품을 반송한 것은 교정사고를 미연에 방지하고 교정시설의 안전과 질서 유지를 위하여 불가피한 측면이 있다. 또한 청구인은 관심대상수용자로 지정된 자이고, 서신에 동봉된 녹취서는 청구인이 원고인 민사사건 증인의 증언을 녹취한 소송서류로서 타인의 실명과 개인정보가 기재되어 있다. 한편, 수용자 사이에 사진을 자유롭게 교환할 수 있도록 하는 경우 각종 교정사고가 발생할 가능성이 있다. 이와 같은 점을 종합적으로 고려하면, 이 사건 반송행위는 과잉금지원칙에 위반되어 청구인의 통신의 자유를 침해하지 않는다(헌재 2009.12.27. 2017 헌마413 등).

정답 ④

04 통신의 비밀에 대한 설명으로 옳지 않은 것은? (다툼이 있는 경우 판례에 의함) *〈2019 지방직 7급〉*

① 마약류사범인 미결수용자와 변호인이 아닌 접견인 사이의 화상 접견내용이 모두 녹음·녹화된 경우 이는 화상접견시스템이라는 전기통신수단을 이용하여 개인 간의 대화내용을 녹음·녹화하는 것으로 미결수용자의 통신의 비밀을 침해하지 아니한다.

② 인터넷회선 감청은 서버에 저장된 정보가 아니라, 인터넷상에서 발신되어 수신되기까지의 과정 중에 수집되는 정보, 즉 전송 중인 정보의 수집을 위한 수사이므로, 압수·수색에 해당된다.

③ 자유로운 의사소통은 통신내용의 비밀을 보장하는 것만으로는 충분하지 아니하고 구체적인 통신관계의 발생으로 야기된 모든 사실관계, 특히 통신관여자의 인적 동일성·통신장소·통신횟수·통신시간 등 통신의 외형을 구성하는 통신이용의 전반적 상황의 비밀까지도 보장한다.

④ 수사를 위하여 필요한 경우 수사기관으로 하여금 법원의 허가를 얻어 전기통신사업자에게 특정 시간대 특정 기지국에서 발신된 모든 전화번호의 제공을 요청할 수 있도록 하는 것은 그 통신서비스 이용자의 개인정보자기결정권과 통신의 자유를 침해한다.

해설

① ○ 이 사건 녹음조항은 수용자의 증거인멸의 가능성 및 추가범죄의 발생 가능성을 차단하고, 교정시설 내의 안전과 질서유지를 위한 것으로 목적의 정당성이 인정되며, 수용자는 증거인멸 또는 형사 법령 저촉 행위를 할 경우 쉽게 발각될 수 있다는 점을 예상하여 이를 억제하게 될 것이므로 수단의 적합성도 인정된다. … 따라서 이 사건 녹음조항은 과잉금지원칙에 위배되어 청구인의 사생활의 비밀과 자유 및 통신의 비밀을 침해하지 아니한다(헌재 2016.11.24. 2014 헌바401).

② × 인터넷회선 감청은 검사가 법원의 허가를 받으면, 피의자 및 피내사자에 해당하는 감청 대상자나 해당 인터넷회선의 가입자의 동의나 승낙을 얻지 아니하고도, 전기통신사업자의 협조를 통해 해당 인터넷회선을 통해 송·수신되는 전기통신에 대해 감청을 집행함으로써 정보주체의 기본권을 제한할 수 있으므로, 법이 정한 강제처분에 해당한다. 또한 인터넷회선 감청은 서버에 저장된 정보가 아니라, 인터넷상에서 발신되어 수신되기까지의 과정 중에 수집되는 정보, 즉 전송 중인 정보의 수집을 위한 수사이므로, 압수·수색과 구별된다(헌재 2018.8.30. 2016헌마263).

③ ○ 자유로운 의사소통은 통신내용의 비밀을 보장하는 것만으로는 충분하지 아니하고 구체적인 통신으로 발생하는 외형적인 사실관계, 특히 통신관여자의 인적 동일성·통신시간·통신장소·통신횟수 등 통신의 외형을 구성하는 통신이용의 전반적 상황의 비밀까지도 보장해야 한다(헌재 2018.6.28. 2012헌마191 등).

④ ○ 이동전화의 이용과 관련하여 필연적으로 발생하는 통신사실 확인 자료는 비록 비내용적 정보이지만 여러 정보의 결합과 분석을 통해 정보주체에 관한 정보를 유추해낼 수 있는 민감한 정보인 점, 수사기관의 통신사실 확인자료 제공요청에 대해 법원의 허가를 거치도록 규정하고 있으나 수사의 필요성만을 그 요건으로 하고 있어 제대로 된 통제가 이루어지기 어려운 점, 기지국수사의 허용과 관련하여서는 유괴·납치·성폭력범죄 등 강력범죄나 국가안보를 위협하는 각종 범죄와 같이 피의자나 피해자의 통신사실 확인 자료가 반드시 필요한 범죄로 그 대상을 한정하는 방안 또는 다른 방법으로는 범죄수사가 어려운 경우(보충성)를 요건으로 추가하는 방안 등을 검토함으로써 수사에 지장을 초래하지 않으면서도 불특정 다수의 기본권을 덜 침해하는 수단이 존재하는 점을 고려할 때, 이 사건 요청조항은 과잉금지원칙에 반하여 청구인의 개인정보자기결정권과 통신의 자유를 침해한다(헌재 2018.6.28. 2012헌마538 등).

정답 ②

05 통신의 자유에 대한 설명으로 옳은 것은? (다툼이 있는 경우 판례에 의함) *〈2022 국회직 5급〉*

① 금치처분을 받은 수형자에 대하여 서신 수수를 제한하는 것은 징벌실 수용에 따른 격리에 추가하여 통신의 제한을 더하는 것이므로 이는 수형자의 통신의 자유를 침해한다.

② 화상접견시스템이라는 전기통신수단을 이용하여 마약류사범인 미결수용자와 변호인이 아닌 접견인 사이의 접견내용을 모두 녹음·녹화하는 것은 미결수용자의 통신의 비밀을 침해하지 않는다.

③ 「통신비밀보호법」상의 감청은 그 대상이 되는 전기통신의 송·수신과 동시에 이루어지는 경우뿐 아니라 이미 수신이 완료된 전기통신의 내용을 지득하는 등의 행위를 포함한다.

④ 불법감청에 의하여 지득 또는 채록된 전기통신의 내용은 재판절차에서 증거로 사용될 수 없으나 징계절차에서는 증거로 사용할 수 있다.

⑤ 수사기관의 인터넷 회선 감청을 다른 감청과 달리 별도의 제한절차 없이 허용하는 것은 오늘날 정보화 사회에서 날로 지능화되는 범죄 수사를 위해 불가피하므로 헌법에 위반된다고 할 수 없다.

해설

① × 금치 징벌의 목적 자체가 징벌실에 수용하고 엄격한 격리에 의하여 개전을 촉구하고자 하는 것이므로 접견·서신수발의 제한은 불가피하며, 행형법시행령 제145조 제2항은 금치 기간 중의 접견·서신수발을 금지하면서도, 그 단서에서 소장으로 하여금 "교화 또는 처우상 특히 필요하다고 인정되는 때"에는 금치 기간 중이라도 접견·서신수발을 허가할 수 있도록 예외를 둠으로써 과도한 규제가 되지 않도록 조치하고 있으므로, … 위와 같은 행형법시행령 제145조 제2항의 금치 수형자에 대한 접견·서신수발의 제한은 국가안전보장·질서유지 또는 공공복리라는 정당한 목적을 위한 필요·최소한의 제한으로서 수형자의 교통·통신의 권리를 과도하게 제한하는 것이 아니다(헌재 2004. 12. 16. 2002헌마478).

② ○ 이 사건 녹음조항은 수용자의 증거인멸의 가능성 및 추가범죄의 발생 가능성을 차단하고, 교정시설 내의 안전과 질서유지를 위한 것으로 목적의 정당성이 인정되며, 수용자는 증거인멸 또는 형사 법령 저촉 행위를 할 경우 쉽게 발각될 수 있다는 점을 예상하여 이를 억제하게 될 것이므로 수단의 적합성도 인정된다. … 따라서 이 사건 녹음조항은 과잉금지원칙에 위배되어 청구인의 사생활의 비밀과 자유 및 통신의 비밀을 침해하지 아니한다(헌재 2016. 11. 24. 2014헌바401).

③ × 해당 규정의 문언이 송신하거나 수신하는 전기통신 행위를 감청의 대상으로 규정하고 있을 뿐 송·수신이 완료되어 보관 중인 전기통신 내용은 대상으로 규정하지 않은 점, 일반적으로 감청은 다른 사람의 대화나 통신 내용을 몰래 엿듣는 행위를 의미하는 점 등을 고려하여 보면, 통신비밀보호법상 '감청'이란 대상이 되는 전기통신의 송·수신과 동시에 이루어지는 경우만을 의미하고, 이미 수신이 완료된 전기통신의 내용을 지득하는 등의 행위는 포함되지 않는다(헌재 2012. 10. 25. 2012도4644).

④ ×

통신비밀보호법 제4조 (불법검열에 의한 우편물의 내용과 불법감청에 의한 전기통신내용의 증거사용 금지) 제3조의 규정에 위반하여, 불법검열에 의하여 취득한 우편물이나 그 내용 및 불법감청에 의하여 지득 또는 채록된 전기통신의 내용은 재판 또는 징계절차에서 증거로 사용할 수 없다.

⑤ × 이 사건 법률조항은 인터넷회선 감정의 특성을 고려하여 그 집행 단계나 집행 이후에 수사기관의 권한 남용을 통제하고 관련 기본권의 침해를 최소화하기 위한 제도적 조치가 제대로 마련되어 있지 않은 상태에서, 범죄수사 목적을 이유로 인터넷회선 감청을 통신제한조치 허가 대상 중 하나로 정하고 있으므로 침해의 최소성 요건을 충족한다고 할 수 없다. 이러한 여건 하에서 인터넷회선의 감청을 허용하는 것은 개인의 통신 및 사생활의 비밀과 자유에 심각한 위협을 초래하게 되므로 이 사건 법률조항으로 인하여 달성하려는 공익과 제한되는 사익 사이의 법익 균형성도 인정되지 아니한다. 그러므로 이 사건 법률조항은 과잉금지원칙에 위반하는 것으로 청구인의 기본권을 침해한다(헌재 2018.8.30. 2016헌마263).

정답 ②

06 통신의 자유에 대한 설명으로 옳지 않은 것은? (다툼이 있는 경우 판례에 의함) 〈2016 국가직 7급〉

① 미결수용자가 교정시설 내에서 규율위반 행위를 이유로 금치처분을 받은 경우 금치기간 중 서신수수·접견·전화통화를 제한하는 것은 통신의 자유를 침해하지 아니한다.

② 국가기관의 감청설비 보유·사용에 대한 관리와 통제를 위한 법적·제도적 장치가 마련되어 있을지라도, 국가기관이 인가 없이 감청설비를 보유·사용할 수 있다는 사실만 가지고 바로 국가기관에 의한 통신비밀 침해행위를 예상할 수 있으므로 국가기관이 감청설비의 보유 및 사용에 있어서 주무장관의 인가를 받지 않아도 된다는 것은 통신의 자유를 침해한다.

③ 신병훈련소에서 교육훈련을 받는 동안 신병의 전화사용을 통제하는 육군 신병교육지침서는 통신의 자유를 필요한 정도를 넘어 과도하게 제한하고 있는 것은 아니다.

④ 수사기관이 아닌 사인이 공개되지 아니한 타인 간의 대화를 비밀 녹음한 녹음테이프에 대한 검증조서의 증거능력은 인정되지 않는다.

해설

① ○ 금치처분을 받은 미결수용자에 대하여 금치기간 중 서신수수, 접견, 전화통화를 제한하는 것은 대상자를 구속감과 외로움 속에 반성에 전념하게 함으로써 수용시설 내 안전과 질서를 유지하기 위한 것이다. … 따라서 이 사건 서신수수·접견·전화통화 제한조항은 청구인의 통신의 자유를 침해하지 아니한다(헌재 2016.4.28. 2012헌마549 등).

② × 이 사건 법률조항에서 사인이 감청설비를 제조·수입·판매 등을 하기 위해서는 정보통신부장관의 인가를 받도록 규정한 것은 사인에 의한 통신비밀 침해행위를 사전에 예방하기 위한 것이다. 국가기관의 경우에는 감청설비의 보유 및 사용이 당해 기관 내·외부기관에 의하여 관리·감독되고, 사인에 대한 통신비밀침해행위를 통제하기 위한 여러 가지 법률적 장치들이 법에 마련되어 있다. … 이와 같이 국가기관의 감청설비 보유·사용에 대한 관리와 통제를 위한 법적, 제도적 장치가 마련되어 있으므로, 국가기관이 인가 없이 감청설비를 보유, 사용할 수 있다는 사실만 가지고 바로 국가기관에 의한 통신비밀침해행위를 용이하게 하는 결과를 초래함으로써 통신의 자유를 침해한다고 볼 수는 없다(헌재 2001.3.21. 2000헌바25).

③ ○ 이 사건 지침은 신병교육훈련을 받고 있는 군인의 통신의 자유를 제한하고 있으나, 신병들을 군인으로 육성하고 교육훈련과 병영생활에 조속히 적응시키기 위하여 신병교육기간에 한하여 신병의 외부 전화통화를 통제한 것이다. … 이 사건 지침에서 신병교육훈련기간 동안 전화사용을 하지 못하도록 정하고 있는 규율이 청구인을 포함한 신병교육훈련생들의 통신의 자유 등 기본권을 필요한 정도를 넘어 과도하게 제한하는 것이라고 보기 어렵다(헌재 2010.10.28. 2007헌마890).

④ ○ 녹음테이프 검증조서의 기재 중 피고인과 공소외인 간의 대화를 녹음한 부분은 공개되지 아니한 타인간의 대화를 녹음한 것이므로 위 법 제14조 제2항 및 제4조의 규정에 의하여 그 증거능력이 없고, 피고인들 간의 전화통화를 녹음한 부분은 피고인의 동의 없이 불법 감청한 것이므로 위 법 제4조에 의하여 그 증거능력이 없다(대판 2001.10.9. 2001도3106).

정답 ②

07 통신의 자유 및 개인정보자기결정권에 대한 설명으로 옳지 않은 것은? (단, 다툼이 있는 경우 판례에 의함) 〈2019 국회직 9급〉

① 신병교육기간 동안 신병들의 전화사용을 통제하는 것은 헌법 제18조가 보장하는 통신의 자유를 제한한다.

② 인터넷회선 감청은 인터넷회선을 통하여 흐르는 전기신호 형태의 패킷을 중간에 확보한 다음 재조합 기술을 거쳐 그 내용을 파악하는 패킷감청의 방식으로 이루어지는 것으로서 개인의 통신 및 사생활의 비밀과 자유를 제한한다.

③ 지문은 그 정보주체를 타인으로부터 식별가능하게 하는 개인정보이므로, 시장·군수 또는 구청장이 개인의 지문정보를 수집하고, 경찰청장이 이를 보관·전산화하여 범죄수사목적에 이용하는 것은 모두 개인정보자기결정권을 제한한다.

④ 개인정보자기결정권의 보호대상이 되는 개인정보는 반드시 개인의 내밀한 영역이나 사사(私事)의 영역에 속하는 정보에 국한되지 않고 공적 생활에서 형성되었거나 이미 공개된 개인정보까지 포함한다.

⑤ 디엔에이감식자료 채취 대상자가 수형인인 경우 사망할 때까지 디엔에이 신원확인정보를 데이터베이스에 수록, 관리할 수 있도록 규정한 법률조항은 개인정보자기결정권을 침해하여 위헌이다.

해설

① ○ 이 사건 지침은 신병교육훈련을 받고 있는 군인의 통신의 자유를 제한하고 있으나, 신병들을 군인으로 육성하고 교육훈련과 병영생활에 조속히 적응시키기 위하여 신병교육기간에 한하여 신병의 외부 전화통화를 통제한 것이다. … 이 사건 지침에서 신병교육훈련기간 동안 전화사용을 하지 못하도록 정하고 있는 규율이 청구인을 포함한 신병교육훈련생들의 통신의 자유 등 기본권을 필요한 정도를 넘어 과도하게 제한하는 것이라고 보기 어렵다(헌재 1994.6.30. 92헌가18).

② ○ 인터넷회선 감청은 인터넷회선을 통하여 흐르는 전기신호 형태의 '패킷'을 중간에 확보한 다음 재조합 기술을 거쳐 그 내용을 파악하는 이른바 '패킷감청'의 방식으로 이루어진다. 따라서 이를 통해 개인의 통신뿐만 아니라 사생활의 비밀과 자유가 제한된다. … 이 사건 법률조항은 인터넷회선 감청의 특성을 고려하여 그 집행 단계나 집행 이후에 수사기관의 권한남용을 통제하고 관련 기본권의 침해를 최소화하기 위한 제도적 조치가 제대로 마련되어 있지 않은 상태에서, 범죄수사 목적을 이유로 인터넷회선감청을 통신제한조치 허가 대상 중 하나로 정하고 있으므로 침해의 최소성 요건을 충족한다고 할 수 없다. 이러한 여건 하에서 인터넷회선의 감청을 허용하는 것은 개인의 통신 및 사생활의 비밀과 자유에 심각한 위협을 초래하게 되므로

이 사건 법률조항으로 인하여 달성하려는 공익과 제한되는 사익 사이의 법익 균형성도 인정되지 아니한다. 그러므로 이 사건 법률조항은 과잉금지원칙에 위반하는 것으로 청구인의 기본권을 침해한다(헌재 2018.8.30. 2016헌마263).

③ ○ 개인정보자기결정권은 자신에 관한 정보가 언제 누구에게 어느 범위까지 알려지고 또 이용되도록 할 것인지를 그 정보주체가 스스로 결정할 수 있는 권리, 즉 정보주체가 개인정보의 공개와 이용에 관하여 스스로 결정할 권리를 말하는바, 개인의 고유성, 동일성을 나타내는 지문은 그 정보 주체를 타인으로부터 식별가능하게 하는 개인정보이므로, 시장·군수 또는 구청장이 개인의 지문정보를 수집하고, 경찰청장이 이를 보관·전산화하여 범죄수사목적에 이용하는 것은 모두 개인정보자기결정권을 제한하는 것이다(헌재 2005.5.26. 99헌마513 등).

④ ○ 개인정보자기결정권의 보호대상이 되는 개인정보는 개인의 신체, 신념, 사회적 지위, 신분 등과 같이 개인의 인격주체성을 특징짓는 사항으로서 그 개인의 동일성을 식별할 수 있게 하는 일체의 정보라고 할 수 있고, 반드시 개인의 내밀한 영역이나 사사(私事)의 영역에 속하는 정보에 국한되지 않고 공적 생활에서 형성되었거나 이미 공개된 개인정보까지 포함한다. 또한 그러한 개인정보를 대상으로 한 조사·수집·보관·처리·이용 등의 행위는 모두 원칙적으로 개인정보자기결정권에 대한 제한에 해당한다(헌재 2005.5. 26. 99헌마513 등).

⑤ × 재범의 위험성이 높은 범죄를 범한 수형인 등은 생존하는 동안 재범의 가능성이 있으므로, 디엔에이신원확인정보를 수형인등이 사망할 때까지 관리하여 범죄 수사 및 예방에 이바지하고자 하는 이 사건 삭제조항은 입법목적의 정당성과 수단의 적절성이 인정된다. … 디엔에이신원확인정보를 범죄수사 등에 이용함으로써 달성할 수 있는 공익의 중요성에 비하여 청구인의 불이익이 크다고 보기 어려워 법익균형성도 갖추었다. 따라서 이 사건 삭제조항이 과도하게 개인정보자기결정권을 침해한다고 볼 수 없다(헌재 2014. 8.28. 2011헌마28 등).

정답 ⑤

08 통신의 자유에 대한 설명으로 가장 적절하지 않은 것은? (다툼이 있는 경우 판례에 의함)

〈2021 경정승진〉

① 육군 신병훈련소에서 교육훈련을 받는 동안 전화사용을 통제하는 육군 신병교육 지침서 규정은 신병교육훈련생들의 통신의 자유를 침해하지 않는다.

② 통신의 자유란 통신수단을 자유로이 이용하여 의사소통할 권리이고, 이러한 '통신수단의 자유로운 이용'에는 자신의 인적사항을 누구에게도 밝히지 않는 상태로 통신수단을 이용할 자유, 즉 통신수단의 익명성 보장도 포함된다.

③ 수용자가 국가기관에 서신을 발송할 경우에 교도소장의 허가를 받도록 하는 것은 통신비밀의 자유를 침해하지 않는다.

④ 검사, 사법경찰관 또는 정보수사기관의 장은 중대한 범죄의 계획이나 실행 등 긴박한 상황에 있는 경우 반드시 법원의 사전허가를 받아 통신제한조치를 하여야 한다.

해설

① ○ 이 사건 지침은 신병교육훈련을 받고 있는 군인의 통신의 자유를 제한하고 있으나, 신병들을 군인으로 육성하고 교육훈련과 병영생활에 조속히 적응시키기 위하여 신병교육기간에 한하여 신병의 외부 전화통화를 통제한 것이다. 이 사건 지침에서 **신병교육훈련기간 동안 전화사용을 하지 못하도록** 정하고 있는 규율이 청구인을 포함한 **신병교육훈련생들의 통신의 자유 등 기본권을 필요한 정도를 넘어 과도하게 제한하는 것이라고 보기 어렵다**(헌재 2010.10.28. 2007헌마890).

② ○ 헌법 제18조로 보장되는 기본권인 통신의 자유란 통신수단을 자유로이 이용하여 의사소통할 권리이다. '통신수단의 자유로운 이용'에는 자신의 인적 사항을 누구에게도 밝히지 않는 상태로 통신수단을 이용할 자유, 즉 **통신수단의 익명성 보장도 포함**된다. 심판대상조항은 휴대전화를 통한 문자·전화·모바일 인터넷 등 통신기능을 사용하고자 하는 자에게 반드시 사전에 본인확인 절차를 거치는 데 동의해야만 이를 사용할 수 있도록 하므로, 익명으로 통신하고자 하는 청구인들의 통신의 자유를 제한한다(헌재 2019.9.26. 2017헌마1209).

③ ○ 만약 국가기관과 사인에 대한 서신을 따로 분리하여 사인에 대한 서신의 경우에만 검열을 실시하고, **국가기관에 대한 서신의 경우에는 검열을 하지 않는다면** 사인에게 보낼 서신을 국가기관의 명의를 빌려 검열 없이 보낼 수 있게 됨으로써 검열을 거치지 않고 사인에게 서신을 발송하는 탈법수단으로 이용될 수 있게 되므로 수용자의 서신에 대한 검열은 국가안전보장·질서유지 또는 공공복리라는 정당한 목적을 위하여 부득이 할 뿐만 아니라 유효적절한 방법에 의한 최소한의 제한이며, 통신비밀의 자유의 본질적 내용을 침해하는 것이 아니어서 **헌법에 위반된다고 할 수 없다**(헌재 2001.11.29. 99헌마713).

④ ×

통신비밀보호법 제8조 (긴급통신제한조치) ① **검사, 사법경찰관 또는 정보수사기관의 장**은 국가안보를 위협하는 음모행위, 직접적인 사망이나 심각한 상해의 위험을 야기할 수 있는 범죄 또는 조직범죄 등 **중대한 범죄의 계획이나 실행 등** 긴박한 상황에 있고 제5조 제1항 또는 제7조 제1항 제1호의 규정에 의한 요건을 구비한 자에 대하여 제6조 또는 제7조 제1항 및 제3항의 규정에 의한 절차를 거칠 수 없는 **긴급한 사유가 있는 때에는 법원의 허가 없이 통신제한조치를 할 수 있다**.

정답 ④

09 헌법 제18조(통신의 자유)에 관한 다음 설명 중 가장 옳지 않은 것은? *〈2020 법원직 9급〉*

① 통신의 비밀이란 서신·우편·전신의 통신수단을 통하여 개인 간에 의사나 정보의 전달과 교환이 이루어지는 경우, 통신의 내용과 통신이용의 상황이 개인의 의사에 반하여 공개되지 아니할 자유를 의미하므로, 휴대전화 통신계약 체결 단계에서는 아직 통신의 비밀에 대한 제한이 이루어진다고 보기 어렵다.

② 통신의 자유란 통신수단을 자유로이 이용하여 의사소통할 권리이고, 이러한 '통신수단의 자유로운 이용'에는 자신의 인적사항을 누구에게도 밝히지 않는 상태로 통신수단을 이용할 자유, 즉 통신수단의 익명성 보장도 포함된다.

③ 전기통신역무제공에 관한 계약을 체결하는 경우 전기통신 사업자로 하여금 가입자에게 본인임을 확인할 수 있는 증서 등을 제시하도록 요구하고 부정가입방지시스템 등을 이용하여 본인인지 여부를 확인하도록 한 전기통신사업법령 조항들은 휴대전화를 통한 문자·전화·모바일 인터넷 등 통신기능을 사용하고자 하는 자에게 반드시 사전에 본인확인 절차를 거치는 데 동의해야만 이를 사용할 수 있도록 하므로, 익명으로 통신하고자 하는 청구인들의 통신의 자유를 침해한다.

④ 육군 신병훈련소에서 교육훈련을 받는 동안 전화사용을 통제하는 내용의 육군 신병교육 지침서 부분은 신병교육훈련생들의 통신의 자유를 침해하지 않는다.

해설

① ○ 통신의 비밀이란 서신·우편·전신의 통신수단을 통하여 개인 간에 의사나 정보의 전달과 교환(의사소통)이 이루어지는 경우, 통신의 내용과 통신이용의 상황이 개인의 의사에 반하여 공개되지 아니할 자유를 의미한다. 그러나 가입자의 인적사항이라는 정보는 통신의 내용·상황과 관계없는 '비 내용적 정보'이며 휴대전화 통신계약 체결 단계에서는 아직 통신수단을 통하여 어떠한 의사소통이 이루어지는 것이 아니므로 통신의 비밀에 대한 제한이 이루어진다고 보기는 어렵다. … 심판대상조항은 가입자의 개인정보에 대한 제공·이용 여부를 스스로 결정할 권리를 제한하고 있으므로, 개인정보자기결정권을 제한한다(헌재 2019.9. 26. 2017헌마1209).

② ○ 헌법 제18조로 보장되는 기본권인 통신의 자유란 통신수단을 자유로이 이용하여 의사소통할 권리이다. '통신수단의 자유로운 이용'에는 자신의 인적 사항을 누구에게도 밝히지 않는 상태로 통신수단을 이용할 자유, 즉 통신수단의 익명성 보장도 포함된다. 심판대상조항은 휴대전화를 통한문자·전화·모바일 인터넷 등 통신기능을 사용하고자 하는 자에게 반드시 사전에 본인확인 절차를 거치는 데 동의해야만 이를 사용할 수 있도록 하므로, 익명으로 통신하고자 하는 청구인들의 통신의 자유를 제한한다(헌재 2019.9.26. 2017헌마1209).

③ × 심판대상조항이 이동통신서비스 가입 시 본인확인절차를 거치도록 함으로써 타인 또는 허무인의 이름을 사용한 휴대전화인 이른바 대포폰이 보이스피싱 등 범죄의 범행도구로 이용되는 것을 막고, 개인정보를 도용하여 타인의 명의로 가입한 다음 휴대전화 소액결제나 서비스요금을 그 명의인에게 전가하는 등 명의도용범죄의 피해를 막고자 하는 입법목적은 정당하고, 이를 위하여 본인확인절차를 거치게 한 것은 적합한 수단이다. … 개인정보자기결정권, 통신의 자유가 제한되는 불이익과 비교했을 때, 명의도용피해를 막고, 차명휴대전화의 생성을 억제하여 보이스피싱 등 범죄의 범행도구로 악용될 가능성을 방지함으로써 잠재적 범죄 피해 방지 및 통신망 질서 유지라는 더욱 중대한 공익의 달성효과가 인정된다. 따라서 심판대상조항은 청구인들의 개인정보자기결정권 및 통신의 자유를 침해하지 않는다(헌재 2019.9.26. 2017헌마1209).

④ ○ 이 사건 지침은 신병교육훈련을 받고 있는 군인의 통신의 자유를 제한하고 있으나, 신병들을 군인으로 육성하고 교육훈련과 병영생활에 조속히 적응시키기 위하여 신병교육기간에 한하여 신병의 외부 전화통화를 통제한 것이다. … 이 사건 지침에서 신병교육훈련기간 동안 전화사용을 하지 못하도록 정하고 있는 규율이 청구인을 포함한 신병교육훈련생들의 통신의 자유 등 기본권을 필요한 정도를 넘어 과도하게 제한하는 것이라고 보기 어렵다(헌재 2010.10.28. 2007헌마890).

정답 ③

제 6 항 재산권

01 재산권에 대한 설명으로 옳지 않은 것은? (다툼이 있는 경우 판례에 의함) 〈2019 국회직 8급〉

① 보유기간이 1년 이상 2년 미만인 자산이 공용수용으로 양도된 경우에도 중과세하는 구「소득세법」 조항은 재산권을 침해하지 않는다.

② 법인이 과밀억제권역 내에 본점의 사업용 부동산으로 건축물을 신축하여 이를 취득하는 경우 취득세를 중과세하는 구「지방세법」 조항은, 인구 유입이나 경제력집중의 유발 효과가 없는 신축 또는 증축으로 인한 부동산의 취득의 경우에도 모두 취득세 중과세 대상에 포함 시키는 것이므로 재산권을 침해한다.

③ 계약의 이행으로 받은 금전을 계약 해제에 따른 원상회복으로서 반환하는 경우 그 받은 날로부터 이자를 지급하도록 한 「민법」 조항은, 계약 해제의 경위·계약 당사자의 귀책사유 등 제반 사정을 계약 해제로 인한 손해배상의 범위를 정할 때 고려하게 되므로, 원상회복의무자의 재산권을 침해하지 않는다.

④ 가축전염병의 확산을 막기 위한 방역조치로서 도축장 사용정지·제한명령은 공익목적을 위하여 이미 형성된 구체적 재산권을 박탈하거나 제한하는 헌법 제23조 제3항의 수용·사용 또는 제한에 해당하는 것이 아니라, 도축장 소유자들이 수인하여야 할 사회적 제약으로서 헌법 제23조 제1항의 재산권의 내용과 한계에 해당한다.

⑤ 「친일반민족행위자 재산의 국가귀속에 관한 특별법」(이하 '친일재산귀속법'이라 한다)에 따라 그 소유권이 국가에 귀속되는 '친일재산'의 범위를 '친일반민족행위자가 국권침탈이 시작된 러·일전쟁 개전시부터 1945년 8월 15일까지 일본제국주의에 협력한 대가로 취득하거나 이를 상속받은 재산 또는 친일재산임을 알면서 유증 증여를 받은 재산'으로 규정하고 있는 친일재산귀속법 조항은 재산권을 침해하지 않는다.

해설

① ○ 단기보유자산이 공용수용에 의하여 양도된 경우에도 높은 세율로 중과세하는 것은 부동산 투기를 억제하여 토지라는 한정된 자원을 효율적으로 이용하기 위한 것으로 입법목적의 정당성이 인정되고, 공용수용절차가 상당한 시일이 소요된다는 점에 비추어 공용수용의 경우에도 자산 매수 당시에 매수자 대부분이 부동산 투기 목적이나 투기의 위험성을 가지고 있다고 할 수 있으므로 보유기간을 기준으로 세율을 가중한 것은 입법목적을 달성하기 위하여 적절한 수단이 된다. … 심판대상조항은 청구인들의 재산권을 침해하지 아니한다(헌재 2015.6.25. 2014헌바256).

② × 이 사건 법률조항은 수도권에 인구 및 경제·산업시설이 밀집되어 발생하는 문제를 해결하고 국토의 균형 있는 발전을 도모하기 위하여 법인이 과밀억제권역 내에 본점의 사업용 부동산으로 건축물을 신축·증축하여 이를 취득하는 경우 취득세를 중과세하는 조항으로서, 구법과 달리 인구유입과 경제력 집중의 효과가 뚜렷한 건물의 신축, 증축 그리고 부속 토지의 취득만을 그 적용대상으로 한정하여 부당하게 중과세할 소지를 제거하였다. 최근 대법원 판결도 구체적인 사건에서 인구유입이나 경제력집중 효과에 관한 판단을 전적으로 배제한 것으로는 보기 어렵다. 따라서 이 사건 법률조항은 거주·이전의 자유와 영업의 자유를 침해하지 아니한다(헌재 2014.7.24. 2012헌바408).

③ ○ 금전은 교환수단일 뿐만 아니라 가치저장수단으로서 자본의 축적에 이바지하므로, 금전을 인도받아 보유하고 있는 자체로 금전에 대한 운용이익을 얻고 있다고 볼 수 있다. 따라서 계약해제에 따라 금전을 원상회복으로 반환하는 경우 그 받은 날로부터 이자를 지급하도록 한 것은 계약이 체결되지 않았을 경우에 나타났을 원래의 상황을 회복한다는 계약 해제 제도의 정당한 목적 달성을 위한 합리적 수단이다. … 계약 해제의 경위·계약 당사자의 귀책 사유 등 제반 사정은 계약 해제로 인한 손해배상의 범위를 정할 때 고려된다. 따라서 「민법」 제548조 제2항은 원상회복의무자의 재산권을 침해하지 않는다(헌재 2017.5.25. 2015헌바421).

④ ○ 도축장 사용정지·제한명령은 구제역과 같은 가축전염병의 발생과 확산을 막기 위한 것이고, 도축장 사용정지·제한명령이 내려지면 국가가 도축장 영업권을 강제로 취득하여 공익목적으로 사용하는 것이 아니라 소유자들이 일정기간 동안 도축장을 사용하지 못하게 되는 효과가 발생할 뿐이다. 이와 같은 재산권에 대한 제약의 목적과 형태에 비추어 볼 때, 도축장 사용정지·제한명령은 공익목적을 위하여 이미 형성된 구체적 재산권을 박탈하거나 제한하는 헌법 제23조 제3항의 수용·사용 또는 제한에 해당하는 것이 아니라, 도축장 소유자들이 수인하여야 할 사회적 제약으로서 헌법 제23조 제1항의 재산권의 내용과 한계에 해당한다(헌재 2015.10.21. 2012헌바367).

⑤ ○ 이 사건 친일재산조항은 정의를 구현하고 민족의 정기를 바로 세우며 일제에 저항한 3·1운동의 헌법이념을 구현하기 위하여, 친일반민족행위로 축재한 재산을 친일재산으로 규정하여 국가에 귀속시킬 수 있도록 하기 위한 것으로서, 입법목적의 정당성 및 수단의 적합성이 인정된다. … 과거사 청산의 정당성과 진정한 사회통합의 가치를 고려할 때 이 사건 친일재산조항의 공익적 중대성은 막중하고, 이 사건 친일재산조항으로 인한 친일반민족행위자 등의 재산권에 대한 제한의 정도가 위 조항에 의하여 보장되는 공익에 비하여 결코 중하다고 볼 수 없으므로, 위 조항이 법익의 균형성에 반한다고 볼 수 없다. 결국, 이 사건 친일재산조항이 과잉금지원칙을 위반하여 재산권을 침해한다고 할 수 없다(헌재 2018.4.26. 2016헌바454).

정답 ②

02 재산권에 관한 설명 중 가장 적절한 것은? (다툼이 있는 경우 판례에 의함) *〈2020 경정승진〉*

① 물건에 대한 재산권 행사에 비하여 동물에 대한 재산권 행사는 사회적 연관성과 사회적 기능이 적다 할 것이므로 이를 제한하는 경우 입법재량의 범위를 좁게 인정함이 타당하다.

② 건설공사를 위하여 문화재발굴허가를 받아 매장문화재를 발굴하는 경우 그 발굴비용을 사업시행자로 하여금 부담하게 하는 것은 문화재 보존을 위해 사업시행자에게 일방적인 희생을 강요하는 것이므로 재산권을 침해한다.

③ 토지의 가격이 취득일 당시에 비하여 현저히 상승한 경우 환매금액에 대한 협의가 성립하지 아니한 때에는 사업시행자로 하여금 환매금액의 증액을 청구할 수 있도록 한 「공익사업을 위한 토지 등의 취득 및 보상에 관한 법률」 조항은 환매권자의 재산권을 침해하지 아니한다.

④ 「건축법」을 위반한 건축주 등이 건축 허가권자로부터 위반건축물의 철거 등 시정명령을 받고도 그 이행을 하지 않는 경우 「건축법」 위반자에 대하여 시정명령 이행시까지 반복적으로 이행강제금을 부과할 수 있도록 규정한 「건축법」 조항은 과잉금지의 원칙에 위배되어 「건축법」 위반자의 재산권을 침해한다.

해설

① × 일반적인 물건에 대한 재산권 행사에 비하여 동물에 대한 재산권 행사는 사회적 연관성과 사회적 기능이 매우 크다 할 것이므로 이를 제한하는 경우 입법재량의 범위를 폭넓게 인정함이 타당하다. 그러므로 이 사건 법률조항이 과잉금지원칙을 위반하여 재산권을 침해하는지 여부를 살펴보되 심사기준을 완화하여 적용함이 상당하다(헌재 2013.10.24. 2012헌바431).

② × 구「문화재보호법」 제44조 제4항 제2문은 건설공사 과정에서 매장문화재의 발굴로 인하여 문화재 훼손 위험을 야기한 사업시행자에게 원칙적으로 발굴경비를 부담시킴으로써 각종 개발행위로 인한 무분별한 문화재 발굴로부터 매장문화재를 보호하는 것이어서 입법목적의 정당성, 방법의 적절성이 인정되고, 발굴조사비용 확대에 따른 위험은 사업계획단계나 사업자금의 조달 과정에서 기업적 판단에 의해 위험요인의 하나로서 충분히 고려될 수 있는 것이고, 사업시행자가 발굴조사비용을 감당하기 어렵다고 판단하는 경우에는 더 이상 사업시행에 나아가지 아니할 선택권 또한 유보되어 있으며, 대통령령으로 정하는 경우에는 예외적으로 국가 등이 발굴조사비용을 부담할 수 있는 완화규정을 두고 있어 최소침해성 원칙, 법익균형성 원칙에도 반하지 아니하므로 과잉금지원칙에 위배되어 위헌이라고 볼 수 없다(헌재 2010.10.28. 2008헌바74).

③ ○ 이 사건 증액청구조항이 환매목적물인 토지의 가격이 통상적인 지가상승분을 넘어 현저히 상승하고 당사자 간 협의가 이루어지지 아니할 경우에 한하여 환매금액의 증액청구를 허용하고 있는 점, 환매권의 내용에 토지가 취득되지 아니하였다면 원소유자가 누렸을 법적 지위의 회복을 요구할 권리가 포함된다고 볼 수 없는 점, 개발이익은 토지의 취득 당시의 객관적 가치에 포함된다고 볼 수 없는 점, 환매권자가 증액된 환매금액의 지급의무를 부담하게 될 것을 우려하여 환매권을 행사하지 못하더라도 이는 사실상의 제약에 불과한 점 등에 비추어 볼 때, 위 소항이 재산권의 내용에 관한 입법형성권의 한계를 일탈하여 환매권자의 재산권을 침해한다고 볼 수 없다(헌재 2016.9.29. 2014헌바400).

④ × 이 사건 법률조항은 '건축물의 안전과 기능, 미관을 향상시켜 공공복리의 증진을 도모하기 위한 것'으로 그 입법목적이 정당하고, 이러한 목적 달성을 위하여 시정명령에 불응하고 있는 건축법 위반자에 대하여 이행강제금을 부과함으로써 시정명령에 응할 것을 강제하고 있으므로 적절한 수단이 된다. … 따라서 이 사건 법률조항은 과잉금지의 원칙에 위배되지 아니하므로 위반자의 재산권을 침해하지 아니한다(헌재 2011.10.25. 2009헌바 140).

정답 ③

03 재산권에 대한 설명으로 옳지 않은 것은? (다툼이 있는 경우 판례에 의함) 〈2022 국회직 5급〉

① 개인택시면허는 자신의 노력으로 혹은 금전적 대가를 치르고 얻은 재산권이라고 할 수 있다.

② 공무원의 보수청구권이 법령에 의하여 구체적 내용이 형성되기 전이라면 공무원이 국가 또는 지방자치단체에 대하여 어느 수준의 보수를 청구할 수 있는 권리는 단순한 기대이익에 불과하여 재산권의 내용에 포함된다고 볼 수 없다.

③ 일본국에 의하여 광범위하게 자행된 반인도적 범죄행위에 대하여 일본군위안부 피해자들이 일본에 대하여 가지는 배상청구권은 헌법상 보장되는 재산권이 아니다.

④ 「우편법」에 규정된 우편물의 지연배달에 따른 손해배상청구권은 헌법이 보장하는 재산권의 내용에 포함되는 권리이다.

⑤ 「가축전염병 예방법」상의 살처분은 가축의 전염병이 전파가능성과 위해성이 매우 커서 타인의 생명, 신체나 재산에 중대한 침해를 가할 우려가 있는 경우 이를 막기 위해 취해지는 조치로서 가축 소유자가 수인해야 하는 사회적 제약의 범위에 속한다.

해설

① ○ 개인택시운송사업자는 장기간의 모범적인 택시운전에 대한 보상의 차원에서 개인택시면허를 취득하였거나, 고액의 프리미엄을 지급하고 개인택시면허를 양수한 사람들이므로 개인택시면허는 자신의 노력으로 혹은 금전적 대가를 치르고 얻은 재산권이라고 할 수 있다(헌재 2012.3.29. 2010헌마443).

② ○ 공무원의 보수청구권은, 법률 및 법률의 위임을 받은 하위법령에 의해 그 구체적 내용이 형성되면 재산적 가치가 있는 공법상의 권리가 되어 재산권의 내용에 포함되지만, 법령에 의하여 구체적 내용이 형성되기 전의 권리, 즉 공무원이 국가 또는 지방자치단체에 대하여 어느 수준의 보수를 청구할 수 있는 권리는 단순한 기대이익에 불과하여 재산권의 내용에 포함된다고 볼 수 없다(헌재 2008.12.26. 2007헌마444).

③ × 일본국에 의하여 광범위하게 자행된 반인도적 범죄행위에 대하여 일본군위안부 피해자들이 일본에 대하여 가지는 배상청구권은 헌법상 보장되는 재산권일 뿐만 아니라, 그 배상청구권의 실현은 무자비하고 지속적으로 침해된 인간으로서의 존엄과 가치 및 신체의 자유를 사후적으로 회복한다는 의미를 가지는 것이므로 피청구인의 부작위로 인하여 침해되는 기본권이 매우 중대하다(헌재 2011.8.30. 2006헌마788).

④ ○ 우편물의 수취인인 청구인은 우편물의 지연배달에 따른 손해배상청구권을 갖게 되는바, 이는 헌법이 보장하는 재산권의 내용에 포함되는 권리라 할 것이고, 심판대상조항은 위 손해배상청구권의 범위를 제한하는 것이므로 그에 따른 재산권 제한이 발생한다(헌재 2013.6.27. 2012헌마426).

⑤ ○ 살처분은 가축의 전염병이 전파가능성과 위해성이 매우 커서 타인의 생명, 신체나 재산에 중대한 침해를 가할 우려가 있는 경우 이를 막기 위해 취해지는 조치로서, 가축 소유자가 수인해야 하는 사회적 제약의 범위에 속한다(헌재 2014.4.24. 2013헌바110).

정답 ③

04 재산권에 관한 다음 설명 중 가장 옳은 것은? 〈2021 법원직 9급〉

① 헌법 제23조 제3항은 "공공필요에 의한 재산권의 수용·사용 또는 제한 및 그에 대한 보상은 법률로써 하되, 완전한 보상을 지급하여야 한다."고 규정하여 피수용 재산의 객관적인 재산 가치를 완전하게 보상하여야 함을 선언하고 있다.

② 헌법상 재산권에 관한 규정은 그 내용과 한계가 법률에 의해 구체적으로 형성되는 기본권 형성적 법률유보의 형태를 띠고 있고, 헌법이 보장하는 재산권의 내용과 한계는 국회에 의하여 제정되는 형식적 의미의 법률에 의하여 정해진다.

③ 영리획득의 단순한 기회 또는 기업 활동의 사실적·법적 여건 또한 재산권 보장의 대상이 된다.

④ 공무원연금법상의 연금수급권은 사회보장수급권의 성격을 가지고 있을 뿐 이를 재산권이라고 볼 수 없으므로 입법자에게 넓은 입법형성권이 인정된다.

해설

① × 헌법 제23조 제3항은 "공공필요에 의한 재산권의 수용·사용 또는 제한 및 그에 대한 보상은 법률로써 하되, 정당한 보상을 지급하여야 한다."고 규정하고 있다. 여기서 **'정당한 보상'**이란 '원칙적으로' 피수용 재산의 **객관적인 재산 가치**를 **완전하게 보상**하는 것이어야 한다는 완전보상을 뜻하는 것으로서, 재산권의 객체가 갖는 객관적 가치란 그 물건의 성질에 정통한 사람들의 자유로운 거래에 의하여 도달할 수 있는 합리적인 매매 가능가격, 즉 시가에 의하여 산정되는 것이 보통이다(헌재 2002.12.18. 2002헌가4).

② ○ **헌법상의 재산권에 관한 규정**은 다른 기본권 규정과는 달리 그 **내용과 한계**가 법률에 의해 구체적으로 형성되는 **기본권 형성적 법률유보**의 형태를 띠고 있다. 그리하여 헌법이 보장하는 **재산권의 내용과 한계**는 국회에서 제정되는 **형식적 의미의 법률**에 의하여 정해지므로, 재산권의 구체적 모습은 재산권의 내용과 한계를 정하는 법률에 의하여 형성된다(헌재 2005.7.21. 2004헌바57).

③ × 헌법상 보장된 재산권은 사적 유용성 및 그에 대한 원칙적인 처분권을 내포하는 재산가치 있는 구체적인 권리이므로, 구체적 권리가 아닌 **영리획득의 단순한 기회**나 **기업 활동의 사실적·법적 여건**은 기업에게는 중요한 의미를 갖는다고 하더라도 재산권 보장의 대상이 아니다(헌재 2018.7.31. 2018헌마753).

④ × 공무원연금법상의 퇴직급여, 유족급여 등 각종 급여를 받을 권리, 즉 **연금수급권**은 사회적 기본권의 하나인 **사회보장수급권의 성격과 재산권의 성격**을 아울러 지니고 있다고 하겠다. 요컨대, 이 법상의 연금수급권의 법률적 형성에 관하여는 전체적으로 **입법자에게 상당한 정도로 형성의 자유가 인정**된다(헌재 1999.4.29. 97헌마333).

정답 ②

05 **재산권에 대한 설명으로 옳지 않은 것을 모두 고른 것은? (다툼이 있는 경우 판례에 의함)**

〈2017 경정승진〉

㉠ 재산권의 내용을 새로이 형성하는 법률이 합헌적이기 위해서는 장래에 적용될 법률이 헌법에 합치하여야 하고, 나아가 과거의 법적 상태에 의하여 부여된 구체적 권리에 대한 침해를 정당화하는 이유가 존재하여야 한다.

㉡ 배우자의 상속공제를 인정받기 위한 요건으로 배우자 상속재산 분할기한까지 배우자의 상속재산을 분할하여 신고할 것을 요구하면서 위 기한이 경과하면 일률적으로 배우자의 상속공제를 부인하고 있는 구「상속세 및 증여세법」(2002.12.18. 법률 제6780호로 개정되고, 2010.1.1. 법률 제9916호로 개정되기 전의 것) 제19조 제2항은 배우자인 상속인의 재산권을 침해한다고 볼 수 없다.

㉢ 헌법이 보장하는 재산권의 내용과 한계를 정하는 법률이 재산권을 형성한다는 의미를 갖는다 하더라도, 이러한 법률이 사유재산제도나 사유재산을 부인하는 것은 재산권 보장규정의 침해를 의미하고 결코 재산권형성적 법률유보라는 이유로 정당화될 수 없다.

㉣ 토지의 강한 사회성 내지 공공성으로 말미암아 토지재산권에는 다른 재산권에 비하여 보다 강한 제한과 의무가 부과되고 이에 대한 제한입법에는 입법자의 광범위한 입법형성권이 인정되므로, 과잉금지원칙에 의한 심사는 부적절하다.

① ㉠, ㉢　　　② ㉠, ㉣

③ ㉡, ㉢　　　④ ㉡, ㉣

해설

㉠ ○ 입법자는 재산권을 새로이 형성하는 것이 구법에 의하여 부여된 구체적인 법적 지위에 대한 침해를 의미한다는 것을 고려하여야 한다. 따라서 재산권의 내용을 새로이 형성하는 규정은 비례의 원칙을 기준으로 판단하였을 때 공익에 의하여 정당화되는 경우에만 합헌적이다. 즉, 재산권의 내용을 새로이 형성하는 법률이 합헌적이기 위하여서는 장래에 적용될 법률이 헌법에 합치하여야 할 뿐만 아니라, 또한 과거의 법적 상태에 의하여 부여된 구체적 권리에 대한 침해를 정당화하는 이유가 존재하여야 하는 것이다(헌재 1999.4.29. 94헌바37 등).

ⓛ × 이 사건 법률조항은 피상속인의 배우자가 상속공제를 받은 후에 상속재산을 상속인들에게 이전하는 방법으로 부의 무상이전을 시도하는 것을 방지하고 상속세에 대한 조세법률관계를 조기에 확정하기 위한 정당한 입법목적을 가진 것이나, 상속재산분할심판과 같이 상속에 대한 실체적 분쟁이 계속 중이어서 법정기한 내에 재산분할을 마치기 어려운 부득이한 사정이 있는 경우, 후발적 경정청구 등에 의해 그러한 심판의 결과를 상속세 산정에 추후 반영할 길을 열어두지도 않은 채, 위 기한이 경과하면 일률적으로 배우자 상속공제를 부인함으로써 비례원칙에 위배되어 청구인들의 재산권을 침해하고, 나아가 소송계속 등 부득이한 사유로 법정기한 내에 상속분할을 마치지 못한 상속인들을 그렇지 아니한 자와 동일하게 취급하는 것으로서 그 차별의 합리성이 없으므로 청구인들의 평등권을 침해한다(헌재 2012.5.31. 2009헌바190).

ⓒ ○ 재산권의 구체적 모습은 재산권의 내용과 한계를 정하는 법률에 의하여 형성된다. 물론 헌법이 보장하는 재산권의 내용과 한계를 정하는 법률은 재산권을 제한한다는 의미가 아니라 재산권을 형성한다는 의미를 갖는다. 이러한 재산권의 내용과 한계를 정하는 법률의 경우에도 사유재산제도나 사유재산을 부인하는 것은 재산권 보장규정의 침해를 의미하고, 결코 재산권 형성적 법률유보라는 이유로 정당화될 수 없다(헌재 1993.7.29. 92헌바20).

ⓔ × 토지재산권에 대한 제한입법은 토지의 강한 사회성 내지는 공공성으로 말미암아 다른 재산권에 비하여 보다 강한 제한과 의무가 부과될 수 있으나, 역시 다른 기본권에 대한 제한입법과 마찬가지로 과잉금지의 원칙(비례의 원칙)을 준수해야 하고, 재산권의 본질적 내용인 사적 이용권과 원칙적인 처분권을 부인하여서는 아니 되며, 특히 토지재산권의 사회적 의미와 기능 및 법의 목적과 취지를 고려하더라도 당해 토지재산권을 과도하게 제한하여서는 아니 된다(헌재 2012.7.26. 2009헌바328).

정답 ④

06 재산권에 관한 설명으로 가장 적절하지 않은 것은? (다툼이 있는 경우 판례에 의함) 〈2016 경정승진〉

① 수용된 토지가 당해 공익사업에 필요 없게 되거나 이용되지 아니하였을 경우에 피수용자가 그 토지 소유권을 회복할 수 있는 권리, 즉 환매권은 헌법이 보장하는 재산권의 내용에 포함되는 권리이다.

② 구「문화재보호법」이 건설공사 과정에서 매장문화재의 발굴로 인하여 문화재훼손 위험을 야기한 사업시행자에게 원칙적으로 발굴경비를 부담시키는 것은 사업시행자의 재산권을 침해한다.

③ 일본국에 의하여 광범위하게 자행된 반인도적 범죄행위에 대하여 일본군위안부 피해자들이 일본에 대하여 가지는 배상청구권은 헌법상 보장되는 재산권에 해당한다.

④ 종래 보수연동제에 의하여 연금액의 조정을 받아오던 기존의 연금수급자에게 법률개정을 통해 물가연동제에 의한 연금액 조정방식을 적용하도록 하는 것은 헌법에 위배되지 않는다.

해설

① ○ 수용된 토지가 당해 공익사업에 필요 없게 되거나 이용되지 아니하였을 경우에 피수용자가 그 토지소유권을 회복할 수 있는 권리 즉 토지수용법 제71조 소정의 환매권은 헌법상의 재산권 보장규정으로부터 도출되는 것으로서 헌법이 보장하는 재산권의 내용에 포함되는 권리라고 할 수 있다(헌재 1994.2.24. 92헌가15 등).

② × 구「문화재보호법」 제44조 제4항 제2문은 건설공사 과정에서 매장문화재의 발굴로 인하여 문화재 훼손 위험을 야기한 사업시행자에게 원칙적으로 발굴경비를 부담시킴으로써 각종 개발행위로 인한 무분별한 문화재 발굴로부터 매장문화재를 보호하는 것이어서 입법목적의 정당성, 방법의 적절성이 인정되고, … 최소침해성 원칙, 법익균형성 원칙에도 반하지 아니하므로 과잉금지원칙에 위배되어 위헌이라고 볼 수 없다(헌재 2010.10.28. 2008헌바74).

③ ○ 일본국에 의하여 광범위하게 자행된 반인도적 범죄행위에 대하여 일본군위안부 피해자들이 일본에 대하여 가지는 배상청구권은 헌법상 보장되는 재산권일 뿐만 아니라, 그 배상청구권의 실현은 무자비하고 지속적으로 침해된 인간으로서의 존엄과 가치 및 신체의 자유를 사후적으로 회복한다는 의미를 가지는 것이므로 피청구인의 부작위로 인하여 침해되는 기본권이 매우 중대하다(헌재 2011.8.30. 2006헌마788).

④ ○ 물가연동제에 의한 연금액조정규정의 취지는 화폐가치의 하락 또는 일반적인 생활수준의 향상 등으로 인하여 연금의 실질적 구매력이 점점 떨어질 것에 대비하여 그 실질 구매력을 유지시켜 주어 연금수급자의 생활안정을 기하기 위한 것이지, 연금수급권을 제한하거나 박탈하는 것이 아니며, 그 내용이 현저히 자의적이라고 볼 수 없다. 따라서 물가연동제에 의한 연금액조정규정 자체는 연금수급권자의 재산권, 인간으로서의 존엄과 가치 또는 인간다운 생활을 할 권리를 침해하는 것으로 볼 수 없다(헌재 2003.9.25. 2001헌마194).

정답 ②

07 재산권에 관한 설명 중 가장 적절하지 않은 것은? (다툼이 있는 경우 판례에 의함) 〈2022 경정승진〉

①「국민연금법」상 연금수급권 내지 연금수급기대권이 재산권의 보호대상인 사회보장적 급여라고 한다면 사망일시금은 헌법상 재산권에 해당한다.

②「공무원연금법」이 개정되어 시행되기 전에 청구인이 이미 퇴직하여 퇴직연금을 수급할 수 있는 기초를 상실한 경우에는 공무원퇴직연금의 수급요건을 재직기간 20년에서 10년으로 완화한 개정 공무원연금법 규정이 청구인의 재산권을 제한한다고 볼 수 없다.

③ '사업인정고시가 있은 후에 3년 이상 토지가 공익용도로 사용된 경우' 토지소유자에게 매수 혹은 수용청구권을 인정한「공익사업을 위한 토지 등의 취득 및 보상에 관한 법률」의 조항을 통하여 인정되는 '수용청구권'은 사적유용성을 지닌 것으로서 재산의 사용, 수익, 처분에 관계되는 법적 권리이므로 헌법상 재산권에 포함된다.

④ 잠수기어업허가를 받아 키조개 등을 채취하는 직업에 종사한다고 하더라도 이는 원칙적으로 자신의 계획과 책임하에 행동하면서 법제도에 의하여 반사적으로 부여되는 기회를 활용하는 것에 불과하므로 잠수기어업허가를 받지 못하여 상실된 이익 등 청구인 주장의 재산권은 헌법 제23조에서 규정하는 재산권의 보호범위에 포함된다고 볼 수 없다.

해설

① × 사망일시금 제도는 유족연금 또는 반환일시금을 지급받지 못하는 가입자 등의 가족에게 사망으로 소요되는 비용의 일부를 지급함으로써 국민연금제도의 수혜범위를 확대하고자 하는 차원에서 도입되었는데, 국민연금제도가 사회보장에 관한 헌법규정인 제34조 제1항, 제2항, 제5항을 구체화한 제도로서, 국민연금법상 연금수급권 내지 연금수급기대권이 재산권의 보호대상인 사회보장적 급여라고 한다면 사망일시금은 사회보험의 원리에서 다소 벗어난 장제부조적·보상적 성격을 갖는 급여로 사망일시금은 헌법상 재산권에 해당하지 아니하므로, 이 사건 사망일시금 한도 조항이 청구인들의 재산권을 제한한다고 볼 수 없다(헌재 2019.2.28. 2017헌마432).

→ 장제부조 : 장례와 제사를 돕는 것

② ○ 심판대상조항은 개정 법률의 적용대상을 법 시행일 당시 재직 중인 공무원으로 한정하여, 공무원의 재직기간이 10년 이상 20년 미만으로 동일하더라도 정년퇴직일이 2016.1.1. 이전인지 이후인지에 따라 퇴직연금의 지급을 달리하고 있으므로, 청구인의 평등권을 제한한다. 청구인은 심판대상조항이 자신의 재산권 및 인간다운 생활을 할 권리도 침해한다고 주장하나, 공무원연금법이 개정되어 시행되기 전 청구인은 이미 퇴직하여 퇴직연금을 수급할 수 있는 기초를 상실한 상태이므로, 심판대상조항이 청구인의 재산권 및 인간다운 생활을 할 권리를 제한한다고 볼 수 없다(헌재 2017.5.25. 2015헌마933).

③ ○ 헌법이 보장하고 있는 재산권은 경제적 가치가 있는 모든 공법상·사법상의 권리를 뜻하며, 사적 유용성 및 그에 대한 원칙적인 처분권을 내포하는 재산가치 있는 구체적인 권리를 의미한다. 이 사건 조항을 통하여 인정되는 '수용청구권'은 사적유용성을 지닌 것으로서 재산의 사용, 수익, 처분에 관계되는 법적 권리이므로 헌법상 재산권에 포함된다고 볼 것이다(헌재 2005.7.21. 2004헌바57).

④ ○ 이 사건의 경우 청구인이 잠수기어업허가를 받아 키조개 등을 채취하는 직업에 종사한다고 하더라도 이는 원칙적으로 자신의 계획과 책임하에 행동하면서 법제도에 의하여 반사적으로 부여되는 기회를 활용하는 것에 불과하므로 잠수기어업허가를 받지 못하여 상실된 이익 등 청구인 주장의 재산권은 헌법 제23조에서 규정하는 재산권의 보호범위에 포함된다고 볼 수 없다(헌재 2008.6.26. 2005헌마173).

정답 ①

08 재산권 보장에 관한 설명으로 가장 적절하지 않은 것은? (다툼이 있는 경우 판례에 의함)

〈2015 경정승진〉

① 성매매에 제공되는 사실을 알면서 건물을 제공하는 행위를 한 자를 처벌하는 것은 집창촌에서 건물을 소유하거나 그 관리권한을 가지고 있는 자의 재산권을 침해한다.

② 재산권 보장은 사유재산의 처분과 그 상속을 포함하는 것이므로 유언자가 생전에 최종적으로 자신의 재산권에 대하여 처분할 수 있는 법적 가능성을 의미하는 유언의 자유는 헌법상 재산권의 보호를 받는다.

③ 국가 등의 양로시설 등에 입소하는 국가유공자에게 부가연금, 생활조정수당 등의 지급을 정지한다 하더라도 그 국가유공자의 재산권을 침해하는 것은 아니다.

④ 건설공사를 위하여 문화재발굴허가를 받아 매장문화재를 발굴하는 경우에 그 발굴비용을 사업시행자가 부담하도록 하는 것은 재산권을 침해하지 않는다.

해설

① × 우리 사회에 만연되어 있는 성매매행위의 강요·알선 등 행위와 성매매행위를 근절하고 성매매 피해자를 보호하려는 이 사건 법률의 입법목적은 정당하고 이 사건 법률조항도 이와 같은 입법목적을 달성하기 위한 것으로서 그 정당성은 인정된다. 성매매에 제공되는 사실을 알면서 건물을 제공하는 것은 성매매 내지는 성매매 알선을 용이하게 하는 것이고 결국 성매매의 강요·알선 등 행위로 인하여 얻은 재산상의 이익을 취득하는 것이라는 점에서 성매매행위의 강요·알선 등 행위와 성매매행위를 근절하려는 목적을 달성하기 위해서는 이와 같은 간접적인 성매매 알선도 규제의 필요성이 있으므로 이 사건 법률조항에 의한 규제는 입법목적을 달성하기 위한 적절한 수단이다. … 따라서 이 사건 법률조항에 의한 집창촌에서 건물을 소유하거나 그 관리권한을 가지고 있는 자의 기본권 제한은 헌법 제37조 제2항의 기본권 제한의 한계를 일탈하였다고 볼 수 없다(헌재 2006.6.29. 2005헌마1167).

② ○ 우리 헌법의 재산권 보장은 사유재산의 처분과 그 상속을 포함하는 것인바, 유언자가 생전에 최종적으로 자신의 재산권에 대하여 처분할 수 있는 법적 가능성을 의미하는 유언의 자유는 생전증여에 의한 처분과 마찬가지로 헌법상 재산권의 보호를 받는다(헌재 2008.12.26. 2007헌바128).

③ ○ 이 사건 규정으로 인하여 청구인들이 보훈원에서 보호를 받고 있는 동안 종전에 지급받던 부가연금이나 생활조정수당 등의 지급이 정지된다고 하더라도, 청구인들은 국가의 부담으로 시설보호를 받음으로써 거주비, 식비, 피복비의 대부분을 스스로 부담하지 않게 되어 사실상 종전에 지급받던 보상금 중 상당부분에 갈음하여 다른 형태의 보상을 받고 있다고 볼 수 있고, 또 위와 같은 시설보호를 받을 지의 여부는 청구인들의 선택에 달려있다는 점 등을 고려하면, 이 사건 규정으로 인하여 청구인들의 재산권이 침해되었다고는 볼 수는 없으므로 이 사건 규정이 입법재량의 범위를 일탈하여 헌법에 위배된다고 할 수 없다(헌재 2000.6.1. 98헌마216).

④ ○ 구「문화재보호법」 제44조 제4항 제2문은 건설공사 과정에서 매장문화재의 발굴로 인하여 문화재 훼손 위험을 야기한 사업시행자에게 원칙적으로 발굴경비를 부담시킴으로써 각종 개발행위로 인한 무분별한 문화재 발굴로부터 매장문화재를 보호하는 것이어서 입법목적의 정당성, 방법의 적절성이 인정되고, 발굴조사비용 확대에 따른 위험은 사업계획단계나 사업자금의 조달 과정에서 기업적 판단에 의해 위험요인의 하나로서 충분히 고려될 수 있는 것이고, 사업시행자가 발굴조사비용을 감당하기 어렵다고 판단하는 경우에는 더 이상 사업시행에 나아가지 아니할 선택권 또한 유보되어 있으며, 대통령령으로 정하는 경우에는 예외적으로 국가 등이 발굴조사비용을 부담할 수 있는 완화규정을 두고 있어 최소 침해성 원칙, 법익균형성 원칙에도 반하지 아니하므로 과잉금지원칙에 위배되어 위헌이라고 볼 수 없다(헌재 2010.10.28. 2008헌바74).

정답 ①

09 재산권에 대한 설명으로 가장 옳은 것은? 〈2016 서울시 7급〉

① 도로 등 영조물 주변 일정 범위에서 관할 관청 또는 소유자 등의 허가나 승낙 하에서만 광업권자의 채굴행위를 허용하는 것은 광업권자의 재산권을 침해하지 아니한다.

② 건축허가를 받은 자가 1년 이내에 공사에 착수하지 아니한 경우 건축허가를 필수적으로 취소하도록 규정한 것은 건축주의 재산권을 침해한다.

③ 교원의 정년을 단축하여 계속 재직하면서 재화를 획득할 수 있는 기회를 박탈하는 것은 재산권 침해이다.

④ 성매매에 제공되는 사실을 알면서 건물을 제공하는 행위를 한 자를 처벌하는 것은 집창촌에서 건물을 소유하거나 그 권리권한을 가지고 있는 자의 재산권을 침해한다.

해설

① ○ 심판대상조항은 광업권이 정당한 토지사용권 등 공익과 충돌하는 것을 조정하는 정당한 입법목적이 있고, 도로와 일정 거리 내에서는 허가 또는 승낙 하에서만 채굴할 수 있도록 하는 것은 적절한 수단이 되며, … 또한 광업권의 특성을 감안할 때 심판대상조항에 의한 제한은 광업권자가 수인하여야 하는 사회적 제약의 범주에 속하는 것이다. 따라서 심판대상조항은 광업권자의 재산권을 침해하지 아니한다(헌재 2014. 2.27. 2010헌바483).

② × 이 사건 법률조항은 건축행위의 규제에 있어 건축물과 관련된 안전의 확보 및 위험의 방지뿐만 아니라 국토의 효율적인 이용 및 환경보전 등 다양한 공익적 고려 요소를 시의에 맞도록 합리적으로 반영하기 위한 것이므로 그 입법목적의 정당성이 인정되고, … 따라서 이 사건 법률조항은 헌법 제23조 제1항이 정하는 건축주의 토지재산권을 제한함에 있어 헌법 제37조 제2항의 과잉금지원칙을 위반하지 아니하였으므로, 건축주인 청구인들의 재산권을 침해한다고 할 수 없다(헌재 2010.2.25. 2009헌바70).

③ × 재산권은 사적유용성 및 그에 대한 원칙적 처분권을 내포하는 재산가치 있는 구체적 권리이므로 구체적인 권리가 아닌 단순한 이익이나 재화의 획득에 관한 기회(단순한 기대이익·반사적 이익 또는 경제적인 기회)등은 재산권보장의 대상이 아닌 바, 교원의 정년단축으로 기존 교원이 입는 경제적 불이익은 계속 재직하면서 재화를 획득할 수 있는 기회를 박탈당한다는 것인데 이러한 경제적 기회는 재산권보장의 대상이 아니라는 것이 우리 재판소의 판례이다(헌재 2000.12.14. 99헌마112 등).

④ × 이 사건 법률조항은 성매매, 성매매알선 등 행위를 근절하고, 성매매 피해자의 인권을 보호하는 데에 이바지하고자 하는 것으로서 입법목적의 정당성이 인정되고, … 청구인은 성매매가 아닌 다른 목적의 임대를 통해 당해 건물을 사용·수익하는 것이 충분히 가능한 반면, 성매매에 제공되는 사실을 알면서 건물을 제공하는 행위를 규제함으로써 보호하고자 하는 성매매 근절 등의 공익이 더 크고 중요하다는 점을 고려하면, 이 사건 법률조항이 과잉금지원칙에 위반하여 재산권을 침해한다고 할 수 없다(헌재 2012.12.27. 2011헌마235).

정답 ①

10 재산권에 대한 설명으로 옳지 않은 것은? (다툼이 있는 경우 판례에 의함) 〈2018 지방직 7급〉

① 시혜적 입법의 시혜대상이 될 경우 얻을 수 있는 재산상 이익의 기대가 성취되지 않았다고 하여도 그러한 단순한 재산상 이익의 기대는 헌법이 보호하는 재산권의 영역에 포함되지 않는다.

② 공무원연금은 기여금 납부를 통해 공무원 자신도 재원의 형성에 일부 기여한다는 점에서 후불임금의 성격도 가지고 있으므로 「공무원연금법」상 연금수급권은 사회적 기본권의 하나인 사회보장수급권의 성격과 재산권의 성격을 아울러 지니고 있다.

③ 행정기관이 개발촉진지구 지역개발사업으로 실시계획을 승인하고 이를 고시하기만 하면 고급골프장 사업과 같이 공익성이 낮은 사업에 대해서까지도 시행자인 민간개발자에게 수용권한을 부여하는 것은 헌법 제23조 제3항에 위배된다.

④ 국가에 대한 구상권은 헌법 제23조 제1항에 의하여 보장되는 재산권이라 할 수 없다.

해설

① ○ 재산권에 관계되는 시혜적 입법의 시혜대상에서 제외되었다는 이유만으로 재산권침해가 생기는 것은 아니고, 시혜적 입법의 시혜대상이 될 경우 얻을 수 있는 재산상 이익의 기대가 성취되지 않았다고 하여도 그러한 단순한 재산상 이익의 기대는 헌법이 보호하는 재산권의 영역에 포함되지 않으므로 이 사건에서 재산권침해가 문제되지는 않는다(헌재 1999.7.22. 98헌바14).

② ○ 공무원연금제도는 공무원의 퇴직 또는 사망과 공무로 인한 부상, 질병, 폐질에 대하여 적절한 급여를 지급함으로써, 공무원이나 그 유족의 생활안정과 복리향상에 기여함을 목적으로 하는 사회보장제도이다. 한편, 공무원연금은 연금 운용에 필요한 재원 형성에 국가나 지방자치단체뿐만 아니라 수급권자인 공무원도 참여하는 등 지급사유 발생 시 부담을 나누어 구제를 도모

한다는 점에서 사회보험제도의 일종이기도 하다. 공무원연금은 기여금 납부를 통해 공무원 자신도 재원의 형성에 일부 기여한다는 점에서 후불임금의 성격도 가지고 있다. 그러므로 공무원연금법상 연금수급권은 사회적 기본권의 하나인 사회보장수급권의 성격과 재산권의 성격을 아울러 지니고 있다(헌재 2016.3.31. 2015헌바18).

③ ○ 사건에서 문제된 지구개발사업의 하나인 '관광휴양지 조성사업' 중에는 고급골프장, 고급리조트 등(이하 '고급골프장 등'이라 한다)의 사업과 같이 입법목적에 대한 기여도가 낮을 뿐만 아니라, 대중의 이용·접근가능성이 작아 공익성이 낮은 사업도 있다. 또한 고급골프장 등 사업은 그 특성상 사업 운영 과정에서 발생하는 지방세수 확보와 지역경제 활성화는 부수적인 공익일 뿐이고, 이 정도의 공익이 그 사업으로 인하여 강제수용 당하는 주민들의 기본권침해를 정당화할 정도로 우월하다고 볼 수는 없다. 따라서 이 사건 법률조항은 공익적 필요성이 인정되기 어려운 민간개발자의 지구개발사업을 위해서까지 공공수용이 허용될 수 있는 가능성을 열어두고 있어 헌법 제23조 제3항에 위반된다(헌재 2014.10.30. 2011헌바172 등).

④ × 국가에 대한 구상권은 헌법 제23조 제1항에 의하여 보장되는 재산권이고 위와 같은 해석은 그러한 재산권의 제한에 해당하며 재산권의 제한은 헌법 제37조 제2항에 의한 기본권 제한의 한계 내에서만 가능한데, 위와 같은 해석은 헌법 제37조 제2항에 의하여 기본권을 제한할 때 요구되는 비례의 원칙에 위배하여 일반국민의 재산권을 과잉 제한하는 경우에 해당하여 헌법 제23조 제1항 및 제37조 제2항에도 위반된다고 할 것이다(헌재 1994.12.29. 93헌바21).

정답 ④

11 다음 중 재산권에 대한 설명으로 옳은 것은? (다툼이 있는 경우 헌법재판소 판례에 의함)

〈2016 국회직 9급〉

① 토지거래허가제는 위헌이다.

② 재건축사업 진행단계에 상관없이 임대인이 갱신거절권을 행사할 수 있도록 한 구「상가건물 임대차보호법」 제10조 제1항 단서 제7호는 상가임차인의 재산권을 침해한다.

③ 토지수용 시에 개발이익이 포함되지 아니한 공시지가를 기준으로 보상하는 것은 합헌이다.

④ 강제집행권도 헌법상 보호되는 재산권에 속한다.

⑤ 자신의 토지를 장래에 건축이나 개발목적으로 사용할 수 있으리라는 기대가능성이나 신뢰 및 이에 따른 지가상승의 기회는 원칙적으로 재산권의 보호범위에 속한다.

해설

① × 국토이용관리법 제21조의3 제1항의 토지거래허가제는 사유재산제도의 부정이 아니라 그 제한의 한 형태이고 토지의 투기적 거래의 억제를 위하여 그 처분을 제한함은 부득이한 것이므로 재산권의 본질적인 침해가 아니며, 헌법상의 경제조항에도 위배되지 아니하고 현재의 상황에서 이러한 제한수단의 선택이 헌법상의 비례의 원칙이나 과잉금지의 원칙에 위배된다고 할 수도 없다(헌재 1989.12.22. 88헌가13).

② × 상가건물 임대차보호법은 민법상 채권인 임차권에 대항력, 우선변제권, 계약갱신요구권을 인정하는 등 사적 자치에 의하여 형성되어야 하는 권리관계에 개입하여 임차인의 지위를 강화시켜 주는 것으로서, 임대인 측에서 계약을 해지할 수 있는 법정해지권에 관해 규정하고 있지 않고, 임차인에게 계약갱신요구권이 인정되는 5년 동안은 임차인에게 불리한 약정해지도 인정하지 않고 있다. 심판대상조항은 이와 같이 임차인에게 계약갱신요구권이 포괄적으로 인정되는 상황에서, 상대적으로 제약될 수밖에 없는 임대인의 재산권 행사를 보호하기 위한 규정이다. … 심판대상조항이 과도하게 상가임차인의 재산권을 침해한다고 볼 수 없다(헌재 2014.8.28. 2013헌바76).

③ ○ 당해 사업인정으로 인한 개발이익이 손실보상금에 포함되는 것을 방지하려면 공시기준일 이후 재결시까지의 개발이익을 배제하는 것만으로는 부족하고 당초부터 개발이익이 포함되지 아니한 공시지가를 기준으로 삼을 필요가 있기 때문이다. … 공시지가의 기준시점에 관한 토지수용법 제46조 제3항은 시점보정의 기준이 되는 공시지가에 개발이익이 포함되는 것을 방지하기 위한 것으로서 개발이익이 배제된 손실보상액을 산정하는 적정한 수단에 해당되므로, 「토지수용법」 제46조 제2항 제1호, 제3항과 「지가공시 및 토지 등의 평가에 관한 법률」 제10조 제1항 제1호는 헌법 제23조 제3항(정당한 보상), 제11조 제1항(평등원칙)에 위반되지 아니한다(헌재 1999.12.23. 98헌바13 등).

④ × 강제집행권은 국가가 보유하는 통치권의 한 작용으로서 민사사법권에 속하는 것이고, 채권자인 청구인들은 국가에 대하여 강제집행권의 발동을 구하는 공법상의 권능인 강제집행청구권만을 보유하고 있을 따름으로서 청구인들이 강제집행권을 침해받았다고 주장하는 권리는 헌법 제23조 제3항 소정의 재산권에 해당되지 아니한다(헌재 1998. 5. 28. 96헌마44).

⑤ × 개발제한구역의 지정으로 인한 개발가능성의 소멸과 그에 따른 지가의 하락이나 지가상승률의 상대적 감소는 토지소유자가 감수해야 하는 사회적 제약의 범주에 속하는 것으로 보아야 한다. 자신의 토지를 장래에 건축이나 개발목적으로 사용할 수 있으리라는 기대가능성이나 신뢰 및 이에 따른 지가상승의 기회는 원칙적으로 재산권의 보호범위에 속하지 않는다(헌재 1998.12.24. 89헌마214 등).

정답 ③

12 재산권에 대한 설명으로 옳지 않은 것은? (다툼이 있는 경우 판례에 의함) *〈2019 국회직 5급〉*

① 교도소에 수용된 때에는 국민건강보험급여를 정지하도록 하는 것은 재산권을 침해하는 것이다.

② 개발제한구역으로 인한 지가의 하락은 토지소유자가 감수해야 하는 사회적 제약의 범주에 속하는 것이다.

③ 토지재산권은 그 강한 사회성 내지는 공공성으로 말미암아 다른 재산권에 비하여 보다 강한 제한과 의무가 부과될 수 있다.

④ 국가의 간섭 없이 자유로이 기부할 수 있는 기회는 재산권의 보호범위에 포함되지 않는다.

⑤ 재산권보장은 상속을 포함하는 것이므로 생전증여에 의한 처분도 재산권의 보호를 받는다.

해설

① × 건강보험수급권과 같이 공법상의 권리가 헌법상의 재산권으로 보호받기 위해서는 국가의 일방적인 급부에 의한 것이 아니라 수급자의 상당한 자기기여를 전제로 한다. 그런데 국민건강보험은 개인의 보험료와 국가의 재정으로 운영되고 이 사건 규정의 적용에 의하여 청구인들과 같은 수용자에게 보험급여가 정지되는 경우 동시에 보험료 납부의무도 면제된다. 그렇다면 수급자의 자기기여가 없는 상태이므로 이 사건 규정에 의하여 건강보험수급권이 정지되더라도 이를 사회보장수급권(인간다운 생활을 할 권리)으로 다툴 수 있음은 별론으로 하고 재산권 침해로 다툴 수는 없다고 할 것이다(헌재 2005.2.24. 2003헌마31 등).

② ○ 개발제한구역의 지정으로 인한 개발가능성의 소멸과 그에 따른 지가의 하락이나 지가상승률의 상대적 감소는 토지소유자가 감수해야 하는 사회적 제약의 범주에 속하는 것으로 보아야 한다. 자신의 토지를 장래에 건축이나 개발목적으로 사용할 수 있으리라는 기대가능성이나 신뢰 및 이에 따른 지가상승의 기회는 원칙적으로 재산권의 보호범위에 속하지 않는다. 구역지정 당시의 상태대로 토지를 사용·수익 처분할 수 있는 이상, 구역지정에 따른 단순한 토지이용의 제한은 원칙적으로 재산권에 내재하는 사회적 제약의 범주를 넘지 않는다(헌재 1998.12.24. 89헌마214 등).

③ ○ 토지의 개발이나 건축은 합헌적 법률로 정한 재산권의 내용과 한계 내에서만 가능한 것일 뿐만 아니라 토지재산권의 강한 사회성 내지는 공공성으로 말미암아 이에 대하여는 다른 재산권에 비하여 보다 강한 제한과 의무가 부과될 수 있다. 그러나 그렇다고 하더라도 토지재산권에 대한 제한입법 역시 다른 기본권을 제한하는 입법과 마찬가지로 과잉금지의 원칙(비례의 원칙)을 준수해야 하고, 재신권의 본질적 내용인 시용·수익권과 치분권을 부인해서는 아니 된다(헌재 1998.12.24. 89헌마214 등).

④ ○ 기부금품의 모집행위는 행복추구권에 의하여 보호된다. 계약의 자유도 헌법상의 행복추구권에 포함된 일반적인 행동자유권으로부터 파생하므로, 계약의 자유 또한 행복추구권에 의하여 보호된다. … 국가의 간섭을 받지 아니하고 자유로이 기부행위를 할 수 있는 기회의 보장은 헌법상 보장된 재산권의 보호범위에 포함되지 않는다(헌재 1998.5.28. 96헌가5).

⑤ ○ 우리 헌법의 재산권 보장은 사유재산의 처분과 그 상속을 포함하는 것인바, 유언자가 생전에 최종적으로 자신의 재산권에 대하여 처분할 수 있는 법적 가능성을 의미하는 유언의 자유는 생전증여에 의한 처분과 마찬가지로 헌법상 재산권의 보호를 받는다(헌재 2008.3.27. 2006헌바82).

정답 ①

13 재산권에 대한 설명으로 옳지 않은 것은? (다툼이 있는 경우 판례에 의함) 〈2018 국가직 5급〉

① 재산권의 행사는 공공복리에 적합하도록 하여야 하며, 국가안전보장·질서유지·공공복리를 위하여 제한될 수 있다.

② 공공필요에 의한 재산권의 수용·사용 또는 제한 및 그에 대한 보상은 법률로써 하되, 상당한 보상을 지급하여야 한다.

③ 토지는 국민경제의 관점에서나 그 사회적 기능에 있어서 다른 재산권과 같게 다루어야 할 성질의 것이 아니어서 다른 재산권에 비하여 보다 강하게 공동체의 이익을 관철할 것이 요구된다.

④ 헌법상 보장하고 있는 재산권은 경제적 가치가 있는 모든 공법상·사법상의 권리를 뜻한다.

해설

① ○ 헌법은 제23조 제1항에서 재산권 보장에 관한 규정을 두어 국민 개개인이 재산권을 향유할 수 있는 법제도로서의 사유재산제도를 보장함과 동시에 그 기조위에서 구체적 재산권을 개인의 기본권으로 보장하는 한편 같은 조항 후단에서는 재산권의 내용과 한계를 법률로 정하도록 하고, 같은 조 제2항은 재산권의 행사는 공공복리에 적합하도록 하여야 한다고 규정하고 있으며, 또 헌법 제37조 제2항은 기본권제한에 관한 일반적 법률유보를 두어 국가안전보장·질서유지 또는 공공복리를 위하여 필요한 경우에 법률로써 기본권을 제한할 수 있으며 다만 그 본질적인 내용을 침해할 수 없도록 규정하고 있다. 따라서 공공의 이익을 위한 재산권의 제한가능성을 비교적 폭넓게 인정하고 있다 할 것이다(헌재 1996.3.28. 95헌바47).

② ×

헌법 제23조

③ 공공필요에 의한 재산권의 수용·사용 또는 제한 및 그에 대한 보상은 법률로써 하되, 정당한 보상을 지급하여야 한다.

③ ○ 토지는 생산이나 대체가 불가능하여 공급이 제한되어 있고 한국의 가용토지면적이 인구에 비하여 절대적으로 부족한 반면에, 모든 국민이 생산 및 생활의 기반으로서 토지의 합리적인 이용에 의존하고 있다. 따라서 토지는 국민경제의 관점에서나 그 사회적 기능에 있어서 다른 재산권과 같게 다루어야 할 성질의 것이 아니므로 다른 재산권에 비하여 보다 강하게 공동체의 이익을 관철할 것이 요구된다(헌재 1999. 10.21. 97헌바26).

④ ○ 헌법이 재산권을 보장하는 것은 모든 국민이 자유롭고 자기 스스로 책임을 지는 삶을 영위하기 위한 전제로서의 재산권의 보장이다. 그러므로 헌법이 보장하고 있는 재산권은 경제적 가치가 있는 모든 공법상·사법상의 권리를 뜻하고, 그 재산가액의 다과를 불문한다. 또 이 재산권의 보장은 재산권의 자유로운 처분의 보장까지 포함한 것이다(헌재 1992.6.26. 90헌바26).

정답 ②

14 재산권에 대한 설명으로 옳지 않은 것은? (다툼이 있는 경우 판례에 의함) 〈2020 국회직 5급〉

① 일반적인 물건에 대한 재산권 행사에 비하여 동물에 대한 재산권 행사는 사회적 연관성과 사회적 기능이 매우 크다 할 것이므로 이를 제한하는 경우 입법재량의 범위를 폭넓게 인정함이 타당하다.

② 공무원 퇴직연금수급권은 국가의 재정상황, 국민 전체의 소득 및 생활수준 기타 여러 가지 사회·경제적인 여건 등을 종합하여 합리적인 수준에서 결정할 수 있는 광범위한 입법형성의 재량이 인정되기 때문에 법정요건을 갖춘 후 발생하는 공무원 퇴직연금수급권은 경제적·재산적 가치가 있는 공법상의 권리로서 헌법 제23조 제1항이 보장하고 있는 재산권에 포함된다.

③ 별거나 가출 등으로 실질적인 혼인관계가 존재하지 아니하여 연금 형성에 기여가 없는 이혼배우자에 대해서 법률혼 기간을 기준으로 분할연금 수급권을 인정하는 것은 재산권을 침해하지 않는다.

④ 개인택시운송사업자는 장기간의 모범적인 택시운전에 대한 보상의 차원에서 개인택시면허를 취득하였거나, 고액의 프리미엄을 지급하고 개인택시면허를 양수한 사람들이므로 개인택시면허는 자신의 노력으로 혹은 금전적 대가를 치르고 얻은 재산권이라고 할 수 있다.

⑤ 헌법이 보장하고 있는 재산권은 '경제적 가치가 있는 모든 공법상·사법상의 권리'이고, 이때 재산권 보장에 의하여 보호되는 재산권은 '사적 유용성 및 그에 대한 원칙적 처분권을 내포하는 재산가치가 있는 구체적 권리'를 의미한다.

해설

① ○ 일반적인 물건에 대한 재산권 행사에 비하여 동물에 대한 재산권 행사는 사회적 연관성과 사회적 기능이 매우 크다 할 것이므로 이를 제한하는 경우 입법재량의 범위를 폭넓게 인정함이 타당하다. 그러므로 이 사건 법률조항이 과잉금지원칙을 위반하여 재산권을 침해하는지 여부를 살펴보되 심사기준을 완화하여 적용함이 상당하다(헌재 2013.10.24. 2012헌바431).

② ○ 공무원 퇴직연금수급권은 국가의 재정상황, 국민 전체의 소득 및 생활수준 기타 여러 가지 사회·경제적인 여건 등을 종합하여 합리적인 수준에서 결정할 수 있는 광범위한 입법형성의 재량이 인정되기 때문에 법정요건을 갖춘 후 발생하는 공무원 퇴직연금수급권만이 경제적·재산적 가치가 있는 공법상의 권리로서 헌법 제23조 제1항이 보장하고 있는 재산권에 포함되는 것이다(헌재 2012.8.23. 2010헌바425).

③ × 법률혼 관계를 유지하고 있었다고 하더라도 실질적인 혼인관계가 해소되어 노령연금 수급권의 형성에 아무런 기여가 없었다면 그 기간에 대하여는 노령연금의 분할을 청구할 전제를 갖추었다고 볼 수 없다. 그럼에도 불구하고 심판대상조항은 법률혼 관계에 있었지만 별거·가출 등으로 실질적인 혼인관계가 존재하지 않았던 기간을 일률적으로 혼인 기간에 포함시켜 분할연금을 산정하도록 하고 있는바, 이는 분할연금제도의 재산권적 성격을 몰각시키는 것으로서 그 입법형성권의 재량을 벗어났다고 보아야 한다. … 따라서 심판대상조항은 재산권을 침해한다(헌재 2016.12.29. 2015헌바182).

④ ○ 개인택시운송사업자는 장기간의 모범적인 택시운전에 대한 보상의 차원에서 개인택시면허를 취득하였거나, 고액의 프리미엄을 지급하고 개인택시면허를 양수한 사람들이므로 개인택시면허는 자신의 노력으로 혹은 금전적 대가를 치르고 얻은 재산권이라고 할 수 있다(헌재 2012.3.29. 2010헌마443 등).

⑤ ○ 우리 헌법이 보장하고 있는 재산권은 '경제적 가치가 있는 모든 공법상·사법상의 권리'이고, 이 때 재산권보장에 의하여 보호되는 재산권은 '사적유용성 및 그에 대한 원칙적 처분권을 내포하는 재산가치가 있는 구체적 권리'를 의미한다(헌재 2008.12.26. 2005헌바34).

정답 ③

15 재산권에 관한 설명 중 가장 옳지 않은 것은? (다툼이 있는 경우 헌법재판소 결정에 의함)

〈2015 법원직 9급〉

① 국가의 일방적인 급부인 사회부조는 헌법상 보호되는 재산권이 아니다.

② 연금납부자의 연금수급기대권은 헌법상 보호되는 재산권이다.

③ 「우편법」에 의한 우편물의 지연배달에 따른 손해배상청구권은 헌법상 보호되는 재산권이 아니다.

④ 상공회의소의 의결권 또는 회원권은 그 회원들의 헌법상 보장되는 재산권이 아니다.

해설

① ○ 사회부조와 같이 국가의 일방적인 급부에 대한 권리는 재산권의 보호대상에서 제외되고, 단지 사회법상의 지위가 자신의 급부에 대한 등가물에 해당하는 경우에 한하여 사법상의 재산권과 유사한 정도로 보호받아야 할 공법상의 권리가 인정된다. 즉 공법상의 법적 지위가 사법상의 재산권과 비교될 정도로 강력하여 그에 대한 박탈이 법치국가원리에 반하는 경우에 한하여, 그러한 성격의 공법상의 권리가 재산권의 보호대상에 포함되는 것이다(헌재 2000.6.29. 99헌마289).

② ○ 국민연금법상의 연금수급권은 사회보장적 급여로서의 성격과 함께 헌법 제23조에 의하여 보장되는 재산권으로서의 성격도 가진다. 청구인은 1991.9.경 국민연금에 가입하여 10년 이상의 기간 동안 연금보험료를 납부해왔으므로 장차 조기노령연금 수급연령에 도달하면 연금을 받을 수 있을 것이라는 구체적인 기대권을 가지며, 이러한 연금수급기대권은 헌법상 보호되는 재산권에 포함된다(헌재 2013.10.24. 2012헌마906).

③ × 우편물의 수취인인 청구인은 우편물의 지연배달에 따른 손해배상청구권을 갖게 되는바, 이는 헌법이 보장하는 재산권의 내용에 포함되는 권리라 할 것이고, 심판대상조항은 위 손해배상청구권의 범위를 제한하는 것이므로 그에 따른 재산권 제한이 발생한다(헌재 2013.6.27. 2012헌마426).

④ ○ 이 사건 법률조항은 기존의 상공회의소의 재산에 변동을 일으키지 않으므로 상공회의소에게는 어떠한 재산권의 침해도 없다. 또한 상공회의소의 의결권 또는 회원권은 상공회의소라는 법인의 의사형성에 관한 권리일 뿐 이를 따로 떼어 헌법상 보장되는 재산권이라고 보기 어렵고, 상공회의소의 재산은 법인인 상공회의소의 고유재산이지 회원들이 지분에 따라 반환받을 수 있는 재산이라고 보기 어려워서, 상공업자들의 재산권 제한과도 무관하다(헌재 2006.5.25. 2004헌가1).

정답 ③

16 재산권에 대한 헌법재판소 결정으로 옳지 않은 것은? 〈2015 국가직 7급〉

① 종전의 관행어업권자들에게 구「수산업법」 시행일부터 2년 이내에 어업권원부에 등록을 하도록 하고 그 기간 내에 등록하지 아니한 경우 관행어업권을 소멸하게 하는 것은 지나친 재산권의 제한에 해당하지 아니한다.

② 물건에 대한 재산권 행사에 비하여 동물에 대한 재산권 행사는 사회적 연관성과 사회적 기능이 적다 할 것이므로 이를 제한하는 경우 입법재량의 범위를 좁게 인정함이 타당하다.

③「사립학교교직원 연금법」상 퇴직급여 및 퇴직수당을 받을 권리는 사회적 기본권의 하나인 사회보장 수급권인 동시에 경제적 가치가 있는 권리로서 헌법 제23조에 의하여 보장되는 재산권이다.

④ 수분양자가 아닌 개발사업자를 부과대상으로 하는 학교용지부담금에 관한 학교용지 확보 등에 관한 특례법 관련 조항은 교육의 기회를 균등하게 보장해야 한다는 공익과 개발사업자의 재산적 이익이라는 사익을 적절히 형량하고 있으므로 개발사업자의 재산권을 과도하게 침해하지 아니한다.

해설

① ○ 이 사건 법률조항은 그 입법목적이 정당하고, 입법목적달성을 위하여 등록만을 하도록 요구하고 있으므로 그 방법도 적절하며, 종전의 관행어업권자들에게 구 수산업법 시행일로부터 2년 이내에 어업권원부에 등록을 하도록 함으로써 그 기간 내에 등록하지 아니한 관행어업권자의 관행어업권을 소멸하게 하는 것도 지나친 기본권 제한에 해당하지 아니한다(헌재 1999.7.22. 97헌바76 등).

② × 일반적인 물건에 대한 재산권 행사에 비하여 동물에 대한 재산권 행사는 사회적 연관성과 사회적 기능이 매우 크다 할 것이므로 이를 제한하는 경우 입법재량의 범위를 폭넓게 인정함이 타당하다. 그러므로 이 사건 법률조항이 과잉금지원칙을 위반하여 재산권을 침해하는지 여부를 살펴보되 심사기준을 완화하여 적용함이 상당하다(헌재 2013.10.24. 2012헌바431).

③ ○ '사립학교교직원 연금법'상의 퇴직급여 및 퇴직수당을 받을 권리는 사회적 기본권의 하나인 사회보장수급권임과 동시에 경제적 가치가 있는 권리로서 헌법 제23조에 의하여 보장되는 재산권이다. … 재직 중의 사유로 금고 이상의 형을 선고받아 처벌받음으로써 기본적 죗값을 받은 사립학교 교원에게 다시 당연 퇴직이란 사립학교 교원의 신분상실의 치명적인 법익박탈을 가하고 이로부터 더 나아가 다른 특별한 사정도 없이 직무관련 범죄 여부, 고의 또는 과실범 여부 등을 묻지 않고 퇴직급여와 퇴직수당을 일률적으로 감액하는 것은 사립학교 교원의 범죄를 예방하고 사립학교 교원이 재직 중 성실히 근무하고 직무상 의무를 위반하지 않도록 유도한다는 이 사건 법률조항의 입법목적을 달성하는 데 적합한 수단이라고 볼 수 없고, 과도한 재산권의 제한으로서 심히 부당하며 침해되는 사익에 비해 지나치게 공익만을 강조한 것이다(헌재 2010.7.29. 2008헌가15).

④ ○ 이 사건 법률조항에 의한 학교용지부담금은 학교용지 확보를 위한 새로운 재원의 마련이라는 정당한 입법목적을 달성하기 위한 직절한 수단으로서 교육의 기회를 균등하게 보장해야 한다는 공익과 개발사업자의 재산적 이익이라는 사익을 적절히 형량하고 있으므로 이 사건 법조항은 개발사업자의 재산권을 과도하게 침해하지 아니한다(헌제 2008.9.25. 2007헌가1).

정답 ②

17 재산권에 대한 설명으로 옳지 않은 것은? (다툼이 있는 경우 판례에 의함) 〈2016 지방직 7급〉

① 재산권의 내용을 새로이 형성하는 법률이 합헌적이기 위해서는 장래에 적용될 법률이 헌법에 합치하이야 하고, 나아가 과거의 법적 상태에 의하여 부여된 구체적 권리에 대한 침해를 정당화하는 이유가 존재하여야 한다.

② 장기미집행 도시계획시설결정의 실효제도는 도시계획시설부지로 하여금 도시계획시설결정으로 인한 사회적 제약으로부터 벗어나게 하는 것으로서 결과적으로 개인의 재산권이 보다 보호되는 측면이 있는 것은 사실이며, 이와 같은 보호는 헌법상 재산권으로부터 당연히 도출되는 권리이다.

③ 재산권의 행사는 공공복리에 적합하도록 하여야 하며, 공공필요에 의한 재산권의 수용·사용 또는 제한 및 그에 대한 보상은 법률로써 하되, 정당한 보상을 지급하여야 한다.

④ 헌법상의 재산권은 토지소유자가 이용가능한 모든 용도로 토지를 사용할 권리나 가장 경제적 또는 효율적으로 사용할 수 있는 권리를 보장하는 것은 아니므로 입법자는 중요한 공익상의 이유로 토지를 일정용도로 사용하는 권리를 제한하거나 제외할 수 있다.

해설

① ○ 재산권이 헌법 제23조에 의하여 보장된다고 하더라도, 입법자에 의하여 일단 형성된 구체적 권리가 그 형태로 영원히 지속될 것이 보장된다고까지 하는 의미는 아니다. 재산권의 내용과 한계를 정할 입법자의 권한은, 장래에 발생할 사실관계에 적용될 새로운 권리를 형성하고 그 내용을 규정할 권한뿐만 아니라, 더 나아가 과거의 법에 의하여 취득한 구체적인 법적 지위에 대하여 까지도 그 내용을 새로이 형성할 수 있는 권한을 포함하고 있는 것이다. 그러나 이러한 입법자의 권한이 무제한적인 것은 아니다. 이 경우 입법자는 재산권을 새로이 형성하는 것이 구법에 의하여 부여된 구체석인 법석 지위에 대한 침해를 의미한다는 것을 고려하여야 한다. 따라서 재산권의 내용을 새로이 형성하는 규정은 비례의 원칙을 기준으로 판단하였을 때 공익에 의하여 정당화되는 경우에만 합헌적이다. 즉, 재산권의 내용을 새로이 형성하는 법률이 합헌적이기 위하여서는 장래에 적용될 법률이 헌법에 합치하여야 할 뿐만 아니라, 또한 과거의 법적 상태에 의하여부여된 구체적 권리에 대한 침해를 정당화하는 이유가 존재하여야하는 것이다(헌재 1999.4.29. 94헌바37 등).

② × 장기미집행 도시계획시설결정의 실효제도는 도시계획시설부지로 하여금 도시계획시설결정으로 인한 사회적 제약으로부터 벗어나게 하는 것으로서 결과적으로 개인의 재산권이 보다 보호되는 측면이 있는 것은 사실이다. 이와 같은 보호는 입법자가 새로운 제도를 마련함에 따라 얻게 되는 법률에 기한 권리일 뿐 헌법상 재산권으로부터 당연히 도출되는 권리는 아니다(헌재 2005.9.29. 2002헌바84 등).

③ ○

헌법 제23조 ② 재산권의 행사는 공공복리에 적합하도록 하여야 한다.
③ 공공필요에 의한 재산권의 수용·사용 또는 제한 및 그에 대한 보상은 법률로써 하되, 정당한 보상을 지급하여야 한다.

④ ○ 헌법상의 재산권은 토지소유자가 이용가능한 모든 용도로 토지를 사용할 권리나 가장 경제적 또는 효율적으로 사용할 수 있는 권리를 보장하는 것은 아니므로 입법자는 중요한 공익상의 이유로 토지를 일정용도로 사용하는 권리를 제한하거나 제외할 수 있다. 도시계획시설의 지정으로 인한 개발가능성의 소멸과 그에 따른 지가의 하락, 수용 시까지 토지를 종래의 용도대로만 이용해야 할 현상유지의무 등은 토지소유자가 감수해야 하는 사회적 제약의 범주에 속하는 것이다(헌재 1999.10.21. 97헌바26).

정답 ②

18 재산권에 대한 설명으로 옳지 않은 것은? (다툼이 있는 경우 판례에 의함) 〈2020 국가직 7급〉

① 「고엽제후유의증 환자지원 등에 관한 법률」에 의한 고엽제후유증환자 및 그 유족의 보상수급권은 법률에 의하여 비로소 인정되는 권리로서 재산권적 성질을 갖는 것이긴 하지만 그 발생에 필요한 요건이 법정되어 있는 이상 이러한 요건을 갖추기 전에는 헌법이 보장하는 재산권이라고 할 수 없다.

② 토지의 협의취득 또는 수용 후 당해 공익사업이 다른 공익사업으로 변경되는 경우에 당해 토지의 원소유자 또는 그 포괄승계인의 환매권을 제한하고, 환매권 행사기간을 변환 고시일 부터 기산하도록 한 구「공익사업을 위한 토지 등의 취득 및 보상에 관한 법률」 조항은 이들의 재산권을 침해한다.

③ 의료급여수급권은 공공부조의 일종으로서 순수하게 사회 정책적 목적에서 주어지는 권리이므로 개인의 노력과 금전적 기여를 통하여 취득되는 재산권의 보호대상에 포함된다고 보기 어렵다.

④ 영화관 관람객이 입장권 가액의 100분의 3을 부담하도록 하고 영화관 경영자는 이를 징수하여 영화진흥위원회에 납부하도록 강제하는 내용의 영화상영관 입장권 부과금 제도는 영화관 관람객의 재산권을 침해하지 않는다.

해설

① ○ 「고엽제법」에 의한 고엽제후유증환자 및 그 유족의 보상수급권은 법률에 의하여 비로소 인정되는 권리로서 재산권적 성질을 갖는 것이긴 하지만 그 발생에 필요한 요건이 법정되어 있는 이상 이러한 요건을 갖추기 전에는 헌법이 보장하는 재산권이라고 할 수 없다. 결국 고엽제법 제8조 제1항 제2호는 고엽제후유증환자의 유족이 보상수급권을 취득하기 위한 요건을 규정한 것인데, 청구인들은 이러한 요건을 충족하지 못하였기 때문에 보상수급권이라고 하는 재산권을 현재로서는 취득하지 못하였다고 할 것이다.그렇다면 「고엽제법」 제8조 제1항 제2호가 평등원칙을 위반하였는지 여부는 별론으로 하고 청구인들이 이미 취득한 재산권을 침해한다고는 할 수 없다(헌재 2001.6.28. 99헌마516).

② × 이 사건 법률조항으로 인하여 제한되는 사익인 환매권은 이미 정당한 보상을 받은 소유자에게 수용된 토지가 목적 사업에 이용되지 않을 경우에 인정되는 것이고, 변환된 공익사업을 기준으로 다시 취득할 수 있어, 이 사건 법률조항으로 인하여 제한되는 사익이 이로써 달성할 수 있는 공익에 비하여 중하다고 할 수 없으므로, 이 사건 법률조항은 과잉금지원칙에 위배되어 청구인의 재산권을 침해한다고 할 수 없다(헌재 2012.11.29. 2011헌바49).

③ ○ 의료급여법상 의료급여수급권은 저소득 국민에 대한 공공부조의 일종으로 순수하게 사회 정책적 목적에서 주어지는 권리이므로 개인의 노력과 금전적 기여를 통하여 취득되는 재산권의 보호대상에 포함된다고 보기 어렵다(헌재 2009.9.24. 2007헌마1092).

④ ○ 영화관 관람객이 입장권 가액의 100분의 3을 부담하도록 하는 영화상영관 입장권 부과금 제도는, 영화예술의 질적 향상과 한국영화 및 영화·비디오물산업의 진흥·발전의 토대를 구축하기 위한 영화발전기금의 안정적 재원 마련이라는 정당한 입법목적을 위한 것으로서 과잉금지원칙에 반하여 영화관 관람객의 재산권과 영화관 경영자의 직업수행의 자유를 침해하였다고 볼 수 없다(헌재 2008.11.27. 2007헌마860).

정답 ②

19 재산권에 관한 다음 설명 중 가장 옳지 않은 것은? (다툼이 있는 경우 헌법재판소 결정에 의함)

〈2016 법원직 9급〉

① 영화관 관람객이 입장권 가액의 100분의 3을 부담하도록 하는 영화상영관 입장권 부과금 제도는, 영화라는 특정 산업의 진흥에 직접적 근접성 및 책임성과 효용성이 인정되는 집단은 영화산업의 종사자들임에도 불구하고 영화관 관람객에 대해 부과하는 것으로서, 재성조날목석 부남금의 헌법석 허용한계를 벗어나 영화관 관람객의 재산권을 침해하는 것이다.

② 개발사업자는 개발사업을 통해 이익을 얻었다는 점에서 개발사업 지역에서의 학교시설 확보라는 특별한 공익사업에 대해 밀접한 관련성을 가지고 있을 뿐만 아니라 이에 대해 일정한 부담을 져야 할 책임도 가지고 있는바, 개발사업자에 대한 학교용지부담금 부과는 평등원칙에 위배되지 아니하고, 개발사업자의 재산권을 과도하게 침해한다고 볼 수도 없다.

③ 선의취득의 인정 여부는 무권리자로부터의 동산의 양수인이 그 소유권을 취득하기 위한 요건의 문제에 불과하므로, 일정한 문화재에 대하여 선의취득을 배제하는 법률 규정에 의하여 그 동산 문화재의 양수인이 그 문화재의 소유권을 취득할 기회를 제한받는다고 하더라도 그와 같이 제한된 기회가 헌법 제23조 제1항에 의하여 보호되는 재산권에 해당한다고 볼 수는 없다.

④ 국가가 국민을 강제로 건강보험에 가입시키고 경제적 능력에 따라 보험료를 납부하도록 하는 것은 재산권에 대한 제한이 되지만, 이러한 제한은 정당한 국가목적을 달성하기 위하여 부득이한 것이고, 가입강제와 보험료의 차등부과로 인하여 달성되는 공익은 그로 인하여 침해되는 사익에 비하여 월등히 크다고 할 수 있으므로, 재산권을 침해한다고 볼 수 없다.

해설

① × 영화예술의 질적 향상과 한국영화 및 영화·비디오물산업의 진흥·발전의 토대를 구축하기 위한 영화발전기금의 안정적 재원 마련이라는 정당한 입법목적을 위한 것으로 헌법적으로 정당화되는 재정조달목적 부담금으로서 위와 같은 목적 달성에 적합한 수단이다. … 그러므로 영화상영관 입장권에 대한 부과금 제도는 과잉금지원칙에 반하여 영화관 관람객의 재산권과 영화관 경영자의 직업수행의 자유를 침해하였다고 볼 수 없다(헌재 2008.11.27. 2007헌마860).

② ○ 개발사업자는 개발사업을 통해 이익을 얻었다는 점에서 개발사업 지역에서의 학교시설 확보라는 특별한 공익사업에 대해 밀접한 관련성을 가지고 있을 뿐만 아니라 이에 대해 일정한 부담을 져야 할 책임도 가지고 있는바, 개발사업자에 대한 학교용지부담금 부과는 평등원칙에 위배되지 아니한다. … 이 사건 법률조항은 개발사업자의 재산권을 과도하게 침해하지 아니한다(헌재 2008.9.25. 2007헌가1).

③ ○ 선의취득의 인정 여부는 무권리자로부터의 동산의 양수인이 그 소유권을 취득하기 위한 요건의 문제로서 이 사건 선의취득 배제 조항에 의하여 일정한 동산문화재의 양수인은 그 문화재의 소유권을 취득할 기회를 제한받을 뿐이며, 이러한 기회는 사적 유용성(私的 有用性) 및 그에 대한 원칙적 처분권을 내포하는 재산가치 있는 구체적 권리로서 헌법 제23조제1항에 의하여 보호되는 재산권에 해당하지 아니한다(헌재 2009.7.30. 2007헌마870).

④ ○ 국가가 국민을 강제로 건강보험에 가입시키고 경제적 능력에 따라 보험료를 납부하도록 하는 것은 행복추구권으로부터 파생하는 일반적 행동의 자유의 하나인 공법상의 단체에 강제로 가입하지 아니할 자유와 정당한 사유 없는 금전의 납부를 강제당하지 않을 재산권에 대한 제한이 되지만, 이러한 제한은 정당한 국가목적을 달성하기 위하여 부득이한 것이고, 가입강제와 보험료의 차등부과로 인하여 달성되는 공익은 그로 인하여 침해되는 사익에 비하여 월등히 크다고 할 수 있으므로, 위의 조항들이 헌법상의 행복추구권이나 재산권을 침해한다고 볼 수 없다(헌재 2003.10.30. 2000헌마801).

정답 ①

20 **상속권에 관한 헌법재판소 결정의 내용으로 가장 옳은 것은?** *〈2018 서울시 7급〉*

① 상속인이 귀책사유 없이 상속채무가 적극재산을 초과하는 사실을 알지 못하여 상속개시 있음을 안 날로부터 3월내에 한정승인 또는 포기를 하지 못한 경우에도 단순승인을 한 것으로 보는 「민법」 제1026조 제2호는 재산권을 보장한 헌법 제23조 제1항 등에 위반된다.

② 상속회복청구권의 행사기간을 상속권의 침해행위가 있은 날부터 10년 또는 상속침해를 안 날로부터 3년이라는 단기의 행사기간으로 규정한 것은 진정상속인의 권리를 심히 제한하여 오히려 참칭상속인을 보호하는 규정으로 기능하므로 헌법상 보장된 상속인의 재산권을 침해한다.

③ 상속회복청구권에 대하여 단기의 제척기간을 규정하고 있는 「민법」 제999조 제2항을 적용함에 있어 공동상속인을 참칭상속인의 범위에 포함시키는 것은 진정상속인의 재산권을 침해한다.

④ 상속재산에 관한 포괄·당연승계주의는 헌법상 보장된 재산권을 과도하게 제한하는 규정으로 헌법에 위반된다.

해설

① ○ 위 결정은 "상속인이 아무런 귀책사유 없이 상속채무가 적극재산을 초과하는 사실을 알지 못하여 고려기간 내에 한정승인이나 포기를 하지 못한 경우에도 단순승인을 한 것으로 본 것은 상속채권자만을 보호하여 상속인의 기본권을 제한하는 것으로 기본권제한의 입법한계를 일탈하여 헌법에 위반된다."는 것이고, 이 사건에서 위 결정과 달리 판단할 필요성이 인정되지 않으므로, 이 사건 법률조항이 위 상속인을 제외한 것은 그 상속인의 재산권, 사적자치권을 침해한다(헌재 2004.1.29. 2002헌바40 등).

② × 일반적으로 상속제도나 상속권의 구체적 내용은 입법자가 입법정책적으로 결정할 사항으로서 원칙적으로 입법형성의 자유에 속하며 이 사건 법률조항 중 "상속권의 침해행위가 있은 날부터 10년" 부분은 종전 규정보다도 상속회복청구권의 행사기간을 상당히 연장한 것인 점을 감안하면 이 사건 법률조항 중 "상속권의 침해행위가 있은 날부터 10년" 부분은 재산권이나 평등권을 침해한 것이라고 할 수 없고, 달리 다른 헌법상의 기본권을 침해하였다고 볼 사정도 없다. … 현행법상 인정되는 다른 소멸시효 및 제척기간 관련규정이 정하고 있는 권리행사기간과 비교하여 보더라도 그 권리행사에 상당한 기간이라고 보이므로 이 사건 법률조항 중 "그 침해를 안 날부터 3년" 부분은 헌법 제37조 제2항에서 정하는 기본권 제한의 한계 내의 정당한 입법권의 행사로서 과잉금지원칙에 위배되지 아니하므로, 상속인의 재산권, 사적자치권, 재판청구권을 침해하는 것이 아니며 평등의 원칙을 침해하는 것도 아니다(헌재 2009.9.24. 2008헌바2).

③ × 공동상속인이라 하여도 자신의 상속분을 넘는 부분에 대하여 권리를 주장하고 있다면 그 부분에 관하여는 본질적으로 보통의 참칭상속인과 다를 것이 없다. 또한 전혀 무권리자인 참칭상속인이 상속회복청구권의 단기 제척기간에 의한 이익을 받는 점에 비추어 적어도 일부의 권리를 가지고 있는 공동상속인이 그러한 이익을 받는 것을 크게 불합리하다고 할 수는 없다. 따라서 상속회복청구권에 대하여 단기의 제척기간을 규정하고 있는 민법 제999조 제2항을 적용함에 있어 공동상속인을 참칭상속인의 범위에 포함시키는 것이 진정상속인의 재산권 및 재판청구권을 침해하지 않는다(헌재 2006.2.23. 2003헌바38 등).

④ × 우리의 상속법제는 법적 안정성이라는 공익을 도모하기 위하여 포괄·당연승계주의를 채택하는 한편, 상속의 포기·한정승인제도를 두어 상속인으로 하여금 그의 의사에 따라 상속의 효과를 귀속시키거나 거절할 수 있는 자유를 주고 있으며, 상속인과 피상속인의 채권자 및 상속인의 채권자 등의 이해관계를 조절할 수 있는 다양한 제도적 장치도 마련하고 있으므로, 민법 제1005조는 입법자가 입법형성권을 자의적으로 행사하였다거나 헌법상 보장된 재산권이나 사적 자치권 및 행복추구권을 과도하게 침해하여 기본권제한의 입법한계를 벗어난 것으로서 헌법에 위반된다고 할 수 없다(헌재 2004.10.28. 2003헌가1).

정답 ①

21 손실보상에 관한 다음 설명 중 가장 옳지 않은 것은? 〈2019 법원직 9급〉

① 손실보상은 적법한 공용제한의 경우를 전제한 것이며, 위법한 공용제한의 경우는 원칙상 손해배상법의 법리가 적용된다.

② 개발제한구역으로 지정되어 종래의 지목과 토지현황에 의한 이용방법에 따른 토지의 사용을 할 수 없거나 실질적으로 사용·수익을 전혀 할 수 없는 경우에는 헌법상 반드시 금전보상이 요청된다.

③ 「헌법재판소법」 제68조 제1항 단서에서 말하는 다른 법률에 의한 구제절차는 손실보상청구를 의미하지 않는다.

④ 환매권은 헌법상의 재산권 보장규정으로부터 도출되는 것으로서, 피수용자가 수용 당시 이미 정당한 손실보상을 받았다는 사실로 말미암아 부인되지 않는다.

해설

① ○ 손실보상은 적법한 공용제한의 경우를 전제한 것이며, 위법한 공용제한의 경우는 원칙상 손해배상법의 법리가 적용된다(헌재 2005.7.21. 2004헌바57).

② × 입법자가 도시계획법 제21조를 통하여 국민의 재산권을 비례의 원칙에 부합하게 합헌적으로 제한하기 위해서는, 수인의 한계를 넘어 가혹한 부담이 발생하는 예외적인 경우에는 이를 완화하는 보상규정을 두어야 한다. 이러한 보상규정은 입법자가 헌법 제23조 제1항 및 제2항에 의하여 재산권의 내용을 구체적으로 형성하고 공공의 이익을 위하여 재산권을 제한하는 과정에서 이를 합헌적으로 규율하기 위하여 두어야 하는 규정이다. 재산권의 침해와 공익간의 비례성을 다시 회복하기 위한 방법은 헌법상 반드시 금전보상만을 해야 하는 것은 아니다. 입법자는 지정의 해제 또는 토지매수청구권제도와 같이 금전보상에 갈음하거나 기타 손실을 완화할 수 있는 제도를 보완하는 등 여러 가지 다른 방법을 사용할 수 있다(헌재 1998. 12.24. 89헌마214 등).

③ ○ 헌법재판소법 제68조 제1항 단서에 의하면 헌법소원은 다른 권리구제절차를 거친 뒤 비로소 제기할 수 있는 것이기는 하지만, 여기서 말하는 권리구제절차는 공권력의 행사 또는 불행사를 직접대상으로 하여 그 효력을 다툴 수 있는 권리구제절차를 의미하는 것이지, 사후적·보충적 구제수단인 손해배상청구나 손실보상청구를 의미하는 것이 아님은 헌법소원제도를 규정한 헌법의 정신에 비추어 명백하다(헌재 1989.4.17. 88헌마3).

④ ○ 토지수용법 제71조 소정의 환매권은 헌법상의 재산권 보장규정으로부터 도출되는 것으로서 헌법이 보장하는 재산권의 내용에 포함되는 권리이며, 피수용자가 손실보상을 받고 소유권의 박탈을 수인할 의무는 그 재산권의 목적물이 공공사업에 이용되는 것을 전제로 하기 때문에 위 헌법상권리는 피수용자가 수용 당시 이미 정당한 손실보상을 받았다는 사실로 말미암아 부인되지 않는다(헌재 1994.2.24. 92헌가15 등).

정답 ②

22 **헌법상 재산권의 보장에 관한 설명으로 옳지 않은 것은?** *〈2019 소방간부〉*

① 재산권의 내용과 한계는 법률로 정한다.

② 재산권의 행사는 공공복리에 적합하도록 하여야 한다.

③ 대통령은 헌법에서 정한 일정한 요건이 충족된 경우 긴급명령으로 재산권에 대한 제한을 할 수 있다.

④ 재산권에 대한 제한은 최소한에 그쳐야 하며 재산권의 수용·사용 또는 제한의 경우 상당한 보상을 지급하여야 한다.

⑤ 국방상 또는 국민경제상 긴절한 필요로 인하여 법률이 정하는 경우에는 사영기업을 국유 또는 공유로 이전할 수 있다.

해설

① ○

헌법 제23조 ① 모든 국민의 재산권은 보장된다. 그 내용과 한계는 법률로 정한다.

② ○

헌법 제23조 ② 재산권의 행사는 공공복리에 적합하도록 하여야 한다.

③ ○ 긴급명령은 법률의 효력을 지니므로 국민의 자유와 권리를 제한하거나 새로운 의무를 부과할 수 있으며, 필요한 경우 법률을 개폐할 수 있다. 또한 긴급명령은 기본권을 제한할 수는 있으나 이에 더 나아가 기본권을 일시 정지하거나 기본권에 대한 특별한 조치를 할 수는 없다.

④ ×

헌법 제23조 ③ 공공필요에 의한 재산권의 수용·사용 또는 제한 및 그에 대한 보상은 법률로써 하되, 정당한 보상을 지급하여야 한다.

⑤ ○

헌법 제126조 국방상 또는 국민경제상 긴절한 필요로 인하여 법률이 정하는 경우를 제외하고는, 사영기업을 국유 또는 공유로 이전하거나 그 경영을 통제 또는 관리할 수 없다.

정답 ④

23 **재산권의 공용수용(공용침해)에 관한 다음 설명 중 가장 옳지 않은 것은? (다툼이 있는 경우 헌법재판소 결정에 의함)** *〈2017 법원직 9급〉*

① 공익사업의 시행으로 지가가 상승하여 발생하는 개발이익을 배제하고 손실보상액을 산정한다하여 헌법이 규정한 정당보상의 원리에 어긋난다고 볼 수 없다.

② 헌법 제23조 제3항이 규정하는 '정당한 보상'이란 원칙적으로 피수용 재산의 객관적인 가치를 완전하게 보상하는 것이어야 한다는 완전보상을 의미한다.

③ 공용수용으로 생업의 근거를 상실한 자에 대하여 상업용지 또는 상가분양권 등을 공급하는 생활대책은 헌법 제23조 제3항에 규정된 정당한 보상에 포함되므로 생활대책 수립 여부는 입법자의 입법정책적 재량의 영역에 속하지 아니한다.

④ 수용의 주체가 민간기업이라는 것 자체만으로 공공필요성을 갖추지 못한 것으로 볼 수는 없다.

해설

① ○ 공익사업법 제67조 제2항은 보상액을 산정함에 있어 당해 공익사업으로 인한 개발이익을 배제하는 조항인데, 공익사업의 시행으로 지가가 상승하여 발생하는 개발이익은 사업시행자의 투자에 의한 것으로서 피수용자인 토지소유자의 노력이나 자본에 의하여 발생하는 것이 아니므로, 이러한 개발이익은 형평의 관념에 비추어 볼 때 토지소유자에게 당연히 귀속되어야 할 성질의 것이 아니고, 또한 개발이익은 공공사업의 시행에 의하여 비로소 발생하는 것이므로, 그것이 피수용 토지가 수용 당시 갖는 객관적 가치에 포함된다고 볼 수도 없다. 따라서 개발이익은 그 성질상 완전보상의 범위에 포함되는 피수용자의 손실이라고 볼 수 없으므로, 이러한 개발이익을 배제하고 손실보상액을 산정한다 하여 헌법이 규정한 정당한 보상의 원칙에 위반되지 않는다(헌재 2009.12.29. 2009헌바142).

② ○ 헌법 제23조 제3항이 규정하는 정당한 보상이란 원칙적으로 피수용재산의 객관적인 재산 가치를 완전하게 보상하는 것이어야 한다는 완전보상을 의미한다(헌재 1995.4.20. 93헌바20 등).

③ × '생업의 근거를 상실하게 된 자에 대하여 일정 규모의 상업용지 또는 상가분양권 등을 공급하는' 생활대책은 헌법 제23조 제3항에 규정된 정당한 보상에 포함되는 것이라기보다는 생활보상의 일환으로서 국가의 정책적인 배려에 의하여 마련된 제도이므로, 그 실시 여부는 입법자의 입법정책적 재량의 영역에 속한다. 이 사건 법률조항이 공익사업의 시행으로 인하여 농업 등을 계속할 수 없게 되어 이주하는 농민 등에 대한 생활대책 수립의무를 규정하고 있지 않다는 것만으로 재산권을 침해한다고 볼 수 없다(헌재 2013.7.25. 2012헌바71).

④ ○ 이 사건 수용조항은 산업입지의 원활한 공급과 산업의 합리적 배치를 통하여 균형 있는 국토개발과 지속적인 산업발전을 촉진함으로써 국민경제의 건전한 발전에 이바지하고자 하고, 나아가 산업의 적정한 지방 분산을 촉진하고 지역경제의 활성화를 목적으로 하는 것이다. 또한, 산업입지법상 규정들은 산업단지개발사업의 시행자인 민간기업이 자신의 이윤추구에 치우친 나머지 애초 산업단지를 조성함으로써 달성, 견지하고자 한 공익목적을 해태하지 않도록 규율하고 있다는 섬도 함께 고려한다면, 이 사건 수용조항은 헌법 제23조 제3항의 '공공필요성'을 갖추고 있다고 보인다(헌재 2009.9.24. 2007헌바114).

정답 ③

제2장 정신적 자유

제1항 양심의 자유

01 양심의 자유에 관한 설명 중 가장 적절한 것은? (다툼이 있는 경우 판례에 의함) 〈2020 경정승진〉

① 양심의 자유에서 현실적으로 문제가 되는 것은 법질서와 도덕에 부합하는 사고를 가진 사회적 다수의 양심을 의미한다.

② '양심적' 병역거부는 실상 당사자의 '양심에 따른' 혹은 '양심을 이유로 한' 병역거부를 가리키는 것일 뿐만 아니라 병역거부가 '도덕적이고 정당하다'는 의미를 내포한다.

③ 전투경찰순경이 법률에 근거한 경찰공무원으로서 시위진압 업무를 수행하는 것이 양심의 자유를 침해한다고 판시한 바 있다.

④ 양심적 병역거부의 바탕이 되는 양심상의 결정은 종교적 동기뿐만 아니라 윤리적·철학적 또는 이와 유사한 동기로부터도 형성될 수 있는 것이므로 양심적 병역거부자의 기본권 침해여부는 양심의 자유를 중심으로 판단한다.

해설

① × 일반적으로 민주적 다수는 법질서와 사회질서를 그의 정치적 의사와 도덕적 기준에 따라 형성하기 때문에, 그들이 국가의 법질서나 사회의 도덕률과 양심상의 갈등을 일으키는 것은 예외에 속한다. 양심의 자유에서 현실적으로 문제가 되는 것은 국가의 법질서나 사회의 도덕률에서 벗어나려는 소수의 양심이다(헌재 2004.8.26. 2002헌가1).

② × '양심적' 병역거부는 실상 당사자의 '양심에 따른' 혹은 '양심을 이유로 한' 병역거부를 가리키는 것일 뿐이지 병역거부가 '도덕적이고 정당하다'는 의미는 아닌 것이다. 따라서 '양심적' 병역거부라는 용어를 사용한다고 하여 병역의무이행은 '비양심적'이 된다거나, 병역을 이행하는 거의 대부분의 병역의무자들과 병역의무이행이 국민의 숭고한 의무라고 생각하는 대다수 국민들이 '비양심적'인 사람들이 되는 것은 결코 아니다(헌재 2018.6.28. 2011헌바379 등).

③ × 전투경찰순경으로서 대간첩작전을 수행하는 것도 위와 같이 넓은 의미의 국방의 의무를 수행하는 것으로 볼 수 있고, 국방의 의무의 이행을 위하여 현역병으로 입영한 사람을 어디에 배치하여 어떠한 임무를 부여할 것인가의 문제나 대간첩작전을 수행하는 자의 소속이나 신분을 국방부 소속의 군인으로 할 것인가, 내무부 소속의 경찰로 할 것인가의 문제는 입법자가 국가의

안보상황 및 재정, 대간첩작전의 효율성 등 여러 가지 사정을 고려하여 합목적적으로 정할 사항이다. 따라서 위에서 본 바와 같은 입법목적과 필요성에 따라 대간첩작전의 수행을 임무로 하는 전투경찰순경을 현역병으로 입영하여 복무중인 군인에서 전임시켜 충원할 수 있도록 한 이 사건 법률조항들이 그 자체로서 청구인의 행복추구권 및 양심의 자유를 침해한 것이라고 볼 수 없다(헌재 1995.12.28. 91헌마80).

④ ○ 송교적 신앙에 의한 행위라도 개인의 주관적·윤리적 판단을 동반하는 것인 한 양심의 자유에 포함시켜 고찰할 수 있고, 앞서 보았듯이 양심적 병역거부의 바탕이 되는 양심상의 결정은 종교적 동기뿐만 아니라 윤리적·철학적 또는 이와 유사한 동기로부터도 형성될 수 있는 것이므로, 이 사건에서는 양심의 자유를 중심으로 기본권 침해 여부를 판단하기로 한다(헌재 2018.6.28. 2011헌바379 등).

정답 ④

02 양심의 자유에 관한 헌법재판소 판례에 대한 설명으로 옳지 않은 것은? 〈2015 서울시 7급〉

① 내심적 자유, 즉 양심형성의 자유와 양심적 결정의 자유는 내심에 머무르는 한 절대적 자유라고 할 수 있지만, 양심실현의 자유는 타인의 기본권이나 다른 헌법적 질서와 저촉되는 경우 헌법 제37조 제2항에 따라 국가안전보장, 질서유지 또는 공공복리를 위하여 법률에 의하여 제한될 수 있는 상대적 자유라고 할 수 있다.

② 의사가 환자의 신병(身病)에 관한 사실을 자신의 의사에 반하여 외부에 알려야 한다면, 이는 의사로서의 윤리적·도덕적 가치에 반하는 것으로서 심한 양심적 갈등을 겪을 수밖에 없을 것이므로, 연말정산 간소화를 위하여 의료기관에게 환자들의 의료비 내역에 관한 정보를 국세청에 제출하도록 의무를 부과하는 「소득세법」 조항은 의사의 양심의 자유를 제한한다.

③ 국법질서나 헌법체제를 준수하겠다는 취지의 서약을 할 것을 요구하는 준법서약은 국민이 부담하는 일반적 의무를 장래를 향하여 확인하는 것에 불과하고, 어떠한 가정적 혹은 실제적 상황 하에서 특정의 사유(思惟)를 하거나 특별한 행동을 할 것을 새로이 요구하는 것이 아니므로, 어떤 구체적이거나 적극적인 내용을 담지 않은 채 단순한 헌법적 의무의 확인·서약에 불과하다 할 것이어서 양심의 영역을 건드리는 것이 아니다.

④ 사업자단체의 「독점규제 및 공정거래법」 위반행위가 있을 때 공정거래위원회가 당해 사업자단체에 대하여 '법위반 사실의 공표'를 명할 수 있도록 한 위 법의 관계규정은 양심의 자유를 침해한다.

해설

① ○ 내심적 자유, 즉 양심형성의 자유와 양심적 결정의 자유는 내심에 머무르는 한 절대적 자유라고 할 수 있지만, 양심실현의 자유는 타인의 기본권이나 다른 헌법적 질서와 저촉되는 경우 헌법 제37조 제2항에 따라 국가안전보장·질서유지 또는 공공복리를 위하여 법률에 의하여 제한될 수 있는 상대적 자유라고 할 수 있다(헌재 1998.7.16. 96헌바35).

② ○ 만일 의사가 환자의 신병(身病)에 관한 사실을 자신의 의사에 반하여 외부에 알려야 한다면, 이는 의사로서의 윤리적·도덕적 가치에 반하는 것으로서 심한 양심적 갈등을 겪을 수밖에 없을 것이다. 그런데 소득공제증빙서류 제출의무자들인 의료기관인 의사로서는 과세자료를 제출하지 않을 경우 국세청으로부터 행정지도와 함께 세무조사와 같은 불이익을 받을 수 있다는 심리적 강박감을 가지게 되는바, … 의사인 청구인들의 양심의 자유를 제한한다. … 이 사건 법령조항은 헌법에 위반되지 아니한다(헌재 2008.10.30. 2006헌마1401 등).

③ ○ 내용상 단순히 국법질서나 헌법체제를 준수하겠다는 취지의 서약을 할 것을 요구하는 이 사건 준법서약은 국민이 부담하는 일반적 의무를 장래를 향하여 확인하는 것에 불과하며, 어떠한 가정적 혹은 실제적 상황 하에서 특정의 사유(思惟)를 하거나 특별한 행동을 할 것을 새로이 요구하는 것이 아니다. 따라서 이 사건 준법서약은 어떤 구체적이거나 적극적인 내용을 담지 않은 채 단순한 헌법적 의무의 확인·서약에 불과하다 할 것이어서 양심의 영역을 건드리는 것이 아니다(헌재 2002.4.25. 98헌마425 등).

④ × 이 사건의 경우와 같이 경제규제법적 성격을 가진 공정거래법에 위반하였는지 여부에 있어서도 각 개인의 소신에 따라 어느 정도의 가치판단이 개입될 수 있는 소지가 있고 그 한도에서 다소의 윤리적 도덕적 관련성을 가질 수도 있겠으나, 이러한 법률판단의 문제는 개인의 인격형성과는 무관하며, 대화와 토론을 통하여 가장 합리적인 것으로 그 내용이 동화되거나 수렴될 수 있는 포용성을 가지는 분야에 속한다고 할 것이므로 헌법 제19조에 의하여 보장되는 양심의 영역에 포함되지 아니한다(헌재 2002.1.31. 2001헌바43).

정답 ④

03 양심의 자유에 관한 설명으로 옳지 않은 것은? (다툼이 있는 경우 헌법재판소 판례에 의함)

〈2022 소방간부〉

① 단순한 사실관계의 확인과 같이 가치적·윤리적 판단이 개입될 여지가 없는 경우는 물론, 법률해석에 관하여 여러 견해가 갈리는 경우처럼 다소의 가치관련성을 가진다고 하더라도 개인의 인격형성과는 관계가 없는 사사로운 사유나 의견 등은 양심의 자유의 보호대상이 아니다.

② 양심은 그 대상이나 내용 또는 동기에 의하여 판단될 수 없지만, 양심상의 결정이 이성적·합리적인지, 타당한지 또는 법질서나 사회규범, 도덕률과 일치하는지 여부는 양심의 존재를 판단하는 기준이 된다.

③ 열 손가락 지문날인의 의무를 부과하는 「주민등록법 시행령」 조항은 국가가 개인의 윤리적 판단에 개입한다거나 그 윤리적 판단을 표명하도록 강제하는 것이라고 할 수 없으므로 양심의 자유를 침해하는 것이 아니다.

④ 운전 중의 운전자에게 좌석안전띠 착용 의무를 부과하는 것은 운전자의 양심의 자유를 침해하는 것이라 할 수 없다.

⑤ 의사가 환자의 신병(身病)에 관한 사실을 자신의 의사에 반하여 외부에 알리도록 강제하는 법률조항은 의사의 양심의 자유를 제한한다.

해설

① ○ 단순한 사실관계의 확인과 같이 가치적·윤리적 판단이 개입될 여지가 없는 경우는 물론, 법률해석에 관하여 여러 견해가 갈리는 경우처럼 다소의 가치관련성을 가진다고 하더라도 개인의 인격형성과는 관계가 없는 사사로운 사유나 의견 등은 그 보호대상이 아니다(헌재 2002.1.31. 2001헌바43).

② × 양심은 그 대상이나 내용 또는 동기에 의하여 판단될 수 없으며, 특히 양심상의 결정이 이성적·합리적인가, 타당한가 또는 법질서나 사회규범·도덕률과 일치하는가 하는 관점은 양심의 존재를 판단하는 기준이 될 수 없다(헌재 2018.6.28. 2011헌바379 등).

③ ○ 지문을 날인할 것인지 여부의 결정이 선악의 기준에 따른 개인의 진지한 윤리적 결정에 해당한다고 보기는 어려워, 열 손가락 지문날인의 의무를 부과하는 이 사건 시행령조항에 대하여 국가가 개인의 윤리적 판단에 개입한다거나 그 윤리적 판단을 표명하도록 강제하는 것으로 볼 여지는 없다고 할 것이므로, 이 사건 시행령조항에 의한 양심의 자유의 침해가능성 또한 없는 것으로 보인다(헌재 2005.5.26. 99헌마513 등).

④ ○ 제재를 받지 않기 위하여 어쩔 수 없이 좌석안전띠를 매었다 하여 청구인이 내면적으로 구축한 인간양심이 왜곡·굴절되고 청구인의 인격적인 존재가치가 허물어진다고 할 수는 없어 양심의 자유의 보호영역에 속하지 아니하므로, 운전 중 운전자가 좌석안전띠를 착용할 의무는 청구인의 양심의 자유를 침해하는 것이라 할 수 없다(헌재 2003.10.30. 2002헌마518).

⑤ ○ 의사가 환자의 신병(身病)에 관한 사실을 자신의 의사에 반하여 외부에 알려야 한다면, 이는 의사로서의 윤리적·도덕적 가치에 반하는 것으로서 심한 양심적 갈등을 겪을 수밖에 없을 것이다. 그런데 소득공제증빙서류 제출의무자들인 의료기관인 의사로서는 과세자료를 제출하지 않을 경우 국세청으로부터 행정지도와 함께 세무조사와 같은 불이익을 받을 수 있다는 심리적 강박감을 가지게 되는바, 결국 이 사건 법령조항에 대하여는 의무불이행에 대하여 간접적이고 사실적인 강제수단이 존재하므로 법적 강제수단의 존부와 관계없이 의사인 청구인들의 양심의 자유를 제한한다. … 따라서 이 사건 법령조항은 헌법에 위반되지 아니한다(헌재 2008.10.30. 2006헌마1401 등).

정답 ②

04 **양심의 자유에 대한 설명으로 옳지 않은 것은? (다툼이 있는 경우 판례에 의함)** 〈2019 국가직 5급〉

① 진지한 윤리적 판단과는 관계없는 음주측정요구에 응할 것인가의 고민은 양심의 자유의 보호대상이 아니다.

② 헌법에 의해 보호받는 양심은 법질서와 도덕에 부합하는 사고를 가진 다수의 양심을 의미한다.

③ 법률해석에 다른 의견이 있는 경우와 같이 개인의 인격형성과의 관련성이 거의 없는 의견은 양심의 자유의 보호대상에 속하지 않는다.

④ 양심적 결정을 외부로 표현하고 실현할 수 있는 권리인 양심실현의 자유는 법질서에 위배되거나 타인의 권리를 침해할 수 있기 때문에 법률에 의하여 제한될 수 있다.

해설

① ○ 음주측정에 응해야 할 것인지, 거부해야 할 것인지 그 상황에서 고민에 빠질 수는 있겠으나 그러한 고민은 선(善)과 악(惡)의 범주에 관한 진지한 윤리적 결정을 위한 고민이라 할 수 없으므로 그 고민 끝에 어쩔 수 없이 음주측정에 응하였다 하여 내면적으로 구축된 인간양심이 왜곡·굴절된다고 할 수도 없다. 따라서 음주측정요구와 그 거부는 양심의 자유의 보호영역에 포괄되지 아니하므로 이 사건 법률조항을 두고 헌법 제19조에서 보장하는 양심의 자유를 침해하는 것이라고 할 수 없다(헌재 1997.3.27. 96헌가11).

② × 개인의 양심은 사회 다수의 정의관·도덕관과 일치하지 않을 수 있으며, 오히려 헌법상 양심의 자유가 문제되는 상황은 개인의 양심이 국가의 법질서나 사회의 도덕률에 부합하지 않는 경우이므로, 헌법에 의해 보호받는 양심은 법질서와 도덕에 부합하는 사고를 가진 다수가 아니라 이른바 '소수자'의 양심이 되기 마련이다(헌재 2018.6.28. 2011헌바379 등).

③ ○ 헌법 제19조에서 보호하는 양심은 옳고 그른 것에 대한 판단을 추구하는 가치적·도덕적 마음가짐으로, 개인의 소신에 따른 다양성이 보장되어야 하고 그 형성과 변경에 외부적 개입과 억압에 의한 강요가 있어서는 아니 되는 인간의 윤리적 내심영역이다. 따라서 단순한 사실관계의 확인과 같이 가치적·윤리적 판단이 개입될 여지가 없는 경우는 물론, 법률해석에 관하여 여러 견해가 갈리는 경우처럼 다소의 가치 관련성을 가진다고 하더라도 개인의 인격형성과는 관계가 없는 사사로운 사유나 의견 등은 그 보호대상이 아니다. … 이러한 법률판단의 문제는 개인의 인격형성과는 무관하며, 대화와 토론을 통하여 가장 합리적인 것으로 그 내용이 동화되거나 수렴될 수 있는 포용성을 가지는 분야에 속한다고 할 것이므로 헌법 제19조에 의하여 보장되는 양심의 영역에 포함되지 아니한다(헌재 2002.1.31. 2001헌바43).

④ ○ 양심의 자유 중 양심형성의 자유는 내심에 머무르는 한, 절대적으로 보호되는 기본권이라 할 수 있는 반면, 양심적 결정을 외부로 표현하고 실현할 수 있는 권리인 양심실현의 자유는 법질서에 위배되거나 타인의 권리를 침해할 수 있기 때문에 법률에 의하여 제한될 수 있다(헌재 2018.6.28. 2011헌바379 등).

정답 ②

05 양심의 자유에 대한 설명으로 가장 적절하지 않은 것은? (다툼이 있는 경우 판례에 의함)

〈2021 경정승진〉

① 양심적 병역 거부자에 대한 관용은 결코 병역의무의 면제와 특혜의 부여에 대한 관용이 아니며, 대체복무제는 병역의무의 일환으로 도입되는 것이므로 현역복무와의 형평을 고려하여 최대한 등가성을 가지도록 설계되어야 한다.

② 양심상의 결정이 법질서나 사회규범·도덕률과 일치하는지 여부는 양심의 존재를 판단하는 기준이 된다.

③ 양심적 결정을 외부로 표현하고 실현할 수 있는 권리인 양심실현의 자유는 법률에 의해 제한될 수 있는 상대적 자유다.

④ 양심적 병역거부의 바탕이 되는 양심상의 결정은 종교적 동기뿐만 아니라 윤리적·철학적 또는 이와 유사한 동기로부터라도 형성될 수 있는 것이므로 양심적 병역거부자의 기본권 침해 여부는 양심의 자유를 중심으로 판단한다.

해설

① ○ 양심적 병역 거부자에 대한 관용은 결코 병역의무의 면제와 특혜의 부여에 대한 관용이 아니다. **대체복무제는 병역의무의 일환으로 도입되는 것이고 현역복무와의 형평을 고려하여 최대한 등가성을 가지도록 설계**되어야 하는 것이기 때문이다(헌재 2018.6.28. 2011헌바379 등).

② × '양심의 자유'가 보장하고자 하는 '양심'은 민주적 다수의 사고나 가치관과 일치하는 것이 아니라, 개인적 현상으로서 지극히 주관적인 것이다. 양심은 그 대상이나 내용 또는 동기에 의하여 판단될 수 없으며, 특히 양심상의 결정이 이성적·합리적인가, 타당한가 또는 법질서나 사회규범, 도덕률과 일치하는가 하는 관점은 **양심의 존재를 판단하는 기준이 될 수 없다**(헌재 2004.8.26. 2002헌가1).

③ ○ 내심적 자유, 즉 양심형성의 자유와 양심적 결정의 자유는 내심에 머무르는 한 절대적 자유라고 할 수 있지만, **양심실현의 자유**는 타인의 기본권이나 다른 헌법적 질서와 저촉되는 경우 헌법 제37조 제2항에 따라 국가안전보장·질서유지 또는 공공복리를 위하여 **법률에 의하여 제한**될 수 있는 **상대적 자유**라고 할 수 있다(헌재 1998.7.16. 96헌바35).

④ ○ 종교적 신앙에 의한 행위라도 개인의 주관적·윤리적 판단을 동반하는 것인 한 양심의 자유에 포함시켜 고찰할 수 있고, 앞서 보았듯이 양심적 병역거부의 바탕이 되는 양심상의 결정은 종교적 동기뿐만 아니라 윤리적·철학적 또는 이와 유사한 동기로부터도 형성될 수 있는 것이므로, 이 사건에서는 **양심의 자유를 중심으로 기본권 침해 여부를 판단**하기로 한다(헌재 2018.6.28. 2011헌바379 등).

정답 ②

06 양심의 자유에 관한 다음 설명 중 가장 옳지 않은 것은? *〈2021 법원직 9급〉*

① '양심'은 민주적 다수의 사고나 가치관과 일치하는 것이 아니라 개인적 현상으로서 지극히 주관적인 것이므로, 그 대상이나 내용 또는 동기에 의하여 판단될 수 없으며, 특히 양심상의 결정이 이성적·합리적인가, 타당한가 또는 법질서나 사회규범·도덕률과 일치하는가 하는 관점은 양심의 존재를 판단하는 기준이 될 수 없다.

② 헌법상 양심의 자유에 의해 보호받는 '양심'으로 인정할 것인지의 판단은 그것이 깊고, 확고하며, 진실 된 것인지 여부에 따르게 되므로, 양심적 병역거부를 주장하는 사람은 자신의 '양심'을 외부로 표명하여 증명할 최소한의 의무를 진다.

③ 양심의 자유 중 양심형성의 자유는 내심에 머무르는 한 절대적으로 보호되는 기본권이라 할 수 있는 반면, 양심적 결정을 외부로 표현하고 실현할 수 있는 권리인 양심실현의 자유는 법질서에 위배되거나 타인의 권리를 침해할 수 있기 때문에 법률에 의하여 제한될 수 있다.

④ 대체복무제가 마련되지 아니한 상황에서 양심상의 결정에 따라 입영을 거부하거나 소집에 불응하는 사람들에게 형사 처벌을 부과하는 병역법 조항은 '양심에 반하는 행동을 강요당하지 아니할 자유'를 제한하는 것이다. 그러나 다른 한편 헌법 제39조 제1항의 국방의 의무를 형성하는 입법이기도 하므로, 위 병역법 조항이 양심의 자유를 침해하는지 여부에 대한 심사는 헌법상 자의금지원칙에 따라 입법형성의 재량을 일탈하였는지 여부를 기준으로 판단하여야 한다.

해설

① ○ '양심'은 민주적 다수의 사고나 가치관과 일치하는 것이 아니라, 개인적 현상으로서 **지극히 주관적**인 것이다. 양심은 그 **대상이나 내용 또는 동기**에 의하여 판단될 수 없으며, 특히 **양심상의 결정**이 이성적·합리적인가, 타당한가 또는 법질서나 사회규범·도덕률과 일치하는가 하는 관점은 **양심의 존재를 판단하는 기준**이 될 수 **없다**(헌재 2018.6.28. 2011헌바379 등).

② ○ 특정한 내적인 확신 또는 신념이 양심으로 형성된 이상 그 내용 여하를 떠나 양심의 자유에 의해 보호되는 양심이 될 수 있으므로, 헌법상 양심의 자유에 의해 보호받는 **'양심'**으로 인정할 것인지의 판단은 그것이 **깊고, 확고하며, 진실 된 것인지 여부**에 따르게 된다. 그리하여 **양심적 병역거부를 주장하는 사람**은 자신의 **'양심'을 외부로 표명하여 증명할 최소한의 의무**를 진다(헌재 2018.6.28. 2011헌바379 등).

③ ○ 양심의 자유 중 **양심형성**의 자유는 내심에 머무르는 한, **절대적으로 보호되는 기본권**이라 할 수 있는 반면, 양심적 결정을 외부로 표현하고 실현할 수 있는 권리인 **양심실현의 자유**는 법질서에 위배되거나 타인의 권리를 침해할 수 있기 때문에 **법률에 의하여 제한**될 수 있다(헌재 2018.6.28. 2011헌바379 등).

④ × 병역종류조항에 대체복무제가 마련되지 아니한 상황에서, 양심상의 결정에 따라 입영을 거부하거나 소집에 불응하는 이 사건 청구인 등이 현재의 대법원 판례에 따라 처벌조항에 의하여 형벌을 부과 받음으로써 양심에 반하는 행동을 강요받고 있으므로, 이 사건 법률조항은 **'양심에 반하는 행동을 강요당하지 아니할 자유'**, 즉, **'부작위에 의한 양심실현의 자유'**를 제한하고 있다. 헌법 제37조 제2항의 비례원칙은, 단순히 기본권제한의 일반원칙에 그치지 않고, 모든 국가작용은 정당한 목적을 달성하기 위하여 필요한 범위 내에서만 행사되어야 한다는 국가작용의 한계를 선언한 것이므로, 비록 이 사건 법률조항이 헌법 제39조에 규정된 **국방의 의무를 형성하는 입법**이라 할지라도 그에 대한 심사는 **헌법상 비례원칙**에 의하여야 한다(헌재 2018.6.28. 2011헌바379 등).

정답 ④

07 양심의 자유에 대한 설명으로 옳지 않은 것은? (다툼이 있는 경우 판례에 의함) *〈2020 국가직 5급〉*

① 양심의 자유는 내심에서 우러나오는 윤리적 확신과 이에 반하는 외부적 법질서의 요구가 서로 회피할 수 없는 상태로 충돌할 때에만 침해될 수 있다.

② 양심형성의 자유와 양심적 결정의 자유는 내심에 머무르는 한 절대적 자유라고 할 수 있지만, 양심실현의 자유는 상대적 자유라고 할 수 있다.

③ 양심에는 세계관·인생관·주의·신조 등은 물론, 이에 이르지 아니하여도 보다 널리 개인의 인격형성에 관계되는 내심에 있어서의 가치적·윤리적 판단도 포함될 수 있으나, 단순한 사실관계의 확인과 같이 가치적·윤리적 판단이 개입될 여지가 없는 경우는 그 보호대상이 아니다.

④ 특정한 내적인 확신 또는 신념이 양심으로 형성된 이상 그 내용 여하를 떠나 양심의 자유에 의해 보호되는 양심이 될 수 있으므로, 헌법상 양심의 자유에 의해 보호받는 양심으로 인정할 것인지의 판단은 그것이 깊고, 확고하며, 진실된 것인지 여부와 관계없다.

해설

① ○ 양심의 자유는 내심에서 우러나오는 윤리적 확신과 이에 반하는 외부적 법질서의 요구가 서로 회피할 수 없는 상태로 충돌할 때에만 침해될 수 있다. 그러므로 당해 실정법이 특정의 행위를 금지하거나 명령하는 것이 아니라 단지 특별한 혜택을 부여하거나 권고 내지 허용하고 있는 데에 불과하다면, 수범자는 수혜를 스스로 포기하거나 권고를 거부함으로써 법질서와 충돌하지 아니한 채 자신의 양심을 유지, 보존할 수 있으므로 양심의 자유에 대한 침해가 된다할 수 없다(헌재 2002.4.25. 98헌마425 등).

② ○ 헌법 제19조가 보호하고 있는 양심의 자유는 양심형성의 자유와 양심적 결정의 자유를 포함하는 내심적 자유(forum internum) 뿐만 아니라, 양심적 결정을 외부로 표현하고 실현할 수 있는 양심실현의 자유(forum externum)를 포함한다고 할 수 있다. 내심적 자유, 즉 양심형성의 자유와 양심적 결정의 자유는 내심에 머무르는 한 절대적 자유라고 할 수 있지만, 양심실현의 자유는 타인의 기본권이나 다른 헌법적 질서와 저촉되는 경우 헌법 제37조 제2항에 따라 국가안전보장·질서유지 또는 공공복리를 위하여 법률에 의하여 제한될 수 있는 상대적 자유라고 할 수 있다(헌재 1998.7.16. 96헌바35).

③ ○ 양심은 옳고 그른 것에 대한 판단을 추구하는 가치적·도덕적 마음가짐으로, 개인의 소신에 따른 다양성이 보장되어야 하고 그 형성과 변경에 외부적 개입과 억압에 의한 강요가 있어서는 아니 되는 인간의 윤리적 내심영역이다. 보호되어야 할 양심에는 세계관·인생관 주의 신조 등은 물론, 이에 이르지 아니하여도 보다 널리 개인의 인격형성에 관계되는 내심에 있어서의 가치적·윤리적 판단도 포함될 수 있다. 그러나 단순한 사실관계의 확인과 같이 가치적·윤리적 판단이 개입될 여지가 없는 경우는 물론, 법률해석에 관하여 여러 견해가 갈리는 경우처럼 다소의 가치 관련성을 가진다고 하더라도 개인의 인격형성과는 관계가 없는 사사로운 사유나 의견 등은 그 보호대상이 아니라고 할 것이다(헌재 2002.1.31. 2001헌바43).

④ × 특정한 내적인 확신 또는 신념이 양심으로 형성된 이상 그 내용 여하를 떠나 양심의 자유에 의해 보호되는 양심이 될 수 있으므로, 헌법상 양심의 자유에 의해 보호받는 '양심'으로 인정할 것인지의 판단은 그것이 깊고, 확고하며, 진실된 것인지 여부에 따르게 된다. 그리하여 양심적 병역거부를 주장하는 사람은 자신의 '양심'을 외부로 표명하여 증명할 최소한의 의무를 진다(헌재 2018.6.28. 2011헌바379 등).

정답 ②

08 양심의 자유에 관한 설명 중 가장 적절하지 않은 것은? (다툼이 있는 경우 판례에 의함)

〈2015 경정승진〉

① 양심의 자유 중 양심형성의 자유는 내심에 머무르는 한 절대적으로 보호되는 기본권이다.

② 양심적 결정을 외부로 표현하고 실현할 수 있는 권리인 양심 실현의 자유는 법률에 의하여 제한될 수 있는 상대적 자유다.

③ 양심의 자유는 윤리적 판단을 국가권력에 의하여 외부에 표명하도록 강제 받지 아니할 자유를 포함하지 않는다.

④ 양심적 병역 거부자에 대하여 3년 이하의 징역이라는 형사처벌을 가하는 법률조항은 양심의 자유를 침해하지 않는다.

해설

① ○

② ○ 헌법 제19조가 보호하고 있는 양심의 자유는 양심형성의 자유와 양심적 결정의 자유를 포함하는 내심적 자유(forum internum) 뿐만 아니라, 양심적 결정을 외부로 표현하고 실현할 수 있는 양심실현의 자유(forum externum)를 포함한다고 할 수 있다. 내심적 자유, 즉 양심형성의 자유와 양심적 결정의 자유는 내심에 머무르는 한 절대적 자유라고 할 수 있지만, 양심실현의 자유는 타인의 기본권이나 다른 헌법적 질서와 저촉되는 경우 헌법 제37조 제2항에 따라 국가안전보장·질서유지 또는 공공복리를 위하여 법률에 의하여 제한될 수 있는 상대적 자유라고 할 수 있다(헌재 1998.7.16. 96헌바35).

③ × 헌법 제19조는 "모든 국민은 양심의 자유를 가진다." 라고 하여 양심의 자유를 기본권의 하나로 보장하고 있는바, 여기의 양심이란 세계관·인생관·주의·신조 등은 물론, 이에 이르지 아니하여도 보다 널리 개인의 인격형성에 관계되는 내심에 있어서의 가치적·윤리적 판단도 포함된다고 볼 것이다. 그러므로 양심의 자유에는 널리 사물의 시시비비나 선악과 같은 윤리적 판단에 국가가 개입해서는 안 되는 내심적 자유는 물론, 이와 같은 윤리적 판단을 국가권력에 의하여 외부에 표명하도록 강제 받지 않는 자유 즉 윤리적 판단사항에 관한 침묵의 자유까지 포괄한다고 할 것이다(헌재 1991.4.1. 89헌마160).

④ ○ 양심적 병역거부자에 대한 처벌은 대체복무제를 규정하지 아니한 병역종류조항의 입법상 불비와 양심적 병역거부는 처벌조항의 '정당한 사유'에 해당하지 않는다는 법원의 해석이 결합되어 발생한 문제일 뿐, 처벌조항 자체에서 비롯된 문제가 아니다. 이는 병역종류 조항에 대한 헌법불합치결정과 그에 따른 입법부의 개선입법 및 법원의 후속 조치를 통하여 해결될 수 있는 문제이다. 이상을 종합하여 보면, 처벌조항은 정당한 사유 없이 병역의무를 거부하는 병역기피자를 처벌하는 조항으로서, 과잉금지원칙을 위반하여 양심적 병역거부자의 양심의 자유를 침해한다고 볼 수는 없다(헌재 2018.6.28. 2011헌바379 등).

정답 ③

09 양심의 자유에 관한 설명으로 옳지 않은 것은? (다툼이 있는 경우 헌법재판소 결정례에 의함)

〈2020 소방간부〉

① 양심상 결정이 어떠한 종교관·세계관 또는 그 밖의 가치체계에 기초하고 있는지와 관계없이, 모든 내용의 양심상 결정이 양심의 자유에 의하여 보장되어야 한다.

② 헌법이 보호하고자 하는 양심은 어떤 일의 옳고 그름을 판단함에 있어서 그렇게 행동하지 않고는 자신의 인격적 존재가치가 파멸되고 말 것이라는 강력하고 진지한 마음의 소리로서의 절박하고 구체적인 양심을 말한다.

③ 입영기피자에 대한 형사처벌은 '양심에 따른 행동을 할 자유', 즉 '작위에 의한 양심실현의 자유'를 제한하는 것이다.

④ 양심의 자유에서 현실적으로 문제가 되는 것은 국가의 법질서나 사회의 도덕률에서 벗어나려는 소수의 양심이다.

⑤ 양심형성의 자유와 양심적 결정의 자유는 내심에 머무르는 한 절대적 자유라고 할 수 있다.

해설

① ○

② ○ 헌법이 보호하고자 하는 양심은 어떤 일의 옳고 그름을 판단함에 있어서 그렇게 행동하지 않고는 자신의 인격적 존재가치가 파멸되고 말 것이라는 강력하고 진지한 마음의 소리로서의 절박하고 구체적인 양심을 말한다. 따라서 막연하고 추상적인 개념으로서의 양심이 아니다(헌재 2002.4.25. 98헌마425 등).

③ × 병역종류조항에 대체복무제가 마련되지 아니한 상황에서, 양심상의 결정에 따라 입영을 거부하거나 소집에 불응하는 이 사건 청구인 등이 현재의 대법원 판례에 따라 처벌조항에 의하여 형벌을 부과 받음으로써 양심에 반하는 행동을 강요받고 있으므로, 이 사건 법률조항은 '양심에 반하는 행동을 강요당하지 아니할 자유', 즉, '부작위에 의한 양심실현의 자유'를 제한하고 있다(헌재 2018.6.28. 2011헌바379 등).

④ ○ 일반적으로 민주적 다수는 법질서와 사회질서를 그의 정치적 의사와 도덕적 기준에 따라 형성하기 때문에, 그들이 국가의 법질서나 사회의 도덕률과 양심상의 갈등을 일으키는 것은 예외에 속한다. 양심의 자유에서 현실적으로 문제가 되는 것은 국가의 법질서나 사회의 도덕률에서 벗어나려는 소수의 양심이다. 따라서 양심상의 결정이 어떠한 종교관·세계관 또는 그 외의 가치체계에 기초하고 있는가와 관계없이, 모든 내용의 양심상의 결정이 양심의 자유에 의하여 보장된다(헌재 2004.8.26. 2002헌가1).

⑤ ○ 내심적 자유, 즉 양심형성의 자유와 양심적 결정의 자유는 내심에 머무르는 한 절대적 자유라고 할 수 있지만, 양심실현의 자유는 타인의 기본권이나 다른 헌법적 질서와 저촉되는 경우 헌법 제37조 제2항에 따라 국가안전보장·질서유지 또는 공공복리를 위하여 법률에 의하여 제한될 수 있는 상대적 자유라고 할 수 있다(헌재 1998.7.16. 96헌바35).

정답 ③

10 양심의 자유에 관한 설명으로 옳지 않은 것은? (다툼이 있는 경우 헌법재판소 판례에 의함)

〈2021 소방간부〉

① 음주측정요구와 그 거부는 양심의 자유의 보호영역에 포괄되지 아니하므로 양심의 자유를 침해하는 것이라고 할 수 없다.

② 양심이란 세계관·인생관·주의·신조 등은 물론 이에 이르지 아니하여도 보다 널리 개인의 인격형성에 관계되는 내심에 있어서의 가치적·윤리적 판단도 포함된다.

③ 대체복무제라는 대안이 있음에도 불구하고 군사훈련을 수반하는 병역의무만을 규정한 병역종류조항은 양심적 병역거부자의 양심의 자유를 침해한다.

④ 부작위에 의한 양심실현은 내심의 의사를 외부에 표현하거나 실현하는 행위가 되는 것이고 이는 순수한 내심의 영역을 벗어난 것이어서 이에 대해서는 필요한 경우 법률에 의한 제한이 가능하다.

⑤ 주민등록발급을 위해 열 손가락의 지문을 날인케 하는 것은 지문을 날인할 것인지 여부의 결정이 선악의 기준에 따른 개인의 진지한 윤리적 결정에 해당하므로 이러한 의무를 부과하는 법령조항은 양심의 자유를 침해한다.

해설

① ○ 음주측정에 응해야 할 것인지, 거부해야 할 것인지 그 상황에서 고민에 빠질 수는 있겠으나 그러한 고민은 선(善)과 악(惡)의 범주에 관한 진지한 윤리적 결정을 위한 고민이라 할 수 없으므로 그 고민 끝에 이쩔 수 없이 음주측정에 응하였다 하여 내면적으로 구축된 인간양심이 왜곡·굴절된다고 할 수도 없다. 따라서 **음주측정요구와 그 거부**는 **양심의 자유의 보호영역에 포괄되지 아니**하므로 이 사건 법률조항을 두고 헌법 제19조에서 보장하는 **양심의 자유를 침해하는 것이라고 할 수 없다**(헌재 1997.3.27. 96헌가11).

② ○ 헌법 제19조는 모든 국민은 양심의 자유를 가진다고 규정하여 양심의 자유를 기본권의 하나로 보장하고 있는바, 여기서 말하는 양심이란 **세계관·인생관·주의·신조** 등은 물론 이에 이르지 아니하여도 보다 널리 개인의 인격형성에 관계되는 **내심에 있어서의 가치적·윤리적 판단**도 포함된다. 그러므로 양심의 자유에는 널리 사물의 시시비비나 선악과 같은 윤리적 판단에 국가가 개입해서는 아니 되는 내심적 자유는 물론, 이와 같은 윤리적 판단을 국가권력에 의하여 외부에 표명하도록 강제 받지 아니할 자유까지 포괄한다(헌재 1998.7.16. 96헌바35).

③ ○ 양심적 병역거부자의 수는 **병역자원의 감소**를 논할 정도가 아니고, 이들을 처벌한다고 하더라도 교도소에 수감할 수 있을 뿐 병역자원으로 활용할 수는 없으므로, 대체복무제를 도입하더라도 우리나라의 국방력에 의미 있는 수준의 영향을 미친다고 보기는 어렵다. 국가가 관리하는 객관적이고 공정한 **사전심사절차**와 엄격한 **사후관리절차**를 갖추고, 현역복무와 대체복무 사이에 복무의 난이도나 기간과 관련하여 형평성을 확보해 현역복무를 회피할 요인을 제거한다면, 심사의 곤란성과 양심을 빙자한 병역기피자의 증가 문제를 해결할 수 있으므로, 대체복무제를 도입하면서도 병역의무의 형평을 유지하는 것은 충분히 가능하다. 따라서 **대체복무제라는 대안**이 있음에도 불구하고 군사훈련을 수반하는 병역의무만을 규정한 병역종류조항은, 침해의 최소성 원칙에 어긋난다. 그렇다면 양심적 병역 거부자에 대한 대체복무제를 규정하지 아니한 병역종류조항은 과잉금지원칙에 위배하여 양심적 **병역거부자의 양심의 자유를 침해**한다(헌재 2018.6.28. 2011헌바379 등).

④ ○ 이 사건 심판대상 법률조항이 규정한 **불고지죄**는 국가의 존립과 안전에 저해가 되는 타인의 범행에 관한 객관적 사실을 고지할 의무를 부과할 뿐이고 개인의 세계관·인생관·주의·신조 등이나 내심에 있어서의 윤리적 판단을 그 고지의 대상으로 하는 것은 아니므로 양심의 자유 특히 침묵의 자유를 직접적으로 침해하는 것이라고 볼 수 없을 뿐만 아니라 국가의 존립·안전에 저해가 되는 죄를 범한 자라는 사실을 알고서도 그것이 본인의 양심이나 사상에 비추어 범죄가 되지 아니한다거나 이를 수사기관 또는 정보기관에 고지하는 것이 양심이나 사상에 어긋난다는 등의 이유로 고지하지 아니하는 것은 결국 **부작위에 의한 양심실현** 즉 **내심의 의사를 외부에 표현하거나 실현하는 행위**가 되는 것이고 이는 이미 순수한 내심의 영역을 벗어난 것이므로 이에 대하여는 필요한 경우 **법률에 의한 제한이 가능**하다 할 것이다(헌재 1998.7.16. 96헌바35).

⑤ × **지문을 날인할 것인지 여부의 결정**이 선악의 기준에 따른 **개인의 진지한 윤리적 결정**에 해당한다고 보기는 **어려워**, 열 손가락 지문날인의 의무를 부과하는 이 사건 시행령조항에 대하여 국가가 개인의 윤리적 판단에 개입한다거나 그 윤리적 판단을 표명하도록 강제하는 것으로 볼 여지는 없다고 할 것이므로, 이 사건 시행령조항에 의한 **양심의 자유의 침해가능성** 또한 **없는 것**으로 보인다(헌재 2005.5.26. 99헌마513).

정답 ⑤

11 양심의 자유에 대한 설명으로 옳지 않은 것은? (다툼이 있는 경우 판례에 의함) 〈2019 국가직 7급〉

① 양심의 자유의 '양심'은 민주적 다수의 사고나 가치관과 일치하는 것이 아니라, 개인적 현상으로서 지극히 주관적인 것이다.

② 양심은 그 대상이나 내용 또는 동기에 의하여 판단되는 것으로, 특히 양심상의 결정이 이성적·합리적인가, 타당한가 또는 법질서나 사회규범·도덕률과 일치하는가 하는 관점이 양심의 존재를 판단하는 기준이 된다.

③ 「보안관찰법」상의 보안관찰처분은 보안관찰처분대상자의 내심의 작용을 문제 삼는 것이 아니라, 보안관찰처분대상자가 보안관찰해당범죄를 다시 저지를 위험성이 내심의 영역을 벗어나 외부에 표출되는 경우에 재범의 방지를 위하여 내려지는 특별 예방적 목적의 처분이므로, 보안관찰처분 근거 규정에 의한 보안관찰처분이 양심의 자유를 침해한다고 할 수 없다.

④ 인터넷언론사의 공개된 게시판·대화방에서 스스로의 의사에 의하여 정당·후보자에 대한 지지·반대의 글을 게시하는 행위가 양심의 자유나 사생활 비밀의 자유에 의하여 보호되는 영역이라고 할 수 없다.

해설

① ○

② × '양심의 자유'가 보장하고자 하는 '양심'은 민주적 다수의 사고나 가치관과 일치하는 것이 아니라, 개인적 현상으로서 지극히 주관적인 것이다. 양심은 그 대상이나 내용 또는 동기에 의하여 판단될 수 없으며, 특히 양심상의 결정이 이성적·합리적인가, 타당한가 또는 법질서나 사회규범·도덕률과 일치하는가 하는 관점은 양심의 존재를 판단하는 기준이 될 수 없다(헌재 2004.8.26. 2002헌가1).

③ ○ 보안관찰처분은 보안관찰처분대상자의 내심의 작용을 문제 삼는 것이 아니라, 보안관찰 처분대상자가 보안관찰해당범죄를 다시 저지를 위험성이 내심의 영역을 벗어나 외부에 표출되는 경우에 재범의 방지를 위하여 내려지는 특별 예방적 목적의 처분이므로, 보안관찰처분 근거 규정은 양심의 자유를 침해하지 아니한다(헌재 2015.11.26. 2014헌바475).

④ ○ 인터넷언론사의 공개된 게시판·대화방에서 스스로의 의사에 의하여 정당·후보자에 대한 지지·반대의 글을 게시하는 행위가 양심의 자유나 사생활 비밀의 자유에 의하여 보호되는 영역이라고 할 수 없다(헌재 2010.2.25. 2008헌마324 등).

정답 ②

12 **양심의 자유에 대한 설명으로 옳지 않은 것은? (다툼이 있는 경우 판례에 의함)** 〈2019 국회직 5급〉

① 양심의 진실성과 진지성을 확인할 현실적 필요가 있다는 이유로 양심적 병역거부를 주장하는 사람에게 자신의 '양심'을 외부로 표명하여 증명할 의무를 부과하는 것은 개인적 현상으로서의 지극히 주관적인 내심의 상태를 기본권으로 보장하는 취지에 부합하지 아니한다.

② 양심은 그 대상이나 내용 또는 동기에 의하여 판단될 수 없으며, 특히 양심상의 결정이 이성적·합리적인가, 타당한가 또는 법질서나 사회규범·도덕률과 일치하는가 하는 관점은 양심의 존재를 판단하는 기준이 될 수 없다.

③ '양심적' 병역거부는 실상 당사자의 '양심에 따른' 혹은 '양심을 이유로 한' 병역거부를 가리키는 것일 뿐이지 병역거부가 '도덕적이고 정당하다'는 의미는 아니다.

④ 병역종류조항에 대체복무제가 마련되지 아니한 상황에서, 양심상의 결정에 따라 입영을 거부하거나 소집에 불응하는 국민이 기존 대법원 판례에 따라 처벌조항에 의하여 형벌을 부과 받음으로써 양심에 반하는 행동을 강요받게 되는 것은 '양심에 반하는 행동을 강요당하지 아니할 자유', 즉 '부작위에 의한 양심실현의 자유'를 제한하는 것이다.

⑤ 양심적 병역거부자에 대한 대체복무제를 규정하지 아니한 병역종류조항은 과잉금지원칙에 위배하여 양심적 병역거부자의 양심의 자유를 침해한다.

해설

① × 특정한 내적인 확신 또는 신념이 양심으로 형성된 이상 그 내용 여하를 떠나 양심의 자유에 의해 보호되는 양심이 될 수 있으므로, 헌법상 양심의 자유에 의해 보호받는 '양심'으로 인정할 것인지의 판단은 그것이 깊고, 확고하며, 진실된 것인지 여부에 따르게 된다. 그리하여 양심적 병역거부를 주장하는 사람은 자신의 '양심'을 외부로 표명하여 증명할 최소한의 의무를 진다(헌재 2018.6.28. 2011헌바379 등).

② ○ '양심'은 민주적 다수의 사고나 가치관과 일치하는 것이 아니라, 개인적 현상으로서 지극히 주관적인 것이다. 양심은 그 대상이나 내용 또는 동기에 의하여 판단될 수 없으며, 특히 양심상의 결정이 이성적·합리적인가, 타당한가 또는 법질서나 사회규범·도덕률과 일치하는가 하는 관점은 양심의 존재를 판단하는 기준이 될 수 없다(헌재 2018.6.28. 2011헌바379등).

③ ○ 양심의 의미에 따를 때, '양심적' 병역거부는 실상 당사자의 '양심에 따른' 혹은 '양심을 이유로 한' 병역거부를 가리키는 것일 뿐이지 병역거부가 '도덕적이고 정당하다'는 의미는 아닌 것이다. 따라서 '양심적' 병역거부라는 용어를 사용한다고 하여 병역의무이행은 '비양심적'이 된다거나, 병역을 이행하는 거의 대부분의 병역의무자들과 병역의무이행이 국민의 숭고한 의무라고 생각하는 대다수 국민들이 '비양심적'인 사람들이 되는 것은 결코 아니다(헌재 2018.6.28. 2011헌바379 등).

④ ◯ 병역종류조항에 대체복무제가 마련되지 아니한 상황에서, 양심상의 결정에 따라 입영을 거부하거나 소집에 불응하는 이 사건 청구인 등이 현재의 대법원 판례에 따라 처벌조항에 의하여 형벌을 부과 받음으로써 양심에 반하는 행동을 강요받고 있으므로, 이 사건 법률조항은 '양심에 반하는 행동을 강요당하지 아니할 자유', 즉, '부작위에 의한 양심실현의 자유'를 제한하고 있다(헌재 2018.6.28. 2011헌바379 등).

⑤ ◯ 병역종류조항이 추구하는 공익은 대단히 중요한 것이기는 하나, 병역종류조항에 대체복무제를 도입한다고 하더라도 위와 같은 공익은 충분히 달성할 수 있다고 판단되는 반면, 병역종류조항에 대체복무제가 규정되지 않음으로 인하여 양심적 병역거부자가 감수하여야 하는 불이익은 심대하고, 이들에게 대체복무를 부과하는 것이 오히려 넓은 의미의 국가안보와 공익 실현에 더 도움이 된다는 점을 고려할 때, 병역종류조항은 기본권 제한의 한계를 초과하여 법익의 균형성 요건을 충족하지 못한 것으로 판단된다. … 따라서 양심적 병역거부자에 대한 대체복무제를 규정하지 아니한 병역종류조항은 과잉금지원칙에 위배하여 양심적 병역거부자의 양심의 자유를 침해한다(헌재 2018.6.28. 2011헌바379 등).

정답 ①

13 **양심의 자유에 대한 설명으로 옳지 않은 것은? (다툼이 있는 경우 판례에 의함)** *〈2020 지방직 7급〉*

① 헌법이 보호하고자 하는 양심은 어떤 일의 옳고 그름을 판단함에 있어서 그렇게 행동하지 않고는 자신의 인격적 존재가치가 허물어지고 말 것이라는 강력하고 진지한 마음의 소리를 말한다.

② 양심의 자유는 인간으로서의 존엄성 유지와 개인의 자유로운 인격발현을 위해 개인의 윤리적 정체성을 보장하는 기능을 담당한다.

③ 현역입영 또는 소집통지서를 받은 자가 정당한 사유 없이 입영하지 않거나 소집에 응하지 않은 경우를 처벌하는 구「병역법」 처벌조항은 과잉금지원칙을 위배하여 양심적 병역거부자의 양심의 자유를 침해한다.

④ 헌법이 보장하는 양심의 자유는 정신적인 자유로서, 어떠한 사상·감정을 가지고 있다고 하더라도 그것이 내심에 머무르는 한 절대적인 자유이므로 제한할 수 없다.

해설

① ◯ 헌법이 보호하고자 하는 양심은 어떤 일의 옳고 그름을 판단함에 있어서 그렇게 행동하지 않고는 자신의 인격적 존재가치가 파멸되고 말 것이라는 강력하고 진지한 마음의 소리로서의 절박하고 구체적인 양심을 말한다. 따라서 막연하고 추상적인 개념으로서의 양심이 아니다(헌재 2002.4.25. 98헌마425 등).

② ○ 이른바 개인적 자유의 시초라고 일컬어지는 이러한 양심의 자유는 인간으로서의 존엄성 유지와 개인의 자유로운 인격발현을 위해 개인의 윤리적 정체성을 보장하는 기능을 담당한다(헌재 2002.4.25. 98헌마425 등).

③ × 양심적 병역거부자에 대한 처벌은 대체복무제를 규정하지 아니한 병역종류조항의 입법상 불비와 양심적 병역거부는 처벌조항의 '정당한 사유'에 해당하지 않는다는 법원의 해석이 결합되어 발생한 문제일 뿐, 처벌조항 자체에서 비롯된 문제가 아니므로 처벌조항이 과잉금지원칙을 위반하여 양심적 병역거부자의 양심의 자유를 침해한다고 볼 수는 없다(헌재 2018.6.28. 2011헌바379 등).

④ ○ 헌법이 보장한 양심의 자유는 정신적인 자유로서 어떠한 사상·감정을 가지고 있다고 하더라도 그것이 내심에 머무르는 한 절대적인 자유이므로 제한할 수 없는 것이나, 보안관찰법상의 보안관찰처분은 보안관찰처분대상자의 내심의 작용을 문제 삼는 것이 아니라, 보안관찰처분대상자가 보안관찰해당범죄를 다시 저지를 위험성이 내심의 영역을 벗어나 외부에 표출되는 경우에 재범의 방지를 위하여 내려지는 특별 예방적 목적의 처분이므로, 양심의 자유를 보장한 헌법규정에 위반된다고 할 수 없다(헌재 1997.11.27. 92헌바28).

정답 ③

14 **양심의 자유에 대한 헌법재판소의 결정 내용으로 가장 옳지 않은 것은?** *〈2019 서울시 7급〉*

① 병역종류조항에 대체복무제를 규정하지 않은 것이 '부작위에 의한 양심실현의 자유'의 제한은 아니라고 보았다.

② 양심적 병역거부는 당사자의 양심에 따른 병역거부를 가리킬 뿐 병역거부가 도덕적이고 정당하다는 것을 의미하지는 않는다.

③ 국가보안법상의 불고지죄 사건에서는 양심의 자유를 내심의 자유와 양심실현의 자유로 나누고 양심실현의 자유에 적극적 양심실현의 자유와 소극적 양심실현의 자유가 포함된다고 하였다.

④ 사죄광고 사건에서는 양심의 자유에 내심의 자유와 침묵의 자유가 포함되며, 침묵의 자유에서 양심에 반하는 행위의 강제 금지가 파생된다고 보았다.

해설

① × 이와 같이 병역종류조항에 대체복무제가 마련되지 아니한 상황에서, 양심상의 결정에 따라 입영을 거부하거나 소집에 불응하는 이 사건 청구인 등이 현재의 대법원 판례에 따라 처벌조항에 의하여 형벌을 부과 받음으로써 양심에 반하는 행동을 강요받고 있으므로, 이 사건 법률조항은 '양심에 반하는 행동을 강요당하지 아니할 자유', 즉, '부작위에 의한 양심실현의 자유'를 제한하고 있다(헌재 2018.6.28. 2011헌바379 등).

② ○ 일반적으로 양심적 병역거부는 병역의무가 인정되는 징병제 국가에서 종교적·윤리적·철학적 또는 이와 유사한 동기로부터 형성된 양심상의 결정을 이유로 병역의무의 이행을 거부하는 행위를 가리킨다. 그런데 일상생활에서 '양심적' 병역거부라는 말은 병역거부가 '양심적', 즉 도덕적이고 정당하다는 것을 가리킴으로써, 그 반면으로 병역의무를 이행하는 사람은 '비양심적'이거나 '비도덕적'인 사람으로 치부하게 될 여지가 있다. 하지만 앞에서 살펴 본 양심의 의미에 따를 때, '양심적' 병역거부는 실상 당사자의 '양심에 따른' 혹은 '양심을 이유로 한' 병역거부를 가리키는 것일 뿐이지 병역거부가 '도덕적이고 정당하다'는 의미는 아닌 것이다(헌재 2018.6.28. 2011헌바379 등).

③ ○ 헌법 제19조가 보호하고 있는 양심의 자유는 양심형성의 자유와 양심적 결정의 자유를 포함하는 내심적 자유(forum internum) 뿐만 아니라, 양심적 결정을 외부로 표현하고 실현할 수 있는 양심실현의 자유(forum externum)를 포함한다고 할 수 있다. 내심적 자유, 즉 양심형성의 자유와 양심적 결정의 자유는 내심에 머무르는 한 절대적 자유라고 할 수 있지만, 양심실현의 자유는 타인의 기본권이나 다른 헌법적 질서와 저촉되는 경우 헌법 제37조 제2항에 따라 국가안전보장·질서유지 또는 공공복리를 위하여 법률에 의하여 제한될 수 있는 상대적 자유라고 할 수 있다(헌재 1998.7.16. 96헌바35).

④ ○ 헌법 제19조는 "모든 국민은 양심의 자유를 가진다."라고 하여 양심의 자유를 기본권의 하나로 보장하고 있는바, 여기의 양심이란 세계관·인생관·주의·신조 등은 물론, 이에 이르지 아니하여도 보다 널리 개인의 인격형성에 관계되는 내심에 있어서의 가치적·윤리적 판단도 포함된다고 볼 것이다. 그러므로 양심의 자유에는 널리 사물의 시시비비나 선악과 같은 윤리적 판단에 국가가 개입해서는 안 되는 내심적 자유는 물론, 이와 같은 윤리적 판단을 국가권력에 의하여 외부에 표명하도록 강제 받지 않는 자유 즉 윤리적 판단사항에 관한 침묵의 자유까지 포괄한다고 할 것이다(헌재 1991.4.1. 89헌마160).

정답 ①

15 양심적 병역거부에 대한 다음 설명 중 가장 옳지 않은 것은? 〈2019 법원직 9급〉

① 국가가 관리하는 객관적이고 공정한 사전심사절차와 엄격한 사후관리절차를 갖추고, 현역복무와 대체복무 사이에 복무의 난이도나 기간과 관련하여 형평성을 확보해 현역복무를 회피할 요인을 제거한다면, 심사의 곤란성과 양심을 빙자한 병역기피자의 증가 문제를 해결할 수 있다. 따라서 대체복무제를 도입하면서도 병역의무의 형평을 유지하는 것은 충분히 가능하다.

② 양심적 병역거부자의 수는 병역자원의 감소를 논할 정도가 아니고, 이들을 처벌한다고 하더라도 교도소에 수감할 수 있을 뿐 병역자원으로 활용할 수는 없으므로, 대체복무제 도입으로 병역자원의 손실이 발생한다고 할 수 없다. 전체 국방력에서 병역자원이 차지하는 중요성이 낮아지고 있는 점을 고려하면, 대체복무제를 도입하더라도 우리나라의 국방력에 의미 있는 수준의 영향을 미친다고 보기는 어렵다. 따라서 대체복무제라는 대안이 있음에도 불구하고 군사훈련을 수반하는 병역의무만을 규정한 병역종류조항은 침해의 최소성 원칙에 어긋난다.

③ 각종 병역의 종류를 규정하고 있는 병역법상 병역종류조항은, 병역부담의 형평을 기하고 병역자원을 효과적으로 확보하여 효율적으로 배분함으로써 국가안보를 실현하고자 하는 것이기는 하나, 대체복무제를 규정하고 있지 않은 이상 정당한 입법목적을 달성하기 위한 적합한 수단에 해당한다고 보기는 어렵다.

④ 병역종류조항은 병역의 종류를 현역, 예비역, 보충역, 병역준비역, 전시근로역의 다섯 가지로 한정적으로 열거하고 있다. 그런데 위 병역들은 모두 군사훈련을 받는 것을 전제하고 있으므로, 양심적 병역의무자에게 병역종류조항에 규정된 병역을 부과할 경우 그들의 양심과 충돌을 일으킬 수밖에 없다.

해설

① ○ 국가가 관리하는 객관적이고 공정한 사전심사절차와 엄격한 사후관리절차를 갖출 경우, 진정한 양심적 병역거부자와 그렇지 않은 자를 가려내는데 큰 어려움은 없을 것으로 보인다. … 무엇보다, 현역복무와 대체복무 사이에 복무의 난이도나 기간과 관련하여 형평성을 확보해 현역복무를 회피할 요인을 제거한다면, 심사의 곤란성과 병역기피자의 증가 문제를 효과적으로 해결할 수 있다. … 따라서 양심적 병역거부자에 대한 대체복무제를 도입할 경우 병역기피자가 증가하고 병역의무의 형평성이 붕괴되어 전체 병역제도의 실효성이 훼손될 것이라는 견해는 다소 추상적이거나 막연한 예측에 가깝다. 반면, 이미 상당한 기간 동안 세계의 많은 나라들이 양심적 병역거부를 인정하면서도 여러 문제들을 효과적으로 해결하여 징병제를 유지해오고 있다는 사실은, 대체복무제를 도입하면서도 병역의무의 형평을 유지하는 것이 충분히 가능하다는 사실을 강력히 시사한다(헌재 2018.6.28. 2011헌바379 등).

② ○ 우리나라의 양심적 병역거부자는 연평균 약 600명 내외일 뿐이므로 병역자원이나 전투력의 감소를 논할 정도로 의미 있는 규모는 아니다. 더구나 양심적 병역거부자들을 처벌한다고 하더라도 이들을 교도소에 수감할 수 있을 뿐 입영시키거나 소집에 응하게 하여 병역자원으로 활용할 수는 없으므로, 대체복무제의 도입으로 양심적 병역거부자들이 대체복무를 이행하게 된다고 해서 병역자원의 손실이 발생한다고 할 수 없다. … 오늘날의 국방력은 인적 병역자원에만 의존하는 것은 아니고, 현대전은 정보전·과학전의 양상을 띠므로, 전체 국방력에서 병역자원이 차지하는 중요성은 상대적으로 낮아지고 있다. … 이러한 사정을 고려하면, 양심적 병역거부자에게 대체복무를 부과하더라도 우리나라의 국방력에 의미 있는 수준의 영향을 미친다고 보기는 어려울 것이다. … 이와 같이 대체복무제라는 대안이 있음에도 불구하고 군사훈련을 수반하는 병역의무만을 규정한 병역종류조항은, 침해의 최소성 원칙에 어긋난다(헌재 2018.6.28. 2011헌바379 등).

③ × 병역종류조항은, 병역의 종류와 각 병역의 내용 및 범위를 법률로 정하여 병역부담의 형평을 기하고, 병역의무자의 신체적 특성과 개인적 상황, 병력수급 사정 등을 고려하여 병역자원을 효율적으로 배분할 수 있도록 함과 동시에, 병역의 종류를 한정적으로 열거하고 그에 대한 예외를 인정하지 않음으로써 병역자원을 효과적으로 확보할 수 있도록 하기 위한 것이다. 이는 궁극적으로 국가안전보장이라는 헌법적 법익을 실현하고자 하는 것이므로 위와 같은 입법목적은 정당하고, 병역종류조항은 그러한 입법목적을 달성하기 위한 적합한 수단이다(헌재 2018.6.28. 2011헌바379 등).

④ ○ 병역종류조항은 앞에서 본 바와 같이 병역의 종류를 현역, 예비역, 보충역, 병역준비역, 전시근로역의 다섯 가지로 한정적으로 열거하고, 그 이외에 다른 병역의 종류나 내용을 상정하지는 않고 있다. 그런데 위 병역들은 모두 군사훈련을 받는 것을 전제하고 있으므로, 양심적 병역거부자에게 병역종류조항에 규정된 병역을 부과할 경우 필연적으로 그들의 양심과 충돌을 일으킬 수밖에 없다(헌재 2018.6.28. 2011헌바379 등).

정답 ③

16 **양심의 자유에 관한 다음 설명 중 옳지 않은 것은 모두 몇 개인가? (다툼이 있는 경우 헌법재판소 결정에 의함)** *〈2018 법원직 9급〉*

가. 양심의 자유의 주체는 자연인이므로, 법인에 대한 사죄광고제도는 양심의 자유의 제약에 해당하지 않는다.

나. 양심적 결정을 외부로 표현하고 실현할 수 있는 양심실현의 자유는 표현의 자유에 속하는 행위일 뿐 헌법 제19조가 보호하고 있는 양심의 자유에 포함되지 않는다.

다. 자신의 태도나 입장을 외부에 설명하거나 해명하는 행위는 진지한 윤리적 결정에 관계된 행위라기보다는 단순한 생각이나 의견, 사상이나 확신 등의 표현행위라고 볼 수 있어, 그 행위가 선거에 영향을 미치게 하기 위한 것이라는 이유로 이를 하지 못하게 된다 하더라도 내면적으로 구축된 인간의 양심이 왜곡 굴절된다고는 할 수 없다는 점에서 양심의 자유의 보호영역에 포괄되지 않는다.

라. 입법자는 헌법 제19조의 양심의 자유에 의하여 공익이나 법질서를 저해하지 않는 범위 내에서 법적 의무를 대체하는 다른 가능성이나 법적 의무의 개별적인 면제와 같은 대안을 제시함으로써 양심상의 갈등을 완화해야 할 의무가 있으며, 유사시에만 병역의무를 부과한다는 조건하에서 병역의무를 면제해 주는 것과 같은 대안을 진지하게 검토하여야 한다.

① 1개　　② 2개

③ 3개　　④ 4개

해설

가. × 사죄광고의 강제는 양심도 아닌 것이 양심인 것처럼 표현할 것의 강제로 인간양심의 왜곡·굴절이고 겉과 속이 다른 이중인격형성의 강요인 것으로서 침묵의 자유의 파생인 양심에 반하는 행위의 강제금지에 저촉되는 것이며 따라서 우리 헌법이 보호하고자 하는 정신적 기본권의 하나인 양심의 자유의 제약(법인의 경우라면 그 대표자에게 양심표명의 강제를 요구하는 결과가 된다.)이라고 보지 않을 수 없다(헌재 1991. 4.1. 89헌마160).

나. × 헌법 제19조가 보호하고 있는 양심의 자유는 양심형성의 자유와 양심적 결정의 자유를 포함하는 내심적 자유(forum internum) 뿐만 아니라, 양심적 결정을 외부로 표현하고 실현할 수 있는 양심실현의 자유(forum externum)를 포함한다고 할 수 있다.(헌재 1998.7.16. 96헌바35).

다. ○ 자신의 인격권이나 명예권을 보호하기 위하여 대외적으로 해명을 하는 행위는 표현의 자유에 속하는 영역일 뿐 이미 사생활의 자유에 의하여 보호되는 범주를 벗어난 행위이고, 또한,

자신의 태도나 입장을 외부에 설명하거나 해명하는 행위는 진지한 윤리적 결정에 관계된 행위라기보다는 단순한 생각이나 의견, 사상이나 확신 등의 표현행위라고 볼 수 있어, 그 행위가 선거에 영향을 미치게 하기 위한 것이라는 이유로 이를 하지 못하게 된다 하더라도 내면적으로 구축된 인간의 양심이 왜곡 굴절된다고는 할 수 없다는 점에서 양심의 자유의 보호영역에 포괄되지 아니하므로, 위 제93조 제1항은 사생활의 자유나 양심의 자유를 침해하지 아니한다(헌재 2001.8.30. 99헌바92 등).

라. × 양심의 자유의 경우 비례의 원칙을 통하여 양심의 자유를 공익과 교량하고 공익을 실현하기 위하여 양심을 상대화하는 것은 양심의 자유의 본질과 부합될 수 없다. 양심상의 결정이 법익교량과정에서 공익에 부합하는 상태로 축소되거나 그 내용에 있어서 왜곡·굴절된다면, 이는 이미 '양심'이 아니다. 이 사건의 경우 종교적 양심상의 이유로 병역의무를 거부하는 자에게 병역의무의 절반을 면제해 주거나 아니면 유사시에만 병역의무를 부과한다는 조건 하에서 병역의무를 면제해 주는 것은 병역거부자의 양심을 존중하는 해결책이 될 수 없다. … 입법자는 헌법 제19조의 양심의 자유에 의하여 공익이나 법질서를 저해하지 않는 범위 내에서 법적 의무를 대체하는 다른 가능성이나 법적 의무의 개별적인 면제와 같은 대안을 제시함으로써 양심상의 갈등을 완화해야 할 의무가 있으며, 이러한 가능성을 제공할 수 없다면, 적어도 의무위반 시 가해지는 처벌이나 징계에 있어서 그의 경감이나 면제를 허용함으로써 양심의 자유를 보호할 수 있는 여지가 있는가를 살펴보아야 한다(헌재 2004.8.26. 2002헌가1).

정답 ③

17 다음에서 설명하는 '이것'에 대한 침해라고 볼 수 있는 것은? (다툼이 있는 경우 판례에 의함)

〈2011 국가직 7급〉

> '이것'은 어떤 일의 옳고 그름을 판단함에 있어서 그렇게 행동하지 아니하고는 자신의 인격적인 존재가치가 허물어지고 말 것이라는 강력하고 진지한 마음의 소리이다.

① 금지행위를 위반한 사업자단체의 법위반사실을 공표하도록 한 공정거래위원회의 명령

② 법원이 타인의 명예를 훼손한 자에게 명예회복에 적당한 처분으로 사죄광고를 명하는 것

③ 가석방 신청자에 대한 가석방심사위원회의 준법서약서 제출요구

④ 구「전투경찰대설치법」에 근거하여 군인에서 경찰공무원으로 신분을 전환할 수 있게 한 것

해설

① × 금지행위를 위반한 사업자단체의 법위반사실을 공표하도록 한 공정거래위원회의 명령은 단순한 법위반사실 자체를 공표하라는 것일 뿐 사죄 내지 사과라는 의미요소를 가지고 있지 않으므로, 양심의 자유를 침해하는 것이 아니라 무죄추정권을 위배하는 것이다(헌재 2002.1.31. 2001헌바43).

② ○ 사죄광고의 강제는 양심도 아닌 것이 양심인 것처럼 표현할 것의 강제로 인간양심의 왜곡·굴절이고 겉과 속이 다른 이중인격형성의 강요인 것으로서 침묵의 자유의 파생인 양심에 반하는 행위의 강제금지에 저촉되는 것이며 따라서 우리 헌법이 보호하고자 하는 정신적 기본권의 하나인 양심의 자유의 제약(법인의 경우라면 그 대표자에게 양심표명의 강제를 요구하는 결과가 된다.)이라고 보지 않을 수 없다(헌재 1991. 4.1. 89헌마160).

③ × 준법서약은 어떤 구체적이거나 적극적인 내용을 담지 않은 채 단순한 헌법적 의무의 확인·서약에 불과하다 할 것이어서 양심의 영역을 건드리는 것이 아니다(헌재 2002.4.25. 98헌마425).

④ × 전투경찰순경으로서 대간첩작전을 수행하는 것도 위와 같이 넓은 의미의 국방의 의무를 수행하는 것으로 볼 수 있고, 국방의 의무의 이행을 위하여 현역병으로 입영한 사람을 어디에 배치하여 어떠한 임무를 부여할 것인가의 문제나 대간첩작전을 수행하는 자의 소속이나 신분을 국방부 소속의 군인으로 할 것인가, 내무부 소속의 경찰로 할 것인가의 문제는 입법자가 국가의 안보상황 및 재정, 대간첩작전의 효율성 등 여러 가지 사정을 고려하여 합목적적으로 정할 사항이다. 따라서 위에서 본 바와 같은 입법목적과 필요성에 따라 대간첩작전의 수행을 임무로 하는 전투경찰순경을 현역병으로 입영하여 복무중인 군인에서 전임시켜 충원할 수 있도록 한 이 사건 법률조항들이 그 자체로서 청구인의 행복추구권 및 양심의 자유를 침해한 것이라고 볼 수 없다(헌재 1995.12.28. 91헌마80).

정답 ②

18 헌법재판소가 양심의 자유의 보호영역에 속한다고 판단한 것은? 〈2010 지방직 7급〉

① 법률상의 환자의료비내역 제출의무에 응할 것인지 여부에 대한 의사의 결정

② 「주민등록법」상의 지문을 날인할 것인지 여부의 결정

③ 수형자의 가석방 결정시 준법서약서의 제출을 요구하고 있는 경우 제출여부에 대한 수형자의 결정

④ 음주측정에 응해야 할 것인지, 거부해야 할 것인지 여부의 결정

해설

① ○ 만일 의사가 환자의 신병(身病)에 관한 사실을 자신의 의사에 반하여 외부에 알려야 한다면, 이는 의사로서의 윤리적·도덕적 가치에 반하는 것으로서 심한 양심적 갈등을 겪을 수밖에 없을 것이다. 그런데 소득공제증빙서류 제출의무자들인 의료기관인 의사로서는 과세자료를 제출하지 않을 경우 국세청으로부터 행정지도와 함께 세무조사와 같은 불이익을 받을 수 있다는 심리적 강박감을 가지게 되는바, … 의사인 청구인들의 양심의 자유를 제한한다. … 이 사건 법령조항은 헌법에 위반되지 아니한다(헌재 2008.10.30. 2006헌마1401 등).

② × 지문을 날인할 것인지 여부의 결정이 선악의 기준에 따른 개인의 진지한 윤리적 결정에 해당한다고 보기는 어려워, 열 손가락 지문날인의 의무를 부과하는 이 사건 시행령조항에 대하여 국가가 개인의 윤리적 판단에 개입한다거나 그 윤리적 판단을 표명하도록 강제하는 것으로 볼 여지는 없다고 할 것이므로, 이 사건 시행령조항에 의한 양심의 자유의 침해가능성 또한 없는 것으로 보인다(헌재 2005.5.26. 99헌마513).

③ × 내용상 단순히 국법질서나 헌법체제를 준수하겠다는 취지의 서약을 할 것을 요구하는 이 사건 준법서약은 국민이 부담하는 일반적 의무를 장래를 향하여 확인하는 것에 불과하며, 어떠한 가정적 혹은 실제적 상황 하에서 특정의 사유(思惟)를 하거나 특별한 행동을 할 것을 새로이 요구하는 것이 아니다. 따라서 이 사건 준법서약은 어떤 구체적이거나 적극적인 내용을 담지 않은 채 단순한 헌법적 의무의 확인·서약에 불과하다 할 것이어서 양심의 영역을 건드리는 것이 아니다(헌재 2002.4.25. 98헌마425 등).

④ × 음주측정요구에 처하여 이에 응하여야 할 것인지 거부해야 할 것인지 고민에 빠질 수는 있겠으나 그러한 고민은 선과 악의 범주에 관한 진지한 윤리적 결정을 위한 고민이라 할 수 없으므로 그 고민 끝에 어쩔 수 없이 음주측정에 응하였다 하여 내면적으로 구축된 인간양심이 왜곡·굴절된다고 할 수 없다. 따라서 이 사건 법률조항을 두고 헌법 제19조에서 보장하는 양심의 자유를 침해하는 것이라고 할 수 없다(헌재 1997.3.27. 96헌가11).

정답 ①

19 **다음 행위들 중 헌법재판소의 판례에 따를 때 양심의 자유의 문제로 보지 않은 것들로 묶은 것은?**

〈2013 국회직 9급〉

㉠ 양심적 집총거부자에 대한 형사처벌	㉡ 음주측정
㉢ 사죄광고의 강제	㉣ 「주민등록법」상의 지문날인
㉤ 법위반사실의 공표명령	㉥ 준법서약

① ㉠, ㉡, ㉢
② ㉠, ㉢, ㉣, ㉤, ㉥
③ ㉡, ㉣, ㉤, ㉥
④ ㉠, ㉢, ㉣
⑤ ㉠, ㉢

해설

㉠ ○ 병역종류조항에 대체복무제가 마련되지 아니한 상황에서, 양심상의 결정에 따라 입영을 거부하거나 소집에 불응하는 이 사건 청구인 등이 현재의 대법원 판례에 따라 처벌조항에 의하여 형벌을 부과 받음으로써 양심에 반하는 행동을 강요받고 있으므로, 이 사건 법률조항은 '양심에 반하는 행동을 강요당하지 아니할 자유', 즉, '부작위에 의한 양심실현의 자유'를 제한하고 있다(헌재 2018.6.28. 2011헌바379 등).

㉡ × 음주측정요구에 처하여 이에 응하여야 할 것인지 거부해야 할 것인지 고민에 빠질 수는 있겠으나 그러한 고민은 선과 악의 범주에 관한 진지한 윤리적 결정을 위한 고민이라 할 수 없으므로 그 고민 끝에 어쩔 수 없이 음주측정에 응하였다 하여 내면적으로 구축된 인간양심이 왜곡·굴절된다고 할 수 없다. 따라서 이 사건 법률조항을 두고 헌법 제19조에서 보장하는 양심의 자유를 침해하는 것이라고 할 수 없다(헌재 1997.3.27. 96헌가11).

㉢ ○ 사죄광고의 강제는 양심도 아닌 것이 양심인 것처럼 표현할 것의 강제로 인간양심의 왜곡·굴절 겉과 속이 다른 이중인격형성의 강요인 것으로서 침묵의 자유의 파생인 양심에 반하는 행위의 강제금지에 저촉되는 것이며 따라서 우리 헌법이 보호하고자 하는 정신적 기본권의 하나인 양심의 자유의 제약(법인의 경우라면 그 대표자에게 양심표명의 강제를 요구하는 결과가 된다.)이라고 보지 않을 수 없다(헌재 1991.4.1. 89헌마160).

㉣ × 지문을 날인할 것인지 여부의 결정이 선악의 기준에 따른 개인의 진지한 윤리적 결정에 해당한다고 보기는 어려워, 열 손가락 지문날인의 의무를 부과하는 이 사건 시행령조항에 대하여 국가가 개인의 윤리적 판단에 개입한다거나 그 윤리적 판단을 표명하도록 강제하는 것으로 볼 여지는 없다고 할 것이므로 이 사건 시행령조항에 의한 양심의 자유의 침해가능성 또한 없는 것으로 보인다(헌재 2005.5.26. 99헌마513).

ⓜ × 이 사건의 경우와 같이 경제규제법적 성격을 가진 공정거래법에 위반하였는지 여부에 있어서도 각 개인의 소신에 따라 어느 정도의 가치판단이 개입될 수 있는 소지가 있고 그 한도에서 다소의 윤리적 도덕적 관련성을 가질 수도 있겠으나, 이러한 법률판단의 문제는 개인의 인격형성과는 무관하며, 대화와 토론을 통하여 가장 합리적인 것으로 그 내용이 동화되거나 수렴될 수 있는 포용성을 가지는 분야에 속한다고 할 것이므로 헌법 제19조에 의하여 보장되는 양심의 영역에 포함되지 아니한다(헌재 2002.1.31. 2001헌바43).

ⓗ × 내용상 단순히 국법질서나 헌법체제를 준수하겠다는 취지의 서약을 할 것을 요구하는 이 사건 준법서약은 국민이 부담하는 일반적 의무를 장래를 향하여 확인하는 것에 불과하며, 어떠한 가정적 혹은 실제적 상황 하에서 특정의 사유(思惟)를 하거나 특별한 행동을 할 것을 새로이 요구하는 것이 아니다. 따라서 이 사건 준법서약은 어떤 구체적이거나 적극적인 내용을 담지 않은 채 단순한 헌법적 의무의 확인·서약에 불과하다 할 것이어서 양심의 영역을 건드리는 것이 아니다(헌재 2002.4.25. 98헌마425 등).

정답 ③

제 2 항 종교의 자유

01 종교의 자유에 관한 설명 중 옳은 것을 모두 고른 것은? (다툼이 있는 경우 판례에 의함)

〈2022 경찰공채 2차〉

㉠ 종교의 자유에는 선교의 자유가 포함되고, 선교의 자유에는 다른 종교를 비판하거나 다른 종교의 신자에 대하여 개종을 권고하는 자유도 포함된다.

㉡ 기독교재단이 설립한 사립대학에서 6학기 동안 대학예배에 참석할 것을 졸업요건으로 하는 학칙은 비록 위 대학예배가 복음 전도나 종교인 양성에 직접적인 목표가 있는 것이 아니고 신앙을 가지지 않을 자유를 침해하지 않는 범위 내에서 학생들에게 종교교육을 함으로써 진리·사랑에 기초한 보편적 교양인을 양성하는 데 목표를 두고 있다고 하더라도 헌법상 보장된 종교의 자유를 침해하는 것이다.

㉢ 지방자치단체가 유서 깊은 천주교 성당 일대를 문화관광지로 조성하기 위하여 상급단체로부터 문화관광지 조성계획을 승인받은 후 사업부지 내 토지 등을 수용재결한 것은 헌법의 정교분리 원칙에 위배되지 않는다.

㉣ 종교시설의 건축행위에만 기반시설부담금을 면제한다면 국가가 종교를 지원하여 종교를 승인하거나 우대하는 것으로 비칠 소지가 있어 헌법 제20조 제2항의 국교금지 정교분리에 위배될 수도 있다.

㉤ 종교단체의 복지시설 운영에 대한 제한은 종교단체 내 복지시설을 운영하는 법인의 인격권 및 법인운영의 자유를 제한하는 것이므로 종교의 자유 침해가 아닌 법인운영의 자유를 침해하는지 여부에 대한 문제로 귀결된다.

① ㉠, ㉡, ㉤　　② ㉠, ㉢, ㉣

③ ㉡, ㉣, ㉤　　④ ㉢, ㉣, ㉤

해설

㉠ ○ 우리 헌법 제20조 제1항은 "모든 국민은 종교의 자유를 가진다."라고 규정하고 있는데, 종교의 자유에는 자기가 신봉하는 종교를 선전하고 새로운 신자를 규합하기 위한 선교의 자유가 포함되고 선교의 자유에는 다른 종교를 비판하거나 다른 종교의 신자에 대하여 개종을 권고하는 자유도 포함된다(대판 1996.9.6. 96다19246).

㉡ × **기독교재단이 설립한 사립대학이 학칙으로 대학예배의 6학기 참석을 졸업요건으로 정한 경우,** 위 대학교의 대학예배는 목사에 의한 예배뿐만 아니라 강연이나 드라마 등 다양한 형식을 취하고 있고 학생들에 대하여도 예배시간의 참석만을 졸업의 요건으로 할 뿐 그 태도나 성과 등을 평가하지는 않는 사실 등에 비추어 볼 때, 위 대학교의 예배는 복음 전도나 종교인 양성에 직접적인 목표가 있는 것이 아니고 신앙을 가지지 않을 자유를 침해하지 않는 범위 내에서 학생들에게 종교교육을 함으로써 진리·사랑에 기초한 보편적 교양인을 양성하는 데 목표를 두고 있다고 할 것이므로, 대학예배에의 6학기 참석을 졸업요건으로 정한 위 대학교의 학칙은 헌법상 종교의 자유에 반하는 위헌무효의 학칙이 아니다(대판 1998.11.10. 96다37268).

㉢ ○ 지방자치단체가 유서 깊은 천주교 성당 일대를 문화관광지로 조성하기 위하여 상급단체로부터 문화관광지 조성계획을 승인받은 후 사업부지 내 토지 등을 수용재결한 것은 헌법의 정교분리원칙에 위배되지 않는다(대판 2009.5.28. 2008두16933).

㉣ ○ 종교시설의 건축행위에만 기반시설부담금을 면제한다면 국가가 종교를 지원하여 종교를 승인하거나 우대하는 것으로 비칠 소지가 있어 헌법 제20조 제2항의 국교금지·정교분리에 위배될 수도 있다고 할 것이므로 종교시설의 건축행위에 대하여 기반시설부담 부과를 제외하거나 감경하지 아니하였더라도, 종교의 자유를 침해하는 것이 아니다(헌재 2010.2.25. 2007헌바131).

㉤ × 청구인은, 심판대상조항이 법인의 인격권 및 법인운영의 자유를 침해한다고 주장하나, 위에서 본 바와 같이 **종교단체의 복지시설 운영**은 **종교의 자유의 영역**이므로 종교의 자유를 침해하는지 여부에 대한 문제로 귀결된다(헌재 2016.6.30. 2015헌바46).

정답 ②

02 종교의 자유에 대한 설명으로 옳지 않은 것은? (다툼이 있는 경우 판례에 의함) 〈2018 지방직 7급〉

① 종교의 자유에 관한 헌법 제20조 제1항은 '표현의 자유에 관한 헌법 제21조 제1항에 대하여 특별규정의 성격을 갖는다.' 할 것이므로 종교적 목적을 위한 언론·출판의 경우에는 그 밖의 일반적인 언론·출판에 비하여 고도의 보장을 받게 된다.

② 종교의 자유에는 종교전파의 자유가 포함되며, 종교전파의 자유는 국민에게 그가 선택한 임의의 장소에서 자유롭게 행사할 수 있는 권리까지 보장한다.

③ 종립학교의 학교법인이 국·공립학교의 경우와는 달리 종교교육을 할 자유와 운영의 자유를 가진다고 하더라도, 그 종립학교가 공교육체계에 편입되어 있는 이상 원칙적으로 학생의 종교의 자유, 교육을 받을 권리를 고려한 대책을 마련하는 등의 조치를 취하는 속에서 그러한 자유를 누린다.

④ 신앙의 자유는 신과 피안 또는 내세에 대한 인간의 내적 확신에 대한 자유를 말하는 것으로서, 이러한 신앙의 자유는 그 자체가 내심의 자유의 핵심이기 때문에 법률로써도 이를 침해할 수 없다.

해설

① ○ 종교의 자유에는 자기가 신봉하는 종교를 선전하고 새로운 신자를 규합하기 위한 선교의 자유가 포함되고 선교의 자유에는 다른 종교를 비판하거나 다른 종교의 신자에 대하여 개종을 권고하는 자유도 포함되는바, 종교적 선전, 타 종교에 대한 비판 등은 동시에 표현의 자유의 보호대상이 되는 것이나, 그 경우 종교의 자유에 관한 헌법 제20조 제1항은 표현의 자유에 관한 헌법 제21조 제1항에 대하여 특별 규정의 성격을 갖는다 할 것이므로 종교적 목적을 위한 언론·출판의 경우에는 그 밖의 일반적인 언론·출판에 비하여 보다 고도의 보장을 받게 된다(대판 1996.9.6. 96다19246).

② × 종교(선교활동)의 자유는 국민에게 그가 선택한 임의의 장소에서 자유롭게 행사할 수 있는 권리까지 보장한다고 할 수 없으며, 그 임의의 장소가 대한민국의 주권이 미치지 아니하는 지역 나아가 국가에 의한 국민의 생명·신체 및 재산의 보호가 강력히 요구되는 해외 위난지역인 경우에는 더욱 그러하다(헌재 2008. 6.26. 2007헌마1366).

③ ○ 비록 종립학교의 학교법인이 국·공립학교의 경우와는 달리 종교교육을 할 자유와 운영의 자유를 가진다고 하더라도, 그 종립학교가 공교육체계에 편입되어 있는 이상 원칙적으로 학생의 종교의 자유, 교육을 받을 권리를 고려한 대책을 마련하는 등의 조치를 취하는 속에서 그러한 자유를 누린다고 해석하여야 한다(대판 2010.4.22. 2008다38288).

④ ○ 신앙의 자유는 신과 피안 또는 내세에 대한 인간의 내적 확신에 대한 자유를 말하는 것으로서 이러한 신앙의 자유는 그 자체가 내심의 자유의 핵심이기 때문에 법률로써도 이를 침해할 수 없다(헌재 2011. 12.29. 2009헌마527).

정답 ②

03 종교의 자유에 관한 설명 중 가장 옳은 것은? 〈2018 서울시 7급〉

① 사제(司祭)가 범죄인에게 적극적으로 은신처를 마련하여 주고 도피자금을 제공하는 경우 형사상의 책임을 지지 않는다는 것이 대법원의 판례이다.

② 종교단체가 운영하는 학교 형태 혹은 학원 형태의 교육기관도 예외 없이 학교설립인가 혹은 학원설립등록을 받도록 규정하고 있는 「교육법」 제85조 제1항 및 「학원설립·운영에 관한 법률」 제6조는 정교분리의 원칙에 위배된다고 함이 헌법재판소 판례이다.

③ 사법시험을 일요일에 실시하는 것은 종교의 자유를 침해하는 것이라고 함이 헌법재판소의 판례이다.

④ 사립대학은 종교교육 내지 종교선전을 위하여 학생들의 신앙을 가지지 않을 자유를 침해하지 않는 범위 내에서 학생들로 하여금 일정한 내용의 종교교육을 받을 것을 졸업요건으로 하는 학칙을 제정할 수 있다고 함이 대법원 판례이다.

해설

① × 성직자라 하여 초법규적인 존재일 수는 없으며 성직자의 직무상 행위가 사회상규에 반하지 아니한다 하여 그에 적법성이 부여되는 것은 그것이 성직자의 행위이기 때문이 아니라 그 직무로 인한 행위에 정당, 적법성을 인정하기 때문인 바, 사제가 죄지은 자를 능동적으로 고발하지 않는 것에 그치지 아니하고 은신처 마련, 도피자금 제공 등 범인을 적극적으로 은닉·도피케 하는 행위는 사제의 정당한 직무에 속하는 것이라고 할 수 없다(대판 1983.3.8. 82도3248).

② × 헌법 제31조 제6항이 교육제도에 관한 기본사항을 법률로 입법자가 정하도록 한 취지, 종교교육기관이 자체 내부의 순수한 성직자 양성기관이 아니라 학교 혹은 학원의 형태로 운영될 경우 일반국민들이 받을 수 있는 부실한 교육의 피해의 방지, 현행 법률상 학교 내지 학원의 설립절차가 지나치게 엄격하다고 볼 수 없는 점 등을 고려할 때, 위 조항들이 청구인의 종교의 자유 등을 침해하였다고 볼 수 없고, 또한 위 조항들로 인하여 종교교단의 재정적 능력에 따라 학교 내지 학원의 설립상 차별을 초래한다고 해도 거기에는 위와 같은 합리적 이유가 있으므로 평등원칙에 위배된다고 할 수 없다(헌재 2000.3.30. 99헌바14).

③ × 피청구인이 사법시험 제1차 시험 시행일을 일요일로 정하여 공고한 것은 「국가공무원법」 제35조에 의하여 다수 국민의 편의를 위한 것이므로 이로 인하여 청구인의 종교의 자유가 어느 정도 제한된다 하더라도 이는 공공복리를 위한 부득이한 제한으로 보아야 할 것이고 그 정도를 보더라도 비례의 원칙에 벗어난 것으로 볼 수 없고 청구인의 종교의 자유의 본질적 내용을 침해한 것으로 볼 수도 없다(헌재 2001.9. 27. 2000헌마15).

④ ○ 사립학교는 국·공립학교와는 달리 종교의 자유의 내용으로서 종교교육 내지는 종교선전을 할 수 있고, 학교는 인적·물적 시설을 포함한 교육시설로써 학생들에게 교육을 실시하는 것을 본질로 하며, 특히 대학은 헌법상 자치권이 부여되어 있으므로 사립대학은 교육시설의 질서를 유지하고 재학관계를 명확히 하기 위하여 법률상 금지된 것이 아니면 학사관리, 입학 및 졸업에 관한 사항이나 학교시설의 이용에 관한 사항 등을 학칙 등으로 제정할 수 있으며, 또한 구「교육법시행령」 제55조는 학칙을 학교의 설립인가신청에 필요한 서류의 하나로 규정하고, 제56조 제1항은 학칙에서 기재하여야 할 사항으로 '교과와 수업일수에 관한 사항', '고사(또는 시험)와 과정수료에 관한 사항', '입학 편입학·퇴학·전학·휴학·수료·졸업과 상벌에 관한 사항' 등을 규정하고 있으므로, 사립대학은 종교교육 내지 종교선전을 위하여 학생들의 신앙을 가지지 않을 자유를 침해하지 않는 범위 내에서 학생들로 하여금 일정한 내용의 종교교육을 받을 것을 졸업요건으로 하는 학칙을 제정할 수 있다(대판 1998.11.10. 96다3726).

정답 ④

04 **종교의 자유에 대한 설명으로 가장 적절하지 않은 것은? (다툼이 있는 경우 판례에 의함)**

〈2021 경정승진〉

① 헌법 제20조 제2항이 국교금지와 정교분리원칙을 규정하고 있기 때문에, 종교시설의 건축행위에만 기반시설부담금을 면제한다면 국가가 종교를 지원하여 종교를 승인하거나 우대하는 것으로 비칠 소지가 있다.

② 전통사찰에 대하여 채무명의를 가진 일반채권자가 전통사찰 소유의 전법(傳法)용 경내지의 건조물 등에 대하여 압류하는 것을 금지하는 「전통사찰의 보존 및 지원에 관한 법률」 조항은 '전통사찰의 일반채권자'의 재산권을 제한하지만, 종교의 자유의 내용 중 어떠한 것도 제한되지 않는다.

③ 종교전파의 자유는 국민에게 그가 선택한 임의의 장소에서 자유롭게 행사할 수 있는 권리까지 보장한다고 할 수 없다.

④ 구치소장이 수용자 중 미결수용자에 대하여 일률적으로 종교행사 등에의 참석을 불허한 것은 교정시설의 여건 및 수용관리의 적정성을 기하기 위한 것으로서 목적이 정당하고, 일부 수용자에 대한 최소한의 제한에 해당하므로 종교의 자유를 침해한 것으로 볼 수 없다.

해설

① ○ 종교의 자유에서 종교에 대한 적극적인 우대조치를 요구할 권리가 직접 도출되거나 우대할 국가의 의무가 발생하지 아니한다. **종교시설의 건축행위에만 기반시설부담금을 면제한다면 국가가 종교를 지원하여 종교를 승인하거나 우대하는 것으로 비칠 소지가 있어** 헌법 제20조 제2항의 국교금지·정교분리에 위배될 수도 있다고 할 것이므로 종교시설의 건축행위에 대하여 기반시설부담금 부과를 제외하거나 감경하지 아니하였더라도, 종교의 자유를 침해하는 것이 아니다(헌재 2010.2.25. 2007헌바131 등).

② ○ 압류 등 강제집행은 국가가 강제력을 행사함으로써 채권자의 사법상 청구권에 대한 실현을 도모하는 절차로서 채권자의 재산권은 궁극적으로 강제집행에 의하여 그 실현이 보장되는 것인바, 이 사건 법률조항은 전통사찰에 대하여 채무명의를 가진 일반 채권자(이하 '전통사찰의 일반 채권자'라 한다)가 전통사찰 소유의 전법용 경내지의 건조물 등에 대하여 압류하는 것을 금지하고 있으므로 **'전통사찰의 일반 채권자'의 재산권을 제한**한다. 청구인은 이 사건 법률조항이 다른 종교단체의 재산과는 달리 불교 전통사찰 소유의 재산만을 압류 금지 재산으로 규정함으로써 청구인의 종교의 자유를 침해한다고 주장한다. 그러나 종교의 자유는 신앙의 자유, 종교적 행위의 자유 및 종교적 집회·결사의 자유를 그 내용으로 하는바, 이 사건 법률조항은 전통사찰 소유의 일정 재산에 대한 압류를 금지할 뿐이므로 그로 인하여 위와 같은 **종교의 자유의 내용 중 어떠한 것도 제한되지는 아니한다**(헌재 2012.6.27. 2011헌바34).

③ ○ 종교의 자유에는 신앙의 자유, 종교적 행위의 자유가 포함되며, 종교적 행위의 자유에는 신앙 고백의 자유, 종교적 의식 및 집회·결사의 자유, 종교전파·교육의 자유 등이 있다. 이 사건에서 문제되는 종교의 자유는 종교전파의 자유로서 누구에게나 자신의 종교 또는 종교적 확신을 알리고 선전하는 자유를 말하며, 포교행위 또는 선교행위가 이에 해당한다. 그러나 이러한 **종교 전파의 자유는 국민에게 그가 선택한 임의의 장소에서 자유롭게 행사할 수 있는 권리까지 보장한다고 할 수 없으며**, 그 임의의 장소가 대한민국의 주권이 미치지 아니하는 지역 나아가 국가에 의한 국민의 생명·신체 및 재산의 보호가 강력히 요구되는 해외 위난지역인 경우에는 더욱 그러하다(헌재 2008.6.26. 2007헌마1366).

④ × 무죄추정의 원칙이 적용되는 미결수용자들에 대한 기본권 제한은 징역형 등의 선고를 받아 그 형이 확정된 수형자의 경우보다는 더 완화되어야 할 것임에도, 피청구인이 수용자 중 미결수용자에 대하여만 일률적으로 종교행사 등에의 참석을 불허한 것은 미결수용자의 종교의 자유를 나머지 수용자의 종교의 자유보다 더욱 엄격하게 제한한 것이다. 나아가 공범 등이 없는 경우 내지 공범 등이 있는 경우라도 공범이나 동일사건 관련자를 분리하여 종교행사 등에의 참석을 허용하는 등의 방법으로 미결수용자의 기본권을 덜 침해하는 수단이 존재함에도 불구하고 이를 전혀 고려하지 아니하였으므로 이 사건 종교행사 등 참석불허 처우는 침해의 최소성 요건을 충족하였다고 보기 어렵다. 따라서, 이 사건 **종교행사 등 참석불허 처우**는 과잉금지 원칙을 위반하여 청구인의 **종교의 자유를 침해**하였다(헌재 2011.12.29. 2009헌마527).

정답 ④

05 종교의 자유에 관한 헌법재판소의 입장으로 옳지 않은 것은? 〈2021 소방간부〉

① 수용자 중 미결수용자에 대하여만 일률적으로 종교행사 등에의 참석을 불허한 것은 미결수용자의 종교의 자유를 나머지 수용자의 종교의 자유보다 더욱 엄격하게 제한한 것이긴 하지만, 재판이 확정되지 않은 수용자들 상호간 접촉을 통하여 발생할 수 있는 증거인멸을 방지하고 현 교정시설의 여건 및 수용관리의 적정성을 기하기 위한 것으로서 헌법에 위반되지 않는다.

② 종교적 행위의 자유는 종교상의 의식·예배 등 종교적 행위를 각 개인이 임의로 할 수 있는 등 종교적인 확신에 따라 행동하고 교리에 따라 생활할 수 있는 자유와 소극적으로는 자신의 종교적인 확신에 반하는 행위를 강요당하지 않을 자유 그리고 선교의 자유, 종교교육의 자유 등이 포함된다.

③ 종교시설의 건축행위에만 기반시설부담금을 면제한다면 국가가 종교를 지원하여 종교를 승인하거나 우대하는 것으로 비칠 소지가 있어 국교금지·정교분리에 위배될 수 있다.

④ 종교전파의 자유는 국민에게 그가 선택한 임의의 장소에서 자유롭게 행사할 수 있는 권리까지 보장한다고 할 수 없다.

⑤ 종교단체가 운영하는 학교 혹은 학원 형태의 교육기관도 예외 없이 학교 설립인가 혹은 학원설립 등록을 받도록 규정함으로써 종교교단의 재정적 능력에 따라 학교 내지 학원의 설립 상 차별을 초래한다고 해도 이는 합리적 이유가 있으므로 평등원칙에 위배된다고 할 수 없다.

해설

① × 무죄추정의 원칙이 적용되는 미결수용자들에 대한 기본권 제한은 징역형 등의 선고를 받아 그 형이 확정된 수형자의 경우보다는 **더 완화되어야 할 것**임에도, 피청구인이 수용자 중 **미결수용자**에 대하여만 **일률적으로 종교행사 등에의 참석을 불허**한 것은 **미결수용자의 종교의 자유**를 나머지 수용자의 종교의 자유보다 **더욱 엄격하게 제한**한 것이다. 따라서, 이 사건 종교행사 등 참석불허 처우는 과잉금지원칙을 위반하여 청구인의 **종교의 자유를 침해**하였다(헌재 2011.12.29. 2009헌마527).

② ○ **종교적 행위의 자유**는 종교상의 의식·예배 등 종교적 행위를 각 개인이 임의로 할 수 있는 등 **종교적인 확신에 따라 행동하고 교리에 따라 생활할 수 있는 자유**와 소극적으로는 자신의 **종교적인 확신에 반하는 행위를 강요당하지 않을 자유** 그리고 **선교의 자유, 종교교육의 자유** 등이 포함된다(헌재 2011.12.29. 2009헌마527).

③ ○ **종교시설의 건축행위**에만 **기반시설부담금을 면제**한다면 국가가 종교를 지원하여 종교를 승인하거나 우대하는 것으로 비칠 소지가 있어 헌법 제20조 제2항의 **국교금지·정교분리에 위배**될 수도 있다고 할 것이므로 종교시설의 건축행위에 대하여 기반시설부담금 부과를 제외하거나 감경하지 아니하였더라도, 종교의 자유를 침해하는 것이 아니다(헌재 2010.2.25. 2007헌바131 등).

④ ○ **종교전파의 자유**는 국민에게 그가 선택한 **임의의 장소에서 자유롭게 행사할 수 있는 권리**까지 보장한다고 할 수 **없으며**, 그 임의의 장소가 대한민국의 주권이 미치지 아니하는 지역 나아가 국가에 의한 국민의 생명·신체 및 재산의 보호가 강력히 요구되는 해외 위난지역인 경우에는 더욱 그러하다(헌재 2008.6.26. 2007헌마1366).

⑤ ○ 헌법 제31조 제6항이 교육제도에 관한 기본사항을 법률로 입법자가 정하도록 한 취지, 종교교육기관이 자체 내부의 순수한 성직자 양성기관이 아니라 학교 혹은 학원의 형태로 운영될 경우 일반국민들이 받을 수 있는 부실한 교육의 피해의 방지, 현행 법률상 학교 내지 학원의 설립절차가 지나치게 엄격하다고 볼 수 없는 점 등을 고려할 때, 위 조항들이 청구인의 종교의 자유 등을 침해하였다고 볼 수 없고, 또한 위 조항들로 인하여 종교교단의 재정적 능력에 따라 **학교 내지 학원의 설립 상 차별을 초래**한다고 해도 거기에는 위와 같은 **합리적 이유**가 있으므로 **평등원칙에 위배된다고 할 수 없다**(헌재 2000.3.30. 99헌바14).

정답 ①

06 종교의 자유에 관한 다음 설명 중 가장 옳지 않은 것은? (다툼이 있는 경우 헌법재판소 결정에 의함) *〈2016 법원직 9급〉*

① 종교의 자유의 구체적 내용으로는 신앙의 자유, 종교적 행위의 자유 및 종교적 집회·결사의 자유가 포함된다.

② 종교 의식 내지 종교적 행위와 밀접한 관련이 있는 시설의 설치와 운영은 종교의 자유를 보장하기 위한 전제에 해당되므로 종교적 행위의 자유에 포함된다. 따라서 종교단체가 종교적 행사를 위하여 종교집회장 내에 납골시설을 설치하여 운영하는 것은 종교행사의 자유와 관련된 것이고, 그러한 납골시설의 설치를 금지하는 것은 종교행사의 자유를 제한하는 것이다.

③ 종교전파의 자유는 국민에게 그가 선택한 임의의 장소에서 자유롭게 행사할 수 있는 권리까지 보장한다고 할 수 없다.

④ 구치소장이 수용자 중 미결수용자에 대하여 일률적으로 종교행사 등에의 참석을 불허한 것은 미결수용자의 종교의 자유를 나머지 수용자의 종교의 자유보다 엄격하게 제한한 것이나, 교정시설의 여건 및 수용관리의 적정성을 기하기 위한 것으로서 목적과 수단이 정당하고 일부 수용자에 대한 최소한의 제한에 해당하므로 종교의 자유를 침해한 것으로 볼 수 없다.

해설

① ○ 우리 헌법 제20조는 제1항에서 모든 국민은 종교의 자유를 가진다고 규정하고 제2항에서 국교는 인정되지 아니하며 종교와 정치는 분리된다라고 규정하여 종교의 자유와 정교의 분리를 선언하고 있다. 이러한 종교의 자유의 구체적 내용에 관하여는 일반적으로 신앙의 자유, 종교적 행위의 자유 및 종교적 집회·결사의 자유의 3요소를 내용으로 한다고 설명되고 있다(헌재 2001.9.27. 2000헌마159).

② ○ 종교 의식 내지 종교적 행위와 밀접한 관련이 있는 시설의 설치와 운영은 종교의 자유를 보장하기 위한 전제에 해당되므로 종교적 행위의 자유에 포함된다고 할 것이다. … 따라서 종교단체가 종교적 행사를 위하여 종교집회장 내에 납골시설을 설치하여 운영하는 것은 종교행사의 자유와 관련된 것이라고 할 것이고, 그러한 납골시설의 설치를 금지하는 것은 종교행사의 자유를 제한하는 결과로 된다(헌재 2009.7. 30. 2008헌가2).

③ ○ 종교(선교활동)의 자유는 국민에게 그가 선택한 임의의 장소에서 자유롭게 행사할 수 있는 권리까지 보장한다고 할 수 없으며, 그 임의의 장소가 대한민국의 주권이 미치지 아니하는 지역 나아가 국가에 의한 국민의 생명·신체 및 재산의 보호가 강력히 요구되는 해외 위난지역인 경우에는 더욱 그러하다(헌재 2008. 6.26. 2007헌마1366).

④ × 무죄추정의 원칙이 적용되는 미결수용자들에 대한 기본권 제한은 징역형 등의 선고를 받아 그 형이 확정된 수형자의 경우보다는 더 완화되어야 할 것임에도, 피청구인이 수용자 중 미결수용자에 대하여만 일률적으로 종교행사 등에의 참석을 불허한 것은 미결수용자의 종교의 자유를 나머지 수용자의 종교의 자유보다 더욱 엄격하게 제한한 것이다. 나아가 공범 등이 없는 경우 내지 공범 등이 있는 경우라도 공범이나 동일사건 관련자를 분리하여 종교행사 등에의 참석을 허용하는 등의 방법으로 미결수용자의 기본권을 덜 침해하는 수단이 존재함에도 불구하고 이를 전혀 고려하지 아니하였으므로 이 사건 종교행사 등 참석불허 처우는 침해의 최소성 요건을 충족하였다고 보기 어렵다. … 따라서 이 사건 종교행사 등 참석불허처우는 과잉금지원칙을 위반하여 청구인의 종교의 자유를 침해하였다(헌재 2011.12.29. 2009헌마527).

정답 ④

07 양심의 자유와 종교의 자유에 대한 설명으로 옳지 않은 것을 모두 고른 것은? (다툼이 있는 경우 판례에 의함) *〈2017 경정승진〉*

㉠ 양심의 자유가 보장하고자 하는 '양심'은 민주적 다수의 사고나 가치관과 일치하는 것이 아니라, 개인적 현상으로서 지극히 주관적인 것이고, 그 대상이나 내용 또는 동기에 의하여 판단될 수 없으며, 양심상의 결정이 이성적·합리적인지, 타당한지 또는 법질서나 사회규범, 도덕률과 일치하는지 여부는 양심의 존재를 판단하는 기준이 될 수 없다.

㉡ 종교단체가 운영하는 학교 형태 혹은 학원 형태의 교육기관도 예외 없이 학교설립 인가 혹은 학원설립 등록을 받도록 규정한 것은 종교의 자유를 침해하여 헌법에 위반된다.

㉢ 종교적 신앙에 따른 병역 거부자를 처벌하는 병역법 조항에 대해서는, 헌법이 양심의 자유와 별개로 종교의 자유를 보장하고 있으며 종교적 신앙은 윤리적 양심과는 구별되는 내면적 세계의 핵심적 가치이므로 양심의 자유의 침해와는 별도로 종교의 자유의 침해 여부를 심사해야 한다.

㉣ 종교의 자유가 국민에게 그가 선택한 임의의 장소에서 자유롭게 종교전파를 할 자유까지를 보장하는 것은 아니다.

① ㉠, ㉡　　② ㉠, ㉣
③ ㉡, ㉢　　④ ㉢, ㉣

해설

㉠ ○ '양심의 자유'가 보장하고자 하는 '양심'은 민주적 다수의 사고나 가치관과 일치하는 것이 아니라, 개인적 현상으로서 지극히 주관적인 것이다. 양심은 그 대상이나 내용 또는 동기에 의하여 판단될 수 없으며, 특히 양심상의 결정이 이성적·합리적인가, 타당한가 또는 법질서나 사회규범, 도덕률과 일치하는가 하는 관점은 양심의 존재를 판단하는 기준이 될 수 없다(헌재 2004.8.26. 2002헌가1).

㉡ × 「교육법」 제85조 제1항 및 「학원의 설립·운영에 관한 법률」 제6조가 종교교육을 담당하는 기관들에 대하여 예외적으로 인가 혹은 등록의무를 면제하여 주지 않았다고 하더라도, 헌법 제31조 제6항이 교육제도에 관한 기본사항을 법률로 입법자가 정하도록 한 취지, 종교교육기관이 자체 내부의 순수한 성직자 양성기관이 아니라 학교 혹은 학원의 형태로 운영될 경우 일반 국민들이 받을 수 있는 부실한 교육의 피해의 방지, 현행 법률상 학교 내지 학원의 설립절차가 지나치게 엄격하다고 볼 수 없는 점 등을 고려할 때, 위 조항들이 청구인의 종교의 자유 등을 침해하였다고 볼 수 없고, 또한 위 조항들로 인하여 종교교단의 재정적 능력에 따라 학교 내지 학원의 설립상 차별을 초래한다고 해도 거기에는 위와 같은 합리적 이유가 있으므로 평등원칙에 위배된다고 할 수 없다(헌재 2000.3.30. 99헌바14).

ⓒ × 헌법 제20조 제1항은 양심의 자유와 별개로 종교의 자유를 따로 보장하고 있고, 당해 사건 피고인들은 모두 '여호와의 증인' 신도들로서 자신들의 종교적 신앙에 따라 현역복무라는 병역의무를 거부하고 있으므로, 이 사건 법률조항에 의하여 이들의 종교의 자유도 함께 제한된다. 그러나 종교적 신앙에 의한 행위라도 개인의 주관적·윤리적 판단을 동반하는 것인 한 양심의 자유에 포함시켜 고찰할 수 있으므로, 양심의 자유를 중심으로 기본권 침해 여부를 판단하면 족하다고 할 것이다(헌재 2011.8.30. 2008헌가22 등).

ⓓ ○ 종교(선교활동)의 자유는 국민에게 그가 선택한 임의의 장소에서 자유롭게 행사할 수 있는 권리까지 보장한다고 할 수 없으며, 그 임의의 장소가 대한민국의 주권이 미치지 아니하는 지역 나아가 국가에 의한 국민의 생명·신체 및 재산의 보호가 강력히 요구되는 해외 위난지역인 경우에는 더욱 그러하다(헌재 2008. 6.26. 2007헌마1366).

정답 ③

08 양심의 자유 또는 종교의 자유에 관한 다음 설명 중 가장 옳지 않은 것은? (다툼이 있는 경우 헌법재판소 결정에 의함) *〈2017 법원직 9급〉*

① 헌법 제20조 제2항은 국교금지와 정교분리 원칙을 규정하고 있는데 종교시설의 건축행위에만 기반시설부담금을 면제한다면 국가가 종교를 지원하여 종교를 승인하거나 우대하는 것으로 비칠 소지가 있다.

② 양심상 결정이 어떠한 종교관·세계관 또는 그 밖의 가치체계에 기초하고 있는지와 관계없이 모든 내용의 양심상 결정은 양심의 자유에 의하여 보장되어야 한다.

③ 단순한 사실관계의 확인과 같이 가치적·윤리적 판단이 개입될 여지가 없는 경우는 양심의 자유의 보호대상이 아니다.

④ 종교전파의 자유는 누구에게나 자신의 종교 또는 종교적 확신을 알리고 선전하는 자유를 말하는데 이러한 종교전파의 자유는 국민에게 그가 선택한 임의의 장소에서 자유롭게 행사할 수 있는 권리까지 보장한다.

해설

① ○ 종교의 자유에서 종교에 대한 적극적인 우대조치를 요구할 권리가 직접 도출되거나 우대할 국가의 의무가 발생하지 아니한다. 종교시설의 건축행위에만 기반시설부담금을 면제한다면 국가가 종교를 지원하여 종교를 승인하거나 우대하는 것으로 비칠 소지가 있어 헌법 제20조 제2항의 국교금지·정교분리에 위배될 수도 있다고 할 것이므로 종교시설의 건축행위에 대하여 기반시설부담금 부과를 제외하거나 감경하지 아니하였더라도, 종교의 자유를 침해하는 것이 아니다(헌재 2010.2.25. 2007헌바131 등).

② ○ 일반적으로 민주적 다수는 법질서와 사회질서를 그의 정치적 의사와 도덕적 기준에 따라 형성하기 때문에, 그들이 국가의 법질서나 사회의 도덕률과 양심상의 갈등을 일으키는 것은 예외에 속한다. 양심의 자유에서 현실적으로 문제가 되는 것은 국가의 법질서나 사회의 도덕률에서 벗어나려는 소수의 양심이다. 따라서 양심상의 결정이 어떠한 종교관·세계관 또는 그 외의 가치체계에 기초하고 있는가와 관계없이, 모든 내용의 양심상의 결정이 양심의 자유에 의하여 보장된다(헌재 2004.8.26. 2002헌가1).

③ ○ 헌법 제19조에서 보호하는 양심은 옳고 그른 것에 대한 판단을 추구하는 가치적·도덕적 마음가짐으로, 개인의 소신에 따른 다양성이 보장되어야 하고 그 형성과 변경에 외부적 개입과 억압에 의한 강요가 있어서는 아니 되는 인간의 윤리적 내심영역이다. 따라서 단순한 사실관계의 확인과 같이 가치적·윤리적 판단이 개입될 여지가 없는 경우는 물론, 법률해석에 관하여 여러 견해가 갈리는 경우처럼 다소의 가치 관련성을 가진다고 하더라도 개인의 인격형성과는 관계가 없는 사사로운 사유나 의견 등은 그 보호대상이 아니다(헌재 2002.1.31. 2001헌바43).

④ × 종교의 자유에는 신앙의 자유, 종교적 행위의 자유가 포함되며, 종교적 행위의 자유에는 신앙고백의 자유, 종교적 의식 및 집회·결사의 자유, 종교전파·교육의 자유 등이 있다. 이 사건에서 문제되는 종교의 자유는 종교전파의 자유로서 누구에게나 자신의 종교 또는 종교적 확신을 알리고 선전하는 자유를 말하며, 포교행위 또는 선교행위가 이에 해당한다. 그러나 이러한 종교전파의 자유는 국민에게 그가 선택한 임의의 장소에서 자유롭게 행사할 수 있는 권리까지 보장한다고 할 수 없으며, 그 임의의 장소가 대한민국의 주권이 미치지 아니하는 지역 나아가 국가에 의한 국민의 생명·신체 및 재산의 보호가 강력히 요구되는 해외 위난지역인 경우에는 더욱 그러하다(헌재 2008.6.26. 2007헌마1366).

정답 ④

제 3 항 언론·출판의 자유

01 **표현의 자유에 관한 설명 중 가장 적절한 것은? (다툼이 있는 경우 판례에 의함)** *〈2022 경찰공채 1차〉*

① '익명표현'은 표현의 자유를 행사하는 하나의 방법으로서 그 자체로 규제되어야 하는 것은 아니고, 부정적 효과가 발생하는 것이 예상되는 경우에 한하여 규제될 필요가 있다.

② 헌법 제21조 제4항 전문은 "언론·출판은 타인의 명예나 권리 또는 공중도덕이나 사회윤리를 침해하여서는 아니 된다."라고 규정하고 있는바, 이는 헌법상 표현의 자유의 보호영역에 대한 한계를 설정한 것이라고 보아야 한다.

③ '음란표현'은 헌법상 언론·출판의 자유의 보호영역 밖에 있다고 보아야 한다.

④ 인터넷언론사에 대하여 선거일 전 90일부터 선거일까지 후보자 명의의 칼럼이나 저술을 게재하는 보도를 제한하는 구「인터넷 선거보도 심의기준 등에 관한 규정」은 인터넷 선거보도의 공정성과 선거의 공정성을 확보하려는 것이므로 후보자인 청구인의 표현의 자유를 침해하지 않는다.

해설

① 익명표현은 표현의 자유를 행사하는 하나의 방법으로서 그 자체로 규제되어야 하는 것은 아니고, 부정적 효과가 발생하는 것이 예상되는 경우에 한하여 규제될 필요가 있다. 그런데 선거운동기간 중 정치적 익명표현의 부정적 효과는 익명성 외에도 해당 익명표현의 내용과 함께 정치적 표현행위를 규제하는 관련 제도, 정치적·사회적 상황의 여러 조건들이 아울러 작용하여 발생한다. 이에 따라 사전에 특정 익명표현으로 인해 부정적 효과가 발생할 것인지를 구분할 수 있는 명확한 기준을 세우는 것은 거의 불가능하고, 사회적 합의를 통해 그 기준을 도출해내는 것도 쉽지 않다(헌재 2021.1.28. 2018헌마456 등).

②, ③

헌법 제21조 제4항은 "언론·출판은 타인의 명예나 권리 또는 공중도덕이나 사회윤리를 침해하여서는 아니 된다."고 규정하고 있는바, 이는 언론·출판의 자유에 따르는 책임과 의무를 강조하는 동시에 언론·출판의 자유에 대한 제한의 요건을 명시한 규정으로 볼 것이고, 헌법상 **표현의 자유의 보호영역 한계를 설정**한 것이라고는 볼 수 **없다**. 따라서 **음란표현**도 헌법 제21조가 규정하는 **언론·출판의 자유**의 **보호영역**에는 해당하되, 다만 헌법 제37조 제2항에 따라 국가 안전보장·질서유지 또는 공공복리를 위하여 제한할 수 있는 것이라고 해석하여야 할 것이다(헌재 2009.5.28. 2006헌바109 등).

④ 이 사건 시기제한조항은 선거일 전 90일부터 선거일까지 후보자 명의의 칼럼 등을 게재하는 인터넷 선거보도가 불공정하다고 볼 수 있는지에 대해 구체적으로 판단하지 않고 이를 불공정한

선거보도로 간주하여 선거의 공정성을 해치지 않는 보도까지 광범위하게 제한한다. 공직선거법상 인터넷 선거보도 심의의 대상이 되는 인터넷언론사의 개념은 매우 광범위한데, 이 사건 시기제한조항이 정하고 있는 일률적인 규제와 결합될 경우 이로 인해 발생할 수 있는 표현의 자유 제한이 작다고 할 수 없다. 인터넷언론의 특성과 그에 따른 언론시장에서의 영향력 확대에 비추어 볼 때, 인터넷언론에 대하여는 자율성을 최대한 보장하고 언론의 자유에 대한 제한을 최소화하는 것이 바람직하고, 계속 변화하는 이 분야에서 규제 수단 또한 헌법의 틀 안에서 다채롭고 새롭게 강구되어야 한다. 이 사건 시기제한조항의 입법목적을 달성할 수 있는 덜 제약적인 다른 방법들이 이 사건 심의기준 규정과 공직선거법에 이미 충분히 존재한다. 따라서 이 사건 시기제한조항(인터넷언론사에 대하여 선거일 전 90일부터 선거일까지 후보자 명의의 칼럼이나 저술을 게재하는 보도를 제한하는 구「인터넷 선거보도 심의기준 등에 관한 규정」)은 과잉금지원칙에 반하여 청구인의 표현의 자유를 침해한다(헌재 2019.11.28. 2016헌마90).

정답 ①

02 언론·출판의 자유에 관한 설명으로 옳은 것을 모두 고른 것은? (다툼이 있는 경우 판례에 의함)

〈2020 경정승진 변형〉

㉠ 인터넷 언론사에 대하여 선거운동기간 중 당해 인터넷홈페이지 게시판 대화방 등에 정당 후보자에 대한 지지 반대의 글을 게시할 수 있도록 하는 경우 실명을 확인받도록 하는 기술적 조치를 할 의무를 부과한 구「공직선거법」은 표현의 자유를 침해한다.

㉡ 여론조사 실시행위에 대한 신고의무를 부과하고 있는「공직선거법」조항은 여론조사결과의 보도나 공표행위를 규제하는 것이 아니라 여론조사의 실시행위에 대한 신고의무를 부과하는 것으로, 허가받지 아니한 것의 발표를 금지하는 헌법 제21조 제2항의 사전검열과 관련이 있다고 볼 수 없으므로 검열금지원칙에 위반되지 아니한다.

㉢ 금치처분을 받은 미결수용자라 할지라도 금치처분 기간 중 집필을 금지하면서 예외적인 경우에만 교도소장이 집필을 허가할 수 있도록 한「형의 집행 및 수용자의 치우에 관한 법률」상 규정은 미결수용자의 표현의 자유를 침해한다.

㉣ 건강기능식품 기능성 광고 사전심의가 헌법이 금지하는 사전검열에 해당하려면 심사절차를 관철할 수 있는 강제수단이 존재할 것을 필요로 하는데, 영업허가취소와 같은 행정제재나 벌금형과 같은 형벌의 부과는 사전심의 절차를 관철하기 위한 강제수단에 해당한다.

① ㉠, ㉡
② ㉠, ㉣
③ ㉡, ㉢, ㉣
④ ㉠, ㉡, ㉣

해설

㉠ ○ 심판대상조항(실명확인조항)과 같이 선거운동기간 중 인터넷홈페이지의 게시판 등에서 이루어지는 정치적 익명표현을 규제하는 것은 인터넷이 형성한 '사상의 자유시장'에서의 다양한 의견 교환을 억제하고, 이로써 국민의 의사표현 자체가 위축될 수 있으며, 민주주의의 근간을 이루는 자유로운 여론 형성이 방해될 수 있다. 선거운동기간 중 정치적 익명표현의 부정적 효과는 익명성 외에도 해당 익명표현의 내용과 함께 정치적 표현행위를 규제하는 관련 제도, 정치적·사회적 상황의 여러 조건들이 아울러 작용하여 발생하므로, 모든 익명표현을 사전적·포괄적으로 규율하는 것은 표현의 자유보다 행정편의와 단속편의를 우선함으로써 익명표현의 자유와 개인정보자기결정권 등을 지나치게 제한한다. 그러므로 심판대상조항(실명확인조항)은 과잉금지원칙에 반하여 인터넷언론사 홈페이지 게시판 등 이용자의 익명표현의 자유와 개인정보자기결정권, 인터넷언론사의 언론의 자유를 침해한다(헌재 2021.1.26. 2018헌마456).

㉡ ○ 심판대상조항은 여론조사결과의 보도나 공표행위를 규제하는 것이 아니라 여론조사의 실시행위에 대한 신고의무를 부과하는 것이므로, 허가받지 아니한 것의 발표를 금지하는 헌법 제21조 제2항의 사전검열과 관련이 있다고 볼 수 없다. 따라서 심판대상조항은 헌법 제21조 제2항의 검열금지원칙에 위반되지 아니한다(헌재 2015.4.30. 2014헌마360).

㉢ × 이 사건 집필제한 조항은 금치처분을 받은 미결수용자에게 집필제한이라는 불이익을 가함으로써 규율 준수를 강제하고 수용시설의 안전과 질서를 유지하기 위한 것으로 목적의 정당성 및 방법의 적절성이 인정된다. 교정시설의 장이 수용자의 권리구제 등을 위해 특히 필요하다고 인정하는 때에는 집필을 허용할 수 있도록 예외가 규정되어 있으며, 형집행법 제85조에서 미결수용자의 징벌집행 중 소송서류의 작성 등 수사 및 재판과정에서의 권리행사를 보장하도록 규정하고 있는 점 등에 비추어 볼 때 위 조항이 청구인의 표현의 자유를 과도하게 제한한다고 보기 어렵다(헌재 2016.4.28. 2012헌마549 등).

㉣ ○ 심의 받은 내용과 다른 내용의 광고를 한 경우, 이 사건 제재조항은 대통령령으로 정하는 바에 따라 영업허가를 취소·정지하거나, 영업소의 폐쇄를 명할 수 있도록 하고, 이 사건 처벌조항은 5년 이하의 징역 또는 5천만 원 이하의 벌금에 처하도록 하고 있다. 이와 같은 행정제재나 형벌의 부과는 사전심의절차를 관철하기 위한 강제수단에 해당한다(헌재 2018.6.28. 2016헌가8 등).

정답 ④

03 언론·출판의 자유에 대한 설명으로 옳지 않은 것은? (다툼이 있는 경우 헌법재판소 판례에 의함)

〈2018 국회직 8급〉

① 인터넷 게시판을 운영하는 정보통신서비스 제공자에게 본인확인 절차를 거쳐야만 게시판을 이용할 수 있도록 한 '본인확인제'는 위헌이다.

② '공익을 해할 목적으로 전기통신설비에 의하여 공연히 허위의 통신을 한 자'를 처벌하고 있는 「전기통신기본법」은 죄형법정주의의 명확성원칙에 위반된다.

③ 사생활 침해를 이유로 침해받은 자가 삭제요청을 한 경우, 일정한 조건하에 정보에 대한 접근을 임시적으로 차단하는 조치를 하도록 한 것은 표현의 자유에 대한 침해가 아니다.

④ 소비자를 현혹할 우려가 있는 내용의 의료광고를 금지하는 것은 표현의 자유에 대한 침해가 아니다.

⑤ 일간 신문사의 뉴스통신, 방송사업 겸영을 일률적으로 금지할 것이 아니라 겸영으로 인한 언론의 집중 내지 시장지배력의 효과를 고려하여 선별적으로 통제하는 방법이 바람직함에도 불구하고 「신문법」이 일률적으로 겸영을 금지하는 것은 신문사업자의 언론표현 방법의 자유를 침해하는 것이다.

해설

① ○ 이 사건 법령조항들이 표방하는 건전한 인터넷 문화의 조성 등 입법목적은, 인터넷 주소 등의 추적 및 확인, 당해 정보의 삭제·임시조치, 손해배상, 형사처벌 등 인터넷 이용자의 표현의 자유나 개인정보자기결정권을 제약하지 않는 다른 수단에 의해서도 충분히 달성할 수 있음에도, 인터넷의 특성을 고려하지 아니한 채 본인확인제의 적용 범위를 광범위하게 정하여 법집행자에게 자의적인 집행의 여지를 부여하고, 목적달성에 필요한 범위를 넘는 과도한 기본권 제한을 하고 있으므로 침해의 최소성이 인정되지 아니한다. … 따라서 본인확인제를 규율하는 이 사건 법령조항들은 과잉금지원칙에 위배하여 인터넷 게시판 이용자의 표현의 자유, 개인정보자기결정권 및 인터넷 게시판을 운영하는 정보통신서비스 제공자의 언론의 자유를 침해를 침해한다(헌재 2012.8.23. 2010헌마47 등).

② ○ 어떠한 표현행위가 "공익"을 해하는 것인지, 아닌지에 관한 판단은 사람마다 가치관, 윤리관에 따라 크게 달라질 수밖에 없으며, 이는 판단 주체가 법전문가라 하여도 마찬가지이고, 법집행자의 통상적 해석을 통하여 그 의미 내용이 객관적으로 확정될 수 있다고 보기 어렵다. … 결국, 이 사건 법률조항은 수범자인 국민에 대하여 일반적으로 허용되는 '허위의 통신' 가운데 어떤 목적의 통신이 금지되는 것인지 고지하여 주지 못하고 있으므로 표현의 자유에서 요구하는 명확성의 요청 및 죄형법정주의의 명확성원칙에 위배하여 헌법에 위반된다(헌재 2010.12.28. 2008헌바157 등)

③ ○ 이 사건 법률조항은 사생활을 침해하거나 명예를 훼손하는 등 타인의 권리를 침해하는 정보가 정보통신망을 통해 무분별하게 유통되는 것을 방지하기 위하여 권리침해 주장자의 삭제요청과 침해 사실에 대한 소명에 의하여 정보통신서비스 제공자로 하여금 임시조치를 취하도록 함으로써 정보의 유통 및 확산을 일시적으로 차단하려는 것이므로, 그 입법목적이 정당하고 수단 또한 적절하다. … 위에서 본 바와 같이 이 사건 법률조항은 정보게재자의 표현의 자유를 제한함에 있어 과잉금지원칙에 위반되지 아니하므로, 청구인의 표현의 자유를 침해하지 아니한다(헌재 2012.5.31. 2010헌마88).

④ ○ '현혹(眩惑)', '우려(憂慮)'의 의미, 관련 조항 등을 종합하면, '소비자를 현혹할 우려가 있는 내용의 광고'란, '광고 내용의 진실성·객관성을 불문하고, 오로지 의료서비스의 긍정적인 측면만을 강조하는 취지의 표현을 사용함으로써 의료소비자를 혼란스럽게 하고 합리적인 선택을 방해할 것으로 걱정되는 광고'를 의미하는 것으로 충분히 해석할 수 있으므로, 심판대상조항은 죄형법정주의의 명확성원칙에 위배되지 아니한다(헌재 2014.9.25. 2013헌바28).

⑤ × 신문법 제15조 제2항은 신문의 다양성을 보장하는데 필요한 한도 내에서 그 규제의 대상과 정도를 선별하여 제한적으로 규제하고 있다고 볼 수 있다. 규제 대상을 일간신문으로 한정하고 있고, 겸영에 해당하지 않는 행위, 즉 하나의 일간신문 법인이 복수의 일간신문을 발행하는 것 등은 허용되며, 종합편성이나 보도전문편성이 아니어서 신문의 기능과 중복될 염려가 없는 방송채널사용사업이나 종합유선방송사업, 위성방송사업 등을 겸영하는 것도 가능하다. 그러므로 신문법 제15조 제2항은 헌법에 위반되지 아니한다(헌재 2006.6.29. 2005헌마165 등)

정답 ⑤

04 언론·출판의 자유에 대한 설명으로 옳은 것은? (다툼이 있는 경우 판례에 의함) 〈2021 국회직 8급〉

① 모욕죄의 형사처벌은 다양한 의견 간의 자유로운 토론과 비판을 제한하여 정치적·학술적 표현행위가 위축되고 열린 논의의 가능성이 줄어들게 되어 표현의 자유를 침해한다.

② 반론보도청구권은 원보도를 진실에 부합되게 시정보도해 줄 것을 요구하는 권리이므로 원보도의 내용이 허위일 것을 조건으로 한다.

③ 인터넷게시판을 설치·운영하는 정보통신서비스 제공자에게 본인확인조치의무를 부과한 법률규정은 과잉금지원칙에 위배되어 정보통신서비스 제공자의 언론의 자유를 침해한다.

④ 의료는 국민 건강에 직결되므로 의료광고에 대해서는 합리적인 규제가 필요하고 의료광고는 상업광고로서 정치적·시민적 표현행위 등과 관련이 적으므로 의료광고에 대해서는 사전검열금지원칙이 적용되지 않는다.

⑤ 공연히 사실을 적시하여 사람의 명예를 훼손한 경우 형사처벌하는 것은 공적 인물과 공적 사안에 대한 감시·비판을 봉쇄할 목적으로 악용될 소지가 크므로 표현의 자유를 침해한다.

해설

① × 사람의 인격을 경멸하는 표현이 공연히 이루어진다면 그 사람의 사회적 가치는 침해되고 그로 인하여 사회구성원으로서 생활하고 발전해 나갈 가능성도 침해받지 않을 수 없으므로, 모욕적 표현으로 사람의 명예를 훼손하는 행위는 분명 이를 금지시킬 필요성이 있고, 모욕죄는 피해자의 고소가 있어야 형사처벌이 가능한 점, 그 법정형의 상한이 비교적 낮은 점, 법원은 개별 사안에서 형법 제20조의 정당행위 규정을 적정하게 적용함으로써 표현의 자유와 명예보호 사이에 적절한 조화를 도모하고 있는 점 등을 고려할 때, 심판대상조항이 표현의 자유를 침해한다고 볼 수 없다(헌재 2013.6.27. 2012헌바37).

② × 반론보도청구권은 원보도를 진실에 부합되게 시정보도해 줄 것을 요구하는 권리가 아니라 원보도에 대하여 피해자가 주장하는 반박내용을 보도해 줄 것을 요구하는 권리이므로 원보도의 내용이 허위임을 요건으로 하지 않으며 나아가 반론보도의 내용도 반드시 진실임을 증명할 필요가 없다(대판 2006.11.23. 2004다50747).

③ ○ 이 사건 법령조항들이 표방하는 건전한 인터넷 문화의 조성 등 입법목적은, 인터넷 주소 등의 추적 및 확인, 당해 정보의 삭제·임시조치, 손해배상, 형사처벌 등 인터넷 이용자의 표현의 자유나 개인정보자기결정권을 제약하지 않는 다른 수단에 의해서도 충분히 달성할 수 있음에도, 인터넷의 특성을 고려하지 아니한 채 본인확인제의 적용범위를 광범위하게 정하여 법집행자에게 자의적인 집행의 여지를 부여하고, 목적달성에 필요한 범위를 넘는 과도한 기본권 제한을 하고 있으므로 침해의 최소성이 인정되지 아니한다. … 따라서 본인확인제를 규율하는 이 사건 법령조항들은 과잉금지원칙에 위배하여 인터넷게시판 이용자의 표현의 자유, 개인정보자기결정권 및 인터넷게시판을 운영하는 정보통신서비스 제공자의 언론의 자유를 침해한다(헌재 2012.8.23. 2010헌마47 등).

④ × 헌법이 특정한 표현에 대해 예외적으로 검열을 허용하는 규정을 두지 않은 점, 이러한 상황에서 표현의 특성이나 규제의 필요성에 따라 언론·출판의 자유의 보호를 받는 표현 중에서 사전검열금지원칙의 적용이 배제되는 영역을 따로 설정할 경우 그 기준에 대한 객관성을 담보할 수 없다는 점 등을 고려하면, 헌법상 사전검열은 예외 없이 금지되는 것으로 보아야 하므로 의료광고 역시 사전검열금지원칙의 적용대상이 된다(헌재 2015.12.23. 2015헌바75).

⑤ × 오늘날 매체가 매우 다양해짐에 따라 명예훼손적 표현의 전파속도와 파급효과는 광범위해지고 있으며, 일단 훼손되면 완전한 회복이 어렵다는 외적 명예의 특성상, 명예훼손적 표현행위를 제한해야 할 필요성은 더 커지게 되었다. 형법 제307조 제1항은 공연히 사실을 적시하여 사람의 명예를 훼손하는 자를 형사처벌하도록 규정함으로써 개인의 명예, 즉 인격권을 보호하고 있다. … 형법 제307조 제1항은 과잉금지원칙에 반하여 표현의 자유를 침해하지 아니한다(헌재 2021.2.25. 2017헌마1113 등).

정답 ③

05 헌법상 언론·출판의 자유에 대한 설명으로 가장 적절하지 않은 것은? (다툼이 있는 경우 헌법재판소 판례에 의함) *〈2019 경정승진〉*

① 엄격한 의미의 음란표현은 헌법 제21조가 규정하는 언론·출판의 자유의 보호영역 내에 있다.

② 특정구역 안에서 업소별로 표시할 수 있는 광고물의 총 수량을 1개로 제한한 「옥외광고물 표시제한 특정구역 지정고시」 조항은 자신들이 원하는 위치에 원하는 종류의 옥외광고물을 원하는 만큼 표시·설치할 수 없어 청구인들의 표현의 자유를 침해한다.

③ 선거운동기간 전에 「공직선거법」에 규정된 방법을 제외하고 인쇄물 등의 배부를 금지한 「공직선거법」 조항은 정치적 표현의 자유를 침해하지 않는다.

④ 사전심의를 받은 내용과 다른 내용의 건강기능식품 기능성광고를 금지하고 이를 위반한 경우 처벌하는 「건강기능식품에 관한 법률」에 의한 건강기능식품 기능성광고 사전심의는 그 검열이 행정권에 의하여 행하여진다고 볼 수 있어, 헌법이 금지하는 사전검열에 해당하므로 헌법에 위반된다.

해설

① ○ 음란표현도 헌법 제21조가 규정하는 언론·출판의 자유의 보호영역에는 해당하되, 다만 헌법 제37조 제2항에 따라 국가 안전보장·질서유지 또는 공공복리를 위하여 제한할 수 있는 것이라고 해석하여야 할 것이다. 결국 이 사건 법률조항의 음란표현은 헌법 제21조가 규정하는 언론·출판의 자유의 보호영역 내에 있다고 볼 것인바, 종전에 이와 견해를 달리하여 음란표현은 헌법 제21조가 규정하는 언론·출판의 자유의 보호영역에 해당하지 아니한다는 취지로 판시한 우리 재판소의 의견은 이를 변경하기로 하며, 이하에서는 이를 전제로 하여 이 사건 법률 조항의 위헌 여부를 심사하기로 한다(헌재 2009.5.28. 2006헌바109 등).

② × 이 사건 특정구역은 새롭게 건설되는 행정기능 중심의 복합도시로서 '자연이 살아 숨쉬는 환상(環狀)도시'를 지향하고 있으므로 이 사건 특정 구역 안에서의 옥외광고물의 표시방법을 제한하는 심판대상조항들은 옥외광고물의 난립을 막아 쾌적하고 조화로운 도시미관을 조성함과 동시에 도시의 정체성을 확립하고, 공중에 대한 위해를 방지하고자 하는 것으로서 그 목적의 정당성이 인정된다. … 그러므로 심판대상조항들은 비례의 원칙을 위반하여 청구인들의 표현의 자유 및 직업수행의 자유를 침해한다고 볼 수 없다(헌재 2016.3.31. 2014헌마794).

③ ○ 사전선거운동금지조항의 입법목적, 제한의 내용, 우리나라에서의 선거의 태양과 현실적 필요성, 선거운동기간 전이라도 예비후보자로 등록하면 대통령 선거의 경우 선거일 전 240일부터 예비후보자의 명함을 배부할 수 있고 예비후보자 홍보물을 우편발송 할 수 있는 등의 선거운동이 가능한 점 등을 고려하면, 사전선거운동금지조항이 선거운동 등 정치적 표현의 자유를 침해한다고 볼 수 없다(헌재 2016.6.30. 2014헌바253).

④ ○한국건강기능식품협회나 위 협회에 설치된 표시·광고심의위원회가 사전심의업무를 수행함에 있어서 식약처장 등 행정권의 영향력에서 벗어나 독립적이고 자율적으로 심의를 하고 있다고 보기 어렵고, 결국 건강기능식품 기능성광고 심의는 행정권이 주체가 된 사전심사라고 할 것이다. … 한국건강기능식품협회가 행하는 이 사건 건강기능식품 기능성광고 사전심의는 헌법이 금지하는 사전검열에 해당하므로 헌법에 위반된다(헌재 2018. 6. 28. 2016헌가8 등).

정답 ②

06 언론·출판의 자유에 관한 설명 중 옳은 것은? (다툼이 있는 경우 판례에 의함) 〈2021 변호사〉

① 사전허가금지의 대상은 어디까지나 언론·출판 자유의 내재적 본질인 표현의 내용을 보장하는 것을 말하는 것이지, 언론·출판을 위해 필요한 물적 시설이나 언론기업의 주체인 기업인으로서의 활동까지 포함되는 것으로 볼 수는 없다.

② 사전검열금지원칙은 의사표현의 발표 여부가 오로지 행정권의 허가에 달려있는 사전심사만을 금지하는 것이 아니라 모든 형태의 사전적인 규제를 금지하는 것이다.

③ 의료광고는 표현의 자유의 보호영역에 속하지만 사상이나 지식에 관한 정치적·시민적 표현 행위와는 차이가 있고, 직업수행의 자유의 보호영역에도 속하지만 인격발현과 개성신장에 미치는 효과가 중대한 것은 아니므로, 그 규제의 위헌여부는 완화된 기준인 자의금지원칙에 따라 심사한다.

④ 사실적 주장에 관한 언론보도 등으로 인하여 피해를 입은 자는 그 보도 내용에 관한 반론보도를 언론사에 청구할 수 있는데, 이 청구에는 언론사의 고의·과실이나 위법성이 필요하지 않으나, 보도 내용이 진실인 경우에는 청구할 수 없다.

⑤ 의사의 자유로운 표명과 전파의 자유에는 책임이 따르므로 자신의 신원을 밝히지 아니한 채 익명 또는 가명으로 자신의 사상이나 견해를 표명하고 전파할 익명표현의 자유는 보장되지 않는다.

해설

① ○ 사전허가금지의 대상은 어디까지나 언론·출판 자유의 내재적 본질인 표현의 내용을 보장하는 것을 말하는 것이지, 언론·출판을 위해 필요한 물적 시설이나 언론기업의 주체인 기업인으로서의 활동까지 포함되는 것으로 볼 수는 없다. 즉, 언론·출판에 대한 허가·검열금지의 취지는 정부가 표현의 내용에 관한 가치판단에 입각해서 특정 표현의 자유로운 공개와 유통을 사전 봉쇄하는 것을 금지하는 데 있으므로, 내용 규제 그 자체가 아니거나 내용 규제 효과를 초래하는 것이 아니라면 헌법이 금지하는 "허가"에는 해당되지 않는다(헌재 2016.10.27. 2015헌마1206 등).

② × 검열금지의 원칙은 모든 형태의 사전적인 규제를 금지하는 것이 아니고, 단지 의사표현의 발표여부가 오로지 행정권의 허가에 달려있는 사전심사만을 금지하는 것을 뜻한다. 그러므로 검열은 일반적으로 허가를 받기 위한 표현물의 제출의무, 행정권이 주체가 된 사전심사절차, 허가를 받지 아니한 의사표현의 금지 및 심사절차를 관철할 수 있는 강제수단 등의 요건을 갖춘 경우에만 이에 해당하는 것이다(헌재 1996.10.4. 93헌가13 등).

③ × 상업광고에 대한 규제에 의한 표현의 자유 내지 직업수행의 자유의 제한은 헌법 제37조 제2항에서 도출되는 비례의 원칙(과잉금지원칙)을 준수하여야 하지만, 상업광고는 사상이나 지식에 관한 정치적, 시민적 표현행위와는 차이가 있고, 인격발현과 개성신장에 미치는 효과가 중대한 것은 아니므로, 비례의 원칙 심사에 있어서 '피해의 최소성' 원칙은 '입법목적을 달성하기 위하여 필요한 범위 내의 것인지'를 심사하는 정도로 완화되는 것이 상당하다(헌재 2005.10.27. 2003헌가3).

④ ×

언론중재 및 피해구제 등에 관한 법률 제16조 (반론보도청구권)

① 사실적 주장에 관한 언론보도등으로 인하여 피해를 입은 자는 그 보도 내용에 관한 반론보도를 언론사등에 청구할 수 있다.

② 제1항의 청구에는 언론사등의 고의·과실이나 위법성을 필요로 하지 아니하며, 보도 내용의 진실 여부와 상관없이 그 청구를 할 수 있다.

⑤ × 이러한 '자유로운' 표명과 전파의 자유에는 자신의 신원을 누구에게도 밝히지 아니한 채 익명 또는 가명으로 자신의 사상이나 견해를 표명하고 전파할 익명표현의 자유도 그 보호영역에 포함된다고 할 것이다(헌재 2010.2.25. 2008헌마324 등).

정답 ①

07 표현의 자유에 관한 설명 중 가장 적절하지 않은 것은? (다툼이 있는 경우 판례에 의함)

〈2022 경정승진〉

① 광고가 단순히 상업적인 상품이나 서비스에 관한 사실을 알리는 경우에는 그 내용이 공익을 포함하고 있더라도 헌법 제21조의 표현의 자유에 의하여 보호되는 것은 아니다.

② 음란표현도 헌법 제21조가 규정하는 언론 출판의 자유의 보호영역에는 해당하나, 헌법 제37조 제2항에 따라 국가안전보장·질서유지 또는 공공복리를 위하여 제한할 수 있는 것이다.

③ 개인의 외적 명예에 관한 인격권 보호의 필요성, 일단 훼손되면 완전한 회복이 사실상 불가능하다는 보호법익의 특성, 사회적으로 명예가 중시되나 명예훼손으로 인한 피해는 더 커지고 있는 우리 사회의 특수성, 명예훼손죄의 비범죄화에 관한 국민적 공감대의 부족 등을 종합적으로 고려하면, 공연히 사실을 적시하여 다른 사람의 명예를 훼손하는 행위를 금지하고 위반시 형사처벌하도록 정하고 있다고 하여 바로 과도한 제한이라 단언하기 어렵다.

④ 신문보도의 명예훼손적 표현의 피해자가 공적 인물인지 아니면 사인인지, 그 표현이 공적인 관심 사안에 관한 것인지 순수한 사적인 영역에 속하는 사안인지의 여부에 따라 헌법적 심사기준에는 차이가 있어야 한다.

해설

① × 광고가 단순히 상업적인 상품이나 서비스에 관한 사실을 알리는 경우에도 그 내용이 공익을 포함하는 때에는 헌법 제21조의 표현의 자유에 의하여 보호된다. 헌법은 제21조 제1항에서 "모든 국민은 언론·출판의 자유 …… 를 가진다."라고 규정하여 현대 자유민주주의의 존립과 발전에 필수불가결한 기본권으로 언론·출판의 자유를 강력하게 보장하고 있는바, 광고물도 사상·지식·정보 등을 불특정다수인에게 전파하는 것으로서 언론·출판의 자유에 의한 보호를 받는 대상이 됨은 물론이다(헌재 2002.12.18. 2000헌마764).

② ○ 음란표현도 헌법 제21조가 규정하는 언론·출판의 자유의 보호영역에는 해당하되, 다만 헌법 제37조 제2항에 따라 국가 안전보장·질서유지 또는 공공복리를 위하여 제한할 수 있는 것이라고 해석하여야 할 것이다(헌재 2009.5.28. 2009헌바109 등).

③ ○ 개인의 외적 명예에 관한 인격권 보호의 필요성, 일단 훼손되면 완전한 회복이 사실상 불가능하다는 보호법익의 특성, 사회적으로 명예가 중시되나 명예훼손으로 인한 피해는 더 커지고 있는 우리 사회의 특수성, 명예훼손죄의 비범죄화에 관한 국민적 공감대의 부족 등을 종합적으로 고려하면, 공연히 사실을 적시하여 다른 사람의 명예를 훼손하는 행위를 금지하고 위반시 형사처벌하도록 정하고 있다고 하여 바로 과도한 제한이라 단언하기 어렵다(헌재 2021.2.25. 2017헌마1113 등).

④ ○신문보도의 명예훼손적 표현의 피해자가 공적 인물인지 아니면 사인인지, 그 표현이 공적인 관심 사안에 관한 것인지 순수한 사적인 영역에 속하는 사안인지의 여부에 따라 헌법적 심사기준에는 차이가 있어야 한다(헌재 1999.6.24. 97헌마265).

정답 ①

08 표현의 자유에 대한 설명으로 옳지 않은 것은? (다툼이 있는 경우 판례에 의함) 〈2022 국회직 5급〉

① 건강기능식품 기능성광고의 사전심의절차를 규정한 「건강기능식품에 관한 법률」 조항은 국민의 건강권을 보호하고 국민의 보건에 관한 국가의 보호의무를 이행하기 위하여 사전심의절차를 법률로 규정한 것으로서 사전검열금지원칙이 적용되지 않는다.

② 구체적인 전달이나 전파의 상대방이 없는 집필의 단계를 표현의 자유의 보호영역에 포함시킬 것인지 의문이 있을 수 있으나 집필은 문자를 통한 모든 의사표현의 기본 전제가 된다는 점에서 당연히 표현의 자유의 보호영역에 속해 있다고 보아야 한다.

③ 「국가공무원 복무규정」 제8조의2 제2항 등은 "공무원이 직무를 수행할 때 정치적 주장을 표시 또는 상징하는 복장을 하거나 관련 물품을 착용해서는 아니된다."라고 규정하고 있는바, 정치적 주장을 표시·상징하는 복장 등 관련 물품을 착용하는 행위는 복장 등 비언어적인 방법을 통해 정치적 의사표현을 행하는 것이라 할 수 있다.

④ 음란표현은 헌법 제21조가 규정하는 언론·출판의 자유의 보호영역 내에 있다.

⑤ '자유로운' 표명과 전파의 자유에는 자신의 신원을 누구에게도 밝히지 아니한 채 익명 또는 가명으로 자신의 사상이나 견해를 표명하고 전파할 익명표현의 자유도 그 보호영역에 포함된다고 할 것이다.

해설

① × 건강기능식품의 기능성 광고는 인체의 구조 및 기능에 대하여 보건용도에 유용한 효과를 준다는 기능성 등에 관한 정보를 널리 알려 해당 건강기능식품의 소비를 촉진시키기 위한 상업광고이지만, 헌법 제21조 제1항의 표현의 자유의 보호 대상이 됨과 동시에 같은 조 제2항의 사전검열 금지 대상도 된다(헌재 2018.6.28. 2016헌가8 등).

② ○ 집필행위는 사람의 내면에 있는 생각이 외부로 나타나는 첫 단계의 행위란 점에서 문자를 통한 표현행위의 가장 기초적이고도 전제가 되는 행위라 할 것이다. 일반적으로 표현의 자유는 정보의 전달 또는 전파와 관련지어 생각되므로 구체적인 전달이나 전파의 상대방이 없는 집필의 단계를 표현의 자유의 보호영역에 포함시킬 것인지 의문이 있을 수 있으나, 집필은 문자를 통한 모든 의사표현의 기본 전제가 된다는 점에서 당연히 표현의 자유의 보호영역에 속해 있다고 보아야 한다(헌재 2005.2.24. 2003헌마289).

③ ○ 이 사건 국가공무원 복무규정 제8조의2 제2항 등은 "공무원이 직무를 수행할 때 정치적 주장을 표시 또는 상징하는 복장을 하거나 관련 물품을 착용해서는 아니 된다."라고 규정하고 있는바, 정치적 주장을 표시·상징하는 복장 등 관련 물품을 착용하는 행위는 복장 등 비언어적인 방법을 통해 정치적 의사표현을 행하는 것이라 할 수 있으므로, 이 사건 국가공무원 복무규정 제8조의2 제2항 등 역시 공무원의 정치적 표현의 자유를 제한하는 규정이라 할 것이다(헌재 2012.5.31. 2009헌마705).

④ ○ 이 사건 법률조항의 음란표현은 헌법 제21조가 규정하는 언론·출판의 자유의 보호영역 내에 있다고 볼 것인바, 종전에 이와 견해를 달리하여 음란표현은 헌법 제21조가 규정하는 언론·출판의 자유의 보호영역에 해당하지 아니한다는 취지로 판시한 우리 재판소의 의견을 변경한다(헌재 2009.5.28. 100헌바109 등).

⑤ ○ 헌법 제21조에서 보장하고 있는 표현의 자유는, 전통적으로는 사상 또는 의견의 자유로운 표명(발표의 자유)과 그것을 전파할 자유(전달의 자유)를 의미하는 것으로서, 개인이 인간으로서의 존엄과 가치를 유지하고 행복을 추구하며 국민주권을 실현하는데 필수불가결한 것이고, 종교의 자유, 양심의 자유, 학문과 예술의 자유 등의 정신적인 자유를 외부적으로 표현하는 자유이다. 이러한 '자유로운' 표명과 전파의 자유에는 자신의 신원을 누구에게도 밝히지 아니한 채 익명 또는 가명으로 자신의 사상이나 견해를 표명하고 전파할 익명표현의 자유도 그 보호영역에 포함된다고 할 것이다(헌재 2010.2.25. 2008헌마324 등).

정답 ①

09 표현의 자유에 관한 헌법재판소의 입장으로 옳지 않은 것은? 〈2021 소방간부〉

① 위법하게 취득한 타인간의 대화내용을 공개하는 자를 처벌하는 「통신비밀보호법」 조항은 대화자의 통신의 비밀을 보호하기 위한 것이나, 다른 한편으로는 대화내용을 공개하는 자의 표현의 자유를 제한하게 되므로 두 기본권이 충돌하게 된다.

② 명예 훼손적 표현의 피해자가 공적 인물인지 아니면 사인인지, 그 표현이 공적인 관심 사안에 관한 것인지 순수한 사적인 영역에 속하는 사안인지의 여부에 따라 헌법적 심사기준에는 차이가 있어야 한다.

③ 언론·출판의 자유는 종교의 자유, 양심의 자유, 학문과 예술의 자유와 표리관계에 있다고 할 수 있는데 그러한 정신적인 자유를 외부적으로 표현하는 자유가 언론·출판의 자유라고 할 수 있다.

④ 정치적 표현의 자유는 선거과정에서의 선거운동을 통하여 국민이 정치적 의견을 자유로이 발표·교환함으로써 비로소 그 기능을 다하게 된다고 할지라도, 선거운동의 자유는 헌법에 정한 언론·출판·집회·결사의 자유 보장규정에 의한 보호를 받는 것이 아니라 선거원칙을 규정하고 있는 「헌법」 제41조 제1항 및 제67조 제1항과 「헌법」 제10조 행복추구권으로부터 유래되는 일반적 행동자유권 등에 의해서 우선적으로 보호된다.

⑤ 언론·출판의 자유의 보호대상이 되는 의사표현 또는 전파의 매개체는 어떠한 형태이건 가능하며 그 제한이 없다.

해설

① ○ 이 사건 법률조항이 불법 감청·녹음 등을 통하여 취득한 타인간의 대화내용을 공개·누설하는 경우 그러한 취득행위에는 관여하지 않고 다른 경로를 통하여 그 대화내용을 알게 된 사람이라 하더라도 처벌하는 것은 위와 같이 헌법 제18조에 의하여 보장되는 **통신의 비밀을 보호**하기 위함이다. 그러나 이 사건 법률조항은 다른 한편으로는 위법하게 취득한 타인간의 대화내용을 공개하는 자를 처벌함으로써 그 **대화내용을 공개하는 자**의 **표현의 자유를 제한**하게 된다. 따라서 이 사건 법률조항에 의하여 **대화자의 통신의 비밀**과 **공개자의 표현의 자유**라는 두 **기본권이 충돌**하게 된다(헌재 2011.8.30. 2009헌바42).

② ○ **명예 훼손적 표현**의 피해자가 **공적 인물**인지 아니면 **사인**인지, 그 표현이 **공적인 관심 사안**에 관한 것인지 **순수한 사적인 영역**에 속하는 사안인지의 여부에 따라 **헌법적 심사기준에는 차이**가 있어야 하고, 공적 인물의 공적 활동에 대한 명예 훼손적 표현은 그 제한이 더 완화되어야 한다. 다만, 공인 내지 공적인 관심 사안에 관한 표현이라 할지라도 일상적인 수준으로 허용되는 과장의 범위를 넘어서는 명백한 허위사실로서 개인에 대한 악의적이거나 현저히 상당성을 잃은 공격은 제한될 수 있어야 한다(헌재 2013.12.26. 2009헌마747).

③ ○ 헌법 제21조의 규정에 의하여 모든 국민은 언론·출판의 자유 내지 표현의 자유가 보장되며 언론·출판에 대한 허가나 검열은 인정되지 않는다. **언론·출판의 자유**는 종교의 자유, 양심의 자유, 학문과 예술의 자유와 **표리관계**에 있다고 할 수 있는데 그러한 정신적인 자유를 **외부적으로 표현하는 자유**가 언론·출판의 자유라고 할 수 있다(헌재 1992.11.12. 89헌마88).

④ × **선거운동의 자유**는 널리 선거과정에서 자유로이 의사를 표현할 자유의 일환이므로 **표현의 자유의 한 태양**이기도 하다. 표현의 자유, 특히 **정치적 표현의 자유**는 선거과정에서의 선거운동을 통하여 국민이 정치적 의견을 자유로이 발표·교환함으로써 비로소 그 기능을 다하게 된다 할 것이므로, **선거운동의 자유**는 헌법에 정한 **언론·출판·집회·결사의 자유 보장 규정에 의한 보호**를 받는다(헌재 2001.8.30. 99헌바92 등).

⑤ ○ 헌법 제21조 제1항은 모든 국민은 언론·출판의 자유를 가진다고 규정하여 표현의 자유를 보장하고 있는바, 의사표현·전파의 자유에 있어서 **의사표현 또는 전파의 매개체**는 어떠한 형태이건 가능하며, 그 **제한이 없다**(헌재 2018.6.28. 2016헌가8 등)

정답 ④

10 **표현의 자유 및 언론·출판의 자유에 대한 설명으로 가장 적절하지 않은 것은? (다툼이 있는 경우 판례에 의함)** *〈2018 경정승진〉*

① 「정보통신망 이용촉진 및 정보보호 등에 관한 법률」 제74조 제1항 제3호 중 '제44조의7 제1항 제3호를 위반하여 공포심이나 불안감을 유발하는 문언을 반복적으로 상대방에게 도달하게 한 자' 부분은 표현의 자유를 침해하지 않는다.

② 인터넷게시판을 설치·운영하는 정보통신서비스 제공자에게 본인확인 조치의무를 부과하여 게시판 이용자로 하여금 본인확인절차를 거쳐야만 게시판을 이용할 수 있도록 하는 「정보통신망 이용촉진 및 정보보호 등에 관한 법률」 조항은 과잉금지원칙에 위배하여 인터넷게시판 이용자의 표현의 자유 및 인터넷게시판을 운영하는 정보통신서비스 제공자의 언론의 자유를 침해한다.

③ 음란표현도 헌법 제21조가 규정하는 언론·출판의 자유의 보호영역에 포함된다.

④ 지역농협 이사 선거의 경우 전화·컴퓨터통신을 이용한 지지호소의 선거운동방법을 금지하고, 이를 위반한 자를 처벌하는 구「농협협동조합법」 조항은 해당 선거 후보자의 표현의 자유를 침해하지 않는다.

해설

① ○ 심판대상조항은 불건전한 정보통신망이용으로부터 개인의 사생활의 평온을 보호함과 아울러 정보의 건전한 이용풍토를 조성하기 위한 것이다. 형법상 협박죄는 해악의 고지를 그 요건으로 하고 있어서, 해악의 고지는 없으나 반복적인 음향이나 문언 전송 등의 다양한 방법으로 상대방에게 공포심이나 불안감을 유발하는 소위 '사이버스토킹'을 규제하기는 불충분한 반면, 현대정보사회에서 정보통신망을 이용한 불법행위가 급증하는 추세에 있고, 오프라인 공간에서 발생하는 불법행위에 비해 행위유형이 비정형적이고 다양하여 피해자에게 주는 고통이 더욱 클 수도 있어서 규제의 필요성은 매우 크다. … 따라서 심판대상조항은 표현의 자유를 침해하지 아니한다(헌재 2016.12.29. 2014헌바434).

② ○ 이 사건 법령조항들이 표방하는 건전한 인터넷 문화의 조성 등 입법목적은, 인터넷 주소 등의 추적 및 확인, 당해 정보의 삭제·임시조치, 손해배상, 형사처벌 등 인터넷 이용자의 표현의 자유나 개인정보자기결정권을 제약하지 않는 다른 수단에 의해서도 충분히 달성할 수 있음에도, 인터넷의 특성을 고려하지 아니한 채 본인확인제의 적용범위를 광범위하게 정하여 법 집행자에게 자의적인 집행의 여지를 부여하고, 목적달성에 필요한 범위를 넘는 과도한 기본권 제한을 하고 있으므로 침해의 최소성이 인정되지 아니한다. … 따라서 본인확인제를 규율하는 이 사건 법령조항들은 과잉금지원칙에 위배하여 인터넷게시판 이용자의 표현의 자유, 개인정보자기결정권 및 인터넷게시판을 운영하는 정보통신서비스 제공자의 언론의 자유를 침해한다(헌재 2012.8.23. 2010헌마47 등).

③ ○ 이 사건 법률조항의 음란표현은 헌법 제21조가 규정하는 언론·출판의 자유의 보호영역 내에 있다고 볼 것인바, 종전에 이와 견해를 달리하여 음란표현은 헌법 제21조가 규정하는 언론·출판의 자유의 보호영역에 해당하지 아니한다는 취지로 판시한 우리 재판소의 의견을 변경한다(헌재2009.5.28. 2006헌바109 등).

④ × 이 사건 법률조항들은 지역농협 이사 선거가 과열되는 과정에서 후보자들의 경제력 차이에 따른 불균형한 선거운동 및 흑색선전을 통한 부당한 경쟁이 이루어짐으로써 선거의 공정이 해쳐지는 것을 방지하기 위하여 선거공보의 배부를 통한 선거운동만을 허용하고 전화·컴퓨터통신을 이용한 지지 호소의 선거운동을 금지하며 이를 위반하여 선거운동을 한 자를 처벌하는 바, 입법목적의 정당성 및 수단의 적합성이 인정된다. 그러나 전화·컴퓨터통신은 누구나 손쉽고 저렴하게 이용할 수 있는 매체인 점, 농업협동조합법에서 흑색선전 등을 처벌하는 조항을 두고 있는 점을 고려하면 입법목적 달성을 위하여 위 매체를 이용한 지지 호소까지 금지할 필요성은 인정되지 아니한다. 이 사건 법률조항들이 달성하려는 공익이 결사의 자유 및 표현의 자유 제한을 정당화할 정도로 크다고 보기는 어려우므로, 법익의 균형성도 인정되지 아니한다. 따라서 이 사건 법률조항들은 과잉금지원칙을 위반하여 결사의 자유, 표현의 자유를 침해하여 헌법에 위반된다(헌재 2016.11.24. 2015헌바62).

정답 ④

11 표현의 자유에 대한 설명으로 옳지 않은 것은? (다툼이 있는 경우 헌법재판소의 판례에 의함)

〈2017 국회직 8급〉

① 지역농협 이사 선거의 경우 전화(문자메시지를 포함한다)·컴퓨터통신(전자우편을 포함한다)을 이용한 지지 호소의 선거운동방법을 금지하는 것은 표현의 자유를 침해한다.

② 비의료인의 의료에 관한 광고를 금지하고 처벌하는 것은 국민의 생명권 등을 보호하는 것이어서 표현의 자유를 침해하지 않는다.

③ 특정구역 안에서 업소별로 표시할 수 있는 광고물의 총 수량을 1개로 제한하는 것은 표현의 자유를 침해하지 않는다.

④ 정보통신망을 이용하여 공포심이나 불안감을 유발하는 문언을 반복적으로 상대방에게 도달하는 행위를 1년 이하의 징역 또는 1,000만 원 이하의 벌금으로 처벌하는 것은 표현의 자유를 침해하지 않는다.

⑤ 인터넷 신문을 발행하려는 사업자가 취재 인력 3인 이상을 포함하여 취재 및 편집 인력 5인 이상을 상시 고용하지 않는 경우 인터넷 신문으로 등록할 수 없도록 하는 것은 직업의 자유의 문제이고 언론의 자유를 제한하지는 않는다.

해설

① ○ 이 사건 법률조항들은 지역농협 이사 선거가 과열되는 과정에서 후보자들의 경제력 차이에 따른 불균형한 선거운동 및 흑색선전을 통한 부당한 경쟁이 이루어짐으로써 선거의 공정이 해쳐지는 것을 방지하기 위하여 선거 공보의 배부를 통한 선거운동만을 허용하고 전화·컴퓨터 통신을 이용한 지지 호소의 선거운동을 금지하며 이를 위반하여 선거운동을 한 자를 처벌하는바, 입법목적의 정당성 및 수단의 적합성이 인정된다. 그러나 전화·컴퓨터 통신은 누구나 손쉽고 저렴하게 이용할 수 있는 매체인 점, 「농업협동조합법」에서 흑색선전 등을 처벌하는 조항을 두고 있는 점을 고려하면 입법목적 달성을 위하여 위 매체를 이용한 지지 호소까지 금지할 필요성은 인정되지 아니한다. 이 사건 법률조항들이 달성하려는 공익이 결사의 자유 및 표현의 자유 제한을 정당화할 정도로 크다고 보기는 어려우므로, 법익의 균형성도 인정되지 아니한다. 따라서 이 사건 법률조항들은 과잉금지원칙을 위반하여 결사의 자유, 표현의 자유를 침해하여 헌법에 위반된다(헌재 2016.11.24. 2015헌바62).

② ○ 비의료인에게 의료에 관한 광고를 허용할 경우에는 비의료인에 의하여 의료에 관한 부정확한 광고가 양산되고, 그에 의하여 일반인들이 올바른 의료선택을 하지 못하게 되며, 무면허 의료행위가 조장·확산 될 위험이 있다. 이 사건 법률조항은 이러한 결과를 방지하여 국민의 생명권과 건강권을 보호하고 국민의 보건에 관한 국가의 보호의무를 이행하기 위하여 필요한 최소한도 내의 제한이라고 할 것이므로, 비의료인인 청구인의 표현의 자유, 직업수행의 자유를 침해한다고 볼 수 없다(헌재 2016.9.29. 2015헌바325).

③ ○ 이 사건 특정구역 안에서의 옥외광고물의 표시방법을 제한하는 심판대상조항들은 옥외광고물의 난립을 막아 쾌적하고 조화로운 도시미관을 조성함과 동시에 도시의 정체성을 확립하고, 공중에 대한 위해를 방지하고자 하는 것으로서 그 목적의 정당성 및 수단의 적정성이 인정된다. … 한편, 청구인들은 자신들이 원하는 위치에 원하는 종류의 옥외광고물을 원하는 만큼 표시·설치할 수 없어 표현의 자유 및 직업수행의 자유를 다소 제한받게 되나, 심판대상조항들에 의하여 달성하려는 공익에 비하여 중대하다고 할 수 없어 법익균형성도 충족된다. 따라서 심판대상조항들이 비례의 원칙에 위배되어 청구인들의 표현의 자유 및 직업수행의 자유를 침해한다고 볼 수 없다(헌재 2016.3.31. 2014헌마794).

④ ○ 심판대상조항은 불건전한 정보통신망이용으로부터 개인의 사생활의 평온을 보호함과 아울러 정보의 건전한 이용풍토를 조성하기 위한 것이다. 형법상 협박죄는 해악의 고지를 그 요건으로 하고 있어서, 해악의 고지는 없으나 반복적인 음향이나 문언 전송 등의 다양한 방법으로 상대방에게 공포심이나 불안감을 유발하는 소위 '사이버스토킹'을 규제하기는 불충분한 반면, 현대정보사회에서 정보통신망을 이용한 불법행위가 급증하는 추세에 있고, 오프라인 공간에서 발생하는 불법행위에 비해 행위 유형이 비정형적이고 다양하여 피해자에게 주는 고통이 더욱 클 수도 있어서 규제의 필요성은 매우 크다. … 심판대상조항으로 인하여 개인은 정보통신망을

통한 표현에 일정한 제약을 받게 되나, 수신인인 피해자의 사생활의 평온 보호 및 정보의 건전한 이용풍토 조성이라고 하는 공익이 침해되는 사익보다 크다고 할 것이어서 심판대상조항은 법익균형성의 요건도 충족하였다. 따라서 심판대상조항은 표현의 자유를 침해하지 아니한다(헌재 2016.12.29. 2014헌바434).

⑤ × 언론의 자유에 의하여 보호되는 것은 정보의 획득에서부터 뉴스와 의견의 전파에 이르기까지 언론의 기능과 본질적으로 관련되는 모든 활동이다. 이런 측면에서 고용조항과 확인조항은 인터넷 신문의 발행을 제한하는 효과를 가지고 있으므로 언론의 자유를 제한한다. … 급변하는 인터넷 환경과 기술발전, 매체의 다양화 및 신규 또는 대안 매체의 수요 등을 감안하더라도, 취재 및 편집 인력을 상시 일정 인원 이상 고용하도록 강제하는 것이 인터넷 신문의 언론으로서의 신뢰성을 제고하기 위해 반드시 필요하다고 보기도 어렵다. 고용조항 및 확인조항은 소규모 인터넷 신문이 언론으로서 활동할 수 있는 기회 자체를 원천적으로 봉쇄할 수 있음에 비하여, 인터넷 신문의 신뢰도 제고라는 입법목적의 효과는 불확실하다는 점에서 법익의 균형성도 잃고 있다. 따라서 고용조항 및 확인조항은 과잉금지원칙에 위배되어 청구인들의 언론의 자유를 침해한다(헌재 2016.10.27. 2015헌마1206 등).

정답 ⑤

12 **표현의 자유 및 언론·출판의 자유에 대한 설명으로 가장 적절하지 않은 것은? (다툼이 있는 경우 판례에 의함)** *〈2021 경정승진〉*

① 사전심의를 받지 않은 건강기능식품의 기능성 광고를 금지하고 이를 위반할 경우 형사처벌 하도록 한 구「건강기능식품에 관한 법률」 조항은 사전검열에 해당하므로 헌법에 위반된다.

② 공포심이나 불안감을 유발하는 문언을 반복적으로 상대방에게 도달하게 한 자를 형사처벌 하도록 한 「정보통신망 이용촉진 및 정보보호 등에 관한 법률」 조항은 표현의 자유를 침해하지 않는다.

③ 인터넷언론사에 대하여 선거일 전 90일부터 선거일까지 후보자 명의의 칼럼이나 저술을 게재하는 보도를 제한하는 구「인터넷선거보도 심의기준 등에 관한 규정」 조항은 과잉금지원칙에 반하여 표현의 자유를 침해하지 않는다.

④ 지역농협 이사 선거의 경우 전화(문자메시지를 포함한다)·컴퓨터통신(전자우편을 포함한다)을 이용한 지지·호소의 선거운동방법을 금지하고, 이를 위반한 자를 형사처벌 하도록 한 구「농업협동조합법」 조항은 표현의 자유를 침해한다.

해설

① ○ '건강기능식품에 관한 법률'에 따르면 기능성 광고의 심의는 식품의약품안전처장으로부터 위탁받은 한국건강기능식품협회에서 수행하고 있지만, 법상 심의주체는 행정기관인 식품의약품안전처장이며, 언제든지 그 위탁을 철회할 수 있고, 심의위원회의 구성에 관하여도 법령을 통해 행정권이 개입하고 지속적으로 영향을 미칠 가능성이 존재하는 이상 그 구성에 자율성이 보장되어 있다고 볼 수 없다. 식품의약품안전처장이 심의기준 등의 제정과 개정을 통해 심의 내용과 절차에 영향을 줄 수 있고, 식품의약품안전처장이 재심의를 권하면 심의기관이 이를 따라야 하며, 분기별로 식품의약품안전처장에게 보고가 이루어진다는 점에서도 그 심의업무의 독립성과 자율성이 있다고 보기 어렵다. 따라서 이 사건 **건강기능식품 기능성 광고 사전심의**는 **행정권이 주체**가 된 사전심사로서, **헌법이 금지하는 사전검열에 해당**하므로 **헌법에 위반**된다(헌재 2019.5.30. 2019헌가4).

② ○ 형법상 협박죄는 해악의 고지를 그 요건으로 하고 있어서, 해악의 고지는 없으나 반복적인 음향이나 문언 전송 등의 다양한 방법으로 상대방에게 공포심이나 불안감을 유발하는 소위 **'사이버스토킹'을 규제**하기는 불충분한 반면, 현대정보사회에서 정보통신망을 이용한 불법행위가 급증하는 추세에 있고, 오프라인 공간에서 발생하는 불법행위에 비해 행위유형이 비정형적이고 다양하여 피해자에게 주는 고통이 더욱 클 수도 있어서 규제의 필요성은 매우 크다. 따라서 심판대상조항은 **표현의 자유를 침해하지 아니한다**(헌재 2016.12.29. 2014헌바434).

③ × 이 사건 시기제한조항은 **선거일 전 90일부터 선거일까지 후보자 명의의 칼럼 등을 게재**하는 인터넷 선거보도가 불공정하다고 볼 수 있는지에 대해 구체적으로 판단하지 않고 이를 불공정한 선거보도로 간주하여 선거의 공정성을 해치지 않는 보도까지 광범위하게 제한한다. 이 사건 시기제한조항의 입법목적을 달성할 수 있는 덜 제약적인 다른 방법들이 이 사건 심의기준 규정과 공직선거법에 이미 충분히 존재한다. 따라서 이 사건 시기제한조항은 과잉금지원칙에 반하여 **청구인의 표현의 자유를 침해한다**(헌재 2019.11.28. 2016헌마90).

④ ○ 전화·컴퓨터통신은 누구나 손쉽고 저렴하게 이용할 수 있는 매체인 점, 농업협동조합법에서 흑색선전 등을 처벌하는 조항을 두고 있는 점을 고려하면 입법목적 달성을 위하여 위 매체를 이용한 지지 호소까지 금지할 필요성은 인정되지 아니한다. 이 사건 법률조항들이 달성하려는 공익이 결사의 자유 및 표현의 자유 제한을 정당화할 정도로 크다고 보기는 어려우므로, 법익의 균형성도 인정되지 아니한다. 따라서 이 사건 법률조항들은 과잉금지원칙을 위반하여 결사의 자유, **표현의 자유를 침해하여 헌법에 위반**된다(헌재 2016.11.24. 2015헌바62).

정답 ③

13 표현의 자유에 관한 설명으로 가장 옳지 않은 것은? 〈2019 서울시 7급〉

① '법관이 그 품위를 손상하거나 법원의 위신을 실추시킨 경우'를 징계사유로 하는 법률규정은 '품위 손상', '위신 실추'와 같은 추상적인 용어를 사용하여 그 적용 범위가 지나치게 광범위하거나 포괄적이어서 법관의 표현의 자유를 과도하게 제한한다고 볼 수 있다.

② 인터넷게시판을 설치·운영하는 정보통신서비스 제공자에게 본인확인조치의무를 부과하는 법률규정은 과잉금지원칙에 위배하여 인터넷게시판 이용자의 표현의 자유를 침해한다.

③ 민주사회에서 표현의 자유가 수행하는 역할과 기능에 비추어볼 때 불명확한 규범에 의한 규제는 헌법상 보호받는 표현에 대한 위축 효과를 수반하므로 표현의 자유를 규제하는 법률은 표현에 위축 효과가 미치지 않도록 규제되는 행위의 개념을 세밀하고 명확하게 규정할 것이 헌법적으로 요구된다.

④ 새마을금고의 임원선거와 관련하여 법률에서 정하고 있는 방법 외의 방법으로 선거운동을 할 수 없도록 하고 이를 위반한 경우 형사처벌 하도록 정하고 있는 「새마을금고법」 규정은 표현의 자유를 침해하지 않는다.

해설

① × 구「법관징계법」 제2조 제2호가 '품위 손상', '위신 실추'와 같은 추상적인 용어를 사용하고 있기는 하나, 수범자인 법관이 구체적으로 어떠한 행위가 이에 해당하는지를 충분히 예측할 수 없을 정도로 그 적용범위가 모호하다거나 불분명하다고 할 수 없고, … 구「법관징계법」 제2조 제2호는 그 적용범위가 지나치게 광범위하거나 포괄적이어서 법관의 표현의 자유를 과도하게 제한한다고 볼 수 없어 과잉금지원칙에 위배되지 아니한다(헌재2012.2.23. 2009헌바34).

② ○ 본인확인제를 규율하는 이 사건 법령조항들은 본인확인이라는 방법으로 게시판 이용자의 표현의 자유를 사전에 제한하여 의사표현 자체를 위축시키고 그 결과 헌법으로 보호되는 표현까지도 억제함으로써 민주주의의 근간을 이루는 자유로운 여론 형성을 방해하는 것으로서 과잉금지원칙에 위배하여 청구인 손○규 등의 표현의 자유, 개인정보자기결정권, 청구인 회사의 언론의 자유 등 기본권을 침해한다(헌재 2012.8.23. 2010헌마47 등).

③ ○ 표현의 자유를 규제하는 입법에 있어서 명확성원칙은 특별히 중요한 의미를 지닌다. 현대 민주사회에서 표현의 자유가 국민주권주의 이념의 실현에 불가결한 것인 점에 비추어 볼 때, 불명확한 규범에 의한 표현의 자유의 규제는 헌법상 보호받는 표현에 대한 위축 효과를 야기하고, 그로 인하여 다양한 의견, 견해, 사상의 표출을 기능케 함으로써 그러한 표현들이 상호 검증을 거치도록 한다는 표현의 자유의 본래의 기능을 상실케 한다. 따라서 표현의 자유를 규제하는 법률은 규제되는 표현의 개념을 세밀하고 명확하게 규정할 것이 헌법적으로 요구된다(헌재 2013.6.27. 2012헌바37).

④ ○ 새마을금고의 경영을 책임지는 임원에게는 고도의 윤리성이 요구되므로, 임원을 선거로 선출함에 있어서는 부정·타락행위를 방지하고 선거제도의 공정성을 확보해야 할 필요성이 크다. 심판대상조항은 새마을금고 임원선거의 과열과 혼탁을 방지함으로써 선거의 공정성을 담보하고자 하는 것으로 그 입법목적이 정당하다. … 따라서 심판대상조항은 과잉금지원칙에 위반하여 결사의 자유 및 표현의 자유를 침해하지 아니한다(헌재 2018.2.22. 2016헌바364).

정답 ①

14 언론·출판의 자유에 대한 설명으로 옳은 것만을 〈보기〉에서 모두 고르면? (다툼이 있는 경우 판례에 의함) *〈2019 국회직 5급〉*

㉠ 헌법상 사전검열은 예외 없이 금지되는 것으로 보아야 하므로 의료광고 역시 사전검열금지원칙의 적용대상이 된다.

㉡ 여론조사 실시행위에 대한 신고의무를 부과하고 있는 「공직선거법」 조항은 여론조사결과의 보도나 공표행위를 규제하는 것이 아니라 여론조사의 실시행위에 대한 신고의무를 부과하는 것으로, 허가받지 아니한 것의 발표를 금지하는 헌법 제21조 제2항의 사전검열과 관련이 있다고 볼 수 없으므로 검열금지원칙에 위반되지 아니한다.

㉢ 검열을 행정기관이 아닌 독립적인 위원회에서 행한다고 하더라도, 행정권이 주체가 되어 검열절차를 형성하고 검열기관의 구성에 지속적인 영향을 미칠 수 있는 경우라면 실질적으로 그 검열기관은 행정기관이라고 보아야 한다.

㉣ 방영금지가처분은 비록 제작 또는 방영되기 이전, 즉 사전에 그 내용을 심사하여 금지하는 것이기는 하나, 이는 행정권에 의한 사전심사나 금지처분이 아니라 개별 당사자 간의 분쟁에 관하여 사법부가 사법절차에 의하여 심리·결정하는 것이므로, 헌법에서 금지하는 사전검열에 해당하지 아니한다.

① ㉠, ㉢
② ㉡, ㉣
③ ㉠, ㉡, ㉢
④ ㉡, ㉢, ㉣
⑤ ㉠, ㉡, ㉢, ㉣

해설

㉠ ○ 헌법이 특정한 표현에 대해 예외적으로 검열을 허용하는 규정을 두지 않은 점, 이러한 상황에서 표현의 특성이나 규제의 필요성에 따라 언론·출판의 자유의 보호를 받는 표현 중에서 사전검열금지원칙의 적용이 배제되는 영역을 따로 설정할 경우 그 기준에 대한 객관성을 담보할 수 없다는 점 등을 고려하면, 헌법상 사전검열은 예외 없이 금지되는 것으로 보아야 하므로 의료광고 역시 사전검열금지원칙의 적용대상이 된다(헌재 2015.12.23. 2015헌바75).

㉡ ○ 심판대상조항은 여론조사결과의 보도나 공표행위를 규제하는 것이 아니라 여론조사의 실시행위에 대한 신고의무를 부과하는 것이므로, 허가받지 아니한 것의 발표를 금지하는 헌법 제21조 제2항의 사전검열과 관련이 있다고 볼 수 없다. 따라서 심판대상조항은 헌법 제21조 제2항의 검열금지원칙에 위반되지 아니한다(헌재 2015.4.30. 2014헌마360).

㉢ ○ 검열을 행정기관이 아닌 독립적인 위원회에서 행한다고 하더라도 행정권이 주체가 되어 검열절차를 형성하고 검열기관의 구성에 지속적인 영향을 미칠 수 있는 경우라면 실질적으로 검열기관은 행정기관이라고 보아야 한다. 그러므로 공연윤리위원회가 민간인으로 구성된 자율적인 기관이라고 할지라도 영화법에서 영화에 대한 사전허가제도를 채택하고, 공연법에 의하여 공연윤리위원회를 설치토록 하여 행정권이 공연윤리위원회의 구성에 지속적인 영향을 미칠 수 있게 하였으므로 공연윤리위원회는 검열기관으로 볼 수밖에 없다(헌재 1996.10.4. 93헌가13 등).

㉣ ○ 헌법 제21조 제2항에서 규정한 검열 금지의 원칙은 모든 형태의 사전적인 규제를 금지하는 것이 아니고 단지 의사표현의 발표 여부가 오로지 행정권의 허가에 달려있는 사전심사만을 금지하는 것을 뜻하므로, 이 사건 법률조항에 의한 방영금지가처분은 행정권에 의한 사전심사나 금지처분이 아니라 개별 당사자 간의 분쟁에 관하여 사법부가 사법절차에 의하여 심리, 결정하는 것이어서 헌법에서 금지하는 사전검열에 해당하지 아니한다(헌재 2001.8.30. 2000헌바36).

정답 ⑤

15 **헌법상 금지되는 사전검열에 대한 설명으로 옳은 것만을 모두 고르면? (다툼이 있는 경우 판례에 의함)** *〈2021 국가직 5급〉*

<보기>

ㄱ. 「영화진흥법」이 규정하고 있는 영상물등급위원회에 의한 등급분류보류제도는 등급분류보류의 횟수제한이 없어 실질적으로 영상물등급위원회의 허가를 받지 않는 한 영화를 통한 의사표현이 무한정 금지될 수 있으므로 검열에 해당한다.

ㄴ. 검열을 행정기관이 아닌 독립적인 위원회에서 행한다고 하더라도, 행정권이 주체가 되어 검열절차를 형성하고 검열기관의 구성에 지속적인 영향을 미칠 수 있는 경우라면 실질적으로 그 검열기관은 행정기관이라고 보아야 한다.

ㄷ. 민간심의기구가 심의를 담당하는 경우에도 행정권이 개입하여 그 사전심의에 자율성이 보장되지 않는다면 이 역시 행정기관의 사전검열에 해당하게 된다.

ㄹ. 헌법상 사전검열은 표현의 자유 보호대상이면 예외 없이 금지된다.

① ㄱ, ㄴ ② ㄱ, ㄷ, ㄹ

③ ㄴ, ㄷ, ㄹ ④ ㄱ, ㄴ, ㄷ, ㄹ

해설

ㄱ. ○ 「영화진흥법」 제21조제4항이 규정하고 있는 **영상물등급위원회에 의한 등급분류보류제도**는, 영상물등급위원회가 영화의 상영에 앞서 영화를 제출받아 그 심의 및 상영등급분류를 하되, 등급분류를 받지 아니한 영화는 상영이 금지되고 만약 등급분류를 받지 않은 채 영화를 상영한 경우 과태료, 상영금지명령에 이어 형벌까지 부과할 수 있도록 하며, **등급분류보류의 횟수제한이 없어** 실질적으로 영상물등급위원회의 허가를 받지 않는 한 영화를 통한 **의사표현이 무한정 금지**될 수 있으므로 **검열에 해당**한다(헌재 2001.8.30. 2000헌가9).

ㄴ. ○ 검열을 행정기관이 아닌 **독립적인 위원회**에서 행한다고 하더라도, **행정권이 주체**가 되어 **검열절차를 형성**하고 검열기관의 **구성에 지속적인 영향**을 미칠 수 있는 경우라면 실질적으로 그 **검열기관은 행정기관**이라고 보아야 한다. 그렇게 해석하지 아니한다면 검열기관의 구성은 입법기술상의 문제에 지나지 않음에도 불구하고 정부에게 행정관청이 아닌 독립된 위원회의 구성을 통하여 사실상 검열을 하면서도 헌법상 검열금지원칙을 위반하였다는 비난을 면할 수 있는 길을 열어주기 때문이다(헌재 2015.12.23. 2015헌바75).

ㄷ. ○ **민간심의기구**가 심의를 담당하는 경우에도 **행정권이 개입**하여 그 사전심의에 자율성이 보장되지 않는다면 이 역시 **행정기관의 사전검열에 해당**하게 될 것이다(헌재 2015.12.23. 2015헌바75).

ㄹ. ○ 현행 헌법상 **사전검열**은 **표현의 자유 보호대상**이면 **예외 없이 금지**된다. 건강기능식품의 기능성 광고는 인체의 구조 및 기능에 대하여 보건용도에 유용한 효과를 준다는 기능성 등에 관한 정보를 널리 알려 해당 건강기능식품의 소비를 촉진시키기 위한 상업광고이지만, 헌법 제21조 제1항의 표현의 자유의 보호 대상이 됨과 동시에 같은 조 제2항의 사전검열 금지 대상도 된다(헌재 2018.6.28. 2016헌가8 등).

정답 ④

16 다음 중 헌법이 금지하는 사전검열에 대한 설명으로 옳지 않은 것은? (다툼이 있는 경우 헌법재판소 판례에 의함) *〈2016 국회직 9급〉*

① 사전검열로 인정되려면 사상이나 의견이 발표되기 전에 일반적으로 허가를 받기 위한 표현물의 제출의무가 있어야 한다.

② 행정권이 주체가 된 사전심사절차도 사전검열의 인정요소이다.

③ 사전검열로 인정되려면 허가를 받지 않은 의사표현의 금지도 필요하다.

④ 광고물 등의 모양, 크기, 색깔 등을 규제하는 것도 검열에 해당한다.

⑤ 자료의 납본만을 요구하는 경우에는 검열에 해당하지 않는다.

해설

① ○

② ○

③ ○ 헌법 제21조 제2항의 검열은 행정권이 주체가 되어 사상이나 의견 등이 발표되기 이전에 예방적 조치로서 그 내용을 심사, 선별하여 발표를 사전에 억제하는, 즉 허가받지 아니한 것의 발표를 금지하는 제도를 뜻한다. 그러므로 검열은 일반적으로 허가를 받기 위한 표현물의 제출의무, 행정권이 주체가 된 사전심사절차, 허가를 받지 아니한 의사표현의 금지 및 심사절차를 관철할 수 있는 강제수단 등의 요건을 갖춘 경우에만 이에 해당하는 것이다(헌재 1996.10.4. 93헌가13 등).

④ × 헌법 제21조 제2항에서 정하는 허가나 검열은 행정권이 주체가 되어 사상이나 의견 등이 발표되기 이전에 예방적 조치로서 그 내용을 심사·선별하여 발표를 사전에 억제하는, 즉 허가받지 아니한 것의 발표를 금지하는 제도를 뜻한다. 「옥외광고물등관리법」 제3조는 일정한 지역·장소 및 물건에 광고물 또는 게시시설을 표시하거나 설치하는 경우에 그 광고물 등의 종류·모양·크기·색깔, 표시 또는 설치의 방법 및 기간 등을 규제하고 있을 뿐, 광고물 등의 내용을 심사·선별하여 광고물을 사전에 통제하려는 제도가 아님은 명백하므로, 헌법 제21조 제2항이 정하는 사전허가· 검열에 해당되지 아니한다(헌재 1998.2.27. 96헌바2).

⑤ ○ 「정간법」 제10조 제1항은 "제7조 제1항의 규정에 의하여 등록한 자가 정기간행물을 발행하였을 때에는 대통령령이 정하는 바에 따라 그 정기간행물 2부를 즉시 공보처장관에게 납본하여야 한다." 라고 규정하고 있다. 따라서 등록한 정간물은 자유로이 발행할 수 있으며 다만 발행한 후에 그 정간물 2부를 납본하도록 하고 있음에 불과하다. 즉 정간물이 외부에 공개내지 배포되기 이전에 그 표현내용을 심사하여 그 발행금지 내지 어떤 제한이나 제재가 가해지는 것은 아니다. 결국 발행된 정간물을 공보처에 납본하는 것은 그 정간물의 내용을 심사하여 이를 공개 내지 배포하는데 대한 허가나 금지와는 전혀 관계없는 것으로서 사전검열이라고 볼 수 없다(헌재 1992.6.26. 90헌바26).

정답 ④

17 언론·출판에 대한 검열금지에 관한 다음 설명 중 가장 옳지 않은 것은? 〈2020 법원직 9급〉

① 헌법 제21조 제1항과 제2항은 모든 국민은 언론·출판의 자유를 가지며, 언론·출판에 대한 허가나 검열은 인정되지 아니한다고 규정하고 있으므로, 검열을 수단으로 한 제한은 국가안전보장·질서유지 또는 공공복리를 위하여 필요한 경우에 한하여 법률로써 하는 경우에만 허용될 수 있다.

② 헌법 제21조 제2항이 금지하는 검열은 사전검열만을 의미하므로, 헌법상 보호되지 않는 의사표현에 대하여 공개한 뒤에 국가기관이 간섭하는 것을 금지하는 것은 아니다.

③ 검열금지의 원칙은 모든 형태의 사전적인 규제를 금지하는 것이 아니고, 의사표현의 발표여부가 오로지 행정권의 허가에 달려있는 사전심사만을 금지하는 것을 뜻한다.

④ 검열은 일반적으로 허가를 받기 위한 표현물의 제출의무, 행정권이 주체가 된 사전심사절차, 허가를 받지 아니한 의사표현의 금지 및 심사절차를 관철할 수 있는 강제수단 등의 요건을 갖춘 경우에만 이에 해당하는 것이다.

해설

① × 헌법 제21조 제2항이 언론·출판에 대한 검열금지를 규정한 것은 비록 헌법 제37조 제2항이 국민의 자유와 권리를 국가안전보장·질서유지 또는 공공복리를 위하여 필요한 경우에 한하여 법률로써 제한할 수 있도록 규정하고 있다고 할지라도 언론·출판의 자유에 대하여는 검열을 수단으로 한 제한만은 법률로써도 허용되지 아니 한다는 것을 밝힌 것이다(헌재 1996.10.4. 93헌가13 등).

② ○ 헌법 제21조 제2항이 금지하는 검열은 사전검열만을 의미하므로 개인이 정보와 사상을 발표하기 이전에 국가기관이 미리 그 내용을 심사·선별하여 일정한 범위 내에서 발표를 저지하는 것만을 의미하고, 헌법상 보호되지 않는 의사표현에 대하여 공개한 뒤에 국가기관이 간섭하는 것을 금지하는 것은 아니다(헌재 1996.10.4. 93헌가13 등).

③ ○

④ ○ 검열금지의 원칙은 모든 형태의 사전적인 규제를 금지하는 것이 아니고, 단지 의사표현의 발표여부가 오로지 행정권의 허가에 달려있는 사전심사만을 금지하는 것을 뜻한다. 그러므로 검열은 일반적으로 허가를 받기 위한 표현물의 제출의무, 행정권이 주체가 된 사전심사절차, 허가를 받지 아니한 의사표현의 금지 및 심사절차를 관철할 수 있는 강제수단 등의 요건을 갖춘 경우에만 이에 해당하는 것이다(헌재 1996. 10.4. 93헌가13 등).

정답 ①

18 **언론·출판의 자유에 있어 검열금지원칙에 관한 다음 설명 중 가장 옳지 않은 것은? (다툼이 있는 경우 헌법재판소 결정에 의함)** *〈2016 법원직 9급〉*

① 헌법상 검열금지의 원칙은 모든 형태의 사전적인 규제를 금지하는 것은 아니고, 의사표현의 발표 여부가 오로지 행정권의 허가에 달려있는 사전심사만을 금지하는 것이다.

② 「민사소송법」에 따라 방영금지가처분을 허용하는 것은 헌법상 검열금지의 원칙에 위반되지 않는다.

③ 건강기능식품의 기능성 표시·광고의 사전심의절차에 관하여 규정한 구「건강기능식품에 관한 법률」은 헌법이 금지하는 사전검열에 해당한다.

④ 인터넷언론사에 대하여 선거운동기간 중 해당 인터넷홈페이지의 게시판에 정당·후보자에 대한 지지·반대의 글을 게시할 수 있도록 하는 경우 실명을 확인받도록 하는 기술적 조치를 할 의무 등을 부과한 것은 헌법상 사전검열금지원칙에 위배된다.

해설

① ○

② ○ 헌법 제21조 제2항에서 규정한 검열 금지의 원칙은 모든 형태의 사전적인 규제를 금지하는 것이 아니고 단지 의사표현의 발표 여부가 오로지 행정권의 허가에 달려있는 사전심사만을 금지하는 것을 뜻하므로, 이 사건 법률조항에 의한 방영금지가처분은 행정권에 의한 사전심사나 금지처분이 아니라 개별 당사자 간의 분쟁에 관하여 사법부가 사법절차에 의하여 심리, 결정하는 것이어서 헌법에서 금지하는 사전검열에 해당하지 아니한다(헌재 2001.8.30. 2000헌바36).

③ ○ 건강기능식품법상 기능성 광고의 심의는 식약처장으로부터 위탁받은 한국건강기능식품협회에서 수행하고 있지만, 법상 심의주체는 행정기관인 식약처장이며, 언제든지 그 위탁을 철회할 수 있고, 심의위원회의 구성에 관하여도 법령을 통해 행정권이 개입하고 지속적으로 영향을 미칠 가능성이 존재하는 이상 그 구성에 자율성이 보장되어 있다고 볼 수 없다. … 따라서 이 사건 건강기능식품 기능성광고 사전심의는 그 검열이 행정권에 의하여 행하여진다 볼 수 있고, 헌법이 금지하는 사전검열에 해당하므로 헌법에 위반된다(헌재 2018.6.28. 2016헌가8).

④ × 이 사건 법률조항과 관련한 인터넷언론사의 의무는 후보자·정당에 대한 지지·반대의 글을 게시하려는 이용자의 경우에는 실명을 확인받도록 하는 기술적 조치를 할 의무(제1항), 그와 같은 실명확인을 받은 경우 '실명확인' 표시가 나타나도록 기술적 조치를 취할 의무(제4항), '실명확인'의 표시가 없는 지지·반대의 글이 이미 게시되어 있을 경우 이를 삭제할 의무(제6항, 제7항)를 부담할 뿐이고, 이용자로서는 스스로의 판단에 따라 자신이 게시하려는 글이 지지·반대의 글에 해당하면 실명확인 절차를 거쳐 '실명확인'의 표시가 나타나게 게시하고 그렇지 아니하다고 판단되면 실명확인 절차를 거치지 아니하고 게시하는 것이 가능하므로, 이러한 제한이 사전검열금지의 원칙에 위배된다고 할 수 없다(헌재 2010.2.25. 2008헌마324 등).

정답 ④

19 헌법재판소가 사전검열에 해당되는 것으로 판단되어 위헌결정한 것으로 옳지 않은 것은?

〈2019 국회직 9급〉

① 인터넷게시판에서의 본인확인제

② 영상물등급위원회에 의한 등급분류보류제도

③ 의사협회의 의료광고의 사전심의

④ 방송위원회로부터 위탁을 받은 한국광고자율심의기구의 텔레비전 방송광고의 사전심의

⑤ 건강기능식품 기능성광고 사전심의

해설

① × 이 사건 본인확인제는 게시 글의 내용에 따라 규제를 하는 것이 아니고, 정보통신서비스 제공자의 삭제의무를 규정하고 있지도 않은바, 의견발표 전에 국가기관에 의하여 그 내용을 심사, 선별하여 일정한 사상표현을 저지하는 사전적 내용심사로는 볼 수 없으므로 사전검열금지원칙에 위배된다고 할 수 없다(헌재 2012.8.23. 2010헌마47 등).

② ○ 영화진흥법 제21조 제4항이 규정하고 있는 영상물등급위원회에 의한 등급분류보류제도는, 영상물등급위원회가 영화의 상영에 앞서 영화를 제출받아 그 심의 및 상영등급분류를 하되, 등급분류를 받지 아니한 영화는 상영이 금지되고 만약 등급분류를 받지 않은 채 영화를 상영한 경우 과태료, 상영금지명령에 이어 형벌까지 부과할 수 있도록 하며, 등급분류보류의 횟수 제한이 없어 실질적으로 영상물등급위원회의 허가를 받지 않는 한 영화를 통한 의사표현이 무한정 금지될 수 있으므로 검열에 해당한다(헌재 2001.8.30. 2000헌가9).

③ ○ 의료광고의 사전심의는 보건복지부장관으로부터 위탁을 받은 각 의사협회가 행하고 있으나 사전심의의 주체인 보건복지부장관은 언제든지 위탁을 철회하고 직접 의료광고 심의업무를 담당할 수 있는 점, 의료법 시행령이 심의위원회의 구성에 관하여 직접 규율하고 있는 점, 심의기관의 장은 심의 및 재심의 결과를 보건복지부장관에게 보고하여야 하는 점, 보건복지부장관은 의료인 단체에 대해 재정지원을 할 수 있는 점, 심의기준·절차 등에 관한 사항을 대통령령으로 정하도록 하고 있는 점 등을 종합하여 보면, 각 의사협회는 행정권의 영향력에서 벗어나 독립적이고 자율적으로 사전심의업무를 수행하고 있다고 보기 어렵다. 따라서 이 사건 법률규정들은 사전검열금지원칙에 위배된다(헌재 2015.12.23. 2015헌바75).

④ ○ 한국광고자율심의기구는 행정기관적 성격을 가진 방송위원회로부터 위탁을 받아 이 사건 텔레비전 방송광고 사전심의를 담당하고 있는바, 한국광고자율심의기구는 민간이 주도가 되어 설립된 기구이기는 하나, 그 구성에 행정권이 개입하고 있고, 행정법상 공무수탁사인으로서 그 위탁받은 업무에 관하여 국가의 지휘·감독을 받고 있으며, 방송위원회는 텔레비전 방송광고의 심의 기준이 되는 방송광고 심의규정을 제정, 개정할 권한을 가지고 있고, 자율심의기구의 운영비나 사무실 유지비, 인건비 등을 지급하고 있다. 그렇다면 한국광고자율심의기구가 행하는 방송광고 사전심의는 방송위원회가 위탁이라는 방법에 의해 그 업무의 범위를 확장한 것에 지나지 않는다고 할 것이므로 한국광고자율심의기구가 행하는 이 사건 텔레비전 방송광고 사전심의는 행정기관에 의한 사전검열로서 헌법이 금지하는 사전검열에 해당한다(헌재 2008.6. 26. 2005헌마506).

⑤ ○ 「건강기능식품법」상 기능성 광고의 심의는 식약처장으로부터 위탁받은 한국건강기능식품협회에서 수행하고 있지만, 법상 심의주체는 행정기관인 식약처장이며, 언제든지 그 위탁을 철회할 수 있고, 심의위원회의 구성에 관하여도 법령을 통해 행정권이 개입하고 지속적으로 영향을 미칠 가능성이 존재하는 이상 그 구성에 자율성이 보장되어 있다고 볼 수 없다. 식약처장이 심의기준 등의 제정과 개정을 통해 심의 내용과 절차에 영향을 줄 수 있고, 식약처장이 재심의를 권하면 심의기관이 이를 따라야 하며, 분기별로 식약처장에게 보고가 이루어진다는 점에서도 그 심의업무의 독립성과 자율성이 있다고 어렵다. 따라서 이 사건 건강기능식품 기능성광고 사전심의는 그 검열이 행정권에 의하여 행하여진다 볼 수 있고, 헌법이 금지하는 사전검열에 해당하므로 헌법에 위반된다(헌재 2018.6.28. 2016헌가8등).

정답 ①

20 표현의 자유에 대한 설명으로 옳지 않은 것은? (다툼이 있는 경우 판례에 의함) 〈2020 지방직 7급〉

① 의료광고의 심의기관이 행정기관인가 여부는 기관의 형식에 의하기보다는 그 실질에 따라 판단하여야 하며, 민간심의기구가 심의를 담당하는 경우에도 행정권의 개입 때문에 사전심의에 자율성이 보장되지 않는다면, 헌법이 금지하는 행정기관에 의한 사전검열에 해당하게 될 것이다.

②「출판사 및 인쇄소의 등록에 관한 법률」 규정 중 '음란한 간행물' 부분은 헌법에 위반되지 아니하고, '저속한 간행물' 부분은 명확성의 원칙에 반할 뿐만 아니라 출판의 자유와 성인의 알 권리를 침해하는 것으로 헌법에 위반된다.

③「신문 등의 진흥에 관한 법률」의 등록조항은 인터넷신문의 명칭, 발행인과 편집인의 인적사항 등 인터넷신문의 외형적이고 객관적 사항을 제한적으로 등록하도록 하고 있는 바, 이는 인터넷신문에 대한 인적 요건의 규제 및 확인에 관한 것으로 인터넷신문의 내용을 심사·선별하여 사전에 통제하기 위한 규정으로 사전허가금지원칙에 위배된다.

④ 헌법상 사전검열은 표현의 자유 보호대상이면 예외 없이 금지되므로, 건강기능식품의 기능성 광고는 인체의 구조 및 기능에 대하여 보건용도에 유용한 효과를 준다는 기능성 등에 관한 정보를 널리 알려 해당 건강기능식품의 소비를 촉진시키기 위한 상업광고이지만, 헌법 제21조제1항의 표현의 자유의 보호 대상이 됨과 동시에 같은 조 제2항의 사전검열 금지 대상도 된다.

해설

① ○ 의료광고의 심의기관이 행정기관인가 여부는 기관의 형식에 의하기보다는 그 실질에 따라 판단되어야 한다. 따라서 검열을 행정기관이 아닌 독립적인 위원회에서 행한다고 하더라도, 행정권이 주체가 되어 검열절차를 형성하고 검열기관의 구성에 지속적인 영향을 미칠 수 있는 경우라면 실질적으로 그 검열기관은 행정기관이라고 보아야 한다. … 민간심의기구가 심의를 담당하는 경우에도 행정권이 개입하여 그 사전심의에 자율성이 보장되지 않는다면 이 역시 행정기관의 사전검열에 해당하게 될 것이다. … 이 사건 법률규정들은 사전검열금지원칙에 위배된다(헌재 2015.12.23. 2015헌바75).

② ○ "음란"의 개념과는 달리 "저속"의 개념은 그 적용범위가 매우 광범위할 뿐만 아니라 법관의 보충적인 해석에 의한다 하더라도 그 의미내용을 확정하기 어려울 정도로 매우 추상적이다. 이 "저속"의 개념에는 출판사등록이 취소되는 성적 표현의 하한이 열려 있을 뿐만 아니라 폭력성이나 잔인성 및 천한 정도도 그 하한이 모두 열려 있기 때문에 출판을 하고자 하는 자는 어느 정도로 자신의 표현내용을 조절해야 되는지를 도저히 알 수 없도록 되어 있어 명확성의 원칙 및 과도한 광범성의 원칙에 반한다. … 그렇다면 이 사건 법률조항 중 "음란한 간행물" 부분은 헌법에 위반되지 아니하고, "저속한 간행물" 부분은 명확성의 원칙에 반할 뿐만 아니라 출판의 자유와 성인의 알 권리를 침해하는 규정이어서 헌법에 위반된다(헌재 1998.4.30. 95헌가16).

③ × 등록조항은 인터넷신문의 명칭, 발행인과 편집인의 인적사항 등 인터넷신문의 외형적이고 객관적 사항을 제한적으로 등록하도록 하고 있고, 고용조항 및 확인조항은 5인 이상 취재 및 편집 인력을 고용하되, 그 확인을 위해 등록 시 서류를 제출하도록 하고 있다. 이런 조항들은 인터넷신문에 대한 인적 요건의 규제 및 확인에 관한 것으로, 인터넷신문의 내용을 심사·선별하여 사전에 통제하기 위한 규정이 아님이 명백하다. 따라서 등록조항은 사전허가금지원칙에도 위배되지 않는다(헌재 2016.10.27. 2015헌마1206 등).

④ ○ 현행 헌법상 사전검열은 표현의 자유 보호대상이면 예외 없이 금지된다. 건강기능식품의 기능성 광고는 인체의 구조 및 기능에 대하여 보건용도에 유용한 효과를 준다는 기능성 등에 관한 정보를 널리 알려 해당 건강기능식품의 소비를 촉진시키기 위한 상업광고이지만, 헌법 제21조 제1항의 표현의 자유의 보호 대상이 됨과 동시에 같은 조 제2항의 사전검열 금지 대상도 된다. … 따라서 이 사건 건강기능식품 기능성광고 사전심의는 그 검열이 행정권에 의하여 행하여진다 볼 수 있고, 헌법이 금지하는 사전검열에 해당하므로 헌법에 위반된다(헌재 2018.6.28. 2016헌가8 등).

정답 ③

21 표현의 자유에 대한 설명으로 옳지 않은 것은? (다툼이 있는 경우 판례에 의함) *〈2019 국회직 8급〉*

① 저작자 아닌 자를 저작자로 하여 실명·이명을 표시하여 저작물을 공표한 자를 처벌하는 「저작권법」 규정은 표현의 자유를 침해하지 않는다.

② 노동단체가 정당에 정치자금을 기부하는 것을 금지하는 법률조항은 노동단체의 단결권이 아니라 표현의 자유를 침해하는 것이다.

③ 「금융지주회사법」 제48조의3 제2항 중 금융지주회사의 임·직원이 업무상 알게 된 공개되지 아니한 정보 또는 자료를 다른 사람에게 누설하는 것을 금지하는 부분은 표현의 자유를 침해하지 않는다.

④ 공직자의 공무집행과 직접적인 관련이 없는 개인적인 사생활에 관한 사실이라도 일정한 경우 공적인 관심 사안에 해당할 수 있고, 공직자의 자질·도덕성·청렴성에 관한 사실은 그 내용이 개인적인 사생활에 관한 것이라 할지라도 순수한 사생활의 영역에 있다고 보기 어려우므로 이에 대한 문제 제기 내지 비판은 허용되어야 한다.

⑤ 「정보통신망 이용촉진 및 정보보호 등에 관한 법률」 조항 중 '공포심이나 불안감을 유발하는 문언을 반복적으로 상대방에게 도달하게 한 자' 부분은, 정보 수신자가 불안감이나 공포심을 실제로 느꼈는지 여부와 상관없이 정보를 보낸 사람을 처벌 가능한 것으로 해석할 수 있어, 그 처벌 대상이 무한히 확장될 가능성이 있으므로 명확성원칙에 위배되어 표현의 자유를 침해한다.

해설

① ○ 심판대상조항은 저작자 및 자신의 의사에 반하여 저작자로 표시된 사람의 권리를 보호하고, 저작자 명의에 관한 사회 일반의 신뢰를 보호하기 위한 것으로 입법목적이 정당하고, 저작자 아닌 사람을 저작자로 표시하는 행위를 금지하는 것은 적합한 수단이다. … 저작물이 가지는 학문적·문화적 중요성과 이용자에게 미치는 영향 등을 고려할 때 저작자의 표시에 관한 사회적 신뢰를 유지한다는 공익이 중요한 반면, 위 조항으로 인한 불이익은 저작자 표시를 사실과 달리 하여 얻을 수 있는 이익을 얻지 못하는 것에 불과하여, 위 조항은 법익의 균형성도 갖추었다. 심판대상조항은 표현의 자유 또는 일반적 행동의 자유를 침해하지 아니한다(헌재 2018.8.30. 2017헌바158).

② ○ 이 사건 법률조항의 입법목적인 "노동단체의 정치화 방지'나 '노동단체 재정의 부실 우려'는 헌법상 보장된 정치적 자유의 의미에 비추어 입법자가 헌법상 추구할 수 있는 정당한 입법목적의 범위를 벗어난 것으로 판단된다. 설사 이러한 입법목적 중 일부가 정당하다고 하더라도, 이 사건 법률조항이 사회세력 누구나가 자유롭게 참여해야 할 정치의사형성과정과 정당한 이익조정과정을 근로자에게 불리하게 왜곡시키는 결과를 가져온다는 점에서 이러한 기본권 침해의 효과는 매우 중대하다. 이에 반하여, 이 사건 법률조항을 통하여 달성하려는 공익인 '노동단체 재정의 부실 우려'의 비중은 상당히 작다고 판단된다. 따라서 노동단체의 기부금지를 정당화하는 중대한 공익을 인정하기 어려우므로 이 사건 법률조항은 노동단체인 청구인의 표현의 자유 및 결사의 자유의 본질적 내용을 침해하는 위헌적인 규정이다(헌재 1999.11.25. 95헌마154).

③ ○ 심판대상조항은 금융지주회사의 영업 관련 정보 및 자료에 대한 배타적 권리를 보호하고, 정확한 정보의 공개를 보장함으로써, 금융지주회사의 경영 및 재무 건전성과, 금융산업의 공정성 및 안정성 확보를 도모하기 위한 것이므로 입법목적의 정당성이 인정된다. 금융지주회사의 경우 폭넓은 정보공개가 허용되어 있고, 실제로도 광범위한 정보가 공개되어 있어, 비공개 대상 정보 또는 자료의 범위를 제한할 필요가 적다. 또한, 심판대상조항은 수범자를 제한하고 있고, 그들이 업무상 알게 된 정보 및 자료의 누설만을 금지하고 있다. 외부에 공개해도 무방한 정보나 자료는 금융회사의 내부승인절차를 거쳐 외부에 공개할 수 있으므로 업무상 생성된 정보 및 자료에 대하여 일차적 처분권을 가지는 금융지주회사에 정보공개와 관련한 일정한 통제권 한을 부여하는 것이 지나치다고 보기 어렵다. 공익을 위해 정보나 자료를 외부에 공개하는 경우에는 공익신고자 보호법이나 '노동조합 및 노동관계조정법'등에 의해 면책될 수도 있다. 따라서 심판대상조항은 표현의 자유를 침해하지 아니한다(헌재 2017.8.31. 2016헌가11).

④ ○ 공직자의 공무집행과 직접적인 관련이 없는 개인적인 사생활에 관한 사실이라도 일정한 경우 공적인 관심 사안에 해당할 수 있다. 공직자의 자질·도덕성·청렴성에 관한 사실은 그 내용이 개인적인 사생활에 관한 것이라 할지라도 순수한 사생활의 영역에 있다고 보기 어렵다. 이러한 사실은 공직자 등의 사회적 활동에 대한 비판 내지 평가의 한 자료가 될 수 있고, 업무 집행의 내용에 따라서는 업무와 관련이 있을 수도 있으므로, 이에 대한 문제 제기 내지 비판은 허용되어야 한다(헌재 2013.12.26. 2009헌마747).

⑤ × 심판대상조항의 문언 및 입법목적, 법원의 해석 등을 종합하여 보면, '공포심이나 불안감을 유발하는 문언을 반복적으로 도달하게 한 행위'란 '사회통념상 일반인에게 두려워하고 무서워하는 마음, 마음이 편하지 아니하고 조마조마한 느낌을 일으킬 수 있는 내용의 문언을 되풀이하여 전송하는 일련의 행위'를 의미하는 것으로 풀이할 수 있다. 건전한 상식과 통상적인 법감정을 가진 수범자는 심판대상조항에 의하여 금지되는 행위가 어떠한 것인지 충분히 알 수 있고, 법관의 보충적인 해석을 통하여 의미가 확정될 수 있으므로, 심판대상조항은 명확성원칙에 위배되지 않는다(헌재 2016.12.29. 2014헌바434).

정답 ⑤

22 표현의 자유와 언론·출판의 자유에 대한 설명 중 가장 적절하지 않은 것은? (다툼이 있는 경우 판례에 의함) *〈2015 경정승진〉*

① 사법부가 사법절차에 의하여 심리·결정하는 방영금지가처분은 헌법에서 금지하는 사전검열에 해당하지 않는다.

② 교과서의 국정 또는 검·인정 제도는 허가의 성질보다 특허의 성질을 갖는 것이므로 국가가 재량권을 갖는 것은 당연하다.

③ 외국비디오물을 수입할 때 영상물등급위원회의 추천을 받도록 한 것은 헌법에 위반된다.

④ 행정기관인 청소년보호위원회 및 각 심의기관에 '청소년유해매체물'의 결정권한을 부여하는 것은 법관에 의한 재판을 받을 권리를 침해하는 것이다.

해설

① ○ 헌법 제21조 제2항에서 규정한 검열 금지의 원칙은 모든 형태의 사전적인 규제를 금지하는 것이 아니고 단지 의사표현의 발표 여부가 오로지 행정권의 허가에 달려있는 사전심사만을 금지하는 것을 뜻하므로, 이 사건 법률조항에 의한 방영금지가처분은 행정권에 의한 사전심사나 금지처분이 아니라 개별 당사자 간의 분쟁에 관하여 사법부가 사법절차에 의하여 심리, 결정하는 것이어서 헌법에서 금지하는 사전검열에 해당하지 아니한다(헌재 2001.8.30. 2000헌바36).

② ○교과서에 관련된 국정 또는 검·인정제도의 법적성질은 인간의 자연적 자유의 제한에 대한 해제인 허가의 성질을 갖는다기 보다는 어떠한 책자에 대하여 교과서라는 특수한 지위를 부여하거나 인정하는 제도이기 때문에 가치창설적인 형성적 행위로서 특허의 성질을 갖는 것으로 보아야 할 것이며, 그렇게 본다면 국가가 그에 대한 재량권을 갖는 것은 당연하다고 할 것이다 (헌재 1992.11.12. 89헌마88).

③ ○ 외국비디오물을 수입할 경우에 반드시 영상물등급위원회로부터 수입추천을 받도록 규정하고 있는 구「음반·비디오물 및 게임물에 관한 법률」제16조 제1항 등에 의한 외국비디오물 수입추천제도는 외국비디오물의 수입·배포라는 의사표현행위 전에 표현물을 행정기관의 성격을 가진 영상물등급위원회에 제출토록 하여 표현행위의 허용여부를 행정기관의 결정에 좌우되게 하고, 이를 준수하지 않는 자들에 대하여 형사처벌 등의 강제조치를 규정하고 있는바, 허가를 받기 위한 표현물의 제출의무, 행정권이 주체가 된 사전심사절차, 허가를 받지 아니한 의사표현의 금지, 심사절차를 관철할 수 있는 강제수단이라는 요소를 모두 갖추고 있으므로, 우리나라 헌법이 절대적으로 금지하고 있는 사전검열에 해당한다(헌재 2005.2.3. 2004헌가8).

④ × 청소년보호위원회 등에 의한 청소년유해매체물의 결정은 그것이 이 사건 법률조항에 따라 그 위임의 범위 내에서 행하여지는 이상 법률상 구성요건의 내용을 보충하는 것에 불과하므로 이를 토대로 재판이 행하여진다 하더라도 그로 인하여 사실 확정과 법률의 해석·적용에 관한 법관의 고유권한이 박탈된 것이라 할 수 없으며, 더욱이 법관은 청소년보호위원회 등의 결정이 적법하게 이루어진 것인지에 관하여 독자적으로 판단하여 이를 기초로 재판할 수도 있으므로 청소년유해매체물의 결정권한을 청소년보호위원회 등에 부여하고 있다고 하여 법관에 의한 재판을 받을 권리를 침해하는 것이라고는 볼 수 없다(헌재 2000. 6.29. 99헌가16).

정답 ④

23 언론·출판의 자유에 관한 설명으로 옳지 않은 것은? (다툼이 있는 경우 판례에 의함)

〈2015 서울시 7급〉

① 개인의 표현행위에 대한 국가의 규제는, 표현내용에 대하여는 원칙적으로 중대한 공익의 실현을 위하여 불가피한 경우에 한하여 엄격한 요건 하에서 허용되는 반면, 표현내용과 무관하게 표현의 방법을 규제하는 것은 합리적인 공익상의 이유로 폭넓은 제한이 가능하다.

② '음란'이란 인간존엄 내지 인간성을 왜곡하는 노골적이고 적나라한 성 표현으로서 오로지 성적 흥미에만 호소할 뿐 전체적으로 보아 하등의 문학적, 예술적, 과학적 또는 정치적 가치를 지니지 않은 것으로서 언론·출판의 자유의 보호영역에 속하지 않는 반면, '저속'은 이러한 정도에 이르지 않는 성표현 등을 의미하는 것으로서 헌법적인 보호영역 안에 있다.

③ 검열금지의 원칙은 모든 형태의 사전적인 규제를 금지하는 것이 아니고 단지 의사표현의 발표여부가 오로지 행정권의 허가에 달려있는 사전심사만을 금지하는 것을 뜻하며 사후적인 사법적 규제를 금지하지 않는다.

④ 음반은 학문적 연구결과를 발표하는 수단이 되기도 하고, 예술표현의 수단이 되기도 하므로 그 제작 및 판매·배포는 언론·출판의 자유에 의하여 뿐만 아니라 학문·예술의 자유를 규정하고 있는 헌법 제22조 제1항에 의하여도 보장을 받는다.

해설

① ○ 국가가 개인의 표현행위를 규제하는 경우, 표현내용에 대한 규제는 원칙적으로 중대한 공익의 실현을 위하여 불가피한 경우에 한하여 엄격한 요건 하에서 허용되는 반면, 표현내용과 무관하게 표현의 방법을 규제하는 것은 합리적인 공익상의 이유로 폭넓은 제한이 가능하다. 헌법상 표현의 자유가 보호하고자 하는 가장 핵심적인 것이 바로 '표현행위가 어떠한 내용을 대상으로 한 것이든 보호를 받아야 한다'는 것이며, '국가가 표현행위를 그 내용에 따라 차별함으로써 특정한 견해나 입장을 선호하거나 억압해서는 안 된다'는 것이다(헌재 2002.12.18. 2000헌마764).

② × 음란표현이 언론·출판의 자유의 보호영역에 해당하지 아니한다고 해석할 경우 음란표현에 대하여는 언론·출판의 자유의 제한에 대한 헌법상의 기본원칙, 예컨대 명확성의 원칙, 검열 금지의 원칙 등에 입각한 합헌성 심사를 하지 못하게 될 뿐만 아니라, … 결국 음란표현에 대한 최소한의 헌법상 보호마저도 부인하게 될 위험성이 농후하게 된다는 점을 간과할 수 없다. 이 사건 법률조항의 음란표현은 헌법 제21조가 규정하는 언론·출판의 자유의 보호영역 내에 있다고 볼 것인바, 종전에 이와 견해를 달리하여 음란표현은 헌법 제21조가 규정하는 언론·출판의 자유의 보호영역에 해당하지 아니한다는 취지로 판시한 우리 재판소의 의견을 변경한다(헌재 2009.5.28. 2006헌바109 등).

③ ○ 검열금지의 원칙은 모든 형태의 사전적인 규제를 금지하는 것이 아니고 단지 의사표현의 발표 여부가 오로지 행정권의 허가에 달려있는 사전심사만을 금지하는 것을 뜻하며, 또한 정신작품의 발표 이후에 비로소 취해지는 사후적인 사법적 규제를 금지하지 않는다(헌재 1996.10.4. 93헌가13 등).

④ ○ 헌법 제21조 제1항은 모든 국민은 언론 출판의 자유를 가진다고 규정하여 언론 출판의 자유를 보장하고 있다. 의사표현의 자유는 언론·출판의 자유에 속하고, 여기서 의사표현의 매개체는 어떠한 형태이건 그 제한이 없다고 할 것이다. 따라서 이 사건에서 문제되고 있는 음반은 학문적 연구결과를 발표하는 수단이 되기도 하고, 예술표현의 수단이 되기도 하므로 그 제작 및 판매 배포는 학문·예술의 자유를 규정하고 있는 헌법 제22조 제1항에 의하여 보장을 받음과 동시에 헌법 제21조 제1항에 의하여도 받는다(헌재 1996.10.31. 94헌가6).

정답 ②

24 **표현의 자유에 대한 설명으로 가장 옳지 않은 것은?** 〈2019 서울시 7급〉

① 상업광고에 대한 규제에 의한 표현의 자유의 제한은 헌법 제37조 제2항에서 도출되는 비례의 원칙을 준수하여야 하지만, 상업광고는 사상이나 지식에 관한 정치적, 시민적 표현행위와는 차이가 있고, 인격발현과 개성신장에 미치는 효과가 중대한 것은 아니므로, 비례의 원칙 심사에 있어서 '피해의 최소성' 원칙은 '입법목적을 달성하기 위하여 필요한 범위 내의 것인지'를 심사하는 정도로 완화된다.

② 대한민국 또는 헌법상 국가기관에 대하여 모욕, 비방, 사실왜곡, 허위사실 유포 또는 기타 방법으로 대한민국의 안전, 이익 또는 위신을 해하거나 해할 우려가 있는 표현에 대하여 형사처벌하도록 하는 것은 과잉금지원칙에 위배되어 해당 표현을 한 자의 표현의 자유를 침해한다.

③ 보건복지부장관으로부터 위탁을 받은 각 의사협회의 사전심의를 받지 아니한 의료광고를 금지하고 이를 위반한 경우 처벌하는 것은 헌법이 금지하는 사전검열에 해당하여 헌법에 위반된다.

④ '음란'은 사회의 건전한 성도덕을 크게 해칠 뿐만 아니라 사상의 경쟁메커니즘에 의해서도 그 해악이 해소되기 어려워 언론·출판의 자유의 보호영역에 해당하지 않는 반면, '저속'은 이러한 정도에 이르지 않는 성표현 등을 의미하는 것으로서 헌법적인 보호 영역 안에 있다.

해설

① ○ 상업광고에 대한 규제에 의한 표현의 자유 내지 직업수행의 자유의 제한은 헌법 제37조 제2항에서 도출되는 비례의 원칙(과잉금지원칙)을 준수하여야 하지만, 상업광고는 사상이나 지식에 관한 정치적, 시민적 표현행위와는 차이가 있고, 인격발현과 개성신장에 미치는 효과가 중대한 것은 이니므로, 비례의 원칙 심사에 있어서 '피해의 최소성' 원칙은 '입법목적을 달성하기 위하여 필요한 범위 내의 것인지'를 심사하는 정도로 완화되는 것이 상당하다(헌재 2005.10.27. 2003헌가3).

② ○ 심판대상조항에서 규정하고 있는 "기타 방법", 대한민국의 "이익"이나 "위신" 등과 같은 개념은 불명확하고 적용범위가 지나치게 광범위하며, 이미 형법, 국가보안법, 군사기밀보호법에서 대한민국의 안전과 독립을 지키기 위한 처벌규정을 두고 있는 점, 국가의 "위신"을 훼손한다는 이유로 표현행위를 형사처벌하는 것은 자유로운 비판과 참여를 보장하는 민주주의정신에 위배되는 점, 형사처벌조항에 의하지 않더라도 국가는 보유하고 있는 방대한 정보를 활용해 스스로 국정을 홍보할 수 있고, 허위사실 유포나 악의적인 왜곡 등에 적극적으로 대응할 수도 있는 점 등을 고려하면 심판대상조항은 침해의 최소성 원칙에도 어긋난다. 나아가 민주주의 사회에서국민의 표현의 자유가 갖는 가치에 비추어 볼 때, 기본권 제한의 정도가 매우 중대하여 법익의 균형성 요건도 갖추지 못하였으므로, 심판대상조항은 과잉금지원칙에 위배되어 표현의 자유를 침해한다(헌재 2015.10.21. 2013헌가20).

③ ○ 의료광고의 사전심의는 보건복지부장관으로부터 위탁을 받은 각 의사협회가 행하고 있으나 사전심의의 주체인 보건복지부장관은 언제든지 위탁을 철회하고 직접 의료광고 심의업무를 담당할 수 있는 점, 의료법 시행령이 심의위원회의 구성에 관하여 직접 규율하고 있는 점, 심의기관의 장은 심의 및 재심의 결과를 보건복지부장관에게 보고하여야 하는 점, 보건복지부장관은 의료인 단체에 대해 재정지원을 할 수 있는 점, 심의기준·절차 등에 관한 사항을 대통령령으로 정하도록 하고 있는 점 등을 종합하여 보면, 각 의사협회는 행정권의 영향력에서 벗어나 독립적이고 자율적으로 사전심의업무를 수행하고 있다고 보기 어렵다. 따라서 이 사건 법률규정들은 사전검열금지원칙에 위배된다(헌재 2015.12.23. 2015헌바75).

④ × 이 사건 법률조항의 음란표현은 헌법 제21조가 규정하는 언론·출판의 자유의 보호영역 내에 있다고 볼 것인바, 종전에 이와 견해를 달리하여 음란표현은 헌법 제21조가 규정하는 언론·출판의 자유의 보호영역에 해당하지 아니한다는 취지로 판시한 우리 재판소의 의견을 변경한다(헌재 2009.5.28. 2006헌바109).

정답 ④

25 표현의 자유에 관한 다음 설명 중 가장 옳지 않은 것은? (다툼이 있는 경우 헌법재판소 결정 및 대법원 판례에 의함) *〈2021 법원직 9급〉*

① 표현의 자유를 규제하는 법률은 그 규제로 인해 보호되는 다른 표현에 대하여 위축효과가 미치지 않도록 규제되는 표현의 개념을 세밀하고 명확하게 규정할 것이 헌법적으로 요구되는데, 이는 명확성의 원칙과 관련된다.

② 인터넷언론사에 대하여 선거일 전 90일부터 선거일까지 후보자 명의의 칼럼이나 저술을 게재하는 보도를 제한하는 '인터넷선거보도 심의기준 등에 관한 규정' 조항은 후보자 명의로 칼럼을 게재하는 자의 표현의 자유를 침해한다.

③ 음란표현은 사회의 건전한 성도덕을 크게 해칠 뿐만 아니라 사상의 경쟁 매커니즘에 의해서도 그 해악이 해소되기 어려워 언론·출판의 자유의 보호영역에 해당하지 않는다.

④ 한국의료기기산업협회가 행하는 의료기기 광고 사전심의는 헌법이 금지하는 사전검열에 해당한다.

해설

① ○ 표현의 자유를 규제하는 입법에 있어서 이러한 명확성의 원칙은 특별히 중요한 의미를 지닌다. 민주사회에서 표현의 자유가 수행하는 역할과 기능에 비추어 볼 때, 불명확한 규범에 의한 표현의 자유의 규제는 헌법상 보호받는 표현에 대한 위축 효과를 수반하기 때문이다. 표현의 자유를 규제하는 법률은 그 규제로 인해 보호되는 **다른 표현**에 대하여 **위축 효과**가 미치지 않도록 규제되는 **표현의 개념을 세밀하고 명확하게 규정**할 것이 헌법적으로 요구된다(헌재 2020.11.26. 2016헌마275·606).

② ○ 이 사건 시기제한조항(인터넷언론사에 대하여 선거일 전 90일부터 선거일까지 후보자 명의의 칼럼이나 저술을 게재하는 보도를 제한하는 '인터넷선거보도 심의기준 등에 관한 규정' 조항)은 **선거일 전 90일부터 선거일까지 후보자 명의의 칼럼** 등을 게재하는 인터넷 선거보도가 불공정하다고 볼 수 있는지에 대해 구체적으로 판단하지 않고 이를 **불공정한 선거보도로 간주**하여 선거의 공정성을 해치지 않는 보도까지 **광범위하게 제한**한다. 따라서 이 사건 시기제한조항은 과잉금지원칙에 반하여 청구인의 **표현의 자유**를 **침해**한다(헌재 2019.11.28. 2016헌마90).

③ × 이 사건 법률조항의 **음란표현**은 헌법 제21조가 규정하는 **언론·출판의 자유의 보호영역 내에 있다**고 볼 것인바, 종전에 이와 견해를 달리하여 음란표현은 헌법 제21조가 규정하는 언론·출판의 자유의 보호영역에 해당하지 아니한다는 취지로 판시한 우리 재판소의 의견을 변경한다(헌재 2009.5.28. 2006헌바 109 등).

④ ○ 한국의료기기산업협회나 위 협회에 설치된 심의위원회가 의료기기 광고 사전심의업무를 수행함에 있어서 식약처장 등 행정권의 영향력에서 벗어나 독립적이고 자율적으로 심의를 하고 있다고 보기 어렵고, 결국 의료기기 광고에 대한 심의는 행정권이 주체가 된 사전심사라고 할 것이다. 따라서 **한국의료기기산업협회**가 행하는 이 사건 **의료기기 광고 사전심의**는 헌법이 금지하는 **사전검열에 해당**하고, 이러한 사전심의제도를 구성하는 심판대상조항은 헌법 제21조 제2항의 **사전검열금지원칙에 위반**된다(헌재 2020.8.28. 2017헌가35).

정답 ③

26 표현의 자유에 관한 다음 설명 중 가장 옳지 않은 것은? (다툼이 있는 경우 헌법재판소 결정 및 대법원 판례에 의함) *〈2018 법원직 9급〉*

① 상업광고에 대한 규제에 의한 표현의 자유 내지 직업수행의 자유의 제한은 헌법 제37조 제2항에서 도출되는 비례의 원칙(과잉금지 원칙)을 준수하여야 하지만, 상업광고는 사상이나 지식에 관한 정치적, 시민적 표현행위와는 차이가 있고, 인격 발현과 개성신장에 미치는 효과가 중대한 것은 아니므로, 비례의 원칙 심사에 있어서 '피해의 최소성' 원칙은 '입법목적을 달성하기 위하여 필요한 범위 내의 것인지'를 심사하는 정도로 완화되는 것이 상당하다.

② 표현의 자유는 자신의 의사를 표현하고 전파할 적극적 자유, 자신의 의사를 표현하지 아니할 소극적 자유, 국가에게 표현의 자유를 실현할 수 있는 방법을 적극적으로 마련해 줄 것을 요청할 수 있는 자유를 포함한다. 따라서 국가가 공직후보자들에 대한 유권자의 전부 거부 의사표시를 할 방법을 보장해줄 것도 표현의 자유의 보호범위에 포함된다.

③ 정당 후원회를 금지함으로써 정당에 대한 재정적 후원을 전면적으로 금지하는 것은 국민의 정치적 표현의 자유를 침해한다.

④ 공직자의 도덕성, 청렴성에 대하여는 국민과 정당의 감시기능이 필요한 점에 비추어 볼 때, 그 점에 관한 의혹의 제기는 악의적이거나 현저히 상당성을 잃은 공격이 아닌 한 쉽게 책임을 추궁하여서는 아니 된다.

해설

① ○ 상업광고에 대한 규제에 의한 표현의 자유 내지 직업수행의 자유의 제한은 헌법 제37조 제2항에서 도출되는 비례의 원칙(과잉금지원칙)을 준수하여야 하지만, 상업광고는 사상이나 지식에 관한 정치적, 시민적 표현행위와는 차이가 있고, 인격발현과 개성신장에 미치는 효과가 중대한 것은 아니므로, 비례의 원칙 심사에 있어서 '피해의 최소' 원칙은 '입법목적을 달성하기

위하여 필요한 범위 내의 것인지'를 심사하는 정도로 완화되는 것이 상당하다(헌재 2005.10.27. 2003헌가3).

② × 이 사건 조항이 선거권자로 하여금 '전부 거부' 방식에 의한 정치적 의사표시를 제공하지 않고 있는 것은, 선거권자인 청구인들의 그러한 의사표현을 금지하거나 제한하고자 하는 것이 아니라 국가가 선거제도에서 투표 방식을 일정하게 규정한 결과일 뿐이다. 이 사건의 경우 표현의 자유의 보호범위에 "국가가 공직후보자들에 대한 유권자의 '전부 거부' 의사표시를 할 방법을 보장해 줄 것"까지 포함된다고 볼 수 없으므로 이 사건 조항이 표현의 자유를 제한하는 것이라 할 수 없다(헌재 2007.8.30. 2005헌마975).

③ ○ 정당제 민주주의 하에서 정당에 대한 재정적 후원이 전면적으로 금지됨으로써 정당이 스스로 재정을 충당하고자 하는 정당활동의 자유와 국민의 정치적 표현의 자유에 대한 제한이 매우 크다고 할 것이므로, 이 사건 법률조항은 정당의 정당활동의 자유와 국민의 정치적 표현의 자유를 침해한다(헌재 2015.12. 23. 2013헌바168).

④ ○ 언론·출판의 자유와 명예보호 사이의 한계를 설정함에 있어서는, 당해 표현으로 명예를 훼손당하게 되는 피해자가 공적인 존재인지 사적인 존재인지, 그 표현이 공적인 관심 사안에 관한 것인지 순수한 사적인 영역에 속하는 사안에 관한 것인지 등에 따라 그 심사기준에 차이를 두어, 공공적·사회적인 의미를 가진 사안에 관한 표현의 경우에는 언론의 자유에 대한 제한이 완화되어야 하고, 특히 공직자의 도덕성, 청렴성에 대하여는 국민과 정당의 감시기능이 필요함에 비추어 볼 때, 그 점에 관한 의혹의 제기는 악의적이거나 현저히 상당성을 잃은 공격이 아닌 한 쉽게 책임을 추궁하여서는 안 된다(대판 2003.7.8. 2002다64384).

정답 ②

27 표현의 자유에 대한 설명으로 옳지 않은 것은? (다툼이 있는 경우 헌법재판소 결정에 의함)

〈2017 국가직 5급〉

① '특정의료기관이나 특정의료인의 기능·진료방법'에 관한 광고를 금지하는 것은 표현의 자유를 침해한다.

② 기초의회의원선거 후보자로 하여금 특정 정당으로부터의 지지 또는 추천 받음을 표방할 수 없도록 한 것은 정치적 표현의 자유를 침해한다.

③ 음란표현은 형사상 처벌대상이므로 언론·출판의 자유의 보호영역에 해당되지 않는다.

④ 「민사소송법」상의 가처분조항에 방영금지가처분을 포함시켜 가처분에 의한 방영금지를 허용하는 것은 헌법상 사전검열금지원칙에 위배되지 않는다.

해설

① ○ 이 사건 조항이 보호하고자 하는 공익의 달성 여부는 불분명한 것인 반면, 이 사건 조항은 의료인에게 자신의 기능과 진료방법에 관한 광고와 선전을 할 기회를 박탈함으로써 표현의 자유를 제한하고, 다른 의료인과의 영업상 경쟁을 효율적으로 수행하는 것을 방해함으로써 직업수행의 자유를 제한하고 있고, 소비자의 의료정보에 대한 알 권리를 제약하게 된다. 따라서 보호하고자 하는 공익보다 제한되는 사익이 더 중하다고 볼 것이므로 이 사건 조항은 '법익의 균형성' 원칙에도 위배된다. 결국 이 사건 조항은 헌법 제37조 제2항의 비례의 원칙에 위배하여 표현의 자유와 직업수행의 자유를 침해하는 것이다(헌재 2005.10. 27. 2003헌가3).

② ○ 법 제84조가 지방자치 본래의 취지 구현이라는 입법목적의 달성에 기여하는 효과가 매우 불확실하거나 미미한 반면에, 이 조항으로 인해 기본권이 제한되는 정도는 현저하다. … 정당표방을 금지함으로써 얻는 공익적 성과와 그로부터 초래되는 부정적인 효과 사이에 합리적인 비례관계를 인정하기 어려워, 법익의 균형성을 현저히 잃고 있다고 판단된다. … 그렇다면, 법 제84조는 불확실한 입법목적을 실현하기 위하여 그다지 실효성도 없고 불분명한 방법으로 과잉금지원칙에 위배하여 후보자의 정치적 표현의 자유를 과도하게 침해하고 있다고 할 것이다(헌재 2003.1.30. 2001헌가4).

③ × 이 사건 법률조항의 음란표현은 헌법 제21조가 규정하는 언론·출판의 자유의 보호영역 내에 있다고 볼 것인바, 종전에 이와 견해를 달리하여 음란표현은 헌법 제21조가 규정하는 언론·출판의 자유의 보호영역에 해당하지 아니한다는 취지로 판시한 우리 재판소의 의견을 변경한다(헌재 2009.5.28. 2006헌바109 등).

④ ○ 헌법 제21조 제2항에서 규정한 검열 금지의 원칙은 모든 형태의 사전적인 규제를 금지하는 것이 아니고 단지 의사표현의 발표 여부가 오로지 행정권의 허가에 달려있는 사전심사만을 금지하는 것을 뜻하므로, 이 사건 법률조항에 의한 방영금지가처분은 행정권에 의한 사전심사나 금지처분이 아니라 개별 당사자 간의 분쟁에 관하여 사법부가 사법절차에 의하여 심리, 결정하는 것이어서 헌법에서 금지하는 사전검열에 해당하지 아니한다(헌재 2001.8.30. 2000헌바36).

정답 ③

28 표현의 자유에 대한 설명으로 옳지 않은 것만을 모두 고른 것은? (다툼이 있는 경우 판례에 의함)

〈2017 국가직 7급〉

㉠ 지역농협 이사 선거의 경우 전화·컴퓨터통신을 이용한 지지·호소의 선거운동방법을 금지하고, 이를 위반한 자를 처벌하는 것은 해당 선거 후보자의 결사의 자유와 표현의 자유를 침해한다.

㉡ 상업광고도 표현의 자유의 보호영역에 속하는 것이므로 상업광고 규제에 관한 비례의 원칙 심사에 있어서 피해의 최소성 원칙에서는 같은 목적을 달성하기 위하여 달리 덜 제약적인 수단이 없을 것인지 혹은 입법목적을 달성하기 위하여 필요한 최소한의 제한인지를 심사한다.

㉢ 건강기능식품의 기능성 표시·광고를 하고자 하는 자가 사전에 건강기능식품협회의 심의절차를 거치도록 하는 것은 헌법이 금지하는 사전검열에 해당하지는 않지만 과잉금지원칙에 위반하여 건강기능식품 판매업자의 표현의 자유를 침해한다.

㉣ '음란'은 사상의 경쟁메커니즘에 의해서도 그 해악이 해소되기 어려워 언론·출판의 자유에 의한 보장을 받지 않는 반면, '저속'은 헌법적인 보호영역 안에 있다.

① ㉠, ㉢ ② ㉡, ㉣

③ ㉠, ㉢, ㉣ ④ ㉡, ㉢, ㉣

해설

㉠ ○ 전화·컴퓨터통신은 누구나 손쉽고 저렴하게 이용할 수 있는 매체인 점, 농업협동조합법에서 흑색선전 등을 처벌하는 조항을 두고 있는 점을 고려하면 입법목적 달성을 위하여 위 매체를 이용한 지지 호소까지 금지할 필요성은 인정되지 아니한다. 이 사건 법률조항들이 달성하려는 공익이 결사의 자유 및 표현의 자유 제한을 정당화할 정도로 크다고 보기는 어려우므로, 법익의 균형성도 인정되지 아니한다. 따라서 이 사건 법률조항들은 과잉금지원칙을 위반하여 결사의 자유, 표현의 자유를 침해하여 헌법에 위반된다(헌재 2016.11.24. 2015헌바62).

㉡ × 상업광고 규제에 관한 비례의 원칙 심사에 있어서 '피해의 최소성' 원칙은 같은 목적을 달성하기 위하여 달리 덜 제약적인 수단이 없을 것인지 혹은 입법목적을 달성하기 위하여 필요한 최소한의 제한인지를 심사하기 보다는 '입법목적을 달성하기 위하여 필요한 범위 내의 것인지'를 심사하는 정도로 완화되는 것이 상당하다(헌재 2005.10.27. 2003헌가3).

㉢ × 건강기능식품법상 기능성 광고의 심의는 식약처장으로부터 위탁받은 한국건강기능식품협회에서 수행하고 있지만, 법상 심의주체는 행정기관인 식약처장이며, 언제든지 그 위탁을 철회할 수 있고, 심의위원회의 구성에 관하여도 법령을 통해 행정권이 개입하고 지속적으로 영향을 미칠 가능성이 존재하는 이상 그 구성에 자율성이 보장되어 다고 볼 수 없다. … 따라서 이 사건 건강기능식품 기능성광고 사전심의는 그 검열이 행정권에 의하여 행하여진다 볼 수 있고, 헌법이 금지하는 사전검열에 해당하므로 헌법에 위반된다(헌재 2018.6.28. 2016헌가8).

㉣ × 이 사건 법률조항의 음란표현은 헌법 제21조가 규정하는 언론·출판의 자유의 보호영역 내에 있다고 볼 것인바, 종전에 이와 견해를 달리하여 음란표현은 헌법 제21조가 규정하는 언론·출판의 자유의 보호영역에 해당하지 아니한다는 취지로 판시한 우리 재판소의 의견을 변경한다 (헌재 2009.5.28. 2006헌바109 등).

정답 ④

29 표현의 자유에 대한 설명으로 옳지 않은 것은? (다툼이 있는 경우 헌법재판소 판례에 의함)

〈2017 국가직 7급〉

① 비방할 목적으로 정보통신망을 이용하여 공공연하게 사실을 드러내어 다른 사람의 명예를 훼손한 자를 처벌하는 법률규정은, 허위의 명예나 과장된 명예를 보호하기 위하여 표현의 자유에 대한 심대한 위축효과를 발생시키기 때문에 과잉금지원칙을 위반하여 표현의 자유를 침해한다.

② 헌법이 특정한 표현에 대해 예외적으로 검열을 이용하는 규정을 두지 않은 점, 이러한 상황에서 표현의 특성이나 규제의 필요성에 따라 언론·출판의 자유의 보호를 받는 표현 중에서 사전검열금지원칙의 적용이 배제되는 영역을 따로 설정할 경우 그 기준에 대한 객관성을 담보할 수 없다는 점 등을 고려하면, 헌법상 사전검열은 예외 없이 금지되는 것으로 보아야 하므로 의료광고 역시 사전검열금지원칙의 적용대상이 된다.

③ 헌법 제21조 제4항은 "언론·출판은 타인의 명예나 권리 또는 공중도덕이나 사회윤리를 침해하여서는 아니 된다."고 규정하고 있는 바, 이는 언론·출판의 자유에 따르는 책임과 의무를 강조하는 동시에 언론·출판의 자유에 대한 제한의 요건을 명시한 규정으로 볼 것이고, 헌법상 표현의 자유의 보호영역 한계를 설정한 것이라고는 볼 수 없기 때문에, 음란표현도 헌법 제21조가 규정하는 언론·출판의 자유의 보호영역에서는 해당하되, 다만 헌법 제37조 제2항에 따라 제한할 수 있는 것이다.

④ 헌법 제21조 제1항에서 보장하고 있는 표현의 자유는 사상 또는 의견의 자유로운 표명과 그것을 전파할 자유를 의미하는 것으로서, 그러한 의사의 '자유로운' 표명과 전파의 자유에는 자신의 신원을 누구에게도 밝히지 아니한 채 익명 또는 가명으로 자신의 사상이나 견해를 표명하고 전파할 익명표현의 자유도 포함된다.

해설

① × 우리나라는 현재 인터넷 이용이 상당히 보편화됨에 따라 정보통신망을 이용한 명예훼손범죄가 급증하는 추세에 있고, 인터넷 등 정보통신망을 이용하여 사실에 기초하더라도 왜곡된 의혹을 제기하거나 편파적인 의견이나 평가를 추가로 적시함으로써 실제로는 허위의 사실을 적시하여 다른 사람의 명예를 훼손하는 경우와 다를 바 없거나 적어도 다른 사람의 사회적 평가를 심대하게 훼손하는 경우가 적지 않게 발생하고 있고, 이로 인한 사회적 피해는 심각한 상황이다. 따라서 이러한 명예훼손적인 표현을 규제함으로써 인격권을 보호해야 할 필요성은 매우 크다. … 그러므로 심판대상조항은 과잉금지원칙을 위반하여 표현의 자유를 침해하지 않는다(헌재 2016.2.25. 2013헌바105 등).

② ○ 헌법이 특정한 표현에 대해 예외적으로 검열을 허용하는 규정을 두지 않은 점, 이러한 상황에서 표현의 특성이나 규제의 필요성에 따라 언론·출판의 자유의 보호를 받는 표현 중에서 사전검열금지원칙의 적용이 배제되는 영역을 따로 설정할 경우 그 기준에 대한 객관성을 담보할 수 없다는 점 등을 고려하면, 헌법상 사전검열은 예외 없이 금지되는 것으로 보아야하므로 의료광고 역시 사전검열금지원칙의 적용대상이 된다(헌재 2015.12.23. 2015헌바75).

③ ○ 헌법 제21조 제4항은 "언론·출판은 타인의 명예나 권리 또는 공중도덕이나 사회윤리를 침해하여서는 아니 된다."고 규정하고 있는바, 이는 언론·출판의 자유에 따르는 책임과 의무를 강조하는 동시에 언론·출판의 자유에 대한 제한의 요건을 명시한 규정으로 볼 것이고, 헌법상 표현의 자유의 보호영역 한계를 설정한 것이라고는 볼 수 없다. 따라서 음란표현도 헌법 제21조가 규정하는 언론·출판의 자유의 보호영역에는 해당하되, 다만 헌법 제37조 제2항에 따라 국가 안전보장·질서유지 또는 공공복리를 위하여 제한할 수 있는 것이라고 해석하여야 할 것이다(헌재 2009.5.28. 2006헌바109 등).

④ ○ 헌법 제21조에서 보장하고 있는 표현의 자유는, 전통적으로는 사상 또는 의견의 자유로운 표명(발표의 자유)과 그것을 전파할 자유(전달의 자유)를 의미하는 것으로서, 개인이 인간으로서의 존엄과 가치를 유지하고 행복을 추구하며 국민주권을 실현하는데 필수불가결한 것이고, 종교의 자유, 양심의 자유, 학문과 예술의 자유 등의 정신적인 자유를 외부적으로 표현하는 자유이다. 이러한 '자유로운' 표명과 전파의 자유에는 자신의 신원을 누구에게도 밝히지 아니한 채 익명 또는 가명으로 자신의 사상이나 견해를 표명하고 전파할 익명표현의 자유도 그 보호영역에 포함된다고 할 것이다(헌재 2010.2.25. 2008헌마324 등).

정답 ①

30 **표현의 자유와 알 권리에 관한 설명 중 가장 적절하지 않은 것은? (다툼이 있는 경우 판례에 의함)**

〈2016 경정승진〉

① 저속한 간행물의 출판을 전면 금지시키고 출판사의 등록을 취소시킬 수 있도록 하는 것은 청소년 보호를 위해 지나치게 과도한 수단을 선택한 것으로서, 성인의 알 권리를 침해하는 것이다.

② 국민의 알 권리의 내용에는 자신의 권익보호와 직접 관련이 있는 정보의 공개를 청구할 수 있는 개별적 정보공개청구권만이 포함되고, 일반 국민 누구나 국가에 대하여 보유·관리하고 있는 정보의 공개를 청구할 수 있는 일반적 정보공개청구권은 포함되지 않는다.

③ 한의사 국가시험의 문제와 정답을 공개하지 아니할 수 있도록 한 것은 과잉금지원칙에 위반하여 알 권리를 침해한다고 볼 수 없다.

④ 변호인에게 고소장과 피의자신문조서에 대한 열람 및 등사를 거부한 경찰서장의 정보비공개결정은 변호인의 피구속자를 조력할 권리 및 알 권리를 침해한다.

해설

① ○ 청소년의 건전한 심성을 보호하기 위해서 퇴폐적인 성 표현이나 지나치게 폭력적이고 잔인한 표현 등을 규제할 필요성은 분명 존재하지만, 이들 저속한 표현을 규제하더라도 그 보호대상은 청소년에 한정되어야 하고, 규제수단 또한 청소년에 대한 유통을 금지하는 방향으로 좁게 설정되어야 할 것인데, 저속한 간행물의 출판을 전면 금지시키고 출판사의 등록을 취소시킬 수 있도록 하는 것은 청소년 보호를 위해 지나치게 과도한 수단을 선택한 것이고, 또 청소년 보호라는 명목으로 성인이 볼 수 있는 것까지 전면 금지시킨다면 이는 성인의 알 권리의 수준을 청소년의 수준으로 맞출 것을 국가가 강요하는 것이어서 성인의 알 권리까지 침해하게 된다(헌재 1998.4.30. 95헌가16).

② × 이 같은 헌법규정의 취지를 고려하면, 국민은 헌법상 보장된 알 권리의 한 내용으로서 국회에 대하여 입법과정의 공개를 요구할 권리를 가지며, 국회의 의사에 대하여는 직접적인 이해관계 유무와 상관없이 일반적 정보공개청구권을 가진다고 할 수 있다(헌재 2009.9.24. 2007헌바17).

③ ○ 시험의 관리에 있어서 가장 중요한 것은 정확성과 공정성이므로, 이를 위하여 시험문제와 정답, 채점기준 등 시험의 정확성과 공정성에 영향을 줄 수 있는 모든 정보는 사전에 엄격하게 비밀로 유지되어야 할 뿐만 아니라, 공공기관에서 시행하는 대부분의 시험들은 평가대상이 되는 지식의 범위가 한정되어 있고 그 시행도 주기적으로 반복되므로 이미 시행된 시험에 관한 정보라 할지라도 이를 제한 없이 공개할 경우에는 중요한 영역의 출제가 어려워지는 등 시험의 공정한 관리 및 시행에 영향을 줄 수밖에 없다고 할 것이므로, 이 사건 법률조항이 시험문제와 정답을 공개하지 아니할 수 있도록 한 것이 과잉금지원칙에 위반하여 알 권리를 침해한다고 볼 수 없다(헌재 2011.3.31. 2010헌바291).

④ ◯ 이 사건에서는 고소사실이 사인 사이의 금전수수와 관련된 사기에 관한 것이고 증거자료를 별첨하고 있기 때문에 특별한 사정이 없는 한 고소장이나 피의자신문조서를 변호인에게 열람시켜도 이로 인하여 국가안전보장·질서유지 또는 공공복리에 위험을 가져올 우려라든지 또는 사생활침해를 초래할 우려가 있다고 인정할 아무런 자료가 없다. 또한 「공공기관의 정보공개에 관한 법률」 제7조 제1항 제4호는 '수사, 공소의 제기 및 유지에 관한 사항으로서 공개될 경우 그 직무수행을 현저히 곤란하게 하거나 형사피고인의 공정한 재판을 받을 권리를 침해한다고 인정할 만한 상당한 이유가 있는 정보'를 공개거부의 대상으로 규정하고 있지만 이 사건에서는 고소장과 피의자신문조서를 공개한다고 하더라도 증거인멸, 증인협박, 수사의 현저한 지장, 재판의 불공정 등의 위험을 초래할 만한 사유 있음을 인정할 자료를 기록상 발견하기 어렵다. … 결국 변호인에게 고소장과 피의자신문조서에 대한 열람 및 등사를 거부한 경찰서장의 정보비공개결정은 변호인의 피구속자를 조력할 권리 및 알 권리를 침해하여 헌법에 위반된다(헌재 2003.3.27. 2000헌마474).

정답 ②

31 표현의 자유 및 언론·출판의 자유에 대한 설명으로 가장 좋지 않은 것은? 〈2018 서울시 7급〉

① 저속한 간행물의 출판을 전면적으로 금지시키고 출판사의 등록을 취소시킬 수 있도록 하는 것은 청소년보호를 위해 지나치게 과도한 수단을 선택한 것으로 성인의 알 권리를 침해한다.

② 「민사소송법」에 근거한 법원의 방영금지가처분은 행정기관이 주체가 되는 심사절차가 아니기 때문에 헌법이 금지하는 사전검열에 해당하지 않는다.

③ 제한상영가 등급의 영화를 '상영 및 광고·선전에 있어서 일정한 제한이 필요한 영화'라고 정의하고 있는 법률규정은 관련 규정들을 통해서도 제한상영가 등급의 영화가 어떤 영화인지를 예측할 수 없으므로 명확성 원칙에 위배된다.

④ 금치처분을 받은 미결수용자라 할지라도 금치처분 기간 중 집필을 금지하면서 예외적인 경우에만 교도소장이 집필을 허가할 수 있도록 한 「형의 집행 및 수용자의 처우에 관한 법률」상의 규정은 미결수용자의 표현의 자유를 침해한다.

해설

① ○ 청소년의 건전한 심성을 보호하기 위해서 퇴폐적인 성표현이나 지나치게 폭력적이고 잔인한 표현 등을 규제할 필요성은 분명 존재하지만, 이들 저속한 표현을 규제하더라도 그 보호대상은 청소년에 한정되어야 하고, 규제수단 또한 청소년에 대한 유통을 금지하는 방향으로 좁게 설정되어야할 것인데, 저속한 간행물의 출판을 전면 금지시키고 출판사의 등록을 취소시킬 수 있도록 하는 것은 청소년보호를 위해 지나치게 과도한 수단을 선택한 것이고, 또 청소년보호라는 명목으로 성인이 볼 수 있는 것까지 전면 금지시킨다면 이는 성인의 알 권리의 수준을 청소년의 수준으로 맞출 것을 국가가 강요하는 것이어서 성인의 알 권리까지 침해하게 된다(헌재 1998.4.30. 95헌가16).

② ○ 이 헌법 제21조 제2항에서 규정한 검열 금지의 원칙은 모든 형태의 사전적인 규제를 금지하는 것이 아니고 단지 의사표현의 발표 여부가 오로지 행정권의 허가에 달려있는 사전심사만을 금지하는 것을 뜻하므로, 이 사건 법률조항에 의한 방영금지가처분은 행정권에 의한 사전심사나 금지처분이 아니라 개별 당사자 간의 분쟁에 관하여 사법부가 사법절차에 의하여 심리, 결정하는 것이어서 헌법에서 금지하는 사전검열에 해당하지 아니한다(헌재 2001.8.30. 2000헌바36).

③ ○ 「영진법」 제21조 제3항 제5호는 '제한상영' 등급의 영화를 '상영 및 광고·선전에 있어서 일정한 제한이 필요한 영화'라고 규정하고 있는데, 이 규정은 제한상영가 등급의 영화가 어떤 영화인지를 말해주기보다는 제한상영가 등급을 받은 영화가 사후에 어떠한 법률적 제한을 받는지를 기술하고 있는바, 이것으로는 제한상영가 영화가 어떤 영화인지를 알 수가 없고, 따라서 영진법 제21조 제3항 제5호는 명확성원칙에 위배된다(헌재 2008.7.31. 2007헌가4).

④ × 금치 처분을 받은 수용자들은 이미 수용시설의 안전과 질서유지에 위반되는 행위, 그 중에서도 가장 중한 평가를 받은 행위를 한 자들이라는 점에서, 집필과 같은 처우 제한의 해제는 예외적인 경우로 한정될 수밖에 없고, 선례가 금치기간 중 집필을 전면 금지한 조항을 위헌으로 판단한 이후, 입법자는 집필을 허가할 수 있는 예외를 규정하고 금치처분의 기간도 단축하였다. 나아가 미결수용자는 징벌집행 중 소송서류의 작성 등 수사 및 재판 과정에서의 권리행사는 제한 없이 허용되는 점 등을 감안하면, 이사건 집필제한 조항은 청구인의 표현의 자유를 침해하지 아니한다(헌재 2014.8.28. 2012헌마623).

정답 ④

32 **표현의 자유에 대한 설명으로 옳은 것만을 모두 고르면? (다툼이 있는 경우 판례에 의함)**

〈2020 국가직 7급 변형〉

㉠ 헌법상 군무원은 국민의 구성원으로서 정치적 표현의 자유를 보장받지만, 그 특수한 지위로 인하여 국가공무원으로서 헌법 제7조에 따라 그 정치적 중립성을 준수하여야할 뿐만 아니라, 나아가 국군의 구성원으로서 헌법 제5조 제2항에 따라 그 정치적 중립성을 준수할 필요성이 더욱 강조되므로, 정치적 표현의 자유에 대해 일반 국민보다 엄격한 제한을 받을 수밖에 없다.

㉡ 일반적으로 표현의 자유는 정보의 전달 또는 전파와 관련지어 생각되므로 구체적인 전달이나 전파의 상대방이 없는 집필의 단계를 표현의 자유의 보호영역에 포함시킬 것인지 의문이 있을 수 있으나, 집필은 문자를 통한 모든 의사표현의 기본 전제가 된다는 점에서 당연히 표현의 자유의 보호영역에 속해 있다고 보아야 한다.

㉢ 건강기능식품의 기능성 광고는 인체의 구조 및 기능에 대하여 보건용도에 유용한 효과를 준다는 기능성 등에 관한 정보를 널리 알려 해당 건강기능식품의 소비를 촉진시키기 위한 상업광고이지만, 헌법 제21조 제1항의 표현의 자유의 보호 대상이 됨과 동시에 같은 조 제2항의 사전검열금지 대상도 된다.

㉣ 선거운동 기간 중 인터넷언론사 홈페이지의 게시판 등에 정당·후보자에 대한 지지·반대의 정보를 게시할 수 있도록 하는 경우 실명확인을 위한 기술적 조치를 하도록 한 것은 게시판 이용자의 정치적 익명표현의 자유를 침해한다.

① ㉠, ㉡　　② ㉠, ㉣
③ ㉡, ㉢, ㉣　　④ ㉠, ㉡, ㉢, ㉣

해설

㉠ ○ 헌법상 군무원은 국민의 구성원으로서 정치적 표현의 자유를 보장받지만, 군무원은 그 특수한 지위로 인하여 국가공무원으로서 헌법 제7조에 따라 그 정치적 중립성을 준수하여야 할 뿐만 아니라, 국군의 구성원으로서 헌법 제5조 제2항에 따라 그 정치적 중립성을 준수할 필요성이 더욱 강조되므로, 그 정치적 표현의 자유에 대해 일반 국민보다 엄격한 제한을 받을 수밖에 없다(헌재 2018.7.26. 2016헌바139).

㉡ ○ 집필행위는 사람의 내면에 있는 생각이 외부로 나타나는 첫 단계의 행위란 점에서 문자를 통한 표현행위의 가장 기초적이고도 전제가 되는 행위라 할 것이다. 일반적으로 표현의 자유는 정보의 전달 또는 전파와 관련지어 생각되므로 구체적인 전달이나 전파의 상대방이 없는 집필의 단계를 표현의 자유의 보호영역에 포함시킬 것인지 의문이 있을 수 있으나, 집필은 문자를 통한 모든 의사표현의 기본 전제가 된다는 점에서 당연히 표현의 자유의 보호영역에 속해 있다고 보아야 한다(헌재 2005.2.24. 2003헌마289).

㉢ ○ 건강기능식품의 기능성 광고는 인체의 구조 및 기능에 대하여 보건용도에 유용한 효과를 준다는 기능성 등에 관한 정보를 널리 알려 해당 건강기능식품의 소비를 촉진시키기 위한 상업광고이지만, 헌법 제21조 제1항의 표현의 자유의 보호 대상이 됨과 동시에 같은 조 제2항의 사전검열 금지 대상도 된다. … 건강기능식품법상 기능성 광고의 심의는 식약처장으로부터 위탁받은 한국건강기능식품협회에서 수행하고 있지만, 법상 심의주체는 행정기관인 식약처장이며, 언제든지 그 위탁을 철회할 수 있고, 심의위원회의 구성에 관하여도 법령을 통해 행정권이 개입하고 지속적으로 영향을 미칠 가능성이 존재하는 이상 그 구성에 자율성이 보장되어 있다고 볼 수 없다. … 따라서 이 사건 건강기능식품 기능성광고 사전심의는 그 검열이 행정권에 의하여 행하여진다 볼 수 있고, 헌법이 금지하는 사전 검열에 해당하므로 헌법에 위반된다(헌재 2018.6.28. 2016헌가8 등).

㉣ ○ 심판대상조항(실명확인조항)과 같이 선거운동기간 중 인터넷홈페이지의 게시판 등에서 이루어지는 정치적 익명표현을 규제하는 것은 인터넷이 형성한 '사상의 자유시장'에서의 다양한 의견 교환을 억제하고, 이로써 국민의 의사표현 자체가 위축될 수 있으며, 민주주의의 근간을 이루는 자유로운 여론 형성이 방해될 수 있다. 선거운동기간 중 정치적 익명표현의 부정적 효과는 익명성 외에도 해당 익명표현의 내용과 함께 정치적 표현행위를 규제하는 관련 제도, 정치적·사회적 상황의 여러 조건들이 아울러 작용하여 발생하므로, 모든 익명표현을 사전적·포괄적으로 규율하는 것은 표현의 자유보다 행정편의와 단속편의를 우선함으로써 익명표현의 자유와 개인정보자기결정권 등을 지나치게 제한한다. 그러므로 심판대상조항(실명확인조항)은 과잉금지원칙에 반하여 인터넷언론사 홈페이지 게시판 등 이용자의 익명표현의 자유와 개인정보자기결정권, 인터넷언론사의 언론의 자유를 침해한다(헌재 2021.1.26. 2018헌마456).

정답 ④

33 **표현의 자유에 대한 설명으로 옳은 것은? (다툼이 있는 경우 판례에 의함)** *〈2020 국회직 9급〉*

① 인터넷언론사가 선거일 전 90일부터 선거일까지 후보자명의의 칼럼이나 저술을 게재하는 보도를 할 수 없도록 한 것은 필요 이상으로 표현의 자유를 제한하여 헌법에 위반된다.

② 대한민국을 모욕할 목적으로 국기를 훼손하는 행위를 처벌하도록 한 것은 표현의 방법이 아닌 표현의 내용에 대한 규제이므로 표현의 자유를 침해한다.

③ 각급 법원 인근의 모든 옥외집회를 전면적으로 금지한 「집회 및 시위에 관한 법률」 규정은 해당 법원에서 심리 중인 사건의 재판에 영향을 미칠 위협을 차단하기 위한 것으로서 집회의 자유를 침해하지 않는다.

④ 옥외집회나 시위가 사전 신고한 범위를 뚜렷이 벗어나 질서를 유지할 수 없게 된 경우, 이에 대한 해산명령에 불응하는 자를 형사처벌하는 「집회 및 시위에 관한 법률」 규정은 집회의 자유를 침해한다.

⑤ 국회의사당의 경계지점으로부터 100미터 이내의 장소에서 옥외집회 또는 시위를 한 자를 처벌하는 「집회 및 시위에 관한 법률」 규정은 국회의 헌법적 기능을 보호하기 위한 것으로서 집회의 자유를 침해하지 않는다.

해설

① ○ 이 사건 시기제한조항은 선거일 전 90일부터 선거일까지 후보자 명의의 칼럼 등을 게재하는 인터넷 선거보도가 불공정하다고 볼 수 있는지에 대해 구체적으로 판단하지 않고 이를 불공정한 선거보도로 간주하여 선거의 공정성을 해치지 않는 보도까지 광범위하게 제한한다. … 이 사건 시기제한조항의 입법목적을 달성할 수 있는 덜 제약적인 다른 방법들이 이 사건 심의기준 규정과 공직선거법에 이미 충분히 존재한다. 따라서 이 사건 시기제한조항은 과잉금지원칙에 반하여 청구인의 표현의 자유를 침해한다(헌재 2019.11. 28. 2016헌마90).

② × 국기는 국가의 역사와 국민성, 이상 등을 응축하고 헌법이 보장하는 질서와 가치를 담아 국가의 정체성을 표현하는 국가의 대표적 상징물이다. 심판대상조항은 국기를 존중, 보호함으로써 국가의 권위와 체면을 지키고, 국민들이 국기에 대하여 가지는 존중의 감정을 보호하려는 목적에서 입법된 것이다. 심판대상조항은 국기가 가지는 고유의 상징성과 위상을 고려하여 일정한 표현방법을 규제하는 것에 불과하므로, 국기모독 행위를 처벌한다고 하여 이를 정부나 정권, 구체적 국가기관이나 제도에 대한 비판을 허용하지 않거나 이를 곤란하게 하는 것으로 볼 수 없다. … 그러므로 심판대상조항은 과잉금지원칙에 위배되어 청구인의 표현의 자유를 침해한다고 볼 수 없고, 표현의 자유의 본질적 내용을 침해한다고도 할 수 없다(헌재 2019.12.27. 2016헌바96).

③ × 심판대상조항은 입법목적을 달성하는 데 필요한 최소한도의 범위를 넘어 규제가 불필요하거나 또는 예외적으로 허용 가능한 옥외집회·시위까지도 일률적·전면적으로 금지하고 있으므로, 침해의 최소성 원칙에 위배된다. 심판대상조항은 각급 법원 인근의 모든 옥외집회를 전면적으로 금지함으로써 상충하는 법익 사이의 조화를 이루려는 노력을 전혀 기울이지 않아, 법익의 균형성 원칙에도 어긋난다. 심판대상조항은 과잉금지원칙을 위반하여 집회의 자유를 침해한다(헌재 2018.7.26. 2018헌바137).

④ × 「집시법」 제20조 제1항 제2호가 미신고 옥외집회 또는 시위를 해산명령의 대상으로 하면서 별도의 해산 요건을 정하고 있지 않더라도, 그 옥외집회 또는 시위로 인하여 타인의 법익이나 공공의 안녕질서에 대한 직접적인 위험이 명백하게 초래된 경우에 한하여 위 조항에 기하여 해산을 명할 수 있고, 이러한 요건을 갖춘 해산명령에 불응하는 경우에만 「집시법」 제24조 제5호에 의하여 처벌할 수 있다고 보아야 한다(대판 2012.4.19. 2010도6388).

⑤ × 심판대상조항은 입법목적을 달성하는 데 필요한 최소한도의 범위를 넘어, 규제가 불필요하거나 또는 예외적으로 허용하는 것이 가능한 집회까지도 이를 일률적·전면적으로 금지하고 있으므로 침해의 최소성 원칙에 위배된다. … 심판대상조항으로 달성하려는 공익이 제한되는 집회의 자유정도보다 크다고 단정할 수는 없다고 할 것이므로 심판대상조항은 법익의 균형성 원칙에도 위배된다. 심판대상조항은 과잉금지원칙을 위반하여 집회의 자유를 침해한다(헌재 2018.5.31. 2013헌바322 등).

정답 ①

34 기본권의 보호범위에 대한 설명으로 옳은 것은? (다툼이 있는 경우 판례에 의함) *〈2021 지방직 7급〉*

① 헌법 제20조 제1항에 근거한 종교전파의 자유는 국민에게 그가 선택한 임의의 장소에서 이를 자유롭게 행사할 수 있는 권리까지 보장한다.

② 변호사의 업무와 관련된 수임사건의 건수 및 수임액은 변호사의 내밀한 개인적 영역에 속하는 것이므로 이를 소속 지방변호사회에 보고하도록 한 것은 헌법 제17조의 사생활의 비밀과 자유에 대한 제한에 해당한다.

③ 음란표현은 헌법 제21조가 규정하는 언론·출판의 자유의 보호영역 내에 있다.

④ 헌법 제25조의 공무담임권의 보호영역에는 일반적으로 공직취임의 기회보장, 신분박탈, 직무의 정지가 포함되는 것일 뿐만 아니라, 여기서 더 나아가 공무원이 특정의 장소에서 근무하는 것 또는 특정의 보직을 받아 근무하는 것을 포함하는 일종의 '공무수행의 자유'까지 포함된다.

해설

① × 종교(선교활동)의 자유는 국민에게 **그가 선택한 임의의 장소에서 자유롭게 행사할 수 있는 권리까지 보장한다고 할 수 없으며**, 그 임의의 장소가 대한민국의 주권이 미치지 아니하는 지역 나아가 국가에 의한 국민의 생명·신체 및 재산의 보호가 강력히 요구되는 해외 위난지역인 경우에는 더욱 그러하다(헌재 2008.6.26. 2007헌마1366).

② × 일반적으로 경제적 내지 직업적 활동은 복합적인 사회적 관계를 전제로 하여 다수 주체 간의 상호작용을 통하여 이루어지는 것이고, 특히 변호사의 업무는 다른 어느 직업적 활동보다도 강한 공공성을 내포한다는 점 등을 감안하여 볼 때, 변호사의 업무와 관련된 수임사건의 건수 및 수임액이 변호사의 내밀한 개인적 영역에 속하는 것이라고 보기 어렵고, 따라서 이 사건 법률조항이 청구인들의 **사생활의 비밀과 자유를 침해하는 것이라 할 수 없다**(헌재 2009.10.29. 2007헌마667).

③ ○ 이 사건 법률조항의 음란표현은 헌법 제21조가 규정하는 **언론·출판의 자유의 보호영역 내**에 있다(헌재 2009.5.28. 2006헌바109).

④ × 공무담임권의 보호영역에는 일반적으로 공직취임의 기회보장, 신분박탈, 직무의 정지가 포함되는 것일 뿐, 여기서 더 나아가 **공무원이 특정의 장소에서 근무하는 것 또는 특정의 보직을 받아 근무하는 것을 포함하는 일종의 '공무수행의 자유'**까지 그 보호영역에 포함된다고 보기는 어렵다(헌재 2008.6.26. 2005헌마1275).

정답 ③

35 알 권리에 관한 설명 중 가장 적절하지 않은 것은? (다툼이 있는 경우 판례에 의함) *〈2022 경찰공채 2차〉*

① 국가 또는 지방자치단체의 기관이 보관하고 있는 문서 등에 관하여 이해관계 있는 국민이 공개를 요구함에도 정당한 이유 없이 이에 응하지 아니하거나 거부하는 것은 당해 국민의 알 권리를 침해하는 것이다.

② 군사기밀의 범위는 국민의 표현의 자유 내지 알 권리의 대상영역을 최대한 넓혀줄 수 있도록 필요한 최소한도에 한정되어야 할 것인바, 구「군사기밀보호법」제6조 등은 '군사상의 기밀'이 비공지의 사실로서 적법절차에 따라 군사기밀로서의 표지를 갖추고 그 누설이 국가의 안전보장에 명백한 위험을 초래한다고 볼만큼의 실질가치를 지닌 것으로 인정되는 경우에 한하여 적용된다 할 것이므로 이러한 해석하에 헌법에 위반되지 아니한다.

③ 공판조서의 절대적 증명력을 규정한 「형사소송법」 조항은 공판조서의 증명력을 규정하고 있을 뿐 공판조서의 내용에 대한 접근·수집·처리 등에 관한 규정이 아니어서, 정보에의 접근·수집·처리의 자유를 의미하는 알 권리에 어떠한 제한이 있다고 보기 어렵다.

④ 개별 교원이 어떤 교원단체나 노동조합에 가입해 있는지에 대한 정보공개를 제한하는 것은 학부모인 청구인들의 알 권리를 제한하는 것은 아니다.

해설

① ○ 국가 또는 지방자치단체의 기관이 보관하고 있는 문서 등에 관하여 이해관계 있는 국민이 공개를 요구함에도 정당한 이유 없이 이에 응하지 아니하거나 거부하는 것은 당해 국민의 알 권리를 침해하는 것이다(헌재 1994.8.31. 93헌마174).

② ○ **군사기밀의 범위**는 국민의 표현의 자유 내지 "알권리"의 대상영역을 최대한 넓혀줄 수 있도록 필요한 **최소한도에 한정**되어야 할 것이며 따라서 군사기밀보호법 제6조, 제7조, 제10조는 동법 제2조 제1항의 "군사상의 기밀"이 비공지의 사실로서 적법절차에 따라 군사기밀로서의 표지를 갖추고 그 누설이 국가의 안전보장에 명백한 위험을 초래한다고 볼 만큼의 실질가치를 지닌 것으로 인정되는 경우에 한하여 적용된다 할 것이므로 그러한 해석하에 헌법에 위반되지 아니한다(헌재 1989.9.4. 88헌마22).

③ ○ 공판조서의 절대적 증명력을 규정한 형사소송법 제56조는 공판조서의 증명력을 규정하고 있을 뿐 공판조서의 내용에 대한 접근·수집·처리 등에 관한 규정이 아니어서, 정보에의 접근·수집·처리의 자유를 의미하는 알 권리에 어떠한 제한이 있다고 보기 어려우므로, 이에 관하여는 더 나아가 살피지 아니한다(헌재 2013.8.29. 2011헌바253 등).

④ ×자녀교육권을 실질적으로 보장하기 위해서는 자녀의 교육에 필요한 정보가 제공되어야 하는바 학부모는 교육정보에 대한 알 권리를 가진다. 이러한 정보 속에는 자신의 자녀를 가르치는 교원이 어떠한 자격과 경력을 가진 사람인지는 물론 어떠한 정치성향과 가치관을 가지고 있는 사람인지에 대한 정보도 포함되는 것이므로, 교원의 교원단체 및 노동조합 가입에 관한 정보도 알 권리의 한 내용이 될 수 있다. 그러므로 개별 교원이 어떤 교원단체나 노동조합에 가입해 있는지에 대한 정보공개를 제한하고 있는 이 사건 법률조항 및 이 사건 시행령조항은 학부모인 청구인들의 알 권리를 제한하는 것이며, 학부모는 그런 알 권리를 통해 자녀교육을 행하게 되므로 위 조항들은 동시에 교육권에 대한 제약도 발생시킨다고 할 수 있다(헌재 2011.12.29. 2010헌마293).

정답 ④

36 **언론의 자유에 대한 설명으로 옳지 않은 것은? (다툼이 있는 경우 판례에 의함)** *〈2018 지방직 7급〉*

① 인터넷게시판을 설치·운영하는 정보통신서비스 제공자에게 본인확인조치의무를 부과하여 게시판 이용자로 하여금 본인확인절차를 거쳐야만 게시판을 이용할 수 있도록 하는 본인확인제를 규정한 「정보통신망 이용촉진 및 정보보호 등에 관한 법률」 조항은 인터넷게시판을 운영하는 정보통신서비스 제공자의 언론의 자유를 침해한다.

② 사실적 주장에 관한 언론보도 등으로 인하여 피해를 입은 자는 그 보도 내용에 관한 반론보도를 언론사 등에 청구할 수 있으며, 반론보도의 청구에는 언론사 등의 고의·과실이나 위법성을 필요로 하지 아니하며, 보도 내용의 진실 여부와 상관없이 그 청구를 할 수 있다.

③ 언론으로부터 피해를 입은 사람은 「언론중재 및 피해구제 등에 관한 법률」에 따라 인터넷신문을 상대로 정정보도청구, 반론보도청구, 추후보도청구를 할 수 있고, 형사상 명예훼손죄로 고소할 수도 있으나, 민사상 손해배상 청구를 할 수는 없다.

④ 사실적 주장에 관한 언론보도 등이 진실하지 아니함으로 인하여 피해를 입은 자는 해당 언론보도 등이 있음을 안 날부터 3개월 이내에 언론사, 인터넷뉴스서비스사업자 및 인터넷 멀티미디어 방송사업자에게 그 언론보도 등의 내용에 관한 정정 보도를 청구할 수 있으나, 해당 언론보도 등이 있은 후 6개월이 지났을 때에는 그러하지 아니하다.

해설

① ○ 게시판 이용자의 표현의 자유를 사전에 제한하여 의사표현 자체를 위축시킴으로써 자유로운 여론의 형성을 방해하고, 본인확인제의 적용을 받지 않는 정보통신망상의 새로운 의사소통수단과 경쟁하여야 하는 게시판 운영자에게 업무상 불리한 제한을 가하며, 게시판 이용자의 개인정보가 외부로 유출되거나 부당하게 이용될 가능성이 증가하게 되었는바, 이러한 인터넷게시판 이용자 및 정보통신서비스 제공자의 불이익은 본인확인제가 달성하려는 공익보다 결코 더 작다고 할 수 없으므로, 법익의 균형성도 인정되지 않는다. 따라서 본인확인제를 규율하는 이 사건 법령조항들은 과잉금지원칙에 위배하여 인터넷게시판 이용자의 표현의 자유, 개인정보자기결정권 및 인터넷게시판을 운영하는 정보통신서비스 제공자의 언론의 자유를 침해한다(헌재 2012.8.23. 2010헌마47 등).

② ○

> **언론중재 및 피해구제 등에 관한 법률 제16조 (반론보도청구권)** ① 사실적 주장에 관한 언론보도 등으로 인하여 피해를 입은 자는 그 보도 내용에 관한 반론보도를 언론사 등에 청구할 수 있다.
> ② 제1항의 청구에는 언론사 등의 고의·과실이나 위법성을 필요로 하지 아니하며, 보도 내용의 진실 여부와 상관없이 그 청구를 할 수 있다.

③ ×

언론중재 및 피해구제 등에 관한 법률 제30조 (손해의 배상)① 언론 등의 고의 또는 과실로 인한 위법행위로 인하여 재산상 손해를 입거나 인격권 침해 또는 그 밖의 정신적 고통을 받은 자는 그 손해에 대한 배상을 언론사 등에 청구할 수 있다.

④ ○

언론중재 및 피해구제 등에 관한 법률 제14조 (정정보도 청구의 요건) ① 사실적 주장에 관한 언론보도 등이 진실하지 아니함으로 인하여 피해를 입은 자(이하 "피해자" 라 한다)는 해당 언론보도 등이 있음을 안 날부터 3개월 이내에 언론사, 인터넷뉴스서비스사업자 및 인터넷 멀티미디어 방송사업자(이하 "언론사 등"이라 한다)에게 그 언론보도 등의 내용에 관한 정정 보도를 청구할 수 있다. 다만, 해당 언론보도 등이 있은 후 6개월이 지났을 때에는 그러하지 아니하다.

정답 ③

37 방송에 관한 헌법재판소 결정 내용으로 가장 옳지 않은 것은? *〈2019 서울시 7급〉*

① 방송의 자유는 주관적 권리로서의 성격과 함께 자유로운 의견 형성이나 여론 형성을 위해 필수적인 기능을 하는 객관적 규범질서로서 제도적 보장의 성격을 함께 가진다.

② 텔레비전방송수신료는 대다수 국민의 재산권 보장의 측면이나 한국방송공사에게 보장된 방송자유 측면에서 국민의 기본권 실현에 관련된 영역에 속한다.

③ 방송사업자가 방송심의규정을 위반한 경우 시청자에 대한 사과를 명할 수 있도록 한 「방송법」 규정은, 방송사업자의 의사에 반한 사과행위를 강제함으로써 양심의 자유를 침해한 것으로 헌법에 위반된다.

④ 중계유선방송사업자가 자체적인 프로그램 편성의 자유와 그에 따르는 책임을 부여받지 아니한 이상, 방송의 중계송신업무만 할 수 있고 보도, 논평, 광고는 할 수 없도록 하는 법률규정은 방송의 자유를 침해하지 않는다.

해설

① ○ 방송의 자유는 주관적 권리로서의 성격과 함께 자유로운 의견형성이나 여론형성을 위해 필수적인 기능을 행하는 객관적 규범질서로서 제도적 보장의 성격을 함께 가진다(헌재 2003.12.18. 2002헌바49).

② ○ 텔레비전 방송수신료는 대다수 국민의 재산권 보장의 측면이나 한국방송공사에게 보장된 방송자유의 측면에서 국민의 기본권실현에 관련된 영역에 속하고, 수신료금액의 결정은 납부의무자의 범위 등과 함께 수신료에 관한 본질적인 중요한 사항이므로 국회가 스스로 행하여야 하는 사항에 속하는 것임에도 불구하고 「한국방송공사법」 제36조 제1항에서 국회의 결정이나 관여를 배제한 채 한국방송공사로 하여금 수신료금액을 결정해서 문화관광부장관의 승인을 얻도록 한 것은 법률유보원칙에 위반된다(헌재 1999.5.27. 98헌바70).

③ × 이 사건 심판대상조항이 추구하는 입법목적, 즉 방송의 공적 책임을 높임으로써 시청자의 권익보호와 민주적 여론형성 및 국민문화의 향상을 도모하고 방송의 발전과 공공복리의 증진에 이바지하며 위반행위가 재발하는 것을 방지한다는 공익은 중요하다. 그러나 이 사건 심판대상조항으로 인해 초래되는 방송사업자의 기본권 제한 측면은 시청자 등 국민들로 하여금 방송사업자가 객관성이나 공정성 등을 저버린 방송을 했다는 점을 스스로 인정한 것으로 생각하게 만듦으로써 방송에 대한 신뢰가 무엇보다 중요한 방송사업자에 대하여 그 사회적 신용이나 명예를 저하시키고 법인격의 자유로운 발현을 저해하는 것인바, 방송사업자의 인격권에 대한 제한의 정도가 이 사건 심판대상조항이 추구하는 공익에 비해 결코 작다고 할 수 없다. 그렇다면 이 사건 심판대상조항은 법익의 균형성 원칙에도 위배된다. 따라서 이 사건 심판대상조항은 과잉금지원칙에 위배되어 방송사업자의 인격권을 침해한다(헌재 2012.8.23. 2009헌가27).

④ ○ 중계유신방송사업자가 방송의 중계송신업무만 할 수 있고 보도, 논평, 광고는 할 수 없도록 하는 심판대상조항들의 규제는 방송사업허가제, 특히 종합유선방송사업의 허가제를 유지하기 위해서, 본래적 의미에서의 방송을 수행하는 종합유선방송사업의 허가를 받지 아니한 중계유선방송사업에 대해 부과하는 자유제한이다. 중계유선방송사업자가 자체적인 프로그램 편성의 자유와 그에 따르는 책임을 부여받지 아니한 이상 이러한 제한의 범위가 지나치게 넓다고 할 수 없고, 나아가 업무범위 외의 유선방송관리법에 의한 중계유선방송사업에 대한 각종 규제는 전반적으로 종합유선방송사업에 대한 각종 규제보다 훨씬 가벼운 점, 그리고 중계유선방송사업자도 요건을 갖추면 종합유선방송사업의 허가를 받을 수 있었던 점, 업무범위 위반시의 제재내용 등을 종합하여 볼 때, 규제의 정도가 과도하다고 보기도 어렵다(헌재 2001.5.31. 2000헌바43 등).

정답 ③

38 **언론·출판의 자유에 대한 설명으로 가장 옳지 않은 것은?** *〈2019 서울시 7급〉*

① 금치기간 중 30일의 기간 내에서만 신문 열람을 금지하는 조치는 미결수용자의 알 권리를 침해하지 않는다.

② 외국음반을 국내에서 제작하고자 하는 때에 영상물등급위원회의 추천을 받도록 하는 것은 헌법에 위배된다.

③ 건강기능식품의 기능성 표시·광고와 같이 규제의 필요성이 큰 경우에 사전심의절차를 법률로 규정하여도 우리 헌법이 절대적으로 금지하는 사전검열에 해당한다고 보기는 어렵다.

④ 법원에 의한 방영금지가처분은 사전에 내용심사를 하는 것이기는 하나, 행정권에 의한 사전심사나 금지처분이 아니라 사법부가 심리·결정하는 것이므로, 헌법에서 금지하는 사전검열에 해당하지 않는다.

해설

① ○ 미결수용자의 규율위반행위 등에 대한 제재로서 금치처분과 함께 금치기간 중 신문과 자비구매도서의 열람을 제한하는 것은, 규율위반자에 대해서는 반성을 촉구하고 일반 수용자에 대해서는 규율 위반에 대한 불이익을 경고하여 수용자들의 규율 준수를 유도하며 궁극적으로 수용질서를 확립하기 위한 것이다. 이 사건 신문 및 도서열람제한 조항은 최장 30일의기간 내에서만 신문이나 도서의 열람을 금지하고 열람을 금지하는 대상에 수용시설 내 비치된 도서는 포함시키지 않고 있으므로 위 조항들이 청구인의 알 권리를 과도하게 제한한다고 보기 어렵다(헌재 2016.4.28. 2012헌마549 등).

② ○ 「음비게법」(2001. 5. 24. 법률 제6473호로 전문 개정된 것) 제35조 제1항 중 외국음반의 국내제작에 관한 부분 및 제50조 제6호 중 외국음반의 국내제작에 관한 부분(이하 '이 사건 법률조항들'이라 한다)이 규정하고 있는 외국음반 국내제작 추천제도는 외국음반의 국내제작이라는 의사표현행위 이전에 그 표현물을 행정기관의 성격을 가진 영상물등급위원회에 제출토록 하여 당해 표현행위의 허용 여부가 행정기관의 결정에 좌우되도록 하고 있으며, 더 나아가 이를 준수하지 않는 자들에 대하여 형사처벌 등 강제수단까지 규정하고 있는바, 허가를 받기 위한 표현물의 제출의무, 행정권이 주체가 된 사전심사절차, 허가를 받지 아니한 의사표현의 금지, 심사절차를 관철할 수 있는 강제수단의 존재라는 제 요소를 모두 갖추고 있으므로, 이 사건 법률조항들은 우리 헌법 제21조 제2항이 절대적으로 금지하고 있는 사전검열에 해당하여 헌법에 위반된다(헌재 2006.10.26. 2005헌가14).

③ × 한국건강기능식품협회나 위 협회에 설치된 표시·광고심의위원회가 사전심의업무를 수행함에 있어서 식약처장 등 행정권의 영향력에서 벗어나 독립적이고 자율적으로 심의를 하고 있다고 보기 어렵고, 결국 건강기능식품 기능성광고 심의는 행정권이 주체가 된 사전심사라고 할 것

이다. 따라서 한국건강기능식품협회가 행하는 이 사건 건강기능식품 기능성광고사전심의는 헌법이 금지하는 사전검열에 해당하므로 헌법에 위반된다(헌재 2018.6.28. 2016헌가8 등).

④ ○ 헌법 제21조 제2항에서 규정한 검열 금지의 원칙은 모든 형태의 사전적인 규제를 금지하는 것이 아니고 단지 의사표현의 발표 여부가 오로지 행정권의 허가에 달려있는 사전심사만을 금지하는 것을 뜻하므로, 이 사건 법률조항에 의한 방영금지가처분은 행정권에 의한 사전심사나 금지처분이 아니라 개별 당사자 간의 분쟁에 관하여 사법부가 사법절차에 의하여 심리, 결정하는 것이어서 헌법에서 금지하는 사전검열에 해당하지 아니한다(헌재 2001.8.30. 2000헌바36).

정답 ③

39 다음 설명 중 가장 적절하지 않은 것은? (다툼이 있는 경우 판례에 의함) 〈2015 경정승진〉

① 검사의 '혐의 없음' 처분을 받은 피의자에 관한 수사경력에 관한 전산자료를 「형의 실효 등에 관한 법률」에 의하여 5년간 보존하는 것은 과잉제한금지원칙에 위반된다.

② 알 권리는 표현의 자유와 표리일체의 관계에 있으며 자유권적 성질과 청구권적 성질을 공유하는 것이다.

③ 알 권리의 실현은 법률의 제정이 뒤따라 이를 구체화시키는 것이 충실하고도 바람직하지만 그러한 법률이 제정되어 있지 않다고 하더라도 헌법 제21조에 의해 직접 보장될 수 있다.

④ 알 권리에서 파생되는 정부의 공개의무는 특별한 사정이 없는 한 국민의 적극적인 정보수집행위, 특히 특정의 정보에 대한 공개청구가 있는 경우에야 비로소 존재하므로 정보공개청구가 없었던 경우 정보를 사전에 공개할 정부의 의무는 인정되지 않는다.

해설

① × '혐의 없음' 불기소처분에 관한 이 사건 개인정보를 보관하는 것은 재수사에 대비한 기초자료를 보존하여 형사사법의 실체적 진실을 구현하는 한편, 형사사건 처리결과를 쉽게 그리고 명확히 확인하여 수사의 반복을 피함으로써 수사력의 낭비를 막고 피의자의 인권을 보호하기 위한 것으로서 그 목적의 정당성이 충분히 인정되고, 이 사건 법률조항이 형사사건 처리 내역에 관한 이 사건 개인정보를 일정기간 보관한 후 삭제하도록 한 것은 위와 같은 목적을 달성하기 위한 효과적이고 적절한 방법의 하나가 될 수 있다. … 따라서 이 사건 법률조항이 과잉금지의 원칙에 위반하여 청구인의 개인정보자기결정권을 침해한다고 볼 수 없다(헌재 2009.10.29. 2008헌마257).

② ○ 헌법 제21조는 언론·출판의 자유, 즉 표현의 자유를 규정하고 있는데 이 자유는 전통적으로 사상 또는 의견의 자유로운 표명(발표의 자유)과 그것을 전파할 자유(전달의 자유)를 의미하는 것으로서 사상 또는 의견의 자유로운 표명은 자유로운 의사의 형성을 전제로 한다. 자유로운 의사의 형성은 정보에의 접근이 충분히 보장됨으로써 비로소 가능한 것이며, 그러한 의미에서 정보에의 접근·수집·처리의 자유, 즉 "알 권리"는 표현의 자유와 표리일체의 관계에 있으며 자유권적 성질과 청구권적 성질을 공유하는 것이다(헌재 1991.5.13. 90헌마133).

③ ○ 헌법상 입법의 공개(제50조 제1항), 재판의 공개(제109조)와는 달리 행정의 공개에 대하여서는 명문규정을 두고 있지 않지만 "알 권리" 생성 기반을 살펴볼 때 이 권리의 핵심은 정부가 보유하고 있는 정보에 대한 국민의 "알 권리", 즉 국민의 정부에 대한 일반적 정보공개를 구할 권리(청구권적 기본권)라고 할 것이며, 이러한 "알 권리"의 실현은 법률의 제정이 뒤따라 이를 구체화시키는 것이 충실하고도 바람직하지만, 그러한 법률이 제정되어 있지 않다고 하더라도 불가능한 것은 아니고 헌법 제21조에 의해직접 보장될 수 있다고 하는 것이 헌법재판소의 확립된 판례인 것이다(헌재 1991.5.13. 90헌마133).

④ ○ 알 권리에서 파생되는 정부의 공개의무는 특별한 사정이 없는 한 국민의 적극적인 정보수집 행위, 특히 특정의 정보에 대한 공개청구가 있는 경우에야 비로소 존재하므로, 청구인들의 정보공개청구가 없었던 이 사건의 경우 이 사건 조항을 사전에 마늘재배농가들에게 공개할 정부의 의무는 인정되지 아니한다(헌재 2004.12.16. 2002헌마579).

정답 ①

40 알 권리에 관한 설명 중 가장 옳지 않은 것은? (다툼이 있는 경우 판례·헌법재판소 결정에 의함)

〈2015 법원직 9급〉

① 저속한 간행물의 출판을 전면 금지시키고, 그 출판사의 등록을 취소시킬 수 있도록 하는 것은 성인의 알 권리를 침해하는 것이다.

② 헌법재판소의 견해에 의하면 알 권리는 헌법 제21조의 표현의 자유에 포함되는 권리이다.

③ 공공기관의 정보에 대한 공개청구와 관련하여서는 알 권리는 청구권적 성격을 가지고, 알 권리가 일반적으로 접근할 수 있는 정보원으로부터 자유롭게 정보를 수집할 수 있는 권리를 의미하는 경우에는 자유권적 성격을 가진다.

④ 알 권리가 일반 국민 누구나 국가에 대하여 보유·관리하고 있는 정보의 공개를 청구할 수 있는 권리를 의미하는 것은 아니다.

해설

① ○ 청소년의 건전한 심성을 보호하기 위해서 퇴폐적인 성표현이나 지나치게 폭력적이고 잔인한 표현 등을 규제할 필요성은 분명 존재하지만, 이들 저속한 표현을 규제하더라도 그 보호대상은 청소년에 한정되어야 하고, 규제수단 또한 청소년에 대한 유통을 금지하는 방향으로 좁게 설정되어야 할 것인데, 저속한 간행물의 출판을 전면 금지시키고 출판사의 등록을 취소시킬 수 있도록 하는 것은 청소년보호를 위해 지나치게 과도한 수단을 선택한 것이고, 또 청소년보호라는 명목으로 성인이 볼 수 있는 것까지 전면 금지시킨다면 이는 성인의 알 권리의 수준을 청소년의 수준으로 맞출 것을 국가가 강요하는 것이어서 성인의 알 권리까지 침해하게 된다(헌재 1998.4.30. 95헌가16).

② ○

③ ○ 자유로운 의사의 형성은 정보에의 접근이 충분히 보장됨으로써 비로소 가능한 것이며, 그러한 의미에서 정보에의 접근·수집·처리의 자유, 즉 "알 권리"는 표현의 자유와 표리일체의 관계에 있으며 자유권적 성질과 청구권적 성질을 공유하는 것이다. 자유권적 성질은 일반적으로 정보에 접근하고 수집·처리함에 있어서 국가권력의 방해를 받지 아니한다는 것을 말하며, 청구권적 성질을 의사형성이나 여론 형성에 필요한 정보를 적극적으로 수집하고 수집을 방해하는 방해제거를 청구할 수 있다는 것을 의미하는 바 이는 정보수집권 또는 정보공개청구권으로 나타난다. 나아가 현대 사회가 고도의 정보화 사회로 이행해감에 따라 "알 권리"는 한편으로 생활권적 성질까지도 획득해 나가고 있다. 이러한 "알 권리"는 표현의 자유에 당연히 포함되는 것으로 보아야 하며 인권에 관한 세계선언 제19조도 "알 권리"를 명시적으로 보장하고 있다(헌재 1991.5.13. 90헌마133).

④ × 국민의 알 권리, 특히 국가정보에의 접근의 권리는 우리 헌법상 기본적으로 표현의 자유와 관련하여 인정되는 것으로 그 권리의 내용에는 일반 국민 누구나 국가에 대하여 보유·관리하고 있는 정보의 공개를 청구할 수 있는 이른바 일반적인 정보공개청구권이 포함되고, 이 청구권은 「공공기관의 정보공개에 관한 법률」이 1998.1.1. 시행되기 전에는 구 사무관리규정 제33조 제2항과 행정정보공개운영지침에서 구체화되어 있었다(대판 1999.9.21. 97누5114).

정답 ④

41 언론·출판의 자유에 대한 설명으로 옳지 않은 것은? (다툼이 있는 경우 판례에 의함)

〈2018 국가직 5급〉

① 상업광고는 표현의 자유의 보호영역에 속하면서 동시에 직업의 자유의 보호영역에도 속한다.

② 헌법재판소는 알 권리가 자유권적 성질과 청구권적 성질을 공유한다고 보았다.

③ 출판사 등록취소 사유로서 "저속"의 개념은 그 적용범위가 매우 광범위할 뿐만 아니라 법관의 보충적인 해석에 의한다 하더라도 그 의미내용을 확정하기 어려울 정도로 매우 추상적이어서 명확성 원칙에 위배된다.

④ 진실한 언론보도로 인하여 피해를 입은 자는 그 보도내용에 관한 반론보도를 언론사에 청구할 수 없다.

해설

① ○ 헌법은 제21조 제1항에서 "모든 국민은 언론·출판의 자유 … 를 가진다."라고 규정하여 현대 자유민주주의의 존립과 발전에 필수불가결한기본권으로 언론·출판의 자유를 강력하게 보장하고 있는바, 광고물도 사상·지식·정보 등을 불특정다수인에게 전파하는 것으로서 언론·출판의 자유에 의한 보호를 받는 대상이 된다. 한편 헌법 제15조는 직업수행의 자유 내지 영업의 자유도 보장하고 있는바, 상업광고를 제한하는 입법은 직업수행의 자유도 동시에 제한하게 된다(헌재 2005.10.27. 2003헌가3).

② ○ 알 권리가 공공기관의 정보에 대한 공개청구권을 의미하는 경우에는 청구권적 성격을 지니지만, 일반적으로 접근할 수 있는 정보원으로부터 자유롭게 정보를 수집할 수 있는 권리를 의미하는 경우에는 자유권적 성격을 지니는 것으로서, 이 경우 그러한 권리는 별도의 입법을 할 필요도 없이 보장되는 것이므로, 일반적으로 정보에 접근하고 수집·처리함에 있어 알 권리는 별도의 입법이 없더라도 국가권력의 방해를 받음이 없이 보장되어야 한다(헌재 2010.10.28. 2008헌마638).

③ ○ "저속"의 개념은 그 적용범위가 매우 광범위할 뿐만 아니라 법관의 보충적인 해석에 의한다 하더라도 그 의미내용을 확정하기 어려울 정도로 매우 추상적이다. 이 "저속"의 개념에는 출판사등록이 취소되는 성적 표현의 하한이 열려 있을 뿐만 아니라 폭력성이나 잔인성 및 천한 정도도 그 하한이 모두 열려 있기 때문에 출판을 하고자 하는 자는 어느 정도로 자신의 표현 내용을 조절해야 되는지를 도저히 알 수 없도록 되어 있어 명확성의 원칙 및 과도한 광범성의 원칙에 반한다(헌재 1998.4.30. 95헌가16).

④ × (1) 「정기간행물의 등록 등에 관한 법률」상의 "정정" 보도청구권은 그 표현의 형식에도 불구하고 그 내용을 보면 언론기관의 사실적 보도에 의한 피해자가 그 보도내용에 대한 반박의 내용을 게재하여 줄 것을 청구할 수 있는 권리로서 이른바 "반론권"을 입법화한 것이다. 따라서 여기서 말하는 정정 보도청구는 그 보도내용의 진실여부를 따지거나 허위보도의 정정을 청구하기 위한 것이 아니다(헌재 1996.4.25. 95헌바25).

(2)

언론중재 및 피해구제 등에 관한 법률 제16조 (반론보도청구권) ① 사실적 주장에 관한 언론보도 등으로 인하여 피해를 입은 자는 그 보도내용에 관한 반론보도를 언론사 등에 청구할 수 있다.
② 제1항의 청구에는 언론사 등의 고의·과실이나 위법성을 필요로 하지 아니하며, 보도내용의 진실여부와 상관없이 그 청구를 할 수 있다.

정답 ④

제 4 항 집회 및 결사의 자유

01 **집회의 자유에 관한 설명 중 가장 적절하지 않은 것은? (다툼이 있는 경우 판례에 의함)**

〈2022 경찰공채 2차〉

① 집회의 자유는 집권세력에 대한 정치적 반대의사를 공동으로 표명하는 효과적인 수단으로서 현대사회에서 언론매체에 접근 할 수 없는 소수집단에게 그들의 권익과 주장을 옹호하기 위한 적절한 수단을 제공한다.

② 대한민국을 방문하는 외국의 국가 원수를 경호하기 위하여 지정된 경호구역 안에서 서울종로경찰서장이 안전 활동의 일환으로 청구인들의 삼보일배행진을 제지한 행위는 집회의 자유를 침해한다.

③ 집회 장소의 선택은 집회의 성과를 결정하는 주요 요인이 되므로, 집회 장소를 선택할 자유는 집회의 자유의 실질적 부분을 형성한다고 볼 수 있다.

④ 옥외집회·시위에 대한 경찰의 촬영행위는 증거보전의 필요성 및 긴급성, 방법의 상당성이 인정되는 때에는 헌법에 위반된다고 할 수 없으나, 경찰이 옥외집회 및 시위 현장을 촬영하여 수집한 자료의 보관·사용 등은 엄격하게 제한하여, 옥외집회·시위 참가자 등의 기본권 제한을 최소화해야 한다.

해설

① ○ 집회의 자유는 집단적 의견표명의 자유로서, 민주국가에서 정치의사 형성에 참여할 수 있는 기회를 제공하고, 사회·정치현상에 대한 불만과 비판이나 집권세력에 대한 정치적 반대의사를 공개적으로 표출하게 함으로써 정치적 불만이 있는 자를 사회에 통합하고 정치적 안정에 기여하며, 소수집단의 권익과 주장을 옹호하기 위한 적절한 수단을 제공한다. 이러한 의미에서 헌법이 집회의 자유를 보장한 것은 관용과 다양한 견해가 공존하는 다원적인 '열린 사회'에 대한 헌법적 결단이다(헌재 2022.7.21. 2018헌바164).

② × 이 사건 공권력 행사는 경호대상자의 안전 보호 및 국가 간 친선관계의 고양, 질서유지 등을 위한 것이다. 돌발적이고 경미한 변수의 발생도 대비하여야 하는 경호의 특수성을 고려할 때, 경호활동에는 다양한 취약 요소들에 사전적·예방적으로 대비할 수 있는 안전조치가 충분히 이루어질 필요가 있고, 이 사건 공권력 행사는 집회장소의 장소적 특성과 **미합중국 대통령**의 이동경로, 집회 참가자와의 거리, 질서유지에 필요한 시간 등을 고려하여 경호 목적 달성을 위한 최소한의 범위에서 행해진 것으로 침해의 최소성을 갖추었다. 또한, 이 사건 공권력행사로 인해 제한된 사익은 집회 또는 시위의 자유 일부에 대한 제한으로서 국가 간 신뢰를 공고히 하고 발전적인 외교관계를 맺으려는 공익이 위 제한되는 사익보다 덜 중요하다고 할 수 없다. 따라서

이 사건 공권력 행사(대한민국을 방문하는 외국의 국가 원수를 경호하기 위하여 지정된 경호구역 안에서 서울종로경찰서장이 안전 활동의 일환으로 청구인들의 삼보일배행진을 제지한 행위)는 과잉금지원칙을 위반하여 청구인들의 집회의 자유 등을 침해하였다고 할 수 없다 (헌재 2021.10.28. 2019헌마1091).

③ ○ 집회 장소의 선택은 집회의 성과를 결정하는 주요 요인이 된다. 따라서 집회 장소를 선택할 자유는 집회의 자유의 실질적 부분을 형성한다(헌재 2018.7.26. 2018헌바137).

④ ○ 옥외집회·시위에 대한 경찰의 촬영행위는 증거보전의 필요성 및 긴급성, 방법의 상당성이 인정되는 때에는 헌법에 위반된다고 할 수 없으나, 경찰이 옥외집회 및 시위 현장을 촬영하여 수집한 자료의 보관·사용 등은 엄격하게 제한하여, 옥외집회·시위 참가자 등의 기본권 제한을 최소화해야 한다. 옥외집회·시위에 대한 경찰의 촬영행위에 의해 취득한 자료는 '개인정보'의 보호에 관한 일반법인 '개인정보 보호법'이 적용될 수 있다(헌재 2018.8.30. 2014헌마843).

정답 ②

02 집회의 자유에 대한 설명으로 옳지 않은 것은? (다툼이 있는 경우 판례에 의함) *〈2022 국가직 5급〉*

① 「집회 및 시위에 관한 법률」상의 '시위'는 반드시 '일반인이 자유로이 통행할 수 있는 장소'에서 이루어져야 한다거나 '행진' 등 장소 이동을 동반해야만 성립하는 것은 아니다.

② 집회의 자유는 민주국가에서 사회·정치현상에 대한 불만과 비판을 공개적으로 표출케 함으로써 정치적 불만이 있는 자를 사회에 통합하고 정치석 안성에 기여하는 기능을 하는 중요한 수단이기 때문에, 평화적 수단을 이용한 의견의 표명뿐만 아니라 폭력을 사용한 의견의 강요 역시 헌법적으로 보호된다.

③ 집회는 특별한 상징적 의미나 집회와 특별한 연관성을 갖는 장소에서 이루어져야 의견표명이 효과적으로 이루어질 수 있으므로 집회 장소를 선택할 자유는 집회의 자유의 실질적 부분을 형성한다.

④ 「집회 및 시위에 관한 법률」상 미신고 옥외집회 또는 시위를 해산명령 대상으로 하면서 별도의 해산요건을 정하고 있지 않더라도, 그 옥외집회 또는 시위로 인하여 타인의 법익이나 공공의 안녕질서에 대한 직접적인 위험이 명백하게 초래된 경우에 한하여 해산을 명할 수 있다.

해설

① ○ 집시법상의 시위는, 다수인이 공동목적을 가지고 ① 도로·광장·공원 등 공중이 자유로이 통행할 수 있는 장소를 행진함으로써 불특정한 여러 사람의 의견에 영향을 주거나 제압을 가하는 행위와 ② 위력 또는 기세를 보여 불특정한 여러 사람의 의견에 영향을 주거나 제압을 가하는 행위를 말한다고 풀이해야 할 것이다. 따라서 집시법상의 시위는 반드시 '일반인이 자유로이 통행할 수 있는 장소'에서 이루어져야 한다거나 '행진' 등 장소 이동을 동반해야만 성립하는 것은 아니다(헌재 2014.3.27. 2010헌가2 등).

② × 집회의 자유는 사회·정치현상에 대한 불만과 비판을 공개적으로 표출케 함으로써 정치적 불만이 있는 자를 사회에 통합하고 정치적 안정에 기여하는 기능을 한다. … 비록 헌법이 명시적으로 밝히고 있지는 않으나, 집회의 자유에 의하여 보호되는 것은 단지 '평화적' 또는 '비폭력적' 집회이다. 집회의 자유는 민주국가에서 정신적 대립과 논의의 수단으로서, 평화적 수단을 이용한 의견의 표명은 헌법적으로 보호되지만, 폭력을 사용한 의견의 강요는 헌법적으로 보호되지 않는다(헌재 2003.10.30. 2000헌바67 등).

③ ○ 집회 장소는 일반적으로 집회의 목적·내용과 밀접한 연관관계를 가진다. 집회는 특별한 상징적 의미 또는 집회와 특별한 연관성을 가지는 장소, 예를 들면 집회를 통해 반대하고자 하는 대상물이 위치하거나 집회의 계기를 제공한 사건이 발생한 장소 등에서 이루어져야 의견표명이 효과적으로 이루어질 수 있다. 집회 장소의 선택은 집회의 성과를 결정하는 주요 요인이 된다. 따라서 집회 장소를 선택할 자유는 집회의 자유의 실질적 부분을 형성한다(헌재 2018.7.26. 2018헌바137).

④ ○ 집시법 제20조 제1항 제2호가 미신고 옥외집회 또는 시위를 해산명령의 대상으로 하면서 별도의 해산 요건을 정하고 있지 않더라도, 그 옥외집회 또는 시위로 인하여 타인의 법익이나 공공의 안녕질서에 대한 직접적인 위험이 명백하게 초래된 경우에 한하여 위 조항에 기하여 해산을 명할 수 있고, 이러한 요건을 갖춘 해산명령에 불응하는 경우에만 집시법 제24조 제5호에 의하여 처벌할 수 있다고 보아야 한다. 이와 달리 미신고라는 사유만으로 그 옥외집회 또는 시위를 해산할 수 있다고 해석한다면, 이는 사실상 집회의 사전신고제를 허가제처럼 운용하는 것이나 다름없어 집회의 자유를 침해하게 되므로 부당하다(대판 2012.4.19. 2010도6388).

정답 ②

03 집회의 자유에 대한 설명으로 옳지 않은 것은? (다툼이 있는 경우 판례에 의함) *〈2019 국회직 8급〉*

① 옥외집회를 주최하려는 자는 옥외집회 신고서를 관할 경찰서장에게 제출하여야 하며, 신고한 옥외집회를 하지 아니하게 된 경우에는 신고서에 적힌 집회 일시 24시간 전에 그 철회사유 등을 적은 철회신고서를 관할 경찰서장에게 제출하여야 한다.

② 법관의 독립과 재판의 공정성 확보를 위하여 각급 법원의 경계지점으로부터 100미터 이내의 장소에서 옥외집회와 시위를 전면적으로 금지하는 것은 집회의 자유를 침해한다.

③ 집회 현장에서 집회 참가자에 대한 사진촬영 행위는 집회 참가자에게 심리적 부담으로 작용하여 집회의 자유를 전체적으로 위축시키는 결과를 가져올 수 있으므로 집회의 자유를 제한한다.

④ 집회 또는 시위의 주최자는 집회 또는 시위에 있어서의 질서를 유지하여야 하며, 질서를 유지할 수 없으면 그 집회 또는 시위의 종결을 선언하여야 한다.

⑤ 집회 또는 시위의 주최자는 「집회 및 시위에 관한 법률」 제8조에 따른 금지 통고를 받았을 경우, 통고를 받은 날부터 7일 이내에 해당 경찰관서의 바로 위의 상급경찰관서의 장에게 이의를 신청할 수 있다.

해설

① ○

집회 및 시위에 관한 법률 제6조 (옥외집회 및 시위의 신고 등) ① 옥외집회나 시위를 주최하려는 자는 그에 관한 다음 각호의 사항 모두를 적은 신고서를 옥외집회나 시위를 시작하기 720시간 전부터 48시간 전에 관할 경찰서장에게 제출하여야 한다. 다만, 옥외집회 또는 시위 장소가 두 곳 이상의 경찰서의 관할에 속하는 경우에는 관할 지방경찰청장에게 제출하여야 하고, 두 곳 이상의 지방경찰청 관할에 속하는 경우에는 주최지를 관할하는 지방경찰청장에게 제출하여야 한다.
③ 주최자는 제1항에 따라 신고한 옥외집회 또는 시위를 하지 아니하게 된 경우에는 신고서에 적힌 집회 일시 24시간 전에 그 철회사유 등을 적은 철회신고서를 관할경찰관서장에게 제출하여야 한다.

② ○ 법원 인근에서의 집회라 할지라도 법관의 독립을 위협하거나 재판에 영향을 미칠 염려가 없는 집회도 있다. 예컨대 법원을 대상으로 하지 않고 검찰청 등 법원 인근 국가기관이나 일반 법인 또는 개인을 대상으로 한 집회로서 재판업무에 영향을 미칠 우려가 없는 집회가 있을 수 있다. 법원을 대상으로 한 집회라도 사법행정과 관련된 의사표시 전달을 목적으로 한 집회 등 법관의 독립이나 구체적 사건의 재판에 영향을 미칠 우려가 없는 집회도 있다. … 심판대상조항은 입법목적을 달성하는 데 필요한 최소한도의 범위를 넘어 규제가 불필요하거나 또는 예외적으로 허용 가능한 옥외집회·시위까지도 일률적·전면적으로 금지하고 있으므로, 침해의

최소성 원칙에 위배된다. 심판대상조항은 각급 법원 인근의 모든 옥외집회를 전면적으로 금지함으로써 상충하는 법익 사이의 조화를 이루려는 노력을 전혀 기울이지 않아, 법익의 균형성 원칙에도 어긋난다. 심판대상조항은 과잉금지원칙을 위반하여 집회의 자유를 침해한다(헌재 2018.7.26. 2018헌바137).

③ ○ 미신고 옥외집회·시위 또는 신고범위를 넘는 집회·시위에서 단순 참가자들에 대한 경찰의 촬영행위는 비록 그들의 행위가 불법행위로 되지 않는다 하더라도 주최자에 대한 「집시법」 위반에 대한 증거를 확보하는 과정에서 불가피하게 이루어지는 측면이 있다. 이러한 촬영행위에 의하여 수집된 자료는 주최자의 집시법 위반에 대한 직접·간접의 증거가 될 수 있을 뿐만 아니라 그 집회 및 시위의 규모·태양·방법 등에 대한 것으로서 양형자료가 될 수 있다. … 이 사건에서 피청구인이 신고범위를 벗어난 동안에만 집회참가자들을 촬영한 행위가 과잉금지원칙을 위반하여 집회참가자인 청구인들의 일반적 인격권, 개인정보자기결정권 및 집회의 자유를 침해한다고 볼 수 없다(헌재 2018.8.30. 2014헌마843).

④ ○

> **집회 및 시위에 관한 법률 제16조 (주최자의 준수 사항)** ① 집회 또는 시위의 주최자는 집회 또는 시위에 있어서의 질서를 유지하여야 한다.
>
> ③ 집회 또는 시위의 주최자는 제1항에 따른 질서를 유지할 수 없으면 그 집회 또는 시위의 종결(終結)을 선언하여야 한다.

⑤ ×

> **집회 및 시위에 관한 법률 제9조 (집회 및 시위의 금지 통고에 대한 이의 신청 등)** ① 집회 또는 시위의 주최자는 제8조에 따른 금지 통고를 받은 날부터 10일 이내에 해당 경찰관서의 바로 위의 상급경찰관서의 장에게 이의를 신청할 수 있다.

정답 ⑤

04 집회의 자유에 대한 설명으로 가장 적절하지 않은 것은? (다툼이 있는 경우 헌법재판소 판례에 의함) *〈2019 경정승진〉*

① 집회의 자유에 있어서 그 공동의 목적은 '내적인 유대 관계'로 족하다.

② 「집회 및 시위에 관한 법률」의 옥외집회·시위의 사전신고제도는 협력의무로서의 신고이기 때문에 헌법 제21조 제2항의 사전허가금지에 위배되지 않는다.

③ 각급 법원의 경계 지점으로부터 100미터 이내의 장소에서 옥외집회 또는 시위를 할 경우 형사처벌한다고 규정한 「집회 및 시위에 관한 법률」 조항은 과잉금지원칙에 위반되지 않아 집회의 자유를 침해하지 않는다.

④ 집회의 자유의 보장 대상은 평화적, 비폭력적 집회에 한정된다.

해설

① ○ 구「집시법」에 '옥외집회'에 대한 정의규정은 있으나 '집회'에 대한 정의규정은 없음은 청구인의 주장과 같다. 그러나 일반적으로 집회는, 일정한 장소를 전제로 하여 특정 목적을 가진 다수인이 일시적으로 회합하는 것을 말하는 것으로 일컬어지고 있고, 그 공동의 목적은 '내적인 유대 관계'로 족하다고 할 것이다(헌재 2009.5.28. 2007헌바22).

② ○ 구「집시법」 제6조 제1항은, 옥회집회를 주최하려는 자는 그에 관한 신고서를 옥외집회를 시작하기 720시간 전부터 48시간 전에 관할 경찰서장에게 제출하도록 하고 있다. 이러한 사전신고는 경찰관청 등 행정관청으로 하여금 집회의 순조로운 개최와 공공의 안전보호를 위하여 필요한 준비를 할 수 있는 시간적 여유를 주기 위한 것으로서, 협력의무로서의 신고라고 할 것이다. 결국, 구「집시법」 전체의 규정 체제에서 보면 법은 일정한 신고절차만 밟으면 일반적·원칙적으로 옥회집회 및 시위를 할 수 있도록 보장하고 있으므로, 집회에 대한 사전신고제도는 헌법 제21조 제2항의 사전허가금지에 반하지 않는다고 할 것이다(헌재 2009.5.28. 2007헌바22).

③ × 단지 폭력적이거나 불법적인 옥외집회·시위의 기능성이 있다는 이유만으로 심판대상조항에 따라 법원 인근에서의 옥외집회를 일률적이고 절대적으로 금지하는 것이 정당화될 수 없다. 이런 사정을 종합하여 보면, 심판대상조항은 입법목적을 달성하는 데 필요한 최소한도의 범위를 넘어 규제가 불필요하거나 또는 예외적으로 허용 가능한 옥외집회·시위까지도 일률적·전면적으로 금지하고 있으므로, 침해의 최소성 원칙에 위배된다. 심판대상조항은 법관의 독립이나 법원의 재판에 영향을 미칠 우려가 있는 집회·시위를 제한하는 데 머무르지 않고, 각급 법원 인근의 모든 옥외집회를 전면적으로 금지함으로써 구체적 상황을 고려하여 상충하는 법익 사이의 조화를 이루려는 노력을 기울이지 않고 있다. 심판대상조항을 통해 달성하려는 공익과 집회의 자유에 대한 제약 정도를 비교할 때, 심판대상조항으로 달성하려는 공익이 제한되는 집회의 자유 정도보다 크다고 단정할 수 없으므로, 심판대상조항은 법익의 균형성 원칙에도 어긋난다. 심판대상조항은 과잉금지원칙을 위반하여 집회의 자유를 침해한다(헌재 2018.7.26. 2018헌바137).

④ ○ 비록 헌법이 명시적으로 밝히고 있지는 않으나, 집회의 자유에 의하여 보호되는 것은 단지 '평화적' 또는 '비폭력적' 집회이다. 집회의 자유는 민주국가에서 정신적 대립과 논의의 수단으로서, 평화적 수단을 이용한 의견의 표명은 헌법적으로 보호되지만, 폭력을 사용한 의견의 강요는 헌법적으로 보호되지 않는다(헌재 2003.10.30. 2000헌바67 등).

정답 ③

05 집회의 자유에 대한 설명으로 가장 적절하지 않은 것은? (다툼이 있는 경우 판례에 의함)

〈2021 경정승진〉

① 헌법상 집회에서 공동의 목적은 내적인 유대 관계로 족하다.

② 집회의 자유에는 집회의 장소를 스스로 결정할 장소선택의 자유가 포함된다.

③ 우리 헌법상 집회의 자유에 의해 보호되는 것은 오로지 평화적 또는 비폭력적 집회에 한정된다.

④ 헌법에서 금지하고 있는 집회에 대한 허가는 입법권이 주체가 되어 집회의 내용·시간·장소 등을 사전 심사하여 일반적인 집회금지를 특정한 경우에 해제함으로써 집회를 할 수 있게 하는 제도를 의미한다.

해설

① ○ 구 집시법에 '옥외집회'에 대한 정의규정은 있으나 '집회'에 대한 정의규정은 없음은 청구인의 주장과 같다. 그러나 일반적으로 집회는, 일정한 장소를 전제로 하여 특정 목적을 가진 다수인이 일시적으로 회합하는 것을 말하는 것으로 일컬어지고 있고, 그 공동의 목적은 **'내적인 유대 관계'**로 족하다고 할 것이다(헌재 2009.5.28. 2007헌바22).

② ○ 집회·시위장소는 집회·시위의 목적을 달성하는데 있어서 매우 중요한 역할을 수행하는 경우가 많기 때문에 집회·시위장소를 자유롭게 선택할 수 있어야만 집회·시위의 자유가 비로소 효과적으로 보장되므로 **장소선택의 자유**는 **집회·시위의 자유의 한 실질을 형성**한다(헌재 2005.11.24. 2004헌가17).

③ ○ 비록 헌법이 명시적으로 밝히고 있지는 않으나, 집회의 자유에 의하여 보호되는 것은 단지 **'평화적' 또는 '비폭력적' 집회**이다. 집회의 자유는 민주국가에서 정신적 대립과 논의의 수단으로서, 평화적 수단을 이용한 의견의 표명은 헌법적으로 보호되지만, 폭력을 사용한 의견의 강요는 헌법적으로 보호되지 않는다(헌재 2003.10.30. 2000헌바67 등).

④ × 이 사건 헌법규정에서 금지하고 있는 '허가'는 **행정권이 주체**가 되어 집회 이전에 예방적 조치로서 집회의 내용·시간·장소 등을 사전 심사하여 일반적인 집회금지를 특정한 경우에 해제함으로써 집회를 할 수 있게 하는 제도, 즉 허가를 받지 아니한 집회를 금지하는 제도를 의미한다(헌재 2009.9.24. 2008헌가25).

정답 ④

06 집회의 자유에 대한 설명으로 옳은 것은? (단, 다툼이 있는 경우 헌법재판소 판례에 의함)

〈2019 국회직 9급〉

① 법원의 기능에 대한 보호는 헌법적으로 요청되는 특수성이 있기 때문에 각급 법원 인근에서의 옥외 집회나 시위를 예외 없이 절대적으로 금지하더라도 이는 헌법에 위반되지 아니한다.

② 집회는 일정한 장소를 전제로 하여 특정 목적을 가진 다수인이 일시적으로 회합하는 것을 말하는 것으로, 그 공동의 목적은 내적인 유대 관계로 족하다.

③ 「집회 및 시위에 관한 법률」상의 시위는 반드시 일반인이 자유로이 통행할 수 있는 장소에서 이루어져야 하며, 행진 등 장소 이동을 동반해야만 성립하는 것이다.

④ 학문, 예술, 체육, 종교, 의식, 국경행사에 관한 집회는 시간·장소의 제한을 받지는 않지만, 일반집회와 마찬가지로 사전신고를 해야 한다.

⑤ 우발적 집회는 군중이 어떤 사건을 계기로 현장에서 공동의 의사를 형성하여 표현하기에 이른 집회로서 사전신고가 불가능하므로 헌법의 보호범위에 포함되지 않는다.

해설

① × 법원 인근에서의 집회라 할지라도 법관의 독립을 위협하거나 재판에 영향을 미칠 염려가 없는 집회도 있다. 예컨대 법원을 대상으로 하지 않고 검찰청 등 법원 인근 국가기관이나 일반법인 또는 개인을 대상으로 한 집회로서 재판업무에 영향을 미칠 우려가 없는 집회가 있을 수 있다. 법원을 대상으로 한 집회라도 사법행정과 관련된 의사표시 전달을 목적으로 한 집회 등 법관의 독립이나 구체적 사건의 재판에 영향을 미칠 우려가 없는 집회도 있다. … 심판대상조항은 입법목적을 달성하는 데 필요한 최소한도의 범위를 넘어 규제가 불필요하거나 또는 예외적으로 허용 가능한 옥외집회·시위까지도 일률적·전면적으로 금지하고 있으므로, 침해의 최소성 원칙에 위배된다. 심판대상조항은 각급 법원 인근의 모든 옥외집회를 전면적으로 금지함으로써 상충하는 법익 사이의 조화를 이루려는 노력을 전혀 기울이지 않아, 법익의 균형성 원칙에도 어긋난다. 심판대상조항은 과잉금지원칙을 위반하여 집회의 자유를 침해한다(헌재 2018.7.26. 2018헌바137).

② ○ 일반적으로 집회는, 일정한 장소를 전제로 하여 특정 목적을 가진 다수인이 일시적으로 회합하는 것을 말하는 것으로 일컬어지고 있고, 그 공동의 목적은 '내적인 유대 관계'로 족하다고 할 것이다(헌재 2009.5.28. 2007헌바22).

③ × 「집시법」상의 시위는, 다수인이 공동목적을 가지고 ① 도로·광장·공원 등 공중이 자유로이 통행할 수 있는 장소를 행진함으로써 불특정한 여러 사람의 의견에 영향을 주거나 제압을 가하는 행위와 ② 위력 또는 기세를 보여 불특정한 여러 사람의 의견에 영향을 주거나 제압을 가하는 행위를 말한다고 풀이해야 할 것이다. 따라서 「집시법」상의 시위는 반드시 '일반인이 자유로이 통행할 수 있는 장소'에서 이루어져야 한다거나 '행진' 등 장소 이동을 동반해야만 성립하는 것은 아니다(헌재 2014.3.27. 2010헌가2 등).

④ ×

집회 및 시위에 관한 법률 제15조 (적용의 배제) 학문, 예술, 체육, 종교, 의식, 친목, 오락, 관혼상제(冠婚喪祭) 및 국경행사(國慶行事)에 관한 집회에는 제6조부터 제12조까지의 규정을 적용하지 아니한다.

제6조 (옥외집회 및 시위의 신고 등) ① 옥외집회나 시위를 주최하려는 자는 그에 관한 다음 각 호의 사항 모두를 적은 신고서를 옥외집회나 시위를 시작하기 720시간 전부터 48시간 전에 관할 경찰서장에게 제출하여야 한다. 다만, 옥외집회 또는 시위 장소가 두 곳 이상의 경찰서의 관할에 속하는 경우에는 관할 지방경찰청장에게 제출하여야 하고, 두 곳 이상의 지방경찰청 관할에 속하는 경우에는 주최지를 관할하는 지방경찰청장에게 제출하여야 한다.

제10조 (옥외집회와 시위의 금지 시간) 누구든지 해가 뜨기 전이나 해가진 후에는 옥외집회 또는 시위를 하여서는 아니 된다. 다만, 집회의 성격상 부득이하여 주최자가 질서유지인을 두고 미리 신고한 경우에는 관할경찰관서장은 질서 유지를 위한 조건을 붙여 해가 뜨기 전이나 해가 진후에도 옥외집회를 허용할 수 있다.

제11조 (옥외집회와 시위의 금지 장소) 누구든지 다음 각 호의 어느 하나에 해당하는 청사 또는 저택의 경계 지점으로부터 100 미터 이내의 장소에서는 옥외집회 또는 시위를 하여서는 아니 된다.

⑤ × 우발적 집회도 주최자만 없을 뿐이지 다수인이 공동의 목적 하에서 회합한다는 점에서 일반적인 집회와 다르지 않으므로 그 보호대상이 된다.

정답 ②

07 집회의 자유에 대한 설명으로 옳지 않은 것은? (다툼이 있는 경우 판례에 의함) *〈2018 지방직 7급〉*

① 집회 및 시위에 관한 법률상 사방이 폐쇄되어 있으나 천장이 없는 장소에서 여는 집회는 옥외집회에 해당한다.

② 집회의 자유에는 집회를 통하여 형성된 의사를 집단적으로 표현하는 데 그치고, 이를 통하여 불특정 다수인의 의사에 영향을 줄 자유까지를 포함하지는 않는다.

③ 옥외집회에 대한 사전신고는 행정관청에 집회에 관한 구체적인 정보를 제공함으로써 공공질서의 유지에 협력하도록 하는 데에 그 의의가 있는 것이지 집회의 허가를 구하는 신청으로 변질되어서는 아니 되므로, 신고를 하지 아니하였다는 이유만으로 그 옥외집회 또는 시위를 헌법의 보호범위를 벗어나 개최가 허용되지 않는 집회 내지 시위라고 단정할 수 없다.

④ 헌법이 명시적으로 밝히고 있는 것은 아니지만, 집회의 자유의 보장 대상은 평화적, 비폭력적 집회에 한정된다.

해설

① ○

집회 및 시위에 관한 법률 제2조 (정의) 이 법에서 사용하는 용어의 뜻은 다음과 같다.
1. "옥외집회"란 천장이 없거나 사방이 폐쇄되지 아니한 장소에서 여는 집회를 말한다.

② × 헌법 제21조 제1항은 "모든 국민은 언론·출판의 자유와 집회·결사의 자유를 가진다."고 규정하여 집회의 자유를 표현의 자유로서 언론·출판의 자유와 함께 국민의 기본권으로 보장하고 있다. 집회의 자유에는 집회를 통하여 형성된 의사를 집단적으로 표현하고 이를 통하여 불특정 다수인의 의사에 영향을 줄 자유를 포함한다(헌재 2016.9.29. 2014헌바492).

③ ○ 집회의 자유가 가지는 헌법적 가치와 기능, 집회에 대한 허가 금지를 선언한 헌법정신, 옥외집회 및 시위에 관한 사전신고제의 취지 등을 종합하여 보면, 신고는 행정관청에 집회에 관한 구체적인 정보를 제공함으로써 공공질서의 유지에 협력하도록 하는 데 의의가 있는 것으로 집회의 허가를 구하는 신청으로 변질되어서는 아니 되므로, 신고를 하지 아니하였다는 이유만으로 옥외집회 또는 시위를 헌법의 보호범위를 벗어나 개최가 허용되지 않는 집회 내지 시위라고 단정할 수 없다(대판 2012.4.19. 2010도6388).

④ ○ 헌법이 명시적으로 밝히고 있지는 않으나, 집회의 자유에 의하여 보호되는 것은 단지 '평화적' 또는 '비폭력적' 집회이다. 집회의 자유는 민주국가에서 정신적 대립과 논의의 수단으로서, 평화적 수단을 이용한 의견의 표명은 헌법적으로 보호되지만, 폭력을 사용한 의견의 강요는 헌법적으로 보호되지 않는다(헌재 2003.10.30. 2000헌바67 5).

정답 ②

08 다음 설명 중 가장 옳지 않은 것은? *〈2021 법원직 9급〉*

① 집회의 자유는 개인의 인격발현의 요소이자 민주주의를 구성하는 요소라는 이중적 헌법적 기능을 가지고 있다.

② 옥외집회의 신고는 수리를 요하지 아니하는 정보 제공적 신고이므로 경찰서장이 이미 접수된 옥외집회 신고서를 반려하는 행위는 공권력의 행사에 해당하지 아니한다.

③ 언론·출판에 대한 허가나 검열과 집회·결사에 대한 허가는 인정되지 아니한다.

④ 집회의 자유에는 집회를 통하여 형성된 의사를 집단적으로 표현하고 이를 통하여 불특정 다수인의 의사에 영향을 줄 자유를 포함한다.

해설

① ○ 집회의 자유는 **개인의 인격발현의 요소**이자 **민주주의를 구성하는 요소**라는 **이중적 헌법적 기능**을 가지고 있다. 인간의 존엄성과 자유로운 인격발현을 최고의 가치로 삼는 우리 헌법질서 내에서 집회의 자유도 다른 모든 기본권과 마찬가지로 일차적으로는 개인의 자기결정과 인격발현에 기여하는 기본권이다. 뿐만 아니라, 집회를 통하여 국민들이 자신의 의견과 주장을 집단적으로 표명함으로써 여론의 형성에 영향을 미친다는 점에서, 집회의 자유는 표현의 자유와 더불어 민주적 공동체가 기능하기 위하여 불가결한 근본요소에 속한다(헌재 2003.10.30. 2000헌바67 등).

② × 청구인들의 입장에서는 이 반려행위를 옥외집회신고에 대한 접수거부 또는 집회의 금지통고로 보지 않을 수 없었고, 그 결과 형사적 처벌이나 집회의 해산을 받지 않기 위하여 집회의 개최를 포기할 수밖에 없었다고 할 것이므로 **서울남대문경찰서장의 이 사건 반려행위**는 주무 행정기관에 의한 행위로서 기본권침해 가능성이 있는 **공권력의 행사**에 해당한다(헌재 2008.5.29. 2007헌마712).

③ ○

헌법 제21조 ② 언론·출판에 대한 허가나 검열과 집회·결사에 대한 허가는 인정되지 아니한다.

④ ○ 헌법 제21조 제1항은 "모든 국민은 언론·출판의 자유와 집회·결사의 자유를 가진다."고 규정하여 집회의 자유를 표현의 자유로서 언론·출판의 자유와 함께 국민의 기본권으로 보장하고 있다. 집회의 자유에는 **집회를 통하여 형성된 의사**를 **집단적으로 표현**하고 이를 통하여 **불특정 다수인의 의사에 영향을 줄 자유**를 포함한다(헌재 2016.9.29. 2014헌바492).

정답 ②

09 집회의 자유에 대한 설명으로 옳지 않은 것은? (다툼이 있는 경우 판례에 의함) 〈2020 국가직 5급〉

① 헌법 제21조 제2항의 '허가'는 '행정청이 주체가 되어 집회의 허용 여부를 사전에 결정하는 것'으로서 행정청에 의한 사전허가는 헌법상 금지되지만, 입법자가 법률로써 일반적으로 집회를 제한하는 것은 헌법상 '사전허가금지'에 해당하지 않는다.

② 국회의사당의 경계지점으로부터 100미터 이내의 장소에서 옥외집회를 금지하는 것은 국회의 기능이나 역할에 비추어볼 때 집회의 자유를 침해하는 것이 아니다.

③ 집회·시위 등 현장에서 집회·시위 참가자에 대한 사진이나 영상촬영 등의 행위는 집회·시위 참가자들에게 심리적 부담으로 작용하여 여론형성 및 민주적 토론절차에 영향을 주고 집회의 자유를 전체적으로 위축시키는 결과를 가져올 수 있으므로 집회의 자유를 제한한다.

④ 「집회 및 시위에 관한 법률」에서 옥외집회란 천장이 없거나 사방이 폐쇄되지 아니한 장소에서 여는 집회를 말한다.

해설

① ○ 헌법 제21조 제2항은 "언론·출판에 대한 허가나 검열과 집회·결사에 대한 허가는 인정되지 아니한다."고 규정하여 헌법 자체에서 언론·출판에 대한 허가나 검열의 금지와 더불어 집회에 대한 허가금지를 명시함으로써, 집회의 자유에 있어서는 다른 기본권 조항들과는 달리, '허가'의 방식에 의한 제한을 허용하지 않겠다는 헌법적 결단을 분명히 하고 있다. 한편, 헌법 제21조 제2항의 '허가'는 '행정청이 주체가 되어 집회의 허용여부를 사전에 결정하는 것'으로서 행정청에 의한 사전허가는 헌법상 금지되지만, 입법자가 법률로써 일반적으로 집회를 제한하는 것은 헌법상 '사전허가금지'에 해당하지 않는다(헌재 2014.4.24. 2011헌가29).

② × 심판대상조항은 입법목적을 달성하는 데 필요한 최소한도의 범위를 넘어, 규제가 불필요하거나 또는 예외적으로 허용하는 것이 가능한 집회까지도 이를 일률적·전면적으로 금지하고 있으므로 침해의 최소성 원칙에 위배된다. 심판대상조항은 국회의 헌법적 기능을 무력화시키거나 저해할 우려가 있는 집회를 금지하는 데 머무르지 않고, 그 밖의 평화적이고 정당한 집회까지 전면적으로 제한함으로써 구체적인 상황을 고려하여 상충하는 법익간의 조화를 이루려는 노력을 전혀 기울이지 않고 있다. 심판대상조항으로 달성하려는 공익이 제한되는 집회의 자유 정도보다 크다고 단정할 수는 없다고 할 것이므로 심판대상조항은 법익의 균형성 원칙에도 위배된다. 심판대상조항은 과잉금지원칙을 위반하여 집회의 자유를 침해한다(헌재 2018.5.31. 2013헌바322 등).

③ ○ 집회의 자유는 그 내용에 있어 집회참가자가 기본권행사를 이유로 혹은 기본권행사와 관련하여 국가의 감시를 받게 되거나, 경우에 따라서는 어떠한 불이익을 받을 수도 있다는 것을 걱정할 필요가 없는, 즉 자유로운 심리상태의 보장이 전제되어야 한다. 개인이 가능한 외부의 영향을 받지 않고 집회의 준비와 실행에 참여할 수 있고, 집회참가자 상호간 및 공중과의 의사소통이 가능한 방해받지 않아야 한다. 따라서 집회·시위 등 현장에서 집회·시위 참가자에 대한 사진이나 영상촬영 등의 행위는 집회·시위 참가자들에게 심리적 부담으로 작용하여 여론형성 및 민주적 토론절차에 영향을 주고 집회의 자유를 전체적으로 위축시키는 결과를 가져올 수 있으므로 집회의 자유를 제한한다고 할 수 있다(헌재 2018.8.30. 2014헌마843).

④ ○

집회 및 시위에 관한 법률 제2조 (정의) 이 법에서 사용하는 용어의 뜻은 다음과 같다.
1. "옥외집회"란 천장이 없거나 사방이 폐쇄되지 아니한 장소에서 여는 집회를 말한다.

정답 ②

10 집회의 자유에 대한 설명으로 옳지 않은 것은? (다툼이 있는 경우 헌법재판소 판례에 의함)

〈2018 국회직 5급〉

① 집회의 개념 요소인 공동의 목적은 '내적인 유대 관계'로 족하다.

② 시위의 자유도 집회의 자유를 규정한 헌법 제21조 제1항에 의해 보호된다.

③ 집회의 자유에 의하여 보호되는 것은 오로지 '평화적' 또는 '비폭력적' 집회이다.

④ 집회의 자유에는 집회를 방해할 의도로 집회에 참가할 자유도 포함된다.

⑤ 집회의 자유에는 집회의 장소를 스스로 결정할 장소선택의 자유도 포함된다.

해설

① ○ 일반적으로 집회는, 일정한 장소를 전제로 하여 특정 목적을 가진 다수인이 일시적으로 회합하는 것을 말하는 것으로 일컬어지고 있고, 그 공동의 목적은 '내적인 유대 관계'로 족하다. 건전한 상식과 통상적인 법 감정을 가진 사람이면 위와 같은 의미에서 구 집시법상 '집회'가 무엇을 의미하는지를 추론할 수 있다고 할 것이므로, 구「집시법」상 '집회'의 개념이 불명확하다고 할 수 없다(헌재 2009.5.28. 2007헌바22).

② ○ 집회의 자유는 집회를 통하여 형성된 의사를 집단적으로 표현하고 이를 통하여 불특정 다수인의 의사에 영향을 줄 자유를 포함하므로 이를 내용으로 하는 시위의 자유 또한 집회의 자유를 규정한 헌법 제21조 제1항에 의하여 보호되는 기본권이다(헌재 2005.11.24. 2004헌가17).

③ ○ 비록 헌법이 명시적으로 밝히고 있지는 않으나, 집회의 자유에 의하여 보호되는 것은 단지 '평화적' 또는 '비폭력적' 집회이다. 집회의 자유는 민주국가에서 정신적 대립과 논의의 수단으로서, 평화적 수단을 이용한 의견의 표명은 헌법적으로 보호되지만, 폭력을 사용한 의견의 강요는 헌법적으로 보호되지 않는다(헌재 2003.10.30. 2000헌바67 등).

④ × 집회의 자유는 집회의 시간, 장소, 방법과 목적을 스스로 결정할 권리를 보장한다. 집회의 자유에 의하여 구체적으로 보호되는 주요행위는 집회의 준비 및 조직, 지휘, 참가, 집회장소·시간의 선택이다. 그러나 집회를 방해할 의도로 집회에 참가하는 것은 보호되지 않는다. 주최자는 집회의 대상, 목적, 장소 및 시간에 관하여, 참가자는 참가의 형태와 정도, 복장을 자유로이 결정할 수 있다(헌재 2003.10.30. 2000헌바67 등).

⑤ ○ 집회·시위장소는 집회·시위의 목적을 달성하는데 있어서 매우 중요한 역할을 수행하는 경우가 많기 때문에 집회·시위장소를 자유롭게 선택할 수 있어야만 집회·시위의 자유가 비로소 효과적으로 보장되므로 장소선택의 자유는 집회·시위의 자유의 한 실질을 형성한다(헌재 2005.11.24. 2004헌가17).

정답 ④

11 **집회의 자유에 대한 설명으로 옳지 않은 것은? (다툼이 있는 경우 헌법재판소 결정에 의함)**

〈2017 국가직 5급〉

① 집회의 자유는 개인의 인격발현의 요소이자 민주주의를 구성하는 요소라는 이중적 헌법적 기능을 가지고 있다.

② 집회의 자유는 개인이 집회에 참가하는 것을 방해하거나 또는 집회에 참가할 것을 강요하는 국가행위를 금지한다.

③ 집회의 금지와 해산은 원칙적으로 공공의 안녕질서에 대한 직접적인 위협이 명백하게 존재하는 경우에 한하여 허용될 수 있다.

④ 외교기관 인근에서의 집회가 일반적으로 다른 장소와 비교할 때 중요한 보호법익과의 충돌상황을 야기할 수 있다거나, 이로써 법익에 대한 침해로 이어질 개연성이 높다고는 할 수 없다.

해설

① ○ 집회의 자유는 개인의 인격발현의 요소이자 민주주의를 구성하는 요소라는 이중적 헌법적 기능을 가지고 있다. 인간의 존엄성과 자유로운 인격발현을 최고의 가치로 삼는 우리 헌법질서 내에서 집회의 자유도 다른 모든 기본권과 마찬가지로 일차적으로는 개인의 자기결정과 인격발현에 기여하는 기본권이다. 뿐만 아니라, 집회를 통하여 국민들이 자신의 의견과 주장을 집단적으로 표명함으로써 여론의 형성에 영향을 미친다는 점에서, 집회의 자유는 표현의 자유와 더불어 민주적 공동체가 기동하기 위하여 불가결한 근본요소에 속한다(헌재 2003.10.30. 2000헌바67 등).

② ○ 집회의 자유는 집회의 시간, 장소, 방법과 목적을 스스로 결정할 권리를 보장한다. 집회의 자유에 의하여 구체적으로 보호되는 주요행위는 집회의 준비 및 조직, 지휘, 참가, 집회장소·시간의 선택이다. 따라서 집회의 자유는 개인이 집회에 참가하는 것을 방해하거나 또는 집회에 참가할 것을 강요하는 국가행위를 금지할 뿐만 아니라, 예컨대 집회장소로의 여행을 방해하거나, 집회장소로부터 귀가하는 것을 방해하거나, 집회참가자에 대한 검문의 방법으로 시간을 지연시킴으로써 집회 장소에 접근하는 것을 방해하는 등 집회의 자유행사에 영향을 미치는 모든 조치를 금지한다(헌재 2003.10.30. 2000헌바67 등).

③ ○ 집회의 자유를 제한하는 대표적인 공권력의 행위는 집시법에서 규정하는 집회의 금지, 해산과 조건부 허용이다. 집회의 자유에 대한 제한은 다른 중요한 법익의 보호를 위하여 반드시 필요한 경우에 한하여 정당화되는 것이며, 특히 집회의 금지와 해산은 원칙적으로 공공의 안녕질서에 대한 직접적인 위협이 명백하게 존재하는 경우에 한하여 허용될 수 있다. 집회의 금지와 해산은 집회의 자유를 보다 적게 제한하는 다른 수단, 즉 조건을 붙여 집회를 허용하는 가능성을 모두 소진한 후에 비로소 고려될 수 있는 최종적인 수단이다(헌재 2003.10.30. 2000헌67 등).

④ × 외교기관을 대상으로 하는 외교기관 인근에서의 옥외집회나 시위는 당사자들 사이의 갈등이 극단으로 치닫거나, 물리적 충돌로 발전할 개연성이 높고, 고도의 법익충돌 상황을 야기할 수 있기 때문에 집시법의 일반적인 규제조치 외에 외교기관 인근을 집회금지 구역으로 설정한 것 자체는 외교기관의 기능과 안전을 보호하려는 이 사건 법률조항의 입법목적을 보다 충실히 달성하기 위하여 적절한 수단이 될 수 있다. 그리고 이 사건법률조항으로 달성하고자 하는 공익은 외교기관의 기능과 안전의 보호라는 국가적 이익이며, 이 사건 법률조항은 법익충돌의 위험성이 없는 경우에는 외교기관 인근에서의 집회나 시위도 허용함으로써 구체적인 상황에 따라 상충하는 법익 간의 조화를 이루고 있다. 따라서 이 사건 법률조항이 청구인의 집회의 자유를 침해한다고 할 수 없다(헌재 2010.10.28. 2010헌마111).

정답 ④

12 집회의 자유에 관한 다음 설명 중 가장 옳지 않은 것은? (다툼이 있는 경우 헌법재판소 결정에 의함)

〈2017 법원직 9급〉

① 헌법이 집회의 자유를 보장한 것은 관용과 다양한 견해가 공존하는 다원적인 '열린 사회'에 대한 헌법적 결단이라고 할 수 있다.

② 입법자가 법률로써 일반적으로 집회를 제한하는 것도 원칙적으로 헌법 제21조 제2항에서 금지하는 사전허가에 해당한다.

③ 집회의 자유는 집회의 시간, 장소, 방법과 목적을 스스로 결정할 권리, 즉 집회를 하루 중 언제 개최할지 등 시간 선택에 대한 자유와 어느 장소에서 개최할지 등 장소 선택에 대한 자유를 내포하고 있다.

④ 우리 헌법상 집회의 자유에 의하여 보호되는 것은 오로지 '평화적' 또는 '비폭력적' 집회에 한정된다.

해설

① ○ 집회의 자유는 사회·정치현상에 대한 불만과 비판을 공개적으로 표출케 함으로써 정치적 불만이 있는 자를 사회에 통합하고 정치적 안정에 기여하는 기능을 한다. … 소수가 공동체의 정치적 의사형성과정에 영향을 미칠 수 있는 가능성이 보장될 때, 다수결에 의한 공동체의 의사결정은 보다 정당성을 가지며 다수에 의하여 압도당한 소수에 의하여 수용될 수 있는 것이다. 헌법이 집회의 자유를 보장한 것은 관용과 다양한 견해가 공존하는 다원적인 '열린 사회'에 대한 헌법적 결단인 것이다(헌재 2003.10.30. 2000헌바67 등).

② × 헌법 제21조 제2항의 '허가'는 '행정청이 주체가 되어 집회의 허용 여부를 사전에 결정하는 것'으로서 행정청에 의한 사전허가는 헌법상 금지되지만, 입법자가 법률로써 일반적으로 집회를 제한하는 것은 헌법상 '사전허가금지'에 해당하지 않는다(헌재 2014.4.24. 2011헌가29).

③ ○ 집회의 자유는 집회의 시간, 장소, 방법과 목적을 스스로 결정할 권리, 즉 집회를 하루 중 언제 개최할지 등 시간 선택에 대한 자유와 어느 장소에서 개최할지 등 장소 선택에 대한 자유를 내포하고 있다. 따라서 야간의 시위 주최 및 참가 역시 집회의 자유로 보호됨이 원칙이고, 이를 사회의 안녕질서 또는 국민의 주거 및 사생활의 평온 등을 위하여 제한함에는 목적 달성에 필요한 최소한의 범위로 한정되어야 한다(헌재 2014.3.27. 2010헌가2 등).

④ ○ 집회의 자유에 의하여 보호되는 것은 단지 '평화적' 또는 '비폭력적' 집회이다. 집회의 자유는 민주국가에서 정신적 대립과 논의의 수단으로서, 평화적 수단을 이용한 의견의 표명은 헌법적으로 보호되지만, 폭력을 사용한 의견의 강요는 헌법적으로 보호되지 않는다(헌재 2003.10.30. 2000헌바 67 등).

정답 ②

13 헌법재판소 결정에 의할 때 집회·시위의 자유가 침해되지 않은 것은? 〈2018 국회직 9급〉

① 재판에 영향을 미칠 염려가 있거나 미치게 하기 위한 집회·시위의 금지

② 국회의 헌법적 기능을 무력화시키거나 저해할 우려가 있는 집회의 금지

③ 민주적 기본질서에 위배되는 집회·시위의 금지

④ 해가 진후부터 같은 날 24시까지의 시위의 금지

⑤ 국무총리 공관 인근에서의 옥외집회·시위의 전면적 금지

해설

① × 이 사건 제2호 부분은 법관의 직무상 독립을 보호하여 사법작용의 공정성과 독립성을 확보하기 위한 것으로 입법목적의 정당성은 인정되나, 국가의 사법권한 역시 국민의 의사에 정당성의 기초를 두고 행사되어야 한다는 점과 재판에 대한 정당한 비판은 오히려 사법작용의 공정성 제고에 기여할 수도 있는 점을 고려하면 사법의 독립성을 확보하기 위한 적합한 수단이라 보기 어렵다. … 따라서 이 사건 제2호 부분은 과잉금지원칙에 위배되어 집회의 자유를 침해한다(헌재 2016.9.29. 2014헌가3 등).

② ○ 심판대상조항은 국회의 헌법적 기능을 무력화시키거나 저해할 우려가 있는 집회를 금지하는 데 머무르지 않고, 그 밖의 평화적이고 정당한 집회까지 전면적으로 제한함으로써 구체적인 상황을 고려하여 상충하는 법익간의 조화를 이루려는 노력을 전혀 기울이지 않고 있다. 심판대상조항으로 달성하려는 공익이 제한되는 집회의 자유 정도보다 크다고 단정할 수는 없다고 할 것이므로 심판대상조항은 법익의 균형성 원칙에도 위배된다. 심판대상조항은 과잉금지원칙을 위반하여 집회의 자유를 침해한다(헌재 2018.5.31. 2013헌바322 등).

③ × 이 사건 제3호 부분은 규제대상인 집회·시위의 목적이나 내용을 구체적으로 적시하지 않은 채 헌법의 지배원리인 '민주적 기본질서'를 구성요건으로 규정하였을 뿐 기본권 제한의 한계를 설정할 수 있는 구체적 기준을 전혀 제시한 바 없다. 이와 같은 규율의 광범성으로 인하여 헌법이 규정한 민주주의의 세부적 내용과 상이한 주장을 하거나 집회·시위 과정에서 우발적으로 발생한 일이 민주적 기본질서에 조금이라도 위배되는 경우 처벌이 가능할 뿐 아니라 사실상 사회현실이나 정부정책에 비판적인 사람들의 집단적 의견표명 일체를 봉쇄하는 결과를 초래함으로써 침해의 최소성 및 법익의 균형성을 상실하였으므로, 이 사건 제3호 부분은 과잉금지원칙에 위배되어 집회의 자유를 침해한다(헌재 2016.9.29. 2014헌가3등).

④ × 야간시위를 금지하는 집시법 제10조 본문에는 위헌적인 부분과 합헌적인 부분이 공존하고 있으며, 위 조항 전부의 적용이 중지될 경우 공공의 질서 내지 법적 평화에 대한 침해의 위험이 높아, 일반적인 옥외집회나 시위에 비하여 높은 수준의 규제가 불가피한 경우에도 대응하기 어려운 문제가 발생할 수 있으므로, 현행 집시법의 체계 내에서 시간을 기준으로 한 규율의 측면에서 볼 때 규제가 불가피하다고 보기 어려움에도 시위를 절대적으로 금지하여 위헌성이 명백한 부분에 한하여 위헌결정을 한다. 심판대상조항들은, 이미 보편화된 야간의 일상적인 생활의 범주에 속하는 해가 진후부터 같은 날 24시까지의 시위에 적용하는 한 헌법에 위반된다(헌재 2014.3.27. 2010헌가2 등).

⑤ × 이 사건 금지장소 조항은 국무총리 공관의 기능과 안녕을 직접 저해할 가능성이 거의 없는 '소규모 옥외집회·시위의 경우', '국무총리를 대상으로 하는 옥외집회·시위가 아닌 경우'까지도 예외 없이 옥외집회·시위를 금지하고 있는바, 이는 입법목적 달성에 필요한 범위를 넘는 과도한 제한이다. … 이러한 사정들을 종합하여 볼 때, 이 사건 금지장소 조항은 그 입법목적을 달성하는 데 필요한 최소한도의 범위를 넘어, 규제가 불필요하거나 또는 예외적으로 허용하는 것이 가능한 집회까지도 이를 일률적·전면적으로 금지하고 있다고 할 것이므로 침해의 최소성 원칙에 위배된다. … 따라서 이 사건 금지장소 조항은 과잉금지원칙을 위반하여 집회의 자유를 침해한다(헌재 2018.6.28. 2015헌가28 등).

정답 ②

14 집회의 자유에 관한 다음 설명 중 가장 옳지 않은 것은? (다툼이 있는 경우 헌법재판소 결정에 의함) *〈2016 법원직 9급〉*

① 외교기관의 경계 지점으로부터 반경 100미터 이내 지점에서의 집회 및 시위를 원칙적으로 금지하되 외교기관의 기능이나 안녕을 침해할 우려가 없다고 인정되는 예외적인 경우에 집회 및 시위를 허용하는 법률 조항은, 외교기관을 대상으로 하는 경우에는 그 경계지점으로부터 100미터 이내의 장소에서는 개별 집회·시위의 내용과 성질을 불문하고 일체의 집회·시위를 전면 금지하고 있는 것으로서 집회의 자유를 과도하게 침해하여 헌법에 위반된다.

② 집회에 대한 허가제는 절대적으로 금지된다.

③ 집회의 자유는 집회의 시간, 장소, 방법과 목적을 스스로 결정할 권리를 포함하므로, 옥외집회를 야간에 주최하는 행위 역시 집회의 자유에 의해 보호되는 것이 원칙이다.

④ 옥외집회의 신고의무는 집회 자체를 보호하고 타인이나 공동체와의 이익충돌을 피하기 위해 요구되는 사전적 협력의무이다.

해설

① × 이 사건 법률조항은 외교기관의 경계지점으로부터 반경 100미터 이내 지점에서의 집회 및 시위를 원칙적으로 금지하되, 그 가운데에서도 외교기관의 기능이나 안녕을 침해할 우려가 없다고 인정되는 세 가지의 예외적인 경우에는 이러한 집회 및 시위를 허용하고 있는바, 이는 입법기술상 가능한 최대한의 예외적 허용 규정이며, 그 예외적 허용 범위는 적절하다고 보이므로 이보다 더 넓은 범위의 예외를 인정하지 않는 것을 두고 침해의 최소성원칙에 반한다고 할 수 없다. … 따라서 이 사건 법률조항이 청구인의 집회의 자유를 침해한다고 할 수 없다(헌재 2010.10.28. 2010헌마111).

② ○ 헌법 제21조 제2항은, 집회에 대한 허가제는 집회에 대한 검열제와 마찬가지이므로 이를 절대적으로 금지하겠다는 헌법개정 권력자인 국민들의 헌법 가치적 합의이며 헌법적 결단이다. 또한 위 조항은 헌법 자체에서 직접 집회의 자유에 대한 제한의 한계를 명시한 것이므로 기본권 제한에 관한 일반적 법률유보조항인 헌법 제37조 제2항에 앞서서, 우선적이고 제1차적인 위헌심사기준이 되어야 한다(헌재 2009.9. 24. 2008헌가25).

③ ○ 집회의 자유는 집회의 시간, 장소, 방법과 목적을 스스로 결정할 권리, 즉 집회를 하루 중 언제 개최할지 등 시간 선택에 대한 자유와 어느 장소에서 개최할지 등 장소 선택에 대한 자유를 내포하고 있다. 따라서 옥외집회를 야간에 주최하는 것 역시 집회의 자유로 보호됨이 원칙이고, 이를 사회의 안녕질서 또는 국민의 주거 및 사생활의 평온 등을 위하여 제한함에는 목적 달성에 필요한 최소한의 범위로 한정되어야 한다(헌재 2009.9.24. 2008헌가25).

④ ○ 옥외집회의 신고의무는 집회 자체를 보호하고, 무엇보다 타인이나 공동체와의 이익충돌을 피하기 위해 요구하는 사전적 협력의무라는 점에서 결과적으로 미신고 집회가 평화롭게 진행되었다거나 공공의 안녕 질서를 침해하지 않았다는 사정만으로 신고의무의 해태가 정당화될 수는 없으므로, 그러한 사정을 처벌 여부에 반영하지 않은 것이 입법재량의 범위를 넘은 것이라 볼 수도 없다(헌재 2009.5.28. 2007헌바22).

정답 ①

15 집회의 자유에 대한 설명으로 옳지 않은 것은? (다툼이 있는 경우 판례에 의함) 〈2020 지방직 7급〉

① 국무총리 공관 경계지점으로부터 100미터 이내의 장소에서 옥외집회 또는 시위를 예외 없이 절대적으로 금지하고 있는 법률조항은 집회의 자유를 침해한다.

② 집회의 자유는 집회의 시간, 장소, 방법과 목적을 스스로 결정하는 것을 보장하는 것으로, 구체적으로 보호되는 주요 행위는 집회의 준비 및 조직, 지휘, 참가, 집회장소·시간의 선택이라고 할 수 있다.

③ 외교기관 인근의 옥외집회·시위를 원칙적으로 금지하면서도 외교기관의 기능을 침해할 우려가 없는 예외적인 경우에는 허용하고 있다면 집회의 자유를 침해하는 것은 아니다.

④ 국회의 헌법적 기능에 대한 보호의 필요성을 고려한다면 국회의사당의 경계지점으로부터 100미터 이내의 장소에서 예외 없이 옥외집회를 금지하는 것은 지나친 규제라고 할 수 없다.

해설

① ○ 이 사건 금지장소 조항은 국무총리 공관의 기능과 안녕을 직접 저해할 가능성이 거의 없는 '소규모 옥외집회·시위의 경우', '국무총리를 대상으로 하는 옥외집회·시위가 아닌 경우' 까지도 예외 없이 옥외집회·시위를 금지하고 있는바, 이는 입법목적 달성에 필요한 범위를 넘는 과도한 제한이다. … 이 사건 금지장소 조항은 그 입법목적을 달성하는 데 필요한 최소한도의 범위를 넘어, 규제가 불필요하거나 또는 예외적으로 허용하는 것이 가능한 집회까지도 이를 일률적·전면적으로 금지하고 있다고 할 것이므로 침해의 최소성 원칙에 위배된다. … 따라서 이 사건 금지장소 조항은 과잉금지원칙을 위반하여 집회의 자유를 침해한다(헌재 2018.6.28. 2015헌가28 등).

② ○ 집회의 자유는 집회의 시간, 장소, 방법과 목적을 스스로 결정할 권리를 보장한다. 집회의 자유에 의하여 구체적으로 보호되는 주요행위는 집회의 준비 및 조직, 지휘, 참가, 집회장소·시간의 선택이다(헌재 2003.10.30. 2000헌바67 등).

③ ○ 이 사건 법률조항은 외교기관의 경계지점으로부터 반경 100미터 이내 지점에서의 집회 및 시위를 원칙적으로 금지하되, 그 가운데에서도 외교기관의 기능이나 안녕을 침해할 우려가 없다고 인정되는 세 가지의 예외적인 경우에는 이러한 집회 및 시위를 허용하고 있는바, … 이 사건 법률조항으로 달성하고자 하는 공익은 외교기관의 기능과 안전의 보호라는 국가적 이익이며, 이 사건 법률조항은 법의 충돌의 위험성이 없는 경우에는 외교기관 인근에서의 집회나 시위도 허용함으로써 구체적인 상황에 따라 상충하는 법익 간의 조화를 이루고 있다. 따라서 이 사건 법률조항이 청구인의 집회의 자유를 침해한다고 할 수 없다(헌재 2010.10.28. 2010헌마111).

④ × 심판대상조항은 입법목적을 달성하는 데 필요한 최소한도의 범위를 넘어, 규제가 불필요하거나 또는 예외적으로 허용하는 것이 가능한 집회까지도 이를 일률적·전면적으로 금지하고 있으므로 침해의 최소성 원칙에 위배된다. … 심판대상조항으로 달성하려는 공익이 제한되는 집회의 자유정도보다 크다고 단정할 수는 없다고 할 것이므로 심판대상조항은 법익의 균형성 원칙에도 위배된다. 심판대상조항은 과잉금지원칙을 위반하여 집회의 자유를 침해한다(헌재 2018.5.31. 2013헌바322 등).

정답 ④

16 집회 및 시위의 자유에 관한 다음 설명 중 가장 옳지 않은 것은? 〈2020 법원직 9급〉

① 집회의 자유는 개인의 인격발현의 요소이자 민주주의를 구성하는 요소라는 이중적인 헌법적 기능을 가지고 있다.

② 각급 법원 인근에 집회·시위금지장소를 설정하는 것은 입법목적 달성을 위한 적합한 수단으로 볼 수 없다.

③ 국회의사당의 경계지점으로부터 100미터 이내의 장소에서 옥외집회 또는 시위를 할 경우 형사처벌한다고 규정한 '집회 및 시위에 관한 법률'은 과잉금지의 원칙을 위반하여 집회의 자유를 침해한다.

④ 해가 뜨기 전이나 해가 진후에는 시위를 하여서는 안 된다고 규정한 집회 및 시위에 관한 규정 중 일몰시간 후부터 같은 날 24시까지의 옥외집회 또는 시위를 금지한 부분은 헌법에 합치되지 아니한다.

해설

① ○ 집회의 자유는 개인의 인격발현의 요소이자 민주주의를 구성하는 요소라는 이중적 헌법적 기능을 가지고 있다. 인간의 존엄성과 자유로운 인격 발현을 최고의 가치로 삼는 우리 헌법질서 내에서 집회의 자유도 다른 모든 기본권과 마찬가지로 일차적으로는 개인의 자기결정과 인격발현에 기여하는 기본권이다. 뿐만 아니라, 집회를 통하여 국민들이 자신의 의견과 주장을

집단적으로 표명함으로써 여론의 형성에 영향을 미친다는 점에서, 집회의 자유는 표현의 자유와 더불어 민주적 공동체가 기능하기 위하여 불가결한 근본요소에 속한다(헌재 2003.10.30. 2000헌바67 등).

② × 법관의 독립은 공정한 재판을 위한 필수 요소로서 다른 국가기관이나 사법부 내부의 간섭으로부터의 독립뿐만 아니라 사회적 세력으로부터의 독립도 포함한다. 심판대상조항의 입법목적은 법원 앞에서 집회를 열어 법원의 재판에 영향을 미치려는 시도를 막으려는 것이다. 이런 입법목적은 법관의 독립과 재판의 공정성 확보라는 헌법의 요청에 따른 것이므로 정당하다. 각급 법원 인근에 집회·시위금지장소를 설정하는 것은 입법목적달성을 위한 적합한 수단이다. … 심판대상조항은 입법목적을 달성하는데 필요한 최소한도의 범위를 넘어 규제가 불필요하거나 또는 예외적으로 허용 가능한 옥외집회·시위까지도 일률적·전면적으로 금지하고 있으므로, 침해의 최소성 원칙에 위배된다. 심판대상조항은 각급 법원 인근의 모든 옥외집회를 전면적으로 금지함으로써 상충하는 법익 사이의 조화를 이루려는 노력을 전혀 기울이지 않아, 법익의 균형성 원칙에도 어긋난다. 심판대상조항은 과잉금지원칙을 위반하여 집회의 자유를 침해한다(헌재 2018.7.26. 2018헌바137).

③ ○ 심판대상조항은 입법목적을 달성하는 데 필요한 최소한도의 범위를 넘어, 규제가 불필요하거나 또는 예외적으로 허용하는 것이 가능한 집회까지도 이를 일률적·전면적으로 금지하고 있으므로 침해의 최소성 원칙에 위배된다. 심판대상조항은 국회의 헌법적 기능을 무력화시키거나 저해할 우려가 있는 집회를 금지하는 데 미무르지 않고, 그 밖의 평화적이고 정당한 집회까지 전면적으로 제한함으로써 구체적인 상황을 고려하여 상충하는 법익간의 조화를 이루려는 노력을 전혀 기울이지 않고 있다. 심판대상조항으로 달성하려는 공익이 제한되는 집회의 자유 정도보다 크다고 단정할 수는 없다고 할 것이므로 심판대상조항은 법익의 균형성 원칙에도 위배된다. 심판대상조항은 과잉금지원칙을 위반하여 집회의 자유를 침해한다(헌재 2018.5.31. 2013헌바322 등).

④ ○ 야간시위를 금지하는 「집시법」 제10조 본문에는 위헌적인 부분과 합헌적인 부분이 공존하고 있으며, 위 조항 전부의 적용이 중지될 경우 공공의 질서 내지 법적 평화에 대한 침해의 위험이 높아, 일반적인 옥외집회나 시위에 비하여 높은 수준의 규제가 불가피한 경우에도 대응하기 어려운 문제가 발생할 수 있으므로, 현행 「집시법」의 체계 내에서 시간을 기준으로 한 규율의 측면에서 볼 때 규제가 불가피하다고 보기 어려움에도 시위를 절대적으로 금지하여 위헌성이 명백한 부분에 한하여 위헌 결정을 한다. 심판대상조항들은, 이미 보편화된 야간의 일상적인 생활의 범주에 속하는 '해가 진후부터 같은 날 24시까지의 시위'에 적용하는 한 헌법에 위반된다(헌재 2014.3.27. 2010헌가2 등).

정답 ②

17 집회의 자유에 대한 설명으로 옳지 않은 것은? (다툼이 있는 경우 판례에 의함) 〈2016 국가직 7급〉

① 집회란 다수인이 일정한 장소에서 공동목적을 가지고 회합하는 일시적인 결합체를 의미하기 때문에 2인이 모인 집회는 「집회 및 시위에 관한 법률」의 규제대상이 되지 않는다.

② 일몰시간 후부터 같은 날 24시까지의 옥외집회 또는 시위의 경우, 특별히 공공의 질서 내지 법적 평화를 침해할 위험성이 크다고 할 수 없으므로 그와 같은 옥외집회 또는 시위를 원칙적으로 금지하는 것은 과잉금지원칙에 위반됨이 명백하다.

③ 헌법 제21조 제2항에 의하여 금지되는 '허가'는 '행정청이 주체가 되어 집회의 허용 여부를 사전에 결정하는 것'으로 법률적 제한이 실질적으로 행정청의 허가 없는 옥외집회를 불가능하게 하는 것이라면 헌법상 금지되는 사전허가제에 해당하지만, 그에 이르지 아니하는 한 헌법 제21조 제2항에 반하는 것은 아니다.

④ 동시에 접수된 두 개의 옥외집회 신고서에 대하여 관할경찰관서장이 적법한 절차에 따라 접수순위를 확정하려는 노력을 하지 않고, 폭력사태 발생이 우려되고 상호 충돌을 피한다는 이유로 모두 반려하는 것은 집회의 자유를 침해하는 것이다.

해설

① × 구「집회 및 시위에 관한 법률」에 의하여 보장 및 규제의 대상이 되는 집회란 '특정 또는 불특정 다수인이 공동의 의견을 형성하여 이를 대외적으로 표명할 목적 아래 일시적으로 일정한 장소에 모이는 것'을 말하고, 모이는 장소나 사람의 다과에 제한이 있을 수 없으므로, 2인이 모인 집회도 위 법의 규제 대상이 된다고 보아야 한다(대판 2012.5.24. 2010도11381).

② ○ 우리 국민의 일반적인 생활형태 및 보통의 집회의 소요시간이나 행위태양, 대중교통의 운행시간, 도심지의 점포 상가 등의 운영시간 등에 비추어 보면, 적어도 일몰시간 후부터 같은 날 24시까지의 옥외집회 또는 시위의 경우, 이미 보편화된 야간의 일상적인 생활의 범주에 속하는 것이어서 특별히 공공의 질서 내지 법적 평화를 침해할 위험성이 크다고 할 수 없으므로 그와 같은 옥외집회 또는 시위를 원칙적으로 금지하는 것은 과잉금지원칙에 위반됨이 명백하다. 이 사건 법률조항과 이를 구성요건으로 하는 「집시법」 제20조 제3호 중 '제10조 본문' 부분은 '일몰시간 후부터 같은 날 24시까지의 옥외집회'에 적용하는 한 헌법에 위반된다고 할 것이다(헌재 2014.4.24. 2011헌가29).

③ ○ 헌법 제21조 제2항에 의하여 금지되는 '허가'는 '행정청이 주체가 되어 집회의 허용 여부를 사전에 결정하는 것'으로, 법률적 제한이 실질적으로 행정청의 허가 없는 옥외집회를 불가능하게 하는 것이라면 헌법상 금지되는 사전허가제에 해당하지만, 그에 이르지 아니하는 한 헌법 제21조 제2항에 반하는 것은 아니다(헌재 2014.4.24. 2011헌가29).

④ ○ 이 사건 피청구인은 청구인 ○○합섬HK지회와 ○○생명인사지원실이 제출한 옥외집회신고서를 폭력사태 발생이 우려된다는 이유로 동시에 접수하였고, 이후 상호 충돌을 피한다는 이유로 두 개의 집회신고를 모두 반려하였는바, 법의 집행을 책임지고 있는 국가기관인 피청구인으로서는 집회의 자유를 제한함에 있어 실무상 아무리 어렵더라도 법에 규정된 방식에 따라야 할 책무가 있고, 이 사건 집회신고에 관한 사무를 처리하는데 있어서도 적법한 절차에 따라 접수순위를 확정하려는 최선의 노력을 한 후, 「집시법」 제8조 제2항에 따라 후순위로 접수된 집회의 금지 또는 제한을 통고하였어야 한다. … 결국 이 사건 반려행위는 법률의 근거 없이 청구인들의 집회의 자유를 침해한 것으로서 헌법상 법률유보원칙에 위반된다고 할 것이다(헌재 2008.5.29. 2007헌마712).

정답 ①

18 「집회 및 시위에 관한 법률」에 대한 헌법재판소의 결정에 관한 설명으로 옳지 않은 것은? (다툼이 있는 경우 헌법재판소 결정례에 의함) *〈2020 소방간부〉*

① 사법행정과 관련된 의사표시 전달을 목적으로 한 집회는 법관의 독립을 침해할 우려가 있으므로 금지되어야 한다.

② 법원 인근에서의 집회라 할지라도 법관의 독립을 위협하거나 재판에 영향을 미칠 염려가 없는 집회도 있다.

③ 집회나 시위 해산을 위한 살수차 사용은 집회의 자유 및 신체의 자유에 중대한 제한을 초래하므로 그 사용요건이나 기준은 법률에 근거를 두어야 한다.

④ 야간시위를 일률적으로 금지하는 것은 현대인의 근무·학업시간이나 생활형태 등을 고려하지 아니한 과도한 제한으로 과잉금지원칙에 위반된다.

⑤ 국회의 업무가 없는 '공휴일이나 휴회기 등에 행하여지는 집회'를 예외 없이 금지하는 것은 과도하게 집회의 자유를 제한하는 것이다.

해설

① ×

② ○ 법원 인근에서의 옥외집회가 법관이나 법원 직원 또는 당사자의 생명이나 신체에 위협이 될 수 있는 경우나 재판과 관련하여 특정한 의사결정을 하도록 강요하는 압력으로 작용하는 경우, 또는 법원에의 출입이 제한되거나 지나친 소음 등으로 재판업무 수행 자체에 지장을 주는

경우 등 집회나 시위가 재판에 영향을 미치거나 미칠 우려가 있는 경우가 얼마든지 있을 수 있다. 그러나 법원 인근에서의 집회라 할지라도 법관의 독립을 위협하거나 재판에 영향을 미칠 염려가 없는 집회도 있다. 예컨대 법원을 대상으로 하지 않고 검찰청 등 법원 인근 국가기관이나 일반법인 또는 개인을 대상으로 한 집회로서 재판업무에 영향을 미칠 우려가 없는 집회가 있을 수 있다. 법원을 대상으로 한 집회라도 사법행정과 관련된 의사표시 전달을 목적으로 한 집회 등 법관의 독립이나 구체적 사건의 재판에 영향을 미칠 우려가 없는 집회도 있다. 입법자로서는 심판대상조항으로 인하여 발생하는 집회의 자유에 대한 과도한 제한 가능성이 완화될 수 있도록, 법관의 독립과 구체적 사건의 재판에 영향을 미칠 우려가 없는 옥외집회·시위는 허용될 수 있도록 그 가능성을 열어두어야 한다(헌재 2018.7.26. 2018헌바137).

③ ○ 집회나 시위 해산을 위한 살수차 사용은 집회의 자유 및 신체의 자유에 대한 중대한 제한을 초래하므로 살수차 사용요건이나 기준은 법률에 근거를 두어야 하고, 살수차와 같은 위해성 경찰장비는 본래의 사용방법에 따라 지정된 용도로 사용되어야 하며 다른 용도나 방법으로 사용하기 위해서는 반드시 법령에 근거가 있어야 한다. 혼합살수방법은 법령에 열거되지 않은 새로운 위해성 경찰장비에 해당하고 이 사건 지침에 혼합살수의 근거 규정을 둘 수 있도록 위임하고 있는 법령이 없으므로, 이 사건 지침은 법률유보원칙에 위배되고 이 사건 지침만을 근거로 한 이 사건 혼합살수행위 역시 법률유보원칙에 위배된다. 따라서 이 사건 혼합살수행위는 청구인들의 신체의 자유와 집회의 자유를 침해한다(헌재 2018.5.31. 2015헌마476).

④ ○ 이 사건 법률조항은 사회의 안녕질서를 유지하고 시민들의 주거 및 사생활의 평온을 보호하기 위한 것으로서 정당한 목적 달성을 위한 적합한 수단이 된다. 그러나 '일출시간 전, 일몰시간 후'라는 광범위하고 가변적인 시간대의 옥외집회 또는 시위를 금지하는 것은 오늘날 직장인이나 학생들의 근무·학업 시간, 도시화·산업화가 진행된 현대사회의 생활형태 등을 고려하지 아니하고 목적 달성을 위해 필요한 정도를 넘는 지나친 제한을 가하는 것이어서 최소침해성 및 법익균형성 원칙에 반한다(헌재 2014.4.24. 2011헌가29).

⑤ ○ 국회의 기능을 직접 저해할 가능성이 거의 없는 '소규모 집회', 국회의 업무가 없는 '공휴일이나 휴회기 등에 행하여지는 집회', '국회의 활동을 대상으로 한 집회가 아니거나 부차적으로 국회에 영향을 미치고자 하는 의도가 내포되어 있는 집회'처럼 옥외집회에 의한 국회의 헌법적 기능이 침해될 가능성이 부인되거나 또는 현저히 낮은 경우에는, 입법자로서는 심판대상조항으로 인하여 발생하는 집회의 자유에 대한 과도한 제한 가능성이 완화될 수 있도록 그 금지에 대한 예외를 인정하여야 한다. … 심판대상조항은 입법목적을 달성하는 데 필요한 최소한도의 범위를 넘어, 규제가 불필요하거나 또는 예외적으로 허용하는 것이 가능한 집회까지도 이를 일률적·전면적으로 금지하고 있으므로 침해의 최소성 원칙에 위배된다(헌재 2018.5.31. 2013헌바322 등).

정답 ①

19 집회·결사의 자유에 대한 설명으로 옳지 않은 것은? (다툼이 있는 경우 판례에 의함)

〈2021 국회직 9급〉

① 대의민주주의 체제에서 집회의 자유는 불만과 비판을 공개적으로 표출하게 함으로써 정치적 안정에 기여하는 긍정적 기능을 수행하므로 단지 평화적 또는 비폭력적 집회만 집회의 자유에 의해 보호된다고 할 수 없다.

② 법인 등 결사체도 그 조직과 의사형성 그리고 업무수행에 관한 자기결정권을 가지므로 결사의 자유의 주체가 된다.

③ 집회의 자유는 집회를 통하여 형성된 의사를 집단으로 표현하고 이를 통하여 불특정 다수인의 의사에 영향을 줄 자유를 포함하므로 이를 내용으로 하는 시위의 자유도 보장한다.

④ 헌법 제21조 제1항의 결사의 자유에 의해 보호되는 결사의 개념에는 법이 특별한 공공목적에 의하여 구성원의 자격을 정하고 있는 특수단체의 조직 활동까지 포함된다고 볼 수 없다.

⑤ 집회·시위 장소는 그 목적을 달성하는 데 매우 중요한 역할을 담당하므로 장소선택의 자유는 집회·시위의 자유의 한 실질을 형성한다.

해설

① × 집회의 자유는 사회·정치현상에 대한 **불만과 비판을 공개적으로 표출**케 함으로써 정치적 불만이 있는 자를 **사회에 통합하고 정치적 안정에 기여**하는 기능을 한다. 비록 헌법이 명시적으로 밝히고 있지는 않으나, 집회의 자유에 의하여 보호되는 것은 단지 **'평화적'** 또는 **'비폭력적' 집회**이다. 집회의 자유는 민주국가에서 정신적 대립과 논의의 수단으로서, 평화적 수단을 이용한 의견의 표명은 헌법적으로 보호되지만, 폭력을 사용한 의견의 강요는 헌법적으로 보호되지 않는다(헌재 2003.10.30. 2000헌바67·83).

② ○ **법인 등 결사체**도 그 조직과 의사형성에 있어서, 그리고 업무수행에 있어서 **자기결정권**을 가지고 있어 **결사의 자유의 주체**가 된다고 봄이 상당하므로, 축협중앙회는 그 회원조합들과 별도로 결사의 자유의 주체가 된다(헌재 2000.6.1. 99헌마553).

③ ○ 집회의 자유는 집회를 통하여 **형성된 의사를 집단적으로 표현**하고 이를 통하여 **불특정 다수인의 의사에 영향**을 줄 자유를 포함하므로 이를 내용으로 하는 **시위의 자유** 또한 집회의 자유를 규정한 헌법 제21조 제1항에 의하여 보호되는 기본권이다(헌재 2005.11.24. 2004헌가17).

④ ○ 헌법 제21조 제1항이 보장하고 있는 결사의 자유에 의하여 보호되는 **"결사"**의 개념에는 **법률이 특별한 공공목적**에 의하여 구성원의 자격을 정하고 있는 **특수단체**의 조직 활동까지 포함되는 것으로 **볼 수는 없다**(헌재 1997.5.29. 94헌바5).

→ 결사의 자유의 주체는 원칙적으로 구성원의 자격에 제한X

⑤ ○ **집회·시위장소**는 집회·시위의 목적을 달성하는데 있어서 **매우 중요한 역할을 수행**하는 경우가 많기 때문에 집회·시위장소를 자유롭게 선택할 수 있어야만 집회·시위의 자유가 비로소 효과적으로 보장되므로 **장소선택의 자유**는 집회·시위의 자유의 한 **실질을 형성**한다(헌재 2005.11.24. 2004헌가17).

정답 ①

20 결사의 자유에 대한 설명으로 옳은 것은? (다툼이 있는 경우 헌법재판소 판례에 의함)

〈2017 국가직 7급〉

① 구「주택건설촉진법」상의 주택조합은 주택이 없는 국민의 주거생활의 안정을 도모하고 모든 국민의 주거수준 향상을 기한다는 공공목적을 위하여 법이 구성원의 자격을 제한적으로 정해 놓은 특수조합이어서, 이는 헌법상 결사의 자유가 뜻하는 헌법상 보호법익의 대상이 되는 단체가 아니다.

② 농협은 기본적으로 사법인의 성격을 지니므로, 「농업협동조합법」에서 정하는 특정한 국가적 목적을 위하여 설립되는 공공성이 강한 법인으로서 공적인 역할을 수행한다고 하더라도, 농협의 구성원들이 기본권 침해를 주장하여 과잉금지원칙 위배 여부를 판단할 때에는 사적인 임의결사의 기본권이 제한되는 경우와 마찬가지로 엄격한 심사기준이 적용된다.

③ 지역농협 이사 선거의 경우 문자메시지를 포함한 전화 및 전자우편을 포함한 컴퓨터통신을 이용한 지지 호소의 선거운동방법을 금지하고 이를 위반한 자를 처벌하는 법률조항은, 선거가 과열되는 과정에서 후보자들의 경제력 차이에 따른 불균형한 선거운동 및 흑색선전을 통한 부당한 경쟁이 이루어짐으로써 선거의 공정이 해쳐지는 것을 방지하기 위한 것으로 결사의 자유를 침해하지 아니한다.

④ '대한민국고엽제전우회'의 회원으로 가입한 사람은 '월남전참전자회'의 회원이 될 수 없도록 한 법률규정은, 이미 설립된 고엽제전우회와의 중복 가입에 따른 단체 간 마찰을 최소화하고 인적 구성을 분리하기 위한 것이지만, 이로 인해 월남전 참전자 중 고엽제 관련자가 양 법인 중에서 회원으로 가입할 법인을 선택할 수 있는 결사의 자유를 과도하게 침해한다.

해설

① ○ 「주택건설촉진법」의 주택조합(지역조합 및 직장조합)은 무주택자의 주거생활의 안정을 도모하고 모든 국민의 주거수준의 향상을 기한다는 공공목적이 법 제1조)을 위하여 법률이 구성원의 자격을 제한적으로 정하여 놓은 특수조합으로서 헌법상의 결사의 자유가 뜻하는 헌법상 보호법익의 대상이 되는 단체가 아니므로 이 사건 법률조항이 유주택자의 결사의 자유를 침해하는 것이라고는 볼 수 없다(헌재 1997.5.29. 94헌바5).

② × 농협은 앞서 본 바와 같이 기본적으로 사법인의 성격을 지니지만, 농협법에서 정하는 특정한 국가적 목적을 위하여 설립되는 공공성이 강한 법인으로, … 공적인 역할을 수행하는 결사 또는 그 구성원들이 기본권의 침해를 주장하는 경우에 과잉금지원칙 위배 여부를 판단할 때에는, 순수한 사적인 임의결사의 기본권이 제한되는 경우의 심사에 비해서는 완화된 기준을 적용할 수 있다(헌재 2012.12.27. 2011헌마562 등).

③ × 전화·컴퓨터통신은 누구나 손쉽고 저렴하게 이용할 수 있는 매체인 점, 농업협동조합법에서 흑색선전 등을 처벌하는 조항을 두고 있는 점을 고려하면 입법목적 달성을 위하여 위 매체를 이용한 지지 호소까지 금지할 필요성은 인정되지 아니한다. … 이 사건 법률조항들은 과잉금지원칙을 위반하여 결사의 자유, 표현의 자유를 침해하여 헌법에 위반된다(헌재 2016.11.24. 2015헌바62).

④ × 심판대상조항으로 인하여 고엽제 관련자가 월남전참전자회의 회원이 될 수 없는 것이 아니라 월남전 참전자 중 고엽제 관련자는 양 법인 중에서 회원으로 가입할 법인을 선택할 수 있고 언제라도 그 선택의 변경이 가능하므로 심판대상조항이 청구인의 결사의 자유를 전면적으로 제한하는 것은 아니다. 따라서 심판대상조항은 과잉금지원칙에 위배된다고 볼 수 없다(헌재 2016.4.28. 2014헌바442).

정답 ①

21 **집회 및 결사의 자유에 대한 설명으로 가장 적절하지 않은 것은? (다툼이 있는 경우 판례에 의함)**

〈2018 경정승진〉

① 일몰시간 후부터 같은 날 24시까지의 시위의 경우, 특별히 공공의 질서 내지 법적 평화를 침해할 위험성이 크다고 할 수 없으므로 그와 같은 시위를 일률적으로 금지하는 것은 과잉금지원칙에 위반된다.

② 집회의 자유는 집회참가자에 대한 검문의 방법으로 시간을 지연시킴으로써 집회 장소에 접근하는 것을 방해하는 등 집회의 자유 행사에 영향을 미치는 모든 조치를 금지한다.

③ 안마사들로 하여금 의무적으로 대한안마사협회의 회원이 되어 정관을 준수하도록 하는 「의료법」 조항은 안마사들의 결사의 자유를 침해하지 않는다.

④ 미신고 옥외집회는 불법집회이므로 관할경찰관서장은 언제나 해산명령을 내릴 수 있으며, 이에 불응하는 경우에는 처벌할 수 있다고 보아야 한다.

해설

① ○ 우리 국민의 일반적인 생활형태 및 보통의 집회·시위의 소요시간이나 행위태양, 대중교통의 운행시간, 도심지의 점포·상가 등의 운영시간 등에 비추어 보면, 적어도 해가 진후부터 같은 날 24시까지의 시위의 경우, 이미 보편화된 야간의 일상적인 생활의 범주에 속하는 것이어서 특별히 공공의 질서 내지 법적 평화를 침해할 위험성이 크다고 할 수 없으므로 그와 같은 시위를 일률적으로 금지하는 것은 과잉금지원칙에 위반됨이 명백하다(헌재 2014.3.27. 2010헌가2 등).

② ○ 집회의 자유는 일차적으로 국가공권력의 침해에 대한 방어를 가능하게 하는 기본권으로서, 개인이 집회에 참가하는 것을 방해하거나 또는 집회에 참가할 것을 강요하는 국가행위를 금지하는 기본권이다. 따라서 집회의 자유는 집회에 참가하지 못하게 하는 국가의 강제를 금지할 뿐 아니라, 예컨대 집회장소로의 여행을 방해하거나, 집회장소로부터 귀가하는 것을 방해하거나, 집회참가자에 대한 검문의 방법으로 시간을 지연시킴으로써 집회 장소에 접근하는 것을 방해하거나, 국가가 개인의 집회참가행위를 감시하고 그에 관한 정보를 수집함으로써 집회에 참가하고자 하는 자로 하여금 불이익을 두려워하여 미리 집회참가를 포기하도록 집회참가의사를 약화시키는 것 등 집회의 자유 행사에 영향을 미치는 모든 조치를 금지한다(헌재 2003.10.30. 2000헌바67 등).

③ ○ 안마사들은 시각장애로 말미암아 공동의 이익을 증진하기 위하여 개인적으로나 이익단체를 조직하여 활동하는 것이 용이하지 않고, 안마사들로 하여금 하나의 중앙회에 의무적으로 가입하도록 하여 전국적 차원의 단체를 존속시키는 것은 그들 사이에 정보를 교환하고 친목을 도모하며 직업수행 능력을 높일 수 있고, 시각장애인으로 하여금 직업 활동을 효과적으로 수행하도록 하기 위하여 국가가 적극적으로 개입하는 것이 필요하다. 이 사건 법률조항으로 안마사회에 의무적으로 가입하고 정관을 준수하고 회비를 납부하게 되지만 과다한 부담이라고 단정하기 어렵다. 이 사건 법률조항은 안마사들의 결사의 자유를 침해하지 않는다(헌재 2008.10.30. 2006헌가15).

④ × 「집시법」 제20조 제1항 제2호가 미신고 옥외집회 또는 시위를 해산명령의 대상으로 하면서 별도의 해산 요건을 정하고 있지 않더라도, 그 옥외집회 또는 시위로 인하여 타인의 법익이나 공공의 안녕질서에 대한 직접적인 위험이 명백하게 초래된 경우에 한하여 위 조항에 기하여 해산을 명할 수 있고, 이러한 요건을 갖춘 해산명령에 불응하는 경우에만 「집시법」 제24조 제5호에 의하여 처벌할 수 있다고 보아야 한다. 이와 달리 미신고라는 사유만으로 그 옥외집회 또는 시위를 해산할 수 있다고 해석한다면, 이는 사실상 집회의 사전신고제를 허가제처럼 운용하는 것이나 다름없어 집회의 자유를 침해하게 되므로 부당하다(대판 2012.4.19. 2010도6388).

정답 ④

22 집회·결사의 자유에 대한 설명으로 옳지 않은 것은? (다툼이 있는 경우 판례에 의함)

〈2020 국회직 5급〉

① 재판에 영향을 미칠 염려가 있거나 미치게 하기 위한 집회 또는 시위를 금지하고 이를 위반한 자를 형사처벌하는 규정은 과잉금지원칙에 위배되지 않는다.

② 누구든지 각급 법원의 경계 지점으로부터 100미터 이내의 장소에서 옥외집회 또는 시위를 할 경우 형사처벌하는 규정은 집회의 자유를 침해한다.

③ 야간시위를 금지하는 내용의 「집회 및 시위에 관한 법률」은 이미 보편화된 야간의 일상적인 생활의 범주에 속하는 '해가 진후부터 같은 날 24시까지의 시위'에 적용하는 한 헌법에 위반된다.

④ 야간옥외집회가 공공질서나 타인의 법익을 해칠 위험성이 있다고 하나, 모든 야간 옥외집회가 항상 타인의 법익을 침해할 것이라고 볼 수 있는 것은 아니므로 야간옥외집회의 법익침해가능성을 내세워 모든 야간옥외집회를 금지할 수는 없다.

⑤ 옥외집회나 시위가 사전신고한 범위를 뚜렷이 벗어나 신고제도의 목적달성을 심히 곤란하게 하고, 그로 인하여 질서를 유지할 수 없게 된 경우에 공공의 안녕질서 유지 및 회복을 위해 해산명령을 할 수 있도록 하는 것은 헌법에 위반되지 않는다.

해설

① × 이 사건 제2호 부분은 재판에 영향을 미칠 염려가 있거나 미치게 하기 위한 집회·시위를 사전적·전면적으로 금지하고 있을 뿐 아니라, 어떠한 집회·시위가 규제대상에 해당하는지를 판단할 수 있는 아무런 기준도 제시하지 아니함으로써 사실상 재판과 관련된 집단적 의견표명 일체가 불가능하게 되어 집회의 자유를 실질적으로 박탈하는 결과를 초래하므로 최소침해성 원칙에 반한다. … 따라서 이 사건 제2호 부분은 과잉금지원칙에 위배되어 집회의 자유를 침해한다(헌재 2016.9.29. 2014헌가3 등).

② ○ 법원 인근에서의 집회라 할지라도 법관의 독립을 위협하거나 재판에 영향을 미칠 염려가 없는 집회도 있다. 예컨대 법원을 대상으로 하지 않고 검찰청 등 법원 인근 국가기관이나 일반법인 또는 개인을 대상으로 한 집회로서 재판업무에 영향을 미칠 우려가 없는 집회가 있을 수 있다. 법원을 대상으로 한 집회라도 사법행정과 관련된 의사표시 전달을 목적으로 한 집회 등 법관의 독립이나 구체적 사건의 재판에 영향을 미칠 우려가 없는 집회도 있다. … 심판대상조항은 입법목적을 달성하는 데 필요한 최소한도의 범위를 넘어 규제가 불필요하거나 또는 예외적으로 허용 가능한 옥외집회·시위까지도 일률적·전면적으로 금지하고 있으므로, 침해의 최소성 원칙에 위배된다. 심판대상조항은 각급 법원 인근의 모든 옥외집회를 전면적으로 금지함으로써 상충하는 법익 사이의 조화를 이루려는 노력을 전혀 기울이지 않아, 법익의 균형성 원칙에도 어긋난다. 심판대상조항은 과잉금지원칙을 위반하여 집회의 자유를 침해한다(헌재 2018.7.26. 2018헌바137).

③ ○ 야간시위를 금지하는 「집시법」 제10조 본문에는 위헌적인 부분과 합헌적인 부분이 공존하고 있으며, 위 조항 전부의 적용이 중지될 경우 공공의 질서 내지 법적 평화에 대한 침해의 위험이 높아, 일반적인 옥외집회나 시위에 비하여 높은 수준의 규제가 불가피한 경우에도 대응하기 어려운 문제가 발생할 수 있으므로, 현행 「집시법」의 체계 내에서 시간을 기준으로 한 규율의 측면에서 볼 때 규제가 불가피하다고 보기 어려움에도 시위를 절대적으로 금지하여 위헌성이 명백한 부분에 한하여 위헌 결정을 한다. 심판대상조항들은, 이미 보편화된 야간의 일상적인 생활의 범주에 속하는 '해가 진후부터 같은 날 24시까지의 시위'에 적용하는 한 헌법에 위반된다(헌재 2014.3.27. 2010헌가2 등).

④ ○ 야간옥외집회가 공공질서나 타인의 법익을 해칠 위험성이 있다고 하나, 야간옥외집회의 시간과 장소에 따라 타인의 법익을 침해할 개연성이 확실하게 인정될 경우도 있을 수 있겠지만, 모든 야간옥외집회가 항상 타인의 법익을 침해할 것이라고 볼 수 있는 것은 아니다. 야간옥외집회가 타인의 법익을 침해할 개연성이 확실하다고 인정할 수 있는 경우를 가려내어 그러한 위험성을 예방하기에 필요하고도 적절한 조치를 강구하면 되는 것이므로, 야간옥외집회의 법익침해가능성을 내세워 모든 야간옥외집회를 금지할 수는 없는 것이다(헌재 2009.9.24. 2008헌가25).

⑤ ○ 「집시법」은 옥외집회나 시위가 사전 신고한 범위를 뚜렷이 벗어나 신고제도의 목적달성을 심히 곤란하게 하고, 그로 인하여 질서를 유지할 수 없게 된 경우에 공공의 안녕질서 유지 및 회복을 위해 해산명령을 할 수 있도록 하고 있다. 심판대상조항은 이러한 해산명령 제도의 실효성 확보를 위해 해산명령에 불응하는 자를 형사처벌하도록 한 것으로서 입법목적의 정당성과 수단의 적절성이 인정된다. … 심판대상조항이 달성하려는 공공의 안녕질서 유지 및 회복이라는 공익과 심판대상조항으로 인하여 제한되는 청구인들의 집회의 자유 사이의 균형을 상실하였다고 보기 어려우므로, 심판대상조항은 과잉금지원칙을 위반하여 집회의 자유를 침해한다고 볼 수 없다(헌재 2016.9.29. 2015헌바309 등).

정답 ①

23 집회 및 결사의 자유에 대한 설명으로 옳지 않은 것은? (다툼이 있는 경우 판례에 의함)

〈2015 국회직 9급〉

① 입법자가 법률로써 일반적으로 집회를 제한하는 경우에는 헌법 제21조 제2항이 규정하고 있는 사전허가금지에 해당한다.

② 헌법 제21조가 보호하는 결사의 자유란 기존의 단체로부터 탈퇴할 자유와 가입하지 않을 자유를 포함한다.

③ 옥외집회나 시위를 주최하려는 자로 하여금 사전에 관할경찰서장에 신고하게 하는 규정은 일정한 신고절차만 밟으면 일반적·원칙적으로 옥외집회 및 시위를 할 수 있도록 보장하고 있으므로 헌법 제21조 제2항의 사전허가금지에 반하지 않는다.

④ 야간에 옥외집회 및 시위를 금지하는 「집회 및 시위에 관한 법률」 제10조는 해가 진후부터 같은 날 24시까지의 옥외집회 또는 시위에 적용되는 한 헌법에 위반된다.

⑤ 헌법 제21조 제1항에 의해 보호되는 결사의 개념에는 공공목적에 의해 구성원의 자격이 정해진 특수단체나 공법상의 결사가 포함되지 않는다.

해설

① × 헌법 제21조 제2항의 '허가'는 '행정청이 주체가 되어 집회의 허용 여부를 사전에 결정하는 것'으로서 행정청에 의한 사전허가는 헌법상 금지되지만, 입법자가 법률로써 일반적으로 집회를 제한하는 것은 헌법상 '사전허가금지'에 해당하지 않는다(헌재 2014.4.24. 2011헌가29).

② ○ 헌법 제21조가 규정하는 결사의 자유라 함은 다수의 자연인 또는 법인이 공동의 목적을 위하여 단체를 결성할 수 있는 자유를 말하는 것으로 적극적으로는 ① 단체결성의 자유, ② 단체존속의 자유, ③ 단체활동의 자유, ④ 결사에의 가입·잔류의 자유를, 소극적으로는 기존의 단체로부터 탈퇴할 자유와 결사에 가입하지 아니할 자유를 내용으로 하는바, 위에서 말하는 결사란 자연인 또는 법인의 다수가 상당한 기간 동안 공동목적을 위하여 자유의사에 기하여 결합하고 조직화된 의사형성이 가능한 단체를 말하는 것으로 공법상의 결사는 이에 포함되지 아니한다(헌재 1996.4.25. 92헌바47).

③ ○ 구「집시법」 전체의 규정 체제에서 보면 법은 일정한 신고절차만 밟으면 일반적·원칙적으로 옥외집회 및 시위를 할 수 있도록 보장하고 있으므로, 집회에 대한 사전신고제도는 헌법 제21조 제2항의 사전허가금지에 반하지 않는다고 할 것이다(헌재 2009.5.28. 2007헌바22).

④ ○ 우리 국민의 일반적인 생활형태 및 보통의 집회의 소요시간이나 행위태양, 대중교통의 운행시간, 도심지의 점포·상가 등의 운영시간 등에 비추어 보면, 적어도 일몰시간 후부터 같은 날 24시까지의 옥외집회 또는 시위의 경우, 이미 보편화된 야간의 일상적인 생활의 범주에 속하는 것이어서 특별히 공공의 질서 내지 법적 평화를 침해할 위험성이 크다고 할 수 없으므로 그와 같은 옥외집회 또는 시위를 원칙적으로 금지하는 것은 과잉금지원칙에 위반됨이 명백하다(헌재 2014.4.24. 2011헌가29).

⑤ ○ 헌법재판소는 결사의 자유에서 말하는 '결사'란 자연인 또는 법인의 다수가 상당한 기간 동안 공동목적을 위하여 자유의사에 기하여 결합하고 조직화된 의사형성이 가능한 단체를 말하는 것이라고 정의하여 공동목적의 범위를 비영리적인 것으로 제한하지는 않았고, 다만, 결사 개념에 공법상의 결사나 법이 특별한 공공목적에 의하여 구성원의 자격을 정하고 있는 특수단체의 조직 활동은 해당되지 않는다고 판시한 바 있을 뿐이며, 연혁적 이유 이외에는 달리 영리단체를 결사에서 제외하여야 할 뚜렷한 근거가 없는 터이므로, 영리단체도 헌법상 결사의 자유에 의하여 보호된다고 보아야 할 것이다(헌재 2002.9.19. 2000헌바84).

정답 ①

제 5 항 학문의 자유

01 학문의 자유에 대한 헌법재판소의 판시내용에 관한 다음 설명 중 가장 옳지 않은 것은?

〈2015 법무사〉

① 학문의 자유라 함은 진리를 탐구하는 자유를 의미하는데, 그것은 단순히 진리탐구의 자유에 그치지 않고 탐구한 결과에 대한 발표의 자유 내지 가르치는 자유 등을 포함한다.

② 국립대학 교원의 성과연봉제는 학문의 자유를 침해하지 않는다.

③ 헌법 제31조 제4항의 교육의 자주성이나 대학의 자율성은 헌법 제22조 제1항이 보장하고 있는 학문의 자유의 확실한 보장수단으로 꼭 필요하지만 이는 대학에게 부여된 헌법상의 기본권은 아니다.

④ 국민의 수학권을 보장하기 위하여 교사의 수업권은 일정범위 내에서 제약을 받으므로 초·중·고등학교의 교사는 수업의 자유를 내세워 자신이 연구한 결과를 학생들에게 여과 없이 전파할 수는 없다.

⑤ 경찰대학의 입학 연령을 21세 미만으로 제한하고 있는 경찰대학의 학사운영에 관한 규정이 학문의 자유를 침해하는 것은 아니다.

해설

① ○ 헌법 제22조에 의해서 보호되는 학문의 자유는 진리를 탐구하는 자유를 의미하는바, 단순한 진리탐구에 그치지 않고 탐구한 결과에 대한 발표의 자유 내지 가르치는 자유 등을 포함한다(헌재 2001.2.22. 99헌마613).

② ○ 이 사건 조항은 국립대학 교원의 연구의욕 고취 및 교육의 수월성 제고를 통한 대학경쟁력 강화를 위한 것으로서 목적의 정당성 및 수단의 적합성이 인정된다. … 따라서 이 사건 조항은 과잉금지원칙에 반하여 청구인들의 학문의 자유를 침해한다고 볼 수 없다(헌재 2013.11.28. 2011헌마282 등).

③ × 헌법 제31조 제4항은 “교육의 자주성·전문성·정치적 중립성 및 대학의 자율성은 법률이 정하는 바에 의하여 보장된다.”라고 규정하여 교육의 자주성·대학의 자율성을 보장하고 있는데 … 교육의 자주성이나 대학의 자율성은 헌법 제22조 제1항이 보장하고 있는 학문의 자유의 확실한 보장수단으로 꼭 필요한 것으로서 이는 대학에 부여된 헌법상의 기본권이다(헌재 1992.10.1. 92헌마68 등).

④ ○ 수업의 자유는 무제한 보호되기는 어려우며 초·중·고등학교의 교사는 자신이 연구한 결과에 대하여 스스로 확신이 있다고 하더라도 그것을 학회에서 보고하거나 학술지에 기고하거나 스스로 저술하여 책자를 발행하는 것은 별도 논의 수업의 자유를 내세워 함부로 학생들에게

여과(過) 없이 전파할 수는 없다고 할 것이고, … 수업권을 내세워 수학권을 침해할 수는 없으며 국민의 수학권 보장을 위하여 교사의 수업권은 일정 범위 내에서 제약을 받을 수밖에 없는 것이다(헌재 1992.11.12. 89헌마88).

⑤ ○ 청구인은 아직 경찰대학에 진학한 것도 아니고, 경찰학은 경찰대학에 진학하여서만 연구할 수 있는 학문도 아니므로 심판 대상 규정이 헌법상 제22조 제1항의 학문의 자유를 침해하였다고 할 수 없다(헌재 2009.7.30. 2007헌마991).

정답 ③

02 대학의 자치에 관한 설명 중 가장 적절하지 않은 것은? (다툼이 있는 경우 판례에 의함)

〈2022 경찰공채 1차〉

① 대학 본연의 기능인 학술의 연구나 교수, 학생선발·지도 등과 관련된 교무·학사행정의 영역에서는 대학구성원의 결정이 우선한다고 볼 수 있으나, 대학의 재정, 시설 및 인사 등의 영역에서는 학교법인이 기본적인 윤곽을 결정하게 되므로, 대학구성원에게는 이러한 영역에 대한 참여권이 인정될 여지가 없다.

② 헌법 제31조 제4항이 규정하는 교육의 자주성 및 대학의 자율성은 헌법 제22조 제1항이 보장하는 학문의 자유의 확실한 보장을 위해 꼭 필요한 것으로서 대학에 부여된 헌법상 기본권인 대학의 자율권이므로, 국립대학인 청구인도 이러한 대학의 자율권의 주체로서 헌법소원심판의 청구인능력이 인정된다.

③ 대학의 자율성 즉, 대학의 자치란 대학이 그 본연의 임무인 연구와 교수를 외부의 간섭 없이 수행하기 위하여 인사·학사·시설·재정 등의 사항을 자주적으로 결정하여 운영하는 것을 말한다. 따라서 연구·교수활동의 담당자인 교수가 그 핵심주체라 할 것이나, 연구·교수활동의 범위를 좁게 한정할 이유가 없으므로 학생, 직원 등도 포함될 수 있다.

④ 이사회와 재경위원회에 일정 비율 이상의 외부인사를 포함하는 내용 등을 담고 있는 구「국립대학법인 서울대학교 설립·운영에 관한 법률」 규정의 이른바 '외부인사 참여 조항'이 대학의 자율의 본질적인 부분을 침해하였다고 볼 수 없다.

해설

① 헌법 제31조 제4항은 “교육의 자주성·전문성·정치적 중립성 및 대학의 자율성은 법률이 정하는 바에 의하여 보장된다.”라고 규정하여 교육의 자주성·대학의 자율성을 보장하고 있다. 이는 대학에 대한 공권력 등 외부세력의 간섭을 배제하고 **대학구성원 자신이 대학을 자주적으로 운영**할 수 있도록 함으로써, 대학인이 연구와 교육을 자유롭게 하여 진리탐구와 지도적 인격의 도야라는 대학의 기능을 충분히 발휘할 수 있도록 하기 위한 것이며, 교육의 자주성이나 대학의 자율성은 헌법 제22조 제1항이 보장하고 있는 학문의 자유의 확실한 보장수단으로 꼭 필요한 것으로서 대학에게 부여된 헌법상 기본권이다. 여기서 대학의 자율은 대학시설의 관리·운영만이 아니라 **전반적**인 것이라야 하므로, 연구와 교육의 내용, 그 방법과 대상, 교과과정의 편성, 학생의 선발과 전형 뿐만 아니라 교원의 임면에 관한 사항도 자율의 범위에 속한다(헌재 2014.1.28. 2011헌마239).

② 헌법 제31조 제4항이 규정하는 교육의 자주성 및 대학의 자율성은 헌법 제22조 제1항이 보장하는 학문의 자유의 확실한 보장을 위해 꼭 필요한 것으로서 대학에 부여된 헌법상 기본권인 대학의 자율권이므로, **국립대학**인 청구인도 이러한 **대학의 자율권의 주체**로서 **헌법소원심판의 청구인 능력**이 인정된다(헌재 2015.12.23. 2014헌마1149).

③ 대학의 자율성 즉, 대학의 자치란 대학이 그 본연의 임무인 연구와 교수를 외부의 간섭 없이 수행하기 위하여 인사·학사·시설·재정 등의 사항을 자주적으로 결정하여 운영하는 것을 말한다. 따라서 연구·교수활동의 담당자인 교수가 그 핵심주체라 할 것이나, 연구·교수활동의 범위를 좁게 한정할 이유가 없으므로 학생, 직원 등도 포함될 수 있다(헌재 2013.11.28. 2007헌마1189).

④ 학교법인의 이사회 등에 외부인사를 참여시키는 것은 다양한 이해관계자의 참여를 통해 개방적인 의사결정을 보장하고, 외부의 환경 변화에 민감하게 반응함과 동시에 외부의 감시와 견제를 통해 대학의 투명한 운영을 보장하기 위한 것이며, 대학 운영의 투명성과 공공성을 높이기 위해 정부도 의사형성에 참여하도록 할 필요가 있는 점, 사립학교의 경우 이사와 감사의 취임 시 관할청의 승인을 받도록 하고, 관련법령을 위반하는 경우 관할청이 취임 승인을 취소할 수 있도록 하고 있는 점 등을 고려하면, 이사회와 재경위원회에 일정 비율 이상의 외부인사를 포함하는 내용 등을 담고 있는 구「국립대학법인 서울대학교 설립·운영에 관한 법률」 규정의 이른바 ‘외부인사 참여 조항’이 대학의 자율의 본질적인 부분을 침해하였다고 볼 수 없다(헌재 2014.4.24. 2011헌마612).

정답 ③

03 대학의 자율성에 관한 설명 중 가장 적절하지 않은 것은? (다툼이 있는 경우 판례에 의함)

〈2015 경정승진〉

① 대학의 자율성은 헌법 제22조 제1항에서 보장하는 학문의 자유의 확실한 보장수단으로 꼭 필요한 것으로서 대학에 부여된 헌법상의 기본권이다.

② 대학의 자율은 대학시설의 관리·운영만이 아니라 전반적인 것이라야 하므로 연구와 교육의 내용, 그 방법과 대상, 교과과정의 편성, 학생의 선발과 전형뿐만 아니라 교원의 임면에 관한 사항도 자율의 범위에 속한다.

③ 대학자치의 주체는 원칙적으로 교수 기타 연구자 조직이나 학생과 학생회도 학습활동과 직접 관련된 학생회 활동 기타 자치활동의 범위 내에 시 그 주체가 될 수 있다고 보아야 한다.

④ 국립대학도 국가의 간섭 없이 인사·학사·시설·재정 등 대학과 관련된 사항들을 자주적으로 결정하고 운영할 자유를 가지며, 이러한 대학의 자율성은 원칙적으로 대학 자체의 계속적 존립에까지 미친다.

해설

① ○

② ○ 헌법 제31조 제4항은 "교육의 자주성·전문성·정치적 중립성 및 대학의 자율성은 법률이 정하는 바에 의하여 보장된다."라고 규정하여 교육의 자주성·대학의 자율성을 보장하고 있다. 이는 대학에 대한 공권력 등 외부세력의 간섭을 배제하고 대학 구성원 자신이 대학을 자주적으로 운영할 수 있도록 함으로써, 대학인이 연구와 교육을 자유롭게 하여 진리탐구와 지도적 인격의 도야라는 대학의 기능을 충분히 발휘할 수 있도록 하기 위한 것이며, 교육의 자주성이나 대학의 자율성은 헌법 제22조 제1항이 보장하고 있는 학문의 자유의 확실한 보장수단으로 꼭 필요한 것으로서 대학에게 부여된 헌법상 기본권이다. 여기서 대학의 자율은 대학시설의 관리·운영만이 아니라 전반적인 것이라야 하므로, 연구와 교육의 내용, 그 방법과 대상, 교과과정의 편성, 학생의 선발과 전형 뿐만 아니라 교원의 임면에 관한 사항도 자율의 범위에 속한다(헌재 2014.1.28. 2011헌마239).

③ ○ 학생자치에 대해서는 … 학생도 대학의 구성원으로서 대학의 교육환경이나 여건의 유지·개선에 중대한 이해관계를 갖는 만큼 이를 인정할 필요가 있다. 다만, 대학자치의 핵심은 교수의 자치라 할 것이며 대학의 자치가 본래 학문의 자유를 실효성 있게 보장하기 위한 장치라는 점에서 학생의 자치는 학문 활동과 관련하여 제한적으로 인정된다.

④ × 헌법 제31조 제4항이 보장하는 대학의 자율성이란 대학의 운영에 관한 모든 사항을 외부의 간섭 없이 자율적으로 결정할 수 있는 자유를 말한다. 국립대학인 세무대학은 공법인으로서 사립대학과 마찬가지로 대학의 자율권이라는 기본권의 보호를 받으므로, 세무대학은 국가의 간섭 없이 인사·학사·시설·재정 등 대학과 관련된 사항들을 자주적으로 결정하고 운영할 자유를 갖는다. 그러나 대학의 자율성은 그 보호영역이 원칙적으로 당해 대학 자체의 계속적 존립에까지 미치는 것은 아니다(헌재 2001.2.22. 99헌마613).

정답 ④

04 대학의 자치 및 자율성에 대한 설명으로 옳지 않은 것은? (다툼이 있는 경우 판례에 의함)

〈2016 지방직 7급〉

① 대학의 자치의 주체를 기본적으로 대학으로 본다고 하더라도 교수나 교수회의 주체성이 부정된다고 볼 수는 없고, 가령 학문의 자유를 침해하는 대학의 장에 대한 관계에서는 교수나 교수회가 주체가 될 수 있다.

② 대학의 장이 단과대학장을 보할 때 그 대상자의 추천을 받거나 선출의 절차를 거치지 아니하고, 해당 단과대학 소속 교수 또는 부교수 중에서 직접 지명하도록 하고 있는 것은 대학의 자율성을 침해하는 것이다.

③ 대학의 자율의 구체적인 내용은 법률이 정하는 바에 의하여 보장되며, 국가는 헌법 제31조 제6항에 따라 학교제도에 관한 전반적인 형성권과 규율권을 부여받는데, 규율의 정도는 그 시대와 각 급 학교의 사정에 따라 다를 수밖에 없다.

④ 대학의 장 후보자를 추천할 때 해당 대학 교원의 합의된 방식과 절차에 따라 직접선거로 선정하는 경우, 해당대학은 선거관리에 관하여 그 소재지를 관할하는 「선거관리위원회법」에 따른 구·시·군 선거관리위원회에 선거관리를 위탁하여야 한다.

해설

① ○ 대학의 자치의 주체를 기본적으로 대학으로 본다고 하더라도 교수나 교수회의 주체성이 부정된다고 볼 수는 없고, 가령 학문의 자유를 침해하는 대학의 장에 대한 관계에서는 교수나 교수회가 주체가 될 수 있고, 또한 국가에 의한 침해에 있어서는 대학 자체 외에도 대학 전 구성원이 자율성을 갖는 경우도 있을 것이므로 문제되는 경우에 따라서 대학, 교수, 교수회 모두가 단독, 혹은 중첩적으로 주체가 될 수 있다고 보아야 할 것이다(헌재 2006.4.27. 2005헌마1047 등).

② × 단과대학은 대학을 구성하는 하나의 조직·기관일 뿐이고, 단과대학장은 그 지위와 권한 및 중요도에서 대학의 장과 구별된다. 또한 대학의 장을 구성원들의 참여에 따라 자율적으로 선출한 이상, 하나의 보직에 불과한 단과대학장의 선출에 다시 한 번 대학교수들이 참여할 권리가 대학의 자율에서 당연히 도출된다고 보기 어렵다. 따라서 단과대학장의 선출에 참여할 권리는 대학의 자율에 포함된다고 볼 수 없어, 이 사건 심판대상조항에 의해 대학의 자율성이 침해될 가능성이 인정되지 아니한다(헌재 2014.1.28. 2011헌마239).

③ ○ 대학의 자율도 헌법상의 기본권이므로 기본권제한의 일반적 법률유보의 원칙을 규정한 헌법 제37조 제2항에 따라 제한될 수 있고, 대학의 자율의 구체적인 내용은 법률이 정하는 바에 의하여 보장되며, 또한 국가는 헌법 제31조 제6항에 따라 모든 학교제도의 조직, 계획, 운영, 감독에 관한 포괄적인 권한 즉, 학교제도에 관한 전반적인 형성권과 규율권을 부여받았다고 할 수 있고, 다만 그 규율의 정도는 그 시대의 사정과 각 급 학교에 따라 다를 수밖에 없는 것이므로 교육의 본질을 침해하지 않는 한 궁극적으로는 입법권자의 형성의 자유에 속하는 것이라 할 수 있다(헌재 2006.4.27. 2005헌마1047 등).

④ ○

교육공무원법 제24조의3 (대학의 장 후보자 추천을 위한 선거사무의 위탁) ① 대학의 장 후보자를 추천할 때 제24조 제3항 제2호에 따라 해당대학 교원의 합의된 방식과 절차에 따라 직접선거로 선정하는 경우 해당대학은 선거관리에 관하여 그 소재지를 관할하는 「선거관리위원회법」에 따른 구·시·군선거관리위원회(이하 "구·시·군선거관리위원회"라 한다)에 선거관리를 위탁하여야 한다.

정답 ②

제 6 항 예술의 자유

01 **예술의 자유에 관한 설명 중 가장 적절하지 않은 것은? (다툼이 있는 경우 판례에 의함)**

〈2022 경찰공채 2차〉

① 구「음반에 관한 법률」제3조 제1항이 비디오물을 포함하는 음반제작자에 대하여 일정한 시설을 갖추어 문화공보부에 등록할 것을 명하는 것은 예술의 자유를 침해하는 것이다.

② 극장은 영상물·공연물 등 의사표현의 매개체를 일반 공중에게 표현하는 장소로서의 의미가 있으므로 극장의 자유로운 운영에 대한 제한은 공연물, 영상물이 지니는 표현물, 예술작품으로서의 성격에 기하여 표현의 자유 및 예술의 자유의 제한효과도 가지고 있다.

③ 자신의 미적 감상 등을 문신시술을 통하여 시각적으로 표현할 수 있다는 측면에서 문신시술이 예술의 자유 또는 표현의 자유의 영역에 포함될 수 있다.

④ 헌법 제22조 제2항은 저작자·발명가·과학기술자와 예술가의 권리는 법률로써 보호한다고 하여 학문과 예술의 자유를 제도적으로 뒷받침해 주고 학문과 예술의 자유에 내포된 문화국가실현의 실효성을 높이기 위하여 저작자 등의 권리보호를 국가의 과제로 규정하고 있다.

해설

① × **비디오물을 포함하는 음반제작자에 대하여 일정한 시설을 갖추어 문화공보부에 등록할 것을 명하는 것**은 음반제작에 필수적인 기본시설을 갖추지 못함으로써 발생하는 폐해방지 등의 공공복리 목적을 위한 것으로서 헌법상 금지된 허가제나 검열제와는 다른 차원의 규정이고, 예술의 자유나 언론·출판의 자유를 본질적으로 침해하였다거나 헌법 제37조 제2항의 과잉금지의 원칙에 반한다고 할 수 없다(헌재 1993.5.13. 91헌바17).

② ○ 극장은 영상물·공연물 등 의사표현의 매개체를 일반 공중에게 표현하는 장소로서의 의미가 있다. 따라서 극장의 자유로운 운영에 대한 제한은 공연물, 영상물이 지니는 표현물, 예술작품으로서의 성격에 기하여 표현의 자유 및 예술의 자유의 제한효과도 가지고 있음을 부인할 수 없다(헌재 2004.5.27. 2003헌가1 등).

③ ○ 청구인들이 자신의 미적 감상 등을 문신시술을 통하여 시각적으로 표현할 수 있다는 측면에서 문신시술이 예술의 자유 또는 표현의 자유의 영역에 포함될 수 있다(헌재 2022.3.31. 2017헌마1343 등).

④ ○ 헌법 제22조 제2항은 "저작자·발명가·과학기술자와 예술가의 권리는 법률로써 보호한다."고 하여, 학문과 예술의 자유를 제도적으로 뒷받침하고 학문과 예술의 자유에 내포된 문화국가 실현의 실효성을 높이기 위하여 저작자 등의 권리보호를 국가의 과제로 규정하고 있는바, 저작자 등의 권리를 보호하는 것은 학문과 예술을 발전·진흥시키고 문화국가를 실현하기 위하여 불가결하다(헌재 2011.2.24. 2009헌바13 등).

정답 ①

02 학문과 예술의 자유에 대한 설명으로 옳지 않은 것은? (다툼이 있는 경우 판례에 의함)

〈2017 국회직 8급〉

① 대학교수가 반국가단체로서의 북한의 활동을 찬양·고무·선전 또는 이에 동조할 목적 아래 '한국전쟁과 민족통일'이란 논문을 제작·반포하거나 발표한 것은 헌법이 보장하는 학문의 자유의 범위 안에 있지 않다.

② 초·중·고교 교사는 수업의 자유를 내세워 헌법과 법률이 지향하는 자유민주적 기본질서를 침해할 수 없다.

③ 대학의 자치에 있어서 대학 전 구성원이 자율성을 갖지만, 대학교수회·교수 모두가 단독, 혹은 중첩적으로 주체가 될 수는 없다.

④ 학교정화구역 내에서의 극장시설 및 영업을 일반적으로 금지하는 구「학교보건법」제6조 제1항은 표현·예술의 자유의 중요성을 간과하고 학교교육의 보호만을 과도하게 강조하였다.

⑤ 사립학교 교원이 선거범죄로 100만원 이상의 벌금형을 선고받아 그 형이 확정되면 당연 퇴직되도록 규정한 것은 교수의 자유를 침해하지 않는다.

해설

① ○ 대학교수인 피고인이 제작·반포한 '한국전쟁과 민족통일'이라는 제목의 논문 및 피고인이 작성한 강연 자료, 기고문 등의 이적표현물에 대하여, 그 반포·게재된 경위 및 피고인의 사회단체 활동 내용 등에 비추어 피고인이 절대적으로 누릴 수 있는 연구의 자유의 영역을 벗어나 헌법 제37조 제2항과「국가보안법」제7조 제1항, 제5항에 따른 제한의 대상이 되었고, 또한 피고인이 북한문제와 통일문제를 연구하는 학자로서 순수한 학문적인 동기와 목적 아래 위 논문 등을 제작·반포하거나 발표하였다고 볼 수 없을 뿐만 아니라, 피고인이 반국가단체로서의 북한의 활동을 찬양·고무·선전 또는 이에 동조할 목적 아래 위 논문 등을 제작·반포하거나 발표한 것이어서 그것이 헌법이 보장하는 학문의 자유의 범위 내에 있지 않다(대판 2010.12.9. 2007도10121).

② ○ 수업의 자유는 무제한 보호되기는 어려우며 초·중·고등학교의 교사는 … 수업의 자유를 내세워 함부로 학생들에게 여과(過)없이 전파할 수는 없다고 할 것이고, 나아가 헌법과 법률이 지향하고 있는 자유민주적 기본질서를 침해할 수 없음은 물론 사회상규나 윤리도덕을 일탈할 수 없으며, 따라서 가치 편향적이거나 반도덕적인 내용의 교육은 할 수 없는 것이라고 할 것이다(헌재 1992.11.12. 89헌마88).

③ × 대학의 자치의 주체를 기본적으로 대학으로 본다고 하더라도 교수나 교수회의 주체성이 부정된다고 볼 수는 없고, 가령 학문의 자유를 침해하는 대학의 장에 대한 관계에서는 교수나 교수회가 주체가 될 수 있고, 또한 국가에 의한 침해에 있어서는 대학 자체 외에도 대학 전 구성원이 자율성을 갖는 경우도 있을 것이므로 문제되는 경우에 따라서 대학, 교수, 교수회 모두가 단독, 혹은 중첩적으로 주체가 될 수 있다고 보아야 할 것이다(헌재 2006.4.27. 2005헌마1047 등).

④ ○ 입법자는 표현·예술의 자유의 보장과 공연장 및 영화상영관 등이 담당하는 문화국가형성의 기능의 중요성을 간과하고 학교교육의 능률성의 보호라는 입법목적의 측면만을 지나치게 강조함으로써 상충하는 여러 가지 이익을 적절하고 공정하게 형량하여 규율하였다고 보기 어렵다(헌재 2004.5.27. 2003헌가1 등).

⑤ ○ 이 사건 법률조항은 선거범죄를 범하여 형사처벌을 받은 교원에 대하여 일정한 신분상 불이익을 가하는 규정일 뿐 청구인의 연구·활동내용이나 그러한 내용을 전달하는 방식을 규율하는 것은 아니므로 청구인의 교수의 자유를 침해하지 아니한다(헌재 2008.4.24. 2005헌마857).

정답 ③

제3장 신체의 자유

01 헌법상 신체의 자유에 관한 규정 중 가장 적절하지 않은 것은? 〈2022 경찰공채 1차〉

① 누구든지 체포 또는 구속의 이유와 변호인의 조력을 받을 권리가 있음을 고지받지 아니하고는 체포 또는 구속을 당하지 아니한다. 체포 또는 구속을 당한 자의 가족 등 법률이 정하는 자에게는 그 이유와 일시 장소가 지체없이 통지되어야 한다.

② 체포·구속·압수 또는 수색을 할 때에는 적법한 절차에 따라 검사의 신청에 의하여 법관이 발부한 영장을 제시하여야 한다. 다만, 현행범인인 경우와 장기 3년 이상의 형에 해당하는 죄를 범하고 도피 또는 증거인멸의 염려가 있을 때에는 사후에 영장을 청구할 수 있다.

③ 모든 국민은 신체의 자유를 가진다. 누구든지 법률과 적법절차에 의하지 아니하고는 체포·구속·압수·수색을 받지 아니하며, 법률에 의하지 아니하고는 심문·처벌·보안처분 또는 강제노역을 받지 아니한다.

④ 피고인의 자백이 고문·폭행·협박·구속의 부당한 장기화 또는 기망 기타의 방법에 의하여 자의로 진술된 것이 아니라고 인정될 때 또는 정식재판에 있어서 피고인의 자백이 그에게 불리한 유일한 증거일 때에는 이를 유죄의 증거로 삼거나 이를 이유로 처벌 할 수 없다.

해설

① ○

헌법 제12조

제5항 누구든지 체포 또는 구속의 이유와 변호인의 조력을 받을 권리가 있음을 **고지받지 아니하고는** 체포 또는 구속을 당하지 아니한다. 체포 또는 구속을 당한 자의 가족 등 법률이 저하는 자에게는 그 이유와 일시·장소가 지체없이 **통지되어야 한다**.

② ○

헌법 제12조

제3항 체포·구속·압수 또는 수색을 할 때에는 적법한 절차에 따라 검사의 신청에 의하여 법관이 발부한 영장을 제시하여야 한다. 다만, **현행범인**인 경우와 **장기 3년** 이상의 형에 해당하는 죄를 범하고 도피 또는 증거인멸의 염려가 있을 때에는 **사후에 영장**을 청구할 수 있다.

③ ×

헌법 제12조

제1항 모든 국민은 신체의 자유를 가진다. 누구든지 **법률**에 의하지 아니하고는 **체포·구속·압수·수색 또는 심문**을 받지 아니하며, **법률과 적법한 절차**에 의하지 아니하고는 **처벌·보안처분 또는 강제노역**을 받지 아니한다.

④ ○

헌법 제12조

제7항 피고인의 자백이 고문, 폭행, 협박, 구속의 부당한 장기화 또는 기망 기타의 방법에 의하여 자의로 진술된 것이 아니라고 인정될 때 또는 **정식재판에 있어서 피고인의 자백이 그에게 불리한 유일한 증거일 때**에는 이를 **유죄의 증거로 삼거나 이를 이유로 처벌할 수 없다**.

정답 ③

02 신체의 자유에 대한 설명으로 옳지 않은 것은? (다툼이 있는 경우 판례에 의함) 〈2021 국가직 5급〉

① 검찰수사관이 정당한 사유 없이 피의자신문에 참여한 변호인에게 피의자 후방에 앉으라고 요구한 행위는 변호인의 변호권을 침해하는 것이다.

② 외국에서 실제로 형의 집행을 받았음에도 불구하고 우리 형법에 의한 처벌 시 이를 전혀 고려하지 않더라도 과도한 제한이라고 할 수 없으므로 신체의 자유를 침해하지 아니한다.

③ 현행범인인 경우와 장기 3년 이상의 형에 해당하는 죄를 범하고 도피 또는 증거인멸의 염려가 있을 때에는 사후에 영장을 청구할 수 있다.

④ 헌법 제12조 제4항 본문에 규정된 '구속'은 사법절차에서 이루어진 구속뿐 아니라, 행정절차에서 이루어진 구속까지 포함한다.

해설

① ○ 피의자신문에 참여한 변호인이 피의자 옆에 앉는다고 하여 피의자 뒤에 앉는 경우보다 수사를 방해할 가능성이 높아진다거나 수사기밀을 유출할 가능성이 높아진다고 볼 수 없으므로, 이 사건 후방착석요구행위의 목적의 정당성과 수단의 적절성을 인정할 수 없다. 따라서 이 사건 후방착석요구행위는 **변호인인 청구인의 변호권을 침해**한다(헌재 2017.11.30. 2016헌마503).

② × **외국에서 실제로 형의 집행**을 받았음에도 불구하고 **우리 형법에 의한 처벌 시 이를 전혀 고려**하지 않는다면 **신체의 자유에 대한 과도한 제한**이 될 수 있으므로 그와 같은 사정은 어느 범위에서든 반드시 반영되어야 하고, 이러한 점에서 입법형성권의 범위는 다소 축소될 수 있다. 입법자는 국가형벌권의 실현과 국민의 기본권 보장의 요구를 조화시키기 위하여 형을 필요적으로 감면하거나 외국에서 집행된 형의 전부 또는 일부를 필요적으로 산입하는 등의 방법을 선택하여 청구인의 신체의 자유를 덜 침해할 수 있음에도, 이 사건 법률조항과 같이 우리 형법에 의한 처벌 시 외국에서 받은 형의 집행을 전혀 반영하지 아니할 수도 있도록 한 것은 **과잉금지원칙에 위배**되어 **신체의 자유를 침해**한다(헌재 2015.5.28. 2013헌바129).

③ ○

헌법 제12조 ③ 체포·구속·압수 또는 수색을 할 때에는 **적법한 절차**에 따라 **검사의 신청**에 의하여 **법관이 발부한 영장**을 제시하여야 한다. 다만, **현행범인**인 경우와 **장기 3년 이상**의 형에 해당하는 죄를 범하고 **도피 또는 증거인멸의 염려**가 있을 때에는 **사후에 영장을 청구**할 수 있다.

④ ○ 헌법 제12조 제4항 본문의 문언 및 헌법 제12조의 조문 체계, 변호인 조력권의 속성, 헌법이 신체의 자유를 보장하는 취지를 종합하여 보면 헌법 제12조 제4항 본문에 규정된 "**구속**"은 **사법절차**에서 이루어진 구속뿐 아니라, **행정절차**에서 이루어진 **구속까지 포함**하는 개념이다. 따라서 헌법 제12조 제4항 본문에 규정된 변호인의 조력을 받을 권리는 행정절차에서 구속을 당한 사람에게도 즉시 보장된다(헌재 2018.5.31. 2014헌마346).

정답 ②

03 신체의 자유에 대한 설명으로 옳지 않은 것은? (다툼이 있는 경우 헌법재판소 판례에 의함)

〈2018 국회직 8급〉

① 보호 의무자 2인의 동의와 정신건강의학과 전문의 1인의 진단으로 정신질환자에 대한 보호입원이 가능하도록 한 법률조항은 침해의 최소성 원칙에 위반되어 신체의 자유를 침해한다.

② 성폭력범죄를 저지른 성도착증 환자로서 재범의 위험성이 인정되는 19세 이상의 사람에 대해 법원이 15년의 범위에서 치료 명령을 선고할 수 있도록 한 법률조항은 장기형이 선고되는 경우 치료 명령의 선고시점과 집행시점 사이에 상당한 시간적 간극이 있어서, 집행시점에서 발생할 수 있는 불필요한 치료와 관련한 부분에 대하여는 침해의 최소성과 법익균형성을 인정하기 어려우므로 피치료자의 신체의 자유를 침해한다.

③ 전투경찰순경의 인신 구금을 그 내용으로 하는 영창처분에 있어서도 헌법상 적법절차원칙이 준수될 것이 요청되며 이에 관한 영창조항은 헌법에서 요구하는 수준의 절차적 보장 기준을 충족하지 못했으므로 헌법에 위반된다.

④ 행정상 즉시강제는 그 본질상 급박성을 요건으로 하고 있어 법관의 영장을 기다려서는 그 목적을 달성할 수 없다고 할 것이므로 원칙적으로 영장주의가 적용되지 않는다고 보아야 한다.

⑤ 외국에서 형의 전부 또는 일부의 집행을 받은 자에 대하여 형을 감경 또는 면제할 수 있도록 규정한 법률조항은 형의 산입 여부를 법관의 재량에 전적으로 위임하고 있어 외국에서 받은 형의 집행을 전혀 반영하지 아니할 수도 있도록 한 것이어서 과잉금지원칙에 위반되어 신체의 자유를 침해한다.

해설

① ○ 현행 보호입원 제도가 입원 치료·요양을 받을 정도의 정신질환이 어떤 것인지에 대해서는 구체적인 기준을 제시하지 않고 있는 점, 보호의무자 2인의 동의를 보호입원의 요건으로 하면서 보호의무자와 정신질환자 사이의 이해충돌을 적절히 예방하지 못하고 있는 점, 입원의 필요성이 인정되는지 여부에 대한 판단 권한을 정신과전문의 1인에게 전적으로 부여함으로써 그의 자의적 판단 또는 권한의 남용 가능성을 배제하지 못하고 있는 점, 보호의무자 2인이 정신과 전문의와 공모하거나, 그로부터 방조·용인을 받는 경우 보호입원 제도가 남용될 위험성은 더욱 커지는 점, … 등을 종합하면, 심판대상조항은 침해의 최소성 원칙에 위배된다. … 그렇다면 심판대상조항은 과잉금지원칙을 위반하여 신체의 자유를 침해한다(헌재 2016.9.29. 2014헌가9).

② ○ 장기형이 선고되는 경우 치료 명령의 선고시점과 집행시점 사이에 상당한 시간적 간극이 있어 집행시점에서 발생할 수 있는 불필요한 치료와 관련한 부분에 대해서는 침해의 최소성과 법익균형성을 인정하기 어렵다. 따라서 이 사건 청구조항은 과잉금지원칙에 위배되지 아니하나, 이 사건 명령조항은 집행 시점에서 불필요한 치료를 막을 수 있는 절차가 마련되어 있지 않은 점으로 인하여 과잉금지원칙에 위배되어 치료명령 피청구인의 신체의 자유 등 기본권을 침해한다(헌재 2015.12.23. 2013헌가9).

③ × 전투경찰순경에 대한 영창처분은 그 사유가 제한되어 있고, 징계위원회의 심의절차를 거쳐야 하며, 징계 심의 및 집행에 있어 징계대상자의 출석권과 진술권이 보장되고 있다. 또한, 소청과 행정소송 등 별도의 불복절차가 마련되어 있고 소청에서 당사자 의견진술 기회 부여를 소청결정의 효력에 영향을 주는 중요한 절차적 요건으로 규정하는바, 이러한 점들을 종합하면 이 사건 영창조항이 헌법에서 요구하는 수준의 절차적 보장 기준을 충족하지 못했다고 볼 수 없으므로 헌법 제12조 제1항의 적법절차원칙에 위배되지 아니한다(헌재 2016.3.31. 2013헌바190).

④ ○ 영장주의가 행정상 즉시강제에도 적용되는지에 관하여는 논란이 있으나, 행정상 즉시강제는 상대방의 임의이행을 기다릴 시간적 여유가 없을 때 하명 없이 바로 실력을 행사하는 것으로서, 그 본질상 급박성을 요건으로 하고 있어 법관의 영장을 기다려서는 그 목적을 달성할 수 없다고 할 것이므로, 원칙적으로 영장주의가 적용되지 않는다고 보아야 할 것이다(헌재 2002.10.31. 2000헌가12).

⑤ ○ 외국에서 실제로 형의 집행을 받았음에도 불구하고 우리 형법에 의한 처벌 시 이를 전혀 고려하지 않는다면 신체의 자유에 대한 과도한 제한이 될 수 있으므로 그와 같은 사정은 어느 범위에서든 반드시 반영되어야 하고, 이러한 점에서 입법형성권의 범위는 다소 축소될 수 있다. 입법자는 국가형벌권의 실현과 국민의 기본권 보장의 요구를 조화시키기 위하여 형을 필요적으로 감면하거나 외국에서 집행된 형의 전부 또는 일부를 필요적으로 산입하는 등의 방법을 선택하여 청구인의 신체의 자유를 덜 침해할 수 있음에도, 이 사건 법률조항과 같이 우리 형법에 의한 처벌 시 외국에서 받은 형의 집행을 전혀 반영하지 아니할 수도 있도록 한 것은 과잉금지원칙에 위배되어 신체의 자유를 침해한다(헌재 2015.5.28. 2013헌바129).

정답 ③

04 헌법상 신체의 자유에 대한 설명으로 가장 적절하지 않은 것은? (다툼이 있는 경우 헌법재판소 판례에 의함) *〈2019 경정승진〉*

① 마약류사범인 수용자에게 마약류반응검사를 위하여 소변을 받아 제출하게 한 것은 과잉금지의 원칙에 위반되지 않는다.

② 보호의무자 2인의 동의와 정신건강의학과 전문의 1인의 진단으로 정신질환자에 대한 보호입원이 가능하도록 한 「정신보건법」 조항은 정신질환자를 신속·적정하게 치료하고, 정신질환자 본인과 사회의 안전을 지키기 위한 것이므로 신체의 자유를 침해하지 않는다.

③ 형사 법률에 저촉되는 행위 또는 규율 위반 행위를 한 피보호감호자에 대하여 징벌처분을 내릴 수 있도록 한 구「사회보호법」 조항은 과잉금지원칙에 위배되지 않아 청구인의 신체의 자유를 침해하지 않는다.

④ 「국가보안법」 위반죄 등 일부 범죄혐의자를 법관의 영장 없이 구속, 압수, 수색할 수 있도록 규정하고 있던 구「인신구속 등에 관한 임시 특례법」 조항은 영장주의에 위배된다.

해설

① ○ 마약류는 중독성 등으로 교정시설로 반입되어 수용자가 복용할 위험성이 상존하고, 수용자가 마약류를 복용할 경우 그 수용자의 수용목적이 근본적으로 훼멸될 뿐만 아니라 다른 수용자들에 대한 위해로 인한 사고로 이어질 수 있으므로, 소변채취를 통한 마약류반응검사가 월 1회씩 정기적으로 행하여진다 하여도 이는 마약류의 반입 및 복용사실을 조기에 발견하고 마약류의 반입시도를 사전에 차단함으로써 교정시설 내의 안전과 질서유지를 위하여 필요하고, 마약의 복용 여부는 외부관찰 등에 의해서는 발견될 수 없으며, 징벌 등 제재처분 없이 자발적으로 소변을 받아 제출하도록 한 후, 3분 내의 짧은 시간에, 시약을 떨어뜨리는 간단한 방법으로 실시되므로, 대상자가 소변을 받아 제출하는 하기 싫은 일을 하여야 하고 자신의 신체의 배출물에 대한 자기결정권이 다소 제한된다고 하여도, 그것만으로는 소변채취의 목적 및 검사방법 등에 비추어 과잉금지의 원칙에 반한다고 할 수 없다(헌재 2006.7.27. 2005헌마277).

② × 심판대상조항이 정한 보호입원 제도는 입원의 필요성에 대한 판단에 있어 객관성과 공정성을 담보할 만한 장치를 두고 있지 않고, 보호입원 대상자의 의사 확인이나 부당한 강제입원에 대한 불복제도도 충분히 갖추고 있지 아니하여, 보호입원 대상자의 신체의 자유를 과도하게 제한하고 있어, 침해의 최소성에 반한다. 심판대상조항은 단지 보호의무자 2인의 동의와 정신과 전문의 1인의 판단만으로 정신질환자에 대한 보호입원이 가능하도록 하면서 정신질환자의 신체의 자유 침해를 최소화할 수 있는 적절한 방안을 마련하지 아니함으로써 지나치게 기본권을 제한하고 있다. 따라서 심판대상조항은 법익의 균형성 요건도 충족하지 못한다. 심판대상조항은 과잉금지원칙을 위반하여 신체의 자유를 침해한다(헌재 2016.9.29. 2014헌가19).

③ ○ 이 사건 법률조항은 보호감호처분에 관하여 형집행법 제107조 제1호, 제6호를 준용하여 형사법률에 저촉되는 행위 또는 규율 위반 행위를 한 피보호감호자에 대하여 불이익처분을 내릴 수 있도록 함으로써 수용시설의 안전과 공동생활의 질서를 유지하기 위한 것으로, 입법목적의 정당성이 인정된다. … 이 사건 법률조항이 달성하고자 하는 수용시설의 안전과 질서유지는 수용목적을 달성하기 위한 가장 기본적인 전제조건으로서 수용시설의 운영을 위한 필수불가결한 공익인 만큼 이 사건 법률조항으로 인하여 제한되는 청구인의 사익보다 결코 작다고 볼 수 없으므로, 이 사건법률조항은 법익의 균형성도 갖추었다. 그러므로 이 사건 법률조항은 과잉금지원칙에 위배되어 청구인의 신체의 자유 등 기본권을 침해하지 않는다(헌재 2016.5.26. 2015헌바378).

④ ○ 이 사건 법률조항은 수사기관이 법관에 의하여 발부된 영장 없이 일부범죄 혐의자에 대하여 구속 등 강제처분을 할 수 있도록 규정하고 있을 뿐만 아니라, 그와 같이 영장 없이 이루어진 강제처분에 대하여 일정한 기간 내에 법관에 의한 사후영장을 발부받도록 하는 규정도 마련하지 아니함으로써, 수사기관이 법관에 의한 구체적 판단을 전혀 거치지 않고서도 임의로 불특정한 기간 동안 피의자에 대한 구속 등 강제처분을 할 수 있도록 하고 있는바, 이는 이 사건 법률조항의 입법목적과 그에 따른 입법자의 정책적 선택이 자의적이었는지 여부를 따질 필요도 없이 형식적으로 영장주의의 본질을 침해한다고 하지 않을 수 없다(헌재 2012.12.27. 2011헌가5).

정답 ②

05 신체의 자유에 관한 설명으로 옳지 않은 것은? (다툼이 있는 경우 헌법재판소 판례에 의함)

〈2021 소방간부〉

① 신체의 자유는 신체의 안전성이 외부로부터의 물리적인 힘이나 정신적인 위험으로부터 침해당하지 아니할 자유와 신체활동을 임의적이고 자율적으로 할 수 있는 자유를 말한다.

② 수용시설내의 안전과 질서를 유지하기 위하여 일부 제한이 불가피하다 하더라도, 그 본질적인 내용을 침해하거나, 목적의 정당성, 방법의 적정성, 피해의 최소성 및 법익의 균형성 등을 의미하는 과잉금지의 원칙에 위배되어서는 안 된다.

③ 외국에서 실제로 형의 집행을 받았더라도 우리 형법에 의한 처벌 시 이를 전혀 고려하지 않는다 하여 신체의 자유에 대한 과도한 제한이라고 할 수 없다.

④ 구속기간의 제한은 수사를 촉진시켜 형사피의자의 신체구속이라는 고통을 감경시켜 주고 신속한 공소제기 및 그에 따른 신속한 재판을 가능하게 한다는 점에서 헌법에서 보장한 신속한 재판을 받을 권리의 실현을 위하여서도 불가결한 조건이다.

⑤ 누구든지 체포 또는 구속을 당한 때에는 즉시 변호인의 조력을 받을 권리를 가진다. 다만, 형사피고인이 스스로 변호인을 구할 수 없을 때에는 법률이 정하는 바에 의하여 국가가 변호인을 붙인다.

해설

① ○ 헌법 제12조 제1항 전문에서 "모든 국민은 신체의 자유를 가진다."라고 규정하여 신체의 자유를 보장하고 있는 것은, 신체의 안정성이 외부로부터의 물리적인 힘이나 정신적인 위험으로부터 **침해당하지 아니할 자유**와 **신체활동을 임의적이고 자율적으로 할 수 있는 자유**를 말하는 것이며 이를 보장하기 위하여 구체적으로 여러 가지 헌법규정들을 두고 있는데, 그 중에서도 특히 헌법 제12조 제1항 후문 및 제3항 전문, 헌법 제37조 제2항은 기본권제한에 관한 일반적 법률유보조항과 입법권의 한계를 설정하여 두고 있다(헌재 1992.12.24. 92헌가8).

② ○ 수형자의 기본권 제한에 대한 구체적인 한계는 헌법 제37조 제2항에 따라 법률에 의하여, 구체적인 자유·권리의 내용과 성질, 그 제한의 태양과 정도 등을 교량 하여 설정하게 되며, 수용시설 내의 안전과 질서를 유지하기 위하여 이들 **기본권의 일부 제한이 불가피**하다 하더라도 그 **본질적인 내용을 침해**하거나, 목적의 정당성, 방법의 적정성, 피해의 최소성 및 법익의 균형성 등을 의미하는 **과잉금지의 원칙에 위배**되어서는 **안 된다**(헌재 2004.12.16. 2002헌마478).

③ × **외국에서 실제로 형의 집행**을 받았음에도 불구하고 **우리 형법에 의한 처벌 시 이를 전혀 고려하지 않는다면** 신체의 자유에 대한 **과도한 제한**이 될 수 있으므로 그와 같은 사정은 어느 범위에서든 반드시 반영되어야 하고, 이러한 점에서 입법형성권의 범위는 다소 축소될 수 있다(헌재 2015.5.28. 2013헌바129).

④ ○ 신체의 자유를 최대한 보장하려는 헌법정신 특히 무죄추정의 원칙(헌법 제27조 제4항)으로 인하여 형사절차는 불구속수사·불구속재판을 원칙으로 하고 있다. 구속수사 또는 구속재판이 허용될 경우라도 인신의 구속은 가능한 한 최소한에 그쳐야 한다. 특히 수사기관에 의한 신체구속은 신체적·정신적 고통 외에도 자백강요, 사술, 유도, 고문 등의 사전예방을 위하여서도 최소한에 그쳐야 한다. **구속기간의 제한**은 수사를 촉진시켜 형사피의자의 신체구속이라는 고통을 감경시켜 주고 신속한 공소제기 및 그에 따른 신속한 재판을 가능하게 한다는 점에서 헌법 제27조 제3항에서 보장한 **신속한 재판을 받을 권리의 실현**을 위하여서도 불가결한 조건이다(헌재 1997.8.21. 96헌마48).

⑤ ○

헌법 제12조 ④ 누구든지 **체포 또는 구속**을 당한 때에는 **즉시 변호인의 조력을 받을 권리**를 가진다. 다만, **형사피고인**이 스스로 변호인을 구할 수 없을 때에는 법률이 정하는 바에 의하여 **국가가 변호인을 붙인다**.

정답 ③

06 신체의 자유에 대한 설명으로 가장 적절하지 않은 것은? (다툼이 있는 경우 판례에 의함)

〈2021 경정승진〉

① 체포·구속·압수 또는 수색을 할 때에는 적법한 절차에 따라 검사의 신청에 의하여 법관이 발부한 영장을 제시하여야 한다. 다만, 현행범인인 경우와 장기 3년 이상의 형에 해당하는 죄를 범하고 도피 또는 증거인멸의 염려가 없을 때에는 사후에 영장을 청구할 수 있다.

② 외국에서 형의 전부 또는 일부의 집행을 받은 자에 대하여 형을 감경 또는 면제할 수 있도록 규정한 「형법」 조항은 신체의 자유를 침해한다.

③ 상소제기 후의 미결구금일수 산입을 규정하면서 상소제기 후 상소취하시까지의 구금일수 통산에 관하여는 규정하지 아니함으로써 이를 본형 산입의 대상에서 제외되도록 한 「형사소송법」 조항은 신체의 자유를 지나치게 제한하는 것으로서 헌법에 위반된다.

④ 변호인이 피의자신문에 자유롭게 참여할 수 있는 권리는 피의자가 가지는 변호인의 조력을 받을 권리를 실현하는 수단이므로 헌법상 기본권인 변호인의 변호권으로서 보호되어야 한다.

해설

① ×

헌법 제12조 ③ 체포·구속·압수 또는 수색을 할 때에는 적법한 절차에 따라 검사의 신청에 의하여 법관이 발부한 영장을 제시하여야 한다. 다만, **현행범인인 경우**와 장기 3년 이상의 형에 해당하는 죄를 범하고 **도피 또는 증거인멸의 염려가 있을 때**에는 **사후에 영장을 청구**할 수 있다.

② ○ 외국에서 실제로 형의 집행을 받았음에도 불구하고 우리 형법에 의한 처벌 시 이를 전혀 고려하지 않는다면 신체의 자유에 대한 과도한 제한이 될 수 있으므로 그와 같은 사정은 어느 범위에서든 반드시 반영되어야 하고, 이러한 점에서 입법형성권의 범위는 다소 축소될 수 있다. 입법자는 국가형벌권의 실현과 국민의 기본권 보장의 요구를 조화시키기 위하여 형을 필요적으로 감면하거나 외국에서 집행된 형의 전부 또는 일부를 필요적으로 산입하는 등의 방법을 선택하여 청구인의 신체의 자유를 덜 침해할 수 있음에도, 이 사건 법률조항과 같이 우리 형법에 의한 처벌 시 **외국에서 받은 형의 집행을 전혀 반영하지 아니할 수도 있도록 한 것**은 과잉금지원칙에 위배되어 **신체의 자유를 침해**한다(헌재 2015.5.28. 2013헌바129).

③ ○ 미결구금은 신체의 자유를 침해받는 피의자 또는 피고인의 입장에서 보면 실질적으로 자유형의 집행과 다를 바 없으므로 인권보호 및 공평의 원칙상 형기에 전부 산입되어야 한다. **상소제기 후 상소취하시까지의 미결구금을 형기에 산입하지 아니하는 것**은 헌법상 무죄추정의 원칙 및 적법절차의 원칙, 평등원칙 등을 위배하여 합리성과 정당성 없이 신체의 자유를 지나치게 제한하는 것이고, 상소제기 후 상소취하시까지의 미결구금일수를 본형에 산입하도록 규정하지 아니한 것은 헌법에 위반된다(헌재 2009.12.29. 2008헌가13 등).

④ ○ **변호인이 피의자신문에 자유롭게 참여할 수 있는 권리**는 피의자가 가지는 변호인의 조력을 받을 권리를 실현하는 수단이므로 헌법상 기본권인 **변호인의 변호권으로서 보호**되어야 한다 (헌재 2017.11.30. 2016헌마503).

정답 ①

07 **신체의 자유에 관한 설명으로 옳지 않은 것은? (다툼이 있는 경우 헌법재판소 결정례 및 대법원 판례에 의함)** *〈2020 소방간부〉*

① 누구든지 법률에 의하지 아니하고는 체포·구속·압수·수색 또는 심문을 받지 아니하며, 법률 또는 적법한 절차에 의하지 아니하고는 처벌·보안처분 또는 강제노역을 받지 아니한다.

② 구속된 피의자 또는 피고인이 갖는 변호인 아닌 자와의 접견교통권은 일반적 행동자유권 또는 무죄추정의 원칙에서 도출되는 헌법상의 기본권이다.

③ 체포 또는 구속을 당한 자의 가족 등 법률이 정하는 자에게는 그 이유와 일시·장소가 지체 없이 통지되어야 한다.

④ 이중처벌금지의 원칙에서 말하는 처벌이란 원칙적으로 범죄에 대한 국가의 형벌권 실행으로서의 과벌을 의미하는 것이다.

⑤ 헌법 제12조 제4항에서 "누구든지 체포 또는 구속을 당한 때에는 즉시 변호인의 조력을 받을 권리를 가진다."라고 규정하고 있지만, 대법원은 임의 동행한 피내사자의 경우에 대해서도 변호인과의 접견교통권이 보장된다고 본다.

해설

① ×

> **헌법 제12조** ① 모든 국민은 신체의 자유를 가진다. 누구든지 법률에 의하지 아니하고는 체포·구속·압수·수색 또는 심문을 받지 아니하며, 법률과 적법한 절차에 의하지 아니하고는 처벌·보안처분 또는 강제노역을 받지 아니한다.

② ○ 구속된 피의자 또는 피고인이 갖는 변호인 아닌 자와의 접견교통권은 가족 등 타인과 교류하는 인간으로서의 기본적인 생활관계가 인신의 구속으로 인하여 완전히 단절되어 파멸에 이르는 것을 방지하고, 또한 피의자 또는 피고인의 방어를 준비하기 위해서도 반드시 보장되지 않으면 안 되는 인간으로서의 기본적인 권리에 해당하므로 이는 성질상 헌법상의 기본권에 속한다고 보아야 할 것이다. 미결수용자의 접견교통권은 헌법재판소가 헌법 제10조의 행복추구권에 포함되는 기본권의 하나로 인정하고 있는 일반적 행동자유권으로부터 나온다고 보아야

할 것이고, 무죄추정의 원칙을 규정한 헌법 제27조 제4항도 그 보장의 한 근거가 될 것이다 (헌재 2003.11.27. 2002헌마193).

③ ○

헌법 제12조 ⑤ 누구든지 체포 또는 구속의 이유와 변호인의 조력을 받을 권리가 있음을 고지 받지 아니하고는 체포 또는 구속을 당하지 아니한다. 체포 또는 구속을 당한 자의 가족 등 법률이 정하는 자에게는 그 이유와 일시·장소가 지체 없이 통지되어야 한다.

④ ○ 헌법 제13조 제1항이 정한 "이중처벌금지의 원칙"은 동일한 범죄행위에 대하여 국가가 형벌권을 거듭 행사할 수 없도록 함으로써 국민의 기본권 특히 신체의 자유를 보장하기 위한 것이므로, 그 "처벌"은 원칙적으로 범죄에 대한 국가의 형벌권 실행으로서의 과벌을 의미하는 것이고, 국가가 행하는 일체의 제재나 불이익처분을 모두 그에 포함된다고 할 수는 없다(헌재 1994.6.30. 92헌바38).

⑤ ○ 변호인의 조력을 받을 권리를 실질적으로 보장하기 위해서는 변호인과의 접견교통권의 인정이 당연한 전제가 되므로, 임의동행의 형식으로 수사기관에 연행된 피의자에게도 변호인 또는 변호인이 되려는 자와의 접견교통권은 당연히 인정된다고 보아야 하고, 임의동행의 형식으로 연행된 피내사자의 경우에도 이는 마찬가지이다(대판 1996.6.3. 96모18).

정답 ①

08 신체의 자유에 대한 설명으로 옳지 않은 것은? (다툼이 있는 경우 판례에 의함) 〈2021 국가직 7급〉

① 관광진흥개발기금 관리·운용업무에 종사토록 하기 위하여 문화체육관광부 장관에 의해 채용된 민간 전문가에 대해 「형법」상 뇌물죄의 적용에 있어서 공무원으로 의제하는 「관광진흥개발기금법」의 규정은 신체의 자유를 과도하게 제한하는 것은 아니다.

② 구「미성년자보호법」의 해당 조항 중 "잔인성"과 "범죄의 충동을 일으킬 수 있게"라는 부분은 그 적용범위를 법집행기관의 자의적인 판단에 맡기고 있으므로 죄형법정주의에서 파생된 명확성의 원칙에 위배된다.

③ 군인 아닌 자가 유사군복을 착용함으로써 군인에 대한 국민의 신뢰가 실추되는 것을 방지하기 위해 유사군복의 착용을 금지하는 것은 허용되지만, 유사군복을 판매목적으로 소지하는 것까지 금지하는 것은 과잉금지원칙에 위반된다.

④ 디엔에이신원확인정보의 수집·이용은 수형인등에게 심리적 압박으로 인한 범죄예방효과를 가진다는 점에서 보안처분의 성격을 지니지만, 처벌적인 효과가 없는 비형벌적 보안처분으로서 소급입법금지원칙이 적용되지 않는다.

해설

① ○ 민간 전문가가 기금 운용 정책 전반에 관하여 문화체육관광부 장관을 보좌하는 직무를 수행함에 있어서 청렴성이나 공정성이 필요하다. 위 조항은 민간 전문가를 모든 영역에서 공무원으로 의제하는 것이 아니라 직무의 불가매수성을 담보한다는 요청에 의해 금품수수행위 등 직무 관련 비리행위를 엄격히 처벌하기 위해 형법 제129조 등의 적용에 대하여만 공무원으로 의제하고 있으므로 입법목적 달성에 필요한 정도를 넘어선 과잉형벌이라고 할 수 없고, 신체의 자유 등 헌법상 기본권 제한의 정도가 달성하려는 공익에 비하여 중하다고 할 수 없다. … 결론적으로 이 사건 **공무원 의제조항**이 과잉금지원칙에 위배되어 청구인의 **신체의 자유 등 헌법상 기본권을 침해**한다고 볼 수 **없다**(헌재 2014.7.24. 2012헌바188).

② ○ '**잔인성**'에 대하여는 아직 판례상 그 개념규정이 확립되지 않은 상태이고 그 사전적 의미는 "인정이 없고 모짊"이라고 할 수 있는바, 이에 의하면 미성년자의 감정이나 의지, 행동 등 그 정신생활의 모든 영역을 망라하는 것으로서 법집행자의 자의적인 판단을 허용할 여지가 높다고 할 것이다. "**범죄의 충동을 일으킬 수 있게**" 한다는 것이 과연 확정적이든 미필적이든 고의를 품도록 하는 것에만 한정되는 것인지, 인식의 유무를 가리지 않고 실제로 구성요건에 해당하는 행위로 나아가게 하는 일체의 것을 의미하는지, 더 나아가 단순히 그 행위에 착수하는 단계만으로도 충분한 것인지, 그 결과까지 의욕 하거나 실현하도록 하여야만 하는 것인지를 **전혀 알 수 없다**. 이 사건 미성년자보호법 조항은 법관의 보충적인 해석을 통하여도 그 규범내용이 확정될 수 없는 **모호하고 막연한 개념**을 사용함으로써 그 적용범위를 법집행기관의 자의적인 판단에 맡기고 있으므로, **죄형법정주의에서 파생된 명확성의 원칙에 위배**된다(헌재 2002.2.28. 99헌가8).

③ × 군인 아닌 자가 유사군복을 입고 군인임을 사칭하여 군인에 대한 국민의 신뢰를 실추시키는 행동을 하는 등 군에 대한 신뢰 저하 문제로 이어져 향후 발생할 국가안전보장상의 부작용을 상정해볼 때, 단지 **유사군복의 착용을 금지**하는 것으로는 입법목적을 달성하기에 부족하고, **유사군복을 판매 목적으로 소지하는 것까지 금지**하여 유사군복이 유통되지 않도록 하는 사전적 규제조치가 불가피하다. 이를 판매 목적으로 소지하지 못하여 입는 개인의 직업의 자유나 일반적 행동의 자유의 제한 정도는, 국가안전을 보장하고자 하는 공익에 비하여 결코 중하다고 볼 수 없다. 따라서 심판대상조항은 **과잉금지원칙**을 위반하여 직업의 자유 내지 일반적 행동의 자유를 침해한다고 **볼 수 없다**(헌재 2019.4.11. 2018헌가14).

④ ○ **디엔에이신원확인정보의 수집·이용**은 수형인 등에게 심리적 압박으로 인한 범죄예방효과를 가진다는 점에서 보안처분의 성격을 지니지만, 처벌적인 효과가 없는 **비형벌적 보안처분**으로서 **소급입법금지원칙이 적용되지 않는다**. 이 사건 법률의 소급적용으로 인한 공익적 목적이 당사자의 손실보다 더 크므로, 이 사건 부칙조항이 법률 시행 당시 디엔에이감식시료 채취 대상범죄로 실형이 확정되어 수용 중인 사람들까지 이 사건 법률을 적용한다고 하여 소급입법금지원칙에 위배되는 것은 아니다(헌재 2014.8.28. 2011헌마28 등).

정답 ③

09 신체의 자유에 관한 설명 중 가장 적절하지 않은 것은? (다툼이 있는 경우 판례에 의함)

〈2022 경정승진〉

① 교도소 내 엄중격리대상자에 대하여 이동시 계구를 사용하고 교도관이 동행계호하는 행위 및 1인 운동장을 사용하게 하는 처우가 필요한 경우에 한하여 부득이한 범위 내에서 실시되고 있으므로 신체의 자유를 과도하게 제한하여 헌법을 위반한 것이라고 볼 수 없다.

② 과태료는 행정상 의무위반자에게 부과하는 행정질서벌로서 그 기능과 역할이 형벌에 준하는 것이므로 죄형법정주의의 규율대상에 해당한다.

③ 행위 당시의 판례에 의하면 처벌대상이 되지 아니하는 것으로 해석되었던 행위를 판례의 변경에 따라 확인된 내용의 형법조항에 근거하여 처벌한다고 하여 그것이 형벌불소급원칙에 위반된다고 할 수 없다.

④ 법관으로 하여금 미결구금일수를 형기에 산입하되, 그 미결구금일수 중 일부를 산입하지 않을 수 있게 허용하는 형법규정은 무죄추정의 원칙 및 적법절차의 원칙 등을 위배하여 신체의 자유를 침해한다.

해설

① ○ 청구인들은 상습적으로 교정질서를 문란케 하는 등 교정사고의 위험성이 높은 엄중격리대상자들인바, 이들에 대한 계구사용행위, 동행계호행위 및 1인 운동장을 사용하게 하는 처우는 그 목적의 정당성 및 수단의 적정성이 인정되며, 필요한 경우에 한하여 부득이한 범위 내에서 실시되고 있다고 할 것이고, 이로 인하여 수형자가 입게 되는 자유 제한에 비하여 교정사고를 예방하고 교도소 내의 안전과 질서를 확보하는 공익이 더 크다고 할 것이다. … 이 사건 계구사용행위 및 동행계호행위가 청구인들의 기본권을 부당하게 침해한다고 보기 어렵다. … 이 사건 실외운동 제한행위가 청구인들의 기본권을 부당하게 침해한다고 보기 어렵다(헌재 2008.5.29. 2005헌마137 등).

② × 죄형법정주의는 무엇이 범죄이며 그에 대한 형벌이 어떠한 것인가는 국민의 대표로 구성된 입법부가 제정한 법률로써 정하여야 한다는 원칙인데, 과태료는 행정상의 질서 유지를 위한 행정질서벌에 해당할 뿐 형벌이라고 할 수 없어 죄형법정주의의 규율대상에 해당하지 아니한다(헌재 2003.12.18. 2002헌바49).

③ ○ 형사처벌의 근거가 되는 것은 법률이지 판례가 아니고, 형법조항에 관한 판례의 변경은 그 법률조항의 내용을 확인하는 것에 지나지 아니하여 이로써 그 법률조항 자체가 변경된 것이라고 볼 수는 없으므로, 행위 당시의 판례에 의하면 처벌대상이 되지 아니하는 것으로 해석되었던 행위를 판례의 변경에 따라 확인된 내용의 형법조항에 근거하여 처벌한다고 하여 그것이 헌법상 평등의 원칙과 형벌불소급의 원칙에 반한다고 할 수는 없다(대판 1999.9.17. 97도3349).

④ ○ 형법 제57조 제1항은 해당 법관으로 하여금 미결구금일수를 형기에 산입하되, 그 산입범위는 재량에 의하여 결정하도록 하고 있는바, 이처럼 미결구금일수 산입범위의 결정을 법관의 자유재량에 맡기는 이유는 피고인이 고의로 부당하게 재판을 지연시키는 것을 막아 형사재판의 효율성을 높이고, 피고인의 남상소를 방지하여 상소심 법원의 업무부담을 줄이는데 있다. … 헌법상 무죄추정의 원칙에 따라 유죄판결이 확정되기 전에 피의자 또는 피고인을 죄 있는 자에 준하여 취급함으로써 법률적·사실적 측면에서 유형·무형의 불이익을 주어서는 아니되고, 특히 미결구금은 신체의 자유를 침해받는 피의자 또는 피고인의 입장에서 보면 실질적으로 자유형의 집행과 다를 바 없으므로, 인권보호 및 공평의 원칙상 형기에 전부 산입되어야 한다. 따라서 형법 제57조 제1항 중 "또는 일부 부분"은 헌법상 무죄추정의 원칙 및 적법절차의 원칙 등을 위배하여 합리성과 정당성 없이 신체의 자유를 침해한다(헌재 2009.6.25. 2007헌바25).

정답 ②

10 **신체의 자유에 대한 설명으로 옳지 않은 것은? (다툼이 있는 경우 판례에 의함)** *〈2021 국회직 8급〉*

① 형사피고인이 스스로 변호인을 구할 수 없을 때에는 법률이 정하는 바에 의하여 국가가 변호인을 붙인다.

② 체포·구속·압수 또는 수색을 할 때에는 적법한 절차에 따라 검사의 신청에 의하여 법관이 발부한 영장을 제시하여야 한다.

③ 누구든지 체포 또는 구속을 당한 때에는 적부의 심사를 법원에 청구할 수 있다.

④ 체포 또는 구속을 당한 자의 가족은 구속의 이유, 일시 및 장소를 지체없이 통지받을 헌법상의 권리를 가진다.

⑤ 병에 대한 징계처분으로 영창처분이 가능하도록 규정한 「군인사법」 조항은 군 조직 내 복무규율 준수 강화라는 군의 특수성 등을 고려할 때 과잉금지원칙에 위배되지 않는다.

해설

① ○

헌법 제12조 ④ 누구든지 체포 또는 구속을 당한 때에는 즉시 변호인의 조력을 받을 권리를 가진다. 다만, 형사피고인이 스스로 변호인을 구할 수 없을 때에는 법률이 정하는 바에 의하여 국가가 변호인을 붙인다.

② ○

헌법 제12조 ③ 체포·구속·압수 또는 수색을 할 때에는 적법한 절차에 따라 검사의 신청에 의하여 법관이 발부한 영장을 제시하여야 한다. 다만, 현행범인인 경우와 장기 3년 이상의 형에 해당하는 죄를 범하고 도피 또는 증거인멸의 염려가 있을 때에는 사후에 영장을 청구할 수 있다.

③ ○

헌법 제12조 ⑥ 누구든지 체포 또는 구속을 당한 때에는 적부의 심사를 법원에 청구할 권리를 가진다.

④ ○

헌법 제12조 ⑤ 누구든지 체포 또는 구속의 이유와 변호인의 조력을 받을 권리가 있음을 고지받지 아니하고는 체포 또는 구속을 당하지 아니한다. 체포 또는 구속을 당한 자의 가족등 법률이 정하는 자에게는 그 이유와 일시·장소가 지체없이 통지되어야 한다.

⑤ × 군대 내 지휘명령체계를 확립하고 전투력을 제고한다는 공익은 매우 중요한 공익이나, 심판대상조항으로 과도하게 제한되는 병의 신체의 자유가 위 공익에 비하여 결코 가볍다고 볼 수 없어, 심판대상조항은 법익의 균형성 요건도 충족하지 못한다. 이와 같은 점을 종합할 때, 심판대상조항은 과잉금지원칙에 위배된다(헌재 2020.9.24. 2017헌바157 등).

정답 ⑤

11 형벌과 책임주의원칙에 대한 설명으로 옳지 않은 것은? (다툼이 있는 경우 판례에 의함)

〈2020 국회식 8급〉

① 「형법」 제129조 제1항의 수뢰죄를 범한 사람에게 수뢰액의 2배 이상 5배 이하의 벌금을 병과하도록 규정한 「특정범죄 가중처벌 등에 관한 법률」 조항은 책임과 형벌의 비례원칙에 위반되지 않는다.

② 단체나 다중의 위력으로써 「형법」상 상해죄를 범한 사함을 가중처벌하는 구「폭력행위 등 처벌에 관한 법률」조항은 책임과 형벌의 비례원칙에 위반되지 않는다.

③ 독립행위가 경합하여 상해의 결과를 발생하게 한 경우 원인된 행위가 판명되지 아니한 때에는 공동정범의 예에 의하도록 규정한 「형법」 제263조는 책임주의원칙에 위반된다.

④ 법인의 대표자 등이 법인의 재산을 국외로 도피한 경우 행위자를 벌하는 외에 그 법인에도 도피액의 2배 이상 10배 이하에 상당하는 벌금형을 과하는 「특정경제범죄 가중처벌 등에 관한 법률」 제4조 제4항 본문 중 '법인에 대한 처벌'에 관한 부분은 책임주의에 위반되지 않는다.

⑤ 종업원이 고정조치의무를 위반하여 화물을 적재하고 운전한 경우 그를 고용한 법인을 면책사유 없이 형사처벌하도록 규정한 구「도로교통법」 제116조 중 '법인의 대리인, 사용인 그 밖의 종업원이 그 법인의 업무에 관하여 제113조 제1호 중 제35조제3항을 위반한 때에는 그 법인에 대하여도 해당 조항의 벌금 또는 과료의 형을 과한다'는 부분은 자기책임원칙에 위반된다.

해설

① ○ 수뢰액은 죄의 경중을 가늠하는 중요한 기준 가운데 하나이며, 불법의 정도를 드러낼 수 있는 가장 보편적인 징표인바, 수뢰액이 증가하면 범죄에 대한 비난가능성도 일반적으로 높아진다고 할 수 있으므로 수뢰액을 기준으로 벌금을 산정하는 것 역시 책임을 벗어난 형벌이라고 보기 어렵다. … 결국, 심판대상조항이 그 범죄의 죄질 및 이에 따른 행위자의 책임에 비하여 지나치게 가혹한 것이어서 형벌과 책임 간의 비례원칙에 위배되었다고 볼 수 없다(헌재 2017.7.27. 2016헌바42).

② ○ 단체나 다중의 위력으로써 상해죄를 범하는 경우에는 이미 그 행위 자체에 내재되어 있는 불법의 정도가 크고, 중대한 법익 침해를 야기할 가능성이 높다. 심판대항조항의 법정형은 징역 3년 이상으로서 법관이 작량감경을 하지 않더라도 집행유예 선고가 가능하여 피고인의 책임에 상응하는 형을 선고할 수 있다. … 따라서 특별법인 「폭력행위처벌법」에 있던 심판대상조항이 삭제되고 형법에 편입되면서 법정형이 하향 조정되었다는 사정만으로 심판대상조항이 책임과 형벌의 비례원칙에 위반된 것이라고 할 수 없다(헌재 2017.7.27. 2015헌바450).

③ × 신체에 대한 가해행위는 그 자체로 상해의 결과를 발생시킬 위험을 내포하고 있으므로, 독립한 가해행위가 경합하여 상해가 발생한 경우 상해의 발생 또는 악화에 전혀 기여하지 않은 가해행위의 존재라는 것은 상정하기 어렵고, 각 가해행위가 상해의 발생 또는 악화에 어느 정도 기여하였는지를 계량화할 수 있는 것도 아니다. 이에 입법자는 피해자의 법익 보호와 일반예방적 효과를 높일 필요성을 고려하여 다른 독립행위가 경합하는 경우와 구분하여 심판대상조항을 마련한 것이다. … 또한, 법관은 피고인이 가해행위에 이르게 된 동기, 가해행위의 태양과 폭력성의 정도, 피해 회복을 위한 피고인의 노력 정도 등을 모두 참작하여 피고인의 행위에 상응하는 형을 선고하므로, 가해행위자는 자신의 행위를 기준으로 형사책임을 부담한다. 이러한 점을 종합하여 보면, 심판대상조항은 책임주의원칙에 반한다고 볼 수 없다(헌재 2018.3.29. 2019헌가10).

④ ○ (1) 법인 대표자의 법규위반행위에 대한 법인의 책임은 법인 자신의 법규위반행위로 평가될 수 있는 행위에 대한 법인의 직접 책임이므로, 대표자의 고의에 의한 위반행위에 대하여는 법인이 고의 책임을, 대표자의 과실에 의한 위반행위에 대하여는 법인이 과실 책임을 부담한다. 따라서 청구인이 대표자가 범한 횡령행위의 피해자로서 손해만을 입고 아무런 이익을 얻지 못한 경우라도, 법인이 대표자를 통하여 재산국외도피를 하였다면 그 자체로 법인

자신의 법규위반행위로 평가될 수 있다. 심판대상조항 중 법인의 대표자 관련 부분은 법인의 직접책임을 근거로 하여 법인을 처벌하므로 책임주의원칙에 반하지 아니한다.

(2) 종업원등이 재산국외도피행위를 함에 있어 법인이 그 위반행위를 방지하기 위하여 해당 업무에 관하여 상당한 주의와 감독을 게을리 한 경우라면, 법인이 설령 종업원등이 범한 횡령행위의 피해자의 지위에 있다 하더라도, 종업원등의 범죄행위에 대한 관리감독 책임을 물어 법인에도 형벌을 부과할 수 있다. 따라서 심판대상조항 중 법인의 종업원등 관련 부분은 법인의 과실책임에 기초하여 법인을 처벌하므로 책임주의 원칙에 반하지 아니한다(헌재 2019.4.11. 2015헌바443).

⑤ ○ 심판대상조항은, 종업원이 법인의 업무에 관하여 운전 중 실은 화물이 떨어지지 아니하도록 덮개를 씌우거나 묶는 등 확실하게 고정될 수 있도록 필요한 조치를 하지 아니한 채 운전한 사실이 인정되면, 곧바로 법인에 대해서도 형벌을 부과하도록 정하고 있다, 그 결과 종업원의 고정조치의무 위반행위와 관련하여 선임·감독상 주의의무를 다하여 아무런 잘못이 없는 법인도 형사처벌되게 되었는바, 이는 도출되는 책임주의원칙에 위배된다(헌재 2016.10.27. 2006헌가10).

정답 ③

12 신체의 자유에 대한 설명으로 옳지 않은 것은? (다툼이 있는 경우 헌법재판소 판례에 의함)

〈2018 국회직 5급〉

① 과태료는 행정상의 질서유지를 위한 행정질서벌에 해당할 뿐 형벌이라고 할 수 없어 죄형법정주의의 규율대상에 해당하지 아니한다.

② 적법절차원칙은 형사소송절차에 국한되지 않고 모든 국가작용 전반에 적용되는 것이므로 국민에게 부담을 주는 행정작용인 과징금부과절차에서도 준수되어야 한다.

③ 법무부장관이 형사사건으로 공소가 제기된 변호사에 대하여 판결이 확정될 때까지 업무정지를 명하도록 한 구「변호사법」제15조는 직업선택의 자유와 무죄추정의 원칙에 위배되지 않는다.

④ 판결선고 전 구금일수 중 일부만을 본형에 산입할 수 있도록 한 것은 무죄추정의 원칙 및 적법절차의 원칙에 반한다.

⑤ 구속된 피의자가 적부심사청구권을 행사한 다음 검사가 전격기소를 한 경우, 법원은 적부심사를 통하여 석방 또는 기각결정을 할 수 있다.

해설

① ○ 죄형법정주의는 무엇이 범죄이며 그에 대한 형벌이 어떠한 것인가는 국민의 대표로 구성된 입법부가 제정한 법률로써 정하여야 한다는 원칙인데, 부동산등기특별조치법 제11조 제1항 본문 중 제2조 제1항에 관한 부분이 정하고 있는 과태료는 행정상의 질서유지를 위한 행정질서벌에 해당할 뿐 형벌이라고 할 수 없어 죄형법정주의의 규율대상에 해당하지 아니한다(헌재 1998.5.28. 96헌바83).

② ○ 헌법 제12조 제1항은 "… 법률과 적법한 절차에 의하지 아니하고는 처벌·보안처분 또는 강제노역을 받지 아니한다."라고 하여 적법절차원칙을 규정하고 있는데, 헌법재판소는 이 원칙이 형사소송절차에 국한되지 않고 모든 국가작용 전반에 대하여 적용된다고 밝힌 바 있으므로, 국민에게 부담을 주는 행정작용인 과징금 부과의 절차에 있어서도 적법절차 원칙이 준수되어야 할 것이다(헌재 2003.7.24. 2001헌가25).

③ × 변호사법 제15조는, 동 규정에 의하여 입히는 불이익이 죄가 없는 자에 준하는 취급이 아님은 말할 것도 없고, 직업선택의 자유를 제한함에 있어서, 제한을 위해 선택된 요건이 제도의 당위성이나 목적에 적합하지 않을 뿐 아니라 그 처분주체와 절차가 기본권제한을 최소화하기 위한 수단을 따르지 아니하였으며 나아가 그 제한의 정도 또한 과잉하다 할 것으로서 헌법 제15조, 동 제27조 제4항에 위반된다(헌재 1990. 11.19. 90헌가48).

④ ○ 헌법상 무죄추정의 원칙에 따라 유죄판결이 확정되기 전에 피의자 또는 피고인을 죄 있는 자에 준하여 취급함으로써 법률적 사실적 측면에서 유형·무형의 불이익을 주어서는 아니 되고, 특히 미결구금은 신체의 자유를 침해받는 피의자 또는 피고인의 입장에서 보면 실질적으로 자유형의 집행과 다를 바 없으므로, 인권보호 및 공평의 원칙상 형기에 전부 산입되어야 한다. 따라서 형법 제57조 제1항 중 "또는 일부 부분"은 헌법상 무죄추정의 원칙 및 적법절차의 원칙 등을 위배하여 합리성과 정당성 없이 신체의 자유를 침해한다(헌재 2009.6.25. 2007헌바25).

⑤ ○

형사소송법 제214조의2 (체포와 구속의 적부심사) ④ 제1항의 청구를 받은 법원은 청구서가 접수된 때부터 48시간 이내에 체포 또는 구속된 피의자를 심문하고 수사관계서류와 증거물을 조사하여 그 청구가 이유 없다고 인정한 때에는 결정으로 이를 기각하고, 이유 있다고 인정한 때에는 결정으로 체포 또는 구속된 피의자의 석방을 명하여야 한다. 심사청구 후 피의자에 대하여 공소제기가 있는 경우에도 또한 같다.

정답 ③

13 신체의 자유에 대한 설명으로 옳지 않은 것은? (다툼이 있는 경우 판례에 의함) 〈2020 국가직 5급〉

① 헌법은 동일한 범죄에 대하여 거듭 처벌받지 않는다고 하고 있는데, 여기서 말하는 처벌은 국가가 행하는 일체의 제재나 불이익처분을 모두 포함하는 것이다.

② 모든 국민은 고문을 받지 아니하며, 형사상 자기에게 불리한 진술을 강요당하지 아니한다.

③ 체포·구속·압수 또는 수색을 할 때에는 적법한 절차에 따라 검사의 신청에 의하여 법관이 발부한 영장을 제시하여야 한다.

④ 체포 또는 구속을 당한 자의 가족 등 법률이 정하는 자에게는 그 이유와 일시·장소가 지체 없이 통지되어야 한다.

해설

① × 헌법 제13조 제1항은 "모든 국민은 … 동일한 범죄에 대하여 거듭 처벌받지 아니한다."고 하여 이른바 "이중처벌금지의 원칙"을 규정하고 있는바, 이 원칙은 한번 판결이 확정되면 동일한 사건에 대해서는 다시 심판할 수 없다는 "일사부재리의 원칙"이 국가형벌권의 기속원리로 헌법상 선언된 것으로서, 동일한 범죄행위에 대하여 국가가 형벌권을 거듭 행사할 수 없도록 함으로써 국민의 기본권 특히 신체의 자유를 보장하기 위한 것이라고 할 수 있다. 이러한 점에서 헌법 제13조 제1항에서 말하는 "처벌"은 원칙적으로 범죄에 대한 국가의 형벌권 실행으로서의 과벌을 의미하는 것이고, 국가가 행하는 일체의 제재나 불이익 처분을 모두 그 "처벌"에 포함시킬 수는 없다 할 것이다(헌재 1994.6.30. 92헌바38).

② ○

> **헌법 제12조** ② 모든 국민은 고문을 받지 아니하며, 형사상 자기에게 불리한 진술을 강요당하지 아니한다.

③ ○

> **헌법 제12조** ③ 체포·구속·압수 또는 수색을 할 때에는 적법한 절차에 따라 검사의 신청에 의하여 법관이 발부한 영장을 제시하여야 한다. 다만, 현행범인인 경우와 장기 3년 이상의 형에 해당하는 죄를 범하고도 도피 또는 증거인멸의 염려가 있을 때에는 사후에 영장을 청구할 수 있다.

④ ○

> **헌법 제12조** ⑤ 누구든지 체포 또는 구속의 이유와 변호인의 조력을 받을 권리가 있음을 고지 받지 아니하고는 체포 또는 구속을 당하지 아니한다. 체포 또는 구속을 당한 자의 가족 등 법률이 정하는 자에게는 그 이유와 일시·장소가 지체 없이 통지되어야 한다.

정답 ①

14 신체의 자유에 대한 설명으로 가장 옳은 것은? 〈2019 서울시 7급〉

① 강제퇴거명령을 받은 사람을 즉시 대한민국 밖으로 송환할 수 없으면 송환할 수 있을 때까지 보호시설에 보호할 수 있도록 규정한 「출입국관리법」 제63조 제1항은 과잉금지원칙에 반하여 신체의 자유를 침해한다.

② 체포영장을 집행하는 경우 필요한 때에는 타인의 주거 등에서 피의자 수사를 할 수 있도록 한 「형사소송법」 제216조 제1항 제1호 중 제200조의2에 관한 부분은 헌법 제16조의 영장주의에 위반되지 않는다.

③ 헌법 제12조 제4항 본문에 규정된 '구속'은 사법절차에서 이루어진 구속뿐 아니라, 행정절차에서 이루어진 구속까지 포함하는 개념이므로 헌법 제12조 제4항 본문에 규정된 변호인의 조력을 받을 권리는 행정절차에서 구속을 당한 사람에게도 즉시 보장된다.

④ 검찰수사관이 피의자신문에 참여한 변호인에게 피의자 후방에 앉으라고 요구한 행위는 변호인의 변호권을 침해하는 것이 아니다.

해설

① × 심판대상조항은 외국인의 출입국과 체류를 적절하게 통제하고 조정하여 국가의 안전보장·질서유지 및 공공복리를 도모하기 위한 것으로 입법목적이 정당하다. 강제퇴거대상자를 출국 요건이 구비될 때까지 보호시설에 보호하는 것은 강제퇴거명령의 신속하고 효율적인 집행과 외국인의 출입국·체류관리를 위한 효과적인 방법이므로 수단의 적정성도 인정된다. … 그러므로 심판대상조항은 과잉금지원칙에 위배되어 신체의 자유를 침해하지 아니 한다(헌재 2018.2.22. 2017헌가29).

② × 심판대상조항은 체포영장을 발부받아 피의자를 체포하는 경우에 필요한 때에는 영장 없이 타인의 주거 등 내에서 피의자 수사를 할 수 있다고 규정함으로써, 앞서 본 바와 같이 별도로 영장을 발부받기 어려운 긴급한 사정이 있는지 여부를 구별하지 아니하고 피의자가 소재할 개연성만 소명되면 영장 없이 타인의 주거 등을 수색할 수 있도록 허용하고 있다. 이는 체포영장이 발부된 피의자가 타인의 주거 등에 소재할 개연성은 소명되나, 수색에 앞서 영장을 발부받기 어려운 긴급한 사정이 인정되지 않는 경우에도 영장 없이 피의자 수색을 할 수 있다는 것이므로, 헌법 제16조의 영장주의 예외 요건을 벗어나는 것으로서 영장주의에 위반된다(헌재 2018.4.26. 2015헌바370 등).

③ ○ 헌법 제12조 제4항 본문의 문언 및 헌법 제12조의 조문 체계, 변호인 조력권의 속성, 헌법이 신체의 자유를 보장하는 취지를 종합하여 보면 헌법 제12조 제4항 본문에 규정된 "구속"은 사법절차에서 이루어진 구속뿐 아니라, 행정절차에서 이루어진 구속까지 포함하는 개념이다. 따라서 헌법 제12조 제4항 본문에 규정된 변호인의 조력을 받을 권리는 행정절차에서 구속을 당한 사람에게도 즉시 보장된다(헌재 2018. 5.31. 2014헌마346).

④ × 피의자신문에 참여한 변호인이 피의자 옆에 앉는다고 하여 피의자 뒤에 앉는 경우보다 수사를 방해할 가능성이 높아진다거나 수사기밀을 유출할 가능성이 높아진다고 볼 수 없으므로, 이 사건 후방착석요구행위의 목적의 정당성과 수단의 적절성을 인정할 수 없다. … 이 사건 후방착석요구행위로 얻어질 공익보다는 변호인의 피의자신문참여권 제한에 따른 불이익의 정도가 크므로 법익의 균형성 요건도 충족하지 못한다. 따라서 이 사건 후방착석 요구행위는 변호인인 청구인의 변호권을 침해한다(헌재 2017.11.30. 2016헌마503).

정답 ③

15 신체의 자유에 대한 설명으로 옳지 않은 것은? (다툼이 있는 경우 판례에 의함) *〈2018 국가직 7급〉*

① 체포영장을 발부받아 피의자를 체포하는 경우에 필요한 때에는 영장 없이 타인의 주거 등 내에서 피의자 수사를 할 수 있도록 한 「형사소송법」 규정은 별도로 영장을 발부받기 어려운 긴급한 사정이 있는지 여부를 구별하지 아니하고 피의자가 소재할 개연성만 소명되면 영장 없이 타인의 주거 등을 수색할 수 있도록 허용하고 있으므로 헌법 제16조의 영장주의에 위반된다.

② 동일인을 구「석유 및 석유대체연료 사업법」 규정에 따라 유사석유제품 제조행위로 처벌하고, 구「조세범 처벌법」 규정에 근거하여 유사석유제품을 제조하여 조세를 포탈한 행위로도 처벌하는 것은 기본적 사실관계로서의 행위가 동일하여 이중처벌금지원칙에 위배된다.

③ 단순히 선박소유자가 고용한 선장이 선박소유자의 업무에 관하여 범죄행위를 하였다는 이유만으로 그 선박소유자에게도 동일한 벌금형을 과하도록 한 규정은 다른 사람의 범죄에 대하여 그 책임 유무를 묻지 않고 형벌을 부과하는 것으로서 책임주의원칙에 반한다.

④ 변호인이 피의자신문에 자유롭게 참여할 수 있는 권리는 피의자가 가지는 변호인의 조력을 받을 권리를 실현하는 수단이므로 헌법상 기본권인 변호인의 변호권으로서 보호되어야 한다.

해설

① ○ 심판대상조항은 체포영장을 발부받아 피의자를 체포하는 경우에 필요한 때에는 영장 없이 타인의 주거 등 내에서 피의자 수사를 할 수 있다고 규정함으로써, 앞서 본 바와 같이 별도로 영장을 발부받기 어려운 긴급한 사정이 있는지 여부를 구별하지 아니하고 피의자가 소재할 개연성만 소명되면 영장 없이 타인의 주거 등을 수색할 수 있도록 허용하고 있다. 이는 체포영장이 발부된 피의자가 타인의 주거 등에 소재할 개연성은 소명되다. 수색에 앞서 영장을 발부받기 어려운 긴급한 사정이 인정되지 않는 경우에도 영장 없이 피의자 수색을 할 수 있다는 것이므로, 헌법 제16조의 영장주의 예외 요건을 벗어나는 것으로서 영장 주의에 위반된다(헌재 2018.4.26. 2015헌바370 등).

② × 구「석유 및 석유대체연료 사업법」(이하 '석유사업법'이라 한다)에 의한 처벌은 유사석유제품을 제조하는 것으로써 구성요건을 충족하는 반면, 심판대상조항에 의한 처벌은 유사석유제품을 제조하여 그에 따른 세금을 포탈한 때 비로소 구성요건에 해당하는 것이므로, 양자는 처벌의 대상이 되는 행위를 달리한다. 따라서 심판대상조항은 이중처벌금지원칙에 위배되지 아니한다(헌재 2017.7.27. 2012헌바323).

③ ○ 이 사건 법률조항은 선장의 범죄행위에 관하여 비난할 근거가 되는 신박소유자의 의시 결정 및 행위구조, 즉 선장이 저지른 행위의 결과에 대한 선박소유자의 독자적인 책임에 관하여 전혀 규정하지 않은 채, 단순히 선박소유자가 고용한 선장이 업무에 관하여 범죄행위를 하였다는 이유만으로 선박소유자에 대하여 형사처벌을 과하고 있는바, 이는 다른 사람의 범죄에 대하여 그 책임 유무를 묻지 않고 형벌을 부과하는 것으로서, 법치국가의 원리 및 죄형법정주의로부터 도출되는 책임주의원칙에 반한다(헌재 2013.9. 26. 2013헌가15).

④ ○ 변호인이 피의자신문에 자유롭게 참여할 수 있는 권리는 피의자가 가지는 변호인의 조력을 받을 권리를 실현하는 수단이므로 헌법상 기본권인 변호인의 변호권으로서 보호되어야 한다(헌재 2017.11.30. 2016헌마503).

정답 ②

16 **형벌에 관한 책임주의원칙에 대한 설명으로 가장 적절하지 않은 것은? (다툼이 있는 경우 판례에 의함)** *〈2018 경정승진〉*

① 종업원이 고정조치의무를 위반하여 화물을 적재하고 운전한 경우 그를 고용한 법인을 면책 사유 없이 형사처벌하도록 규정한 구「도로교통법」조항은 책임주의원칙에 위배되지 아니한다.

② 종업원의 위반행위에 대하여 양벌조항으로서 개인인 영업주에게도 동일하게 무기 또는 2년 이상의 징역형의 법정형으로 처벌하도록 규정하고 있는 보건범죄단속에 관한 특별조치법조항은 형사법상 책임원칙에 위반된다.

③「형법」제129조 제1항의 수뢰죄를 범한 사람에게 수뢰액의 2배 이상 5배 이하의 벌금을 병과하도록 규정한 특정범죄 가중처벌 등에 관한 법률 조항은 책임과 형벌의 비례원칙에 위배되지 아니한다.

④ 단체나 다중의 위력으로써 형법상 상해죄를 범한 사람을 가중 처벌하는 구「폭력행위 등 처벌에 관한 법률」조항은 책임과 형벌의 비례원칙에 위반되지 아니한다.

해설

① × 심판대상조항은, 종업원이 법인의 업무에 관하여 운전 중 실은 화물이 떨어지지 아니하도록 덮개를 씌우거나 묶는 등 확실하게 고정될 수 있도록 필요한 조치를 하지 아니한 채 운전한 사실이 인정되면, 곧바로 법인에 대해서도 형벌을 부과하도록 정하고 있다. 그 결과 종업원의 고정조치의무 위반행위와 관련하여 선임·감독상 주의의무를 다하여 아무런 잘못이 없는 법인도 형사처벌되게 되었는바, 이는 다른 사람의 범죄에 대하여 그 책임 유무를 묻지 않고 형사처벌하는 것이므로 헌법상 법치국가원리 및 죄형법정주의로부터 도출되는 책임주의원칙에 위배된다. 따라서 심판대상조항은 헌법을 위반한다(헌재 2016.10.27. 2016헌가10).

② ○ 이 사건 법률조항이 종업원의 업무 관련 무면허의료행위가 있으면 이에 대해 영업주가 비난받을 만한 행위가 있었는지 여부와는 관계없이 자동적으로 영업주도 처벌하도록 규정하고 있고, 그 문언상 명백한 의미와 달리 "종업원의 범죄행위에 대해 영업주의 선임감독상의 과실(기타 영업주의 귀책사유)이 인정되는 경우"라는 요건을 추가하여 해석하는 것은 문리해석의 범위를 넘어서는 것으로서 허용될 수 없으므로, 결국 위 법률조항은 다른 사람의 범죄에 대해 그 책임 유무를 묻지 않고 형벌을 부과함으로써, 법정형에 나아가 판단할 것 없이, 형사법의 기본원리인 '책임 없는 자에게 형벌을 부과할 수 없다'는 책임주의에 반한다(헌재 2007.11.29. 2005헌가10).

③ ○ 종래의 징역형 위주의 처벌규정은 수뢰죄의 예방 및 척결에 미흡하여 큰 실효를 거두지 못하여 왔고, 범죄 수익을 소비 또는 은닉한 경우 몰수·추징형의 집행이 불가능할 수 있고, 범죄수익의 박탈만으로는 범죄의 근절에 충분하지 않을 수 있다는 점까지 고려하여 징역형 뿐 아니라 벌금형을 필요적으로 병과하는 심판대상조항을 도입한 입법자의 결단은 입법재량의 한계를 벗어난 것이라고 단정할 수 없다. … 벌금형의 필요적 병과는 수뢰액의 다과를 불문하고 수뢰행위의 반사회성, 반윤리성에 터잡아 수뢰범에 대하여 경제적인 불이익을 가함으로써 공무원 등의 청렴성, 공직 등의 불가매수성 및 순수성을 확보하고, 이에 대한 사회적 신뢰를 회복하기 위한 입법목적에서 비롯되었으므로 심판대상조항이 특가법 적용을 받는 수뢰죄뿐 아니라 형법 적용을 받는 수뢰죄에도 벌금형을 필요적으로 병과하도록 하였다 하더라도 형벌과 책임 사이의 비례관계를 벗어난 것이라고 할 수 없다. 결국, 심판대상조항이 그 범죄의 죄질 및 이에 따른 행위자의 책임에 비하여 지나치게 가혹한 것이어서 형벌과 책임 간의 비례원칙에 위배되었다고 볼 수 없다(헌재 2017.7.27. 2016헌바42).

④ ○ 단체나 다중의 위력으로써 상해죄를 범하는 경우에는 이미 그 행위 자체에 내재되어 있는 불법의 정도가 크고, 중대한 법익 침해를 야기할 가능성이 높다. 심판대상조항의 법정형은 징역 3년 이상으로서 법관이 작량감경을 하지 않더라도 집행유예 선고가 가능하여 피고인의 책임에 상응하는 형을 선고할 수 있다. … 따라서 특별법인 폭력행위처벌법에 있던 심판대상조항이 삭제되고 형법에 편입되면서 법정형이 하향 조정되었다는 사정만으로 심판대상조항이 책임과 형벌의 비례원칙에 위반된 것이라고 할 수 없다(헌재 2017.7.27. 2015헌바450).

정답 ①

17 보안처분에 관한 다음 설명 중 가장 옳지 않은 것은? 〈2020 법원직 9급〉

① 전자장치 부착명령은 범죄행위를 한 사람에 대한 응보를 주된 목적으로 그 책임을 추궁하는 사후적 처분인 형벌과 구별되는 비형벌적 보안처분으로서 소급효금지원칙이 적용되지 아니한다.

② 노역장유치란 벌금납입의 대체수단이자 납입강제기능을 갖는 벌금형의 집행방법이며, 벌금형에 대한 환형처분이라는 점에서 형벌과 구별된다. 따라서 노역장유치기간의 하한을 정한 것은 벌금형을 대체하는 집행방법을 강화한 것에 불과하며, 이를 소급적용한다고 하여 형벌불소급의 문제가 발생한다고 보기 어렵다.

③ 보안처분이라 하더라도 형벌적 성격이 강하여 신체의 자유를 박탈하거나 박탈에 준하는 정도로 신체의 자유를 제한하는 경우에는 소급입법금지원칙을 적용하는 것이 법치주의 및 죄형법정주의에 부합한다.

④ 디엔에이감식시료의 채취 행위 및 디엔에이신원확인정보의 수집, 수록, 검색, 회보라는 일련의 행위는 보안처분으로서의 성격을 지닌다.

해설

① ○ 전자장치 부착명령은 전통적 의미의 형벌이 아닐 뿐 아니라, 성폭력범죄자의성행교정과 재범방지를 도모하고 국민을 성폭력 범죄로부터 보호한다고 하는 공익을 목적으로 하며, 전자장치의 부착을 통해서 피부착자의 행동 자체를 통제하는 것도 아니라는 점에서 이 사건 부칙조항이 적용되었을 때 처벌적인 효과를 나타낸다고 보기 어렵다. 그러므로 이 사건 부착명령은 범죄행위를 한 사람에 대한 응보를 주된 목적으로 그 책임을 추궁하는 사후적 처분인 형벌과 구별되는 비형벌적 보안처분으로서 소급효금지원칙이 적용되지 아니한다(헌재 2012.12.27. 2010헌가82 등).

② × 형벌불소급원칙에서 의미하는 '처벌'은 형법에 규정되어 있는 형식적 의미의 형벌 유형에 국한되지 않으며, 범죄행위에 따른 제재의 내용이나 실제적 효과가 형벌적 성격이 강하여 신체의 자유를 박탈하거나 이에 준하는 정도로 신체의 자유를 제한하는 경우에는 형벌불소급원칙이 적용되어야 한다. 노역장유치는 그 실질이 신체의 자유를 박탈하는 것으로서 징역형과 유사한 형벌적 성격을 가지고 있으므로 형벌불소급원칙의 적용대상이 된다. 노역장유치조항은 1억 원 이상의 벌금형을 선고받는 자에 대하여 유치기간의 하한을 중하게 변경시킨 것이므로, 이 조항 시행 전에 행한 범죄행위에 대해서는 범죄행위 당시에 존재하였던 법률을 적용하여야 한다. 그런데 부칙조항은 노역장유치조항의 시행 전에 행해진 범죄행위에 대해서도 공소제기의 시기가 노역장유치조항의 시행 이후이면 이를 적용하도록 하고 있으므로, 이는 범죄행위 당시 보다 불이익한 법률을 소급 적용하도록 하는 것으로서 헌법상 형벌불소급원칙에 위반된다(헌재 2017. 10.26. 2015헌바239 등).

③ ○ 보안처분은 형벌과는 달리 행위자의 장래 재범위험성에 근거하는 것으로서, 행위 시가 아닌 재판시의 재범위험성 여부에 대한 판단에 따라 보안처분 선고를 결정하므로 원칙적으로 재판 당시 현행법을 소급적용할 수 있다고 보는 것이 타당하고 합리적이다. 그러나 보안처분의 범주가 넓고 그 모습이 다양한 이상, 보안처분에 속한다는 이유만으로 일률적으로 소급효금지원칙이 적용된다거나 그렇지 않다고 단정해서는 안 되고, 보안처분이라는 우회적인 방법으로 형벌불소급의 원칙을 유명무실하게 하는 것을 허용해서도 안 된다. 따라서 보안처분이라 하더라도 형벌적 성격이 강하여 신체의 자유를 박탈하거나 박탈에 준하는 정도로 신체의 자유를 제한하는 경우에는 소급효금지원칙을 적용하는 것이 법치주의 및 죄형법정주의에 부합한다(헌재 2012.12.27. 2010헌가82 등).

④ ○ DNA감식시료의 채취 행위 및 DNA신원확인정보의 수집, 수록, 검색, 회보라는 일련의 행위는 수형인등에게 심리적 압박에서 나오는 위하효과로 인한 범죄의 예방효과를 가진다는 점에서 행위자의 장래 위험성에 근거하여 범죄자의 개선을 통해 범죄를 예방하고 장래의 위험을 방지하여 사회를 보호하기 위해서 부과되는 보안처분으로서의 성격을 지닌다고 볼 수 있다(헌재 2014.8.28. 2011헌마28 등).

정답 ②

18 신체의 자유 및 죄형법정주의에 관한 다음 설명 중 가장 옳지 않은 것은? *〈2021 법원직 9급〉*

① 과태료는 행정상 의무위반자에게 부과하는 행정 질서벌로서 그 기능과 역할이 형벌에 준하는 것이므로 죄형법정주의의 규율대상에 해당한다.

② 모든 국민은 고문을 받지 아니하고, 형사상 자기에게 불리한 진술을 강요당하지 아니한다.

③ 체포·구속·압수 또는 수색을 할 때에는 적법한 절차에 따라 검사의 신청에 의하여 법관이 발부한 영장을 제시하여야 한다. 다만, 현행범인인 경우와 장기 3년 이상의 형에 해당하는 죄를 범하고 도피 또는 증거인멸의 염려가 있을 때에는 사후에 영장을 청구할 수 있다.

④ 누구든지 체포 또는 구속을 당한 때에는 즉시 변호인의 조력을 받을 권리를 가진다. 다만, 형사피고인이 스스로 변호인을 구할 수 없을 때에는 법률이 정하는 바에 의하여 국가가 변호인을 붙인다.

해설

① × 죄형법정주의는 무엇이 범죄이며 그에 대한 형벌이 어떠한 것인가는 국민의 대표로 구성된 입법부가 제정한 법률로써 정하여야 한다는 원칙인데, **과태료**는 행정상의 질서 유지를 위한 **행정 질서벌**에 해당할 뿐 형벌이라고 할 수 없어 **죄형법정주의의 규율대상**에 해당하지 **아니한다**(헌재 2003.12.18. 2002헌바49).

② ○

헌법 제12조 ② 모든 국민은 고문을 받지 아니하며, 형사상 자기에게 불리한 진술을 강요당하지 아니한다.

③ ○

헌법 제12조 ③ 체포·구속·압수 또는 수색을 할 때에는 적법한 절차에 따라 검사의 신청에 의하여 법관이 발부한 영장을 제시하여야 한다. 다만, 현행범인인 경우와 장기 3년 이상의 형에 해당하는 죄를 범하고 도피 또는 증거인멸의 염려가 있을 때에는 사후에 영장을 청구할 수 있다.

④ ○

헌법 제12조 ④ 누구든지 체포 또는 구속을 당한 때에는 즉시 변호인의 조력을 받을 권리를 가진다. 다만, 형사피고인이 스스로 변호인을 구할 수 없을 때에는 법률이 정하는 바에 의하여 국가가 변호인을 붙인다.

정답 ①

19 죄형법정주의에 대한 설명으로 옳지 않은 것은? (다툼이 있는 경우 헌법재판소 판례에 의함)

〈2018 국회직 8급〉

① 형벌 구성요건의 실질적 내용을 법률이 아닌 새마을금고의 정관에 위임한 것은 죄형법정주의의 원칙에 위반된다.

② 형벌 구성요건의 실질적 내용을 노동조합과 사용자 간의 근로조건에 관한 계약에 지나지 않는 단체협약에 위임하는 것은 죄형법정주의의 기본적 요청인 법률주의에 위배된다.

③ 과태료는 형벌이 아니고 행정상의 질서유지를 위한 행정질서벌에 해당되지만, 국민의 재산상 제약에 해당되어 죄형법정주의의 규율대상에 해당된다.

④ 「지방자치법」이 노동운동을 하더라도 형사처벌에서 제외되는 공무원의 범위를 당해 지방자치단체의 조례로 정하도록 한 것은 헌법에 위반되지 않는다.

⑤ 호별방문 등이 금지되는 기간과 금지되는 선거운동 방법을 중소기업중앙회 정관에서 정하도록 위임하고 있는 「중소기업협동조합법」은 죄형법정주의에 위배된다.

해설

① ○ 형벌 구성요건의 실질적 내용을 법률에서 직접 규정하지 아니하고 금고의 정관에 위임한 것은 범죄와 형벌에 관하여는 입법부가 제정한 형식적 의미의 "법률"로써 정하여야 한다는 죄형법정주의 원칙에 위반된다(헌재 2001.1.18. 99헌바112).

② ○ 구「노동조합법」제46조의3은 그 구성 요건을 "단체협약에……위반한 자"라고만 규정함으로써 범죄구성요건의 외피(外皮)만 설정하였을 뿐 구성요건의 실질적 내용을 직접 규정하지 아니하고 모두 단체협약에 위임하고 있어 죄형법정주의의 기본적 요청인 "법률"주의에 위배되고, 그 구성요건도 지나치게 애매하고 광범위하여 죄형법정주의의 명확성의 원칙에 위배된다(헌재 1998.3.26. 96헌가20).

③ × 죄형법정주의는 무엇이 범죄이며 그에 대한 형벌이 어떠한 것인가는 국민의 대표로 구성된 입법부가 제정한 법률로써 정하여야 한다는 원칙인데,「부동산등기특별조치법」제11조 제1항 본문 중 제2조 제1항에 관한 부분이 정하고 있는 과태료는 행정상의 질서유지를 위한 행정질서벌에 해당할 뿐 형벌이라고 할 수 없어 죄형법정주의의 규율대상에 해당하지 아니한다(헌재 1998.5.28. 96헌바83).

④ ○ 헌법 제117조 제1항은 "지방자치단체는 주민의 복리에 관한 사무를 처리하고 재산을 관리하며, 법령의 범위 안에서 자치에 관한 규정을 제정할 수 있다"고 규정하여 법률의 위임이 있는 경우에는 조례에 의하여 소속 공무원에 대한 인사와 처우를 스스로 결정하는 권한이 있다고 할 것이므로, 제58조 제2항이 노동운동을 하더라도 형사처벌에서 제외되는 공무원의 범위에 관하여 당해 지방자치단체에 조례제정권을 부여하고 있다고 하여 헌법에 위반된다고 할 수 없다(헌재 2005.10.27. 2003헌바50 등).

⑤ ○ 이 사건 호별방문금지조항은 형사처벌과 관련한 주요사항을 헌법이 위임입법의 형식으로 예정하고 있지도 않은 특수법인의 정관에 위임하고 있는데, 이는 사실상 그 정관 작성권자에게 처벌법규의 내용을 형성할 권한을 준 것이나 다름없으므로 죄형법정주의에 비추어 허용되기 어렵다. … 이 사건 선거운동제한조항은 범죄와 형벌에 관하여는 입법부가 제정한 형식적 의미의 법률로써 정하여야 한다는 죄형법정주의에 위배된다(헌재 2016.11.24. 2015헌가29).

정답 ③

20 **헌법상 죄형법정주의에 관한 다음 설명 중 가장 옳지 않은 것은? (다툼이 있는 경우 헌법재판소 결정에 의함)** *〈2016 법원직 9급〉*

① 죄형법정주의는 법치주의, 국민주권 및 권력분립의 원리에 입각한 것으로서 일차적으로 무엇이 범죄이며 그에 대한 형벌이 어떠한 것인가는 반드시 국민의 대표로 구성된 입법부가 제정한 성문의 법률로써 정하여야 한다는 원칙인바, 여기서 말하는 '법률'이란 입법부에서 제정한 형식적 의미의 법률을 의미한다.

② 법률에 의한 처벌법규의 위임은, 헌법이 특별히 인권을 최대한으로 보장하기 위하여 죄형법정주의와 적법절차를 규정하고 법률에 의한 처벌을 특별히 강조하고 있는 기본권보장 우위사상에 비추어 바람직스럽지 못한 일이므로, 그 요건과 범위가 보다 엄격하게 제한적으로 적용되어야 한다. 따라서 특히 긴급한 필요가 있거나 미리 법률로써 자세히 정할 수 없는 부득이한 사정이 있는 경우로 한정되어야 한다.

③ 농업협동조합의 임원선거에 있어 정관이 정하는 행위 외의 선거운동을 한 경우 이를 형사 처벌하도록 한 법률조항은, 조합의 임원선거에 있어 정관이 정하는 것 이외의 일체의 선거운동을 금지한다는 의미로 명확하게 해석된다고 할 것이므로 선거운동의 예외적 허용 사항을 정관에 위임하였더라도 죄형법정주의원칙에 위배된다고 볼 수 없다.

④ 노동조합 관련 법률에서 범죄의 구성요건을 '단체협약에 … 위반한 자'라고만 규정한 경우, 이는 범죄구성요건의 외피(外皮)만 설정하였을 뿐 구성요건의 실질적 내용을 직접 규정하지 아니하고 모두 단체협약에 위임하고 있는 것으로, 죄형법정주의의 기본적 요청인 법률주의에 위배되고, 그 구성요건도 지나치게 애매하고 광범위하여 죄형법정주의의 명확성의 원칙에 위배된다.

해설

① ○

② ○ "법률이 없으면 범죄도 없고 형벌도 없다."라는 말로 표현되는 죄형법정주의는 법치주의, 국민주권 및 권력분립의 원리에 입각한 것으로서 일차적으로 무엇이 범죄이며 그에 대한 형벌이 어떠한 것인가는 반드시 국민의 대표로 구성된 입법부가 제정한 성문의 법률로써 정하여야 한다는 원칙이고, 헌법도 제12조 제1항 후단에 '법률과 적법한 절차에 의하지 아니하고는 처벌을 받지 아니한다.' 라고 규정하여 죄형법정주의를 천명하고 있는바, 여기서 말하는 "법률"이란 입법부에서 제정한 형식적 의미의 법률을 의미하는 것임은 물론이다. … 그렇지 아니하고 일반적이고 포괄적인 위임을 한다면 이는 사실상 입법권을 백지위임하는 것이나 다름이 없어 의회입법의 원칙이나 법치주의를 부인하는 것이 되며, 특히 법률에 의한 처벌법규의 위임은,

헌법이 특별히 인권을 최대한으로 보장하기 위하여 죄형법정주의와 적법절차를 규정하고, 법률에 의한 처벌을 특별히 강조하고 있는 기본권보장 우위사상에 비추어 바람직스럽지 못한 일이므로, 그 요건과 범위가 보다 엄격하게 제한적으로 적용되어야 한다. 따라서 처벌법규의 위임은 특히 긴급한 필요가 있거나 미리 법률로써 자세히 정할 수 없는 부득이한 사정이 있는 경우에 한정되어야 한다(헌재 1998.3. 26. 96헌가20).

③ × 정관에 구성요건을 위임하고 있는 이 사건 법률조항은 범죄와 형벌에 관하여는 입법부가 제정한 형식적 의미의 법률로써 정하여야 한다는 죄형법정주의원칙에 비추어 허용되기 어렵다. 「농업협동조합법」 제50조 제4항은 "누구든지 임원선거와 관련하여 다음 각 호의 방법 중 정관이 정하는 행위 외의 선거운동을 할 수 없다."라고 되어 있는바, 위 규정만으로는 '정관이 정하는 행위 외의 선거운동'이 과연 어느 범위의 선거운동을 말하는지에 관하여 구체적으로 알 수 없고, 법원의 해석으로도 이 사건 법률조항의 의미내용을 명확하게 파악할 수가 없다. … 따라서 이 사건 법률조항은 형식적 의미의 법률이 아닌 정관에 범죄구성요건을 위임함에 따라 수범자로 하여금 형사처벌 유무에 대하여 전혀 예측할 수 없도록 하고 있으므로 헌법상 죄형법정주의원칙에 위배된다고 할 것이다(헌재 2010.7.29. 2008헌바106).

④ ○ 구 노동조합법 제46조의3은 그 구성요건을 "단체협약에 … 위반한 자"라고만 규정함으로써 범죄구성요건의 외피(外皮)만 설정하였을 뿐 구성요건의 실질적 내용을 직접 규정하지 아니하고 모두 단체협약에 위임하고 있어 죄형법정주의의 기본적 요청인 "법률주의에 위배"되고, 그 구성요건도 지나치게 애매하고 광범위하여 죄형법정주의의 명확성의 원칙에 위배된다(헌재 1998.3.26. 96헌가20).

정답 ③

21 죄형법정주의의 명확성 원칙에 대한 설명으로 옳지 않은 것은? (다툼이 있는 경우 판례에 의함)

〈2022 국회직 5급〉

① '여러 사람의 눈에 뜨이는 곳에서 공공연하게 알몸을 지나치게 내놓거나 가려야 할 곳을 내놓아 다른 사람에게 부끄러운 느낌이나 불쾌감을 준 사람'을 처벌하는 「경범죄처벌법」 조항은 죄형법정주의의 명확성 원칙에 위반되지 않는다.

② '운행 중인 자동차의 운전자를 폭행하거나 협박한 사람'을 처벌하는 「특정범죄 가중처벌 등에 관한 법률」 조항 가운데 '운행 중' 부분은 죄형법정주의의 명확성 원칙에 위반되지 않는다.

③ 카메라 등을 이용하여 성적 욕망 또는 수치심을 유발할 수 있는 다른 사람의 신체를 촬영한 촬영물을 그 의사에 반하여 반포한 경우 등을 처벌하는 「성폭력범죄의 처벌 등에 관한 특례법」 조항은 죄형법정주의의 명확성 원칙에 위반되지 않는다.

④ 「응급의료에 관한 법률」 조항 중 '누구든지 응급의료종사자의 응급환자에 대한 진료를 폭행, 협박, 위계, 위력, 그 밖의 방법으로 방해하여서는 아니된다.'는 부분 가운데 '그 밖의 방법' 부분은 죄형법정주의의 명확성 원칙에 위반되지 않는다.

⑤ 「도로교통법」 조항 중 '자동차의 운전자는 고속도로 등에서 자동차의 고장 등 부득이한 사정이 있는 경우를 제외하고는 갓길로 통행하여서는 아니된다.' 부분 중 '부득이한 사정' 부분은 죄형법정주의의 명확성 원칙에 위반되지 않는다.

해설

① × 심판대상조항은 알몸을 '지나치게 내놓는' 것이 무엇인지 그 판단 기준을 제시하지 않아 무엇이 지나친 알몸노출행위인지 판단하기 쉽지 않고, '가려야 할 곳'의 의미도 알기 어렵다. 심판대상조항 중 '부끄러운 느낌이나 불쾌감'은 사람마다 달리 평가될 수밖에 없고, 노출되었을 때 부끄러운 느낌이나 불쾌감을 주는 신체부위도 사람마다 달라 '부끄러운 느낌이나 불쾌감'을 통하여 '지나치게'와 '가려야 할 곳' 의미를 확정하기도 곤란하다. … 따라서 심판대상조항은 죄형법정주의의 명확성원칙에 위배된다(헌재 2016.11.24. 2016헌가3).

② ○ '운행 중'이란 '운행 중 또는 일시 주·정차 한 경우로서 운전자에 대한 폭행으로 인하여 운전자, 승객 또는 보행자 등의 안전을 위협할 수 있는 상황'을 의미한다고 해석될 수 있다. … 따라서 이 사건 운행조항은 건전한 상식과 통상적인 법감정을 가진 일반인이 구체적으로 어떠한 경우가 이에 해당하는지 알 수 있고, 법관의 자의적인 해석으로 확대될 염려가 없다고 할 것이므로 죄형법정주의에서 요구하는 형벌법규의 명확성원칙에 위배된다고 볼 수 없다(헌재 2017.11.30. 2015헌바336).

③ ○ '성적 욕망 또는 수치심을 유발할 수 있는 다른 사람의 신체'는 구체적, 개별적, 상대적으로 판단할 수밖에 없는 개념이고, 사회와 시대의 문화, 풍속 및 가치관의 변화에 따라 수시로 변화하는 개념이므로, 심판대상조항이 다소 개방적이거나 추상적인 표현을 사용하면서 그 의미를 법관의 보충적 해석에 맡긴 것은 어느 정도 불가피하다. 법원은 이에 대해 합리적인 해석기준을 제시하고 그 기준에 따라 심판대상조항의 해당 여부를 판단하고 있으므로, 법 집행기관이 심판대상조항을 자의적으로 해석할 염려가 있다고 보기도 어렵다. 따라서 심판대상조항은 죄형법정주의의 명확성원칙에 위배되지 아니한다(헌재 2017.6.29. 2015헌바243).

④ ○ 응급의료법의 입법 취지, 규정형식 및 문언의 내용을 종합하여 볼 때, 건전한 상식과 통상적인 법 감정을 가진 일반인이라면 구체적인 사건에서 어떠한 행위가 이 사건 금지조항의 '그 밖의 방법'에 의하여 규율되는지 충분히 예견할 수 있고, 이는 법관의 보충적 해석을 통하여 확정될 수 있는 개념이다. 따라서 이 사건 금지조항의 '그 밖의 방법' 부분은 죄형법정주의의 명확성의 원칙에 위반된다고 할 수 없다(헌재 2019.6.28. 2018헌바128).

⑤ ○ 금지조항이 규정한 '부득이한 사정'이란 사회통념상 차로로의 통행을 기대하기 어려운 특별한 사정을 의미한다고 해석된다. 건전한 상식과 통상적인 법감정을 가진 수범자는 금지조항이 규정한 부득이한 사정이 어떠한 것인지 충분히 알 수 있고, 법관의 보충적인 해석을 통하여 그 의미가 확정될 수 있다. 그러므로 금지조항 중 '부득이한 사정' 부분은 죄형법정주의의 명확성원칙에 위배되지 않는다(헌재 2021.8.31. 2020헌바100).

정답 ①

22 **죄형법정주의 또는 명확성의 원칙에 관한 다음 설명 중 가장 옳지 않은 것은? (다툼이 있는 경우 헌법재판소 결정에 의함)** *〈2017 법원직 9급〉*

① 행위 당시의 판례에 의하면 처벌대상이 되지 아니하는 것으로 해석되었던 행위를 판례의 변경에 따라 확인된 내용의 형법 조항에 근거하여 처벌한다고 하여 그것이 형벌불소급원칙에 위반된다고 할 수 없다.

② 처벌법규의 구성요건이 다소 광범위하여 어떤 범위에서 법관의 보충적인 해석이 있어야 하는 개념을 사용하였다면 헌법이 요구하는 처벌법규의 명확성원칙에 배치된다고 보아야 한다.

③ 형사처벌을 동반하는 처벌법규의 위임은 중대한 기본권의 침해를 가져오므로 긴급한 필요가 있거나 미리 법률로써 자세히 정할 수 없는 부득이한 사정이 있는 경우에 한정되어야 한다.

④ 처벌을 규정하고 있는 법률조항이 구성요건이 되는 행위를 같은 법률조항에서 직접 규정하지 않고 다른 법률조항에서 이미 규정한 내용을 원용하였다는 사실만으로 명확성원칙에 위반된다고 할 수는 없다.

해설

① ○ 형사처벌의 근거가 되는 것은 법률이지 판례가 아니고, 형법 조항에 관한 판례의 변경은 그 법률조항의 내용을 확인하는 것에 지나지 아니하여 이로써 그 법률조항 자체가 변경된 것으로 볼 수 없으므로, 행위 당시의 판례에 의하면 처벌대상이 되지 아니하는 것으로 해석되었던 행위를 판례의 변경에 따라 확인된 내용의 형법 조항에 근거하여 처벌한다고 하여 그것이 형벌불소급원칙에 위반된다고 할 수 없다(헌재 2014.5.29. 2012헌바390등).

② × 죄형법정주의 원칙은 법률이 처벌하고자 하는 행위가 무엇이며 그에 대한 형벌이 어떠한 것인지를 누구나 예견할 수 있고, 그에 따라 자신의 행위를 결정할 수 있도록 구성요건을 명확하게 규정할 것을 요구한다. 그러나 처벌법규의 구성요건이 명확하여야 한다고 하여 모든 구성요건을 단순한 서술적인 개념에 의하여 규정하여야 하는 것은 아니고, 다소 광범위하여 법관의 보충적인 해석을 필요로 하는 개념을 사용하였다고 하더라도 통상의 해석방법에 의하여 당해 처벌법규의 보호법익과 금지된 행위 및 처벌의 종류와 정도를 알 수 있도록 규정하면 된다. 그리고 처벌법규의 구성요건이 어느 정도 명확하여야 하는가를 일률적으로 정할 수 없고, 각 구성요건의 특수성과 그러한 법적 규제의 원인이 된 여건이나 처벌의 정도 등을 고려하여 종합적으로 판단하여야 한다(헌재 1995.5.25. 93헌바23).

③ ○ 형사처벌을 동반하는 처벌법규의 위임은 중대한 기본권의 침해를 가져오므로 긴급한 필요가 있거나 미리 법률로써 자세히 정할 수 없는 부득이한 사정이 있는 경우에 한정되어야 하며, 이러한 경우일지라도 법률에서 범죄의 구성요건은 처벌대상행위가 어떠한 것일 것이라고 예측할 수 있을 정도로 구체적으로 정하고, 형벌의 종류 및 그 상한과 폭을 명백히 규정하여야 한다(헌재 2014.2.27. 2013헌바106).

④ ○ 처벌을 규정하고 있는 법률조항이 구성요건이 되는 행위를 같은 법률조항에서 직접 규정하지 않고 다른 법률조항에서 이미 규정한 내용을 원용하였다거나 그 내용 중 일부를 괄호 안에 규정하였다는 사실만으로 명확성원칙에 위반된다고 할 수는 없다(헌재 2010.3.25. 2009헌바121).

정답 ②

23 명확성원칙에 대한 헌법재판소 결정으로 옳은 것은? 〈2015 국가직 7급〉

① 법률사건의 수임에 관하여 알선의 대가로 금품을 제공하거나 이를 약속한 변호사를 형사처벌하는 구「변호사법」 조항 중 '법률사건'과 '알선'은 처벌법규의 구성요건으로 그 의미가 불분명하기에 명확성원칙에 위배된다.

② 방송통신심의위원회의 직무의 하나로 '건전한 통신윤리의 함양을 위하여 필요한 사항으로서 대통령령이 정하는 정보의 심의 및 시정요구'를 규정하고 있는 방송통신위원회의 설치 및 운영에 관한 법률 조항 중 '건전한 통신윤리'라는 부분은 각 개인의 가치관에 따라 달리 해석될 수 있기에 명확성원칙에 위배된다.

③ 의료인이 '치료효과를 보장하는 등 소비자를 현혹할 우려가 있는 내용의 광고'를 한 경우 형사처벌하도록 규정한「의료법」규정은 오로지 의료서비스의 긍정적인 측면만을 강조하여 의료소비자를 혼란스럽게 하고 합리적인 선택을 방해할 것으로 걱정되는 광고를 의미하는 것으로 충분히 해석이 가능하기에 명확성원칙에 위배되지 않는다.

④ 공무원의 '공무 외의 일을 위한 집단행위'를 금지하는「국가공무원법」규정은 어떤 행위가 허용되고 금지되는지를 예측할 수 없으므로 명확성원칙에 위배된다.

해설

① × 이 사건 법률조항이 규정하는 '법률사건'이란 '법률상의 권리·의무의 발생·변경·소멸에 관한 다툼 또는 의문에 관한 사건'을 의미하고, '알선'이란 법률사건의 당사자와 그 사건에 관하여 대리 등의 법률사무를 취급하는 상대방(변호사 포함) 사이에서 양자 간에 법률사건이나 법률사무에 관한 위임계약 등의 체결을 중개하거나 그 편의를 도모하는 행위를 말하는바, 이 사건 법률조항에 의하여 금지되고, 처벌되는 행위의 의미가 문언상 불분명하다고 할 수 없으므로 이 사건 법률조항은 죄형법정주의의 명확성원칙에 위배되지 않는다(헌재 2013.2.28. 2012헌바62).

② × 이 사건 법률조항 중 '건전한 통신윤리'라는 개념은 다소 추상적이기는 하나, 전기통신회선을 이용하여 정보를 전달함에 있어 우리 사회가 요구하는 최소한의 질서 또는 도덕률을 의미하고, '건전한 통신윤리의 함양을 위하여 필요한 사항으로서 대통령령이 정하는 정보(이하 '불건전정보''라 한다)'란 이러한 질서 또는 도덕률에 저해되는 정보로서 심의 및 시정요구가 필요한 정보를 의미한다고 할 것이며, 정보통신영역의 광범위성과 빠른 변화속도, 그리고 다양하고 가변적인 표현 형태를 문자화하기에 어려운 점을 감안할 때, 위와 같은 함축적인 표현은 불가피하다고 할 것이어서, 이 사건 법률조항이 명확성의 원칙에 반한다고 할 수 없다(헌재 2012.2.23. 2011헌가13).

③ ○ '현혹(眩惑)', '우려(憂慮)'의 의미, 관련 조항 등을 종합하면, '소비자를 현혹할 우려가 있는 내용의 광고'란, '광고 내용의 진실성·객관성을 불문하고, 오로지 의료서비스의 긍정적인 측면만을 강조하는 취지의 표현을 사용함으로써 의료소비자를 혼란스럽게 하고 합리적인 선택을 방해할 것으로 걱정되는 광고'를 의미하는 것으로 충분히 해석할 수 있으므로, 심판대상조항은 죄형법정주의의 명확성원칙에 위배되지 아니한다(헌재 2014.9.25. 2013헌바28).

④ × 이 사건 국가공무원법 규정의 '공무 외의 일을 위한 집단 행위'는 언론·출판·집회·결사의 자유를 보장하고 있는 헌법 제21조 제1항과 국가공무원법의 입법취지, 국가공무원법상 공무원의 성실의무와 직무전념의무 등을 종합적으로 고려할 때, '공익에 반하는 목적을 위하여 직무전념의무를 해태하는 등의 영향을 가져오거나, 공무에 대한 국민의 신뢰에 손상을 가져올 수 있는 공무원 다수의 결집된 행위'를 말하는 것으로 한정해석되므로 명확성원칙에 위반된다고 볼 수 없다(헌재 2014.8.28. 2011헌바32 등).

정답 ③

24 명확성원칙에 대한 설명으로 가장 적절하지 않은 것은? (다툼이 있는 경우 판례에 의함)

〈2021 경정승진〉

① 취소소송 등의 제기 시 '회복하기 어려운 손해'를 집행정지의 요건으로 규정한 「행정소송법」 조항은 명확성원칙에 위배되지 않는다.

② 어린이집이 시·도지사가 정한 수납한도액을 초과하여 보호자로부터 필요경비를 수납한 것에 대해 해당 시·도지사가 「영유아보육법」에 근거하여 발할 수 있도록 한 '시정 또는 변경' 명령은 명확성원칙에 위배되지 않는다.

③ 전문과목을 표시한 치과의원은 그 표시한 '전문과목'에 해당하는 환자만을 진료하여야 한다고 규정한 「의료법」 조항은 명확성원칙에 위배되지 않는다.

④ '공중도덕상 유해한 업무'에 취업시킬 목적으로 근로자를 파견한 사람을 형사처벌 하도록 한 구「파견근로자보호 등에 관한 법률」 조항은 명확성원칙에 위배되지 않는다.

해설

① ○ 이 사건 집행정지 요건 조항에서 집행정지 요건으로 규정한 '**회복하기 어려운 손해**'는 대법원 판례에 의하여 '특별한 사정이 없는 한 금전으로 보상할 수 없는 손해로서 이는 금전보상이 불능인 경우 내지는 금전보상으로는 사회관념 상 행정처분을 받은 당사자가 참고 견딜 수

없거나 또는 참고 견디기가 현저히 곤란한 경우의 유형, 무형의 손해'를 의미한 것으로 해석할 수 있고, '긴급한 필요'란 손해의 발생이 시간상 임박하여 손해를 방지하기 위해서 본안판결까지 기다릴 여유가 없는 경우를 의미하는 것으로, 이는 집행정지가 임시적 권리구제제도로서 잠정성, 긴급성, 본안소송에의 부종성의 특징을 지니는 것이라는 점에서 그 의미를 쉽게 예측할 수 있다. 이와 같이 심판대상조항은 법관의 법 보충작용을 통한 판례에 의하여 합리적으로 해석할 수 있고, 자의적인 법해석의 위험이 있다고 보기 어려우므로 **명확성 원칙에 위배되지 않는다**(헌재 2018.1.25. 2016헌바208).

② ○ 심판대상조항이 규정하고 있는 '**시정 또는 변경**' 명령은 '영유아보육법 제38조 위반행위에 대하여 그 위법사실을 시정하도록 함으로써 정상적인 법질서를 회복하는 것을 목적으로 행해지는 행정작용'으로, 여기에는 과거의 위반행위로 인하여 취득한 필요경비 한도 초과액에 대한 환불명령도 포함됨을 어렵지 않게 예측할 수 있다. 그렇다면 심판대상조항 자체에 시정 또는 변경 명령의 내용으로 환불명령을 명시적으로 규정하지 않았다고 하여 **명확성원칙에 위배된다고 볼 수 없다**(헌재 2017.12.28. 2016헌바249).

③ ○ 치과전문의가 되기 위해서는 치과의사 면허를 받은 자가 치과전공의 수련과정을 거쳐 치과전문의 자격시험에 합격해야 하므로, 심판대상조항의 수범자인 치과전문의는 각 전문과목의 진료내용과 진료영역 및 전문과목 간의 차이점 등을 알 수 있다. 따라서 심판대상조항은 **명확성 원칙에 위배되어 직업수행의 자유를 침해한다고 볼 수 없다**(헌재 2015.5.28. 2013헌마799).

④ × 파견법은 '**공중도덕상 유해한 업무**'에 관한 정의조항은 물론 그 의미를 해석할 수 있는 수식어를 두지 않았으므로, 심판대상조항이 규율하는 사항을 바로 알아내기도 어렵다. 심판대상조항은 건전한 상식과 통상적 법 감정을 가진 사람으로 하여금 자신의 행위를 결정해 나가기에 충분한 기준이 될 정도의 의미내용을 가지고 있다고 볼 수 없으므로 **죄형법정주의의 명확성 원칙에 위배된다**(헌재 2016.11.24. 2015헌가23).

정답 ④

25 **헌법상 명확성원칙에 대한 설명으로 가장 적절하지 않은 것은? (다툼이 있는 경우 헌법재판소 판례에 의함)** *〈2019 경정승진〉*

① 구「개발제한구역의 지정 및 관리에 관한 특별조치법」 조항 중 허가를 받지 아니한 '토지의 형질변경' 부분은 개발제한구역 지정 당시의 토지의 형상을 사실상 변형시키고 또 그 원상회복을 어렵게 하는 행위를 의미하는 것이므로, 명확성원칙에 위배되지 않는다.

② 건설업자가 부정한 방법으로 건설업의 등록을 한 경우, 건설업 등록을 필요적으로 말소하도록 규정한 「건설산업기본법」조항 중 '부정한 방법' 개념은 모호하여 법률해석을 통하여 구체화될 수 없으므로 명확성원칙에 위배된다.

③ '여러 사람의 눈에 뜨이는 곳에서 공공연하게 알몸을 지나치게 내놓거나 가려야 할 곳을 내놓아 다른 사람에게 부끄러운 느낌이나 불쾌감을 준 사람'을 처벌하는 「경범죄 처벌법」 조항은 그 의미를 알기 어렵고 그 의미를 확정하기도 곤란하므로 명확성원칙에 위배된다.

④ 품목허가를 받지 아니한 의료기기를 수리·판매·임대·수여 또는 사용의 목적으로 수입하는 것을 금지하는 구「의료기기법」 조항은 수리·판매·임대·수여 또는 사용의 목적이 있는 경우에만 품목허가를 받지 않은 의료기기의 수입을 금지하는 것으로 일의적으로 해석되므로 명확성원칙에 위배되지 않는다.

해설

① ○ 이 사건 조항에서 '토지의 형질변경'은 단순히 토지를 원래대로의 형상과 성질을 유지하면서 이용 및 관리하는 행위가 아니라 절토, 성토, 정지 또는 포장 등으로 토지의 형상과 성질을 변경하는 행위와 공유수면을 매립하는 행위로서, 산지를 농지로 개간하거나 토지를 대지화하는 등 개발제한구역 지정 당시의 토지의 형상을 사실상 변형시키고 또 그 원상회복을 어렵게 하는 행위를 의미하는 것이고 이는 건전한 상식과 통상적인 법감정을 가진 사람이라면 쉽사리 알 수 있고 법원에서도 구체적이고 일관된 해석기준을 제시하고 있어, 그 의미 및 처벌대상이 불명확하다고 볼 수 없다. 그렇다면 이 사건 조항은 헌법상 죄형법정주의의 명확성원칙에 위반되지 않는다(헌재 2011.3.31. 2010헌바86).

② × 법 제83조 단서 중 제1호에서의 '부정한 방법'이란, 실제로는 기술능력·자본금·시설·장비 등에 관하여 법령이 정한 건설업 등록요건을 갖추지 못하였음에도 자본금의 납입을 가장하거나 허위신고를 통하여 기술능력이나 시설, 장비 등의 보유를 가장하는 수단을 사용함으로써 등록요건을 충족시킨 것처럼 위장하여 등록하는 방법을 말하는 것으로 그 내용이 충분히 구체화되고 제한된다고 판단된다. 따라서 이 사건 법률조항에 규정된 '부정한 방법'의 개념이 약간의 모호함에도 불구하고 법률해석을 통하여 충분히 구체화될 수 있고, 이로써 행정청과 법원의 자의적인 법적용을 배제하는 객관적인 기준을 제공하고 있으므로 이 사건 조항은 법률의 명확성원칙에 위반되지 않는다(헌재 2004.7.15. 2003헌바35 등).

③ ○ 심판대상조항의 불명확성을 해소하기 위해 노출이 허용되지 않는 신체부위를 예시적으로 열거하거나 구체적으로 특정하여 이를 분명하게 규정하는 것이 입법기술상 불가능하거나 현저히 곤란하다고 보이지도 않는다. 예컨대 의도적으로 자신의 성기를 사람들에게 노출하여 불쾌감을 유발하는 이른바 '바바리맨'의 행위를 규제할 필요성이 있다면 심판대상조항처럼 추상적이고 막연하게 규정할 것이 아니라 노출이 금지되는 신체부위를 '성기'로 명확하게 특정하면 될 것이다. 이상과 같이, 심판대상조항은 구성요건의 내용을 불명확하게 규정하여 죄형법정주의의 명확성원칙에 위배된다(헌재 2016.11.24. 2016헌가3).

④ ○ 위 규정은 수입품목허가를 받지 않은 의료기기에 대하여, 이를 판매·임대·수여 또는 사용하는 행위는 그 목적을 불문하고 금지하고, 이를 제조·수입·수리·저장 또는 진열하는 행위는 수리·판매·임대·수여 또는 사용의 목적이 있는 경우에 이를 금지하는 것으로 일의적으로 해석된다. 또한 "사용"이란 '어떤 목적이나 기능에 맞게 필요로 하거나 소용이 되는 곳에 쓰다''라는 뜻이고, 이 사건 금지조항이 사용의 의미를 한정하고 있지 않으므로, 어느 의료기기가 질병의 진단·치료·경감·처치 또는 예방의 목적 달성에 효과가 있는 것인지 여부를 판단하기 위하여 테스트 목적으로 그 기기를 사용하는 것 역시 이 사건 금지조항이 정한 의료기기의 "사용"에 해당한다. 따라서 이 사건 금지조항이 명확성원칙에 위배된다고 할 수 없다(헌재 2015.7.30. 2014헌바6).

정답 ②

26 **법정형에 대한 위헌심사와 관련한 헌법재판소의 결정 내용이 아닌 것은?** *〈2013 법원직 9급〉*

① 법정형의 종류와 범위의 선택은 그 범죄의 죄질과 보호법익에 대한 고려뿐만 아니라 우리의 역사와 문화, 입법 당시의 시대적 상황, 국민 일반의 가치관 내지 법 감정 그리고 범죄 예방을 위한 형사 정책적 측면 등 여러 가지 요소를 종합적으로 고려하여 입법자가 결정할 사항으로서 광범위한 재량이 인정되어야 할 분야이다.

② 어느 범죄에 대한 법정형이 그 범죄의 죄질 및 이에 따른 행위자의 책임에 비하여 지나치게 가혹한 것이어서 현저히 형벌체계상의 균형을 잃고 있다거나 그 범죄에 대한 형벌본래의 목적과 기능을 달성함에 있어 필요힌 정도를 일탈하였다는 등 헌법상의 평등의 원칙 및 비례의 원칙 등에 명백히 위배되는 경우가 아닌 한, 쉽사리 헌법에 위반된다고 단정하여서는 아니 된다.

③ 보호법익과 죄질이 서로 다르다고 하더라도, 법정형의 과중 여부는 둘 또는 그 이상의 범죄를 동일 선상에 놓고 그 중 어느 한 범죄의 법정형을 기준으로 하여 다른 범죄의 법정형의 과중 여부를 판정할 수밖에 없다.

④ 뇌물죄가 국가와 사회에 미치는 병폐는 수뢰액이 많으면 많을수록 가중된다는 점에서 볼 때, 수뢰액을 기준으로 한 단계적 가중처벌은 비록 수뢰액의 다과만이 그 죄의 경중을 가늠하는 유일한 기준은 아니라 할지라도 그 가장 중요한 기준임에 비추어 일응 수긍할 만한 합리적 이유가 있다 할 것이다.

해설

① ○ 법정형의 종류와 범위의 선택은 그 범죄의 죄질과 보호법익에 대한 고려뿐만 아니라 우리의 역사와 문화, 입법 당시의 시대적 상황, 국민 일반의 가치관 내지 법 감정 그리고 범죄 예방을 위한 형사 정책적 측면 등 여러 가지 요소를 종합적으로 고려하여 입법자가 결정할 사항으로서 광범위한 입법재량 내지 형성의 자유가 인정되어야 할 분야이다(헌재 1995.4.20. 93헌바40).

② ○ 어느 범죄에 대한 법정형이 그 범죄의 죄질 및 이에 따른 행위자의 책임에 비하여 지나치게 가혹한 것이어서 현저히 형벌 체계상의 균형을 잃고 있다거나 그 범죄에 대한 형벌 본래의 목적과 기능을 달성함에 있어 필요한 정도를 일탈하였다는 등 헌법상의 평등의 원칙 및 비례의 원칙 등에 명백히 위배되는 경우가 아닌 한, 쉽사리 헌법에 위반된다고 단정하여서는 아니 된다(헌재 1995.4.20. 93헌바40).

③ × 보호법익과 죄질이 서로 다른 둘 또는 그 이상의 범죄를 동일선상에 놓고 그 중 어느 한 범죄의 법정형을 기준으로 하여 단순한 평면적인 비교로써 다른 범죄의 법정형의 과중 여부를 판정하여서는 아니 된다(헌재 1995.4.20. 93헌마40).

④ ○ 뇌물죄가 국가와 사회에 미치는 병폐는 수뢰액이 많으면 많을수록 가중된다는 점에서 볼 때, 수뢰액을 기준으로 한 단계적 가중처벌은 비록 수뢰액의 다과만이 그 죄의 경중을 가늠하는 유일한 기준은 아니라 할지라도 그 가장 중요한 기준임에 비추어 일응 수긍할 만한 합리적 이유가 있다할 것이고, 더구나 이 사건 법률조항의 경우는 모든 수뢰죄에 적용되는 것이 아니라 수뢰액이 5,000만 원 이상인 경우에만 적용된다는 점과 수뢰액의 상한에 제한을 두지 아니하면서도 그 법정형에 사형이 없는 점 등을 고려하면 그것이 형벌체계상 균형을 잃었다고 할 정도로 과중하다고는 볼 수 없다(헌재 1995.4.20. 93헌바40).

정답 ③

27 **일사부재리 내지 이중처벌금지원칙에 관한 설명 중 가장 적절하지 않은 것은? (다툼이 있는 경우 판례에 의함)** *〈2022 경찰공채 2차〉*

① 「형법」이 누범을 가중처벌하는 것은 전범에 대하여 형벌을 받았음에도 다시 범행을 하였다는 데 있는 것이지, 전범에 대하여 처벌을 받았음에도 다시 범행을 하는 경우 전범도 후범과 일괄하여 다시 처벌한다는 것은 아님이 명백하므로, 누범에 대하여 형을 가중하는 것이 일사부재리원칙에 위배하는 것은 아니다.

② 행정법은 의무를 명하거나 금지를 설정함으로써 일정한 행정목적을 달성하려고 하는데, 그 실효성을 확보하기 위하여 행정형벌, 과태료, 영업허가의 취소·정지, 과징금 등을 가함으로써 의무위반 당사자로 하여금 더 이상 위반을 하지 않도록 유도하는 것이 필요하고, 이와 같이 '제재를 통한 억지'는 행정규제의 본원적 기능이라 볼 수 있으므로, 어떤 행정제재의 기능이 오로지 제재에 있다고 하여 이를 헌법 제13조 제1항에서 말하는 '이중처벌'에 해당한다고 할 수 없다.

③ 공직선거법위반죄를 범하여 형사처벌을 받은 공무원에 대하여 당선무효라는 불이익을 가하는 것은 공직선거법위반 행위 자체에 대한 국가의 형벌권 실행으로서의 과벌에 해당하므로, 이중처벌금지원칙에 위배될 가능성이 크다.

④ 형사판결은 국가주권의 일부분인 형벌권 행사에 기초한 것으로서, 외국의 형사판결은 원칙적으로 우리 법원을 기속하지 않으므로 동일한 범죄행위에 관하여 다수의 국가에서 재판 또는 처벌을 받는 것이 배제되지 않는다고 할 것인바, 외국에서 형의 전부 또는 일부의 집행을 받은 자에 대하여 형을 감경 또는 면제할 수 있도록 규정한 「형법」 제7조는 이중처벌금지원칙에 위반되지 아니한다.

해설

① ○ 누범을 가중처벌하는 것은 전범에 대하여 형벌을 받았음에도 다시 범행을 하였다는 데 있는 것이지, 전범에 대하여 처벌을 받았음에도 다시 범행을 하는 경우 전범도 후범과 일괄하여 다시 처벌한다는 것은 아님이 명백하므로, 누범에 대하여 형을 가중하는 것이 일사부재리원칙에 위배하는 것은 아니다(헌재 2011.12.29. 2011헌바284).

② ○ 행정법은 의무를 명하거나 금지를 설정함으로써 일정한 행정목적을 달성하려고 하는데, 그 실효성을 확보하기 위해서는 의무의 위반이 있을 때에 행정형벌, 과태료, 영업허가의 취소·정지, 과징금 등과 같은 불이익을 가함으로써 의무위반 당사자나 다른 의무자로 하여금 더 이상 위반을 하지 않도록 유도하는 것이 필요하다. 이와 같이 '제재를 통한 억지'는 행정규제의 본원적인 기능이라 볼 수 있는 것이고, 따라서 어떤 행정제재의 기능이 오로지 제재와 억지에 있다고 하여 이를 헌법 제13조 제1항에서 말하는 '처벌'에 해당한다고 할 수 없다(2015.2.26. 2012헌바435).

③ × 공직선거법위반죄를 범하여 형사처벌을 받은 공무원에 대하여 당선무효라는 불이익을 가하는 것은 공직선거법위반 행위 자체에 대한 국가의 형벌권 실행으로서의 과벌에 해당하지 아니하므로, 헌법상 이중처벌금지원칙에 위배되지 않는다(헌재 2015.2.26. 2012헌마581).

④ ○ 형사판결은 국가주권의 일부분인 형벌권 행사에 기초한 것으로서, 외국의 형사판결은 원칙적으로 우리 법원을 기속하지 않으므로 동일한 범죄행위에 관하여 다수의 국가에서 재판 또는 처벌을 받는 것이 배제되지 않는다. 따라서 이중처벌금지원칙은 동일한 범죄에 대하여 대한민국 내에서 거듭 형벌권이 행사되어서는 안 된다는 뜻으로 새겨야 할 것이므로 이 사건 법률조항(**외국에서 형의 전부 또는 일부의 집행을 받은 자에 대하여 형을 감경 또는 면제할 수 있도록 규정한 「형법」 제7조**)은 헌법 제13조 제1항의 **이중처벌금지원칙**에 **위배**되지 **아니한다** (헌재 2015.5.28. 2013헌바129).

정답 ③

28 이중처벌금지원칙에 관한 설명 중 가장 적절한 것은? (다툼이 있는 경우 판례에 의함)

〈2022 경정승진〉

① 신상정보 공개 고지명령은 형벌과는 목적이나 심사대상 등을 달리하는 보안처분에 해당하므로 동일한 범죄행위에 대하여 형벌이 부과된 이후 다시 신상정보 공개 고지명령이 선고 및 집행된다고 하여 이중처벌금지원칙에 위반된다고 할 수 없다.

② 헌법 제13조 제1항에서 말하는 '처벌'은 범죄에 대한 국가의 형벌권 실행으로서의 과벌을 의미하는 것인바, 국가가 행하는 일체의 제재나 불이익처분 모두 그 '처벌'에 포함이 된다.

③ 일정한 성폭력범죄를 범한 사람에게 유죄판결을 선고하는 경우 성폭력치료프로그램 이수명령을 병과하도록 한 것은 그 목적이 과거의 범죄행위에 대한 제재로서 대상자의 건전한 사회복귀 및 범죄예방과 사회보호에 있어 형벌과 본질적 차이가 나지 않는 보안처분에 해당하므로, 동일한 범죄행위에 대하여 형벌과 병과될 경우 이중처벌금지원칙에 위배된다.

④ 헌법재판소는 외국에서 형의 전부 또는 일부의 집행을 받은 자에 대하여 형을 감경 또는 면제할 수 있도록 규정한 형법 제7조가 이중처벌금지원칙에 위배되어 위헌이라고 판시하였다.

해설

① ○ 이중처벌금지원칙은 판결이 확정되면 동일한 사건에 대해서는 다시 심판할 수 없다는 일사부재리원칙을 선언한 것으로서 국민의 신체의 자유를 보장하기 위한 것이다. 이러한 이중처벌은 처벌 또는 제재가 동일한 행위를 대상으로 거듭 행해질 때 발생하는 문제이다. 그런데 신상정보 공개·고지명령은 형벌과는 목적이나 심사대상 등을 달리하는 보안처분에 해당하므로, 동일한 범죄행위에 대하여 형벌과 병과된다고 하여 이중처벌금지의 원칙에 위반된다고 할 수 없다(헌재 2016.5.26. 2015헌바212).

② × 헌법 제13조 제1항에서 말하는 "처벌"은 원칙으로 범죄에 대한 국가의 형벌권 실행으로서의 과벌을 의미하는 것이고, 국가가 행하는 일체의 제재나 불이익처분을 모두 그 "처벌"에 포함시킬 수는 없다 할 것이다(헌재 1994.6.30. 92헌바38).

③ × 이중처벌은 처벌 또는 제재가 동일한 행위를 대상으로 거듭 행해질 때 발생하는 문제이다. 그런데 이수명령은 그 목적이 과거의 범죄행위에 대한 제재가 아니라 대상자의 건전한 사회복귀의 촉진 및 범죄예방과 사회보호에 있다는 점에서, 형벌과 본질적 차이가 있는 보안처분에 해당한다. 따라서 동일한 범죄행위에 대하여 이수명령이 형벌과 병과된다고 하여 이중처벌금지원칙에 위반된다고 할 수 없다(헌재 2016.12.29. 2016헌바153).

④ × 형사판결은 국가주권의 일부분인 형벌권 행사에 기초한 것으로서, 외국의 형사판결은 원칙적으로 우리 법원을 기속하지 않으므로 동일한 범죄행위에 관하여 다수의 국가에서 재판 또는 처벌을 받는 것이 배제되지 않는다. 따라서 이중처벌금지원칙은 동일한 범죄에 대하여 대한민국 내에서 거듭 형벌권이 행사되어서는 안 된다는 뜻으로 새겨야 할 것이므로 이 사건 법률조항은 헌법 제13조 제1항의 이중처벌금지원칙에 위배되지 아니한다. … 입법자는 국가형벌권의 실현과 국민의 기본권 보장의 요구를 조화시키기 위하여 형을 필요적으로 감면하거나 외국에서 집행된 형의 전부 또는 일부를 **필요적**으로 산입하는 등의 방법을 선택하여 청구인의 신체의 자유를 덜 침해할 수 있음에도, 이 사건 법률조항과 같이 우리 형법에 의한 처벌 시 외국에서 받은 형의 집행을 전혀 반영하지 아니할 수도 있도록 한 것은 과잉금지원칙에 위배되어 신체의 자유를 침해한다(헌재 2015.5.28. 2013헌바129).

정답 ①

29 **죄형법정주의와 일사부재리의 원칙에 관한 다음 설명 중 가장 옳지 않은 것은? (다툼이 있는 경우 헌법재판소 결정에 의함)** *〈2018 법원직 9급〉*

① 법률의 구체적 위임에 의한 조례의 벌칙규정은 죄형법정주의에 반하지 않는다.

② 당국의 허가없이 한 건축행위에 대해서 형사처벌을 가하고 이러한 위법건축물에 대한 시정명령에 응하지 않은 경우 다시 과태료를 부과한다고 해서 이것이 이중처벌의 원칙에 반하는 것은 아니다.

③ 누범이나 상습범을 가중처벌하는 것은 헌법의 일사부재리에 위반하는 것이 아니다.

④ '가정의례의 참뜻에 비추어 합리적인 범위 내'라는 소극적 범죄구성요건은 죄형법정주의의 명확성 원칙을 위배하지 아니하였다.

해설

① ○

> **지방자치법 제22조 (조례)** 지방자치단체는 법령의 범위 안에서 그 사무에 관하여 조례를 제정할 수 있다. 다만, 주민의 권리 제한 또는 의무 부과에 관한 사항이나 벌칙을 정할 때에는 법률의 위임이 있어야 한다.

② ○ 구「건축법」 제54조 제1항에 의한 형사처벌의 대상이 되는 범죄의 구성요건은 당국의 허가 없이 건축행위 또는 건축물의 용도변경행위를 한 것이고, 동법 제56조의2 제1항에 의한 과태료는 건축법령에 위반되는 위법건축물에 대한 시정명령을 받고도 건축주 등이 이를 시정하지 아니할 때 과하는 것이므로, 양자는 처벌 내지 제재대상이 되는 기본적 사실관계로서의 행위를 달리하는 것이다. … 이러한 점에 비추어 구「건축법」 제54조 제1항에 의한 무허가건축행위에 대한 형사처벌과 동법 제56조2 제1항에 의한 과태료의 부과는 헌법 제13조 제1항이 금지하는 이중처벌에 해당한다고 할 수 없다(헌재 1994.6.30. 92헌바38).

③ ○ (1) 형법 제35조 제1항이 누범을 가중처벌하는 것은 전범(前犯)에 대하여 형벌을 받았음에도 다시 범행을 하였다는 데 있는 것이지, 전범(前犯)에 대하여 처벌을 받았음에도 다시 범행을 하는 경우에는 전범(前犯)도 후범(後犯)과 일괄하여 다시 처벌한다는 것은 아님이 명백하므로, 누범에 대하여 형을 가중하는 것이 헌법상의 일사부재리(一事不再理)의 원칙에 위배하여 피고인의 기본권을 침해하는 것이라고는 볼 수 없다(헌재 1995.2.23. 93헌바43).

(2) 이 사건 법률조항이 처벌대상으로 삼고 있는 것은 이미 처벌받은 전범(前犯)이 아니며 후범(後犯)이며 상습성의 위험성 때문에 일반범죄와 달리 가중처벌 함에 목적을 두고 있으므로 헌법 제13조 제1항 소정의 일사부재리의 원칙에 위배되지 아니한다(헌재 1995.3.23. 93헌바59).

④ × 하객들에 대한 음식접대에 있어서 "가정의례의 참뜻"이란 개념은, 결혼식 혹은 회갑연의 하객들에게 어떻게 음식이 접대되는 것이 그 참뜻에 맞는 것인지는 종래 우리 관습상 혼례식의 성격 등을 볼 때 쉽게 예상되기 어렵고, 그간 가정의례에 관한 법률이 오랫동안 시행되어 가정의례의 참뜻에 대한 인식은 확립되었다고 볼 수도 없어, 결국 그 대강의 범위를 예측하여 이를 행동의 준칙으로 삼기에 부적절하다. 또한 "합리적인 범위 안"이란 개념도 가정의례 자체가 우리나라의 관습 내지 풍속에 속하고, 성격상 서구적 의미의 "합리성"과 친숙할 수 있는 것도 아니며, 또한 양과 질과 가격에 있어 편차가 많고 접대 받을 사람의 범위가 다양하므로 주류 및 음식물을 어떻게 얼마만큼 접대하는 것이 합리적인 범위인지를 일반국민이 판단하기란 어려울 뿐 아니라 그 대강을 예측하기도 어렵다. 이 사건 규정은 결국 죄형법정주의의 명확성 원칙을 위배하여 청구인 이병규의 일반적 행동자유권을 침해하였다(헌재 1998.10.15. 98헌마168).

정답 ④

30 죄형법정주의에 대한 설명으로 가장 옳지 않은 것은? 〈2018 서울시 7급〉

① 모든 국민은 행위 시의 법률에 의하여 범죄를 구성하지 아니하는 행위로 소추되지 아니한다.

② 누구든지 법률과 적법한 절차에 의하지 아니하고는 처벌·보안처분 또는 강제노역을 받지 아니한다.

③ 형식적 의미의 법률뿐만 아니라 명령·규칙에 의하여도 범죄와 형벌을 규정할 수 있다.

④ 법규의 내용이 애매하거나 그 적용범위가 지나치게 광범위한 경우에는 헌법에 위반될 수 있다.

해설

① ○

헌법 제13조 ① 모든 국민은 행위 시의 법률에 의하여 범죄를 구성하지 아니하는 행위로 소추되지 아니하며, 동일한 범죄에 대하여 거듭 처벌받지 아니한다.

② ○

헌법 제12조 ① 모든 국민은 신체의 자유를 가진다. 누구든지 법률에 의하지 아니하고는 체포·구속·압수·수색 또는 심문을 받지 아니하며, 법률과 적법한 절차에 의하지 아니하고는 처벌·보안처분 또는 강제노역을 받지 아니한다.

③ × "법률이 없으면 범죄도 없고 형벌도 없다."라는 말로 표현되는 죄형법정주의는 법치주의, 국민주권 및 권력분립의 원리에 입각한 것으로서 일차적으로 무엇이 범죄이며 그에 대한 형벌이 어떠한 것인가는 반드시 국민의 대표로 구성된 입법부가 제정한 성문의 법률로써 정하여야 한다는 원칙이고, 헌법도 제12조 제1항 후단에 '법률과 적법한 절차에 의하지 아니하고는 처벌을 받지 아니한다.' 라고 규정하여 죄형법정주의를 천명하고 있는바, 여기서 말하는 "법률"이란 입법부에서 제정한 형식적 의미의 법률을 의미하는 것임은 물론이다(헌재 1998.3.26. 96헌가20).

④ ○ 형사처벌의 대상이 되는 범죄의 구성요건은 형식적 의미의 법률로 명확하게 규정되어야 하며, 만약 범죄의 구성요건에 관한 규정이 지나치게 추상적이거나 모호하여 그 내용과 적용범위가 과도하게 광범위하거나 불명확한 경우에는 국가형벌권의 자의적인 행사가 가능하게 되어 개인의 자유와 권리를 보장할 수 없으므로 죄형법정주의의 원칙에 위배된다(헌재 1995.9.28. 93헌바50).

정답 ③

31 신체의 자유 및 적법절차에 대한 설명으로 옳지 않은 것은? (다툼이 있는 경우 판례에 의함)

〈2020 지방직 7급〉

① 형벌법규는 문언에 따라 엄격하게 해석·적용하여야 하고 피고인에게 불리한 방향으로 지나치게 확장해석하거나 유추해석하여서는 아니 되지만, 형벌법규의 해석에서도 법률문언의 통상적인 의미를 벗어나지 않는 한 그 법률의 입법취지와 목적, 입법연혁 등을 고려한 목적론적 해석이 배제되는 것은 아니다.

② 강제퇴거명령을 받은 사람을 즉시 대한민국 밖으로 송환할 수 없으면 송환할 수 있을 때까지 보호시설에 보호할 수 있도록 규정한 「출입국관리법」 제63조 제1항은 과잉금지원칙에 반하여 신체의 자유를 침해하지 아니한다.

③ 변호인의 조력을 받을 권리란 변호인과 신체구속을 당한 사람 사이의 충분한 접견교통을 허용함은 물론 교통내용에 대하여 비밀이 보장되고 부당한 간섭이 없어야 하는 것이며, 이러한 취지는 변호인과 미결수용자 사이의 서신에는 적용되지 않는다.

④ 헌법 제12조 제2항이 보장하는 진술거부권은 피고인 또는 피의자가 공판절차나 수사절차에서 법원 또는 수사기관의 신문에 대하여 형사상 자신에게 불리한 진술을 거부할 수 있는 권리이다.

해설

① ○ 형벌법규는 문언에 따라 엄격하게 해석·적용하여야 하고 피고인에게 불리한 방향으로 지나치게 확장해석하거나 유추해석하여서는 아니 되지만, 형벌법규의 해석에서도 법률문언의 통상적인 의미를 벗어나지 않는 한 그 법률의 입법취지와 목적, 입법연혁 등을 고려한 목적론적 해석이 배제되는 것은 아니라고 할 것이다(대판 2002.2.21. 2001도2819).

② ○ 출입국관리법에 따라 보호된 청구인들은 각 보호의 원인이 되는 강제퇴거명령에 대하여 취소소송을 제기함으로써 그 원인관계를 다투는 것 이외에, 보호명령 자체의 취소를 구하는 행정소송이나 그 집행의 정지를 구하는 집행정지신청을 할 수 있으므로, 헌법 제12조 제6항이 요구하는 체포·구속 자체에 대한 적법여부를 법원에 심사청구 할 수 있는 절차가 있다. … 따라서 심판대상조항은 헌법 제12조 제6항의 요청을 충족한 것으로 청구인들의 신체의 자유를 침해하지 아니한다(헌재 2014.8.28. 2012헌마686).

③ × 헌법 제12조 제4항 본문은 신체구속을 당한 사람에 대하여 변호인의 조력을 받을 권리를 규정하고 있는바, 이를 위하여서는 신체구속을 당한 사람에게 변호인과 사이의 충분한 접견교통을 허용함은 물론 교통내용에 대하여 비밀이 보장되고 부당한 간섭이 없어야 하는 것이며, 이러한 취지는 접견의 경우뿐만 아니라 변호인과 미결수용자 사이의 서신에도 적용되어 그 비밀이 보장되어야 할 것이다(헌재 1995.7.21. 92헌마144).

④ ○ 헌법 제12조 제2항은 "모든 국민은 … 형사상 자기에게 불리한 진술을 강요당하지 아니한다."라고 하여 형사상 자기에게 불리한 진술이나 증언을 거부할 수 있는 진술거부권을 보장하고 있는바, 이는 피고인 또는 피의자가 공판절차나 수사절차에서 법원 또는 수사기관의 신문에 대하여 형사상 자신에게 불리한 진술을 거부할 수 있는 권리를 말하는 것이라 할 것이다(헌재 1998.7.16. 96헌바35).

정답 ③

32 적법절차원칙에 관한 설명 중 가장 적절하지 않은 것은? (다툼이 있는 경우 판례에 의함)

〈2022 경정승진〉

① 헌법 제12조 제1항 후문은 "누구든지 법률에 의하지 아니하고는 체포·구속·압수·수색 또는 심문을 받지 아니하며, 법률과 적법한 절차에 의하지 아니하고는 처벌·보안처분 또는 강제노역을 받지 아니한다."고 규정하여 적법절차원칙을 헌법원리로 수용하고 있다.

② 적법절차원칙은 법률이 정한 형식적 절차와 실체적 내용이 모두 합리성과 정당성을 갖춘 적정한 것이어야 한다는 실질적 의미를 지니고 있는 것으로 이해된다.

③ 형사소송절차와 관련하여 보면 적법절차원칙은 형벌권의 실행 절차인 형사소송의 전반을 규율하는 기본원리로서, 형사피고인의 기본권이 공권력에 의하여 침해당할 수 있는 가능성을 최소화하도록 절차를 형성·유지할 것을 요구하고 있다.

④ 자격정지 이상의 선고유예를 받고 그 선고유예기간 중에 있는 자에 대하여 당연퇴직을 규정하고 있는 경찰공무원법 규정은 재판청구권을 침해하고, 적법절차원칙에 위배되어 위헌이다.

해설

① ○ 헌법 제12조 제1항 후문은 "누구든지 법률에 의하지 아니하고는 체포·구속·압수·수색 또는 심문을 받지 아니하며, 법률과 적법한 절차에 의하지 아니하고는 처벌·보안처분 또는 강제노역을 받지 아니한다."고 규정하여 적법절차원칙을 헌법원리로 수용하고 있다(헌재 2021.1.28. 2020헌마264 등).

② ○ 적법절차원칙은 법률이 정한 형식적 절차와 실체적 내용이 모두 합리성과 정당성을 갖춘 적정한 것이어야 한다는 실질적 의미를 지니고 있는 것으로서 특히 형사절차와 관련시켜 적용함에 있어서는 형사 절차의 전반을 기본권 보장의 측면에서 규율하여야 한다는 기본원리를 천명하고 있는 것으로 이해된다(헌재 2021.1.28. 2020헌마264 등).

③ ○ 적법절차원칙은 절차가 법률로 정하여져야 할 뿐만 아니라 적용되는 법률의 내용에 있어서도 합리성과 정당성을 갖춘 적정한 것이어야 한다는 것을 뜻하고, 특히 형사소송절차와 관련하여 보면 형벌권의 실행절차인 형사소송의 전반을 규율하는 기본원리로서, 형사피고인의 기본권이 공권력에 의하여 침해당할 수 있는 가능성을 최소화하도록 절차를 형성·유지할 것을 요구하고 있다(헌재 1998.7.16. 97헌바22).

④ × 형사처벌을 받은 공무원에 대하여 신분상 불이익처분을 하는 법률을 제정함에 있어서 형사처벌을 받은 사실 그 자체를 이유로 일정한 신분상 불이익처분이 내려지도록 법률에 규정하는 방법과 별도의 징계절차를 거쳐 신분상 불이익처분을 하는 방법 중 어느 방법을 선택할 것인가는 입법자의 재량에 속하는 것이고, 당연퇴직은 일정한 사항이 법정 당연퇴직사유에 해당하는지 여부만이 문제될 뿐이어서 당연퇴직의 성질상 그 절차에서 당사자의 진술권이 반드시 절차적 권리로 보장되어야 하는 것도 아니므로 이 사건 규정이 재판청구권을 침해하거나 적법절차의 원리를 위배하였다고 할 수 없다(헌재 1998.4.30. 96헌마7).

정답 ④

33 적법절차의 원칙에 관한 설명 중 가장 적절하지 않은 것은? (다툼이 있는 경우 판례에 의함)

〈2015 경정승진〉

① 헌법 제12조 제3항의 적법절차원칙은 기본권 제한 정도가 가장 심한 형사상 강제처분의 영역에서 기본권을 더욱 강하게 보장하려는 의지를 담아 중복 규정된 것이라고 해석함이 상당하다.

② 검사가 법원의 증인으로 채택된 수감자를 그 증언에 이르기까지 거의 매일 검사실로 하루 종일 소환하여 피고인 측 변호인이 접근하는 것을 차단하고 검찰에서의 진술을 번복하는 증언을 하지 않도록 회유, 협박하는 것은 적법절차에 위배된다.

③ 범죄의 피의자로 입건된 사람이 경찰공무원이나 검사의 신문을 받으면서 자신의 신원을 밝히지 않고 지문채취에 불응한 경우 그로 하여금 벌금, 과료, 구류의 형사처벌을 받도록 하는 구「경범죄처벌법」 조항은 적법절차원칙에 위배되지 않는다.

④ 압수물에 대한 소유권포기가 있다면, 사법경찰관이 법에서 정한 압수물폐기의 요건과 상관없이 임의로 압수물을 폐기하였어도 적법절차원칙에 위배되지 않는다.

해설

① ○ 헌법 제12조 제1항은 적법절차원칙의 일반조항이고, 제12조 제3항의 적법절차원칙은 기본권 제한 정도가 가장 심한 형사상 강제처분의 영역에서 기본권을 더욱 강하게 보장하려는 의지를 담아 중복 규정된 것이라고 해석함이 상당하다(헌재 2012.6.27. 2011헌가36).

② ○ 증인의 증언 전에 일방 당사자만이 증인과의 접촉을 독점하게 되면, 상대방은 증인이 어떠한 내용을 증언할 것인지를 알 수 없어 그에 대한 방어를 준비할 수 없게 되며 상대방이 가하는 예기치 못한 공격에 그대로 노출될 수밖에 없으므로, 헌법이 규정한 "적법절차의 원칙"에도 반한다(헌재 2001.8.30. 99헌마496).

③ ○ 이 사건 법률조항은 피의자의 신원확인을 원활하게 하고 수사 활동에 지장이 없도록 하기 위한 것으로, 수사상 피의자의 신원확인은 피의자를 특정하고 범죄경력을 조회함으로써 타인의 인적 사항 노용과 범죄 및 전과사실의 은폐 등을 차단하고 형사사법제도를 적정하게 운영하기 위해 필수적이라는 점에서 그 목적은 정당하고, 지문채취는 신원확인을 위한 경제적이고 간편하면서도 확실성이 높은 적절한 방법이다. … 이 사건 법률조항이 범죄의 피의자로 입건된 사람들로 하여금 경찰공무원이나 검사의 신문을 받으면서 자신의 신원을 밝히지 않고 지문채취에 불응하는 경우 벌금, 과료, 구류의 형사처벌을 받도록 하고 있는 것은 관련 요소들을 합리적으로 고려한 것으로서 헌법상의 적법절차원칙에 위배되지 않는다고 볼 것이다(헌재 2004.9.23. 2002헌가17 등).

④ × 피청구인은 이 사건 압수물을 보관하는 것 자체가 위험하다고 볼 수 없을 뿐만 아니라 이를 보관하는 데 아무런 불편이 없는 물건임이 명백함에도 압수물에 대하여 소유권포기가 있다는 이유로 이를 사건종결 전에 폐기하였는바, 위와 같은 피청구인의 행위는 적법절차의 원칙을 위반하고, 청구인의 공정한 재판을 받을 권리를 침해한 것이다(헌재 2012.12.27. 2011헌마351).

정답 ④

34 **적법절차의 원칙에 관한 다음 설명 중 가장 옳지 않은 것은? (다툼이 있는 경우 헌법재판소 결정에 의함)** *〈2018 법원직 9급〉*

① 적법절차의 원칙은 미국연방대법원의 판례를 통하여 확립된 원칙으로서 미국연방헌법에는 그 규정이 없다.

② 영미법계의 국가에서 국민의 인권을 보장하기 위한 기본원리의 하나로 발달되어 온 적법절차의 원칙을 처음으로 도입하여 명문화한 것은 제9차 개정한 현행헌법이다.

③ 적법절차의 원칙은 탄핵소추절차에는 직접 적용될 수 없다.

④ 보안처분에도 적법절차의 원칙이 적용되어야 함은 당연한 것이지만 보안처분에는 다양한 형태와 내용이 존재하므로 각 보안처분에 적용되어야 할 적법절차의 범위 내지 한계에도 차이가 있어야 할 것이다.

해설

① ×

② ○ 적법절차(due process of law) 원리는 원래 1215년 영국의 마그나 카르타에서 유래하여, 미국의 수정헌법 제5조 및 제14조에서 규정하고 있다. 또한 독일기본권 제104조와 일본 헌법 제31조에서도 이를 규정하고 있으며, 한국에서는 1987년 제6공화국 헌법에서 최초로 규정하고 있다.

③ ○ 국가기관이 국민과의 관계에서 공권력을 행사함에 있어서 준수해야 할 법원칙으로서 형성된 적법절차의 원칙을 국가기관에 대하여 헌법을 수호하고자 하는 탄핵소추절차에는 직접 적용할 수 없다고 할 것이고, 그 외 달리 탄핵소추절차와 관련하여 피소추인에게 의견 진술의 기회를 부여할 것을 요청하는 명문의 규정도 없으므로, 국회의 탄핵소추절차가 적법절차원칙에 위배되었다는 주장은 이유 없다(헌재 2004.5. 14. 2004헌나1).

④ ○ 헌법 제12조 제1항 후문은 "누구든지 … 법률과 적법한 절차에 의하지 아니하고는 처벌·보안처분 또는 강제노역을 받지 아니한다."라고 하여 적법절차의 원칙을 선언하고 있다. 이 헌법규정이 보안처분을 처벌 또는 강제노역과 나란히 열거하고 있다는 규정의 형식에 비추어 보거나 보안처분이 처벌 또는 강제노역에 버금가는 중대한 기본권의 제한을 수반한다는 그 내용에 비추어 보거나 보안처분에도 적법절차의 원칙이 적용되어야 함은 당연한 것이다. 다만 보안처분에는 다양한 형태와 내용이 존재하므로 각 보안처분에 적용되어야 할 적법절차의 범위 내지 한계에도 차이가 있어야 할 것이다(헌재 2005.2.3. 2003헌바1).

정답 ①

35 적법절차의 원칙에 대한 설명으로 가장 옳지 않은 것은? 〈2019 서울시 7급〉

① 적법절차의 원칙은 법률의 위헌여부에 관한 심사기준으로서 그 적용대상을 형사소송절차에 국한하지 않고 모든 국가작용 특히 입법 작용 전반에 대하여 문제된 법률의 실체적 내용이 합리성과 정당성을 갖추고 있는지 여부를 판단하는 기준으로 적용된다.

② 헌법 제1 제1항의 처벌, 보안처분, 강제노역 등 및 제12조 제3항의 영장주의와 관련하여 각각 적법절차의 원칙을 규정하고 있지만 이는 그 대상을 한정적으로 열거하고 있는 것이 아니라 그 적용대상을 예시한 것에 불과하다.

③ 헌법이 채택하고 있는 적법절차의 원리는 절차적 차원에서 볼 때에 국민의 기본권을 제한하는 경우에는 반드시 당사자인 국민에게 자기의 입장과 의견을 자유로이 개진할 수 있는 기회를 보장하여야 한다는 것을 그 핵심적인 내용으로 하고, 형사처벌이 아닌 행정상의 불이익처분에도 적용된다.

④ 적법절차의 원칙은 국가기관이 국민과의 관계에서 공권력을 행사함에 있어서 준수해야 할 법원칙으로서 형성된 것이지만, 국가기관에 대하여 헌법을 수호하고자 하는 탄핵소추절차에도 직접 적용될 수 있다.

해설

① ○ 현행 헌법상 규정된 적법절차의 원칙을 어떻게 해석할 것인가에 대하여 표현의 차이는 있지만 대체적으로 적법절차의 원칙이 독자적인 헌법 원리의 하나로 수용되고 있으며 이는 형식적인 절차뿐만 아니라 실체적 법률내용이 합리성과 정당성을 갖춘 것이어야 한다는 실질적 의미로 확대 해석하고 있으며, 우리 헌법재판소의 판례에서도 이 적법절차의 원칙은 법률의 위헌여부에 관한 심사기준으로서 그 적용대상을 형사소송절차에 국한하지 않고 모든 국가작용 특히 입법작용 전반에 대하여 문제된 법률의 실체적 내용이 합리성과 정당성을 갖추고 있는지 여부를 판단하는 기준으로 적용되고 있음을 보여주고 있다(헌재 1992. 12.24. 92헌가8).

② ○ 우리 현행 헌법에서는 제12조 제1항의 처벌, 보안처분, 강제노역 등 및 제12조 제3항의 영장주의와 관련하여 각각 적법절차의 원칙을 규정하고 있지만 이는 그 대상을 한정적으로 열거하고 있는 것이 아니라 그 적용대상을 예시한 것에 불과하다고 해석하는 것이 우리의 통설적 견해이다(헌재 1992.12.24. 92헌가8).

③ ○ 우리 헌법이 채택하고 있는 적법절차의 원리는 절차적 차원에서 볼 때에 국민의 기본권을 제한하는 경우에는 반드시 당사자인 국민에게 자기의 입장과 의견을 자유로이 개진할 수 있는 기회를 보장하여야 한다는 것을 그 핵심적인 내용으로 하고, 형사처벌이 아닌 행정상의 불이익처분에도 적용된다(헌재 2002. 4.25. 2001헌마200).

④ × 국가기관이 국민과의 관계에서 공권력을 행사함에 있어서 준수해야 할 법원칙으로서 형성된 적법절차의 원칙을 국가기관에 대하여 헌법을 수호하고자 하는 탄핵소추절차에는 직접 적용할 수 없다고 할 것이고, 그 외 달리 탄핵소추절차와 관련하여 피소추인에게 의견진술의 기회를 부여할 것을 요청하는 명문의 규정도 없으므로, 국회의 탄핵소추절차가 적법절차원칙에 위배되었다는 주장은 이유 없다(헌재 2004.5.14. 2004헌나1).

정답 ④

36 적법절차원칙에 대한 설명으로 옳지 않은 것은? (다툼이 있는 경우 판례에 의함) 〈2019 국회직 8급〉

① 현행 헌법은 제12조 제1항의 처벌, 보안처분, 강제노역 등과 관련하여 적법절차의 원칙을 규정하고 있지만, 이는 그 대상을 한정적으로 열거하고 있는 것이 아니라 그 적용 대상을 예시한 것에 불과하다고 해석해야 한다.

② 공정거래위원회로 하여금 부당내부거래를 한 사업자에 대하여 그 매출액의 2% 범위 내에서 과징금을 부과할 수 있도록 한 것은 적법절차원칙에 위배되지 않는다.

③ 징계시효 연장을 규정하면서 징계절차를 진행하지 아니함을 통보하지 아니한 경우에는 징계시효가 연장되지 않는다는 예외규정을 두지 않았다고 하더라도 적법절차원칙에 위배되지 않는다.

④ 「범죄인인도법」 제3조가 법원의 범죄인 인도심사를 서울고등법원의 전속관할로 하고 그 심사결정에 대한 불복절차를 인정하지 않은 것은 재판절차로서의 형사소송절차에서 상급심에의 불복절차를 자의적으로 배제하는 것으로 적법절차원칙에 위배된다.

⑤ 징벌혐의의 조사를 위하여 14일간 청구인을 조사실에 분리수용하고 공동행사참가 등 처우를 제한한 교도소장의 행위에 대하여 법원에 의한 개별적인 통제절차를 두고 있지 않은 것만으로는 적법절차원칙에 위배되지 않는다.

해설

① ○ 우리 현행 헌법에서는 제12조 제1항의 처벌, 보안처분, 강제노역 등 및 제12조 제3항의 영장주의와 관련하여 각각 적법절차의 원칙을 규정하고 있지만, 이는 그 대상을 한정적으로 열거하고 있는 것이 아니라 그 적용대상을 예시한 것에 불과하다고 해석하는 것이 우리의 통설적 견해이다(헌재 1992.12.24. 92헌가8).

② ○ 법관에게 과징금에 관한 결정 권한을 부여한다든지, 과징금 부과절차에 있어 사법적 요소들을 강화한다든지 하면 법치주의적 자유보장이라는 점에서 장점이 있겠으나, 「공정거래법」에서 행정기관인 공정거래위원회로 하여금 과징금을 부과하여 제재할 수 있도록 한 것은 부당내부거래를 비롯한 다양한 불공정 경제행위가 시장에 미치는 부정적 효과 등에 관한 사실수집과 평가는 이에 대한 전문적 지식과 경험을 갖춘 기관이 담당하는 것이 보다 바람직하다는 정책적 결단에 입각한 것이라 할 것이고, 과징금의 부과 여부 및 그 액수의 결정권자인 위원회는 합의제 행정기관으로서 그 구성에 있어 일정한 정도의 독립성이 보장되어있고, 과징금 부과절차에서는 통지, 의견진술의 기회 부여 등을 통하여 당사자의 절차적 참여권을 인정하고 있으며, 행정소송을 통한 사법적 사후심사가 보장되어 있으므로, 이러한 점들을 종합적으로 고려할 때 과징금 부과절차에 있어 적법절차원칙에 위반되거나 사법권을 법원에 둔 권력분립의 원칙에 위반된다고 볼 수 없다(헌재 2003.7.24. 2001헌가25).

③ ○ 심판대상조항이 수사 중인 사건에 대해 징계절차를 진행하지 아니하는 경우 징계시효가 연장되도록 한 것은, 적정한 징계를 위해 징계절차를 진행하지 아니할 수 있도록 한 것이 오히려 징계를 방해하게 되는 불합리한 결과를 막기 위해서이다. 수사 중인 사건에 대하여 징계절차를 진행하지 아니하더라도 징계혐의자는 수사가 종료되는 장래 어느 시점에서 징계절차가 진행될 수 있다는 점을 충분히 예측하여 대비할 수 있고, 수사가 종료되어 징계절차가 진행되는 경우에도 징계혐의자는 관련 법령에 따라 방어권을 충분히 보호받을 수 있다. 심판대상조항을 통해 달성되는 공정한 징계제도 운용이라는 이익은, 징계혐의자가 징계절차를 진행하지 아니함을 통보받지 못하여 징계시효가 연장되었음을 알지 못함으로써 입는 불이익보다 크다. 그렇다면 심판대상조항이 징계시효 연장을 규정하면서 징계절차를 진행하지 아니함을 통보하지 아니한 경우에는 징계시효가 연장되지 않는다는 예외규정을 두지 않았다고 하더라도 적법절차원칙에 위배되지 아니한다(헌재 2017.6.29. 2015헌바29).

④ × 법원의 범죄인인도결성은 신체의 자유에 밀접하게 관련된 문제이므로 범죄인인도심사에 있어서 적법절차가 준수되어야 한다. 그런데 심급제도는 사법에 의한 권리보호에 관하여 한정된 법발견, 자원의 합리적인 분배의 문제인 동시에 재판의 적정과 신속이라는 서로 상반되는 두 가지의 요청을 어떻게 조화시키느냐의 문제이므로 기본적으로 입법자의 형성의 자유에 속하는 사항이다. 한편 법원에 의한 범죄인인도심사는 국가형벌권의 확정을 목적으로 하는 형사절차와 같은 전형적인 사법절차의 대상에 해당되는 것은 아니며, 법률(범죄인인도법)에 의하여 인정된 특별한 절차라 볼 것이다. 그렇다면 심급제도에 대한 입법재량의 범위와 범죄인인도심사의 법적 성격, 그리고 범죄인인도법에서의 심사절차에 관한 규정 등을 종합할 때, 이 사건 법률조항이 범죄인인도심사를 서울고등법원의 단심제로 하고 있다고 해서 적법절차원칙에서 요구되는 합리성과 정당성을 결여한 것이라 볼 수 없다(헌재 2003.1.30. 2001헌바95).

⑤ ○ 분리수용과 처우제한은 징벌제도의 일부로서 징벌 혐의의 입증을 위한 과정이고, 그 과정을 거쳐 징벌처분을 내리기 위해서는 징벌위원회의 의결이라는 사전 통제절차를 거쳐야 하며, 내려진 징벌처분에 대해서는 행정소송을 통해 불복할 수 있다는 점, 조사단계에서의 분리수용이나 처우제한에까지 일일이 법원에 의한 사전 또는 사후통제를 요구한다면 징벌제도 시행에 있어서 비효율을 초래할 수 있다는 점, 조사단계에서 징벌혐의의 고지와 의견진술의 기회 부여가 이루어진다는 점 등을 종합하여 볼 때, 분리수용 및 처우제한에 대해 법원에 의한 개별적인 통제절차를 두고 있지 않다는 점만으로 이 사건 분리수용 및 이 사건 처우제한이 적법절차원칙에 위반된 것이라고 볼 수는 없다(헌재 2014.9.25. 2012헌마523).

정답 ④

37 영장제도에 관한 설명 중 가장 적절하지 않은 것은? (다툼이 있는 경우 판례에 의함) 〈2022 경정승진〉

① 디엔에이감식시료채취영장 발부 과정에서 채취대상자에게 자신의 의견을 밝히거나 영장 발부 후 불복할 수 있는 절차 등에 관하여 규정하지 아니한 「디엔에이신원확인정보의 이용 및 보호에 관한 법률」의 규정은 과잉금지원칙을 위반하여 채취대상자의 재판청구권을 침해한다.

② 수사기관이 법원으로부터 영장 또는 감정처분허가장을 발부받지 아니한 채 피의자의 동의 없이 피의자의 신체로부터 혈액을 채취하고 사후에도 지체 없이 영장을 발부받지 아니한 채 그 혈액 중 알코올농도에 관한 감정을 의뢰하였다면, 이러한 과정을 거쳐 얻은 감정의뢰회보 등은 원칙적으로 그 절차위반행위가 적법절차의 실질적인 내용을 침해하여 피고인이나 변호인의 동의가 있더라도 유죄의 증거로 사용할 수 없다.

③ 체포영장을 집행하는 경우 필요한 때에는 타인의 주거 등에서 피의자 수사를 할 수 있도록 한 형사소송법 규정의 해당 부분이 체포영장이 발부된 피의자가 타인의 주거 등에 소재할 개연성은 소명되나 수색에 앞서 영장을 발부받기 어려운 긴급한 사정이 인정되지 않더라도 영장 없이 피의자 수색을 할 수 있도록 한 것은 영장주의에 위반되지 않는다.

④ 압수·수색영장을 발부받아 압수·수색의 방법으로 소변을 채취하는 경우 압수대상물인 피의자의 소변을 확보하기 위한 수사기관의 노력에도 불구하고, 피의자가 인근 병원 응급실 등 소변 채취에 적합한 장소로 이동하는 것에 동의하지 않거나 저항하는 등 임의동행을 기대할 수 없는 사정이 있는 때에는 수사기관으로서는 소변 채취에 적합한 장소로 피의자를 데려가기 위해서 필요 최소한의 유형력을 행사하는 것이 허용되며, 이는 '압수·수색영장의 집행에 필요한 처분'에 해당한다.

해설

① ○ 이 사건 영장절차 조항은 채취대상자에게 디엔에이감식시료채취영장 발부 과정에서 자신의 의견을 진술할 수 있는 기회를 절차적으로 보장하고 있지 않을 뿐만 아니라, 발부 후 그 영장 발부에 대하여 불복할 수 있는 기회를 주거나 채취행위의 위법성 확인을 청구할 수 있도록 하는 구제절차마저 마련하고 있지 않다. … 따라서 이 사건 영장절차 조항은 과잉금지원칙을 위반하여 청구인들의 재판청구권을 침해한다(헌재 2018.8.30. 2016헌마344).

② ○ 수사기관이 법원으로부터 영장 또는 감정처분허가장을 발부받지 아니한 채 피의자의 동의 없이 피의자의 신체로부터 혈액을 채취하고 사후에도 지체 없이 영장을 발부받지 아니한 채 그 혈액 중 알코올농도에 관한 감정을 의뢰하였다면, 이러한 과정을 거쳐 얻은 감정의뢰회보 등은 형사소송법상 영장주의 원칙을 위반하여 수집하거나 그에 기초하여 획득한 증거로서, 그 절차위반행위가 적법절차의 실질적인 내용을 침해하여 피고인이나 변호인의 동의가 있더라도 유죄의 증거로 사용할 수 없다(대판 2014.11.13. 2013도1228).

③ × 심판대상조항은 체포영장을 발부받아 피의자를 체포하는 경우에 필요한 때에는 영장 없이 타인의 주거 등 내에서 피의자 수사를 할 수 있다고 규정함으로써, 앞서 본 바와 같이 별도로 영장을 발부받기 어려운 긴급한 사정이 있는지 여부를 구별하지 아니하고 피의자가 소재할 개연성만 소명되면 영장 없이 타인의 주거 등을 수색할 수 있도록 허용하고 있다. 이는 체포영장이 발부된 피의자가 타인의 주거 등에 소재할 개연성은 소명되나, 수색에 앞서 영장을 발부받기 어려운 긴급한 사정이 인정되지 않는 경우에도 영장 없이 피의자 수색을 할 수 있다는 것이므로, 위에서 본 헌법 제16조의 영장주의 예외 요건을 벗어나는 것으로서 영장주의에 위반된다(헌재 2018.4.26. 2015헌바370 등).

④ ○ 압수·수색의 방법으로 소변을 채취하는 경우 압수대상물인 피의자의 소변을 확보하기 위한 수사기관의 노력에도 불구하고, 피의자가 인근 병원 응급실 등 소변 채취에 적합한 장소로 이동하는 것에 동의하지 않거나 저항하는 등 임의동행을 기대할 수 없는 사정이 있는 때에는 수사기관으로서는 소변 채취에 적합한 장소로 피의자를 데려가기 위해서 필요 최소한의 유형력을 행사하는 것이 허용된다. 이는 형사소송법 제219조, 제120조 제1항에서 정한 '압수·수색영장의 집행에 필요한 처분'에 해당한다고 보아야 한다(대판 2018.7.12. 2018도6219).

정답 ③

38 **영장주의에 관한 설명 중 가장 적절하지 않은 것은? (다툼이 있는 경우 판례에 의함)**

〈2022 경찰공채 2차〉

① 형사재판에 계속 중인 사람에 대하여 출국을 금지할 수 있다고 규정한 「출입국관리법」 조항에 따른 법무부장관의 출국금지결정은 형사재판에 계속 중인 국민의 출국의 자유를 제한하는 행정처분일 뿐이고, 영장주의가 적용되는 신체에 대하여 직접적으로 물리적 강제력을 수반하는 강제처분이라고 할 수는 없다.

② 영장주의는 법관이 발부한 영장에 의하지 아니하고는 수사에 필요한 강제처분을 하지 못한다는 원칙으로서, 마약류사범인 청구인에게 마약류반응검사를 위하여 소변을 받아 제출하도록 한 것은 교도소의 안전과 질서유지를 위한 것으로 수사에 필요한 처분이 아닐 뿐만 아니라 검사대상자들의 협력이 필수적이어서 강제처분이라고 할 수도 없어 영장주의의 원칙이 적용되지 않는다.

③ 영장주의는 구속개시 시점에 있어서 신체의 자유에 대한 박탈의 허용만이 아니라 그 구속영장의 효력을 계속 유지할 것인지 아니면 정지 또는 실효시킬 것인지 여부의 결정도 오직 법관의 판단에 의하여만 결정되어야 한다는 것을 의미한다.

④ 병(兵)에 대한 징계처분으로 일정기간 부대나 함정(艦艇) 내의 영창에 감금하는 처분이 가능하도록 규정한 구「군인사법」 조항은 군(軍)이라는 특수한 신분관계에서 오는 불가피성 및 그 내용과 집행의 실질, 효과 등에 비추어 볼 때, 그 본질이 일반 형사절차에서 이루어지는 인신구금과 동일하게 취급하기 어렵다는 측면에서 영장주의 원칙이 적용되지 않는다.

해설

① ○ **법무부장관의 출국금지결정**은 형사재판에 계속 중인 국민의 출국의 자유를 제한하는 행정처분일 뿐이고, **영장주의**가 적용되는 신체에 대하여 직접적으로 물리적 강제력을 수반하는 **강제처분**이라고 할 수는 **없다**(헌재 2015.9.24. 2012헌바302).

② ○ 헌법 제12조 제3항의 영장주의는 법관이 발부한 영장에 의하지 아니하고는 수사에 필요한 강제처분을 하지 못한다는 원칙으로 **소변을 받아 제출**하도록 한 것은 교도소의 안전과 질서유지를 위한 것으로 수사에 필요한 처분이 아닐 뿐만 아니라 검사대상자들의 협력이 필수적이어서 **강제처분**이라고 할 수도 **없어 영장주의**의 원칙이 적용되지 **않는다**(헌재 2006.7.27. 2005헌마277).

③ ○ **영장주의**는 이 적법절차원리에서 나온 것으로서 체포·구속 그리고 압수·수색까지도 헌법 제103조에 의하여 헌법과 법률에 의하여 양심에 따라 재판하고 또 사법권독립의 원칙에 의하여 신분이 보장된 법관의 판단에 의하여만 결정되어야 하고, 구속개시의 시점에 있어서 이 신체의 자유에 대한 박탈의 허용만이 아니라 그 구속영장의 효력을 계속 유지할 것인지 아니면

정지 또는 실효시킬 것인지의 여부의 결정도 오직 이러한 법관의 판단에 의하여만 결정되어야 한다는 것을 의미한다(헌재 1993.12.23. 93헌가2).

④ × 형사절차가 아니라 하더라도 실질적으로 수사기관에 의한 인신구속과 동일한 효과를 발생시키는 **인신구금**은 **영장주의**의 본질상 그 **적용대상**이 되어야 한다(헌재 2020.9.24. 2017헌바157). ← *병(兵)에 대한 징계처분으로 일정기간 부대나 함정(艦艇) 내의 영창에 감금하는 처분이 가능하도록 규정한 구「군인사법」 조항에 대한 보충의견*

→ ∴ *선택지는 반대의견이므로 판례의 입장X*

정답 ④

39 영장주의에 관한 설명 중 옳지 않은 것은? (다툼이 있는 경우 판례에 의함) *〈2022 변호사〉*

① 관계행정청이 등급분류를 받지 아니하거나 등급분류를 받은 게임물과 다른 내용의 게임물을 발견한 경우 관계공무원으로 하여금 이를 수거·폐기하게 할 수 있도록 한 것은, 급박한 상황에 대처하기 위한 것으로서 그 불가피성과 정당성이 충분히 인정되는 경우이므로, 영장 없는 수거를 인정한다고 하더라도 영장주의에 위배되는 것으로 볼 수 없다.

② 각급선거관리위원회 위원·직원의 선거범죄 조사에 있어서 피조사자에게 자료제출의무를 부과한 「공직선거법」 조항에 따른 자료제출요구는, 행정조사의 성격을 가지는 것으로 수사기관의 수사와 근본적으로 그 성격을 달리하며, 그 상대방에 대하여 직접적으로 어떠한 물리적 강제력을 행사하는 강제처분을 수반하는 것이 아니므로 영장주의의 적용대상이 아니다.

③ 체포영장을 발부받아 피의자를 체포하는 경우에, 필요한 때에는 영장 없이 타인의 주거 등 내에서 피의자 수색을 할 수 있도록 규정한 것은 수색에 앞서 영장을 발부받기 어려운 긴급한 사정이 인정되지 않는 경우에도 영장 없이 피의자 수색을 할 수 있다는 것이므로 영장주의에 위반된다.

④ 범죄피의자로 입건된 사람에게 검사의 신문을 받으면서 자신의 신원을 밝히지 않고 지문채취에 불응하는 경우 형사처벌을 통하여 지문채취를 강제하더라도 이를 영장주의에 의하여야 할 강제처분이라고 할 수 없다.

⑤ 기지국수사를 허용하는 통신사실 확인자료 제공요청은 「통신비밀보호법」이 규정하는 강제처분에 해당하므로, 법관이 발부한 영장에 의하지 않고 관할 지방법원 또는 지원의 허가만 받으면 이를 가능하게 한 것은 영장주의에 위반된다.

해설

① ○ 영장주의가 행정상 즉시강제에도 적용되는지에 관하여는 논란이 있으나, 행정상 즉시강제는 상대방의 임의이행을 기다릴 시간적 여유가 없을 때 하명 없이 바로 실력을 행사하는 것으로서, 그 본질상 급박성을 요건으로 하고 있어 법관의 영장을 기다려서는 그 목적을 달성할 수 없다고 할 것이므로, 원칙적으로 영장주의가 적용되지 않는다고 보아야 할 것이다. … 이 사건 법률조항은 앞에서 본바와 같이 급박한 상황에 대처하기 위한 것으로서 그 불가피성과 정당성이 충분히 인정되는 경우이므로, 이 사건 법률조항이 영장 없는 수거를 인정한다고 하더라도 이를 두고 헌법상 영장주의에 위배되는 것으로는 볼 수 없다(헌재 2002.10.31. 2000헌가12).

② ○ 심판대상조항은 피조사자로 하여금 자료제출요구에 응할 의무를 부과하고, 허위 자료를 제출한 경우 형사처벌하고 있으나, 이는 형벌에 의한 불이익이라는 심리적, 간접적 강제수단을 통하여 진실한 자료를 제출하도록 함으로써 조사권 행사의 실효성을 확보하기 위한 것이다. 이와 같이 심판대상조항에 의한 자료제출요구는 행정조사의 성격을 가지는 것으로 수사기관의 수사와 근본적으로 그 성격을 달리하며, 청구인에 대하여 직접적으로 어떠한 물리적 강제력을 행사하는 강제처분을 수반하는 것이 아니므로 영장주의의 적용대상이 아니다(헌재 2019.9.26. 2016헌바381).

③ ○ 심판대상조항은 체포영장을 발부받아 피의자를 체포하는 경우에 필요한 때에는 영장 없이 타인의 주거 등 내에서 피의자 수사를 할 수 있다고 규정함으로써, 앞서 본 바와 같이 별도로 영장을 발부받기 어려운 긴급한 사정이 있는지 여부를 구별하지 아니하고 피의자가 소재할 개연성만 소명되면 영장 없이 타인의 주거 등을 수색할 수 있도록 허용하고 있다. 이는 체포영장이 발부된 피의자가 타인의 주거 등에 소재할 개연성은 소명되나, 수색에 앞서 영장을 발부받기 어려운 긴급한 사정이 인정되지 않는 경우에도 영장 없이 피의자 수색을 할 수 있다는 것이므로, 헌법 제16조의 영장주의 예외 요건을 벗어나는 것으로서 영장주의에 위반된다(헌재 2018.4.26. 2015헌바370 등).

④ ○ 이 사건 법률조항은 수사기관이 직접 물리적 강제력을 행사하여 피의자에게 강제로 지문을 찍도록 하는 것을 허용하는 규정이 아니며 형벌에 의한 불이익을 부과함으로써 심리적·간접적으로 지문채취를 강요하고 있으므로 피의자가 본인의 판단에 따라 수용여부를 결정한다는 점에서 궁극적으로 당사자의 자발적 협조가 필수적임을 전제로 하므로 물리력을 동원하여 강제로 이루어지는 경우와는 질적으로 차이가 있다. 따라서 이 사건 법률조항에 의한 지문채취의 강요는 영장주의에 의하여야 할 강제처분이라 할 수 없다(헌재 20024.9.23. 2002헌가17 등).

⑤ × 기지국수사는 통신비밀보호법이 정한 강제처분에 해당되므로 헌법상 영장주의가 적용된다. 헌법상 영장주의의 본질은 강제처분을 함에 있어 중립적인 법관이 구체적 판단을 거쳐야 한다는 점에 있는바, 이 사건 허가조항은 수사기관이 전기통신사업자에게 통신사실 확인자료 제공을 요청함에 있어 관할 지방법원 또는 지원의 허가를 받도록 규정하고 있으므로 헌법상 영장주의에 위배되지 아니한다(헌재 2018.6.28. 2012헌마538).

정답 ⑤

40 **무죄추정의 원칙에 대한 설명으로 옳지 않은 것은? (다툼이 있는 경우 판례에 의함)** 〈2021 국회직 5급〉

① 형사재판이 계속 중인 사람에 대하여 출국금지 처분을 할 수 있도록 한 「출입국관리법」 규정은 무죄추정의 원칙에 위반되지 않는다.

② 교도소에 수용된 때에는 국민건강보험급여를 정지하도록 한 규정은 유죄의 확정 판결이 있기 전인 미결수용자에게 불이익을 주는 것으로서 무죄추정의 원칙에 위반된다.

③ 사업자단체의 법위반행위가 있을 때 공정거래위원회가 당해 사업자단체에 대하여 '법위반사실의 공표'를 명할 수 있도록 한 규정은 무죄추정의 원칙에 위반된다.

④ 판결선고 전 미결구금일수를 본형에 전부 또는 일부 산입하도록 규정한 「형법」 조항 중 '또는 일부' 부분은 헌법상 무죄추정의 원칙에 위반된다.

⑤ 지방자치단체의 장이 공소 제기된 후 구금상태에 있는 경우 부단체장이 그 권한을 대행하도록 한 「지방자치법」 규정은 무죄추정의 원칙에 위반되지 않는다.

해설

① ○ 심판대상조항은 형사재판에 계속 중인 사람이 국가의 형벌권을 피하기 위하여 해외로 도피할 우려가 있는 경우 법무부장관으로 하여금 출국을 금지할 수 있도록 하는 것일 뿐으로, 무죄추정의 원칙에서 금지하는 유죄 인정의 효과로서의 불이익 즉, 유죄를 근거로 형사재판에 계속 중인 사람에게 사회적 비난 내지 응보적 의미의 제재를 가하려는 것이라고 보기 어렵다. 따라서 심판대상조항은 무죄추정의 원칙에 위배된다고 볼 수 없다(헌재 2015.9.24. 2012헌바302).

② × 위 조항은 수용자의 의료보장체계를 일원화하기 위한 입법 정책적 판단에 기인한 것이며 유죄의 확정 판결이 있기 전인 미결수용자에게 어떤 불이익을 주기 위한 것은 아니므로 무죄추정의 원칙에 위반된다고 할 수 없다(헌새 2005.5.24. 2003헌마31 등).

③ ○ 법위반사실의 공표명령은 공소제기조차 되지 아니하고 단지 고발만 이루어진 수사의 초기단계에서 아직 법원의 유무죄에 대한 판단이 가려지지 아니하였는데도 관련 행위자를 유죄로 추정하는 불이익한 처분이 된다(헌재 2002.1.31. 2001헌바43).

④ ○ 미결구금은 신체의 자유를 침해받는 피의자 또는 피고인의 입장에서 보면 실질적으로 자유형의 집행과 다를 바 없으므로, 인권보호 및 공평의 원칙상 형기에 전부 산입되어야 한다. 따라서 형법 제57조 제1항 중 "또는 일부 부분"은 헌법상 무죄추정의 원칙 및 적법절차의 원칙 등을 위배하여 합리성과 정당성 없이 신체의 자유를 침해한다(헌재 2009.6.25. 2007헌바25).

⑤ ○ 이 사건 법률조항은 공소 제기된 자로서 구금되었다는 사실 자체에 사회적 비난의 의미를 부여한다거나 그 유죄의 개연성에 근거하여 직무를 정지시키는 것이 아니라, 구금의 효과, 즉 구속되어 있는 자치단체장의 물리적 부재상태로 말미암아 자치단체행정의 원활하고 계속적인 운영에 위험이 발생할 것이 명백하여 이를 미연에 방지하기 위하여 직무를 정지시키는 것이므로, '범죄사실의 인정 또는 유죄의 인정에서 비롯되는 불이익'이라거나 '유죄를 근거로 하는 사회윤리적비난'이라고 볼 수 없다. 따라서 무죄추정의 원칙에 위반되지 않는다(헌재 2011.4.28. 2010헌마474).

정답 ②

41 변호인의 조력을 받을 권리에 관한 설명 중 가장 적절하지 않은 것은? (다툼이 있는 경우 판례에 의함) *〈2022 경찰공채 2차〉*

① 변호인의 조력을 받을 권리란 국가권력의 일방적인 형벌권 행사에 대항하여 자신에게 부여된 헌법상· 소송법상 권리를 효율적이고 독립적으로 행사하기 위하여 변호인의 도움을 얻을 피의자 및 피고인의 권리를 말한다.

② 교정시설 내 수용자와 변호사 사이의 접견교통권의 보장은 헌법상 보장되는 재판청구권의 한 내용 또는 그로부터 파생되는 권리로 볼 수 있다.

③ 변호인접견실에 CCTV를 설치하여 교도관이 그 CCTV를 통해 미결수용자와 변호인 간의 접견을 관찰한 행위는 변호인의 조력을 받을 권리를 침해한다.

④ '변호인이 되려는 자'의 접견교통권은 피의자 등을 조력하기 위한 핵심적인 부분으로서, 피의자 등이 가지는 헌법상의 기본권인 '변호인이 되려는 자'와의 접견교통권과 표리의 관계에 있으므로 피의자 등이 가지는 '변호인이 되려는 자'의 조력을 받을 권리가 실질적으로 확보되기 위해서는 '변호인이 되려는 자'의 접견교통권 역시 헌법상 기본권으로서 보장되어야 한다.

해설

① ○ 변호인의 조력을 받을 권리란 국가권력의 일방적인 형벌권 행사에 대항하여 자신에게 부여된 헌법상, 소송법상의 권리를 효율적이고 독립적으로 행사하기 위하여 변호인의 도움을 얻을 피의자·피고인의 권리를 의미한다(헌재 2004.9.23. 2000).

② ○ 현대 사회의 복잡다단한 소송에서의 법률전문가의 증대되는 역할, 민사법상 무기 대등의 원칙 실현, 헌법소송의 변호사강제주의 적용 등을 감안할 때 교정시설 내 수용자와 변호사 사이의 접견교통권의 보장은 헌법상 보장되는 재판청구권의 한 내용 또는 그로부터 파생되는 권리로 볼 수 있다(헌재 2013.8.29. 2011헌마122).

③ × 이 사건 CCTV 관찰행위는 금지물품의 수수나 교정사고를 방지하거나 이에 적절하게 대처하기 위한 것으로 교도관의 육안에 의한 시선계호를 CCTV 장비에 의한 시선계호로 대체한 것에 불과하므로 그 **목적의 정당성**과 **수단의 적합성**이 인정된다. 형집행법 및 형집행법 시행규칙은 수용자가 입게 되는 피해를 최소화하기 위하여 CCTV의 설치·운용에 관한 여러 가지 규정을 두고 있고, 이에 따라 변호인접견실에 설치된 CCTV는 교도관이 CCTV를 통해 미결수용자와 변호인 간의 접견을 관찰하더라도 접견내용의 비밀이 침해되거나 접견교통에 방해가 되지 않도록 조치를 취하고 있는 점, 금지물품의 수수를 적발하거나 교정사고를 효과적으로 방지하고 교정사고가 발생하였을 때 신속하게 대응하기 위하여는 CCTV를 통해 관찰하는 방법 외에 더 효과적인 다른 방법을 찾기 어려운 점 등에 비추어 보면, 이 사건 CCTV 관찰행위는 그 목적을 달성하기 위하여 필요한 범위 내의 제한으로 **침해의 최소성**을 갖추었다. CCTV 관찰행위로 침해되는 법익은 변호인접견 내용의 비밀이 폭로될 수 있다는 막연한 추측과 감시받고 있다는 심리적인 불안 내지 위축으로 법익의 침해가 현실적이고 구체화되어 있다고 보기 어려운 반면, 이를 통하여 구치소 내의 수용질서 및 규율을 유지하고 교정사고를 방지하고자 하는 것은 교정시설의 운영에 꼭 필요하고 중요한 공익이므로, **법익의 균형성**도 갖추었다. 따라서 이 사건 CCTV 관찰행위(변호인접견실에 CCTV를 설치하여 교도관이 그 CCTV를 통해 미결수용자와 변호인 간의 접견을 관찰한 행위)가 청구인의 변호인의 조력을 받을 권리를 침해한다고 할 수 없다(헌재 2016.4.28. 2015헌마243).

④ ○ '변호인이 되려는 자'의 접견교통권은 피의자 등을 조력하기 위한 핵심적인 부분으로서, 피의자 등이 가시는 헌법상의 기본권인 '변호인이 되려는 자'와의 접견교통권과 표리의 관계에 있다. 따라서 피의자 등이 가지는 '변호인이 되려는 자'의 조력을 받을 권리가 실질적으로 확보되기 위해서는 '변호인이 되려는 자'의 접견교통권 역시 헌법상 기본권으로서 보장되어야 한다(헌재 2019.2.28. 2015헌마1204).

정답 ③

42 **변호인의 조력을 받을 권리에 대한 설명으로 옳지 않은 것은? (다툼이 있는 경우 판례에 의함)**

〈2021 국가직 7급〉

① 변호인이 피의자신문에 자유롭게 참여할 수 있는 권리는 피의자가 가지는 변호인의 조력을 받을 권리를 실현하는 수단이라고 할 수 있어 헌법상 기본권인 변호인의 변호권으로서 보호되어야 하므로, 검찰수사관인 피청구인이 피의자신문에 참여한 변호인인 청구인에게 피의자 후방에 앉으라고 요구한 행위는 변호인인 청구인의 변호권을 침해한다.

② 「형사소송법」은 차폐시설을 설치하고 증인신문절차를 진행할 경우 피고인으로부터 의견을 듣도록 하는 등 피고인이 받을 수 있는 불이익을 최소화하기 위한 장치를 마련하고 있으므로, '피고인 등'에 대하여 차폐시설을 설치하고 신문할 수 있도록 한 것이 변호인의 조력을 받을 권리를 침해한다고 할 수는 없다.

③ 헌법 제12조 제4항 본문에 규정된 변호인의 조력을 받을 권리는 형사절차에서 피의자 또는 피고인의 방어권을 보장하기 위한 것으로서 「출입국관리법」상 보호 또는 강제퇴거의 절차에는 적용되지 않는다.

④ 변호인의 수사서류 열람·등사권은 피고인의 신속·공정한 재판을 받을 권리 및 변호인의 조력을 받을 권리라는 헌법상 기본권의 중요한 내용이자 구성요소이며 이를 실현하는 구체적인 수단이 된다.

해설

① ○ **변호인이 피의자신문에 자유롭게 참여할 수 있는 권리**는 피의자가 가지는 변호인의 조력을 받을 권리를 실현하는 수단이라고 할 수 있으므로 헌법상 기본권인 **변호인의 변호권으로서 보호**되어야 한다. 피의자신문에 참여한 변호인이 피의자 옆에 앉는다고 하여 피의자 뒤에 앉는 경우보다 수사를 방해할 가능성이 높아진다거나 수사기밀을 유출할 가능성이 높아진다고 볼 수 없으므로, 이 사건 후방착석요구행위의 목적의 정당성과 수단의 적절성을 인정할 수 없다. 따라서 이 사건 후방착석요구행위는 **변호인인 청구인의 변호권을 침해**한다(헌재 2017.11.30. 2016헌마503).

② ○ 강력범죄 또는 조직폭력범죄의 수사와 재판에서 범죄입증을 위해 증언한 자의 안전을 효과적으로 보장해 줄 수 있는 조치가 마련되어야 할 필요성은 매우 크고, 경우에 따라서는 증인이 피고인의 변호인과 대면하여 진술하는 것으로부터 보호할 필요성이 있을 수 있다. 형사소송법은 차폐시설을 설치하고 증인신문절차를 진행할 경우 피고인으로부터 의견을 듣도록 하는 등 피고인이 받을 수 있는 불이익을 최소화하기 위한 장치를 마련하고 있다. 따라서 심판대상조항은 과잉금지원칙에 위배되어 청구인의 **공정한 재판을 받을 권리** 및 **변호인의 조력을 받을 권리를 침해한다고 할 수 없다**(헌재 2016.12.29. 2015헌바221).

③ × 종래 이와 견해를 달리하여 헌법 제12조 제4항 본문에 규정된 변호인의 조력을 받을 권리는 **형사절차에서 피의자 또는 피고인의 방어권을 보장**하기 위한 것으로서 **출입국관리법상 보호 또는 강제퇴거의 절차**에도 적용된다고 보기 어렵다고 판시한 우리 재판소 결정은, 이 결정 취지와 저촉되는 범위 안에서 변경한다(헌재 2018.5.31. 2014헌마346).

④ ○ 피고인의 신속.공정한 재판을 받을 권리 및 변호인의 조력을 받을 권리는 헌법이 보장하고 있는 기본권이고, **변호인의 수사서류 열람·등사권**은 피고인의 신속·공정한 재판을 받을 권리 및 변호인의 조력을 받을 권리라는 헌법상 **기본권의 중요한 내용이자 구성요소**이며 이를 **실현하는 구체적인 수단**이 된다. 따라서 변호인의 수사서류 열람·등사를 제한함으로 인하여 결과적으로 피고인의 신속·공정한 재판을 받을 권리 또는 변호인의 충분한 조력을 받을 권리가 침해된다면 이는 헌법에 위반되는 것이다(헌재 2010.6.24. 2009헌마257).

정답 ③

43 변호인의 조력을 받을 권리에 관한 설명 중 가장 적절하지 않은 것은? (다툼이 있는 경우 판례에 의함) *〈2022 경정승진〉*

① 미결수용자와 변호인 간에 주고받는 서류를 확인하고 이를 소송관계서류처리부에 등재하는 행위는 그 자체만으로는 미결수용자의 변호인 접견교통권을 제한하는 행위라고 볼 수는 없다.

② 피고인에게 보장된 변호인의 조력을 받을 권리는 변호인과의 자유로운 접견교통권에 그치지 아니하고 더 나아가 변호인을 통하여 수사서류를 포함한 소송관계 서류를 열람·등사하고 이에 대한 검토결과를 토대로 공격과 방어의 준비를 할 수 있는 권리도 포함된다.

③ 변호인과의 자유로운 접견은 신체구속을 당한 사람에게 보장된 변호인의 조력을 받을 권리의 가장 중요한 내용이어서 국가안전보장·질서유지 또는 공공복리 등 어떠한 명분으로도 제한될 수 있는 성질의 것이 아니라고 할 것이나, 이는 구속된 자와 변호인 간의 접견이 실제로 이루어지는 경우에 있어서의 '자유로운 접견', 즉 '대화내용에 대하여 비밀이 완전히 보장되고 어떠한 제한, 영향, 압력 또는 부당한 간섭 없이 자유롭게 대화할 수 있는 접견'을 제한할 수 없다는 것이지, 변호인과의 접견 자체에 대해 아무런 제한도 가할 수 없다는 것을 의미하는 것은 아니다.

④ 변호인의 조력을 받을 권리는 '형사사건에서 변호인의 조력을 받을 권리'를 의미한다고 보아야 할 것이므로 형사절차가 종료되어 교정시설에 수용 중인 수형자나 미결수용자가 형사사건의 변호인이 아닌 민사재판, 행정재판, 헌법재판 등에서 변호사와 접견할 경우에는 원칙적으로 헌법상 변호인의 조력을 받을 권리의 주체가 될 수 없다.

해설

① × 변호인의 조력을 받을 권리의 한 내용인 변호인 접견교통권에는 접견 자체뿐만 아니라 미결수용자와 변호인 간의 서류 또는 물건의 수수도 포함되고, 이에 따라 형사소송법 제34조는 변호인 또는 변호인이 되려는 자는 신체구속을 당한 피고인 또는 피의자와 접견하고 서류 또는 물건을 수수할 수 있으며 의사로 하여금 진료하게 할 수 있도록 규정하였다. 따라서 미결수용자와 변호인 간에 주고받는 서류를 확인하고 이를 소송관계서류처리부에 등재하는 행위는 미결수용자의 변호인 접견교통권을 제한하는 행위이다(헌재 2016.4.28. 2015헌마243).

② ○ 변호인의 조력을 받을 권리는 변호인과의 자유로운 접견교통권에 그치지 아니하고 더 나아가 변호인을 통하여 수사서류를 포함한 소송관계 서류를 열람·등사하고 이에 대한 검토결과를 토대로 공격과 방어의 준비를 할 수 있는 권리도 포함된다고 보아야 할 것이므로 변호인의 수사기록 열람·등사에 대한 지나친 제한은 결국 피고인에게 보장된 변호인의 조력을 받을 권리를 침해하는 것이다(헌재 1997.11.27. 94헌마60).

③ ○ 헌법재판소가 91헌마111 결정에서 미결수용자와 변호인과의 접견에 대해 어떠한 명분으로도 제한할 수 없다고 한 것은 구속된 자와 변호인 간의 접견이 실제로 이루어지는 경우에 있어서의 '자유로운 접견', 즉 '대화내용에 대하여 비밀이 완전히 보장되고 어떠한 제한, 영향, 압력 또는 부당한 간섭 없이 자유롭게 대화할 수있는 접견'을 제한할 수 없다는 것이지, 변호인과의 접견 자체에 대해 아무런 제한도 가할 수 없다는 것을 의미하는 것이 아니므로 미결수용자의 변호인 접견권 역시 국가안전보장·질서유지 또는 공공복리를 위해 필요한 경우에는 법률로써 제한될 수 있음은 당연하다(헌재 2011.5.26. 2009헌마341).

④ ○ 변호인의 조력을 받을 권리에 대한 헌법과 법률의 규정 및 취지에 비추어 보면, '형사사건에서 변호인의 조력을 받을 권리'를 의미한다고 보아야 할 것이므로 형사절차가 종료되어 교정시설에 수용 중인 수형자나 미결수용자가 형사사건의 변호인이 아닌 민사재판, 행정재판, 헌법재판 등에서 변호사와 접견할 경우에는 원칙적으로 헌법상 변호인의 조력을 받을 권리의 주체가 될 수 없다(헌재 2013.8.29. 2011헌마122).

정답 ①

44 변호인의 조력을 받을 권리에 대한 설명으로 옳은 것은? (다툼이 있는 경우 판례에 의함)

〈2018 국회직 9급〉

① 변호인의 조력을 받을 권리는 형사절차에서 피의자 또는 피고인의 방어권 보장을 위한 것으로서 「출입국관리법」상 보호 또는 강제퇴거의 절차에도 적용된다고 보기 어렵다.

② 난민인정심사불회부결정을 받은 외국인을 인천국제공항 송환대기실에 수개월째 수용하고 환승구역으로 출입을 막으면서 변호인접견신청을 거부한 것은, 변호인의 조력을 받을 권리를 침해한 것은 아니다.

③ 법정 옆 피고인 대기실에서 대기 중인 14인 중 11인이 강력범들이고 교도관이 2인인 상황에서, 재판 대기 중인 피고인이 재판 시작 20분 전에 교도관에게 변호인 접견을 신청하였으나 변호인 접견신청이 거부된 것은 변호인의 조력을 받을 권리를 침해한 것은 아니다.

④ 헌법재판소가 미결수용자와 변호인과의 접견에 대해 "어떠한 명분으로도 제한할 수 없다"고 한 것은 구속된 자와 변호인간의 접견 자체에 대해 아무런 제한도 가할 수 없다는 것을 의미한다.

⑤ 국선변호인이 6월 5일 접견신청을 하였으나, 접견을 희망한 6월 6일이 현충일(공휴일)이라는 이유로 거부되고 6월 8일 피고인을 접견한 것은, 피고인의 변호인의 조력을 받을 권리를 침해한 것이다.

해설

① × 종래 이와 견해를 달리하여 헌법 제12조 제4항 본문에 규정된 변호인의 조력을 받을 권리는 형사절차에서 피의자 또는 피고인의 방어권을 보장하기 위한 것으로서 「출입국관리법」상 보호 또는 강제퇴거의 절차에도 적용된다고 보기 어렵다고 판시한 우리 재판소 결정은, 이 결정 취지와 저촉되는 범위 안에서 변경한다(헌재 2018.5.31. 2014헌마346).

(2) × 이 사건 변호인 접견신청 거부는 현행법상 아무런 법률상 근거가 없이 청구인의 변호인의 조력을 받을 권리를 제한한 것이므로, 청구인의 변호인의 조력을 받을 권리를 침해한 것이다. 또한 청구인에게 변호인 접견신청을 허용한다고 하여 국가안전보장, 질서유지, 공공복리에 어떠한 장애가 생긴다고 보기는 어렵고, 필요한 최소한의 범위 내에서 접견 장소 등을 제한하는 방법을 취한다면 국가안전보장이나 환승구역의 질서유지 등에 별다른 지장을 주지 않으면서도 청구인의 변호인 접견권을 제대로 보장할 수 있다. 따라서 이 사건 변호인 접견신청 거부는 국가안전보장이나 질서유지, 공공복리를 위해 필요한 기본권 제한조치로 볼 수도 없다(헌재 2018.5.31. 2014헌마346).

③ ○ 결국 위와 같은 시간적·장소적 상황을 고려할 때, 청구인의 면담 요구는 구속피고인의 변호인과의 면접·교섭권으로서 현실적으로 보장할 수 있는 한계 범위 밖이라고 아니 할 수 없다. 따라서 청구인의 변호인 면담 요구를 받아들이지 아니한 교도관 김○호의 접견불허행위는 청구인의 기본권을 침해하는 위헌적인 공권력의 행사라고 보기 어렵다(헌재 2009.10.29. 2007헌마992).

④ × 헌법재판소가 91헌마111 결정에서 미결수용자와 변호인과의 접견에 대해 어떠한 명분으로도 제한할 수 없다고 한 것은 구속된 자와 변호인 간의 접견이 실제로 이루어지는 경우에 있어서의 '자유로운 접견', 즉 '대화내용에 대하여 비밀이 완전히 보장되고 어떠한 제한, 영향, 압력 또는 부당한 간섭 없이 자유롭게 대화할 수 있는 접견'을 제한할 수 없다는 것이지, 변호인과의 접견 자체에 대해 아무런 제한도 가할 수 없다는 것을 의미하는 것이 아니므로 미결수용자의 변호인 접견권 역시 국가안전보장·질서유지 또는 공공복리를 위해 필요한 경우에는 법률로써 제한될 수 있음은 당연하다(헌재 2011.5.26. 2009헌마341).

⑤ × 6. 6.자 접견은 불허되었으나 그로부터 이틀 후인 6. 8.자 접견이 실시되었으며, 그 후로도 공판기일까지는 열흘 넘는 기간이 남아 있었던 점에 비추어 보면, 국선변호인이 희망한 6. 6.자 청구인에 대한 접견이 이루어지지 못하였다고 해서 청구인의 방어권 행사에 어떠한 불이익이 있었다고 보기는 어렵다. … 결국 이 사건 접견불허 처분을 전후한 청구인과 변호인의 접견 상황, 청구인에 대한 재판의 진행 과정 등에 비추어 볼 때, 이 사건 접견불허처분이 청구인의 변호인의 조력을 받을 권리를 침해하였다고 볼 수 없다(헌재 2011.5.26. 2009헌마341).

정답 ③

45 변호인의 조력을 받을 권리에 대한 설명으로 옳지 않은 것은? (다툼이 있는 경우 판례에 의함)

〈2019 지방직 7급〉

① 피의자·피고인의 구속 여부를 불문하고 변호인과 상담하고 조언을 구할 권리는 변호인의 조력을 받을 권리의 내용 중 구체적인 입법형성이 필요한 다른 절차적 권리의 필수적인 전제요건으로서 변호인의 조력을 받을 권리 그 자체에서 막바로 도출되는 것이다.

② 검찰수사관이 피의자신문에 참여한 변호인에게 피의자 후방에 앉으라고 요구한 행위는 변호인의 피의자신문참여권 행사에 어떠한 지장도 초래하지 않으므로 변호인의 변호권을 침해하지 아니한다.

③ 형사절차가 종료되어 교정시설에 수용 중인 수형자나 미결수용자가 형사사건의 변호인이 아닌 민사재판, 행정재판, 헌법재판 등에서 변호사와 접견할 경우에는 원칙적으로 변호인의 조력을 받을 권리의 주체가 될 수 없다.

④ 피의자 등이 가지는 '변호인이 되려는 자'의 조력을 받을 권리가 실질적으로 확보되기 위해서는 '변호인이 되려는 자'의 접견교통권 역시 헌법상 기본권으로서 보장되어야 한다.

해설

① ○ 피의자·피고인의 구속 여부를 불문하고 조언과 상담을 통하여 이루어지는 변호인의 조력자로서의 역할은 변호인선임권과 마찬가지로 변호인의 조력을 받을 권리의 내용 중 가장 핵심적인 것이고, 변호인과 상담하고 조언을 구할 권리는 변호인의 조력을 받을 권리의 내용 중 구체적인 입법 형성이 필요한 다른 절차적 권리의 필수적인 전제요건으로서 변호인의 조력을 받을 권리 그 자체에서 막바로 도출되는 것이다(헌재 2004.9.23. 2000헌마138).

② × 변호인이 피의자신문에 자유롭게 참여할 수 있는 권리는 피의자가 가지는 변호인의 조력을 받을 권리를 실현하는 수단이므로 헌법상 기본권인 변호인의 변호권으로서 보호되어야 한다. … 이 사건 후방착석요구행위로 얻어질 공익보다는 변호인의 피의자신문참여권 제한에 따른 불이익의 정도가 크므로, 법익의 균형성 요건도 충족하지 못한다. 따라서 이 사건 후방착석요구행위는 변호인인 청구인의 변호권을 침해한다(헌재 2017.11.30. 2016헌마503).

③ ○ 변호인의 조력을 받을 권리에 대한 헌법과 법률의 규정 및 취지에 비추어 보면, '형사 사건에서 변호인의 조력을 받을 권리'를 의미한다고 보아야 할 것이므로 형사절차가 종료되어 교정시설에 수용 중인 수형자나 미결수용자가 형사사건의 변호인이 아닌 민사재판, 행정재판, 헌법재판 등에서 변호사와 접견할 경우에는 원칙적으로 헌법상 변호인의 조력을 받을 권리의 주체가 될 수 없다(헌재 2013.8.29. 2011헌마122).

④ ○ 변호인 선임을 위하여 피의자·피고인(이하 '피의자 등'이라 한다)이 가지는 '변호인이 되려는 자'와의 접견교통권은 헌법상 기본권으로 보호되어야 하고, '변호인이 되려는 자'의 접견교통권은 피의자 등이 변호인을 선임하여 그로부터 조력을 받을 권리를 공고히 하기 위한 것으로서, 그것이 보장되지 않으면 피의자 등이 변호인 선임을 통하여 변호인으로부터 충분한 조력을 받는다는 것이 유명무실하게 될 수밖에 없다. 이와 같이 '변호인이 되려는 자'의 접견교통권은 피의자 등을 조력하기 위한 핵심적인 부분으로서, 피의자 등이 가지는 헌법상의 기본권인 '변호인이 되려는 자'와의 접견교통권과 표리의 관계에 있다. 따라서 피의자 등이 가지는 '변호인이 되려는 자'의 조력을 받을 권리가 실질적으로 확보되기 위해서는 '변호인이 되려는 자'의 접견교통권 역시 헌법상 기본권으로서 보장되어야 한다(헌재 2019.2.28. 2015헌마1204).

정답 ②

46 변호인의 조력을 받을 권리에 대한 설명으로 옳지 않은 것은? (다툼이 있는 경우 판례에 의함)

〈2020 국회직 5급〉

① 변호인의 조력을 받을 권리는 불구속 피의자와 피고인 모두에게 포괄적으로 인정된다.

② 변호인의 조력을 받을 권리는 행정절차에서 구속을 당한 사람에게는 보장되지 않는다.

③ 변호인과의 자유로운 접견은 신체구속을 당한 사람에게 보장된 변호인의 조력을 받을 권리의 가장 중요한 내용이어서 국가안전보장, 질서유지, 공공복리 등 어떠한 명분으로도 제한될 수 없다.

④ 가사소송에서는 헌법 제12조제4항의 변호인의 조력을 받을 권리가 보장되지 않는다.

⑤ 피의자가 가지는 '변호인이 되려는 자'의 조력을 받을 권리뿐 아니라 '변호인이 되려는 자'의 접견교통권 역시 헌법상 기본권으로서 보장되어야 한다.

해설

① ○ 우리 헌법은 변호인의 조력을 받을 권리가 불구속 피의자·피고인 모두에게 포괄적으로 인정되는지 여부에 관하여 명시적으로 규율하고 있지는 않지만, 불구속 피의자의 경우에도 변호인의 조력을 받을 권리는 우리헌법에 나타난 법치국가원리, 적법절차원에서 인정되는 당연한 내용이고, 헌법 제12조 제4항도 이를 전제로 특히 신체구속을 당한 사람에 대하여 변호인의 조력을 받을 권리의 중요성을 강조하기 위하여 별도로 명시하고 있다(헌재 2004.9.23. 2000헌마138).

② × 헌법 제12조 제4항 본문에 규정된 "구속"은 사법절차에서 이루어진 구속뿐 아니라, 행정절차에서 이루어진 구속까지 포함하는 개념이다. 따라서 헌법 제12조 제4항 본문에 규정된 변호인의 조력을 받을 권리는 행정절차에서 구속을 당한 사람에게도 즉시 보장된다(헌재 2018.5.31. 2014헌마346).

③ ○ 변호인과의 자유로운 접견은 신체구속을 당한 사람에게 보장된 변호인의 조력을 받을 권리의 가장 중요한 내용이어서 국가안전보장, 질서유지, 공공복리 등 어떠한 명분으로도 제한될 수 있는 성질의 것이 아니다(헌재1992.1.28. 91헌마111).

④ ○ 헌법 제12조 제4항의 변호인의 조력을 받을 권리는 신체의 자유에 관한 영역으로서 가사소송에서 당사자가 변호사를 대리인으로 선임하여 그 조력을 받는 것을 그 보호영역에 포함된다고 보기 어렵고, 이 사건 법률조항이 가사소송의 당사자가 변호사의 조력을 얻어 소송수행을 하는 데 제약을 가하는 것도 아니므로, 재판청구권을 침해하는 것이라 볼 수도 없다(헌재 2012.10.25. 2011헌마598).

⑤ ○ 변호인 선임을 위하여 피의자·피고인이 가지는 '변호인이 되려는 자'와의 접견교통권은 헌법상 기본권으로 보호되어야 하고, '변호인이 되려는 자'의 접견교통권은 피의자 등이 변호인을 선임하여 그로부터 조력을 받을 권리를 공고히 하기 위한 것으로서, 그것이 보장되지 않으면 피의자 등이 변호인 선임을 통하여 변호인으로부터 충분한 조력을 받는다는 것이 유명무실하게 될 수밖에 없다. 이와 같이 '변호인이 되려는 자'의 접견교통권은 피의자 등을 조력하기 위한 핵심적인 부분으로서, 피의자 등이 가지는 헌법상의 기본권인 '변호인이 되려는 자'와의 접견교통권과 표리의 관계에 있다. 따라서 피의자 등이 가지는 '변호인이 되려는 자'의 조력을 받을 권리가 실질적으로 확보되기 위해서는 '변호인이 되려는 자'의 접견교통권 역시 헌법상 기본권으로서 보장되어야 한다(헌재 2019.2.28. 2015헌마1204).

정답 ②

Police Constitution

우선순위
경찰헌법

기출의 완성
800제

제6편 실정권적 기본권

01 공무담임권에 관한 설명 중 가장 적절하지 않은 것은? (다툼이 있는 경우 판례에 의함)

〈2022 경찰공채 1차〉

① 공무담임권은 국가 등에게 능력주의를 존중하는 공정한 공직자 선발을 요구할 수 있는 권리라는 점에서 직업선택의 자유보다는 그 기본권의 효과가 현실적·구체적이므로, 공직을 직업으로 선택하는 경우에 있어서 직업선택의 자유는 공무담임권을 통해서 그 기본권보호를 받게 된다고 할 수 있으므로 공무담임권을 침해하는지 여부를 심사하는 이상 이와 별도로 직업선택의 자유 침해 여부를 심사할 필요는 없다.

② 공무담임권의 보호영역에는 일반적으로 공직취임의 기회보장, 신분박탈, 직무의 정지가 포함될 뿐이고 '승진시험의 응시제한'이나 이를 통한 승진기회의 보장 문제는 공직신분의 유지나 업무수행에는 영향을 주지 않는 단순한 내부 승진인사에 관한 문제에 불과하여 공무담임권의 보호영역에 포함된다고 보기 어렵다.

③ 서울교통공사는 공익적인 업무를 수행하기 위한 지방공사이나 서울특별시와 독립적인 공법인으로서 경영의 자율성이 보장되고, 서울교통공사의 직원의 신분도 「지방공무원법」이 아닌 「지방공기업법」과 정관에서 정한 바에 따르는 등, 서울교통공사의 직원이라는 직위가 헌법 제25조가 보장하는 공무담임권의 보호영역인 '공무'의 범위에는 해당하지 않는다.

④ 금고 이상의 형의 선고유예를 받고 그 기간 중에 있는 자를 임용결격사유로 삼고, 위 사유에 해당하는 자가 임용되더라도 이를 당연무효로 하는 구「국가공무원법」 조항은 입법자의 재량을 일탈하여 청구인의 공무담임권을 침해한다.

해설

① ○ 공무담임권은 국가 등에게 능력주의를 존중하는 공정한 공직자선발을 요구할 수 있는 권리라는 점에서 직업선택의 자유보다는 그 기본권의 효과가 현실적·구체적이므로, 공직을 직업으로 선택하는 경우에 있어서 직업선택의 자유는 공무담임권을 통해서 그 기본권보호를 받게 된다고 할 수 있으므로 **공무담임권을 침해하는지 여부를 심사하는 이상 이와** 별도로 직업선택의 자유 **침해 여부를 심사할 필요는** 없다(헌재 2006.3.30. 2005헌마598).

② ○ 공무담임권의 보호영역에는 일반적으로 공직취임의 기회보장, 신분박탈, 직무의 정지가 포함될 뿐이고 청구인이 주장하는 '승진시험의 응시제한'이나 이를 통한 승진기회의 보장 문제는 공직신분의 유지나 업무수행에는 영향을 주지 않는 단순한 내부 승진인사에 관한 문제에 불과하여 공무담임권의 보호영역에 포함된다고 보기는 어려우므로 결국 이 사건 심판대상 규정은 청구인의 공무담임권을 침해한다고 볼 수 없다(헌재 2007.6.28. 2005헌마1179).

③ ○ 서울교통공사는 공익적인 업무를 수행하기 위한 지방공사이나, 서울특별시와 독립적인 공법인으로서 경영의 자율성이 보장되고, 수행 사업도 국가나 지방자치단체의 독점적 성격을 갖는다고 보기 어려우며, 서울교통공사의 직원의 신분도 지방공무원법이 아닌 지방공기업법과 정관에서 정한 바에 따르는 등, 서울교통공사의 직원이라는 직위가 헌법 제25조가 보장하는 공무담임권의 보호영역인 '공무'의 범위에는 해당하지 않는다(헌재 2021.2.25. 2018헌마174).

④ × 이 사건 법률조항은 금고 이상의 형의 선고유예의 판결을 받아 그 기간 중에 있는 사람이 공무원으로 임용되는 것을 금지하고 이러한 사람이 공무원으로 임용되더라도 그 임용을 당연무효로 하는 것으로서, 공직에 대한 국민의 신뢰를 보장하고 공무원의 원활한 직무수행을 도모하기 위하여 마련된 조항이다. 청구인과 같이 임용결격사유에도 불구하고 임용된 임용결격공무원은 상당한 기간 동안 근무한 경우라도 적법한 공무원의 신분을 취득하여 근무한 것이 아니라는 이유로 공무원연금법상 퇴직급여의 지급대상이 되지 못하는 등 일정한 불이익을 받기는 하지만, 재직기간 중 사실상 제공한 근로에 대하여는 그 대가에 상응하는 금액의 반환을 부당이득으로 청구하는 등의 민사적 구제수단이 있는 점을 고려하면, 공직에 대한 국민의 신뢰보장이라는 공익과 비교하여 임용결격공무원의 사익 침해가 현저하다고 보기 어렵다. 따라서 이 사건 법률조항(금고 이상의 형의 선고유예를 받고 그 기간 중에 있는 자를 임용결격사유로 삼고, 위 사유에 해당하는 자가 임용되더라도 이를 당연무효로 하는 구「국가공무원법」조항)은 입법자의 재량을 일탈하여 공무담임권을 침해한 것이라고 볼 수 없다(헌재 2016.7.28. 2014헌바437).

정답 ④

02 공무담임권 및 공무원제도에 대한 설명으로 가장 적절하지 않은 것은? (다툼이 있는 경우 판례에 의함) *〈2021 경정승진〉*

① 지방자치단체의 장이 '공소 제기된 후 구금상태에 있는 경우' 부단체장이 그 권한을 대행하도록 규정한 「지방자치법」 조항은 지방자치단체장의 공무담임권을 침해하지 않는다.

② 공무담임권의 보호영역에는 공직취임기회의 자의적인 배제뿐만 아니라 공무원 신분의 부당한 박탈이나 권한의 부당한 정지, 승진시험의 응시제한이나 이를 통한 승진기회의 보장 등이 포함된다.

③ 공무담임권은 국민이 국가나 공공단체의 구성원으로서 직무를 담당할 수 있는 권리를 뜻하고, 여기서 직무를 담당한다는 것은 공무담임에 관하여 능력과 적성에 따라 평등한 기회를 보장받는 것을 의미한다.

④ 공무원의 신분이나 직무와 관련이 없는 범죄의 경우에도 퇴직급여 등을 제한하는 것은 공무원범죄를 예방하고 공무원이 재직 중 성실히 근무하도록 유도하는 입법목적을 달성하는 데 적합한 수단이라고 볼 수 없다.

해설

① ○ 형사재판을 위하여 신체가 구금되어 정상적이고 시의적절한 직무를 수행하기 어려운 상황에 처한 자치단체장을 직무에서 배제시킴으로써 자치단체행정의 원활하고 효율적인 운영을 도모하는 한편 주민의 복리에 초래될 것으로 예상되는 위험을 미연에 방지하려는 이 사건 법률조항의 입법목적은 입법자가 추구할 수 있는 정당한 공익이라 할 것이고, 이를 실현하기 위하여 해당 자치단체장을 구금상태가 해소될 때까지 잠정적으로 그 직무에서 배제시키는 것은 일응 유효·적절한 수단이라고 볼 수 있다. 따라서 이 사건 법률조항은 청구인의 **공무담임권을 제한함에 있어 과잉금지원칙에 위배되지 않는다**(헌재 2011.4.28. 2010헌마474).

② × 공무담임권의 보호영역에는 공직취임 기회의 자의적인 배제뿐 아니라, 공무원 신분의 부당한 박탈이나 권한(직무)의 부당한 정지도 포함된다. 다만, **'승진시험의 응시제한'**이나 **이를 통한 승진기회의 보장 문제**는 공직신분의 유지나 업무수행에는 영향을 주지 않는 **단순한 내부 승진인사에 관한 문제**에 불과하여 **공무담임권의 보호영역에 포함된다고 보기는 어렵다**고 할 것이다(헌재 2010.3.25. 2009헌마538).

③ ○ 공무담임권은 국민이 국가나 공공단체의 구성원으로서 직무를 담당할 수 있는 권리를 뜻하고, 여기서 직무를 담당한다는 것은 **공무담임에 관하여 능력과 적성에 따라 평등한 기회를 보장**받는 것을 의미한다(헌재 2018.7.26. 2017헌마1183).

④ ○ **공무원의 신분이나 직무상 의무와 관련이 없는 범죄**의 경우에도 **퇴직급여 등을 제한**하는 것은, 공무원범죄를 예방하고 공무원이 재직 중 성실히 근무하도록 유도하는 **입법목적을 달성하는 데**

적합한 수단이라고 볼 수 없다. 나아가 이 사건 법률조항은 퇴직급여에 있어서는 국민연금법상의 사업장 가입자에 비하여, 퇴직수당에 있어서는 근로기준법상의 근로자에 비하여 각각 차별대우를 하고 있는바, 이는 자의적인 차별에 해당한다(헌재 2007.3.29. 2005헌바33).

정답 ②

03 공무담임권에 대한 설명으로 옳지 않은 것은? (다툼이 있는 경우 판례에 의함) *〈2019 국회직 8급〉*

① 국방부 등의 보조기관에 근무할 수 있는 기회를 현역군인에게만 부여하고 군무원에게는 부여하지 않는 법률조항은 군무원의 공무담임권을 침해하지 않는다.

② 선출직 공무원의 공무담임권은 선거를 전제로 하는 대의제의 원리에 의하여 발생하는 것이므로 공직의 취임이나 상실에 관련된 어떠한 법률조항이 대의제의 본질에 반한다면 이는 공무담임권도 침해하는 것이라고 볼 수 있다.

③ 국립대학교 총장후보자로 지원하려는 사람에게 1,000만 원의 기탁금 납부를 요구하고, 납입하지 않을 경우 총장후보자에 지원하는 기회를 주지 않는 것은 공무담임권을 침해한다.

④ 공무담임권은 공직 취임의 기회균등만을 요구할 뿐, 취임한 뒤 승진할 때에도 균등한 기회제공을 요구하는 것은 아니다.

⑤ 고용노동 및 직업상담 직류를 채용하는 경우 직업상담사 자격증 보유자에게 만점의 3% 또는 5%의 가산점을 부여한다고 명시한 인사혁신처 2018년도 국가공무원 공개경쟁채용 시험 등 계획 공고는 직업상담사 자격증을 소지하지 않은 상태에서 국가공무원 공개경쟁 채용시험에 응시하려고 하는 자들의 공무담임권을 침해하지 않는다.

해설

① ○ 공무담임권의 보호영역에는 일반적으로 공직 취임의 기회보장, 신분박탈, 직무의 정지가 포함되는 것일 뿐, 여기서 더 나아가 공무원이 특정의 장소에서 근무하는 것 또는 특정의 보직을 받아 근무하는 것을 포함하는 일종의 '공무수행의 자유'까지 그 보호영역에 포함된다고 보기는 어렵다. 따라서 이 사건 법률조항이 특정직공무원으로서 군무원인 청구인들의 공무담임권을 제한하는 것은 아니다(헌재 2008.6.26. 2005헌마1275).

② ○ 선출직 공무원의 공무담임권은 선거를 전제로 하는 대의제의 원리에 의하여 발생하는 것이므로 공직의 취임이나 상실에 관련된 어떠한 법률조항이 대의제의 본질에 반한다면 이는 공무담임권도 침해하는 것이라고 볼 수 있다(헌재 2009.3.26. 2007헌마843).

③ ○ 이 사건 기탁금조항의 1,000만 원이라는 액수는 자력이 부족한 교원 등 학내 인사와 일반 국민으로 하여금 총장후보자에 지원하려는 의사를 단념토록 할 수 있을 정도로 과다한 액수라고 할 수 있다. 이러한 사정들을 종합하면 이 사건 기탁금조항은 침해의 최소성에 반한다. 현행 총장후보자 선정규정에 따른 간선제 방식에서는 이 사건 기탁금조항으로 달성하려는 공익은 제한적이다. 반면 이 사건 기탁금조항으로 인하여 기탁금을 납입할 자력이 없는 교원 등 학내 인사 및 일반 국민들은 총장후보자에 지원하는 것 자체를 단념하게 되므로, 이 사건 기탁금조항으로 제약되는 공무담임권의 정도는 결코 과소평가될 수 없다. 이 사건 기탁금조항으로 달성하려는 공익이 제한되는 공무담임권 정도보다 크다고 단정할 수 없으므로, 이 사건 기탁금조항은 법익의 균형성에도 반한다. 따라서, 이 사건 기탁금조항은 과잉금지원칙에 반하여 청구인의 공무담임권을 침해한다(헌재 2018.4.26. 2014헌마274).

④ × 공무담임권은 공직취임의 기회균등뿐만 아니라 취임한 뒤 승진할 때에도 균등한 기회제공을 요구한다. 청구인의 경우 군 복무기간이 승진소요 최저연수에 포함되지 않으므로 공무원으로 근무하다가 군 복무를 한 사람보다 더 오래 재직하여야 승진임용절차가 진행된다. 또 군 복무기간이 경력평정에서도 일부만 산입되므로 경력평정점수도 상대적으로 적게 부여된다. 이는 승진임용절차 개시 및 승진임용점수 산정과 관련된 법적 불이익에 해당하므로, 승진경쟁인원 증가에 따라 승진 가능성이 낮아지는 사실상의 불이익 문제나 단순한 내부승진인사 문제와 달리 공무담임권의 제한에 해당한다(헌재 2018.7.26. 2017헌마1183).

⑤ ○ 심판대상조항은 2003년과 2007년경부터 규정된 것이어서 해당 직류의 채용시험을 진지하게 준비 중이었다면 누구라도 직업상담사 자격증이 가산대상 자격증임을 알 수 있었다고 보이며, 자격증 소지를 시험의 응시자격으로 한 것이 아니라 각 과목 만점의 최대 5% 이내에서 가산점을 부여하는 점, 자격증 소지자도 다른 수험생들과 마찬가지로 합격의 최저 기준인 각 과목 만점의 40% 이상을 취득하여야 한다는 점, 그 가산점 비율은 3% 또는 5% 로서 다른 직렬과 자격증 가산점 비율에 비하여 과도한 수준이라고 볼 수 없다는 점을 종합하면 이 조항이 피해 최소성 원칙에 위배된다고 볼 수 없고, 법익의 균형성도 갖추었다. 따라서 심판대상조항이 청구인들의 공무담임권과 평등권을 침해하였다고 볼 수 없다(헌재 2018.8.30. 2018헌마46).

정답 ④

04 공무원제도 및 공무담임권에 대한 설명으로 가장 적절한 것은? (다툼이 있는 경우 판례에 의함)

〈2018 경정승진〉

① 경찰공무원이 자격정지 이상의 형의 선고유예를 받은 경우 당연퇴직 하도록 규정하고 있는 구「경찰공무원법」 조항은 공무담임권을 침해하지 않는다.

② 지방자치단체의 직제가 폐지된 경우에 해당 공무원을 직권면직 할 수 있도록 규정하고 있는 지방공무원법 조항은 헌법상 직업공무원제도를 위반한 것이다.

③ 지방자치단체의 장으로 하여금 당해 지방자치단체의 관할구역과 겹치는 선거구역에서 실시되는 지역구 국회의원선거에 입후보하고자 하는 경우 당해 선거의 선거일 전 120일까지 그 직을 사퇴하도록 한 공직선거법 조항은 해당 지방자치단체장의 평등권을 침해하지 않는다.

④ 공무원 또는 공무원이었던 자가 재직 중의 사유로 금고 이상의 형을 받은 때에는 대통령령이 정하는 바에 의하여 퇴직급여 및 퇴직수당의 일부를 감액하여 지급하도록 한 공무원연금법 조항은 평등원칙에 위배되지 않는다.

해설

① × 경찰공무원이 자격정지 이상의 형의 선고유예를 받은 경우 공무원직에서 당연퇴직 하도록 규정하고 있는 이 사건 법률조항은 자격정지 이상의 선고유예 판결을 받은 모든 범죄를 포괄하여 규정하고 있을 뿐만 아니라 심지어 오늘날 누구에게나 위험이 상존하는 교통사고 관련범죄 등 과실범의 경우마저 당연퇴직의 사유에서 제외하지 않고 있으므로 최소침해성의 원칙에 반한다. … 따라서 이 사건 법률조항은 헌법 제25조의 공무담임권을 침해한 위헌 법률이다(헌재 2004.9.23. 2004헌가12).

② × 행정조직의 개폐에 관한 문제에 있어 입법자가 광범위한 입법형성권을 가진다 하더라도 행정조직의 개폐로 인해 행해지는 직권면직은 보다 직접적으로 해당 공무원들의 신분에 중대한 위협을 주게 되므로 직제 폐지 후 실시되는 면직절차에 있어서는 보다 엄격한 요건이 필요한데, 이와 관련하여 지방공무원법 제62조는 직제의 폐지로 인해 직권면직이 이루어지는 경우 임용권자는 인사위원회의 의견을 듣도록 하고 있고, 면직기준으로 임용형태·업무실적·직무수행능력·징계처분사실 등을 고려하도록 하고 있으며, 면직기준을 정하거나 면직대상을 결정함에 있어서 반드시 인사위원회의 의결을 거치도록 하고 있는바, 이는 합리적인 면직기준을 구체적으로 정함과 동시에 그 공정성을 담보할 수 있는 절차를 마련하고 있는 것이라 볼 수 있다. 그렇다면 이 사건 규정이 직제가 폐지된 경우 직권면직을 할 수 있도록 규정하고 있다고 하더라도 이것이 직업공무원제도를 위반하고 있다고는 볼 수 없다(헌재 2004.11.25. 2002헌바8).

③ ○ 이 사건 조항은 일반 공무원이 공직선거에 출마하려는 경우 '선거일전 60일까지' 사퇴하도록 하는 것과 달리 단체장을 120일 전까지 사퇴하도록 하고 있으나, 단체장은 지방자치단체의 행정기능을 총괄하며, 직원의 인사권과 주민의 복리에 관한 각종 사업의 기획·시행, 예산의 집행 등 지방자치단체의 운영에 있어서 막중한 지위와 권한을 가지므로 자신의 관할구역 국회의원선거에 입후보할 것에 대비하여 전시성 사업으로 예산을 낭비하거나 불공정한 선심행정을 행할 개연성이 다른 공무원에 비하여 상대적으로 더 높다. 단체장의 그러한 지위와 권한의 특수성을 감안할 때 이 사건 조항은 합리성을 벗어난 것이라 볼 수 없다. 또한 이 사건 조항이 국회의원과 달리 단체장에게 그러한 공직사퇴시한을 두고 있는 것은 국회의원직의 사퇴로 인한 심각한 국정공백을 우려한 것이므로 합리적 이유가 있다. 그러므로 이 사건 조항은 단체장의 평등권을 침해하지 않는다(헌재 2006.7.27. 2003헌마758 등).

④ × 공무원의 신분이나 직무상 의무와 관련이 없는 범죄의 경우에도 퇴직급여 등을 제한하는 것은, 공무원범죄를 예방하고 공무원이 재직 중 성실히 근무하도록 유도하는 입법목적을 달성하는 데 적합한 수단이라고 볼 수 없다. 입법자로서는 입법목적을 달성함에 반드시 필요한 범죄의 유형과 내용 등으로 그 범위를 한정하여 규정함이 최소침해성의 원칙에 따른 기본권 제한의 적절한 방식이다. 단지 금고 이상의 형을 받았다는 이유만으로 이미 공직에서 퇴출당할 공무원에게 더 나아가 일률적으로 그 생존의 기초가 될 퇴직급여 등까지 반드시 감액하도록 규정한다면 그 법률조항은 침해되는 사익에 비해 지나치게 공익만을 강조한 입법이라고 아니할 수 없다. 나아가 이 사건 법률조항은 퇴직급여에 있어서는 국민연금법상의 사업장 가입자에 비하여, 퇴직수당에 있어서는 근로 근로자에 비하여 각각 차별대우를 하고 있는바, 이는 자의적인 차별에 해당한다(헌재 2007.3.29. 2005헌바33).

정답 ③

05 공무담임권에 대한 설명으로 옳은 것은? (다툼이 있는 경우 판례에 의함) *〈2021 국가직 7급〉*

① 교육의원후보자가 되려는 사람은 5년 이상의 교육경력 또는 교육행정경력을 갖추도록 규정한 구「제주특별자치도 설치 및 국제자유도시 조성을 위한 특별법」의 해당 조항은 이러한 경력을 갖추지 못한 청구인들의 공무담임권을 침해한다.

② 공무담임권의 보호영역에는 공직취임 기회의 자의적인 배제뿐 아니라, 공무원 신분의 부당한 박탈이나 권한(직무)의 부당한 정지도 포함된다.

③ 행정5급 일반임기제공무원에 관한 경력경쟁채용시험에서 '변호사 자격 등록'을 응시자격요건으로 하는 방위사업청장의 공고는 변호사 자격을 가졌으나 변호사 자격 등록을 하지 아니한 청구인들의 공무담임권을 침해한다.

④ 「고등교육법」상 심판대상 조항이 성인에 대한 성폭력범죄 행위로 벌금 100만 원 이상의 형을 선고받고 확정된 자에 한하여 「고등교육법」상의 교원으로 임용할 수 없도록 한 것은, 성폭력범죄를 범하는 대상과 형의 종류에 따라 성폭력범죄에 관한 교원으로서의 최소한의 자격기준을 설정하였다고 할 수 없으므로, 죄형법정주의 및 과잉금지원칙에 반하여 청구인의 공무담임권을 침해한다.

해설

① × 심판대상조항은 전문성이 담보된 교육의원이 교육위원회의 구성원이 되도록 하여 헌법 제31조 제4항이 보장하고 있는 교육의 자주성·전문성·정치적 중립성을 보장하면서도 지방자치의 이념을 구현하기 위한 것으로서, 지방교육에 있어서 경력요건과 교육전문가의 참여 범위에 관한 입법재량의 범위를 일탈하여 그 합리성이 결여되어 있다거나 필요한 정도를 넘어 청구인들의 **공무담임권을 침해**하는 것이라 볼 수 **없다**(헌재 2020.9.24. 2018헌마444).

② ○ 공무담임권의 보호영역에는 **공직취임 기회의 자의적인 배제** 뿐 아니라, **공무원 신분의 부당한 박탈**이나 **권한(직무)의 부당한 정지**도 포함된다고 할 것이다(헌재 2005.5.26. 2002헌마699 등).

③ × 이 사건 공고는 대한변호사협회에 등록한 변호사로서 실제 변호사의 업무를 수행한 경력이 있는 사람을 우대하는 한편, 임용예정자에게 변호사등록 거부사유 등이 있는지를 대한변호사협회의 검증절차를 통하여 확인받도록 하는 데 목적이 있다. 이 사건 공고가 응시자격요건으로 변호사 자격 등록을 요구하는 것은 이러한 목적, 그리고 지원자가 채용예정 직위에서 수행할 업무 등에 비추어 합리적이다. 인사권자인 피청구인은 경력경쟁채용시험을 실시하면서 응시자격요건을 구체적으로 어떻게 정할 것인지를 **판단하고 결정하는 데 재량이 인정**되는데, 이 사건 공고가 그 재량권을 현저히 일탈하였다고 볼 수 없다. 이 사건 공고는 청구인들의 **공무담임권을 침해하지 않는다**(헌재 2019.8.29. 2019헌마616).

④ × 심판대상조항이 성인에 대한 성폭력범죄 행위로 벌금 100만 원 이상의 형을 선고받고 확정된 자에 한하여 고등교육법상의 교원으로 임용할 수 없도록 한 것은, 성폭력범죄를 범하는 대상과 형의 종류에 따라 성폭력범죄에 관한 교원으로서의 **최소한의 자격기준을 설정**하였다고 할 것이므로, 과잉금지원칙에 반하여 청구인의 **공무담임권을 침해한다고 할 수 없다**(헌재 2020.12.23. 2019헌마502).

정답 ②

06 다음 설명 중 가장 옳지 않은 것은? 〈2021 법원직 9급〉

① 대통령으로 선거될 수 있는 자는 국회의원의 피선거권이 있고 선거일 현재 40세에 달하여야 한다.

② 공무담임권의 보호영역에는 공무원이 특정의 장소에서 근무하는 것이나 특정의 보직을 받아 근무하는 것을 포함하는 일종의 공무수행의 자유까지 포함된다고 보기 어렵다.

③ 헌법 제7조에서 보장하는 직업공무원제도의 기본적 요소에 능력주의가 포함되는 점에 비추어 헌법 제25조의 공무담임권 조항은 모든 국민이 누구나 그 능력과 적성에 따라 공직에 취임할 수 있는 균등한 기회를 보장함을 내용으로 한다.

④ 직업공무원제도는 헌법이 보장하는 제도적 보장 중의 하나임이 분명하므로 입법자는 직업공무원제도에 관하여 '최대한 보장'의 원칙에 의하여 입법을 형성할 책무가 있다.

해설

① ○

헌법 제67조 ④ 대통령으로 선거될 수 있는 자는 **국회의원의 피선거권**이 있고 **선거일 현재 40세**에 달하여야 한다.

② ○ 헌법 제25조의 **공무담임권의 보호영역**에는 일반적으로 공직취임의 기회보장, 신분박탈, 직무의 정지에 관련된 사항이 포함되지만, 특별한 사정도 없이 공무원이 **특정의 장소에서 근무**하는 것이나 **특정의 보직을 받아 근무**하는 것을 포함하는 일종의 '**공무수행의 자유**'까지 포함된다고 보기 **어렵다**(헌재 2014.1.28. 2011헌마239).

③ ○ 직업공무원으로의 공직 취임권에 관하여 규율함에 있어서는 임용희망자의 능력·전문성·적성·품성을 기준으로 하는 이른바 능력주의 또는 성과주의를 바탕으로 하여야 한다. 헌법은 이 점을 명시적으로 밝히고 있지 아니하지만, 헌법 제7조에서 보장하는 **직업공무원제도**의 기본적 요소에 **능력주의가 포함**되는 점에 비추어 **헌법 제25조의 공무담임권** 조항은 모든 국민이 누구나 그 **능력과 적성**에 따라 **공직에 취임**할 수 있는 **균등한 기회를 보장**함을 내용으로 한다고 할 것이다(헌재 1999.12.23. 98헌마363).

④ × 직업공무원제도는 헌법이 보장하는 **제도적 보장중의 하나**임이 분명하므로 입법자는 **직업공무원제도**에 관하여 '**최소한 보장**'의 원칙의 한계 안에서 **폭넓은 입법형성의 자유**를 가진다(헌재 1997.4.24. 95헌바48).

정답 ④

07 국민투표에 관한 다음 설명 중 가장 옳지 않은 것은? (다툼이 있는 경우 헌법재판소 결정에 의함)

〈2018 법원직 9급〉

① 헌법 제72조의 국민투표권은 대통령이 어떠한 정책을 국민투표에 부의한 경우에 비로소 행사가 가능한 기본권이라 할 수 있다.

② 헌법개정안에 대한 국민투표제를 처음 도입한 것은 제3공화국(1962년) 헌법이다.

③ 대법원은 국민투표에 관하여 국민투표법 또는 국민투표법에 의하여 발하는 명령에 위반하는 사실이 있는 경우라도 국민투표의 결과에 영향을 미쳤다고 인정하는 때에 한하여 국민투표 무효의 판결을 하여야 하며, 국민투표의 일부의 무효를 판결할 수는 없다.

④ 국민투표의 효력에 관하여 이의가 있는 투표인은 투표인 10만인 이상의 찬성을 얻어 중앙선거관리위원회위원장을 피고로 하여 투표일로부터 20일 이내에 대법원에 제소할 수 있다.

해설

① ○ 특정의 국가정책에 대하여 다수의 국민들이 국민투표를 원하고 있음에도 불구하고 대통령이 이러한 희망과는 달리 국민투표에 회부하지 아니한다고 하여도 이를 헌법에 위반된다고 할 수 없고, 국민에게 특정의 국가정책에 관하여 국민투표에 회부할 것을 요구할 권리가 인정된다고 할 수도 없다. … 결국 헌법 제72조의 국민투표권은 대통령이 어떠한 정책을 국민투표에 부의한 경우에 비로소 행사가 가능한 기본권이라 할 수 있다(헌재 2005.11.24. 2005헌마579 등).

② ○ 1962년 헌법은 … 헌법사상 처음으로 헌법개정을 국회의 의결을 거쳐 국민투표로 확정되도록 하는 방식을 채택하였다.

③ ×

국민투표법 제93조 (국민투표무효의 판결) 대법원은 제92조의 규정에 의한 소송에 있어서 국민투표에 관하여 이 법 또는 이 법에 의하여 발하는 명령에 위반하는 사실이 있는 경우라도 국민투표의 결과에 영향이 미쳤다고 인정하는 때에 한하여 국민투표의 전부 또는 일부의 무효를 판결한다.

④ ○

국민투표법 제92조 (국민투표무효의 소송) 국민투표의 효력에 관하여 이의가 있는 투표인은 투표인 10만인 이상의 찬성을 얻어 중앙선거관리위원회위원장을 피고로 하여 투표일로부터 20일 이내에 대법원에 제소할 수 있다.

정답 ③

08 **공무담임권에 관한 설명 중 가장 적절한 것은? (다툼이 있는 경우 판례에 의함)** *〈2020 경정승진〉*

① 공무담임권은 공직취임의 기회균등을 요구하지만, 취임한 뒤 승진할 때에도 균등한 기회 제공을 요구하지는 않는다.

② 지방자치단체의 장이 금고 이상의 형을 선고받고 그 형이 확정되지 아니한 경우 부단체장이 그 권한을 대행하도록 규정한 「지방자치법」 조항은 지방자치단체장의 공무담임권을 침해한다.

③ 국방부 등의 보조기관에 근무할 수 있는 기회를 현역군인에게만 부여하고 군무원에게는 부여하지 않는 법률조항은 군무원의 공무담임권을 침해한다.

④ 공무원의 재임 기간 동안 충실한 공무 수행을 담보하기 위하여 공무원의 퇴직급여 및 공무상 재해보상을 보장할 것까지 공무담임권의 보호영역에 포함된다고 본다.

해설

① × 공무담임권은 공직취임의 기회 균등뿐만 아니라 취임한 뒤 승진할 때에도 균등한 기회 제공을 요구한다. 청구인의 경우 군 복무기간이 승진소요 최저연수에 포함되지 않으므로 공무원으로 근무하다가 군 복무를 한 사람보다 더 오래 재직하여야 승진임용절차가 진행된다. 또 군 복무기간이 경력평정에서도 일부만 산입되므로 경력평정점수도 상대적으로 적게 부여된다. 이는 승진임용절차 개시 승진임용점수 산정과 관련된 법적 불이익에 해당하므로, 승진경쟁인원 증가에 따라 승진 가능성이 낮아지는 사실상의 불이익 문제나 단순한 내부승진인사 문제와 달리 공무담임권의 제한에 해당한다(헌재 2018.7.26. 2017헌마1183).

② ○ 선거에 의하여 주권자인 국민으로부터 직접 공무담임권을 위임받는 자치단체장의 경우, 그와 같이 공무담임권을 위임한 선출의 정당성이 무너지거나 공무담임권 위임의 본지를 배반하는 직무상 범죄를 저질렀다면, 이러한 경우에도 계속 공무를 담당하게 하는 것은 공무담임권 위임의 본지에 부합된다고 보기 어렵다. 그러므로 위 두 사유에 해당하는 범죄로 자치단체장이 금고 이상의 형을 선고받은 경우라면, 그 형이 확정되기 전에 해당 자치단체장의 직무를 정지시키더라도 무죄추정의 원칙에 직접적으로 위배된다고 보기 어렵고, 과잉금지의 원칙도 위반하였다고 볼 수 없으나, 위 두 가지 경우 이외에는 금고 이상의 형의 선고를 받았다는 이유로 형이 확정되기 전에 자치단체장의 직무를 정지시키는 것은 무죄추정의 원칙과 과잉금지의 원칙에 위배된다(헌재 2010.9.2. 2010헌마418).

③ × 공무담임권의 보호영역에는 일반적으로 공직취임의 기회보장, 신분박탈, 직무의 정지가 포함되는 것일 뿐, 여기서 더 나아가 공무원이 특정의 장소에서 근무하는 것 또는 특정의 보직을 받아 근무하는 것을 포함하는 일종의 '공무수행의 자유'까지 그 보호영역에 포함된다고 보기는 어렵다. 따라서 이 사건 법률조항이 특정직공무원으로서 군무원인 청구인들의 공무담임권을 제한하는 것은 아니다(헌재 2008.6.26. 2005헌마1275).

④ × 헌법 제25조의 공무담임권이 공무원의 재임 기간 동안 충실한 공무 수행을 담보하기 위하여 공무원의 퇴직급여 및 공무상 재해보상을 보장할 것까지 그 보호영역으로 하고 있다고 보기 어렵고, 행복추구권은 행복을 추구하기 위하여 필요한 급부를 국가에 대하여 적극적으로 요구할 수 있음을 내용으로 하는 것이 아니므로(헌재 2003.11.27. 2003헌바39), 심판대상조항으로 인한 공무담임권 및 행복추구권의 제한은 문제되지 않는다(헌재 2014.6.26. 2012헌마459).

정답 ②

09 공무원에 관한 다음 설명 중 가장 옳지 않은 것은? *〈2019 법원직 9급〉*

① 국가공무원법이 '공무 외의 일을 위한 집단행위'라고 포괄적이고 광범위하게 규정하고 있다 하더라도, 이는 공무가 아닌 어떤 일을 위하여 공무원들이 하는 모든 집단행위를 의미하는 것이 아니라, '공익에 반하는 목적을 위한 행위로서 직무전념의무를 해태하는 등의 영향을 가져오는 집단적 행위'라고 해석된다.

② 집단행위의 의미에 관한 이러한 해석이 수범자인 공무원이 구체적으로 어떠한 행위가 여기에 해당하는지를 충분히 예측할 수 없을 정도로 그 적용 범위가 모호하다거나 불분명하다고 할 수 없으므로 공무원의 집단행위 금지 규정이 명확성의 원칙에 반한다고 볼 수 없고, 또한 위 규정이 그 적용 범위가 지나치게 광범위하거나 포괄적이어서 공무원의 표현의 자유를 과도하게 제한한다고 볼 수 없으므로, 위 규정이 과잉금지의 원칙에 반한다고 볼 수도 없다.

③ 공무원들의 어느 행위가 국가공무원법 제66조 제1항에 규정된 '집단행위'에 해당하려면, 그 행위가 반드시 같은 시간, 장소에서 행하여져야 하는 것은 아니지만, 공익에 반하는 어떤 목적을 위한 다수인의 행위로서 집단성이라는 표지를 갖추어야만 한다고 해석함이 타당하므로, 공무원들이 순차적으로 각각 다른 시간대에 릴레이 1인 시위를 하거나 여럿이 단체를 결성하여 그 단체 명의로 의사를 표현하는 경우에는 국가공무원법 제66조 제1항이 금지하는 집단행위에 해당한다.

④ 실제 여럿이 모이는 형태로 의사표현을 하는 것은 아니지만 발표문에 서명날인을 하는 등의 수단으로 여럿이 가담한 행위임을 표명하는 경우 또는 일제 휴가나 집단적인 조퇴, 초과 근무 거부 등과 같이 정부활동의 능률을 저해하기 위한 집단적 태업 행위로 볼 수 있는 경우에 속하거나 이에 준할 정도로 행위의 집단성이 인정되어야 국가공무원법 제66조 제1항에 해당한다.

해설

① ○ 국가공무원법이 위와 같이 '공무 외의 일을 위한 집단행위'라고 다소 포괄적이고 광범위하게 규정하고 있다 하더라도, 이는 공무가 아닌 어떤 일을 위하여 공무원들이 하는 모든 집단행위를 의미하는 것이 아니라, 언론·출판·집회·결사의 자유를 보장하고 있는 헌법 제21조 제1항, 공무원에게 요구되는 헌법상의 의무 및 이를 구체화한 국가공무원법의 취지, 국가공무원법상의 성실의무 및 직무전념의무 등을 종합적으로 고려하여 '공익에 반하는 목적을 위한 행위로서 직무전념의무를 해태하는 등의 영향을 가져오는 집단적 행위'라고 해석된다(대판 2017.4.13. 2014두8469).

② ○ 위 규정을 위와 같이 해석한다면 수범자인 공무원이 구체적으로 어떠한 행위가 여기에 해당하는지를 충분히 예측할 수 없을 정도로 적용 범위가 모호하다거나 불분명하다고 할 수 없으므로 위 규정이 명확성의 원칙에 반한다고 볼 수 없고, 또한 위 규정이 적용 범위가 지나치게 광범위하거나 포괄적이어서 공무원의 표현의 자유를 과도하게 제한한다고 볼 수 없으므로, 과잉금지의 원칙에 반한다고 볼 수도 없다(대판 2017.4.13. 2014두8469).

③ × 이 사건 행위 중 릴레이 1인 시위, 릴레이 언론기고, 릴레이 내부 전산망 게시는 모두 후행자가 선행자에 동조하여 동일한 형태의 행위를 각각 한 것에 불과하고, 여럿이 같은 시간에 한 장소에 모여 집단의 위세를 과시하는 방법으로 의사를 표현하거나 여럿이 단체를 결성하여 그 단체 명의로 의사를 표현하는 경우, 여럿이 가담한 행위임을 표명하는 경우 또는 정부활동의 능률을 저해하기 위한 집단적 태업행위에 해당한다거나 이에 준할 정도로 행위의 집단성이 있다고 보기 어렵다(대판 2017.4.13. 2014두8469).

④ ○ 공무원들의 어느 행위가 국가공무원법 제66조 제1항에 규정된 '집단행위'에 해당하려면, 그 행위가 반드시 같은 시간, 장소에서 행하여져야 하는 것은 아니지만, 공익에 반하는 어떤 목적을 위한 다수인의 행위로서 집단성이라는 표지를 갖추어야만 한다고 해석함이 타당하다. 따라서 여럿이 같은 시간에 한 장소에 모여 집단의 위세를 과시하는 방법으로 의사를 표현하거나 여럿이 단체를 결성하여 그 단체 명의로 의사를 표현하는 경우, 실제 여럿이 모이는 형태로 의사표현을 하는 것은 아니지만 발표문에 서명날인을 하는 등의 수단으로 여럿이 가담한 행위임을 표명하는 경우 또는 일제 휴가나 집단적인 조퇴, 초과근무 거부 등과 같이 정부활동의 능률을 저해하기 위한 집단적 태업 행위로 볼 수 있는 경우에 속하거나 이에 준할 정도로 행위의 집단성이 인정되어야 국가공무원법 제66조 제1항에 해당한다고 볼 수 있다(대판 2017.4.13. 2014두8469).

정답 ③

10 공무담임권에 관한 설명 중 가장 적절하지 않은 것은? (다툼이 있는 경우 판례에 의함)

〈2016 경정승진〉

① 순경 공채시험 응시연령의 상한을 '30세 이하'로 규정하고 있는 것은 합리적이라고 볼 수 없으므로 침해의 최소성 원칙에 위배되어 공무담임권을 침해한다.

② 수뢰죄를 범하여 금고 이상의 형의 선고유예를 받은 국가공무원을 당연퇴직 하도록 한 「국가공무원법」 조항은 과잉금지원칙에 반하여 공무담임권을 침해한다.

③ 공무담임권의 보호영역에는 공직취임의 자의적인 배제뿐 아니라, 공무원 신분의 부당한 박탈이나 권한 또는 직무의 부당한 정지도 포함된다.

④ 정당의 내부경선에 참여할 권리는 헌법이 보장하는 공무담임권의 내용에 포함되지 아니하므로, 정당이 당내경선을 실시하지 않는 것이 공무담임권을 침해하는 것은 아니다.

해설

① ○ 획일적으로 30세까지는 순경과 소방사·지방소방사 및 소방간부후보생의 직무수행에 필요한 최소한도의 자격요건을 갖추고, 30세가 넘으면 그러한 자격요건을 상실한다고 보기 어렵고, 이 점은 순경을 특별 채용하는 경우 응시연령을 40세 이하로 제한하고, 소방사·지방소방사와 마찬가지로 화재현장업무 등을 담당하는 소방교·지방소방교의 경우 특채시험의 응시연령을 35세 이하로 제한하고 있는 점만 보아도 분명하다. 따라서 이 사건 심판대상 조항들이 순경 공채시험, 소방사 등 채용시험, 그리고 소방간부 선발시험의 응시연령의 상한을 '30세 이하'로 규정하고 있는 것은 합리적이라고 볼 수 없으므로 침해의 최소성 원칙에 위배되어 청구인들의 공무담임권을 침해한다(헌재 2012.5.31. 2010헌마278).

② × 심판대상조항은 공무원 직무수행에 대한 국민의 신뢰 및 직무의 정상적 운영의 확보, 공무원 범죄의 예방, 공직사회의 질서 유지를 위한 것으로서 목적이 정당하고, 형법 제129조 제1항의 수뢰죄를 범하여 금고 이상형의 선고유예를 받은 국가공무원을 공직에서 배제하는 것은 적절한 수단에 해당한다. 수뢰죄는 수수액의 다과에 관계없이 공무원 직무의 불가매수성과 염결성을 치명적으로 손상시키고, 직무의 공정성을 해치며 국민의 불신을 초래하므로 일반 형법상 범죄와 달리 엄격하게 취급할 필요가 있다. … 따라서 심판대상조항은 과잉금지원칙에 반하여 청구인의 공무담임권을 침해하지 아니한다(헌재 2013.7.25. 2012헌바409).

③ ○ 공무담임권의 보호영역에는 공직취임 기회의 자의적인 배제뿐 아니라 공무원 신분의 부당한 박탈이나 권한 또는 직무의 부당한 정지도 포함된다(헌재 2013.11.28. 2011헌마565).

④ ○ 헌법 제25조가 보장하는 공무담임권은 입법부, 행정부, 사법부는 물론 지방자치단체 등 국가, 공공단체의 구성원으로서 그 직무를 담당할 수 있는 권리를 말한다. 그런데 정당은 정치적 주장이나 정책을 추진하고 공직선거의 후보자를 추천 또는 지지함으로써 국민의 정치적 의사형성에 참여함을 목적으로 하는 국민의 자발적 조직으로서, 정당의 공직선거 후보자 선출은

자발적 조직 내부의 의사결정에 지나지 아니한다. 따라서 청구인이 정당의 내부경선에 참여할 권리는 헌법이 보장하는 공무담임권의 내용에 포함된다고 보기 어렵고, 청구인의 소속 정당이 당내경선을 실시하지 않는다고 하여 청구인이 공직선거의 후보자로 출마할 수 없는 것이 아니므로, 심판대상조항으로 인하여 청구인의 공무담임권이 침해될 여지는 없다(헌재 2014.11.27. 2013헌마814).

정답 ②

11 직업공무원제도에 관한 설명 중 가장 적절하지 않은 것은? (다툼이 있는 경우 판례에 의함)

〈2016 경정승진〉

① 국민이 공무원으로 임용된 경우에 있어서 그가 정년까지 근무할 수 있는 권리는 헌법의 공무원 신분보장규정에 의하여 보호되는 기득권으로서 그 침해 내지 제한은 신뢰보호의 원칙에 위배되지 않는 범위 내에서만 가능하다 할 것이다.

② 직제폐지에 따른 직권면직을 규정한 「지방공무원법」 제62조 제1항 제3호는 직업공무원제도에 위반되지 않는다.

③ 국·공립학교 채용시험의 동점자 처리에서 국가유공자 등 및 그 유족·가족에게 우선권을 주도록 하고 있는 「국가유공자 등 예우 및 지원에 관한 법률」의 해당 조항에 의하여 일반 응시자들은 국·공립학교 채용시험의 동점자 처리에서 불이익을 당하며 이는 일반 응시자들의 공무담임권을 침해한다.

④ 입법자는 직업공무원제도에 관하여 '최소한의 보장'의 원칙의 한계 안에서 폭넓은 입법형성의 자유를 가진다.

해설

① ○ 국민이 공무원으로 임용된 경우에 있어서 그가 정년까지 근무할 수 있는 권리는 헌법의 공무원신분보장 규정에 의하여 보호되는 기득권으로서 그 침해 내지 제한은 신뢰보호의 원칙에 위배되지 않는 범위 내에서만 가능하다고할 것이고 이 원칙에 위배되는 것은 입법형성권의 한계를 벗어난 위헌적인 것이라 할 것이다(헌재 1994.4.28. 91헌바15 등).

② ○ 「지방공무원법」 제62조 제1항 제3호에서 지방자치단체의 직제가 폐지된 경우에 행할 수 있도록 하고 있는 직권면직은 행정조직의 효율성을 높이기 위한 제도로서 행정수요가 소멸하거나 조직의 비대화로 효율성이 저하되는 경우 불가피하게 이루어지게 된다. … 그렇다면 이 사건 규정이 직제가 폐지된 경우 직권면직을 할 수 있도록 규정하고 있다고 하더라도 이것이 직업공무원제도를 위반하고 있다고는 볼 수 없다(헌재 2004.11.25. 2002헌바8).

③ × 이 사건 동점자처리조항에 의하여 일반 응시자들은 국·공립학교 채용시험의 동점자처리에서 불이익을 당할 수도 있으므로 일반 응시자들의 공무담임권이 제한된다고 할 것이나, 이는 국가유공자와 그 유가족의 생활안정을 도모하고 이를 통해 국민의 애국정신함양과 민주사회 발전에 이바지한다고 하는 공공복리를 위한 불가피한 기본권 제한에 해당하며, 앞서본 바와 같이 비례의 원칙 내지 과잉금지의 원칙에 위반된 것으로 볼 수 없고, 기본권의 본질적인 내용을 침해한다고도 할 수 없다. 따라서 이 사건 동점자처리조항은 일반 응시자들의 공무담임권을 침해하지 아니한다(헌재 2006.6.29. 2005헌마44).

④ ○ 기본권 보장은 "최대한 보장의 원칙"이 적용됨에 반하여, 제도적 보장은 그 본질적 내용을 침해하지 아니하는 범위 안에서 입법자에게 제도의 구체적 내용과 형태의 형성권을 폭넓게 인정한다는 의미에서 "최소한 보장의 원칙"이 적용될 뿐이다. 직업공무원제도는 바로 헌법이 보장하는 제도적 보장 중의 하나임이 분명하므로 입법자는 직업공무원제도에 관하여 '최소한 보장'의 원칙의 한계 안에서 폭넓은 입법형성의 자유를 가진다(헌재 1997.4.24. 95헌바48).

정답 ③

12 참정권에 대한 설명으로 옳은 것만을 모두 고르면? (다툼이 있는 경우 판례에 의함)

〈2019 국가직 7급〉

㉠ 승진가능성이라는 것은 공직신분의 유지나 업무수행과 같은 법적 지위에 직접 영향을 미치는 것이 아니고 간접적, 사실적 또는 경제적 이해관계에 영향을 미치는 것에 불과하여 공무담임권의 보호영역에 포함된다고 보기는 어렵다.

㉡ 「주민투표법」 제8조에 따른 국가정책에 대한 주민투표는 주민의 의견을 묻는 의견수렴으로서의 성격을 갖는 것이고, 주민투표권의 일반적 성격을 보더라도 이는 법률이 보장하는 참정권이라고 할 수 있을지언정 헌법이 보장하는 참정권이라고 할 수는 없다.

㉢ 선거권을 제한하는 입법은 헌법 제24조에 의해서 곧바로 정당화될 수는 없고, 헌법 제37조 제2항의 규정에 따라 국가안전보장·질서유지 또는 공공복리를 위하여 필요하고 불가피한 예외적인 경우에만 그 제한이 정당화될 수 있으며, 그 경우에도 선거권의 본질적인 내용을 침해할 수 없다.

㉣ 사법인적인 성격을 지니는 농협·축협의 조합장선거에서 조합장을 선출하거나 선거운동을 하는 것은 헌법에 의하여 보호되는 선거권의 범위에 포함된다.

① ㉠, ㉡
② ㉢, ㉣
③ ㉠, ㉡, ㉢
④ ㉡, ㉢, ㉣

해설

㉠ ○ 승진가능성이라는 것은 공직신분의 유지나 업무수행과 같은 법적 지위에 직접 영향을 미치는 것이 아니고 간접적, 사실적 또는 경제적 이해관계에 영향을 미치는 것에 불과하여 공무담임권의 보호영역에 포함된다고 보기는 어렵다(헌재 2010.3.25. 2009헌마538).

㉡ ○ 주민투표법 제8조에 따른 국가정책에 대한 주민투표는 주민의 의견을 묻는 의견수렴으로서의 성격을 갖는 것이고, 주민투표권의 일반적 성격을 보더라도 이는 법률이 보장하는 참정권이라고 할 수 있을지언정 헌법이 보장하는 참정권이라고 할 수는 없다(헌재 2008.12.26. 2005헌마1158).

㉢ ○ 선거권을 제한하는 입법은 위 헌법 제24조에 의해서 곧바로 정당화될 수는 없고, 헌법 제37조 제2항의 규정에 따라 국가안전보장·질서유지 또는 공공복리를 위하여 필요하고 불가피한 예외적인 경우에만 그 제한이 정당화될 수 있으며, 그 경우에도 선거권의 본질적인 내용을 침해할 수 없다(헌재 2007.6.28. 2004헌마644 등).

㉣ × 청구인은 심판대상조항들이 조합장선거 후보자의 피선거권과 선거인인 조합원의 후보자 선택권을 침해한다고 주장하나, 사법인적인 성격을 지니는 농협·축협의 조합장선거에서 조합장을 선출하거나 선거운동을 하는 것은 헌법에 의하여 보호되는 선거권의 범위에 포함되지 아니한다(헌재 2017.7.27. 2016헌바372).

정답 ③

13 공무담임권에 대한 설명으로 옳지 않은 것은? (다툼이 있는 경우 판례에 의함) *〈2019 국가직 5급〉*

① 지방자치단체의 장이 금고 이상의 형을 선고받고 그 형이 확정되지 아니한 경우 부단체장이 그 권한을 대행하도록 규정한 지방자치법 조항은 지방자치단체장의 공무담임권을 침해한다.

② 5급 공채 공개경쟁채용시험 응시연령의 상한을 32세까지로 제한하고 있는 것은 기본권 제한을 최소한도에 그치도록 요구하는 헌법 제37조 제2항에 부합된다고 보기 어렵다.

③ 공무담임권의 보호영역에는 공직취임기회의 자의적인 배제뿐만 아니라 공무원 신분의 부당한 박탈이나 권한의 부당한 정지, 승진시험의 응시제한이나 이를 통한 승진기회의 보장 등이 포함된다.

④ 공무담임권은 각종 선거에 입후보하여 당선될 수 있는 피선거권과 공직에 임명될 수 있는 공직취임권을 포괄하는 권리이다.

해설

① ○ 금고 이상의 형이 선고된 자치단체장은 단지 그 이유만으로 형의 확정이라는 불확정한 기한까지 직무를 정지당함은 물론, 주민들에게 유죄가 확정된 범죄자라는 선입견까지 주게 된다. 더욱이 장차 상급심에서 무죄 또는 금고 미만의 형이 선고되더라도 이미 침해된 당해 자치단체장의 공무담임권은 회복될 수도 없다. 또한 자치단체장에 대한 직무정지기간 동안 주민의 선출에 의하지 않은 부단체장이 실질적으로 지방자치단체의 행정을 운영하게 되므로, 민주주의와 지방자치제도의 원리상 바람직하지 않은 결과가 발생하게 된다. 이처럼 이 사건 법률조항으로 인하여 해당 자치단체장이 입게 되는 불이익은 회복하기 어려울 만큼 매우 중대하므로, 위 법률조항으로 달성될 공익, 즉 지방자치단체행정의 원활한 운영과 공직기강 확립보다 결코 작다고 할 수 없다. 그러므로 위 법률조항은 법익균형성의 요건도 충족하지 못한다고 할 것이다. 따라서 이 사건 법률조항은 기본권제한의 침해최소성 및 법익균형성을 갖추지 못하였으므로, 헌법상 과잉금지원칙에 위반하여 청구인의 공무담임권을 과도하게 제한하고 있다고 할 것이다(헌재 2010.9.2. 2010헌마418).

② ○ 이 사건 시행령조항은 32세가 넘은 사람의 공직취임권을 직접적으로 제한하는 것이므로, 그러한 제한을 정당화하려면 헌법 제37조 제2항이 요구하는 과잉금지의 원칙에 부합하여야 한다. 그런데 32세까지는 5급 공채 공무원의 직무수행에 필요한 최소한도의 자격요건을 갖추고, 32세가 넘으면 그러한 자격요건을 상실한다고 보기 어렵고, 6급 및 7급 공무원 공채시험의 응시연령 상한을 35세까지로 규정하면서 그 상급자인 5급 공채 공무원의 채용연령을 32세까지로 제한한 것은 합리적이라고 볼 수 없으므로, 이 사건 시행령조항이 5급 공채시험 응시연령의 상한을 '32세까지'로 제한하고 있는 것은 기본권 제한을 최소한도에 그치도록 요구하는 헌법 제37조 제2항에 부합된다고 보기 어렵다(헌재 2008.5.29. 2007헌마1105).

③ × 공무담임권의 보호영역에는 공직취업 기회의 자의적인 배제뿐 아니라, 공무원 신분의 부당한 박탈이나 권한(직무)의 부당한 정지도 포함된다. 다만, '승진시험의 응시제한'이나 이를 통한 승진기회의 보장 문제는 공직신분의 유지나 업무수행에는 영향을 주지 않는 단순한 내부 승진인사에 관한 문제에 불과하여 공무담임권의 보호영역에 포함된다고 보기는 어렵다고 할 것이다(헌재 2010.3.25. 2009헌마538).

④ ○ 헌법 제25조는 "모든 국민은 법률이 정하는 바에 의하여 공무담임권을 가진다."고 규정하여 공무담임권을 보장하고 있는바, 공무담임권은 각종 선거에 입후보하여 당선될 수 있는 피선거권과 공직에 임명될 수 있는 공직취임권을 포괄하고 있다(헌재 1999.12.23. 98헌마363).

정답 ③

14 **국민투표권에 대한 설명으로 가장 적절하지 않은 것은? (다툼이 있는 경우 판례에 의함)**

〈2017 경정승진〉

① 「신행정수도 후속대책을 위한 연기·공주지역 행정중심복합도시 건설을 위한 특별법」이 수도를 분할하는 국가정책을 집행하는 내용을 가지고 있고 대통령이 이를 추진하고 집행하기 이전에 그에 관한 국민투표를 실시하지 아니하였다면 국민투표권이 행사될 수 있는 계기인 대통령의 중요정책 국민투표 부의가 행해지지 않았다고 하더라도 청구인들의 국민투표권이 행사될 수 있을 정도로 구체화되었다고 할 수 있으므로 그 침해의 가능성이 인정된다.

② 대통령이 국민투표를 정치적 무기화하고 정치적으로 남용할 수 있는 위험성이 있다는 점을 고려하면, 국민투표부의권의 헌법 제72조는 대통령에 의한 국민투표의 정치적 남용을 방지할 수 있도록 엄격하고 축소적으로 해석되어야 한다.

③ 국민투표는 선거와 달리 국민이 직접 국가의 정치에 참여하는 절차이므로, 국민투표권은 대한민국 국민의 자격이 있는 사람에게 반드시 인정되어야 하는 권리이다.

④ 헌법의 개정은 반드시 국민투표를 거쳐야 하므로 국민은 헌법개정에 관하여 찬반투표로 그 의견을 표명할 권리를 가지는데, 헌법개정사항인 수도의 이전을 헌법개정의 절차를 밟지 아니하고 단지 단순법률의 형태로 실현시킨 것은 헌법 제130조에 따라 헌법개정에 있어서 국민이 가지는 참정권적 기본권인 국민투표권을 침해한다.

해설

① × 이 사건 법률에도 불구하고 행정중심복합도시가 수도로서의 지위를 획득하지 않고 서울의 수도로서의 기능 역시 해체되지 아니하므로 이 사건 법률은 수도가 서울이라는 관습헌법에 위반되지 않으며 그 개정을 시도하는 것으로 볼 수 없다. 또한 이 사건 법률에 의하여 헌법상의 대통령제 권력구조에 어떠한 변화가 있는 것도 아니며 국무총리의 소재지에 대한 관습헌법이 존재하는 것으로 볼 수도 없다. 따라서 이 사건 법률에 의하여 관습헌법개정의 문제는 발생하지 아니하며 그 결과 국민들에게는 헌법개정에 관여할 국민투표권 자체가 발생할 여지가 없으므로 헌법 제130조 제2항이 규정한 청구인들의 국민투표권의 침해가능성은 인정되지 않는다. … 이 사건 법률이 설사 수도를 분할하는 국가정책을 집행하는 내용을 가지고 있고 대통령이 이를 추진하고 집행하기 이전에 그에 관한 국민투표를 실시하지 아니하였다고 하더라도 국민투표권이 행사될 수 있는 계기인 대통령의 중요정책 국민투표 부의가 행해지지 않은 이상 청구인들의 국민투표권이 행사될 수 있을 정도로 구체화되었다고 할 수 없으므로 그 침해의 가능성은 인정되지 않는다(헌재 2005.11.24. 2005헌마579 등).

② ○ 헌법 제72조는 대통령에게 국민투표의 실시 여부, 시기, 구체적 부의사항, 설문내용 등을 결정할 수 있는 임의적인 국민투표발의권을 독점적으로 부여함으로써, 대통령이 단순히 특정

정책에 대한 국민의 의사를 확인하는 것을 넘어서 자신의 정책에 대한 추가적인 정당성을 확보하거나 정치적 입지를 강화하는 등, 국민투표를 정치적 무기화하고 정치적으로 남용할 수 있는 위험성을 안고 있다. 이러한 점을 고려할 때, 대통령의 부의권을 부여하는 헌법 제72조는 가능하면 대통령에 의한 국민투표의 정치적남용을 방지할 수 있도록 엄격하고 축소적으로 해석되어야 한다(헌재 2004.5.14. 2004헌나1).

③ ○ 헌법 제72조의 중요정책 국민투표와 헌법 제130조의 헌법개정안 국민투표는 대의기관인 국회와 대통령의 의사결정에 대한 국민의 승인절차에 해당한다. 대의기관의 선출주체가 곧 대의기관의 의사결정에 대한 승인주체가 되는 것은 당연한 논리적 귀결이다. 재외선거인은 대의기관을 선출할 권리가 있는 국민으로서 대의기관의 의사결정에 대해 승인할 권리가 있으므로, 국민투표권자에는 재외선거인이 포함된다고 보아야 한다. 또한, 국민투표는 선거와 달리 국민이 직접 국가의 정치에 참여하는 절차이므로, 국민투표권은 대한민국 국민의 자격이 있는 사람에게 반드시 인정되어야 하는 권리이다(헌재 2014.7.24. 2009헌마256 등).

④ ○ 이 헌법 제130조에 의하면 헌법의 개정은 반드시 국민투표를 거쳐야만하므로 국민은 헌법개정에 관하여 찬반투표를 통하여 그 의견을 표명할 권리를 가진다. 그런데 이 사건 법률은 헌법개정사항인 수도의 이전을 헌법개정의 절차를 밟지 아니하고 단지 단순법률의 형태로 실현시킨 것으로서 결국 헌법 제130조에 따라 헌법개정에 있어서 국민이 가지는 참정권적기본권인 국민투표권의 행사를 배제한 것이므로 동 권리를 침해하여 헌법에 위반된다(헌재 2004.10.21. 2004헌마554 등).

정답 ①

15 공무담임권에 관한 설명으로 옳지 않은 것은? (다툼이 있는 경우 헌법재판소 결정례에 의함)

〈2020 소방간부〉

① 공무원의 재임기간 동안 충실한 공무 수행을 담보하기 위하여 공무원의 퇴직급여 및 공무상 재해보상을 보장할 것까지 공무담임권의 보호영역에 포함된다고 보기는 어렵다.

② 공무담임권의 보호영역에는 공무원이 특정의 장소에서 근무하는 것 또는 특정의 보직을 받아 근무하는 것을 포함하는 일종의 '공무수행의 자유'까지 포함된다.

③ 공무담임권은 선거직공무원을 비롯한 모든 국가기관의 공직에 취임할 수 있는 권리이므로, 여러 가지 선거에 입후보해서 당선될 수 있는 피선거권을 포함하는 개념이다.

④ 공무담임권이란 입법부, 집행부, 사법부는 물론 지방자치단체 등 국가, 공공단체의 구성원으로서 그 직무를 담당할 수 있는 권리를 말한다.

⑤ 형사사건으로 기소된 국가공무원을 직위해제할 수 있도록 한 것은 공무담임권을 침해하지 않는다.

해설

① ○ 헌법 제25조의 공무담임권이 공무원의 재임 기간 동안 충실한 공무 수행을 담보하기 위하여 공무원의 퇴직급여 및 공무상 재해보상을 보장할 것까지 그 보호영역으로 하고 있다고 보기 어렵고, 행복추구권은 행복을 추구하기 위하여 필요한 급부를 국가에 대하여 적극적으로 요구할 수 있음을 내용으로 하는 것이 아니므로, 심판대상조항으로 인한 공무담임권 및 행복추구권의 제한은 문제되지 않는다(헌재 2014.6. 26. 2012헌마459).

② × 공무담임권의 보호영역에는 일반적으로 공직취임의 기회보장, 신분박탈, 직무의 정지가 포함되는 것일 뿐, 여기서 더 나아가 공무원이 특정의 장소에서 근무하는 것 또는 특정의 보직을 받아 근무하는 것을 포함하는 일종의 '공무수행의 자유'까지 그 보호영역에 포함된다고 보기는 어렵다(헌재 2008.6.26. 2005헌마1275).

③ ○ 공무담임권은 선거직공무원을 비롯한 모든 국가기관의 공직에 취임할 수 있는 권리이므로 여러 가지 선거에 입후보해서 당선될 수 있는 피선거권을 포함하는 개념이다(헌재 2006.2.23. 2005헌마403).

④ ○ 공무담임권이란 입법부, 집행부, 사법부는 물론 지방자치단체 등 국가, 공공단체의 구성원으로서 그 직무를 담당할 수 있는 권리를 말한다(헌재 2006.2.23. 2005헌마403).

⑤ ○ 이 사건 법률조항의 입법목적은 형사소추를 받은 공무원이 계속 직무를 집행함으로써 발생할 수 있는 공직 및 공무집행의 공정성과 그에 대한 국민의 신뢰를 해할 위험을 예방하기 위한 것으로 정당하고, 직위해제는 이러한 입법목적을 달성하기에 적합한 수단이다. … 따라서 이 사건 법률조항은 공무담임권을 침해하지 않는다(헌재 2006.5.25. 2004헌바12).

정답 ②

16 공무담임권에 대한 설명으로 옳지 않은 것은? (다툼이 있는 경우 판례에 의함) *〈2018 지방직 7급〉*

① 공무담임권이란 입법부, 집행부, 사법부는 물론 지방자치단체 등 국가, 공공단체의 구성원으로서 그 직무를 담당할 수 있는 권리를 말한다.

② 지방자치단체의 장은 국가의 존립과 헌법 기본질서의 유지를 위한 국가안보 분야로서 대통령령으로 정하는 분야에는 복수국적자(대한민국 국적과 외국 국적을 함께 가진 사람)의 임용을 제한할 수 있다.

③ 지역구국회의원 예비후보자에게 지역구국회의원이 납부할 기탁금의 100분의 20에 해당하는 금액을 기탁금으로 납부하도록 하는 것은 예비후보자의 공무담임권을 침해하고, 비례대표 기탁금 조항은 비례대표국회의원후보자가 되어 국회의원에 취임하고자 하는 자의 공무담임권을 침해한다.

④ 공무원의 재임 기간 동안 충실한 공무 수행을 담보하기 위하여 공무원의 퇴직급여 및 공무상 재해보상을 보장할 것까지 공무담임권의 보호영역에 포함된다고 보기는 어렵다.

해설

① ○ 헌법 제25조는 "모든 국민은 법률이 정하는 바에 의하여 공무담임권을 가진다."고 하여 공무담임권을 기본권으로 보장하고 있다. 공무담임권이란 입법부, 집행부, 사법부는 물론 지방자치단체 등 국가, 공공단체의 구성원으로서 그 직무를 담당할 수 있는 권리를 말한다(헌재 2002.8.29. 2001헌마788 등).

② ○

지방공무원법 제25조의2 (외국인과 복수국적자의 임용) ② 지방자치단체의 장은 다음 각 호의 어느 하나에 해당하는 분야로서 대통령령으로 정하는 분야에는 복수국적자(대한민국 국적과 외국 국적을 함께 가진 사람을 말한다. 이하 같다)의 임용을 제한할 수 있다.
1. 국가의 존립과 헌법 기본질서의 유지를 위한 국가안보 분야

③ × (1) 예비후보자 기탁금조항은 예비후보자의 무분별한 난립을 막고 책임성과 성실성을 담보하기 위한 것으로서, 입법목적의 정당성과 수단의 적합성이 인정된다. 또한 예비후보자 기탁금제도보다 덜 침해적인 다른 방법이 명백히 존재한다고 할 수 없고, 일정한 범위의 선거운동이 허용된 예비후보자의 기탁금 액수를 해당 선거의 후보자등록 시 납부해야 하는 기탁금의 100분의 20인 300만원으로 설정한 것은 입법재량의 범위를 벗어난 것으로 볼 수 없으므로 침해의 최소성 원칙에 위배되지 아니한다. 그리고 위 조항으로 인하여 예비후보자로 등록하려는 사람의 공무담임권 제한은 이로써 달성하려는 공익보다 크다고 할 수 없어 법익의 균형성 원칙에도 반하지 않는다. 따라서 예비후보자 기탁금조항은 청구인의 공무담임권을 침해하지 않는다(헌재 1996.6.13. 94헌마118 등).

(2) 정당에 대한 선거로서의 성격을 가지는 비례대표 국회의원선거는 인물에 대한 선거로서의 성격을 가지는 지역구국회의원선거와 근본적으로 그 성격이 다르고, 공직선거법상 허용된 선거운동을 통하여 선거의 혼탁이나 과열을 초래할 여지가 지역구국회의원선거보다 훨씬 적다고 볼 수 있다. 또한 비례대표국회의원선거에서 실제 정당에게 부과된 전체 과태료 및 행정대집행비용의 액수는 후보자 1명에 대한 기탁금액인 1,500만 원에도 현저히 미치지 못하는데, 후보자 수에 비례하여 기탁금을 증액하는 것은 지나치게 과다한 기탁금을 요구하는 것이다. 나아가 이러한 고액의 기탁금은 거대정당에게 일방적으로 유리하고, 다양해진 국민의 목소리를 제대로 대표하지 못하여 사표를 양산하는 다수대표제의 단점을 보완하기 위하여 도입된 비례대표제의 취지에도 반하는 것이다. 그러므로 위 조항은 침해의 최소성 원칙에 위반되며, 위 조항을 통해 달성하고자 하는 공익보다 제한되는 정당활동의 자유 등의 불이익이 크므로 법익의 균형성의 원칙에도 위반된다. 그러므로 위 조항은 과잉금지원칙을 위반하여 정당활동의 자유, 공무담임권을 침해한다(헌재 2016.12.29. 2015헌마509 등).

④ ○ 헌법 제25조가 규정하는 공무담임권은 공직 취임의 기회 보장을 보호영역으로 하는데, 더 나아가 지방자치단체장의 재임 기간 동안 충실한 공직 수행을 담보하기 위하여 이들을 위한 퇴직급여제도를 마련할 것까지 그 보호영역으로 한다고 볼 수는 없다(헌재 2014.6.26. 2012헌마459).

정답 ③

17 공무담임권에 대한 설명으로 가장 옳지 않은 것은? *〈2018 서울시 7급〉*

① 지방자치단체의 장이 공소 제기된 후 구금상태에 있는 경우 부단체장이 그 권한을 대행하도록 한 「지방자치법」의 조항은 유죄판결이나 그 확정을 기다리지 아니한 채 바로 지방자치단체의 장의 직무를 정지시키고 있으므로 무죄추정의 원칙에 반한다.

② 취업지원 실시기관 채용시험의 가점 적용대상에서 보국수훈자의 자녀를 제외하는 법 개정을 하면서, 가까운 장래에 보국수훈자의 자녀가 되어 채용시험의 가점을 받게 될 것이라는 신뢰를 장기간 형성해 온 사람에 대하여 경과조치를 두지 않은 「국가유공자 등 예우 및 지원에 관한 법률」 부칙 규정은 공무담임권을 침해하지 않는다.

③ 지방자치단체의 장이 금고 이상의 형을 선고받고 그 형이 확정되지 아니한 경우 부단체장이 그 권한을 대행하도록 규정한 구「지방자치법」의 조항은 지방자치단체의 장의 공무담임권을 침해한다.

④ 승진시험의 응시제한이나 이를 통한 승진기회의 보장 등 공직신분의 유지나 업무수행에 영향을 주지 않는 단순한 내부 승진인사에 관한 문제는 공무담임권의 보호영역에 포함되지 않는다.

해설

① × 이 사건 법률조항은 공소 제기된 자로서 구금되었다는 사실 자체에 사회적 비난의 의미를 부여한다거나 그 유죄의 개연성에 근거하여 직무를 정지시키는 것이 아니라, 구금의 효과, 즉 구속되어 있는 자치단체장의 물리적 부재상태로 말미암아 자치단체행정의 원활하고 계속적인 운영에 위험이 발생할 것이 명백하여 이를 미연에 방지하기 위하여 직무를 정지시키는 것이므로, '범죄사실의 인정 또는 유죄의 인정에서 비롯되는 불이익'이라거나 '유죄를 근거로 하는 사회윤리적 비난'이라고 볼 수 없다. 따라서 무죄추정의 원칙에 위반되지 않는다(헌재 2011.4.28. 2010헌마474).

② ○ 채용시험의 가점에 관한 국가유공자법 개정이 예측가능하고, 채용시험의 가점은 단지 법률이 부여한 기회를 활용한 것으로서 원칙적으로 사적 위험부담의 범위에 속하는 점, … 심판대상 조항의 적용시점을 정하는 것은 입법재량의 영역에 속하는 것인 점 등을 종합하면, 개정 국가

유공자법 시행 직후에 국가유공자로 등록된 사람의 가족에 대하여 경과규정을 두지 않았다는 이유만으로 심판대상조항이 헌법상의 신뢰보호원칙에 위배되어 직업선택의 자유, 공무담임권을 침해하였다고 볼 수 없다(헌재 2015.2.26. 2012헌마400).

③ ○ 이 사건 법률조항은 필요최소한의 범위를 넘어선 기본권제한에 해당할 뿐 아니라, 이 사건 법률조항으로 인하여 해당 자치단체장은 불확정한 기간 동안 직무를 정지당함은 물론 주민들에게 유죄가 확정된 범죄자라는 선입견까지 주게 되고, 더욱이 장차 무죄판결을 선고받게 되면 이미 침해된 공무담임권은 회복될 수도 없는 등의 심대한 불이익을 입게 되므로, 법익균형성 요건 또한 갖추지 못하였다. 따라서 이 사건 법률조항은 자치단체장인 청구인의 공무담임권을 침해한다(헌재 2010.9.2. 2010헌마418).

④ ○ 공무담임권의 보호영역에는 일반적으로 공직취임의 기회보장, 신분박탈, 직무의 정지가 포함될 뿐이고 청구인이 주장하는 '승진시험의 응시제한'이나 이를 통한 승진기회의 보장 문제는 공직신분의 유지나 업무수행에는 영향을 주지 않는 단순한 내부 승진인사에 관한 문제에 불과하여 공무담임권의 보호영역에 포함된다고 보기는 어려우므로 결국 이 사건 심판대상 규정은 청구인의 공무담임권을 침해한다고 볼 수 없다(헌재 2007.6.28. 2005헌마1179).

정답 ①

18 공무담임권에 대한 설명으로 가장 옳지 않은 것은? *〈2019 서울시 7급〉*

① 지역구국회의원선거 예비후보자의 선거비용을 보전 대상에서 제외하는 것은 선거 전에 예비후보자로 등록하는 것을 제한하여 공직취임의 기회를 제한하는 것은 아니므로, 해당 예비후보자의 공무담임권을 제한하지 않는다.

② 국립대학 총장후보자에 지원하려는 사람에게 접수 시 1,000만 원의 기탁금을 납부하도록 하고, 지원서 접수 시 기탁금 납입 영수증을 제출하도록 하는 것은 총장후보자 지원자들의 무분별한 난립을 방지하려는 것으로 총장 후보자에 지원하려는 자의 공무담임권을 침해하지 않는다.

③ 채용 예정 분야의 해당 직급에 근무한 실적이 있는 군인을 전역한 날부터 3년 이내에 군무원으로 채용하는 경우 특별채용시험으로 채용할 수 있도록 하는 것은 현역 군인으로 근무했던 전문성과 경험을 즉시 군무원 업무에 활용하기 위한 것으로 청구인의 공무담임권을 침해하지 않는다.

④ 금고 이상의 형의 선고유예를 받고 그 기간 중에 있는 자를 임용결격사유로 삼고, 위 사유에 해당하는 자가 임용되더라도 이를 당연무효로 하는 것은 공직에 대한 국민의 신뢰를 보장하고 공무원의 원활한 직무수행을 도모하기 위한 것으로 청구인의 공무담임권을 침해하지 않는다.

해설

① ○ 선거비용 보전 제한조항은 지역구국회의원선거에 있어서 선거 후에 선거비용 보전을 제한한 것으로서 선거 전에 청구인들이 예비후보자 또는 후보자로 등록하는 것을 제한하여 공직취임의 기회를 제한하는 것은 아니므로, 청구인들의 공무담임권 내지 피선거권을 제한하는 것이 아니다(헌재 2018.7.26. 2016헌마524 등).

② × 이 사건 기탁금조항의 1,000만 원 액수는 교원 등 학내 인사뿐만 아니라 일반 국민들 입장에서도 적은 금액이 아니다. 이 사건 기탁금조항으로 인하여 기탁금을 납입할 자력이 없는 교원 등 학내 인사 및 일반 국민들은 총장후보자에 지원하는 것 자체를 단념하게 되므로, 이 사건 기탁금조항으로 제약되는 공무담임권의 정도는 결코 과소평가될 수 없다. 이 사건 기탁금조항으로 달성하려는 공익이 제한되는 공무담임권 정도보다 크다고 단정할 수 없으므로, 이 사건 기탁금조항은 법익의 균형성에도 반한다. 따라서 이 사건 기탁금조항은 과잉금지원칙에 반하여 청구인의 공무담임권을 침해한다(헌재 2018.4.26. 2014헌마274).

③ ○ 심판대상조항으로 인하여 청구인이 입는 불이익은 예비전력관리 업무담당자 선발시험 또는 군무원 특별채용시험에 응시할 수 있는 기회가 전역 후 일정 기간 내로 제한되는 것이다. 반면에 시험응시기간을 설정함으로써 달성할 수 있는 공익은 전역군인이 가지고 있는 전문성을 활용하여 예비전력관리업무 및 군무원 업무의 효율성과 적시성을 극대화하는 것으로서 청구인이 입는 불이익보다 중대하다. 따라서 심판대상조항은 법익의 균형성 원칙을 준수하고 있다. 그러므로 심판대상조항은 청구인의 공무담임권을 침해하지 아니한다(헌재 2016.10.27. 2015헌마734).

④ ○ 청구인과 같이 임용결격사유에도 불구하고 임용된 임용결격공무원은 상당한 기간 동안 근무한 경우라도 적법한 공무원의 신분을 취득하여 근무한 것이 아니라는 이유로 공무원연금법상 퇴직급여의 지급대상이 되지 못하는 등 일정한 불이익을 받기는 하지만, 재직기간 중 사실상 제공한 근로에 대하여는 그 대가에 상응하는 금액의 반환을 부당이득으로 청구하는 등의 민사적 구제수단이 있는 점을 고려하면, 공직에 대한 국민의 신뢰보장이라는 공익과 비교하여 임용결격공무원의 사익 침해가 현저하다고 보기 어렵다. 따라서 이 사건 법률조항은 입법자의 재량을 일탈하여 공무담임권을 침해한 것이라고 볼 수 없다(헌재 2016.7.28. 2014헌바437).

정답 ②

19 직업공무원제도에 관한 다음 설명 중 가장 옳지 않은 것은? 〈2019 법원직 9급〉

① 직업공무원제도는 헌법이 보장하는 제도적 보장 중의 하나임이 분명하므로 입법자는 직업공무원제도에 관하여 '최소한 보장'의 원칙의 한계 안에서 폭넓은 입법형성의 자유를 가진다.

② 공무원이 국가를 상대로 실질이 보수에 해당하는 금원의 지급을 구하려면 공무원의 '근무조건 법정주의'에 따라 국가공무원법령 등 공무원의 보수에 관한 법률에 지급근거가 되는 명시적 규정이 존재하여야 하고, 나아가 해당 보수 항목이 국가예산에도 계상되어 있어야만 한다.

③ 연금급여가 직업공무원제도의 한 내용이라는 점을 감안하더라도, 연금급여의 성격상 그 급여의 구체적인 내용은 국회가 사회정책적 고려, 국가의 재정 및 연금기금의 상황 등 여러 가지 사정을 참작하여 보다 폭넓은 입법재량으로 결정할 수 있다.

④ 직업공무원제도 하에서는 직제폐지로 유휴인력이 생기더라도 직권면직을 하여 공무원의 신분이 상실되도록 해서는 안 된다.

해설

① ○ 직업공무원제도는 헌법이 보장하는 제도적 보장중의 하나임이 분명하므로 입법자는 직업공무원제도에 관하여 '최소한 보장'의 원칙의 한계 안에서 폭넓은 입법형성의 자유를 가진다(헌재 1997.4.24. 95헌바48).

② ○ 공무원 보수 등 근무조건은 법률로 정하여야 하고, 국가예산에 계상되어 있지 아니하면 공무원 보수의 지급이 불가능한 점 등에 비추어 볼 때, 공무원이 국가를 상대로 실질이 보수에 해당하는 금원의 지급을 구하려면 공무원의 '근무조건 법정주의'에 따라 국가공무원법령 등 공무원의 보수에 관한 법률에 지급근거가 되는 명시적 규정이 존재하여야 하고, 나아가 해당 보수 항목이 국가예산에도 계상되어 있어야만 한다(대판 2016.8.25. 2013두14610).

③ ○ 연금급여가 직업공무원제도의 한 내용이라는 점을 감안하더라도, 연금급여의 성격상 그 급여의 구체적인 내용은 국회가 사회정책적 고려, 국가의 재정 및 연금기금의 상황 등 여러 가지 사정을 참작하여 보다 폭넓은 입법재량으로 결정할 수 있고, 연금급여의 후불임금적 성격을 고려할 때 그 퇴직연금급여는 최종보수월액을 기초로 하는 것보다 오히려 공무원으로 재직한 전 기간 평균보수월액으로 하는 것이 합리적이라고 할 수 있는바, 종전의 '최종보수월'을 '최종 3년간 평균보수월액'으로 개정한 공무원연금법상 위 급여액산정기초규정은 그 자체로 타당성이 인정된다(헌재 2003.9.25. 2001헌마93 등).

④ × 직업공무원제도하에서 입법자는 직제폐지로 생기는 유휴인력을 직권면직하여 행정의 효율성 이념을 달성하고자 할 경우에도 직업공무원제도에 따른 공무원의 권익이 손상되지 않도록 조화로운 입법을 하여야 하는데, 직제가 폐지되면 해당 공무원은 그 신분을 잃게 되므로 직제폐지를 이유로 공무원을 직권면직 할 때는 합리적인 근거를 요하며, 직권면직이 시행되는 과정에서 합리성과 공정성이 담보될 수 있는 절차적 장치가 요구된다. … 이 사건 규정이 직제가 폐지된 경우 직권면직을 할 수 있도록 규정하고 있다고 하더라도 이것이 직업공무원제도를 위반하고 있다고는 볼 수 없다(헌재 2004.11.25. 2002헌바8).

정답 ④

20 참정권에 대한 설명으로 옳지 않은 것은? (다툼이 있는 경우 판례에 의함) *〈2017 지방직 7급〉*

① 지방자치단체의 장 선거권은 지방의회의원 선거권, 국회의원선거권 및 대통령 선거권 등과 마찬가지로 헌법 제24조에 의해 보호되는 기본권이다.

② 헌법 제24조는 모든 국민은 '법률이 정하는 바에 의하여' 선거권을 가진다고 규정함으로써 법률유보의 형식을 취하고 있지만, 이것은 국민의 기본권을 법률에 의하여 구체화하라는 뜻이며 선거권을 법률을 통해 구체적으로 실현하라는 의미이다.

③ 부재자투표 종료시간을 오후 4시까지로 정한 것은 투표시간을 지나치게 짧게 정한 것으로 직장업무 및 학교수업 때문에 사실상 투표가 곤란한 부재자투표자의 선거권을 침해한다.

④ 헌법 제25조의 공무담임권의 보호영역에는 특별한 사정도 없이 공무원이 특정의 장소에서 근무하는 것이나 특정의 보직을 받아 근무하는 것을 포함하는 일종의 '공무수행의 자유'까지 포함되지 않는다.

해설

① ○ 헌법에서 지방자치제를 제도적으로 보장하고 있고, 지방자치는 지방자치단체가 독자적인 자치기구를 설치해서 그 자치단체의 고유사무를 국가기관의 간섭 없이 스스로의 책임 아래 처리하는 것이라는 점에서 지방자치단체의 대표인 단체장은 지방의회의원과 마찬가지로 주민의 자발적 지지에 기초를 둔 선거를 통해 선출되어야 한다. 주민자치제를 본질로 하는 민주적 지방자치제도가 안정적으로 뿌리내린 현 시점에서 지방자치단체의 장 선거권을 지방의회의원 선거권, 나아가 국회의원 선거권 및 대통령 선거권과 구별하여 하나는 법률상의 권리로,

나머지는 헌법상의 권리로 이원화하는 것은 허용될 수 없다. 그러므로 지방자치단체의 장 선거권 역시 다른 선거권과 마찬가지로 헌법 제24조에 의해 보호되는 기본권으로 인정하여야 한다(헌재 2016.10.27. 2014헌마797).

② ○ 헌법 제24조는 모든 국민은 '법률이 정하는 바에 의하여' 선거권을 가진다고 규정함으로써 법률유보의 형식을 취하고 있다. 하지만 이것은 국민의 선거권이 '법률이 정하는 바에 따라서만 인정될 수 있다'는 포괄적인 입법권의 유보 아래 있음을 뜻하는 것이 아니다. 이것은 국민의 기본권을 법률로 구체화하라는 뜻이며, 선거권을 법률을 통해 구체적으로 실현하라는 뜻이다(헌재 2014.1.28. 2012헌마409 등).

③ × 이 사건 투표시간조항이 투표종료시간을 오후 4시까지로 정한 것은 투표당일 부재자투표의 인계·발송 절차를 밟을 수 있도록 함으로써 부재자투표의 인계·발송절차가 지연되는 것을 막고 투표관리의 효율성을 제고하고 투표함의 관리위험을 경감하기 위한 것이고, 이 사건 투표시간조항이 투표종료시간을 오후 4시까지로 정한다고 하더라도 투표개시시간을 일과시간 이전으로 변경한다면, 부재자투표의 인계·발송절차가 지연될 위험 등이 발생하지 않으면서도 일과시간에 학업·직장업무를 하여야 하는 부재자투표자가 현실적으로 선거권을 행사하는 데 큰 어려움이 발생하지 않을 것이다. 따라서 이 사건 투표시간조항 중 투표종료시간 부분은 수단의 적정성, 법익균형성을 갖추고 있으므로 청구인의 선거권이나 평등권을 침해하지 않는다(헌재 2012.2.23. 2010헌마601).

④ ○ 공무담임권에는 일반적으로 공직취임의 기회보장, 신분박탈, 직무의 정지에 관련된 사항이 그 보호영역에 포함되지만, 특별한 사정도 없이 공무원이 특정의 장소에서 근무하는 것이나 특정의 보직을 받아 근무하는 것을 포함하는 일종의 '공무수행의 자유'까지 그 보호영역에 포함된다고 보기는 어렵다(헌재 2014.1.28. 2011헌마239).

정답 ③

21 공무원에 대한 설명으로 옳지 않은 것은? (다툼이 있는 경우 헌법재판소 판례에 의함)

〈2017 국가직 7급〉

① 공무원이란 직접 또는 간접적으로 국민에 의하여 선출 또는 임용되어 국가나 공공단체와 공법상의 근무관계를 맺고 공공적 업무를 담당하고 있는 사람들을 가리킨다고 할 수 있고, 공무원도 각종 노무의 대가로 얻는 수입에 의존하여 생활하는 사람이라는 점에서 통상적인 의미의 근로자적인 성격을 지니고 있으므로, 헌법 제33조 제2항 역시 공무원의 근로자적 성격을 인정하는 것을 전제로 규정하고 있다.

② 공무원에게 직무의 내외를 불문하고 품위유지의무를 부과하고 품위손상행위를 공무원에 대한 징계사유로 규정한 법률조항은 '품위가 손상되는 행위'라는 가치개념을 사용하여 어떠한 행위가 여기에 해당하는지 객관적으로 특정하거나 예측할 수 없게 하고, 공무원에 대한 징계사유를 지나치게 광범위하게 규정하여 직무와 관련 없는 사적 영역에서의 행위도 징계사유로 삼을 수 있도록 하고 있으므로, 명확성원칙 및 과잉금지원칙에 위배된다.

③ 직업공무원제도는 모든 공무원으로 하여금 어떤 특정 정당이나 특정 상급자를 위하여 충성하는 것이 아니라 국민 전체에 대한 봉사자로서 법에 따라 그 소임을 다할 수 있게 함으로써 공무원 개인의 권리나 이익을 보호함에 그치지 아니하고 나아가 국가기능의 측면에서 정치적 안정의 유지에 기여하도록 하는 제도이며, 입법자는 직업공무원제도에 관하여 '최소한 보장'의 원칙의 한계 안에서 폭넓은 입법형성의 자유를 가진다.

④ 공무원은 공인으로서의 지위와 사인으로서의 지위, 국민 전체에 대한 봉사자로서의 지위와 기본권을 향유하는 기본권 주체로서의 지위라는 이중적 지위를 가지므로 공무원이라고 하여 기본권이 무시되거나 경시되어서는 안 되지만, 공무원의 신분과 지위의 특수성상 공무원에 대해서는 일반 국민에 비해 보다 넓고 강한 기본권 제한이 가능하다.

해설

① ○ 일반적으로 말하여 공무원이란 직접 또는 간접적으로 국민에 의하여 선출 또는 임용되어 국가나 공공단체와 공법상의 근무관계를 맺고 공공적 업무를 담당하고 있는 사람들을 가리킨다고 할 수 있고, 공무원도 각종 노무의 대가로 얻는 수입에 의존하여 생활하는 사람이라는 점에서는 통상적인 의미의 근로자적인 성격을 지니고 있으므로 헌법 제33조 제2항 역시 공무원의 근로자적 성격을 인정하는 것을 전제로 규정하고 있다(헌재 1992.4.28. 90헌바27).

② × 그 수범자인 평균적인 공무원은 이를 충분히 예측할 수 있다. 따라서 이 사건 법률조항은 명확성원칙에 위배되지 아니한다. 이 사건 법률조항은 국민으로부터 공무를 수탁하여 국민전체를

위해 근무하는 공무원의 지위를 고려하여 공무원에게 높은 도덕성과 신중함을 요구하고, 공무원 개인 및 공직 전반에 대한 국민의 신뢰를 보호하기 위하여 직무 외 영역에서도 공무원에게 품위유지의무를 부과하고 있으며 이를 위반 시 징계사유로 삼고 있다. … 이 사건 법률조항이 공무원의 일반적 행동의 자유를 과도하게 제한한다고 보기 어려우므로, 과잉금지원칙에 위배되지 아니한다(헌재 2016.2.25. 2013헌바435).

③ ○ 직업공무원제도는 바로 그러한 제도적 보장을 통하여 모든 공무원으로 하여금 어떤 특정 정당이나 특정 상급자를 위하여 충성하는 것이 아니라 국민전체에 대한 봉사자로서(헌법 제7조 제1항) 법에 따라 그 소임을 다할 수 있게 함으로써 공무원 개인의 권리나 이익을 보호함에 그치지 아니하고 나아가 국가기능의 측면에서 정치적 안정의 유지에 기여하도록 하는 제도이다(헌재 1997.4.24. 95헌바48).

④ ○ 공무원은 공직자인 동시에 국민의 한 사람이기도 하므로, 공무원은 공인으로서의 지위와 사인으로서의 지위, 국민전체에 대한 봉사자로서의 지위와 기본권을 향유하는 기본권주체로서의 지위라는 이중적 지위를 가진다. 따라서 공무원이라고 하여 기본권이 무시되거나 경시되어서도 아니 되지만, 공무원의 신분과 지위의 특수성에 비추어 공무원에 대해서는 일반 국민에 비해 보다 넓고 강한 기본권제한이 가능하게 된다(헌재 2012.5.31. 2009헌마705 등).

정답 ②

22 공무담임권에 대한 설명으로 가장 적절하지 않은 것은? (다툼이 있는 경우 헌법재판소 판례에 의함) *〈2019 경정승진〉*

① 사립대학 교원이 국회의원으로 당선된 경우 임기개시일 전까지 그 직을 사직하도록 규정한「국회법」조항은 청구인의 공무담임권을 침해하지 않는다.

② 금고 이상의 형의 선고유예를 받고 그 기간 중에 있는 자를 임용결격사유로 삼고, 위 사유에 해당하는 자가 임용되더라도 이를 당연무효로 하는 구「국가공무원법」조항은 공무담임권을 침해하지 않는다.

③ 국·공립학교 채용시험의 동점자처리에서 국가유공자 등 및 그 유족·가족에게 우선권을 주도록 하고 있는「국가유공자 등 예우 및 지원에 관한 법률」등의 해당 조항들은 일반 응시자들이 국·공립학교 채용시험의 동점자처리에서 심각한 불이익을 당하기 때문에 일반 응시자들의 공무담임권을 침해한다.

④ 지방자치단체의 장이 공소 제기된 후 구금상태에 있는 경우 부단체장이 그 권한을 대행하도록 규정한「지방자치법」조항은 지방자치단체의 장의 공무담임권을 침해하지 않는다.

해설

① ○ 국회의원의 직무수행에 있어 공정성과 전념성을 확보하여 국회가 본연의 기능을 충실히 수행할 수 있도록 하는 것은 대의제 민주주의를 성공적으로 운영하기 위한 발판이고, 사립대학에 재학 중인 학생들이 충실한 수업과 지도를 받을 수 있도록 함으로써 대학교육을 정상화하는 것은 미래의 인적 자원을 양성하는 초석이 되는 것인바, 앞서 본 사정들을 종합할 때 입법자가 이와 같은 공익을 국회의원으로 당선된 사립대학 교원이 교원의 직을 사직하여야 하는 것으로 인해 발생하는 공무담임권 및 직업선택의 자유에 대한 제한보다 중시한다고 해서 법익 간의 형량을 그르쳤다고 할 수는 없다. 따라서 심판대상조항은 법익의 균형성 원칙에도 위반되지 않는다(헌재 2015.4.30. 2014헌마621).

② ○ 이 사건 법률조항은 금고 이상의 형의 선고유예의 판결을 받아 그 기간 중에 있는 사람이 공무원으로 임용되는 것을 금지하고 이러한 사람이 공무원으로 임용되더라도 그 임용을 당연무효로 하는 것으로서, 공직에 대한 국민의 신뢰를 보장하고 공무원의 원활한 직무수행을 도모하기 위하여 마련된 조항이다. 청구인과 같이 임용결격사유에도 불구하고 임용된 임용결격공무원은 상당한 기간 동안 근무한 경우라도 적법한 공무원의 신분을 취득하여 근무한 것이 아니라는 이유로 공무원연금법상 퇴직급여의 지급대상이 되지 못하는 등 일정한 불이익을 받기는 하지만, 재직기간 중 사실상 제공한 근로에 대하여는 그 대가에 상응하는 금액의 반환을 부당이득으로 청구하는 등의 민사적 구제수단이 있는 점을 고려하면, 공직에 대한 국민의 신뢰보장이라는 공익과 비교하여 임용결격공무원의 사익 침해가 현저하다고 보기 어렵다. 따라서 이 사건 법률조항은 입법자의 재량을 일탈하여 공무담임권을 침해한 것이라고 볼 수 없다(헌재 2016.7.28. 2014헌바437).

③ × 이 사건 동점자처리조항에 의하여 일반 응시자들은 국·공립학교 채용시험의 동점자처리에서 불이익을 당할 수도 있으므로 일반 응시자들의 공무담임권이 제한된다고 할 것이나, 이는 국가유공자와 그 유가족의 생활안정을 도모하고 이를 통해 국민의 애국정신함양과 민주사회 발전에 이바지한다고 하는 공공복리를 위한 불가피한 기본권 제한에 해당하며, 앞서 본 바와 같이 비례의 원칙 내지 과잉금지의 원칙에 위반된 것으로 볼 수 없고, 기본권의 본질적인 내용을 침해한다고도 할 수 없다. 따라서 이 사건 동점자처리조항은 일반 응시자들의 공무담임권을 침해하지 아니한다(헌재 2006.6.29. 2005헌마44).

④ ○ 형사재판을 위하여 신체가 구금되어 정상적이고 시의적절한 직무를 수행하기 어려운 상황에 처한 자치단체장을 직무에서 배제시킴으로써 자치단체행정의 원활하고 효율적인 운영을 도모하는 한편 주민의 복리에 초래될 것으로 예상되는 위험을 미연에 방지하려는 이 사건 법률조항의 입법목적은 입법자가 추구할 수 있는 정당한 공익이라 할 것이고, 이를 실현하기 위하여 해당 자치단체장을 구금상태가 해소될 때까지 잠정적으로 그 직무에서 배제시키는 것은 일응 유효·적절한 수단이라고 볼 수 있다. … 따라서 이 사건 법률조항은 청구인의 공무담임권을 제한함에 있어 과잉금지원칙에 위배되지 않는다(헌재 2011.4.28. 2010헌마474).

정답 ③

23 공무원의 신분보장에 대한 설명으로 옳지 않은 것은? (다툼이 있는 경우 판례에 의함)

〈2017 지방직 7급〉

① 임용권자가 지방공무원을 직권면직 시킬 수 있는 사유를 정하고 있는 「지방공무원법」 관련 규정 중 '지방자치단체의 직제개폐에 의하여 폐직된 때' 부분은 헌법에 위반되지 아니한다.

② 수뢰죄를 범하여 금고 이상의 형의 선고유예를 받은 공무원은 당연퇴직하도록 하는 규정은 해당 공무원의 공무담임권을 침해한다.

③ 형사사건으로 기소되면 필요적으로 직위해제처분을 하도록 하는 규정은 헌법에 위반된다.

④ 「지방공무원법」의 지방공무원의 전입에 관한 규정은 해당 지방공무원의 동의가 있을 것을 당연한 전제로 하여 그 공무원이 소속된 지방자치단체의 장의 동의를 얻어서만 그 공무원을 전입할 수 있음을 규정하고 있는 것으로 보아야 한다.

해설

① ○ 「지방공무원법」 제62조 제1항 제3호에서 지방자치단체의 직제가 폐지된 경우에 행할 수 있도록 하고 있는 직권면직은 행정조직의 효율성을 높이기 위한 제도로서 행정수요가 소멸하거나 조직의 비대화로 효율성이 저하되는 경우 불가피하게 이루어지게 된다. … 그렇다면 이 사건 규정이 직제가 폐지된 경우 직권면직을 할 수 있도록 규정하고 있다고 하더라도 이것이 직업공무원제도를 위반하고 있다고는 볼 수 없다(헌재 2004.11.25. 2002헌바8).

② × 심판대상조항은 공무원 직무수행에 대한 국민의 신뢰 및 직무의 정상적 운영의 확보, 공무원 범죄의 예방, 공직사회의 질서 유지를 위한 것으로서 목적이 정당하고, 「형법」 제129조 제1항의 수뢰죄를 범하여 금고 이상 형의 선고유예를 받은 국가공무원을 공직에서 배제하는 것은 적절한 수단에 해당한다. … 따라서 심판대상조항은 과잉금지원칙에 반하여 청구인의 공무담임권을 침해하지 아니한다(헌재 2013.7.25. 2012헌바409).

③ ○ 형사사건으로 기소되기만 하면 그가 「국가공무원법」 제33조 제1항 제3호 내지 제6호에 해당하는 유죄판결을 받을 고도의 개연성이 있는가의 여부에 무관하게 경우에 따라서는 벌금형이나 무죄가 선고될 가능성이 큰 사건인 경우에 대해서까지도 당해 공무원에게 일률적으로 직위해제처분을 하지 않을 수 없도록 한 이 사건 규정은 헌법 제37조 제2항의 비례의 원칙에 위반되어 직업의 자유를 과도하게 침해하고 헌법 제27조 제4항의 무죄추정의 원칙에도 위반된다. 입법자가 임의적 규정으로도 법의 목적을 실현할 수 있는 경우에 구체적 사안의 개별성과 특수성을 고려할 수 있는 가능성을 일체 배제하는 필요적 규정을 둔다면, 이는 비례의 원칙의 한 요소인 '최소침해성의 원칙'에 위배된다(헌재 1998.5.28. 96헌가12).

④ ○ 이 「지방공무원법」 제29조의3은 "지방자치단체의 장은 다른 지방자치단체의 장의 동의를 얻어 그 소속 공무원을 전입할 수 있다."라고만 규정하고 있어, 이러한 전입에 있어 지방공무원 본인의 동의가 필요한지에 관하여 다툼의 여지없이 명백한 것은 아니나, 위 법률조항을, 해당 지방공무원의 동의 없이도 지방자치단체의 장 사이의 동의만으로 지방공무원에 대한 전출 및 전입명령이 가능하다고 풀이하는 것은 헌법적으로 용인되지 아니하며, 헌법 제7조에 규정된 공무원의 신분보장 및 헌법 제15조에서 보장하는 직업선택의 자유의 의미와 효력에 비추어 볼 때 위 법률조항은 해당 지방공무원의 동의가 있을 것을 당연한 전제로 하여 그 공무원이 소속된 지방자치단체의장의 동의를 얻어서만 그 공무원을 전입할 수 있음을 규정하고 있는 것으로 해석하는 것이 타당하고, 이렇게 본다면 인사교류를 통한 행정의 능률성이라는 입법목적도 적절히 달성할 수 있을 뿐만 아니라 지방공무원의 신분보장이라는 헌법적 요청도 충족할 수 있게 된다. 따라서 위 법률조항은 헌법에 위반되지 아니한다(헌재 2002.11.28. 98헌바101 등).

정답 ②

24 국민투표에 관한 다음 설명 중 가장 옳지 않은 것은? (다툼이 있는 경우 헌법재판소 결정에 의함)

〈2016 법원직 9급〉

① 대통령이 국정운영에 위기를 맞이하여 이를 타개하는 방법으로 자신에 대한 국민의 재신임을 묻기 위해 이를 헌법 제72조의 국민투표에 회부하는 것은 인정되지 않는다.

② 주민등록을 할 수 없는 재외국민의 국민투표권 행사를 전면적으로 배제하고 있는 「국민투표법」 제14조 제1항은 국민투표권을 침해한다.

③ 「신행정수도 후속대책을 위한 연기·공주지역 행정중심복합도시 건설을 위한 특별법」이 수도를 분할하는 국가정책을 집행하는 내용을 가지고 있고 대통령이 이를 추진하고 집행하기 이전에 그에 관한 국민투표를 실시하지 아니하였다면 국민투표권이 행사될 수 있는 계기인 대통령의 중요정책 국민투표 부의가 행해지지 않았다고 하더라도 청구인들의 국민투표권이 행사될 수 있을 정도로 구체화되었다고 할 수 있으므로 그 침해의 가능성이 인정된다.

④ 헌법 제72조의 국민투표 부의제는 대통령의 임의적 국민투표제이지만, 헌법개정안에 대한 국민투표제는 필요적 국민투표제이다.

해설

① ○ 국민투표는 직접민주주의를 실현하기 위한 수단으로서 '사안에 대한결정' 즉, 특정한 국가정책이나 법안을 그 대상으로 한다. 따라서 국민투표의 본질상 '대표자에 대한 신임'은 국민투표의

대상이 될 수 없으며, 우리 헌법에서 대표자의 선출과 그에 대한 신임은 단지 선거의 형태로써 이루어져야 한다. 대통령이 자신에 대한 재신임을 국민투표의 형태로 묻고자하는 것은 헌법 제72조에 의하여 부여받은 국민투표부의권을 위헌적으로 행사하는 경우에 해당하는 것으로, 국민투표제도를 자신의 정치적 입지를 강화하기 위한 정치적 도구로 남용해서는 안 된다는 헌법적 의무를 위반한 것이다. 물론, 대통령이 위헌적인 재신임 국민투표를 단지 제안만 하였을 뿐 강행하지는 않았으나, 헌법상 허용되지 않는 재신임 국민투표를 국민들에게 제안한 것은 그 자체로서 헌법 제72조에 반하는 것으로 헌법을 실현하고 수호해야 할 대통령의 의무를 위반한 것이다(헌재 2004.5.14. 2004헌나1).

② ○ 재외선거인은 대의기관을 선출할 권리가 있는 국민으로서 대의기관의 의사결정에 대해 승인할 권리가 있으므로, 국민투표권자에는 재외선거인이 포함된다고 보아야 한다. 또한, 국민투표는 선거와 달리 국민이 직접국가의 정치에 참여하는 절차이므로, 국민투표권은 대한민국 국민의 자격이 있는 사람에게 반드시 인정되어야 하는 권리이다. 이처럼 국민의 본질적 지위에서 도출되는 국민투표권을 추상적 위험 내지 선거기술상의 사유로 배제하는 것은 헌법이 부여한 참정권을 사실상 박탈한 것과 다름없다. 따라서 국민투표법조항은 재외선거인의 국민투표권을 침해한다(헌재 2014.7.24. 2009헌마256 등).

③ × 특정의 국가정책에 대하여 다수의 국민들이 국민투표를 원하고 있음에도 불구하고 대통령이 이러한 희망과는 달리 국민투표에 회부하지 아니한다고 하여도 이를 헌법에 위반된다고 할 수 없고, 국민에게 특정의 국가정책에 관하여 국민투표에 회부할 것을 요구할 권리가 인정된다고 할 수도 없다. … 결국 헌법 제72조의 국민투표권은 대통령이 어떠한 정책을 국민투표에 부의한 경우에 비로소 행사가 가능한 기본권이라 할 수 있다. 따라서 이 사건 법률이 설사 수도를 분할하는 국가정책을 집행하는 내용을 가지고 있고 대통령이 이를 추진하고 집행하기 이전에 그에 관한 국민투표를 실시하지 아니하였다고 하더라도 국민투표권이 행사될 수 있는 계기인 대통령의 중요정책 국민투표 부의가 행해지지 않은 이상 청구인들의 국민투표권이 행사될 수 있을 정도로 구체화되었다고 할 수 없으므로 그 침해의 가능성은 인정되지 않는다(헌재 2005.11.24. 2005헌마579 등).

④ ○ (1) 헌법 제72조는 대통령에게 국민투표의 실시 여부, 시기, 구체적 부의사항, 설문내용 등을 결정할 수 있는 임의적인 국민투표발의권을 독점적으로 부여한 것이다(헌재 2004.5.14. 2004헌나1).

(2) 헌법 제130조는 헌법의 개정을 위해서는 국회 재적의원 과반수 또는 대통령에 의하여 발의되고, 재적의원 3분의 2 이상의 찬성으로 국회의 의결을 거친 후 반드시 국민투표에 붙여 국회의원 선거권자 과반수의 투표와 투표자 과반수의 찬성을 얻어야 하도록 되어 있다(헌재 2004.10.21. 2004헌마554 등).

정답 ③

25 공무담임권에 관한 다음 설명 중 가장 옳지 않은 것은? 〈2019 법원직 9급〉

① 현행 헌법은 공무담임권을 명시적으로 규정하고 있다.

② 공무담임권은 국민이 국가나 공공단체의 구성원으로서 직무를 담당할 수 있는 권리를 뜻하고, 여기서 직무를 담당한다는 것은 공무담임에 관하여 능력과 적성에 따라 평등한 기회를 보장받는 것을 의미한다.

③ 공무담임권은 공직취임의 기회균등을 요구하지만, 취임한 뒤 승진할 때에도 균등한 기회 제공을 요구하지는 않는다.

④ 선출직 공무원의 공무담임권은 선거를 전제로 하는 대의제의 원리에 의하여 발생하는 것이므로 공직의 취임이나 상실에 관련된 어떠한 법률조항이 대의제의 본질에 반한다면 이는 공무담임권도 침해하는 것이라고 볼 수 있다.

해설

① ○

헌법 제25조 모든 국민은 법률이 정하는 바에 의하여 공무담임권을 가진다.

② ○ 공무담임권은, 국민이 국가나 공공단체의 구성원으로서 직무를 담당할 수 있는 권리를 뜻하고, 여기서 직무를 담당한다는 것은 공무담임에 관하여 능력과 적성에 따라 평등한 기회를 보장받는 것을 의미한다(헌재 2018. 7. 26. 2017헌마1183).

③ × 공무담임권은 공직취임의 기회 균등뿐만 아니라 취임한 뒤 승진할 때에도 균등한 기회 제공을 요구한다. 청구인의 경우 군 복무기간이 승진소요 최저연수에 포함되지 않으므로 공무원으로 근무하다가 군 복무를 한 사람보다 더 오래 재직하여야 승진임용절차가 진행된다. 또 군 복무기간이 경력평정에서도 일부만 산입되므로 경력평정점수도 상대적으로 적게 부여된다. 이는 승진임용절차 개시 및 승진임용점수 산정과 관련된 법적 불이익에 해당하므로, 승진경쟁인원 증가에 따라 승진 가능성이 낮아지는 사실상의 불이익 문제나 단순한 내부승진인사 문제와 달리 공무담임권의 제한에 해당한다(헌재 2018.7.26. 2017헌마1183).

④ ○ 선출직 공무원의 공무담임권은 선거를 전제로 하는 대의제의 원리에 의하여 발생하는 것이므로 공직의 취임이나 상실에 관련된 어떠한 법률조항이 대의제의 본질에 반한다면 이는 공무담임권도 침해하는 것이라고 볼 수 있다(헌재 2009.3.26. 2007헌마843).

정답 ③

26 공무원제도에 대한 설명으로 옳지 않은 것은? (다툼이 있는 경우 판례에 의함) 〈2020 국회직 9급〉

① 공무원을 직권면직 할 수 있는 사유에는 직제의 폐지도 포함된다.

② 공무원에 대하여 직무수행 중 정치적 주장을 표시·상징하는 복장 등 착용행위를 금지한 「국가공무원 복무규정」은 공무원의 정치적 표현의 자유를 필요 이상으로 제한하여 헌법에 위반된다.

③ "지방자치단체의 장은 다른 지방자치단체의 장의 동의를 얻어 그 소속 공무원을 전입할 수 있다."라는 「지방공무원법」규정은 해당 공무원 본인의 동의가 필요하다는 것을 전제로 해석할 때 헌법에 합치한다.

④ "공무원은 직무의 내외를 불문하고 그 품위가 손상되는 행위를 하여서는 안 된다."라고 한 「국가공무원법」 규정은 '품위' 등 그 용어의 사전적 의미가 명백하고 그 수범자인 평균적인 공무원은 이를 충분히 예측할 수 있어 명확성원칙에 위배되지 않는다.

⑤ 입법자는 공무원의 정년을 행정조직, 직제의 변경 또는 예산의 감소 등 제반사정을 고려하여 합리적인 범위 내에서 조정할 수 있다.

해설

① ○

> **국가공무원법 제70조 (직권면직)** ① 임용권자는 공무원이 다음 각 호의 어느 하나에 해당하면 직권으로 면직시킬 수 있다.
> 3. 직제와 정원의 개폐 또는 예산의 감소 등에 따라 폐직(職) 또는 과원(過)이 되었을 때

② × 위 규정들은 공무원의 근무기강을 확립하고 공무원의 정치적 중립성을 확보하려는 입법목적을 가진 것으로서, 공무원이 직무 수행 중 정치적 주장을 표시·상징하는 복장 등을 착용하는 행위는 그 주장의 당부를 떠나 국민으로 하여금 공무집행의 공정성과 정치적 중립성을 의심하게 할 수 있으므로 공무원이 직무수행 중인 경우에는 그 활동과 행위에 더 큰 제약이 가능하다고 하여야 할 것인바, 위 규정들은 오로지 공무원의 직무수행중의 행위만을 금지하고 있으므로 침해의 최소성원칙에 위배되지 아니한다. 따라서 위 규정들은 과잉금지원칙에 반하여 공무원의 정치적 표현의 자유를 침해한다고 할 수 없다(헌재 2012.5.31. 2009헌마705 등).

③ ○ 「지방공무원법」 제29조의3은 "지방자치단체의 장은 다른 지방자치단체의 장의 동의를 얻어 그 소속 공무원을 전입할 수 있다."라고만 규정하고 있어, 이러한 전입에 있어 지방공무원 본인의 동의가 필요한지에 관하여 다툼의 여지없이 명백한 것은 아니나, 위 법률조항을, 해당 지방공무원의 동의 없이도 지방자치단체의 장 사이의 동의만으로 지방공무원에 대한 전출 및 전입명령이 가능하다고 풀이하는 것은 헌법적으로 용인되지 아니하며, 헌법 제7조에 규정된 공무원의 신분보장 및 헌법 제15조에서 보장하는 직업선택의 자유의 의미와 효력에 비추어 볼 때

위 법률조항은 해당 지방공무원의 동의가 있을 것을 당연한 전제로 하여 그 공무원이 소속된 지방자치단체의 장의 동의를 얻어서만 그 공무원을 전입할 수 있음을 규정하고 있는 것으로 해석하는 것이 타당하고, … 위 법률조항은 헌법에 위반되지 아니한다(헌재 2002.11.28. 98헌바101 등).

④ ○ 이 사건 법률조항이 공무원 징계사유로 규정한 품위손상행위는 '주권자인 국민으로부터 수임받은 공무를 수행함에 손색이 없는 인품에 어울리지 않는 행위를 함으로써 공무원 및 공직 전반에 대한 국민의 신뢰를 떨어뜨릴 우려가 있는 경우'를 일컫는 것으로 해석할 수 있고, 그 수범자인 평균적인 공무원은 이를 충분히 예측할 수 있다. 따라서 이 사건 법률조항은 명확성원칙에 위배되지 아니한다. … 이 사건 법률조항이 공무원의 일반적 행동의 자유를 과도하게 제한한다고 보기 어려우므로, 과잉금지원칙에 위배되지 아니한다(헌재 2016.2.25. 2013헌바435).

⑤ ○ 공무원이 정년까지 근무할 수 있는 권리는 헌법의 공무원신분 보장규정에 의하여 보호되는 기득권으로서 그 침해 내지 제한은 신뢰보호의 원칙에 위배되지 않는 범위 내에서만 가능하다고 할 것인 즉 기존의 정년규정을 변경하여 임용 당시의 공무원법상의 정년까지 근무할 수 있다는 기대 내지 신뢰를 합리적 이유 없이 박탈하는 것은 위 공무원신분 보장규정에 위배된다 할 것이나, 임용당시의 공무원법상의 정년까지 근무할 수 있다는 기대와 신뢰는 절대적인 권리로서 보호되어야만 하는 것은 아니고 행정조직, 직제의 변경 또는 예산의 감소 등 강한 공익상의 정당한 근거에 의하여 좌우될 수 있는 상대적이고 가변적인 것이라 할 것이므로 입법자에게는 제반사정을 고려하여 합리적인 범위 내에서 정년을 조정할 입법형성권이 인정된다(헌재 2000.12.14. 99헌마112 등).

정답 ②

27 국민투표권에 관한 헌법재판소의 판시내용이다. 가장 적절하지 않은 것은? 〈2016 경정승진〉

① 국민투표권이란 국민이 국가의 특정한 사안에 대해 직접 결정권을 행사하는 권리로서, 각종 선거에서의 선거권 및 피선거권과 더불어 국민의 참정권의 한 내용을 이루는 헌법상 기본권이다.

② 헌법 제72조에 의한 중요 정책에 관한 국민투표는 국가안위에 관계되는 사항에 관하여 대통령이 제시한 구체적인 정책에 대한 주권자인 국민의 승인절차이다.

③ 대의기관의 선출주체가 곧 대의기관의 의사결정에 대한 승인주체가 되는 것이 원칙이나, 국민투표권자의 범위가 대통령선거권자·국회의원선거권자와 반드시 일치할 필요는 없다.

④ 헌법 제130조 제2항에 의한 헌법개정에 대한 국민투표는 대통령 또는 국회가 제안하고 국회의 의결을 거쳐 확정된 헌법개정안에 대하여 주권자인 국민이 최종적으로 그 승인 여부를 결정하는 절차이다.

해설

① ○ 국민투표권이란 국민이 국가의 특정 사안에 대해 직접 결정권을 행사하는 권리로서, 각종 선거에서의 선거권 및 피선거권과 더불어 국민의 참정권의 한 내용을 이루는 헌법상 기본권이다(헌재 2014.7.24. 2009헌마256등).

② ○

③ × 헌법 제72조의 중요정책 국민투표와 헌법 제130조의 헌법개정안 국민투표는 대의기관인 국회와 대통령의 의사결정에 대한 국민의 승인절차에 해당한다. 대의기관의 선출주체가 곧 대의기관의 의사결정에 대한 승인주체가 되는 것은 당연한 논리적 귀결이므로, 국민투표권자의 범위는 대통령선거권자·국회의원선거권자와 일치되어야 한다(헌재 2014.7.24. 2009헌마256등).

④ ○ 헌법 제72조에 의한 중요정책에 관한 국민투표는 국가안위에 관계되는 사항에 관하여 대통령이 제시한 구체적인 정책에 대한 주권자인국민의 승인절차라 할 수 있고, 헌법 제130조 제2항에 의한 헌법개정에 관한 국민투표는 대통령 또는 국회가 제안하고 국회의 의결을 거쳐 확정된 헌법개정안에 대하여 주권자인 국민이 최종적으로 그 승인 여부를 결정하는 절차이다(헌재 2007.6.28. 2004헌마644 등).

정답 ③

28 공무담임권에 대한 설명으로 옳지 않은 것은? (다툼이 있는 경우 헌법재판소의 판례에 의함)

〈2017 국회직 8급〉

① 비례대표국회의원선거의 경우 후보자 1명마다 1,500만 원이라는 기탁금액은 비례대표제의 취지를 실현하기 위해 필요한 최소한의 액수보다 지나치게 과다한 액수이다.

② 지방자치단체의 장이 금고 이상의 형을 선고받고 그 형이 확정되지 아니한 경우 부단체장이 그 권한을 대행하도록 규정한 「지방자치법」 조항은 해당 자치단체장의 공무담임권을 침해한다.

③ 5급 공채시험 응시연령의 상한을 '32세까지'로 제한한 것은 기본권 제한을 최소한도에 그치도록 요구하는 헌법 제37조 제2항에 부합된다고 보기 어렵다.

④ 공무원의 신분이나 직무상 의무와 관련이 없는 범죄의 경우에도 퇴직급여 등을 제한하는 것은, 공무원범죄를 예방하고 공무원이 재직 중 성실히 근무하도록 유도하는 입법목적을 달성하는 데 적합한 수단이다.

⑤ 지방자치단체의 장이 그 임기 중에 그 직을 사퇴하여 대통령선거, 국회의원선거, 지방의회의원선거 및 다른 지방자치단체의 장 선거에 입후보할 수 없도록 하는 것은 공무담임권을 침해한다.

해설

① ○ 비례대표국회의원선거 기탁금조항은 그 입법목적이 정당하고, 기탁금 요건을 마련하는 것은 그 입법목적을 달성하기 위한 적합한 수단에 해당된다. 그러나 정당에 대한 선거로서의 성격을 가지는 비례대표국회의원선거는 인물에 대한 선거로서의 성격을 가지는 지역구국회의원선거와 근본적으로 그 성격이 다르고, 비례대표 기탁금조항은 공직선거법상 허용된 선거운동을 통하여 선거의 혼탁이나 과열을 초래할 여지가 지역구국회의원선거보다 훨씬 적다고 볼 수 있음에도 지역구국회의원선거에서의 기탁금과 동일한 고액의 기탁금을 설정하고 있어 최소성원칙과 법익균형성원칙에도 위반되어 공무담임권을 침해한다(헌재 2016.12.29. 2015헌마1160 등).

② ○ 선거에 의하여 주권자인 국민으로부터 직접 공무담임권을 위임받는 자치단체장의 경우, 그와 같이 공무담임권을 위임한 선출의 정당성이 무너지거나 공무담임권 위임의 본지를 배반하는 직무상 범죄를 저질렀다면, 이러한 경우에도 계속 공무를 담당하게 하는 것은 공무담임권 위임의 본지에 부합된다고 보기 어렵다. 그러므로, 위 두 사유에 해당하는 범죄로 자치단체장이 금고 이상의 형을 선고받은 경우라면, 그 형이 확정되기 전에 해당 자치단체장의 직무를 정지시키더라도 무죄추정의 원칙에 직접적으로 위배된다고 보기 어렵고, 과잉금지의 원칙도 위반하였다고 볼 수 없으나, 위 두 가지 경우 이외에는 금고 이상의 형의 선고를 받았다는 이유로 형이 확정되기 전에 자치단체장의 직무를 정지시키는 것은 무죄추정의 원칙과 과잉금지의 원칙에 위배된다(헌재 2010.9.2. 2010헌마418).

③ ○ 이 사건 시행령조항은 32세가 넘은 사람의 공직취임권을 직접적으로 제한하는 것이므로, 그러한 제한을 정당화하려면 헌법 제37조 제2항이 요구하는 과잉금지의 원칙에 부합하여야 한다. 그런데 32세까지는 5급 공무원의 직무수행에 필요한 최소한도의 자격요건을 갖추고, 32세가 넘으면 그러한 자격요건을 상실한다고 보기 어렵고, 6급 및 7급 공무원 공채시험의 응시연령 상한을 35세까지로 규정하면서 그 상급자인 5급 공무원의 채용연령을 32세까지로 제한한 것은 합리적이라고 볼 수 없으므로, 이 사건 시행령조항이 5급 공채시험 응시연령의 상한을 '32세까지'로 제한하고 있는 것은 기본권 제한을 최소한도에 그치도록 요구하는 헌법 제37조 제2항에 부합된다고 보기 어렵다(헌재 2008.5.29. 2007헌마1105).

④ × 공무원의 신분이나 직무상 의무와 관련이 없는 범죄의 경우에도 퇴직급여 등을 제한하는 것은, 공무원범죄를 예방하고 공무원이 재직 중 성실히 근무하도록 유도하는 입법목적을 달성하는 데 적합한 수단이라고 볼 수 없다. … 나아가 이 사건 법률조항은 퇴직급여에 있어서는 「국민연금법」상의 사업장 가입자에 비하여, 퇴직수당에 있어서는 근로기준법상의 근로자에 비하여 각각 차별대우를 하고 있는바, 이는 자의적인 차별에 해당한다. 이상과 같은 이유로 이 사건 법률조항은 헌법에 위반되나, 단순위헌선언으로 그 효력을 즉시 상실시킬 경우에는 여러 가지 혼란과 부작용이 발생할 우려가 있고, 또한 이미 급여를 감액당한 다른 퇴직공무원과

의 형평성도 고려하여야 한다. 그러므로 입법자는 합헌적인 방향으로 법률을 개선하여야 하고 그때까지 일정 기간 동안은 위헌적인 법규정을 존속케 하고 또한 잠정적으로 적용하게 할 필요가 있으므로 헌법불합치결정을 하는 것이다(헌재 2007.3.29. 2005헌바33).

⑤ ○ 지방자치단체의 장이 임기 중에 공직선거에 입후보할 수 있는 경우 어느 정도로 지방행정의 혼란이 우려되는가를 살펴보면, 지방자치단체의 장이 임기 중에 사퇴함으로써 발생하는 행정의 혼란은 그 정도에 있어서 심각하다고 할 수 없고, 직무대리나 보궐선거의 방법으로 대처할 수 있다고 판단된다. … 결론적으로, 이 사건 조항에 의한 피선거권의 제한이 민주주의의 실현에 미치는 불리한 효과는 매우 큰 반면에, 이 사건 조항을 통하여 달성하려는 공익적 효과는 상당히 작다고 판단되므로, 피선거권의 제한을 정당화하는 합리적인 이유를 인정할 수 없다고 하겠다. 따라서 이 사건 조항은 보통선거원칙에 위반되어 청구인들의 피선거권을 침해하는 위헌적인 규정이다(헌재 1999.5.27. 98헌마214).

정답 ④

29 공무원제도에 대한 설명으로 옳지 않은 것은? (다툼이 있는 경우 헌법재판소 판례에 의함)

〈2017 국회직 5급〉

① 국회 소속 공무원은 국회의장이 임용하되, 국회규칙으로 정하는 바에 따라 그 임용권의 일부를 소속 기관의 장에게 위임할 수 있다.

② 직업공무원제도는 공무원의 정치적 중립과 신분보장을 통해 행정의 계속성과 안정성을 확보하고자 하는 것이다.

③ 대통령도 선거중립의무를 진다.

④ 공무원의 직무상 불법행위로 손해를 받은 국민이 법률이 정하는 바에 의하여 국가 또는 공공단체에 정당한 배상을 청구하였을 때 공무원 자신의 책임은 면제된다.

⑤ 임면권자인 대통령이 정당한 이유 없이 특정 공무원을 파면함은 직업공무원제도에 위반된다.

해설

① ○

국회사무처법 제3조 (공무원의 임용) ② 5급 공채 이상의 공무원은 의장이 임면하고, 그 밖의 공무원은 사무총장이 임면한다. 다만, 국회규칙으로 정하는 바에 따라 의장은 사무총장에게 그 임용권의 일부를 **위임**할 수 있다.

② ○ 공무원의 정치적 중립과 신분보장을 통해 행정의 계속성과 안정성을 확보하여 국가기능의 효율성을 증대하고자 하는 직업공무원제도가 그 본래의 취지와 달리 공무원 개인에게 평생 직업을 보장하는 장치로 변질되어 행정의 무능과 국가 기능의 비효율을 초래해서는 안 된다는 점과 국가경영의 경비부담 주체가 국민이고 공무원은 국민전체에 대한 봉사자라는 점을 감안하면, 행정의 효율성 및 생산성 제고 차원에서는 행정수요가 소멸하거나 조직의 비대화로 효율성이 저하되는 경우 직제를 폐지하거나 인원을 축소하는 것은 불가피한 선택에 해당할 것이다(헌재 2004.11.25. 2002헌바8).

③ ○ 선거에 관한 사무는 행정부와는 독립된 헌법기관인 선거관리위원회가 주관하게 되어 있지만(헌법 제114조 제1항), 선거를 구체적으로 실행하는데 있어서 행정부 공무원의 지원과 협조 없이는 현실적으로 불가능하므로 행정부 수반인 대통령의 선거중립이 매우 긴요하다(헌재 2008.1.17. 2007헌마700).

④ ×

헌법 제29조 ① 공무원의 직무상 불법행위로 손해를 받은 국민은 법률이 정하는 바에 의하여 국가 또는 공공단체에 정당한 배상을 청구할 수 있다. 이 경우 공무원 자신의 책임은 면제되지 아니한다.

⑤ ○

국가공무원법 제78조 (징계 사유) ① 공무원이 다음 각 호의 어느 하나에 해당하면 징계 의결을 요구하여야 하고 그 징계 의결의 결과에 따라 징계처분을 하여야 한다.

1. 이 법 및 이 법에 따른 명령을 위반한 경우
2. 직무상의 의무(다른 법령에서 공무원의 신분으로 인하여 부과된 의무를 포함한다)를 위반하거나 직무를 태만히 한 때
3. 직무의 내외를 불문하고 그 체면 또는 위신을 손상하는 행위를 한 때

정답 ④

30 직업공무원제도에 대한 헌법재판소 결정으로 옳지 않은 것은? 〈2016 국가직 7급〉

① 직업공무원제도란 정권교체에 따른 국가작용의 중단과 혼란을 예방하고 일관성 있는 공무수행의 독자성을 유지하기 위하여 헌법과 법률에 의하여 공무원의 신분이 보장되는 공직구조에 관한 제도이다.

② 직업공무원제에서 말하는 공무원은 국가 또는 공공단체와 근로관계를 맺고 이른바 공법상 특별권력관계 내지 특별행정법관계 아래 공무를 담당하는 것을 직업으로 하는 협의의 공무원을 의미하고 정치적 공무원이나 임시적 공무원은 포함되지 않는다.

③ 직업공무원제도는 헌법이 보장하는 제도적 보장 중의 하나로서 입법자는 직업공무원제도에 관하여 '최대한 보장'의 원칙 하에서 입법형성의 자유를 가진다.

④ 직업공무원제도는 공무원으로 하여금 특정 정당이나 특정 상급자를 위하여 충성하는 것이 아니라 국민전체의 봉사자로서 법에 따라 그 소임을 다할 수 있게 함으로써 국가기능의 측면에서 정치적 안정의 유지에 기여하는 제도이다.

해설

① ○

② ○ 우리나라는 직업공무원제도를 채택하고 있는데, 이는 공무원이 집권세력의 논공행상의 제물이 되는 엽관제도(獵官制度)를 지양하고 정권교체에 따른 국가작용의 중단과 혼란을 예방하고 일관성 있는 공무수행의 독자성을 유지하기 위하여 헌법과 법률에 의하여 공무원의 신분이 보장되는 공직구조에 관한 제도이다. 여기서 말하는 공무원은 국가 또는 공공단체와 근로관계를 맺고 이른바 공법상 특별권력관계 내지 특별행정법관계 아래 공무를 담당하는 것을 직업으로 하는 협의의 공무원을 말하며 정치적 공무원이라든가 임시적 공무원은 포함되지 않는 것이다(헌재1989.12.18. 89헌마32 등).

③ × 직업공무원제도는 헌법이 보장하는 제도적 보장 중의 하나임이 분명하므로 입법자는 직업공무원제도에 관하여 '최소한 보장'의 원칙의 한계 안에서 폭넓은 입법형성의 자유를 가진다. 따라서 입법자가 동장의 임용의 방법이나 직무의 특성 등을 고려하여 이 사건 법률조항에서 동장의 공직상의 신분을 지방공무원법상 신분보장의 적용을 받지 아니하는 별정직공무원의 범주에 넣었다 하여 바로 그 법률조항부분을 위헌이라고 할 수는 없다(헌재 1997.4.24. 95헌바48).

④ ○ 헌법 제7조 제2항은 공무원의 신분과 정치적 중립성을 법률로써 보장할 것을 규정하고 있다. 위 조항의 뜻은 공무원이 정치과정에서 승리한 정당원에 의하여 충원되는 엽관제를 지양하고, 정권교체에 따른 국가작용의 중단과 혼란을 예방하며 일관성 있는 공무수행의 독자성과 영속성을 유지하기 위하여 공직구조에 관한 제도적 보장으로서의 직업공무원제도를 마련해야 한다는

것이다. 직업공무원제도는 바로 그러한 제도적 보장을 통하여 모든 공무원으로 하여금 어떤 특정 정당이나 특정 상급자를 위하여 충성하는 것이 아니라 국민전체에 대한 봉사자로서(헌법 제7조 제1항) 법에 따라 그 소임을 다할 수 있게 함으로써 공무원 개인의 권리나 이익을 보호함에 그치지 아니하고 나아가 국가기능의 측면에서 정치적 안정의 유지에 기여하도록 하는 제도이다(헌재 1997.4.24. 95헌바48).

정답 ③

31 공무담임권에 대한 설명으로 가장 옳은 것은? (다툼이 있는 경우 판례에 의함) 〈2017 서울시 7급〉

① 금고 이상의 형의 선고유예를 받고 그 기간 중에 있는 자를 임용결격사유로 삼고, 위 사유에 해당하는 자가 임용되더라도 이를 당연무효로 하는 것은 금고 이상의 형의 선고유예의 판결을 받아 그 기간 중에 있는 자의 공무담임권을 침해하는 것이다.

② 지방자치단체의 장으로 하여금 당해 지방자치단체의 관할구역과 같거나 겹치는 선거구역에서 실시되는 지역구 국회의원선거에 입후보하고자 하는 경우 당해 선거의 선거일 전 180일까지 그 직을 사퇴하도록 하는 것은 해당 지방자치단체장의 공무담임권을 침해하지 않는다.

③ 사립대학 교원이 국회의원으로 당선된 경우 임기개시일 전까지 그 직을 사직하도록 하는 것은 사립대학 교원의 직업선택의 자유를 제한하는 것이지 공무담임권을 제한하는 것은 아니다.

④ 금고 이상의 형의 선고유예를 받은 경우에 군무원직에서 당연히 퇴직하도록 하는 것은 해당 군무원의 공무담임권을 침해하는 것이다.

해설

① × 이 사건 법률조항은 금고 이상의 형의 선고유예의 판결을 받아 그 기간 중에 있는 사람이 공무원으로 임용되는 것을 금지하고 이러한 사람이 공무원으로 임용되더라도 그 임용을 당연무효로 하는 것으로서, 공직에 대한 국민의 신뢰를 보장하고 공무원의 원활한 직무수행을 도모하기 위하여 마련된 조항이다. … 공직에 대한 국민의 신뢰보장이라는 공익과 비교하여 임용결격공무원의 사익 침해가 현저하다고 보기 어렵다. 따라서 이 사건법률조항은 입법자의 재량을 일탈하여 공무담임권을 침해한 것이라고 볼 수 없다(헌재 2016.7.28. 2014헌바437).

② × 이 사건 조항의 입법목적은 정당하고, 그 수단의 적정성도 긍정되나, 이 사건 조항은 선거의 공정성과 직무전념성이라는 입법목적 달성을 위한 적절한 수단들이 이미 공선법에 존재하고 있음에도 불구하고 불필요하고 과도하게 청구인들의 공무담임권을 제한하는 것이라 할 것이므로 침해의 최소성 원칙에 위반되고, 이 사건 조항에 의해 실현되는 공익과 그로 인해 청구인들이 입는 기본권 침해의 정도를 비교형량 할 경우 양자간에 적정한 비례관계가 성립하였다고 할 수 없어 법익의 균형성 원칙에 위배된다(헌재 2003.9.25. 2003헌마106).

③ × 심판대상조항은 국회의원으로 당선된 자에게 사립대학 교원의 직에서 사직할 의무를 부과하고 있어 사립대학 교원이라는 직업선택의 자유를 제한함과 동시에, 청구인과 같이 사립대학 교원의 직에 있는 상태에서 향후 국회의원 선거에 출마하려는 자에게는 국회의원 출마 자체를 주저하게 만듦으로써 공무담임권의 행사에 적지 않은 위축효과도 가져온다. 따라서 이 사건 심판대상조항은 공무담임권과 직업선택의 자유라는 두 가지 기본권을 모두 제한하고 있다(헌재 2015.4.30. 2014헌마621).

④ ○ 이 사건 법률조항은 군무원이 금고 이상의 형의 선고유예를 받게 되면 당연히 공직에서 퇴직하도록 하고 있다. 그런데 같은 금고 이상의 형의 선고유예를 받은 경우라고 하여도 범죄의 종류, 죄질, 내용이 지극히 다양하므로, 그에 따라 국민의 공직에 대한 신뢰 등에 미치는 영향도 큰 차이가 있다. … 그런데 이 사건 법률조항은 금고 이상의 형의 선고유예 판결을 받은 모든 범죄를 포괄하여 규정하고 있을 뿐 아니라, 심지어 오늘날 누구에게나 위험이 상존하는 교통사고 관련 범죄 등 과실범의 경우마저 당연퇴직 사유에서 제외하지 않고 있으므로 최소침해성의 원칙에 반한다. … 따라서 이 사건 법률조항 역시 과잉금지 원칙에 위배하여 공무담임권을 침해한다 할 것이다(헌재 2007.6.28. 2007헌가3).

정답 ④

32 **공무원제도 및 공무담임권에 관한 다음 설명 중 가장 옳지 않은 것은? (다툼이 있는 경우 헌법재판소 결정에 의함)** *〈2017 법원직 9급〉*

① 직업공무원제도는 헌법이 보장하는 제도적 보장 중의 하나이므로 입법자는 직업공무원제도에 관하여 '최소한의 보장'의 원칙의 한계 안에서 폭 넓은 입법형성의 자유를 가진다.

② 직제가 폐지된 때에 공무원을 직권 면직시킬 수 있도록 규정한 지방공무원법의 조항은 공무원의 귀책사유 없이도 그 신분을 박탈할 수 있도록 하여 신분보장을 중추적 요소로 하는 직업공무원제도를 위반한 것으로 볼 수 있다.

③ 금고 이상의 형의 '선고유예'를 받은 경우에 공무원직에서 당연히 퇴직하는 것으로 정한 지방공무원법의 조항은 과실범의 경우마저 당연퇴직 사유에서 제외하지 않아 최소침해성의 원칙에 반하므로 공무담임권을 침해하여 위헌이다.

④ 직업공무원제도가 적용되는 공무원은 국가 또는 공공단체와 근로관계를 맺고 특별행정법관계 아래 공무를 담당하는 것을 직업으로 하는 협의의 공무원을 말하며 정치적 공무원이나 임시적 공무원은 포함되지 않는다.

해설

① ○ 직업공무원제도는 헌법이 보장하는 제도적 보장중의 하나임이 분명하므로 입법자는 직업공무원제도에 관하여 '최소한 보장'의 원칙의 한계 안에서 폭넓은 입법형성의 자유를 가진다. 따라서 입법자가 동장의 임명의 방법이나 직무의 특성 등을 고려하여 이 사건 법률조항에서 동장의 공직상의 신분을 지방공무원법상 신분보장의 적용을 받지 아니하는 별정직공무원의 범주에 넣었다 하여 바로 그 법률조항부분을 위헌이라고 할 수는 없다(헌재 1997.4.24. 95헌바48).

② ×「지방공무원법」 제62조는 직제의 폐지로 인해 직권면직이 이루어지는 경우 임용권자는 인사위원회의 의견을 듣도록 하고 있고, 면직기준으로 임용형태·업무실적·직무수행능력·징계처분사실 등을 고려하도록 하고 있으며, 면직기준을 정하거나 면직대상을 결정함에 있어서 반드시 인사위원회의 의결을 거치도록 하고 있는바, 이는 합리적인 면직기준을 구체적으로 정함과 동시에 그 공정성을 담보할 수 있는 절차를 마련하고 있는 것이라 볼 수 있다. 그렇다면 이 사건 규정이 직제가 폐지된 경우 직권면직을 할 수 있도록 규정하고 있다고 하더라도 이것이 직업공무원제도를 위반하고 있다고는 볼 수 없다(헌재 2004.11.25. 2002헌바8).

③ ○ 위 규정은 금고 이상의 선고유예의 판결을 받은 모든 범죄를 포괄하여 규정하고 있을 뿐 아니라, 심지어 오늘날 누구에게나 위험이 상존하는 교통사고 관련 범죄 등 과실범의 경우마저 당연퇴직의 사유에서 제외하지 않고 있으므로 최소침해성의 원칙에 반한다. … 더욱이, 위 규정은 지방공무원의 당연퇴직사유를 공무원 채용 시의 임용결격사유와 동일하게 규정하고 있는데, 일단 공무원으로 채용된 공무원을 퇴직시키는 것은 공무원이 장기간 쌓은 지위를 박탈해 버리는 것이므로 같은 입법목적을 위한 것이라고 하여도 당연퇴직사유를 임용결격사유와 동일하게 취급하는 것은 타당하다고 할 수 없다. … 따라서 이 사건 법률조항은 과잉금지원칙에 위배하여 공무담임권을 침해하는 조항이라고 할 것이다(헌재 2003.10.30. 2002헌마684 등).

④ ○ 여기서 말하는 공무원은 국가 또는 공공단체와 근로관계를 맺고 이른바 공법상 특별권력관계 내지 특별행정법관계 아래 공무를 담당하는 것을 직업으로 하는 협의의 공무원을 말하며 정치적 공무원이라든가 임시적 공무원은 포함되지 않는 것이다(헌재 1989.12.18. 89헌마32 등).

정답 ②

33 헌법상의 공무원제도와 관련된 기술로 가장 옳은 것은? 〈2018 서울시 7급〉

① 공무원 정년제도에 대해서는 연령구성의 고령화를 방지하고 조직을 활성화하여 공무 능률을 유지·향상시킨다고 하는 목적 때문에 합헌이고, 계급정년제도도 합헌으로 보는 것이 헌법재판소의 입장이다.

② 공무원의 범죄행위가 직무와 직접적 관련이 없고 과실에 의한 경우라도 금고 이상형의 선고유예 판결을 받은 경우라면 당연퇴직토록 한 소정의 법률조항은 직업공무원제도와 공무원의 신분보장을 규정한 헌법 제7조 제2항에 반한다는 것이 헌법재판소의 입장이다.

③ 「국가배상법」 제2조 제1항 단서 중의 경찰공무원은 「경찰공무원법」상의 공무원을 의미하므로 전투경찰순경은 이에 해당하지 않는다는 것이 헌법재판소의 입장이다.

④ 헌법 제7조 제2항은 공무원이 정당한 이유 없이 해임되지 아니하도록 신분을 보장하여 국민 전체에 대한 봉사자로서 성실히 근무할 수 있도록 하기 위한 것임과 동시에, 공무원의 신분은 무제한 보장되나 공무의 특수성을 고려하여 헌법이 정한 신분보장의 원칙 아래 법률로 그 내용을 정할 수 있도록 한 것으로 봄이 헌법재판소의 입장이다.

해설

① ○ (1) 공무원 정년제도는 대체로 다음과 같은 두 가지의 목적을 가진다. 그 하나는 공무원에게 정년연령까지 근무의 계속을 보장함으로써 그로 하여금 장래에 대한 확실한 예측을 가지고 생활설계를 하는 것이 가능하게 하여 안심하고 직무에 전념하게 한다는 것이고 다른 하나는 공무원의 교체를 계획적으로 수행하는 것에 의해서 연령구성의 고령화를 방지하고 조직을 활성화하여 공무능률을 유지·향상시킨다고 하는 것이다. … 이 사건 심판대상조항이 헌법 제7조에 위반된다고 할 수 없다(헌재 1997.3.27. 96헌바86).

(2) 공무원의 계급정년제도를 둔 것은 직업공무원제의 요소인 공무원의 신분보장을 무한으로 관철할 때 파생되는 공직사회의 무사안일을 방지하고 인사적체를 해소하며 새로운 인재들의 공직참여 기회를 확대, 관료제의 민주화를 추구하여 직업공무원제를 합리적으로 보완·운용하기 위한 것으로서 그 목적의 정당성이 인정되고 … 위 규정은 입법자의 입법형성재량 범위내에서 입법된 것이라고 할 것이고, 이를 공무원신분관계의 안정을 침해하는 입법이라거나 소급입법에 의한 기본권 침해규정이라고 할 수 없다(헌재 1994.4.28. 91헌바15 등).

② × 공무원이 금고 이상의 형의 선고유예를 받은 경우에는 공무원직에서 당연히 퇴직하는 것으로 규정하고 있는 이 사건 법률조항은 금고 이상의 선고유예의 판결을 받은 모든 범죄를 포괄하여 규정하고 있을 뿐 아니라, 심지어 오늘날 누구에게나 위험이 상존하는 교통사고 관련 범죄 등 과실범의 경우마저 당연퇴직의 사유에서 제외하지 않고 있으므로 최소침해성의 원칙에 반한다.

… 결국, 「지방공무원법」 제61조 중 제31조 제5호 부분은 헌법 제25조의 공무담임권을 침해하였다고 할 것이다(헌재 2002.8.29. 2001헌마788 등).

→ *직업공무원제도 및 공무원의 신분보장을 규정한 헌법 제7조 제2항 위반X / 헌법 제25조의 공무담임권 침해O*

③ × 「국가배상법」 제2조 제1항 단서 중의 '경찰공무원'은 '경찰공무원법상의 경찰공무원'만을 의미한다고 단정하기 어렵고, 널리 경찰업무에 내재된 고도의 위험성을 고려하여 '경찰조직의 구성원을 이루는 공무원'을 특별취급하려는 취지로 파악함이 상당하므로 전투경찰순경은 헌법 제29조 제2항 및 「국가배상법」 제2조 제1항 단서 중의 '경찰공무원'에 해당한다고 보아야 할 것이다(헌재 1996.6.13. 94헌마118 등).

④ × 헌법 제7조 제2항은 "공무원의 신분과 정치적 중립성은 법률이 정하는 바에 의하여 보장된다."라고 규정하고 있는 바, 이는 공무원이 정당한 이유 없이 해임되지 아니하도록 신분을 보장하여 국민전체에 대한 봉사자로서 성실히 근무할 수 있도록 하기 위한 것임과 동시에, 공무원의 신분은 무제한 보장되는 것이 아니라 공무의 특수성을 고려하여 헌법이 정한 신분보장의 원칙 아래 법률로 그 내용을 정할 수 있도록 한 것이며, … 당연퇴직 규정인 「국가공무원법」 제69조와 「지방공무원법」 제61조, 직권면직 규정인 「국가공무원법」 제70조와 「지방공무원법」 제62조 등에서 공무원에 대하여 신분상 불이익처분을 할 수 있는 사유를 규정하고 있다(헌재 1997.11.27. 95헌바14).

정답 ①

34 국민투표권에 관한 설명 중 가장 적절하지 않은 것은? (다툼이 있는 경우 판례에 의함)

〈2020 경정승진〉

① 국회의원선거권자인 재외선거인에게 국민투표권을 인정하지 않은 것은 국회의원선거권자의 헌법개정안 국민투표 참여를 전제하고 있는 헌법 제130조 제2항의 취지에 부합하지 않는다.

② 대법원은 국민투표에 관하여 「국민투표법」 또는 동법에 의하여 발하는 명령에 위반하는 사실이 있는 경우라도 국민투표의 결과에 영향을 미쳤다고 인정하는 때에 한하여 국민투표의 전부 또는 일부의 무효를 판결한다.

③ 「정당법」상의 당원의 자격이 없는 자는 국민투표에 관한 운동을 할 수 없다.

④ 대의기관의 선출주체가 곧 대의기관의 의사결정에 대한 승인주체가 되는 것이 원칙이나, 국민투표권자의 범위가 대통령선거권자, 국회의원선거권자와 반드시 일치할 필요는 없다.

해설

① ○ 헌법 제130조 제2항에 의하면 헌법개정안 국민투표는 '국회의원선거권자' 과반수의 투표와 투표자의 과반수의 찬성을 얻도록 규정하고 있는바, 헌법은 헌법개정안 국민투표권자로서 국회의원선거권자를 예정하고 있다. 재외선거인은 임기만료에 따른 비례대표국회의원선거에 참여하고 있으므로, 재외선거인에게 국회의원선거권이 있음은 분명하다. 국민투표법조항이 국회의원선거권자인 재외선거인에게 국민투표권을 인정하지 않은 것은 국회의원선거권자의 헌법개정안 국민투표 참여를 전제하고 있는 헌법 제130조 제2항의 취지에도 부합하지 않는다(헌재 2014.7.24. 2009헌마256 등).

② ○

국민투표법 제93조 (국민투표무효의 판결) 대법원은 제92조의 규정에 의한 소송에 있어서 국민투표에 관하여 이 법 또는 이 법에 의하여 발하는 명령에 위반하는 사실이 있는 경우라도 국민투표의 결과에 영향이 미쳤다고 인정하는 때에 한하여 국민투표의 전부 또는 일부의 무효를 판결한다.

③ ○

국민투표법 제28조 (운동을 할 수 없는 자) ① 정당법상의 당원의 자격이 없는 자는 운동을 할 수 없다.

④ × 헌법 제72조의 중요정책 국민투표와 헌법 제130조의 헌법개정안 국민투표는 대의기관인 국회와 대통령의 의사결정에 대한 국민의 승인절차에 해당한다. 대의기관의 선출주체가 곧 대의기관의 의사결정에 대한 승인주체가 되는 것은 당연한 논리적 귀결이다(헌재 2014.7.24. 2009헌마256 등).

정답 ④

35 국민투표권에 대한 설명으로 옳지 않은 것은? (다툼이 있는 경우 판례에 의함) *〈2019 국가직 7급〉*

① 「정당법」상의 당원의 자격이 없는 자는 국민투표에 관한 운동을 할 수 없다.

② 출입국관리 관계 법령에 따라 대한민국에 계속 거주할 수 있는 자격을 갖춘 외국인으로서 지방자치단체의 조례로 정한 사람은 국민투표권을 가진다.

③ 국회의원선거권자인 재외선거인에게 국민투표권을 인정하지 않은 것은 국회의원선거권자의 헌법개정안 국민투표 참여를 전제하고 있는 헌법 제130조 제2항의 취지에 부합하지 않는다.

④ 특정의 국가정책에 대하여 다수의 국민들이 국민투표를 원하고 있음에도 불구하고 대통령이 이러한 희망과는 달리 국민투표에 회부하지 아니한다고 하여도 이를 헌법에 위반된다고 할 수 없고, 국민에게 특정의 국가정책에 관하여 국민투표에 회부할 것을 요구할 권리가 인정된다고 할 수도 없다.

해설

① ○

국민투표법 제28조 (운동을 할 수 없는 자) ① 정당법상의 당원의 자격이 없는 자는 운동을 할 수 없다.

② ×

국민투표법 제7조 (투표권) 19세 이상의 국민은 투표권이 있다.

③ ○ 헌법 제130조 제2항에 의하면 헌법개정인 국민투표는 '국회의원선거권자' 과반수의 투표와 투표자의 과반수의 찬성을 얻도록 규정하고 있는바, 헌법은 헌법개정안 국민투표권자로서 국회의원선거권자를 예정하고 있다. 재외선거인은 임기만료에 따른 비례대표국회의원선거에 참여하고 있으므로, 재외선거인에게 국회의원선거권이 있음은 분명하다. 국민투표법조항이 국회의원선거권자인 재외선거인에게 국민투표권을 인정하지 않은 것은 국회의원선거권자의 헌법개정안 국민투표 참여를 전제하고 있는 헌법 제130조 제2항의 취지에도 부합하지 않는다(헌재 2014.7.24. 2009헌마256 등).

④ ○ 헌법 제72조는 국민투표에 부쳐질 중요정책인지 여부를 대통령이 재량에 의하여 결정하도록 명문으로 규정하고 있고 헌법재판소 역시 위 규정은 대통령에게 국민투표의 실시 여부, 시기, 구체적 부의사항, 설문내용 등을 결정할 수 있는 임의적인 국민투표발의권을 독점적으로 부여하였다고 하여 이를 확인하고 있다. 따라서 특정의 국가정책에 대하여 다수의 국민들이 국민투표를 원하고 있음에도 불구하고 대통령이 이러한 희망과는 달리 국민투표에 회부하지 아니한다고 하여도 이를 헌법에 위반된다고 할 수 없고 국민에게 특정의 국가정책에 관하여 국민투표에 회부할 것을 요구할 권리가 인정된다고 할 수도 없다(헌재 2005.11.24. 2005헌마579 등).

정답 ②

제2장 청구권적 기본권

01 청원권에 관한 설명으로 옳지 않은 것은? (다툼이 있는 경우 헌법재판소 판례에 의함)

〈2021 소방간부〉

① 모든 국민은 법률이 정하는 바에 의하여 국가기관에 문서로 청원할 권리를 가진다.

② 국회에 청원을 하려는 자는 의원의 소개를 받거나 국회규칙으로 정하는 기간 동안 국회규칙으로 정하는 일정한 수 이상의 국민의 동의를 받아 청원서를 제출하여야 한다.

③ 「국회법」상 위원회에서 본회의에 부의할 필요가 없다고 결정한 청원은 그 처리 결과를 의장에게 보고하고, 의장은 청원인에게 알려야 한다. 다만, 폐회 또는 휴회 기간을 제외한 10일 이내에 의원 30명 이상의 요구가 있을 때에는 이를 본회의에 부의한다.

④ 청원사항의 처리결과에 심판서나 재결서에 준하여 이유를 명시할 것을 요구하는 것은 청원권의 보호범위에 포함되지 아니한다.

⑤ 교도소 수형자의 서신을 통한 청원을 아무런 제한 없이 허용한다면 수용자가 이를 악용하여 검열 없이 외부에 서신을 발송하는 탈법수단으로 이용할 수 있게 되므로 이에 대한 검열은 수용목적을 달성하기 위한 불가피한 것으로서 청원권의 본질적 내용을 침해하는 것은 아니다.

해설

① ○

헌법 제26조 ① 모든 국민은 법률이 정하는 바에 의하여 **국가기관에 문서로 청원할 권리**를 가진다.

② ○

국회법 제123조 (청원서의 제출) ① 국회에 청원을 하려는 자는 **의원의 소개**를 받거나 국회규칙으로 정하는 기간 동안 **국회규칙으로 정하는 일정한 수 이상의 국민의 동의**를 받아 청원서를 제출하여야 한다.

③ ×

국회법 제125조 (청원 심사·보고 등) ⑧ 위원회에서 본회의에 부의할 필요가 없다고 결정한 청원은 그 처리 결과를 의장에게 보고하고, 의장은 청원인에게 알려야 한다. 다만, 폐회 또는 휴회 기간을 제외한 **7일 이내**에 의원 **30명 이상의 요구**가 있을 때에는 이를 본회의에 부의한다.

④ ○ 헌법상 보장된 청원권은 공권력과의 관계에서 일어나는 여러 가지 이해관계, 의견, 희망 등에 관하여 적법한 청원을 한 모든 국민에게 국가기관이 청원을 수리할 뿐만 아니라 이를 심사하여 청원자에게 그 처리결과를 통지할 것을 요구할 수 있는 권리를 말하나, 청원사항의 처리결과에 **심판서나 재결서**에 준하여 **이유를 명시**할 것을 요구하는 것은 **청원권의 보호범위**에 포함되지 **아니하므로**, 청원 소관관서는 청원법이 정하는 절차와 범위 내에서 청원사항을 성실·공정·신속히 심사하고 청원인 에게 그 청원을 어떻게 처리하였거나 처리하려 하는지를 알 수 있는 정도로 결과 통지함으로써 충분하다(헌재 1994.2.24. 93헌마213 등).

⑤ ○ 헌법상 청원권이 보장된다 하더라도 청원권의 구체적 내용은 입법 활동에 의하여 형성되며 입법형성에는 폭넓은 재량권이 있으므로 입법자는 수용 목적 달성을 저해하지 않는 범위 내에서 교도소 수용자에게 청원권을 보장하는 합리적인 수단을 선택할 수 있다고 할 것인바, **서신을 통한 수용자의 청원**을 아무런 제한 없이 허용한다면 수용자가 이를 악용하여 **검열 없이 외부에 서신을 발송하는 탈법수단으로 이용**할 수 있게 되므로 이에 대한 **검열은 수용 목적 달성을 위한 불가피**한 것으로서 **청원권의 본질적 내용을 침해한다고 할 수 없다**(헌재 2001.11.29. 99헌마713).

정답 ③

02 청원권에 관한 설명 중 가장 적절하지 않은 것은? (다툼이 있는 경우 판례에 의함) *〈2016 경정승진〉*

① 모든 국민은 법률이 정하는 바에 의하여 국가기관에 문서로 청원할 권리를 가진다.

② 헌법상 보장된 청원권은 국가기관이 청원을 수리할 뿐만 아니라 이를 심사하여 청원자에게 적어도 그 결과를 통지할 것을 요구할 수 있는 권리이다.

③ 국가기관은 청원사항을 심사하여 심판서나 재결서에 준하는 이유를 명시한 처리결과를 통지하여야 한다.

④ 청원내용이 수사에 간섭하는 때에는 이를 수리하지 아니한다.

해설

① ○

헌법 제26조 ① 모든 국민은 법률이 정하는 바에 의하여 국가기관에 문서로 청원할 권리를 가진다.

② ○ 헌법 제26조와 청원법규정에 의할 때 헌법상 보장된 청원권은 공권력과의 관계에서 일어나는 여러 가지 이해관계, 의견, 희망 등에 관하여 적법한 청원을 한 모든 국민에게, 국가기관이(그 주관관서가) 청원을 수리할 뿐만 아니라, 이를 심사하여, 청원자에게 적어도 그 처리결과를 통지할 것을 요구할 수 있는 권리를 말한다(헌재 1997.7.16. 93헌마239).

③ × 청원권의 보호범위에는 청원사항의 처리결과에 심판서나 재결서에 준하여 이유를 명시할 것까지를 요구하는 것은 포함되지 아니한다고 할 것이다. 왜냐하면 국민이면 누구든지 널리 제기할 수 있는 민중적 청원제도는 재판청구권 기타 준사법적 구제청구와는 완전히 성질을 달리하는 것이기 때문이다(헌재 1997. 7.16. 93헌마239).

④ ○

청원법 제5조 (청원의 불수리) ① 청원이 다음 각 호의 어느 하나에 해당하는 때에는 이를 수리하지 아니한다.
1. 감사·수사·재판·행정심판·조정·중재 등 다른 법령에 의한 조사·불복 또는 구제절차가 진행 중인 때

정답 ③

03 청원에 대한 설명으로 가장 적절하지 않은 것은? (다툼이 있는 경우 판례에 의함) *〈2021 경정승진〉*

① 법률·명령·조례·규칙 등의 제정·개정 또는 폐지는 「청원법」상 청원사항에 해당하지 않는다.

② 청원이 「청원법」상 처리기간 이내에 처리되지 아니하는 경우 청원인은 청원을 관장하는 기관에 이의신청을 할 수 있다.

③ 정부에 제출 또는 회부된 정부의 정책에 관계되는 청원의 심사는 국무회의의 심의를 거쳐야 한다.

④ 청원권 행사를 위한 청원사항이나 청원방식, 청원절차 등에 관해서는 입법자가 그 내용을 자유롭게 형성할 재량권을 가지고 있으므로 공무원이 취급하는 사건 또는 사무에 관한 사항의 청탁에 관해 금품을 수수하는 등의 행위를 청원권의 내용으로서 보장할지 여부에 대해서도 입법자에게 폭넓은 재량권이 주어져 있다.

해설

① ×

청원법 제4조 (청원사항) 청원은 다음 각 호의 어느 하나에 해당하는 경우에 한하여 할 수 있다.
3. **법률·명령·조례·규칙 등의 제정·개정 또는 폐지**

② ○

청원법 제9조의2 (이의신청) 청원이 제9조(청원의 심사)에 따른 처리기간 이내에 처리되지 아니하는 경우 청원인은 **청원을 관장하는 기관에 이의신청**을 할 수 있다.

③ ○

헌법 제89조 다음 사항은 **국무회의의 심의**를 거쳐야 한다.
15. 정부에 제출 또는 회부된 정부의 정책에 관계되는 **청원의 심사**

④ ○ 청원권 행사를 위한 청원사항이나 청원방식, 청원절차 등에 관해서는 입법자가 그 내용을 자유롭게 형성할 재량권을 가지고 있으므로 **공무원이 취급하는 사건 또는 사무에 관한 사항의 청탁에 관해 금품을 수수하는 등의 행위를 청원권의 내용으로서 보장할지 여부**에 대해서도 **입법자에게 폭넓은 재량권**이 주어져 있다. 또한 금전적 대가를 받는 청탁 등 로비활동을 합법적으로 보장할 것인지 여부도 그 시대 국민의 법 감정이나 사회적 상황에 따라 입법자가 판단할 사항이므로 위 제도의 도입 여부나 시기에 대한 판단 역시 입법자의 재량이 폭넓게 인정되는 분야이다(헌재 2012.4.24. 2011헌바40).

정답 ①

04 청원에 대한 설명으로 옳지 않은 것은? 〈2021 지방직 7급〉

① 국민은 법령에 따라 행정 권한을 위임 또는 위탁받은 개인에게 청원을 제출할 수는 없다.
② 법률·명령·조례·규칙 등의 제정·개정 또는 폐지에 대하여 청원기관에 청원할 수 있다.
③ 국회의장은 청원을 접수하였을 때에는 청원요지서를 작성하여 인쇄하거나 전산망에 입력하는 방법으로 각 국회의원에게 배부하는 동시에 그 청원서를 소관 위원회에 회부하여 심사하게 한다.
④ 청원을 소개한 국회의원은 소관 위원회 또는 청원심사소위원회의 요구가 있을 때에는 청원의 취지를 설명하여야 한다.

해설

① ×

청원법 제3조 (청원대상기관) 이 법에 의하여 청원을 제출할 수 있는 기관은 다음 각 호와 같다.
3. 법령에 의하여 **행정권한을 가지고 있거나 행정권한을 위임 또는 위탁받은 법인·단체 또는 그 기관이나 개인**

② ○

청원법 제4조 (청원사항) 청원은 다음 각 호의 어느 하나에 해당하는 경우에 한하여 할 수 있다.
3. **법률·명령·조례·규칙 등의 제정·개정 또는 폐지**

③ ○

국회법 제124조 (청원요지서의 작성과 회부) ① 의장은 청원을 접수하였을 때에는 청원요지서를 작성하여 인쇄하거나 전산망에 입력하는 방법으로 각 의원에게 배부하는 동시에 **그 청원서를 소관 위원회에 회부하여 심사하게 한다**.

④ ○

청원법 제125조 (청원 심사·보고 등) ③ **청원을 소개한 의원**은 소관 위원회 또는 청원심사소위원회의 요구가 있을 때에는 **청원의 취지를 설명하여야 한다**.

정답 ①

05 청원권에 관한 설명으로 옳지 않은 것은? (다툼이 있는 경우 판례에 의함) *〈2019 소방간부〉*

① 헌법은 국가의 청원심사의무를 규정하고 있다.

② 모든 국민은 법률이 정하는 바에 의하여 국가기관에 문서로 청원할 권리를 가진다.

③ 국회에 청원을 할 때 의원의 소개를 얻어 청원서를 제출하도록 한 것은 청원권을 침해하는 것이다.

④ 공무원의 위법·부당한 행위에 대한 시정이나 징계의 요구를 청원할 수 있다.

⑤ 동일인이 동일한 내용의 청원시를 동일한 기관에 2건 이상 제출하거나 2 이상의 기관에 제출한 때에는 나중에 접수된 청원서는 이를 반려할 수 있다.

해설

① ○

헌법 제26조 ② 국가는 청원에 대하여 심사할 의무를 진다.

② ○

헌법 제26조 ① 모든 국민은 법률이 정하는 바에 의하여 국가기관에 문서로 청원할 권리를 가진다.

③ × 청원권의 구체적 내용은 입법활동에 의하여 형성되며, 입법형성에는 폭넓은 재량권이 있으므로 입법자는 청원의 내용과 절차는 물론 청원의 심사·처리를 공정하고 효율적으로 행할 수 있게 하는 합리적인 수단을 선택할 수 있는 바, 의회에 대한 청원에 국회의원의 소개를 얻도록 한 것은 청원 심사의 효율성을 확보하기 위한 적절한 수단이다. 또한 청원은 일반의안과 같이

처리되므로 청원서 제출단계부터 의원의 관여가 필요하고, 의원의 소개가 없는 민원의 경우에는 진정으로 접수하여 처리하고 있으며, 청원의 소개의원은 1인으로 족한 점 등을 감안할 때 이 사건 법률조항이 국회에 청원을 하려는 자의 청원권을 침해한다고 볼 수 없다(헌재 2006.6.29. 2005헌마604).

④ ○

청원법 제4조 (청원사항) 청원은 다음 각 호의 어느 하나에 해당하는 경우에 한하여 할 수 있다.
2. 공무원의 위법·부당한 행위에 대한 시정이나 징계의 요구

⑤ ○

청원법 제8조 (반복청원 및 이중청원의 처리) 동일인이 동일한 내용의 청원서를 동일한 기관에 2건 이상 제출하거나 2 이상의 기관에 제출한 때에는 나중에 접수된 청원서는 이를 반려할 수 있다.

정답 ③

06 재판청구권에 관한 설명 중 가장 적절하지 않은 것은? (다툼이 있는 경우 판례에 의함)

〈2022 경찰공채 1차〉

① 헌법은 "군인 또는 군무원이 아닌 국민은 대한민국의 영역 안에서는 중대한 군사상 기밀·초병·초소·유독음식물공급·포로·군용물에 관한 죄중 법률이 정한 경우와 비상계엄이 선포된 경우를 제외하고는 군사법원의 재판을 받지 아니한다."고 규정하고 있다.

② 소환된 증인 또는 그 친족 등이 보복을 당할 우려가 있는 경우, 재판장은 피고인을 퇴정시키고 증인신문을 행할 수 있도록 규정한 「특정범죄신고자 등 보호법」 조항은 피고인의 「형사소송법」상의 반대신문권을 제한하고 있어 피고인의 공정한 재판을 받을 권리를 침해한다.

③ 법관기피신청이 소송의 지연을 목적으로 함이 명백한 경우에 신청을 받은 법원 또는 법관은 결정으로 이를 기각할 수 있도록 규정한 「형사소송법」 제20조 제1항이 헌법상 보장되는 공정한 재판을 받을 권리를 침해하는 것은 아니다.

④ 형사재판에 계속 중인 사람에 대하여 출국을 금지할 수 있다고 규정한 「출입국관리법」 제4조 제1항 제1호는 유죄를 근거로 형사재판에 계속 중인 사람에게 사회적 비난 내지 응보적 의미의 제재를 가하려는 것이라고 보기 어려우므로 무죄추정의 원칙에 위배된다고 볼 수 없다.

해설

① ○

헌법 제27조

제2항 군인 또는 군무원이 **아닌** 국민은 대한민국의 영역 안에서는 중대한 군사상 기밀·초병·초소·유독음식물공급·포로·군용물에 관한 죄중 법률이 정한 경우와 비상계엄이 선포된 경우를 **제외**하고는 군사법원의 재판을 받지 **아니**한다.

② × 소환된 증인 또는 그 친족 등이 보복을 당할 우려가 있는 경우, 재판장은 피고인을 퇴정시키고 증인신문을 행할 수 있도록 규정한 「특정범죄신고자 등 보호법」 조항은 특정범죄에 관한 형사절차에서 국민이 안심하고 자발적으로 협조할 수 있도록 그 범죄신고자 등을 실질적으로 보호함으로써 피해자의 진술을 제약하는 요소를 제거하고 이를 통해 범죄로부터 사회를 방위함에 이바지함과 아울러 실체적 진실의 발견을 용이하게 하기 위한 것으로서, 그 목적의 정당성 및 수단의 적합성이 인정되며, 피고인 퇴정조항에 의하여 피고인 퇴정 후 증인신문을 하는 경우에도 피고인은 여전히 형사소송법 제161조의2에 의하여 반대신문권이 보장되고, 이때 변호인이 반대신문 전에 피고인과 상의하여 반대신문사항을 정리하면 피고인의 반대신문권이 실질적으로 보장될 수 있는 점, 인적사항이 공개되지 아니한 증인에 대하여는 증인신문 전에 수사기관 작성의 조서나 증인 작성의 진술서 등의 열람·복사를 통하여 그 신문 내용을 어느 정도 예상할 수 있고, 변호인이 피고인과 상의하여 반대신문의 내용을 정리한 후 반대신문할 수 있는 점 등에 비추어, 기본권제한의 정도가 특정범죄의 범죄신고자 등 증인 등을 보호하고 실체적 진실의 발견에 이바지하는 공익에 비하여 크다고 할 수 없어 법익의 균형성도 갖추고 있으며, 기본권제한에 관한 피해의 최소성 역시 인정되므로, 공정한 재판을 받을 권리를 침해한다고 할 수 없다(헌재 2010.11.25. 2009헌바57).

③ ○ 심판대상 조항은 절차에 위반되거나 소송절차 지연을 목적으로 하는 기피신청의 남용을 방지하여 형사소송절차의 신속성의 실현이라는 공익을 달성하고자 하는 것으로 그 입법목적이 정당하고, 기피신청이 절차에 위반되거나 소송절차 지연을 목적으로 하는 것이 명백한 경우에는 별도의 재판부에 의하여 기피신청에 대한 재판을 하게 하거나 그 결정이 확정될 때까지 소송절차를 정지시키지 아니한 채, 소송절차를 그대로 진행시키고 당해 법관이 포함된 합의부 또는 당해 법관으로 하여금 기피신청을 기각할 수 있도록 하는 것이 기피신청권의 남용을 방지할 수 있는 적절한 방법이라고 할 것이어서 심판대상 조항이 채택한 방법은 그 입법목적을 달성하는 데 적합한 것이라 할 것이며, 심판대상 조항은 관할 위반, 기피사유서 미제출의 경우나 소송절차 지연을 목적으로 하는 것이 '명백'한 경우에 한하여 이를 허용하고 있고, 그에 대하여 즉시항고권을 허용하여 그에 대한 상급심에 의한 시정의 기회를 부여함으로써 기피신청을 기각당한 당사자가 사실상 입을 수 있는 불이익을 최대한 줄여주는 효과가 있으므로 심판대상

조항은 침해의 최소성도 갖추고 있다고 할 것이며, 나아가 심판대상 조항이 도모하는 형사소송 절차의 신속성이라는 공익적 법익은 기피신청을 기각당한 당사자가 입는 불이익보다 훨씬 크다고 할 것이어서 심판대상 조항은 법익의 균형성도 갖추고 있다고 할 것이므로, 위 법률조항 **(법관기피신청이 소송의 지연을 목적으로 함이 명백한 경우에 신청을 받은 법원 또는 법관은 결정으로 이를 기각할 수 있도록 규정한 「형사소송법」 제20조 제1항)**은 헌법 제37조 제2항의 비례의 원칙에 위반된다고 할 수 없어 **공정한 재판을 받을 권리**를 **침해**하였다고 할 수 **없다** (헌재 2006.7.27., 2005헌바58).

④ ○ 심판대상조항은 형사재판에 계속 중인 사람이 국가의 형벌권을 피하기 위하여 해외로 도피할 우려가 있는 경우 법무부장관으로 하여금 출국을 금지할 수 있도록 하는 것일 뿐으로, 무죄추정의 원칙에서 금지하는 유죄 인정의 효과로서의 불이익 즉, 유죄를 근거로 형사재판에 계속 중인 사람에게 사회적 비난 내지 응보적 의미의 제재를 가하려는 것이라고 보기 어렵다. 따라서 심판대상조항(**형사재판에 계속 중인 사람에 대하여 출국을 금지할 수 있다고 규정한 「출입국관리법」 제4조 제1항 제1호**)은 **무죄추정의 원칙**에 **위배**된다고 볼 수 **없다**(헌재 2015.9.24. 2012헌바302).

정답 ②

07 재판청구권에 대한 설명으로 옳지 않은 것은? (다툼이 있는 경우 판례에 의함) *〈2021 지방직 7급〉*

① 헌법상 재판을 받을 권리의 보호범위에는 배심재판을 받을 권리가 포함되지 아니한다.

② 디엔에이감식시료채취영장 발부 과정에서 채취대상자에게 자신의 의견을 밝히거나 영장 발부 후 불복할 수 있는 절차 등에 관하여 규정하지 아니한 「디엔에이신원확인정보의 이용 및 보호에 관한 법률」의 조항은 채취대상자들의 재판청구권을 침해한다.

③ 헌법 해석상 국회가 선출하여 임명된 헌법재판소의 재판관 중 공석이 발생한 경우에 국회가 공정한 헌법재판을 받을 권리의 보장을 위하여 공석인 재판관의 후임자를 선출하여야 할 구체적 작위의무를 부담한다고 볼 수는 없다.

④ '헌법과 법률이 정한 법관에 의하여 법률에 의한 재판을 받을 권리'가 사건의 경중을 가리지 않고 모든 사건에 대하여 대법원을 구성하는 법관에 의한 재판을 받을 권리를 의미한다거나 또는 상고심 재판을 받을 권리를 의미하는 것이라고 할 수는 없다.

해설

① ○ 형사소송절차에서 국민참여재판제도는 사법의 민주적 정당성과 신뢰를 높이기 위하여 배심원이 사실심 법관의 판단을 돕기 위한 권고적 효력을 가지는 의견을 제시하는 제한적 역할을

수행하게 되고, 헌법상 재판을 받을 권리의 보호범위에는 배심재판을 받을 권리가 포함되지 아니한다. 그러므로 이 사건 참여재판 배제조항은 청구인의 재판청구권을 침해한다고 볼 수 없다(헌재 2014.1.28. 2012헌바298).

② ○ 이 사건 영장절차 조항은 이와 같이 신체의 자유를 제한하는 디엔에이감식시료 채취 과정에서 중립적인 법관이 구체적 판단을 거쳐 발부한 영장에 의하도록 함으로써 법관의 사법적 통제가 가능하도록 한 것이므로, 그 목적의 정당성 및 수단의 적합성은 인정된다. 디엔에이감식시료채취영장 발부 여부는 채취대상자에게 자신의 디엔에이감식시료가 강제로 채취당하고 그 정보가 영구히 보관·관리됨으로써 자신의 신체의 자유, 개인정보자기결정권 등의 기본권이 제한될 것인지 여부가 결정되는 중대한 문제이다. 그럼에도 불구하고 이 사건 영장절차 조항은 채취대상자에게 **디엔에이감식시료채취영장 발부 과정에서 자신의 의견을 진술할 수 있는 기회를 절차적으로 보장하고 있지 않을 뿐만 아니라, 발부 후 그 영장 발부에 대하여 불복할 수 있는 기회를 주거나 채취행위의 위법성 확인을 청구할 수 있도록 하는 구제절차마저 마련하고 있지 않다**. 위와 같은 입법상의 불비가 있는 이 사건 영장절차 조항은 채취대상자인 청구인들의 재판청구권을 과도하게 제한하므로, 침해의 최소성 원칙에 위반된다. 이 사건 영장절차 조항에 따라 발부된 영장에 의하여 디엔에이신원확인정보를 확보할 수 있고, 이로써 장래 범죄수사 및 범죄예방 등에 기여하는 공익적 측면이 있으나, 이 사건 영장절차 조항의 불완전·불충분한 입법으로 인하여 채취대상자의 재판청구권이 형해화되고 채취대상자가 범죄수사 및 범죄예방의 객체로만 취급받게 된다는 점에서, 양자 사이에 법익의 균형성이 인정된다고 볼 수도 없다. 따라서 이 사건 영장절차 조항은 과잉금지원칙을 위반하여 청구인들의 재판청구권을 침해한다(헌재 2018.8.30. 2016헌마344).

③ × 헌법 제27조가 보장하는 재판청구권에는 **공정한 헌법재판을 받을 권리도 포함**되고, 헌법 제111조 제2항은 헌법재판소가 9인의 재판관으로 구성된다고 명시하여 다양한 가치관과 헌법관을 가진 9인의 재판관으로 구성된 합의체가 헌법재판을 담당하도록 하고 있으며, 같은 조 제3항은 재판관 중 3인은 국회에서 선출하는 자를 임명한다고 규정하고 있다. 그렇다면 헌법 제27조, 제111조 제2항 및 제3항의 해석상, 피청구인이 선출하여 임명된 재판관 중 공석이 발생한 경우, 국회는 공정한 헌법재판을 받을 권리의 보장을 위하여 **공석인 재판관의 후임자를 선출하여야 할 구체적 작위의무를 부담한다**고 할 것이다(헌재 2014.4.24. 2012헌마2).

④ ○ 헌법이 대법원을 최고법원으로 규정하였다고 하여 대법원이 곧바로 모든 사건을 상고심으로서 관할하여야 한다는 결론이 당연히 도출되는 것은 아니며, "헌법과 법률이 정하는 법관에 의하여 법률에 의한 재판을 받을 권리"가 사건의 경중을 가리지 않고 모든 사건에 대하여 **대법원을 구성하는 법관에 의한 균등한 재판을 받을 권리를 의미한다거나 또는 상고심재판을 받을 권리를 의미하는 것이라고 할 수는 없다**(헌재 2007.7.26. 2006헌마551 등).

정답 ③

08 재판청구권에 대한 설명으로 가장 적절하지 않은 것은? (다툼이 있는 경우 판례에 의함)

〈2021 경정승진〉

① 과학기술의 발전으로 인해 기존의 확정판결에서 인정된 사실과는 다른 새로운 사실이 드러난 경우를 「민사소송법」상 재심의 사유로 인정하고 있지 않는 「민사소송법」 조항은 입법자의 합리적인 재량의 범위를 벗어나 재판청구권을 침해한다고 할 수 없다.

② 사법보좌관에 의한 소송비용액 확정결정절차를 규정한 「법원조직법」 조항은 소송비용액 확정절차의 경우에 이의절차 등 법관에 의한 판단을 거치도록 하고 있기 때문에 헌법 제27조 제1항에 위반되지 않는다.

③ 헌법과 법률이 정한 법관에 의한 재판을 받을 권리는 직업법관에 의한 재판을 주된 내용으로 하는 것이므로, 국민참여재판을 받을 권리가 헌법 제27조 제1항에서 규정한 재판을 받을 권리의 보호범위에 속한다고 볼 수 없다.

④ 재심제도의 규범적 형성에 있어서는 재판의 적정성과 정의의 실현이라는 법치주의의 요청에 의해 입법자의 입법형성의 자유가 축소된다.

해설

① ○ **과학의 진전을 통하여 기존의 확정판결에서 인정된 사실과는 다른 새로운 사실이 발견**된다 하더라도, 이는 확정판결 이후 언제라도 일어날 수 있는 일이므로 이를 재심사유로 인정하는 것은 확정판결에 기초하여 형성된 복잡·다양한 사법적(私法的) 관계들을 항시 **불안전한 상태로 두는 것**이라 할 수 있다. 또한, 시효제도 등 다소간 실체적 진실의 희생이나 양보 하에 법적 안정성을 추구하는 여러 법적 제도들이 있다는 점 등을 함께 고려해 볼 때, 이 사건 법률조항은 입법자의 합리적인 재량의 범위를 벗어나 **재판청구권 내지 평등권을 침해한다고 할 수 없다** (헌재 2009.4.30. 2007헌바121).

② ○ 헌법 제27조 제1항의 재판청구권 보장과 관련하여 최소한 법관이 사실을 확정하고 법률을 해석·적용하는 재판을 받을 권리를 보장할 것이 요구되므로 사법보좌관의 처분에 대한 이의절차가 중요하다. 법원조직법 제54조 제3항 등에서는 사법보좌관의 처분에 대한 이의신청을 허용함으로써 동일 심급 내에서 법관으로부터 다시 재판받을 수 있는 권리를 보장하고 있는데, 이 사건 조항에 의한 소송비용액 확정결정절차의 경우에도 이러한 이의절차에 의하여 법관에 의한 판단을 거치도록 함으로써 법관에 의한 사실 확정과 법률해석의 기회를 보장하고 있다. 따라서 **사법보좌관에게 소송비용액 확정결정절차**를 처리하도록 한 이 사건 조항이 그 입법재량권을 현저히 불합리하게 또는 자의적으로 행사하였다고 단정할 수 없으므로 **헌법 제27조 제1항에 위반된다고 할 수 없다**(헌재 2009.2.26. 2007헌바8 등).

③ ○ 우리 헌법상 헌법과 법률이 정한 법관에 의한 재판을 받을 권리는 직업법관에 의한 재판을 주된 내용으로 하는 것이므로 **국민참여재판을 받을 권리**가 헌법 제27조 제1항에서 규정한 **재판을 받을 권리의 보호범위에 속한다고 볼 수 없다**(헌재 2009.11.26. 2008헌바12).

④ × 재심이나 준재심은 확정판결이나 화해조서 등에 대한 특별한 불복방법이고, 확정판결에 대한 법적 안정성의 요청은 미확정판결에 대한 그것보다 훨씬 크다고 할 것이므로 재심을 청구할 권리가 헌법 제27조에서 규정한 재판을 받을 권리에 당연히 포함된다고 할 수 없고 **어떤 사유를 재심사유**로 하여 재심이나 준재심을 허용할 것인가는 입법자가 확정된 판결이나 화해조서에 대한 법적 안정성, 재판의 신속, 적정성, 법원의 업무부담 등을 고려하여 결정하여야 할 **입법정책의 문제**이다(헌재 1996.3.28. 93헌바27).

정답 ④

09 재판청구권 또는 공정한 재판을 받을 권리를 침해하는 것을 모두 고르면? (다툼이 있는 경우 판례에 의함) *〈2018 국회직 8급〉*

㉠ 기피신청에 대한 재판을, 그 신청을 받은 법관의 소속 법원 합의부에서 하도록 한 「민사소송법」 조항
㉡ 형사보상의 청구에 대하여 한 보상의 결정에 대하여는 불복을 신청할 수 없도록 하여 형사보상의 결정을 단심재판으로 규정한 「형사소송법」 조항
㉢ 상속재산분할에 관한 사건을 가사비송사건으로 분류하고 있는 「가사소송법」 조항
㉣ 변호인과 증인 사이에 차폐시설을 설치하여 증인신문을 진행할 수 있도록 규정한 「형사소송법」 조항
㉤ 법관에 대한 징계처분 취소청구소송을 대법원의 단심재판에 의하도록 한 구「법관징계법」 조항
㉥ 법무부징계위원회의 결정에 대하여 불복이 있는 경우 그 결정이 법령위반을 이유로 한 경우에만 대법원에 즉시항고를 허용하는 「변호사법」 조항

① ㉠, ㉡
② ㉡, ㉥
③ ㉢, ㉣
④ ㉢, ㉥
⑤ ㉣, ㉤

해설

㉠ × 기피재판은 일반적인 재판절차보다 신속성이 더욱 강하게 요구된다. 만약 기피신청을 당한 법관의 소속이 아닌 법원에서 기피재판을 담당하도록 한다면, 소송기록 등의 송부 절차에 시일이 걸려 상대방 당사자의 신속한 재판을 받을 권리를 저해할 수도 있다. 이 사건 법률조항은 기피를 신청하는 당사자이 공정한 재판을 받을 권리를 보장함과 동시에 상대방 당사자의 신속한 재판을 받을 권리도 조화롭게 보장하기 위하여 기피재판을 당해 법관 소속 법원의 합의부에서 하도록 하고 있다. … 따라서, 이 사건 법률조항은 공정한 재판을 받을 권리를 침해하지 아니한다(헌재 2013.3.21. 2011헌바219)

㉡ ○ 보상액의 산정에 기초되는 사실인정이나 보상액에 관한 판단에서 오류나 불합리성이 발견되는 경우에도 그 시정을 구하는 불복신청을 할 수 없도록 하는 것은 형사보상청구권 및 그 실현을 위한 기본권으로서의 재판청구권의 본질적 내용을 침해하는 것이라 할 것이고, 나아가 법적 안정성만을 지나치게 강조함으로써 재판의 적정성과 정의를 추구하는 사법제도의 본질에 부합하지 아니하는 것이다. … 이 사건 불복금지조항은 형사보상청구권 및 재판청구권을 침해한다고 할 것이다(헌재 2010.10.28. 2008헌마514 등).

㉢ × 상속재산분할에 관한 사건의 결과는 가족공동체의 안정에 커다란 영향을 미친다는 특수성을 감안할 때, 구체적인 상속분의 확정과 분할의 방법에 관하여서는 가정법원이 당사자의 주장에 구애받지 않고 후견적 재량을 발휘하여 합목적적으로 판단하여야 할 필요성이 인정된다. 이와 같은 점을 고려하여 가사비송 조항은 상속재산분할에 관한 사건을 법원의 후견적 재량이 인정되는 가사비송절차에 의하도록 한 것이다. … 따라서 가사비송 조항이 입법재량의 한계를 일탈하여 상속재산분할에 관한 사건을 제기하고자 하는 자의 공정한 재판을 받을 권리를 침해한다고 볼 수 없다(헌재 2017.4.27. 2015헌바24).

㉣ × 강력범죄 또는 조직폭력범죄의 수사와 재판에서 범죄입증을 위해 증언한 자의 안전을 효과적으로 보장해 줄 수 있는 조치가 마련되어야 할 필요성은 매우 크고, 경우에 따라서는 증인이 피고인의 변호인과 대면하여 진술하는 것으로부터 보호할 필요성이 있을 수 있다. … 따라서 심판대상조항은 과잉금지원칙에 위배되어 청구인의 공정한 재판을 받을 권리 및 변호인의 조력을 받을 권리를 침해한다고 할 수 없다(헌재 2016.12 29. 2015헌바221).

㉤ × 구「법관징계법」 제27조는 법관에 대한 대법원장의 징계처분 취소청구소송을 대법원에 의한 단심재판에 의하도록 규정하고 있는바, 이는 독립적으로 사법권을 행사하는 법관이라는 지위의 특수성과 법관에 대한 징계절차의 특수성을 감안하여 재판의 신속을 도모하기 위한 것으로 그 합리성을 인정할 수 있고, 대법원이 법관에 대한 징계처분 취소청구소송을 단심으로 재판하는 경우에는 사실확정도 대법원의 권한에 속하여 법관에 의한 사실확정의 기회가 박탈되었다고 볼 수 없으므로, 헌법 제27조 제1항의 재판청구권을 침해하지 아니한다(헌재 2012.2.23. 2009헌바34).

ⓑ ○ 대한변호사협회변호사징계위원회나 법무부변호사징계위원회의 징계에 관한 결정은 비록 그 징계위원 중 일부로 법관이 참여한다고 하더라도 이를 헌법과 법률이 정한 법관에 의한 재판이라고 볼 수 없으므로, 법무부변호사징계위원회의 결정이 법률에 위반된 것을 이유로 하는 경우에 한하여 법률심인 대법원에 즉시항고할 수 있도록 한 「변호사법」 제100조 제4항 내지 제6항은, 법관에 의한 사실확정 및 법률적용의 기회를 박탈한 것으로서 헌법상 국민에게 보장된 "법관에 의한" 재판을 받을 권리를 침해하는 위헌규정이다(헌재 2002.2.28. 2001헌가18).

정답 ②

10 재판청구권에 대한 설명으로 가장 옳지 않은 것은? 〈2019 서울시 7급〉

① 취소소송의 제소기간을 처분 등이 있음을 안 때로부터 90일 이내로 규정한 것은 지나치게 짧은 기간이라고 보기 어렵고 행정법 관계의 조속한 안정을 위해 필요한 방법이므로 재판청구권을 침해하지 않는다.

② '민주화운동 관련자 명예회복 및 보상 심의 위원회'의 보상금 등 지급결정에 동의한 때 재판상 화해의 성립을 간주함으로써 법관에 의하여 법률에 의한 재판을 받을 권리를 제한하는 법규정은 재판청구권을 침해하지 않는다.

③ 디엔에이감식시료채취영장 발부 과정에서 형이 확정된 채취대상자에게 자신의 의견을 밝히거나 영장 발부 후 불복할 수 있는 절차 등에 관하여 규정하지 않은 것은 재판청구권을 침해하지 않는다.

④ 재정신청절차의 신속하고 진행을 위하여 구두변론의 실시여부를 법관의 재량에 맡기는 것은 재판청구권을 침해하지 않는다.

해설

① ○ 심판대상조항은 법률관계의 조속한 확정을 위해 객관적으로 확정 가능한 '처분 등이 있음을 안 날'을 기산점으로 정하여 취소소송의 제소기간에 제한을 둔 것으로서 그 입법목적의 정당성을 수긍할 수 있다. … 처분의 상대방은 처분 등이 있음을 알게 되고 당해 처분 등이 위법할 수 있다는 의심이 드는 경우, 취소소송을 제기한 후 재판 과정에서 해당 처분 등의 위법성을 입증·확인할 수 있고, 당해 처분 등이 위법할 수 있다는 의심을 갖는데 있어 90일의 기간은 지나치게 짧은 기간이라고 보기 어렵다. … 심판대상조항이 '처분 등의 위법성'을 알게 된 시점이 아니라 '처분 등이 있음'을 안 시점을 제소기간의 기산점으로 둔 것은 행정법 관계의 조속한 안정을 도모하기 위해 필요하고도 효과적인 방법이라고 볼 수 있다. …따라서 심판대상

조항이 '처분 등이 있음을 안 날'을 제소기간의 기산점으로 정한 것은 입법형성의 한계를 벗어나지 않았다고 할 것이므로, 심판대상조항은 청구인의 재판청구권을 침해하지 아니한다(헌재 2018.6.28. 2017헌바66).

② ○ (1)「민주화보상법」은 위원회의 중립성·독립성을 보장하고 있고, 심의절차에 전문성·공정성을 제고하고 있으며, 신청인에게 지급결정 동의의 법적효과를 안내하면서 검토할 시간을 보장하여 이를 통해 그 동의 여부를 자유롭게 선택하도록 하고 있으므로, 심판대상조항이 입법형성권의 한계를 일탈하여 **재판청구권**을 **침해**한다고 볼 수도 **없다**.

(2)「민주화보상법」 및 같은 법 시행령의 관련조항을 살펴보더라도 정신적 손해 배상에 상응하는 항목은 존재하지 아니하고, 위원회가 보상금·의료지원금·생활지원금 항목을 산정함에 있어 정신적 손해를 고려할 수 있다는 내용도 발견되지 아니한다. 즉 보상금 등의 산정에 있어 적극적·소극적 손해에 대한 배상은 고려되고 있음에 반하여 정신적 손해에 대한 배상은 전혀 고려되고 있지 않고 있으므로, 그러한 내용의 보상금 등의 지급만으로 정신적 손해에 대한 적절한 배상이 이루어졌다고 보기는 어렵다. … 또한 헌법 제10조 제2문은 "국가는 개인이 가지는 불가침의 기본적 인권을 확인하고 이를 보장할 의무를 진다."라고 규정하고 있는바, 이와 같이 헌법상 기본권 보호의무를 지는 국가가 오히려 소속 공무원의 직무상 불법행위로 인하여 유죄판결을 받게 하거나 해직되게 하는 등으로 관련자에게 정신적 고통을 입혔음에도 그로 인한 정신적 손해에 대한 국가배상청구권 행사를 금지하는 것은 헌법 제10조 제2문의 취지에도 반한다. … 따라서 심판대상조항의 '민주화운동과 관련하여 입은 피해' 중 적극적·소극적 손해에 관한 부분은 과잉금지원칙에 위반되지 아니하나, 정신적 손해에 관한 부분은 과잉금지원칙에 위반되어 관련자와 그 유족의 **국가배상청구권**을 **침해**한다(헌재 2018.8.30. 2014헌바180 등).

③ × 이 사건 영장절차 조항이 채취대상자에게 디엔에이감식시료채취영장 발부과정에서 자신의 의견을 진술할 수 있는 기회를 절차적으로 보장하고 있지 않을 뿐만 아니라, 발부 후 그 영장 발부에 대하여 불복할 수 있는 기회를 주거나 채취행위의 위법성 확인을 청구할 수 있도록 하는 구제절차마저 마련하고 있지 않음으로써, 채취대상자의 재판청구권은 형해화되고 채취대상자는 범죄수사 내지 예방의 객체로만 취급받게 된다. … 따라서 이 사건 영장절차 조항은 과잉금지원칙을 위반하여 청구인들의 재판청구권을 침해한다(헌재 2018.8.30. 2016헌마344 등).

④ ○ 재정신청절차의 효율적 진행과 법률관계의 신속한 확정으로 형사피해자와 피의자의 법적 안정성을 조화시킨다는 심판대상조항의 입법목적은 정당하고, 이를 위해 법관에게 재량을 부여한 입법수단도 적절하다. … 심판대상조항이 청구인의 재판절차진술권과 재판청구권을 침해한다고 볼 수 없다(헌재 2018.4.26. 2016헌마1043).

정답 ③

11 재판청구권에 대한 설명으로 옳지 않은 것은? (다툼이 있는 경우 판례에 의함) 〈2020 국회직 5급〉

① 「형사소송법」상 즉시항고 제기기간을 3일로 제한하고 있는 것은 과잉금지원칙을 위반한 것이 아니므로 재판청구권을 침해하지 않는다.

② 헌법과 법률이 정한 법관에 의하여 법률에 의한 재판을 받을 권리가 사건의 경중을 가리지 않고 모든 사건에 대하여 대법원을 구성하는 법관에 의한 균등한 재판을 받을 권리를 의미한다거나 또는 상고심재판을 받을 권리를 의미하는 것이라고 할 수는 없다.

③ 디앤에이감식시료채취 영장 발부 과정에서 채취대상자가 자신의 의견을 진술하거나 영장 발부에 불복하는 등의 절차를 두지 아니한 것은 재판청구권을 침해하는 것이다.

④ 교원 징계처분에 관하여 재심청구를 거치지 않으면 행정소송을 제기할 수 없도록 하는 것은 재판청구권을 침해하지 않는다.

⑤ 심의위원회의 배상금 등 지급결정에 신청인이 동의한 때에는 국가와 신청인 사이에 「민사소송법」에 따른 재판상 화해가 성립된 것으로 보는 「4·16 세월호참사 피해구제 및 지원 등을 위한 특별법」 규정은 신청인의 재판청구권을 침해하지 않는다.

해설

① × 형사재판 중 결정절차에서는 그 결정 일자가 미리 당사자에게 고지되는 것이 아니기 때문에 결정에 대한 불복 여부를 결정하고 즉시항고 절차를 준비하는데 있어 상당한 기간을 부여할 필요가 있다. … 민사소송, 민사집행, 행정소송, 형사보상절차 등의 즉시항고기간 1주나, 외국의 입법례와 비교하더라도 3일이라는 제기기간은 지나치게 짧다. 즉시항고 자체가 형사소송법상 명문의 규정이 있는 경우에만 허용되므로 기간 연장으로 인한 폐해가 크다고 볼 수도 없는 점 등을 고려하면, 심판대상조항은 즉시항고 제도를 단지 형식적이고 이론적인 권리로서만 기능하게 함으로써 헌법상 재판청구권을 공허하게 하므로 입법재량의 한계를 일탈하여 재판청구권을 침해하는 규정이다(헌재 2018.12.27. 2015헌바77 등).

② ○ 헌법이 대법원을 최고법원으로 규정하였다고 하여 대법원이 곧바로 모든 사건을 상고심으로서 관할하여야 한다는 결론이 당연히 도출되는 것은 아니며, "헌법과 법률이 정하는 법관에 의하여 법률에 의한 재판을 받을 권리"가 사건의 경중을 가리지 않고 모든 사건에 대하여 대법원을 구성하는 법관에 의한 균등한 재판을 받을 권리를 의미한다거나 또는 상고심재판을 받을 권리를 의미하는 것이라고 할 수는 없다(헌재 2007.7.26. 2006헌마551 등).

③ ○ 이 사건 영장절차 조항은 채취대상자에게 디엔에이감식시료채취영장발부 과정에서 자신의 의견을 진술할 수 있는 기회를 절차적으로 보장하고 있지 않을 뿐만 아니라, 발부 후 그 영장 발부에 대하여 불복할 수 있는 기회를 주거나 채취행위의 위법성 확인을 청구할 수 있도록 하는

구제절차마저 마련하고 있지 않다. 위와 같은 입법상의 불비가 있는 이 사건 영장절차 조항은 채취대상자인 청구인들의 재판청구권을 과도하게 제한하므로, 침해의 최소성 원칙에 위반된다. … 따라서 이 사건 영장절차 조항은 과잉금지원칙을 위반하여 청구인들의 재판청구권을 침해한다(헌재 2018.8.30. 2016헌마344 등).

④ ○ 입법자는 행정심판을 통한 권리구제의 실효성, 행정청에 의한 자기시정의 개연성, 문제되는 행정처분의 특수성 등을 고려하여 행정심판을 임의적 전치절차로 할 것인지, 아니면 필요적 전치절차로 할 것인지를 결정하는 입법형성권을 가지고 있는데, 교원에 대한 징계처분은 그 적법성을 판단함에 있어서 전문성과 자주성에 기한 사전심사가 필요하고, 판단기관인 재심위원회의 독립성 및 공정성이 확보되어 있고 심리절차에 있어서도 상당한 정도로 사법절차가 준용되어 권리구제절차로서의 실효성을 가지고 있으며, 재판청구권의 제약은 경미한 데 비하여 그로 인하여 달성되는 공익은 크므로, 재심제도가 입법형성권의 한계를 벗어나 국민의 재판청구권을 침해하는 제도라고 할 수 없다(헌재 2007.1.17. 2005헌바86).

⑤ ○ 「세월호피해지원법」 제16조는 지급절차를 신속히 종결함으로써 세월호참사로 인한 피해를 신속하게 구제하기 위한 것이다. … 따라서 심의위원회의 배상금 등 지급결정에 동의한 때 재판상 화해가 성립한 것으로 간주하더라도 이것이 재판청구권 행사에 대한 지나친 제한이라고 보기 어렵다. 「세월호피해지원법」 제16조가 지급결정에 재판상 화해의 효력을 인정함으로써 확보되는 배상금 등 지급을 둘러싼 분쟁의 조속한 종결과 이를 통해 확보되는 피해구제의 신속성 등의 공익은 그로 인한 신청인의 불이익에 비하여 작다고 보기는 어려우므로, 법익의 균형성도 갖추고 있다. 따라서 「세월호피해지원법」 제16조는 청구인들의 재판청구권을 침해하지 않는다(헌재 2017.6.29. 2015헌마654).

정답 ①

12 재판청구권에 관한 다음 설명 중 가장 옳지 않은 것은? 〈2021 법원직 9급〉

① 재판청구권은 공권력이나 사인에 의해서 기본권이 침해당하거나 침해당할 위험에 처해 있을 경우 이에 대한 구제나 그 예방을 요청할 수 있는 권리라는 점에서 다른 기본권의 보장을 위한 기본권이라는 성격을 가진다.

② 형사피해자는 법률이 정하는 바에 의하여 당해 사건의 재판절차에서 진술할 수 있다.

③ 헌법 제27조 제1항의 '헌법과 법률이 정한 법관에 의하여 법률에 의한 재판을 받을 권리'는 사건의 경중을 가리지 않고 모든 사건에 대하여 대법원을 구성하는 법관에 의한 균등한 재판을 받을 권리를 의미한다.

④ 헌법상 보장되는 기본권인 '공정한 재판을 받을 권리'에는 '공정한 헌법재판을 받을 권리' 도 포함된다.

해설

① ○ 헌법 제27조 제1항은 "모든 국민은 헌법과 법률이 정한 법관에 의하여 법률에 의한 재판을 받을 권리를 가진다."고 규정함으로써 모든 국민은 헌법과 법률이 정한 자격과 절차에 의하여 임명되고 물적 독립과 인적 독립이 보장된 법관에 의하여 합헌적인 법률이 정한 내용과 절차에 따라 재판을 받을 권리를 보장하고 있다. 이러한 **재판청구권**은 공권력이나 사인에 의해서 **기본권이 침해당하거나 침해당할 위험**에 처해 있을 경우 그에 대한 **구제 또는 예방을 요청할 수 있는 권리**라는 점에서 **다른 기본권의 보장을 위한 기본권**이라는 성격을 가지고 있다(헌재 2011.6.30. 2009헌바430).

② ○

헌법 제27조 ⑤ 형사피해자는 법률이 정하는 바에 의하여 당해 사건의 재판절차에서 진술할 수 있다.

③ × 헌법이 대법원을 최고법원으로 규정하였다고 하여 대법원이 곧바로 모든 사건을 상고심으로서 관할하여야 한다는 결론이 당연히 도출되는 것은 아니며, "헌법과 법률이 정하는 법관에 의하여 법률에 의한 재판을 받을 권리"가 **사건의 경중을 가리지 않고 모든 사건**에 대하여 **대법원을 구성하는 법관**에 의한 **균등한 재판을 받을 권리**를 의미한다거나 또는 **상고심재판을 받을 권리**를 의미하는 것이라고 할 수는 없다(헌재 2007.7.26. 2006헌마551 등).

④ ○ 헌법 제27조가 보장하는 **재판청구권**에는 공정한 **헌법재판을 받을 권리도 포함**되고, 헌법 제111조 제2항은 헌법재판소가 9인의 재판관으로 구성된다고 명시하여 다양한 가치관과 헌법관을 가진 9인의 재판관으로 구성된 합의체가 헌법재판을 담당하도록 하고 있으며, 같은 조 제3항은 재판관 중 3인은 국회에서 선출하는 자를 임명한다고 규정하고 있다(헌재 2014.4.24. 2012헌마2).

정답 ③

13 국가배상청구권에 관한 설명 중 가장 적절한 것은? (다툼이 있는 경우 판례에 의함)

〈2022 경찰공채 2차〉

① 구「국가배상법」 제8조가 "국가 또는 지방자치단체의 손해배상책임에 관하여는 이 법의 규정에 의한 것을 제외하고는 민법의 규정에 의한다."고 규정하여, 소멸시효에 관하여 별도의 규정을 두지 아니함으로써 국가배상청구권에도 소멸시효에 관한 일반「민법」 제766조가 적용되게 된 것은 입법자의 입법재량 범위를 벗어난 것으로 국가배상청구권의 본질적인 내용을 침해한다고 볼 수 있다.

② 당초 유효한 법률에 근거한 공무원의 직무집행이 사후에 그 근거가 되는 법률에 대한 헌법재판소의 위헌결정으로 위법하게 된 경우, 이에 이르는 과정에 있어 공무원의 고의, 과실을 어느 정도 인정할 수 있고, 그로써 국가의 청구인들에 대한 손해배상책임이 성립한다고 볼 수 있다.

③「국가배상법」 조항이 국가배상청구권의 성립요건으로서 공무원의 고의 또는 과실을 규정한 것은 법률로 이미 형성된 국가배상청구권의 행사 및 존속을 제한할 뿐만 아니라, 국가배상청구권의 내용을 새롭게 형성하는 것이라고 할 것이므로,「국가배상법」 조항이 국가배상청구권의 성립요건으로서 공무원의 고의 또는 과실을 요구함으로써 무과실책임을 인정하지 않은 것은 입법형성의 범위를 벗어나 헌법 제29조에서 규정한 국가배상청구권을 침해한다.

④ 특수임무수행자는 보상금등 산정과정에서 국가 행위의 불법성이나 구체적인 손해 항목 등을 주장·입증할 필요가 없고 특수임무수행자의 과실이 반영되지도 않으며, 국가배상청구에 상당한 시간과 비용이 소요되는 데 반해 보상금등 지급결정은 비교적 간이·신속한 점까지 고려하면,「특수임무수행자 보상에 관한 법률」이 정한 보상금을 지급받는 것이 국가배상을 받는 것에 비해 일률적으로 과소 보상된다고 할 수 없으므로 국가배상청구권 또는 재판청구권을 침해한다고 보기 어렵다.

해설

① 국가배상법 제8조가 '국가 또는 지방자치단체의 손해배상책임에 관하여는 이 법의 규정에 의한 것을 제외하고는 민법의 규정에 의한다. … (생략) …'고 하고 소멸시효에 관하여 별도의 규정을 두고 아니함으로써 국가배상청구권에도 소멸시효에 관한 민법상의 규정인 민법 제766조가 적용되게 되었다 하더라도 이는 국가배상청구권의 성격과 책임의 본질, 소멸시효제도의 존재이유 등을 종합적으로 고려한 입법재량 범위 내에서의 입법자의 결단의 산물인 것으로 국가배상청구권의 본질적인 내용을 침해하는 것이라고는 볼 수 없고 기본권 제한에 있어서의 한계를 넘어서는 것이라고 볼 수도 없으므로 헌법에 위반되지 아니한다(헌재 1997.2.20. 96헌바24).

② 법률이 헌법에 위반된다는 사정은 헌법재판소의 위헌결정이 있기 전에는 객관적으로 명백한 것이라고 할 수 없으므로, 법률이 헌법에 위반되는지 여부를 심사할 권한이 없는 공무원으로서는 그 법률을 적용할 수밖에 없다. 따라서 법률에 근거한 공무원의 직무집행이 사후에 그 근거가 되는 법률에 대한 위헌결정으로 인하여 결과적으로 위법하게 되었다고 하더라도, 이에 이르는 과정에 있어서 공무원에게 고의, 과실 있다고 단정할 수는 없다(헌재 2018.7.17. 2018헌바238).

③ 헌법 제29조 제1항 제1문은 '공무원의 직무상 불법행위'로 인한 국가 또는 공공단체의 책임을 규정하면서 제2문은 '이 경우 공무원 자신의 책임은 면제되지 아니한다'고 규정하여 헌법상 국가배상책임은 공무원의 책임을 일정 부분 전제하는 것으로 해석될 수 있고, 헌법 제29조 제1항에 법률유보 문구를 추가한 것은 국가재정을 고려하여 국가배상책임의 범위를 법률로 정하도록 한 것으로 해석된다. 공무원의 고의 또는 과실이 없는데도 국가배상을 인정할 경우 피해자 구제가 확대되기는 하겠지만 현실적으로 원활한 공무수행이 저해될 수 있어 이를 입법정책적으로 고려할 필요성이 있다. 외국의 경우에도 대부분 국가에서 국가배상책임에 공무수행자의 유책성을 요구하고 있으며, 최근에는 국가배상법상의 과실관념의 객관화, 조직과실의 인정, 과실 추정과 같은 논리를 통하여 되도록 피해자에 대한 구제의 폭을 넓히려는 추세에 있다. 이러한 점들을 고려할 때, 이 사건 법률조항이 국가배상청구권의 성립요건으로서 공무원의 고의 또는 과실을 규정한 것을 두고 입법형성의 범위를 벗어나 헌법 제29조에서 규정한 국가배상청구권을 침해한다고 보기는 어렵다(헌재 2015.4.30. 2013헌바395).

④ 특수임무수행자보상심의위원회는 위원 구성에 제3자성과 독립성이 보장되어 있고, 보상금등 지급 심의절차의 공정성과 신중성이 갖추어져 있다. 특수임무수행자는 보상금등 지급결정에 동의할 것인지 여부를 자유롭게 선택할 수 있으며, 보상금등을 지급받을 경우 향후 재판상 청구를 할 수 없음을 명확히 고지받고 있다. 보상금 중 기본공로금은 채용·입대경위, 교육훈련여건, 특수임무종결일 이후의 처리사항 등을 고려하여 위원회가 정한 금액으로 지급되는데, 위원회는 음성적 모집 여부, 기본권 미보장 여부, 인권유린, 종결 후 사후관리 미흡 등을 잠작하여 구체적인 액수를 정하므로, 여기에는 특수임무교육훈련에 관한 정신적 손해 배상 또는 보상에 해당하는 금원이 포함된다. 특수임무수행자는 보상금등 산정과정에서 국가 행위의 불법성이나 구체적인 손해 항목 등을 주장·입증할 필요가 없고 특수임무수행자의 과실이 반영되지도 않으며, 국가배상청구에 상당한 시간과 비용이 소요되는 데 반해 보상금등 지급결정은 비교적 간이·신속한 점까지 고려하면, 특임자보상법령이 정한 보상금등을 지급받는 것이 국가배상을 받는 것에 비해 일률적으로 과소 보상된다고 할 수도 없다. 따라서 심판대상조항이 과잉금지원칙을 위반하여 국가배상청구권 또는 재판청구권을 침해한다고 보기 어렵다(헌재 2021.9.30. 2019헌가28).

정답 ④

14 국가배상청구권에 관한 다음 설명 중 가장 옳지 않은 것은? 〈2021 법원직 9급〉

① 헌법상 국가배상청구권에 관한 규정은 국가배상청구권을 청구권적 기본권으로 보장하며, 그 요건에 해당하는 사유가 발생한 개별 국민에게는 금전청구권으로서의 재산권으로서도 보장된다.

② 헌법 제29조 제1항 제1문은 '공무원의 직무상 불법행위'로 인한 국가 또는 공공단체의 책임을 규정하고 제2문은 '이 경우 공무원 자신의 책임은 면제되지 아니 한다'고 규정하고 있으므로 헌법상 국가배상책임은 공무원의 책임을 일정 부분 전제하는 것으로 해석될 수 있다.

③ 국가배상청구권의 성립요건으로서 공무원의 고의 또는 과실을 규정한 국가배상법 조항은, 법률로 이미 형성된 국가배상청구권의 행사 및 존속을 '제한'하는 것이라기보다는 국가배상청구권의 내용을 '형성'하는 것이므로, 헌법상 국가배상제도의 정신에 부합하게 국가배상청구권을 형성하였는지의 관점에서 심사하여야 한다.

④ 위 ③항의 국가배상법 조항은 헌법에서 규정한 국가배상청구권을 침해한다고 보기 어려우나, 인권침해가 극심하게 이루어진 긴급조치 발령과 그 집행과 같이 국가의 의도적·적극적 불법행위에 대하여는 국가배상청구의 요건을 완화하여 공무원의 고의 또는 과실에 대한 예외를 인정하여야 한다.

해설

① ○ 헌법상의 국가배상청구권에 관한 규정은 국가배상청구권을 **청구권적 기본권**으로 보장하며, 국가배상청구권은 그 요건에 해당하는 사유가 발생한 개별 국민에게는 **금전청구권으로서의 재산권**으로 보장된다(헌재 2015.4.30. 2013헌바395).

② ○ 헌법 제29조 제1항 제1문은 '공무원의 직무상 불법행위'로 인한 국가 또는 공공단체의 책임을 규정하면서 제2문은 '이 경우 공무원 자신의 책임은 면제되지 아니 한다'고 규정하여 헌법상 **국가배상책임**은 **공무원의 책임을 일정 부분 전제**하는 것으로 **해석**될 수 있고, 헌법 제29조 제1항에 법률유보 문구를 추가한 것은 국가재정을 고려하여 국가배상책임의 범위를 법률로 정하도록 한 것으로 해석된다(헌재 2015.4.30. 2013헌바395).

③ ○ 헌법상 국가배상청구권은 청구권적 기본권이고, 앞에서 본 바와 같이 그 요건인 '불법행위'는 법률에서 구체적으로 형성할 수 있는 개념이라 할 것이다. 따라서 이 사건 법률조항이 국가배상청구권의 성립요건으로서 공무원의 **고의 또는 과실**을 규정한 것은 법률로 이미 형성된 국가배상청구권의 행사 및 존속을 제한한다고 보기 보다는 **국가배상청구권의 내용을 형성**하는 것이라고 할 것이므로, **헌법상 국가배상제도의 정신**에 부합하게 **국가배상청구권을 형성하였는지의 관점에서 심사**하여야 한다(헌재 2015.4.30. 2013헌바395).

④ × 청구인들이 심판대상조항의 위헌성을 주장하게 된 계기를 제공한 국가배상청구 사건은, 인권침해가 극심하게 이루어진 **긴급조치 발령과 그 집행**을 근거로 한 것이므로 다른 일반적인 법 집행 상황과는 다르다는 점에서 이러한 경우에는 **국가배상청구 요건을 완화하여야 한다는**

주장이 있을 수 있다. 그러나 위와 같은 경우라 하여 국가배상청구권 성립요건에 공무원의 고의 또는 과실에 대한 **예외가 인정되어야 한다고 보기는 어렵다**. 심판대상조항이 헌법상 국가배상청구권을 침해하지 않는다고 판단한 헌법재판소의 선례는 여전히 타당하고, 이 사건에서 선례를 변경해야 할 특별한 사정이 있다고 볼 수 없다(헌재 2020.3.26. 2016헌바55 등).

정답 ④

15 국가배상청구권에 대한 설명으로 가장 옳은 것은? 〈2018 서울시 7급〉

① 신청인이 동의한 때 배상심의회의 배상결정에 「민사소송법」 규정에 의한 재판상의 화해 효력을 부여한 것은 행정상의 손해배상에 관한 분쟁을 신속히 종결·이행시키기 위한 것으로 헌법에 위반되지 아니한다.

② 국가배상 성립요건의 직무집행판단은 행위자의 주관적 의사를 고려하여 실질적으로 직무집행 행위인지에 따라 판단해야 한다.

③ 국가배상 성립요건의 공무원 개념은 국가공무원과 지방공무원의 신분을 가진 자에 한하고 공무를 수탁 받은 사인(私人)은 해당하지 않는다.

④ 국가배상청구에 있어서도 오랜 기간의 경과로 인한 과거 사실증명의 곤란으로부터 채무자를 구제하고 또 권리행사를 게을리 한 자에 대한 제재 및 장기간 불안정한 상태에 놓이게 되는 가해자를 보호하기 위하여 소멸시효제도의 적용은 필요하므로 헌법에 위반되지 아니한다.

해설

① × 이 사건 심판대상조항부분은 국가배상에 관한 분쟁을 신속히 종결·이행시키고 배상결정에 안정성을 부여하여 국고의 손실을 가능한 한 경감하려는 입법목적을 달성하기 위하여 동의된 배상결정에 재판상의 화해의 효력과 같은, 강력하고도 최종적인 효력을 부여하여 재심의 소에 의하여 취소 또는 변경되지 않는 한 그 효력을 다툴 수 없도록 하고 있는바, … 이는 신청인의 재판청구권을 과도하게 제한하는 것이어서 헌법 제37조 제2항에서 규정하고 있는 기본권 제한입법에 있어서의 과잉입법금지의 원칙에 반할 뿐 아니라, 권력을 입법·행정 및 사법 등으로 분립한 뒤 실질적 의미의 사법작용인 분쟁해결에 관한 종국적인 권한은 원칙적으로 이를 헌법과 법률에 의한 법관으로 구성되는 사법부에 귀속시키고 나아가 국민에게 그러한 법관에 의한 재판을 청구할 수 있는 기본권을 보장하고자 하는 헌법의 정신에도 충실하지 못한 것이다(헌재 1995.5.25. 91헌가7).

② × 「국가배상법」 제2조 제1항의 "직무를 진행함에 당하여"라 함은 직접 공무원의 직무집행행위이거나 그와 밀접한 관계에 있는 행위를 포함하고, 이를 판단함에 있어서는 행위 자체의 외관을 객관적으로 관찰하여 공무원의 직무행위로 보여질 때에는 비록 그것이 실질적으로 직무행위가 아니거나 또는 행위자로서는 주관적으로 공무집행의 의사가 없었다고 하더라도 그 행위는 공무원이 "직무를 집행함에 당하여"한 것으로 보아야 한다(대판 1995.4.21. 93다4240).

③ × 「국가배상법」 제2조 소정의 '공무원'이라 함은 국가공무원법이나 지방공무원법에 의하여 공무원으로서의 신분을 가진 자에 국한하지 않고, 널리 공무를 위탁받아 실질적으로 공무에 종사하고 있는 일체의 자를 가리키는 것으로서, 공부의 위탁이 일시적이고 한정적인 사항에 관한 활동을 위한 것이어도 달리 볼 것은 아니다(대판 2001.1.5. 98다39060).

④ ○ 국가배상청구에 있어서도 오랜 기간의 경과로 인한 과거사실에 대한 증명의 곤란으로부터 채무자를 구제하고 또 권리행사를 게을리 한 자에 대한 제재 및 장기간 불안정한 상태에 놓이게 되는 가해자의 보호를 위하여 소멸시효제도의 적용은 필요하므로 그대로 인정되어야 하기 때문이다. … 결국 「국가배상법」 제8조는 그것이 헌법 제29조 제1항이 규정하는 국가배상청구권을 일부 제한하고 있다 하더라도 일정한 요건 하에 그 행사를 제한하고 있는 점에서 그 본질적인 내용에 대한 침해라고는 볼 수 없을 뿐더러, 앞에서 본 바와 같이 그 제한의 목적과 수단 및 방법에 있어서 정당하고 상당한 것이며 그로 인하여 침해되는 법익과의 사이에 입법자의 자의라고 볼 정도의 불균형이 있다고 볼 수도 없어서 기본권제한의 한계를 규정한 헌법 제37조 제2항에 위반된다고 볼 수도 없다(헌재 1997.2.20. 96헌바24).

정답 ④

16 국가배상청구권에 대한 설명으로 가장 적절한 것은? (다툼이 있는 경우 판례에 의함) *〈2021 경정승진〉*

① 「국가배상법」에 따른 손해배상의 소송은 배상심의회에 배상신청을 하여야만 제기할 수 있다.

② 「국가배상법」에 소멸시효에 관한 규정을 두지 않고 소멸시효에 관해서는 「민법」 규정을 준용하도록 한 「국가배상법」 조항은 헌법에 위반되지 않는다.

③ 국가배상청구의 요건인 '공무원의 직무'에는 권력적 작용, 비권력적 작용 이외에 사경제주체의 활동도 포함된다.

④ 「국가배상법」상 소정의 '공무원'은 국가공무원과 지방공무원에 국한하고, 공무를 수탁 받은 사인은 포함되지 않는다.

해설

① ×

국가배상법 제9조 (소송과 배상신청의 관계) 이 법에 따른 손해배상의 소송은 배상심의회(이하 "심의회"라 한다)에 배상신청을 하지 아니하고도 제기할 수 있다.

② ○ 「국가배상법」에 소멸시효에 관한 규정을 두지 않고 **소멸시효에 관해서는 「민법」 규정을 준용**하도록 한 「국가배상법」 조항은 **헌법에 위반되지 않는다**.

③ × 국가배상법이 정한 배상청구의 요건인 '공무원의 직무'에는 권력적 작용만이 아니라 행정지도와 같은 비권력적 작용도 포함되며 단지 행정주체가 **사경제주체로서 하는 활동만 제외**된다(대판 1998.7.10. 96다38971).

④ × 국가배상법 제2조 소정의 '공무원'이라 함은 국가공무원법이나 지방공무원법에 의하여 공무원으로서의 신분을 가진 자에 국한하지 않고, **널리 공무를 위탁받아 실질적으로 공무에 종사하고 있는 일체의 자**를 가리키는 것으로서, 공무의 위탁이 일시적이고 한정적인 사항에 관한 활동을 위한 것이어도 달리 볼 것은 아니다(대판 2001.1.5. 98다39060).

정답 ②

17 재판청구권에 관한 설명 중 가장 적절하지 않은 것은? (다툼이 있는 경우 판례에 의함)

〈2020 경정승진〉

① 군사시설 중 전투용에 공하는 시설을 손괴한 일반 국민이 평시에 군사법원에서 재판을 받도록 하는 것은 법관에 의한 재판을 받을 권리를 침해하는 것이다.

② 취소소송의 제소기간을 처분 등이 있음을 안 때로부터 90일 이내로 규정한 것은 지나치게 짧은 기간이라고 보기 어렵고 행정법 관계의 조속한 안정을 위해 필요한 방법이므로 재판청구권을 침해하지 않는다.

③ 수형자가 국선대리인인 변호사를 접견하는데 교도소장이 그 접견내용을 녹음·기록하였다고 해도 재판을 받을 권리를 침해하는 것은 아니다.

④ 헌법과 법률이 정한 법관에 의한 재판을 받을 권리는 직업법관에 의한 재판을 주된 내용으로 하는 것이므로 국민참여재판을 받을 권리는 그 보호범위에 속하지 않는다.

해설

① ○ 군인 또는 군무원이 아닌 국민에 대한 군사법원의 예외적인 재판권을 정한 헌법 제27조 제2항에 규정된 군용물에는 군사시설이 포함되지 않는다. 그렇다면 '군사시설' 중 '전투용에 공하는 시설'을 손괴한 일반 국민이 항상 군사법원에서 재판받도록 하는 이 사건 법률조항은, 비상계엄이 선포된 경우를 제외하고는 '군사시설'에 관한 죄를 범한 군인 또는 군무원이 아닌 일반 국민은 군사법원의 재판을 받지 아니하도록 규정한 헌법 제27조 제2항에 위반되고, 국민이 헌법과 법률이 정한 법관에 의한 재판을 받을 권리를 침해한다(헌재 2013.11.28. 2012헌가10).

② ○ '처분 등이 있음을 안 날'을 기산점으로 정하여 취소소송의 제소기간에 제한을 둔 것은 법률관계의 조속한 확정을 위한 것으로 입법목적이 정당하다. 처분 등이 위법할 수 있다는 의심을 갖는데 있어 처분 등이 있음을 안 때로부터 90일의 기간은 지나치게 짧은 기간이라고 보기 어렵고, '처분 등이 있음'을 안 시점은 비교적 객관적이고 명확하게 특정할 수 있으므로 이를 제소기간의 기산점으로 둔 것은 행정법 관계의 조속한 안정을 위해 필요하고 효과적인 방법이다. … 따라서 '처분 등이 있음을 안 날'을 제소기간의 기산점으로 정한 심판대상조항은 재판청구권을 침해하지 아니한다(헌재 2018.6.28. 2017헌바66).

③ × 수형자와 변호사와의 접견내용을 녹음, 녹화하게 되면 그로 인해 제3자인 교도소 측에 접견내용이 그대로 노출되므로 수형자와 변호사는 상담과정에서 상당히 위축될 수밖에 없고, 특히 소송의 상대방이 국가나 교도소 등의 구금시설로서 그 내용이 구금시설 등의 부당처우를 다투는 내용일 경우에 접견내용에 대한 녹음, 녹화는 실질적으로 당사자대등의 원칙에 따른 무기평등을 무력화시킬 수 있다. … 이 사건에 있어서 청구인과 헌법소원 사건의 국선대리인인 변호사의 접견내용에 대해서는 접견의 목적이나 접견의 상대방 등을 고려할 때 녹음, 기록이 허용되어서는 아니 될 것임에도, 이를 녹음, 기록한 행위는 청구인의 재판을 받을 권리를 침해한다(헌재 2013.9.26. 2011헌마398).

④ ○ 우리 헌법상 헌법과 법률이 정한 법관에 의한 재판을 받을 권리는 직업법관에 의한 재판을 주된 내용으로 하는 것이므로 국민참여재판을 받을 권리가 헌법 제27조 제1항에서 규정한 재판을 받을 권리의 보호범위에 속한다고 볼 수 없다(헌재 2009.11.26. 2008헌바12).

정답 ③

18 재판청구권에 대한 설명으로 가장 적절하지 않은 것은? (다툼이 있는 경우 헌법재판소 판례에 의함) *〈2019 경정승진〉*

① 우리 헌법상 재판을 받을 권리의 보호범위에는 배심재판을 받을 권리가 포함되지 않는다.

② 심리불속행 상고기각판결의 경우 판결이유를 생략할 수 있도록 규정한 「상고심절차에 관한 특례법」 조항은 헌법 제27조 제1항에서 보장하는 재판청구권 등을 침해하지 않는다.

③ 소환된 증인 또는 그 친족 등이 보복을 당할 우려가 있는 경우 재판장은 당해 증인의 인적 사항의 전부 또는 일부를 공판조서에 기재하지 않게 할 수 있고, 이때 증인의 인적사항이 증인신문의 모든 과정에서 공개되지 아니하도록 한 「특정범죄신고자 등 보호법」 조항들 및 피고인을 퇴정시키고 증인신문을 행할 수 있도록 규정한 같은 법 조항들은 피고인의 공정한 재판을 받을 권리를 침해하지 않는다.

④ 현역병의 군대 입대 전 범죄에 대한 군사법원의 재판권을 규정하고 있는 「군사법원법」 조항은 일반 법원에서 재판받을 권리를 봉쇄하므로, 재판청구권을 침해하여 헌법에 위반된다.

해설

① ○ 형사소송절차에서 국민참여재판제도는 사법의 민주적 정당성과 신뢰를 높이기 위하여 배심원이 사실심 법관의 판단을 돕기 위한 권고적 효력을 가지는 의견을 제시하는 제한적 역할을 수행하게 되고, 헌법상 재판을 받을 권리의 보호범위에는 배심재판을 받을 권리가 포함되지 아니한다(헌재 2014.1.28. 2012헌바298).

② ○ 심리불속행 상고기각판결에 이유를 기재한다고 해도, 현실적으로 '상고심 절차에 관한 특례법' 제4조의 심리속행사유에 해당하지 않는다는 정도의 이유 기재에 그칠 수밖에 없고, 나아가 그 이상의 이유 기재를 하게 하더라도 이는 법령해석의 통일을 주된 임무로 하는 상고심에게 불필요한 부담만 가중시키는 것으로서 심리불속행제도의 입법취지에 반하는 결과를 초래할 수 있으므로, '상고심 절차에 관한 특례법' 제5조 제1항 중 제4조에 관한 부분이 재판청구권 등을 침해하여 위헌이라고 볼 수 없다(헌재2008.5.29. 2007헌마1408).

③ ○ 이 사건 법률조항들은 특정범죄에 관한 형사절차에서 국민이 안심하고 자발적으로 협조할 수 있도록 그 범죄신고자 등을 실질적으로 보호함으로써 피해자의 진술을 제약하는 요소를 제거하고 이를 통해 범죄로부터 사회를 방위함에 이바지함과 아울러 실체적 진실의 발견을 용이하게 하기 위한 것으로서, 그 목적의 정당성 및 수단의 적합성이 인정되며, … 기본권제한의 정도가 특정범죄의 범죄신고자 등 증인 등을 보호하고 실체적 진실의 발견에 이바지하는 공익에 비하여 크다고 할 수 없어 법익의 균형성도 갖추고 있으며, 기본권제한에 관한 피해의 최소성 역시 인정되므로, 공정한 재판을 받을 권리를 침해한다고 할 수 없다(헌재 2010.11.25. 2009헌바57).

④ × 군대는 각종 훈련 및 작전수행 등으로 인해 근무시간이 정해져 있지 않고 집단적 병영(兵營) 생활 및 작전위수(衛戍)구역으로 인한 생활공간적인 제약 등 군대의 특수성으로 인하여 일단 군인신분을 취득한 군인이 군대 외부의 일반법원에서 재판을 받는 것은 군대조직의 효율적인 운영을 저해하고, 현실적으로도 군인이 수감 중인 상태에서 일반법원의 재판을 받기 위해서는 상당한 비용·인력 및 시간이 소요되므로 이러한 군의 특수성 및 전문성을 고려할 때 군인신분 취득 전에 범한 죄에 대하여 군사법원에서 재판을 받도록 하는 것은 합리적인 이유가 있다. … 나아가 군사법원의 상고심은 대법원에서 관할하고 군사법원에 관한 내부규율을 정함에 있어서도 대법원이 종국적인 관여를 하고 있으므로 이 사건 법률조항이 군사법원의 재판권과 군인의 재판청구권을 형성함에 있어 그 재량의 헌법적 한계를 벗어났다고 볼 수 없다(헌재 2009.7.30. 2008헌바162).

정답 ④

19 다음 중 청원권에 대한 설명으로 옳은 것은? (다툼이 있는 경우 헌법재판소 판례에 의함)

〈2016 국회직 9급〉

① 모든 국민은 법률이 정하는 바에 의하여 국가기관에 문서로 청원할 권리를 가지고, 국가는 청원에 대하여 심사할 의무를 지므로 청원인이 기대한 바에 미치지 못하는 처리내용은 헌법소원의 대상이 되는 공권력의 불행사이다.

② 청원권의 보호범위에는 청원사항의 처리결과에 심판서나 재결서에 준하여 이유를 명시할 것까지를 요구하는 것을 포함하는 것은 아니다.

③ 청원권은 특히 국회와 국민의 유대를 지속시켜 주는 수단이기 때문에 국회의 경우에는 국회의원의 소개를 받아서 청원을 하여야 하지만, 지방의회의 경우에는 지방의회의원의 소개를 얻지 않고서 가능하다.

④ 동일인이 동일한 내용의 청원서를 동일한 기관에 2건 이상 제출하거나 2 이상의 기관에 제출한 때에는 청원에 대한 심사의무가 발생하지 않는다.

⑤ 청원서를 접수한 기관은 청원사항이 그 기관이 관장하는 사항이 아니라고 인정되는 때에는 청원인에게 청원서를 반려하여야 한다.

해설

① × 적법한 청원에 대하여 국가기관이 수리·심사하여 그 처리결과를 청원인 등에게 통지하였다면 이로써 당해 국가기관은 헌법 및 청원법상의 의무이행을 필한 것이라 할 것이고, 비록 그 처리내용이 청원인 등이 기대한 바에 미치지 않는다고 하더라도 더 이상 헌법소원의 대상이 되는 공권력의 행사 내지 불행사라고는 볼 수 없다(헌재 1994.2.24. 93헌마213 등).

② ○ 청원권의 보호범위에는 청원사항의 처리결과에 심판서나 재결서에 준하여 이유를 명시할 것까지를 요구하는 것은 포함되지 아니한다고 할 것이다. 왜냐하면 국민이면 누구든지 널리 제기할 수 있는 민중적 청원제도는 재판청구권 기타 준사법적 구제청구와는 완전히 성질을 달리하는 것이기 때문이다(헌재 1994. 2.24. 93헌마213 등).

③ ×

> **국회법 제123조 (청원서의 제출)** ① 국회에 청원을 하려는 자는 의원의 소개를 받거나 국회규칙으로 정하는 기간 동안 국회규칙으로 정하는 일정한 수 이상의 국민의 동의를 받아 청원서를 제출하여야 한다.
>
> **지방자치법 제73조 (청원서의 제출)** ① 지방의회에 청원을 하려는 자는 지방의회의원의 소개를 받아 청원서를 제출하여야 한다.

④ ×

> **청원법 제8조 (반복청원 및 이중청원의 처리)** 동일인이 동일한 내용의 청원서를 동일한 기관에 2건 이상 제출하거나 2 이상의 기관에 제출한 때에는 나중에 접수된 청원서는 이를 반려할 수 있다.

⑤ ×

> **청원법 제7조 (청원서의 제출 및 보완요구)** ③ 청원서를 접수한 기관은 청원사항이 그 기관이 관장하는 사항이 아니라고 인정되는 때에는 그 청원사항을 관장하는 기관에 청원서를 이송하고 이를 청원인에게 통지하여야 한다.

정답 ②

20 재판을 받을 권리에 대한 설명으로 옳은 것은? (다툼이 있는 경우 판례에 의함) *〈2022 국회직 5급〉*

① 약식명령은 경미하고 간이한 사건을 대상으로 하지만 형사피해자가 약식명령을 고지받지 못하는 것은 형사재판절차에서의 참여기회를 봉쇄하는 것이므로 형사피해자의 재판절차진술권을 침해하는 것이다.

② 심리불속행 재판의 판결이유를 생략할 수 있도록 한 「상고심절차에 관한 특례법」 규정은 개별적 권리구제보다 법령해석의 통일을 더 우위에 둔 규정으로서 그 합리성이 있다고 할 것이므로 헌법에 위반되지 아니한다.

③ 재판청구권은 민사재판·형사재판·행정재판을 받을 권리를 의미하므로, 헌법상 보장되는 기본권인 '공정한 재판을 받을 권리'에는 '공정한 헌법재판을 받을 권리'는 포함되지 아니한다.

④ 공시송달의 방법으로 기일통지서를 송달받은 당사자가 변론기일에 출석하지 아니한 경우 자백간주 규정을 준용하지 않는 「민사소송법」 규정은 상대방의 효율적이고 공정한 재판을 받을 권리를 침해한다.

⑤ 학교법인의 기본재산을 매도함에 있어 관할청의 허가를 받도록 하는 「사립학교법」 규정은 강제경매절차를 통하여 사법적 청구권을 실현하려는 채권자 내지 최고가매수신고인의 신속한 재판을 받을 권리를 침해한다.

해설

① × 약식명령은 경미하고 간이한 사건을 대상으로 하기 때문에, 대부분 범죄사실에 다툼이 없는 경우가 많고, 형사피해자도 이미 범죄사실을 충분히 인지하고 있어, 범죄사실에 대한 별도의 확인 없이도 얼마든지 법원이나 수사기관에 의견을 제출할 수 있으며, 직접 범죄사실의 확인을 원하는 경우에는 소송기록의 열람·등사를 신청하는 것도 가능하므로, 형사피해자가 약식명령을 고지받지 못한다고 하여 형사재판절차에서의 참여기회가 완전히 봉쇄되어 있다고 볼 수 없다. 따라서 이 사건 고지조항은 형사피해자의 재판절차진술권을 침해하지 않는다(헌재 2019.9.26. 2018헌마1015).

② ○ 심리불속행 상고기각판결에 이유를 기재한다고 해도, 당사자의 상고이유가 법률상의 상고이유를 실질적으로 포함하고 있는지 여부만을 심리하는 심리불속행 재판의 성격 등에 비추어 현실적으로 특례법 제4조의 심리속행사유에 해당하지 않는다는 정도의 이유기재에 그칠 수밖에 없고, 나아가 그 이상의 이유기재를 하게 하더라도 이는 법령해석의 통일을 주된 임무로 하는 상고심에게 불필요한 부담만 가중시키는 것으로서 심리불속행제도의 입법취지에 반하는 결과를 초래할 수 있으므로, 특례법 제5조 제1항은 재판청구권 등을 침해하여 위헌이라고 볼 수 없다(헌재 2012.5.31. 2010헌마625 등).

③ × 공정한 재판을 받을 권리는 헌법 제27조의 재판청구권에 의하여 함께 보장되고, 재판청구권에는 민사재판, 형사재판, 행정재판뿐만 아니라 헌법재판을 받을 권리도 포함되므로, 헌법상 보장되는 기본권인 '공정한 재판을 받을 권리'에는 '공정한 헌법재판을 받을 권리'도 포함된다(헌재 2014.4.24. 2012헌마2).

④ × 이 사건 법률조항에서 공시송달로 기일통지를 받은 당사자가 불출석한 경우 자백으로 간주되지 않도록 규정한 것은, 공시송달의 경우 당사자가 기일이 있음을 현실적으로 알았다고 볼 수 없으므로 당사자의 자백의사가 있었다고도 볼 수 없다는 데에 기초한 것으로, 이는 입법자가 민사소송절차를 변론주의에 따라 합리적으로 형성한 결과이다. 이 사건 법률조항에 따라 자백간주가 배제된다고 하더라도, 그 상대방 당사자는 자신이 주장하는 사실을 증명하는 데에 지장이 없으므로, 민사소송을 통한 상대방 당사자의 실체적 권리구제의 실효성은 충분히 보장된다. … 따라서 이 사건 법률조항은 공시송달로 기일통지를 받은 당사자의 대립당사자가 가지는 효율적이고 공정한 재판을 받을 권리를 침해하지 아니한다(헌재 2013.3.21. 2012헌바128).

⑤ × 학교법인의 기본재산에 대한 강제경매의 경우에 학교법인의 전반적인 재정상태에 대해 파악하고 있는 관할청으로 하여금 사립학교법 제28조 제1항의 입법취지 등을 고려하여 그 허가 여부를 최종 결정하도록 함으로써 확보하려는 학교재정의 건전화라는 공익상의 필요가 학교법인의 채권자가 입는 절차의 지연이라는 희생보다 더 크고, 학교법인의 채권자 등으로서는 학교법인의 정관이나 재산목록을 열람하여 이 사건 법률조항으로 인한 불측의 손해를 어느 정도 예방할 수 있다고 보여지므로, 위와 같은 제한이 필요한 정도를 넘는 과도한 제한이라고 보기는 어렵다. 따라서 이 사건 법률조항은 학교법인의 채권자 등의 신속한 재판을 권리를 침해하지 아니한다(헌재 2012.2.23. 2011헌바14).

정답 ②

21 재판을 받을 권리에 대한 설명으로 옳지 않은 것은? (다툼이 있는 경우 판례에 의함)

〈2021 국가직 7급〉

① 재판청구권에는 민사재판, 형사재판, 행정재판뿐만 아니라 헌법재판을 받을 권리도 포함되므로, 헌법상 보장되는 기본권인 '공정한 재판을 받을 권리'에는 '공정한 헌법재판을 받을 권리'도 포함된다.

② 헌법 제27조제1항의 재판을 받을 권리는 신분이 보장되고 독립된 법관에 의한 재판의 보장을 주된 내용으로 하므로 국민참여재판을 받을 권리는 헌법 제27조제1항에서 규정하는 재판받을 권리의 보호범위에 속하지 아니한다.

③ 공정한 재판을 받을 권리 속에는 신속하고 공개된 법정의 법관의 면전에서 모든 증거자료가 조사·진술되고 이에 대하여 피고인이 공격·방어할 수 있는 기회가 보장되는 재판, 원칙적으로 당사자주의와 구두변론주의가 보장되어 당사자가 공소사실에 대한 답변과 입증 및 반증을 하는 등 공격, 방어권이 충분히 보장되는 재판을 받을 권리가 포함되어 있다.

④ 형사피해자에게 약식명령을 고지하지 않도록 규정한 것은 형사피해자의 재판절차진술권과 정식재판청구권을 침해하는 것으로서, 입법자가 입법재량을 일탈·남용하여 형사피해자의 재판을 받을 권리를 침해하는 것이다.

해설

① ○ 헌법 제27조는 국민의 재판청구권을 보장하고 있는데, 여기에는 공정한 재판을 받을 권리가 포함되어 있다. 그런데 재판청구권에는 민사재판, 형사재판, 행정재판뿐만 아니라 **헌법재판을 받을 권리**도 포함되므로, 헌법상 보장되는 기본권인 '공정한 재판을 받을 권리'에는 '**공정한 헌법재판을 받을 권리**'도 포함된다(헌재 2016.11.24. 2015헌마902).

② ○ 헌법과 법률이 정한 법관에 의한 재판을 받을 권리는 직업법관에 의한 재판을 주된 내용으로 하는 것이므로, **국민참여재판을 받을 권리**가 헌법 제27조 제1항에서 규정한 **재판을 받을 권리의 보호범위에 속한다고 볼 수 없다**(헌재 2015.7.30. 2014헌바447).

③ ○ **공정한 재판을 받을 권리** 속에는 신속하고 공개된 법정의 법관의 면전에서 모든 증거자료가 조사·진술되고 이에 대하여 피고인이 공격·방어할 수 있는 기회가 보장되는 재판, 즉 원칙적으로 **당사자주의와 구두변론주의가 보장**되어 당사자가 공소사실에 대한 답변과 입증 및 반증하는 등 **공격·방어권이 충분히 보장되는 재판을 받을 권리**가 포함되어 있다(헌재 1996.12.26. 94헌바1).

④ × 약식명령은 경미하고 간이한 사건을 대상으로 하기 때문에, 대부분 범죄사실에 다툼이 없는 경우가 많고, 형사피해자도 이미 범죄사실을 충분히 인지하고 있어, 범죄사실에 대한 별도의 확인 없이도 얼마든지 법원이나 수사기관에 의견을 제출할 수 있으며, 직접 범죄사실의 확인을

원하는 경우에는 소송기록의 열람·등사를 신청하는 것도 가능하므로, 형사피해자가 약식명령을 고지 받지 못한다고 하여 형사재판절차에서의 참여기회가 완전히 봉쇄되어 있다고 볼 수 없다. 따라서 이 사건 고지조항은 형사피해자의 **재판절차진술권을 침해하지 않는다**(헌재 2019.9.26. 2018헌마1015).

정답 ④

22 재판을 받을 권리에 관한 설명 중 가장 적절하지 않은 것은? (다툼이 있는 경우 판례에 의함)

〈2016 경정승진〉

① 교원징계재심위원회의 재심결정에 대하여 교원에게만 행정소송을 제기할 수 있도록 하고 학교법인을 제외한 것은 학교법인의 재판청구권을 침해한다.

② 우리 헌법상 헌법과 법률이 정한 법관에 의한 재판을 받을 권리라 함은 직업법관에 의한 재판을 주된 내용으로 하는 것이므로 국민참여재판을 받을 권리가 헌법 제27조 제1항에서 규정한 재판을 받을 권리의 보호범위에 속한다고 볼 수 없다.

③ 현역병의 군대 입대 전 범죄에 대한 군사법원의 재판권을 규정하고 있는 「군사법원법」의 관련규정은 현역 복무 중인 군인의 재판청구권을 침해하지 아니한다.

④ 형사실체법상으로 직접적인 보호법익의 주체로 해석되지 않는 자는 문제되는 범죄 때문에 법률상 불이익을 받게 되는 자라 하더라도 헌법상 형사피해자의 재판절차진술권의 주체가 될 수 없다.

해설

① ○ 학교법인에게 재심결정에 불복할 제소권한을 부여한다고 하여 이 사건 법률조항이 추구하는 사립학교 교원의 신분보장에 특별한 장애사유가 생긴다든가 그 권리구제에 공백이 발생하는 것도 아니므로 이 사건 법률조항은 분쟁의 당사자이자 재심절차의 피청구인인 학교법인의 재판청구권을 침해한다. 또한 학교법인은 그 소속 교원과 사법상의 고용계약관계에 있고 재심절차에서 그 결정의 효력을 받는 일방 당사자의 지위에 있음에도 불구하고 이 사건 법률조항은 합리적인 이유 없이 학교법인의 제소권한을 부인함으로써 헌법 제11조의 평등원칙에 위배되고, 사립학교 교원에 대한 징계 등 불리한 처분의 적법여부에 관하여 재심위원회의 재심결정이 최종적인 것이 되는 결과 일체의 법률적 쟁송에 대한 재판권능을 법원에 부여한 헌법 제101조 제1항에도 위배되며, 행정처분인 재심결정의 적법여부에 관하여 대법원을 최종심으로 하는 법원의 심사를 박탈함으로써 헌법 제107조 제2항에도 아울러 위배된다(헌재 2006.2.23. 2005헌가7 등).

② ○ 우리 헌법상 헌법과 법률이 정한 법관에 의한 재판을 받을 권리는 직업법관에 의한 재판을 주된 내용으로 하는 것이므로 국민참여재판을 받을 권리가 헌법 제27조 제1항에서 규정한 재판을 받을 권리의 보호범위에 속한다고 볼 수 없다(헌재 2009.11.26. 2008헌바12).

③ ○ 군대는 각종 훈련 및 작전수행 등으로 인해 근무시간이 정해져 있지 않고 집단적 병영(兵營)생활 및 작전위수(衛)구역으로 인한 생활공간적인 제약 등, 군대의 특수성으로 인하여 일단 군인신분을 취득한 군인이 군대 외부의 일반법원에서 재판을 받는 것은 군대 조직의 효율적인 운영을 저해하고, 현실적으로도 군인이 수감 중인 상태에서 일반법원의 재판을 받기 위해서는 상당한 비용·인력 및 시간이 소요되므로 이러한 군의 특수성 및 전문성을 고려할 때 군인신분 취득 전에 범한 죄에 대하여 군사법원에서 재판을 받도록 하는 것은 합리적인 이유가 있다. … 그렇다면, 이 사건 법률조항이 입법형성의 한계를 일탈하여 청구인의 헌법 제27조 제1항에 의한 재판청구권을 침해한다고 볼 수 없다(헌재 2009.7.30. 2008헌바 162).

④ × 형사피해자의 개념은 헌법이 형사피해자의 재판절차진술권을 독립된 기본권으로 인정한 취지에 비추어 넓게 해석할 것으로 반드시 형사실체법상의 보호법익을 기준으로 한 피해자 개념에 의존하여 결정하여야 할 필요는 없다. 다시 말하여 형사실체법상으로는 직접적인 보호법익의 주체로 해석되지 않는 자라 하여도 문제되는 범죄 때문에 법률상 불이익을 받게 되는 자라면 헌법상 형사피해자의 재판절차진술권의 주체가 될 수 있고 따라서 검사의 불기소처분에 대하여 헌법소원심판을 청구할 수 있는 청구인 적격을 가진다고 할 것이다(헌재 1992.2.25. 90헌마91).

정답 ④

23 청원권에 대한 설명으로 옳은 것은? (다툼이 있는 경우 판례에 의함) 〈2019 국가직 7급〉

① 「지방자치법」에 따라 지방의회 위원회가 청원을 심사하여 본회의에 부칠 필요가 없다고 결정하면 그 처리결과를 지방의회 의장에게 보고하고, 지방의회 위원회는 청원한 자에게 이를 알려야 한다.

② 「국회법」에 의한 청원은 일반의안과는 달리 소관위원회의 심사를 거칠 필요가 없으며 심사절차도 일반의안과 다른 절차를 밟는데, 청원을 소개한 국회의원은 필요할 경우 「국회법」 제125조 제3항에 의해 청원의 취지를 설명해야 하고 질의가 있을 경우 답변을 해야 한다.

③ 국민이면 누구든지 널리 제기할 수 있는 민중적 청원제도는 재판청구권 기타 준사법적 구제청구와는 그 성질을 달리하므로 청원사항의 처리결과에 심판서나 재결서에 준하여 이유명시를 요구할 수 없다.

④ 모해청원, 반복청원, 이중청원, 국가기관권한사항청원, 개인사생활사항청원 등의 경우에는 수리되지 않는다.

해설

① ×

지방자치법 제75조 (청원의 심사·처리) ① 지방의회의 의장은 청원서를 접수하면 소관 위원회나 본회의에 회부하여 심사를 하게 한다.

③ 위원회가 청원을 심사하여 본회의에 부칠 필요가 없다고 결정하면 그 처리결과를 의장에게 보고하고, 의장은 청원한 자에게 알려야 한다.

② ×

국회법 제124조 (청원요지서의 작성과 회부) ① 의장은 청원을 접수하였을 때에는 청원요지서를 작성하여 인쇄하거나 전산망에 입력하는 방법으로 각 의원에게 배부하는 동시에 그 청원서를 소관 위원회에 회부하여 심사하게 한다.

제125조 (청원 심사·보고 등) ① 위원회는 청원 심사를 위하여 청원심사소위원회를 둔다.

③ 청원을 소개한 의원은 소관 위원회 또는 청원심사소위원회의 요구가 있을 때에는 청원의 취지를 설명하여야 한다.

③ ○ 헌법 제26조와 청원법의 규정에 관하여 헌법상 보장된 청원권은 공권력과의 관계에서 일어나는 여러 기지 이해관계, 의견, 희망 등에 관하여 적법한 청원을 한 모든 국민에게, 국가기관이 (그 주관관서가) 청원을 수리할 뿐만 아니라, 이를 심사하여 청원자에게 그 처리결과를 통지할 것을 요구할 수 있는 권리를 말한다. 국민이면 누구든지 널리 제기할 수 있는 민중적 청원제도는 재판청구권 기타 준사법적 구제청구와는 그 성질을 달리하므로 청원사항의 처리결과에 심판서나 재결서에 준하여 이유명시를 요구할 수 없다(헌재 1999.11.25. 97헌마54).

④ ×

청원법 제5조 (청원의 불수리) ① 청원이 다음 각 호의 어느 하나에 해당하는 때에는 이를 수리하지 아니한다.

1. 감사·수사·재판·행정심판·조정·중재 등 다른 법령에 의한 조사·불복 또는 구제절차가 진행 중인 때
2. 허위의 사실로 타인으로 하여금 형사처분 또는 징계처분을 받게 하거나 국가기관 등을 중상모략하는 사항인 때
3. 사인간의 권리관계 또는 개인의 사생활에 관한 사항인 때
4. 청원인의 성명·주소 등이 불분명하거나 청원내용이 불명확한 때

제4조 (청원사항) 청원은 다음 각 호의 어느 하나에 해당하는 경우에 한하여 할 수 있다.
1. 피해의 구제
2. 공무원의 위법·부당한 행위에 대한 시정이나 징계의 요구
3. 법률·명령·조례·규칙 등의 제정·개정 또는 폐지
4. 공공의 제도 또는 시설의 운영
5. 그 밖에 국가기관 등의 권한에 속하는 사항

제8조 (반복청원 및 이중청원의 처리) 동일인이 동일한 내용의 청원서를 동일한 기관에 2건 이상 제출하거나 2 이상의 기관에 제출한 때에는 나중에 접수된 청원서는 이를 반려할 수 있다.

반복청원, 이중청원, 국가기관권한사항청원 등의 경우에는 **수리**될 수 있지만 모해청원, 개인사생활사항청원 등의 경우에는 **수리되지 않는다**(청원법 제4조·제5조·제8조).

정답 ③

24 **헌법 제27조의 재판을 받을 권리에 대한 설명 중 가장 적절하지 않은 것은? (다툼이 있는 경우 판례에 의함)** *〈2015 경정승진〉*

① 재판청구권은 공권력이나 사인에 의해서 기본권이 침해당하기나 침해당할 위험에 처해 있을 경우 이에 대한 구제나 그 예방을 요청할 수 있는 권리라는 점에서 다른 기본권의 보장을 위한 기본권이라는 성격을 가지고 있다.

② 헌법 제27조 제3항은 '모든 국민은 신속한 재판을 받을 권리를 가진다.'고 규정하고 있으므로 모든 국민은 법률에 의한 구체적 형성이 없어도 직접 신속한 재판을 청구할 수 있는 권리를 가진다.

③ 재판청구권에 상급심재판을 받을 권리나 사건의 경중을 가리지 않고 모든 사건에 대하여 반드시 대법원 또는 상급법원을 구성하는 법관에 의한 균등한 재판을 받을 권리가 포함되어 있다고 할 수는 없다.

④ 법관이 아닌 사법보좌관이 소송비용액 확정재판을 할 수 있도록 정한 「법원조직법」 제54조는 동일 심급 내에서 법관으로부터 다시 재판받을 수 있는 권리를 보장하고 있으므로 재판청구권을 침해하지 않는다.

해설

① ○ 헌법 제27조 제1항은 "모든 국민은 헌법과 법률이 정한 법관에 의하여 법률에 의한 재판을 받을 권리를 가진다."고 규정함으로써 모든 국민은 헌법과 법률이 정한 자격과 절차에 의하여 임명되고 물적 독립과 인적 독립이 보장된 법관에 의하여 합헌적인 법률이 정한 내용과 절차에 따라 재판을 받을 권리를 보장하고 있다. 이러한 재판청구권은 공권력이나 사인에 의해서 기본권이 침해당하거나 침해당할 위험에 처해 있을 경우 그에 대한 구제 또는 예방을 요청할 수 있는 권리라는 점에서 다른 기본권의 보장을 위한 기본권이라는 성격을 가지고 있다(헌재 2011.6.30. 2009헌바430).

② × 헌법 제27조 제3항 제1문은 "모든 국민은 신속한 재판을 받을 권리를 가진다."라고 규정하고 있다. 그러나 신속한 재판을 받을 권리의 실현을 위해서는 구체적인 입법형성이 필요하며, 다른 사법절차적 기본권에 비하여 폭넓은 입법재량이 허용된다. 특히 신속한 재판을 위해서 적정한 판결선고기일을 정하는 것은 법률상 쟁점의 난이도, 개별사건의 특수상황, 접수된 사건량 등 여러 가지 요소를 복합적으로 고려하여 결정되어야 할 사항인데, 이때 관할 법원에게는 광범위한 재량권이 부여된다. 따라서 법률에 의한 구체적 형성 없이는 신속한 재판을 위한 어떤 직접적이고 구체적인 청구권이 발생하지 아니한다(헌재 1999.9.16. 98헌마75).

③ ○ 재판청구권에는 상급심재판을 받을 권리나 사건의 경중을 가리지 않고 모든 사건에 대하여 반드시 대법원 또는 상급법원을 구성하는 법관에 의한 균등한 재판을 받을 권리가 포함되어 있다고 할 수는 없다(헌재 1996.10.31. 94헌바3).

④ ○ 헌법 제27조 제1항의 재판청구권 보장과 관련하여 최소한 법관이 사실을 확정하고 법률을 해석·적용하는 재판을 받을 권리를 보장할 것이 요구되므로 사법보좌관의 처분에 대한 이의절차가 중요하다. 「법원조직법」 제54조 제3항 등에서는 사법보좌관의 처분에 대한 이의신청을 허용함으로써 동일 심급 내에서 법관으로부터 다시 재판받을 수 있는 권리를 보장하고 있는데, 이 사건 조항에 의한 소송비용액 확정결정절차의 경우에도 이러한 이의절차에 의하여 법관에 의한 판단을 거치도록 함으로써 법관에 의한 사실확정과 법률해석의 기회를 보장하고 있다. … 따라서 사법보좌관에게 소송비용액 확정결정절차를 처리하도록 한 이 사건 조항이 그 입법재량권을 현저히 불합리하게 또는 자의적으로 행사하였다고 단정할 수 없으므로 헌법 제27조 제1항에 위반된다고 할 수 없다(헌재 2009.2.26. 2007헌바8 등).

정답 ②

25 다음 중 재판청구권에 대한 설명으로 옳지 않은 것은? 〈2017 국회직 9급〉

① 재심 재판을 받을 권리는 헌법 규정으로부터 당연히 도출되는 권리가 아니다.

② 교원징계에 대한 항고소송을 제기하기 전에 소청위원회 소청절차를 거치도록 한 것은 재판청구권을 침해하는 것이다.

③ 특별검사가 공소제기 한 사건의 재판기간과 상소절차 진행기간을 일반사건보다 단축하는 것은 공정한 재판을 받을 권리를 침해하지 않는다.

④ 변호인이 있는 때에 피고인에게 따로 공판조서열람청구를 인정하지 않아도 기본권을 침해하는 것이 아니다.

⑤ 관세청의 통고처분을 행정소송의 대상에서 제외한 「관세법」 규정은 재판청구권 침해가 아니다.

해설

① ○ 재심이나 준재심은 확정판결이나 화해조서 등에 대한 특별한 불복방법이고, 확정판결에 대한 법적 안정성의 요청은 미확정판결에 대한 그것보다 훨씬 크다고 할 것이므로 재심을 청구할 권리가 헌법 제27조에서 규정한 재판을 받을 권리에 당연히 포함된다고 할 수 없고 어떤 사유를 재심사유로 하여 재심이나 준재심을 허용할 것인가는 입법자가 확정된 판결이나 화해조서에 대한 법적 안정성, 재판의 신속, 적정성, 법원의 업무부담 등을 고려하여 결정하여야 할 입법정책의 문제이다(헌재 1996.3.28. 93헌바27).

② × 재심청구는 불복절차로 행정소송을 제기할 수 있으므로 재판의 전심절차로서의 한계를 준수하고 있고, 판단기관인 재심위원회의 구성과 운영에 있어서 심사·결정의 독립성과 공정성을 객관적으로 신뢰할 수 있으며, 「교원지위법」과 「교원징계처분 등의 재심에 관한 규정」이 규정하고 있는 재심청구의 절차와 보완적으로 적용되는 행정심판법의 심리절차를 고려하여 보면 심리절차에 사법절차를 준용하고 있으므로, 헌법 제107조 제3항에 위반된다고 할 수 없다(헌재 2007.1.17. 2005헌바86).

③ ○ 이 사건 법률 제10조가 재판기간을 단기간으로 규정한 것은 사안의 성격과 특별검사제도의 특수성을 감안하여 위 기간 내에 가능한 신속하게 재판을 종결함으로써 국민적 의혹을 조기에 해소하고 정치적 혼란을 수습하자는 것일 뿐, 피고인의 방어권이나 적정절차를 보장하지 않은 채 재판이 위 기간 내에 종결되어야 한다거나 위 기간이 도과하면 재판의 효력이 상실된다는 취지는 아니다. … 그렇다면 이 사건 법률 제10조가 공정한 재판을 받을 권리를 침해한다 할 수 없고, 이 사건 법률에 의한 특별검사에 의하여 공소제기 된 사람을 일반 형사재판을 받는 사람에 비하여 달리 취급하였다하여 평등권을 침해한다 할 수 없다(헌재 2008.1.10. 2007헌마1468).

④ ○ 변호인이 있는 경우에는 변호인을 통하여 피고인이 공판조서의 내용을 알 수 있고 그 기재의 정확성도 보장할 수 있으며 만약 변호인이 피고인의 정당한 이익을 보호하지 아니하고 불성실한 변호를 할 때에는 피고인은 언제든지 자신의 의사에 반하는 변호인을 배제하고 위 규정에 의한 공판조서열람권을 행사할 수도 있게 되어 있으므로, 형사소송법 제55조 제1항이 변호인이 있는 피고인에 변호인과는 별도로 공판조서열람권을 부여하지 않는다고 하여 피고인의 공정한 재판을 받을 권리가 침해된다고 할 수는 없다(헌재 1994.12.29. 92헌나31).

⑤ ○ 통고처분은 상대방의 임의의 승복을 그 발효요건으로 하기 때문에 그 자체만으로는 통고이행을 강제하거나 상대방에게 아무런 권리의무를 형성하지 않으므로 행정심판이나 행정소송의 대상으로서의 처분성을 부여할 수 없고, 통고처분에 대하여 이의가 있으면 통고내용을 이행하지 않음으로써 고발되어 형사재판절차에서 통고처분의 위법·부당함을 얼마든지 다툴 수 있기 때문에 「관세법」 제38조 제3항 제2호가 법관에 의한 재판받을 권리를 침해한다든가 적법절차의 원칙에 저촉된다고 볼 수 없다(헌재 1998.5.28. 96헌바4).

정답 ②

26 재판을 받을 권리에 관한 다음 설명 중 가장 옳지 않은 것은? 〈2020 법원직 9급〉

① 우리 헌법은 공정하고 신속한 공개재판을 받을 권리를 보장하고 있다.

② 공정한 재판을 받을 권리 속에는 당사자주의와 구두변론주의가 보장되어 당사자가 공소사실에 대한 답변과 입증 및 반증을 하는 등 공격·방어권이 충분히 보장되는 재판을 받을 권리가 포함되어 있다.

③ 우리 헌법은 상고심재판을 받을 권리를 명문화하고 있지는 않지만, 헌법 제27조의 재판을 받을 권리로부터 당연히 도출된다고 볼 수 있다.

④ 재심은 확정판결에 대한 특별한 불복방법이고 확정판결에 대한 법적 안정성의 요청은 미확정판결에 대한 그것보다 훨씬 크다고 할 것이므로, 재심을 청구할 권리가 헌법 제27조에서 규정한 재판을 받을 권리에 당연히 포함된다고 볼 수는 없다.

해설

① ○ 헌법은 제27조 제1항에서 "모든 국민은 헌법과 법률이 정한 법관에 의하여 법률에 의한 재판을 받을 권리를 가진다."라고 규정하고 같은 조 제3항에서 "모든 국민은 신속한 재판을 받을 권리를 가진다. 형사피고인은 상당한 이유가 없는 한 지체 없이 공개재판을 받을 권리를 가진다."라고 규정하여 공정하고 신속한 공개재판을 받을 권리를 보장하고 있는바, 이 재판청구권은 재판절차를 규율하는 법률과 재판에서 적용될 실체적 법률이 모두 합헌적이어야 한다는 의미에서의 법률에 의한 재판을 받을 권리뿐만 아니라, 비밀재판을 배제하고 일반 국민의 감시하에서 심리와 판결을 받음으로써 공정한 재판을 받을 수 있는 권리를 포함하고 있다(헌재 1996.12.26. 94헌바1).

② ○ 공정한 재판을 받을 권리 속에는 신속하고 공개된 법정의 법관의 면전에서 모든 증거자료가 조사·진술되고 이에 대하여 피고인이 공격·방어할 수 있는 기회가 보장되는 재판, 즉 원칙적으로 당사자주의와 구두변론주의가 보장되어 당사자가 공소사실에 대한 답변과 입증 및 반증하는 등 공격·방어권이 충분히 보장되는 재판을 받을 권리가 포함되어 있다(헌재 1996.12.26. 94헌바1).

③ × 헌법이 대법원을 최고법원으로 규정하였다고 하여 대법원이 곧바로 모든 사건을 상고심으로서 관할하여야 한다는 결론이 당연히 도출되는 것은 아니며, "헌법과 법률이 정하는 법관에 의하여 법률에 의한 재판을 받을 권리"가 사건의 경중을 가리지 않고 모든 사건에 대하여 대법원을 구성하는 법관에 의한 균등한 재판을 받을 권리를 의미한다거나 또는 상고심재판을 받을 권리를 의미하는 것이라고 할 수는 없다(헌재 2007.7.26. 2006헌마551 등).

④ ○ 재심은 확정판결에 대한 특별한 불복방법이고, 확정판결에 대한 법적 안정성의 요청은 미확정판결에 대한 그것보다 훨씬 크다고 할 것이므로 재심을 청구할 권리가 헌법 제27조에서 규정한 재판을 받을 권리에 당연히 포함된다고 할 수 없고, 심판대상법조항에 의한 재심청구의 혜택은 일정한 적법요건하에 「헌법재판소법」 제68조 제2항에 의한 헌법소원을 청구하여 인용된 자에게는 누구에게나 일반적으로 인정되는 것이고, 헌법소원청구의 기회가 규범적으로 균등하게 보장되어 있기 때문에, 심판대상법조항이 헌법재판소법 제68조 제2항에 의한 헌법소원을 청구하여 인용결정을 받지 않은 사람에게는 재심의 기회를 부여하지 않는다고 하여 청구인의 재판청구권이나 평등권, 재산권과 행복추구권을 침해하였다고는 볼 수 없다(헌재 2000.6.29. 99헌바66).

정답 ③

27 청원에 대한 설명으로 옳지 않은 것은? (다툼이 있는 경우 판례에 의함) 〈2016 국가직 7급〉

① 정부에 제출 또는 회부된 정부의 정책에 관계되는 청원의 심사는 국무회의의 심의사항이다.

② 헌법에서는 청원에 대하여 심사할 의무만을 규정하므로 국가기관은 청원에 대하여 그 결과를 통지하여야 할 의무를 지지 않는다.

③ 국회에 청원을 하려는 자는 국회의원의 소개를 얻어서, 지방의회에 청원을 하려는 자는 지방의회의원의 소개를 받아 청원서를 제출하도록 하는 것은 청원권을 침해하지 아니한다.

④ 청원이 「청원법」상 처리기간 이내에 처리되지 아니하는 경우 청원인은 청원을 관장하는 기관에 이의신청을 할 수 있다.

해설

① ○

헌법 제89조 다음 사항은 국무회의의 심의를 거쳐야 한다.
15. 정부에 제출 또는 회부된 정부의 정책에 관계되는 청원의 심사

② × 청원서를 접수한 국가기관은 이를 수리·심사하여 그 결과를 통지하여야 할 헌법에서 유래하는 작위의무를 지고 있고, 이에 상응하여 청원인에게는 청원에 대하여 위와 같은 적정한 처리를 할 것을 요구할 수 있는 권리가 있다(헌재 2004.5.27. 2003헌마851).

③ ○ (1) 청원은 일반의안과 같이 처리되므로 청원서 제출단계부터 의원의 관여가 필요하고, 의원의 소개가 없는 민원의 경우에는 진정으로 접수하여 처리하고 있으며, 청원의 소개의원은 1인으로 족한 점 등을 감안할 때 이 사건 법률조항이 국회에 청원을 하려는 자의 청원권을 침해한다고 볼 수 없다(헌재 2006.6. 29. 2005헌마604).

(2) 지방의회에 청원을 할 때에 지방의회 의원의 소개를 얻도록 한 것은 의원이 미리 청원의 내용을 확인하고 이를 소개하도록 함으로써 청원의 남발을 규제하고 심사의 효율을 기하기 위한 것이고, … 청원의 소개의원도 1인으로 족한 점을 감안하면 이러한 정도의 제한은 공공복리를 위한 필요·최소한의 것이라고 할 수 있다(헌재 1999.11.25. 97헌마54).

④ ○

청원법 제9조의2 (이의신청) 청원이 제9조(청원의 심사)에 따른 처리기간 이내에 처리되지 아니하는 경우 청원인은 청원을 관장하는 기관에 이의신청을 할 수 있다.

정답 ②

28 재판을 받을 권리에 대한 설명으로 옳지 않은 것은? (다툼이 있는 경우 판례에 의함)

〈2020 국가직 5급〉

① 헌법은 재판의 전심절차로서 행정심판을 할 수 있다고 규정하고 있다.

② 국가의 안전보장 또는 안녕질서를 방해하거나 선량한 풍속을 해할 염려가 있을 때에는 당사자의 청구가 있어야만 법원의 결정에 의해서 심리를 공개하지 않을 수 있다.

③ 재판을 받을 권리에 국민참여재판을 받을 권리가 포함되는 것은 아니다.

④ 군인 또는 군무원이 아닌 국민은 비상계엄이 선포된 경우 군사법원의 재판을 받을 수 있다.

해설

① ○

헌법 제107조 ③ 재판의 전심절차로서 행정심판을 할 수 있다. 행정심판의 절차는 법률로 정하되, 사법절차가 준용되어야 한다.

② × 당사자의 청구가 있어야만 하는 것이 아니라 법원의 결정에 의해서 심리를 공개하지 아니할 수 있다.

헌법 제109조 재판의 심리와 판결은 공개한다. 다만, 심리는 국가의 안전보장 또는 안녕질서를 방해하거나 선량한 풍속을 해할 염려가 있을 때에는 법원의 결정으로 공개하지 아니할 수 있다.

③ ○ 우리 헌법상 헌법과 법률이 정한 법관에 의한 재판을 받을 권리는 직업법관에 의한 재판을 주된 내용으로 하는 것이므로 국민참여재판을 받을 권리가 헌법 제27조 제1항에서 규정한 재판을 받을 권리의 보호범위에 속한다고 볼 수 없다(헌재 2009.11.26. 2008헌바12).

④ ○

헌법 제27조 ② 군인 또는 군무원이 아닌 국민은 대한민국의 영역 안에서는 중대한 군사상 기밀·초병·초소·유독음식물공급·포로·군용물에 관한 죄중 법률이 정한 경우와 비상계엄이 선포된 경우를 제외하고는 군사법원의 재판을 받지 아니한다.

정답 ②

29 헌법이 보장하는 재판청구권에 관한 설명으로 옳지 않은 것은? (다툼이 있는 경우 판례에 의함)

〈2019 소방간부〉

① 재판을 보장하는 헌법 제27조 제1항 소정의 재판청구권이 곧바로 모든 사건에서 상고심 또는 대법원의 재판을 받을 권리를 인정하는 것은 아니다.

② 소취하간주의 경우 소송비용을 원칙적으로 원고가 부담하도록 한 「민사소송법」 제114조 제2항 중 제98조를 준용하는 부분 가운데 '소취하간주'에 관한 부분은 재판청구권을 침해하지 아니한다.

③ 신속한 재판을 받을 권리의 실현을 위해서는 구체적인 입법형성이 필요하며, 다른 사법절차적 기본권에 비하여 폭넓은 입법재량이 허용된다.

④ 우리 헌법상 헌법과 법률이 정한 직업법관에 의한 재판을 받을 권리는 법관에 의한 재판을 주된 내용으로 하는 것이므로, 국민참여재판을 받을 권리는 헌법 제27조 제1항에서 규정한 재판을 받을 권리의 보호범위에 속한다.

⑤ 변호사와 접견하는 경우에도 수용자의 접견은 원칙적으로 접촉차단시설이 설치된 장소에서 하도록 규정하고 있는 형의 집행 및 수용자의 처우에 관한 법률 시행령 조항은 과잉금지원칙에 위배하여 청구인의 재판청구권을 지나치게 제한하고 있으므로, 헌법에 위반된다.

해설

① ○ 재판을 보장하는 헌법 제27조 제1항 소정의 재판청구권이 곧바로 모든 사건에서 상고심 또는 대법원의 재판을 받을 권리를 인정하는 것이라고 보기는 어렵지만, 그렇다고 하여 형사재판에서 피고인이 중죄를 범한 중죄인이라거나 외국에 도피 중이라는 이유만으로 상소의 제기 또는 상소권회복청구를 전면 봉쇄하는 것은 재판청구권의 침해임에 틀림이 없다고 보아야 할 것이다(헌재 1993.7.29. 90헌바35).

② ○ 이 사건 준용조항은 소취하간주의 경우 피고가 지출한 소송비용을 원고로부터 상환 받게 함으로써, 원고의 제소로 인해 비용을 지출한 피고에게 실효적인 권리구제를 보장하고, 부당한 제소를 방지하여 사법제도의 적정하고 합리적인 운영을 도모하려는 데에 그 취지가 있다고 할 것이므로 그 입법목적이 정당하다. 그리고 이로써 원고는 소송비용의 부담으로 인하여 부당한 제소나 기일해태를 자제하게 되어 입법목적의 달성에 실효적인 수단이 된다고 할 것이므로 수단의 적절성도 인정된다. … 따라서 이 사건 준용조항이 청구인의 재판청구권을 침해하여 헌법에 위반된다고 볼 수 없다(헌재 2017.7.27. 2015헌바1).

③ ○ 헌법 제27조 제3항 제1문은 "모든 국민은 신속한 재판을 받을 권리를 가진다."라고 규정하고 있다. 그러나 신속한 재판을 받을 권리의 실현을 위해서는 구체적인 입법형성이 필요하며, 다른 사법절차적 기본권에 비하여 폭넓은 입법재량이 허용된다. 특히 신속한 재판을 위해서 적정한 판결선고기일을 정하는 것은 법률상 쟁점의 난이도, 개별사건의 특수상황, 접수된 사건량 등 여러 가지 요소를 복합적으로 고려하여 결정되어야 할 사항인데, 이때 관할 법원에게는 광범위한 재량권이 부여된다. 따라서 법률에 의한 구체적 형성 없이는 신속한 재판을 위한 어떤 직접적이고 구체적인 청구권이 발생하지 아니한다(헌재 1999.9.16. 98헌마75).

④ × 우리 헌법상 헌법과 법률이 정한 법관에 의한 재판을 받을 권리는 직업법관에 의한 재판을 주된 내용으로 하는 것이므로 국민참여재판을 받을 권리가 헌법 제27조 제1항에서 규정한 재판을 받을 권리의 보호범위에 속한다고 볼 수 없다(헌재 2009.11.26. 2008헌바12).

⑤ ○ 원칙적으로 수용자가 접촉차단시설이 없는 장소에서 변호사와 접견을 하도록 하고 특별한 사정이 있는 경우에는 예외를 둠으로써 수용자의 재판청구권을 충분히 보장할 수 있음에도, 일률적으로 수용자로 하여금 접촉차단시설이 설치된 장소에서 변호사와 접견하도록 한 이 사건 접견조항은 피해최소성의 원칙에 위배된다. … 결국 이 사건 접견조항은 과잉금지원칙을 위반하여 수용자의 재판청구권을 침해하는 것으로 헌법에 위반된다(헌재 2013.8.29. 2011헌마122).

정답 ④

30 범죄피해자구조청구권에 관한 설명 중 가장 적절한 것은? (다툼이 있는 경우 판례에 의함)

〈2020 경정승진〉

① 범죄피해자구조청구권은 생명, 신체에 대한 피해를 입은 경우에 적용되는 것은 물론이고 재산상 피해를 입은 경우에도 적용된다.

② 범죄행위 당시 구조피해자와 가해자 사이에 사실상의 혼인관계가 있는 경우에도 구조피해자에게 구조금을 지급한다.

③ 범죄피해구조금을 받을 권리는 그 구조결정이 해당 신청인에게 송달된 날부터 1년간 행사하지 아니하면 시효로 인하여 소멸된다.

④ 헌법재판소는 범죄피해자 구조청구권의 대상이 되는 범죄피해에 해외에서 발생한 범죄피해의 경우를 포함하고 있지 아니한 것이 현저하게 불합리한 자의적인 차별이라고 볼 수 없어 평등원칙에 위배되지 아니한다고 결정하였다.

해설

① ×

범죄피해자 보호법 제3조 (정의) ① 이 법에서 사용하는 용어의 뜻은 다음과 같다.

4. "구조대상 범죄피해"란 대한민국의 영역 안에서 또는 대한민국의 영역 밖에 있는 대한민국의 선박이나 항공기 안에서 행하여진 사람의 생명 또는 신체를 해치는 죄에 해당하는 행위(「형법」 제9조, 제10조 제1항, 제12조, 제22조 제1항에 따라 처벌되지 아니하는 행위를 포함하며, 같은 법 제20조 또는 제21조 제1항에 따라 처벌되지 아니하는 행위 및 과실에 의한 행위는 제외한다)로 인하여 사망하거나 장해 또는 중상해를 입은 것을 말한다.

② ×

범죄피해자 보호법 제19조 (구조금을 지급하지 아니할 수 있는 경우) ① 범죄행위 당시 구조피해자와 가해자 사이에 다음 각 호의 어느 하나에 해당하는 친족관계가 있는 경우에는 구조금을 지급하지 아니한다.

1. 부부(사실상의 혼인관계를 포함한다)

③ ×

범죄피해자 보호법 제31조 (소멸시효) 구조금을 받을 권리는 그 구조결정이 해당 신청인에게 송달된 날부터 2년간 행사하지 아니하면 시효로 인하여 소멸된다.

④ ○ 국가의 주권이 미치지 못하고 국가의 경찰력 등을 행사할 수 없거나 행사하기 어려운 해외에서 발생한 범죄에 대하여는 국가에 그 방지책임이 있다고 보기 어렵고, 상호보증이 있는 외국에서 발생한 범죄피해에 대하여는 국민이 그 외국에서 피해구조를 받을 수 있으며, 국가의 재정에 기반을 두고 있는 구조금에 대한 청구권 행사대상을 우선적으로 대한민국의 영역안의 범죄피해에 한정하고, 향후 해외에서 발생한 범죄피해의 경우에도 구조를 하는 방향으로 운영하는 것은 입법형성의 재량의 범위 내라고 할 것이다. 따라서 범죄피해자구조청구권의 대상이 되는 범죄피해에 해외에서 발생한 범죄피해의 경우를 포함하고 있지 아니한 것이 현저하게 불합리한 자의적인 차별이라고 볼 수 없어 평등원칙에 위배되지 아니한다(헌재 2011.12.29. 2009헌마354).

정답 ④

31 재판청구권에 대한 설명으로 옳지 않은 것은? 〈2019 국회직 9급〉

① 재판청구권은 재판이라는 국가적 행위를 청구할 수 있는 적극적 측면과 헌법과 법률이 정한 법관이 아닌 자에 의한 재판이나 법률에 의하지 아니한 재판을 받지 아니하는 소극적 측면을 아울러 가지고 있다.

② 형사피해자는 법률이 정하는 바에 의하여 당해 사건의 재판절차에서 진술할 수 있다.

③ 형사피의자와 형사피고인은 유죄의 판결이 확정될 때까지는 무죄로 추정된다.

④ 우리나라의 배심재판은 국민주권에 근거하여 배심원의 심의와 평결에 법원이 구속되는 재판으로서 국민의 재판을 받을 권리를 침해하는 것이 아니다.

⑤ 군인 또는 군무원이 아닌 국민은 대한민국의 영역 안에서는 중대한 군사상 기밀·초병·초소·유독음식물공급·포로·군용물에 관한 죄 중 법률이 정한 경우와 비상계엄이 선포된 경우를 제외하고는 군사법원의 재판을 받지 아니한다.

해설

① ○ 헌법 제27조 제1항은 "모든 국민은 헌법과 법률이 정한 법관에 의하여 법률에 의한 재판을 받을 권리를 가진다."라고 하여 법률에 의한 재판과 법관에 의한 재판을 받을 권리를 보장하고 있다. 재판청구권은 재판이라는 국가적 행위를 청구할 수 있는 적극적 측면과 헌법과 법률이 정한 법관이 아닌 자에 의한 재판이나 법률에 의하지 아니한 재판을 받지 아니하는 소극적 측면을 아울러 가지고 있다(헌재 1998.5.28. 96헌바4).

② ○

> **헌법 제27조** ⑤ 형사피해자는 법률이 정하는 바에 의하여 당해 사건의 재판절차에서 진술할 수 있다.

③ ○ (1) 헌법은 형사피고인에 대하여서만 규정하였으나 공소가 제기된 형사피고인에게 무죄추정이 적용되는 이상 아직 공소제기조차 되지 아니한 형사피의자에게 무죄추정이 적용되는 것은 당연하다(헌재 1992.4.14. 90헌마82).

(2)

> **헌법 제27조** ④ 형사피고인은 유죄의 판결이 확정될 때까지는 무죄로 추정된다.

④ ×

> **국민의 형사재판 참여에 관한 법률 제46조 (재판장의 설명·평의·평결·토의 등)** ② 심리에 관여한 배심원은 제1항의 설명을 들은 후 유·무죄에 관하여 평의하고, 전원의 의견이 일치하면 그에 따라 평결한다. 다만, 배심원 과반수의 요청이 있으면 심리에 관여한 판사의 의견을 들을 수 있다.

③ 배심원은 유·무죄에 관하여 전원의 의견이 일치하지 아니하는 때에는 평결을 하기 전에 심리에 관여한 판사의 의견을 들어야 한다. 이 경우 유·무죄의 평결은 다수결의 방법으로 한다. 심리에 관여한 판사는 평의에 참석하여 의견을 진술한 경우에도 평결에는 참여할 수 없다.

④ 제2항 및 제3항의 평결이 유죄인 경우 배심원은 심리에 관여한 판사와 함께 양형에 관하여 토의하고 그에 관한 의견을 개진한다. 재판장은 양형에 관한 토의 전에 처벌의 범위와 양형의 조건 등을 설명하여야 한다.

⑤ 제2항부터 제4항까지의 평결과 의견은 법원을 기속하지 아니한다.

⑤ ○

헌법 제27조 ② 군인 또는 군무원이 아닌 국민은 대한민국의 영역 안에서는 중대한 군사상 기밀·초병·초소 유독음식물공급·포로·군용물에 관한 최종 법률이 정한 경우와 비상계엄이 선포된 경우를 제외하고는 군사법원의 재판을 받지 아니한다.

정답 ④

32 재판을 받을 권리에 대한 설명으로 가장 옳지 않은 것은? 〈2018 서울시 7급〉

① 국민참여재판은 사법권의 민주적 정당성을 위한 것으로서 모든 국가권력이 국민의 의사에 기초해야 한다는 국민주권주의에 근거하고 있다.

② 형사소송절차상의 권리로서 국민참여재판을 받을 권리를 배제함에 있어서는 헌법상 적법절차의 원칙이 적용될 여지가 없다.

③ 법률이 국민참여재판 신청권을 부여하면서 단독판사 관할사건으로 재판받는 피고인과 합의부 관할사건으로 재판받는 피고인을 다르게 취급하는 것은 합리적인 이유가 있다.

④ 헌법과 법률이 정한 법관에 의한 재판을 받을 권리는 직업법관에 의한 재판을 주된 내용으로 하는 것이므로 국민참여재판을 받을 권리는 그 보호범위에 속하지 않는다.

해설

① ○ 국민주권주의는 모든 국가권력이 국민의 의사에 기초해야 한다는 의미로, 사법권의 민주적 정당성을 위한 국민참여재판을 도입한 근거가 되고 있으나, 그렇다고 하여 국민주권주의 이념이 곧 사법권을 포함한 모든 권력을 국민이 직접 행사하여야 하고 이에 따라 모든 사건을 국민참여재판으로 할 것을 요구한다고 볼 수 없다. 따라서 국민참여재판의 대상을 제한하는 심판대상조항이 국민주권주의에 위배될 여지가 없다(헌재 2016.12.29. 2015헌바63).

② × 국민참여재판을 받을 권리는 헌법상 기본권으로서 보호될 수는 없지만, 재판참여법에서 정하는 대상 사건에 해당하는 한 피고인은 원칙적으로 국민참여재판으로 재판을 받을 법률상 권리를 가진다고 할 것이고, 이러한 형사소송절차상의 권리를 배제함에 있어서는 헌법에서 정한 적법절차원칙을 따라야 한다(헌재 2014.1.28. 2012헌바298).

③ ○ 형사사건의 다수를 차지하는 단독판사 관할사건까지 국민참여재판의 대상사건으로 할 경우, 한정된 인적·물적자원만으로는 현실적으로 제도운영에 어려움이 있는 점, 합의부 관할사건이 일반적으로 단독판사 관할사건보다 사회적 파급력이 큰 점 등에 비추어 보면, 이 사건 법률조항이 단독판사 관할사건으로 재판받는 피고인과 합의부 관할사건으로 재판받는 피고인을 다르게 취급하고 있는 것은 합리적인 이유가 있으므로 이 사건 법률조항은 평등권을 침해하지 않는다(헌재 2015.7.30. 2014헌바447).

④ ○ 헌법과 법률이 정한 법관에 의한 재판을 받을 권리는 직업법관에 의한 재판을 주된 내용으로 하는 것이므로, 국민참여재판을 받을 권리가 헌법 제27조 제1항에서 규정한 재판을 받을 권리의 보호법에 속한다고 볼 수 없다(헌재 2015.7.30. 2014헌바447).

정답 ②

33 재판청구권에 대한 설명으로 옳지 않은 것은? (다툼이 있는 경우 판례에 의함) *〈2018 지방직 7급〉*

① 토지수용위원회의 수용재결서를 받은 날로부터 60일 이내에 보상금증감청구소송을 제기하도록 한 「공익사업을 위한 토지 등의 취득 및 보상에 관한 법률」 조항은 보상금증감청구소송을 제기하려는 토지소유자의 재판청구권을 침해한다.

② 국민참여재판을 받을 권리가 헌법 제27조 제1항에서 규정한 헌법과 법률이 정한 법관에 의한 재판을 받을 권리의 보호범위에 속한다고 볼 수 없다.

③ 「인신보호법」상 피수용자인 구제청구자의 즉시항고 제기기간을 3일로 정한 것은 피수용자의 재판청구권을 침해한다.

④ 형사보상의 청구에 대하여 한 보상의 결정에 대하여는 불복을 신청할 수 없도록 하여 형사보상의 결정을 단심재판으로 하도록 하는 것은 형사보상청구권자의 재판청구권을 침해한다.

해설

① × 공익사업의 안정적인 시행을 위하여서는 수용대상토지의 수용여부 못지않게 보상금을 둘러싼 분쟁 역시 조속히 확정하여야 할 필요가 있다. 또한 토지소유자는 협의 및 수용재결 단계를 거치면서 오랜 기간 보상금액수에 대하여 다투어 왔으므로, 수용재결의 보상금 액수에 관하여 보상금증감청구소송을 제기할 것인지 결정하는 데에 많은 시간이 필요하지 않다. 따라서 이 사건 법률조항이 정한 60일의 제소기간은 입법재량의 한계를 벗어났다고 보기 어려우므로, 보상금증감청구소송을 제기하려는 토지소유자의 재판청구권을 침해한다고 볼 수 없다(헌재 2016.7.28. 2014헌바206).

② ○ 우리 헌법상 헌법과 법률이 정한 법관에 의한 재판을 받을 권리는 직업법관에 의한 재판을 주된 내용으로 하는 것이므로 국민참여재판을 받을 권리가 헌법 제27조 제1항에서 규정한 재판을 받을 권리의 보호범위에 속한다고 볼 수 없다(헌재 2009.11.26. 2008헌바2).

③ ○ 인신보호법상 피수용자인 구제청구자는 자기 의사에 반하여 수용시설에 수용되어 인신의 자유가 제한된 상태에 있으므로 그 자신이 직접 법원에 가서 즉시항고장을 접수할 수 없고, 외부인의 도움을 받아서 즉시항고장을 접수하는 방법은 외부인의 호의와 협조가 필수적이어서 이를 기대하기 어려운 때에는 그리 효과적이지 않으며, 우편으로 즉시항고장을 접수하는 방법도 즉시항고장을 작성하는 시간과 우편물을 발송하고 도달하는 데 소요되는 시간을 고려하면 3일의 기간이 충분하다고 보기 어렵다. … 나아가 즉시항고 제기기간을 3일보다 조금 더 긴 기간으로 정한다고 해도 피수용자의 신병에 관한 법률관계를 조속히 확정하려는 이 사건 법률조항의 입법목적이 달성되는 데 큰 장애가 생긴다고 볼 수 없으므로, 이 사건법률조항은 피수용자의 재판청구권을 침해한다(헌재 2015.9.24. 2013헌가21).

④ ○ 보상액의 산정에 기초되는 사실인정이나 보상액에 관한 판단에서 오류나 불합리성이 발견되는 경우에도 그 시정을 구하는 불복신청을 할 수 없도록 하는 것은 형사보상청구권 및 그 실현을 위한 기본권으로서의 재판청구권의 본질적 내용을 침해하는 것이라 할 것이고, 나아가 법적안정성만을 지나치게 강조함으로써 재판의 적정성과 정의를 추구하는 사법제도의 본질에 부합하지 아니하는 것이다. 또한, 불복을 허용하더라도 즉시항고는 절차가 신속히 진행될 수 있고 사건수도 과다하지 아니한데다 그 재판내용도 비교적 단순하므로 불복을 허용한다고 하여 상급심에 과도한 부담을 줄 가능성은 별로 없다고 할 것이어서, 이 사건 불복금지조항은 형사보상청구권 및 재판청구권을 침해한다고 할 것이다(헌재 2010.10.28. 2008헌마514 등).

정답 ①

34 재판청구권에 대한 설명으로 옳지 않은 것은? (다툼이 있는 경우 판례에 의함) *〈2018 국회직 9급〉*

① 수형자가 국선대리인인 변호사를 접견하는데 교도소장이 그 접견내용을 녹음·기록하였다고 해도 재판을 받을 권리를 침해하는 것은 아니다.

② 재심청구권은 헌법의 규정에 의하여 직접 발생되는 기본적 인권은 아니다.

③ 심급제도가 몇 개의 심급으로 형성되어야 하는지에 관하여 헌법이 전혀 규정하는 바가 없으므로 이는 입법자의 광범위한 형성권에 맡겨져 있다.

④ 군사시설 중 전투용에 공하는 시설을 손괴한 일반 국민이 평시에 군사법원에서 재판을 받도록 하는 것은 법관에 의한 재판을 받을 권리를 침해하는 것이다.

⑤ 행정심판절차에 사법절차가 준용되지 않는다 하더라도 임의적 전치제도로 그치고 있다면 당사자의 재판청구권을 침해한다고 할 수 없다.

해설

① × 수형자와 변호사와의 접견내용을 녹음, 녹화하게 되면 그로 인해 제3자인 교도소 측에 접견내용이 그대로 노출되므로 수형자와 변호사는 상담과정에서 상당히 위축될 수밖에 없고, 특히 소송의 상대방이 국가나 교도소 등의 구금시설로서 그 내용이 구금시설 등의 부당처우를 다투는 내용일 경우에 접견내용에 대한 녹음, 녹화는 실질적으로 당사자대등의 원칙에 따른 무기평등을 무력화시킬 수 있다. … 이 사건에 있어서 청구인과 헌법소원 사건의 국선대리인인 변호사의 접견내용에 대해서는 접견의 목적이나 접견의 상대방 등을 고려할 때 녹음·기록이 허용되어서는 아니 될 것임에도, 이를 녹음·기록한 행위는 청구인의 재판을 받을 권리를 침해한다(헌재 2013.9.26. 2011헌마398).

② ○ 어떤 사유를 재심사유로 하여 재심을 허용할 것인가 하는 것은 입법자가 확정된 판결에 대한 법적 안정성, 재판의 신속, 적정성, 법원의 업무부담 등을 고려하여 결정하여야 할 입법정책의 문제이며, 재심청구권도 입법형성권의 행사에 의하여 비로소 창설되는 법률상의 권리일 뿐, 청구인의 주장과 같이 헌법 제27조 제1항, 제37조 제1항에 의하여 직접 발생되는 기본적 인권은 아니다(헌재 2000.6.29. 99헌바66 등).

③ ○ 재판을 받을 권리라는 것은, '법적 분쟁시 독립된 법원에 의하여 사실관계와 법률관계에 관하여 한번 포괄적으로 심사를 받을 수 있도록 국민이 소송을 제기할 수 있는 권리'로서, 적어도 한 번의 재판을 받을 권리, 적어도 하나의 심급을 요구할 권리인 것이며, 그 구체적인 형성은 입법자의 광범위한 입법재량에 맡겨져 있는 것이다. 즉 심급제도가 몇 개의 심급으로 형성되어야 하는가에 관하여 헌법이 전혀 규정하는 바가 없으므로, 이는 입법자의 광범위한 형성권에 맡겨져 있는 것이며, 모든 구제절차나 법적분쟁에서 반드시 보장되는 것은 아니다(헌재 2005.3.31. 2003헌바34).

④ ○ 구「군형법」제69조 중 '전투용에 공하는 시설'은 '군사목적에 직접 공용되는 시설'로 항상 '군사시설'에 해당한다. … 군인 또는 군무원이 아닌 국민에 대한 군사법원의 예외적인 재판권을 정한 헌법 제27조 제2항에 규정된 군용물에는 군사시설이 포함되지 않는다. 그렇다면 '군사시설' 중 '전투용에 공하는 시설'을 손괴한 일반 국민이 항상 군사법원에서 재판받도록 하는 이 사건 법률조항은, 비상계엄이 선포된 경우를 제외하고는 '군사시설'에 관한 죄를 범한 군인 또는 군무원이 아닌 일반 국민은 군사법원의 재판을 받지 아니하도록 규정한 헌법 제27조 제2항에 위반되고, 국민이 헌법과 법률이 정한 법관에 의한 재판을 받을 권리를 침해한다(헌재 2013.11.28. 2012헌가10).

⑤ ○ 입법자가 행정심판을 전심절차가 아니라 종심절차로 규정함으로써 정식재판의 기회를 배제하거나, 어떤 행정심판을 필요적 전심절차로 규정하면서도 그 절차에 사법절차가 준용되지 않는다면 이는 헌법 제107조 제3항, 나아가 재판청구권을 보장하고 있는 헌법 제27조에도 위반된다 할 것이다. 반면 어떤 행정심판절차에 사법절차가 준용되지 않는다 하더라도 임의적 전치제도로 규정함에 그치고 있다면 위 헌법조항에 위반된다 할 수 없다. 그러한 행정심판을 거치지 아니하고 곧바로 행정소송을 제기할 수 있는 선택권이 보장되어 있기 때문이다(헌재 2000.6.1. 98헌바8).

정답 ①

35 재판청구권에 관한 다음 설명 중 가장 옳지 않은 것은? 〈2019 법원직 9급〉

① 국민의 재판청구에 대하여 법원은 신속한 재판을 하여야 할 헌법 및 법률상 작위의무가 존재한다.

② 군사시설 중 전투용에 공하는 시설을 손괴한 일반 국민이 항상 군사법원에서 재판받도록 하는 군사법원법 조항은 헌법과 법률이 정한 법관에 의한 재판을 받을 권리를 침해한다.

③ 재심을 청구할 권리가 헌법 제27조의 재판을 받을 권리에 당연히 포함된다고 할 수 없다.

④ 국민참여재판을 받을 권리가 헌법 제27조의 재판을 받을 권리에 당연히 포함된다고 할 수 없다.

해설

① × 신속한 재판을 받을 권리를 실현하는 구체적인 방법으로는, 소송절차에서 단계별로 소송을 촉진하는 수단을 적절히 배치하거나, 효율적인 소송절차의 운영을 위하여 필요한 인적·물적 시설을 확충하는 등 여러 가지 방안이 있을 수 있는바, 사법절차적 기본권으로서의 청구권적 성격을 고려할 때 신속한 재판을 받을 권리의 실현을 위한 방법들은 헌법 규정으로부터 곧바로 도출되는 것이 아니고 구체적인 입법형성을 필요로 한다(헌재 2009.7.30. 2007헌마732).

② ○ 사건 법률조항은 '군사시설' 중 '전투용에 공하는 시설'을 손괴한 일반 국민이 항상 군사법원에서 재판을 받도록 하고 있다. 이는 명시적으로 헌법개정을 통하여 비상계엄이 선포된 경우를 제외하고는 '군사시설'에 관한 죄를 범한 일반 국민은 군사법원의 재판을 받지 아니하게 하여 군사법원의 신분적 재판권의 범위를 축소한 헌법개정권력자의 의도와 배치된다. 따라서 이 사건 법률조항은 헌법 제27조 제2항에 위반되어, 군인 또는 군무원이 아닌 일반 국민의 헌법과 법률이 정한 법관에 의한 재판을 받을 권리를 침해한다(헌재 2013.11.28. 2012헌가10).

③ ○ 재심청구권 역시 헌법 제27조에서 규정한 재판을 받을 권리에 당연히 포함된다고 할 수 없고, 어떤 사유를 재심사유로 정하여 재심을 허용할 것인가는 입법자가 확정판결에 대한 법적 안정성, 재판의 신속·적정성, 법원의 업무부담 등을 고려하여 결정하여야 할 입법정책의 문제라고 할 것이다(헌재 2004.12.16. 2003헌바105).

④ ○ 우리 헌법상 헌법과 법률이 정한 법관에 의한 재판을 받을 권리는 직업법관에 의한 재판을 주된 내용으로 하는 것이므로 국민참여재판을 받을 권리가 헌법 제27조 제1항에서 규정한 재판을 받을 권리의 보호범위에 속한다고 볼 수 없다(헌재 2009.11.26. 2008헌바12).

정답 ①

36 재판을 받을 권리에 대한 설명으로 가장 옳은 것은? (다툼이 있는 경우 헌법재판소 판례에 의함)

〈2017 서울시 7급〉

① 법원 직권으로 원고에게 소송비용에 대한 담보제공을 명할 수 있도록 하고, 원고가 담보를 제공하지 않을 경우 변론 없이 판결로 소를 각하할 수 있다고 규정한 「민사소송법」 조항은 재판청구권을 침해하지 않는다.

② '국민참여재판을 받을 권리'도 헌법 제27조 제1항에서 규정한 재판을 받을 권리의 보호범위에 속한다.

③ 행정심판절차의 구체적 형성에 관한 입법자의 입법형성의 한계를 고려할 때, 필요적 전심절차로 규정되어 있는 경우뿐만 아니라 임의적 전심절차로 규정되어 있는 경우에도 반드시 사법절차가 준용되어야 한다.

④ 재심도 재판절차 중의 하나이므로 재심청구권은 헌법 제27조에서 규정한 재판을 받을 권리에 당연히 포함된다.

해설

① ○ 심판대상조항은 원고의 소송비용 상환의무 이행을 미리 확보하여 피고의 소송비용을 보전하는 한편, 부당한 소송 또는 남상소를 제한하기 위한 것이다. 심판대상조항에 따라 법원 직권으로 담보 제공을 명할 수 있는 사유는 엄격히 제한되어 있고, 원고를 위한 담보제공명령 불복절차가

마련되어 있다. 이와 같은 사정을 종합하여 보면, 심판대상조항이 재판청구권을 침해한다고 할 수 없다(헌재 2016.2.25. 2014헌바366).

② × 헌법과 법률이 정한 법관에 의한 재판을 받을 권리는 직업법관에 의한 재판을 주된 내용으로 하는 것이므로, 국민참여재판을 받을 권리가 헌법 제27조 제1항에서 규정한 재판을 받을 권리의 보호범위에 속한다고 볼 수 없다(헌재 2015.7.30. 2014헌바447).

③ × 입법자가 행정심판을 전심절차가 아니라 종심절차로 규정함으로써 정식재판의 기회를 배제하거나, 어떤 행정심판을 필요적 전심절차로 규정하면서도 그 절차에 사법절차가 준용되지 않는다면 이는 헌법 제107조 제3항, 나아가 재판청구권을 보장하고 있는 헌법 제27조에도 위반된다 할 것이다. 반면 어떤 행정심판절차에 사법절차가 준용되지 않는다 하더라도 임의적 전치제도로 규정함에 그치고 있다면 위 헌법조항에 위반된다 할 수 없다. 그러한 행정심판을 거치지 아니하고 곧바로 행정소송을 제기할 수 있는 선택권이 보장되어 있기 때문이다(헌재 2000.6.1. 98헌바8).

④ × 재심이나 준재심은 확정판결이나 화해조서 등에 대한 특별한 불복방법이고, 확정판결에 대한 법적 안정성의 요청은 미확정판결에 대한 그것보다 훨씬 크다고 할 것이므로 재심을 청구할 권리가 헌법 제27조에서 규정한 재판을 받을 권리에 당연히 포함된다고 할 수 없고 어떤 사유를 재심사유로 하여 재심이나 준재심을 허용할 것인가는 입법자가 확정된 판결이나 화해조서에 대한 법적 안정성, 재판의 신속, 적정성, 법원의 업무부담 등을 고려하여 결정하여야 할 입법정책의 문제이다(헌재 1996.3.28. 93헌바27).

정답 ①

37 **재판청구권에 대한 설명으로 옳지 않은 것은? (다툼이 있는 경우 헌법재판소 판례에 의함)**

〈2017 국회직 5급〉

① 재판청구권은 재판이라는 국가적 행위를 청구할 수 있는 적극적 측면과 헌법과 법률이 정한 법관이 아닌 자에 의한 재판이나 법률에 의하지 아니한 재판을 받지 아니하는 소극적 측면을 아울러 가지고 있다.

② 재판의 심리와 판결은 공개하나, 심리는 국가의 안전보장 또는 안녕질서를 방해하거나 선량한 풍속을 해할 염려가 있을 때에는 법원의 결정으로 공개하지 아니한 수 있다.

③ 재판청구권은 모든 사건에 대하여 대법원에 의한 재판을 받을 권리를 포함한다.

④ 재판청구권은 헌법재판을 청구할 권리도 포함한다.

⑤ 소액사건에 관하여 일반사건에 비해 상고 및 재항고를 제한하고 있는「소액사건심판법」제3조는 재판청구권을 침해하지 않는다.

해설

① ○ 재판청구권은 재판이라는 국가적 행위를 청구할 수 있는 적극적 측면과 헌법과 법률이 정한 법관이 아닌 자에 의한 재판이나 법률에 의하지 아니한 재판을 받지 아니하는 소극적 측면을 아울러 가지고 있다. 이렇게 볼 때 헌법 제27조 제1항은 법관에 의하지 아니하고는 민사·행정·선거·가사사건에 관한 재판은 물론 어떠한 처벌도 받지 아니할 권리를 보장한 것이라 해석된다(헌재 1998.5.28. 96헌바4).

② ○

헌법 제109조 재판의 심리와 판결은 공개한다. 다만, 심리는 국가의 안전보장 또는 안녕질서를 방해하거나 선량한 풍속을 해할 염려가 있을 때에는 법원의 결정으로 공개하지 아니할 수 있다.

③ × 헌법이 대법원을 최고법원으로 규정하였다고 하여 대법원이 곧바로 모든 사건을 상고심으로서 관할하여야 한다는 결론이 당연히 도출되는 것은 아니며, "헌법과 법률이 정하는 법관에 의하여 법률에 의한 재판을 받을 권리"가 사건의 경중을 가리지 않고 모든 사건에 대하여 대법원을 구성하는 법관에 의한 균등한 재판을 받을 권리를 의미한다거나 또는 상고심재판을 받을 권리를 의미하는 것이라고 할 수는 없다(헌재 1997.10.30. 97헌바37 등).

④ ○ 헌법 제27조가 보장하는 재판청구권에는 공정한 헌법재판을 받을 권리도 포함되고, 헌법 제111조 제2항은 헌법재판소가 9인의 재판관으로 구성된다고 명시하여 다양한 가치관과 헌법관을 가진 9인의 재판관으로 구성된 합의체가 헌법재판을 담당하도록 하고 있으며, 같은 조 제3항은 재판관 중 3인은 국회에서 선출하는 자를 임명한다고 규정하고 있다(헌재 2014.4.24. 2012헌마2).

⑤ ○ 상고심에서 재판을 받을 권리를 헌법상 명문화한 규정이 없는 이상, 헌법 제27조에서 규정한 재판을 받을 권리에 모든 사건에 대해 상고심 재판을 받을 권리까지도 포함된다고 단정할 수 없고, 모든 사건에 대해 획일적으로 상고할 수 있게 할지 여부는 입법재량의 문제라고 할 것이므로 「소액사건심판법」 제3조가 소액사건에 대하여 상고의 이유를 제한하였다고 하여 그것만으로 재판청구권을 침해하였다고 볼 수 없다(헌재 2012.12.27. 2011헌마161).

정답 ③

38 절차적 기본권에 대한 설명으로 옳지 않은 것은? (다툼이 있는 경우 헌법재판소 결정에 의함)

〈2017 국가직 5급〉

① 항소심에서 심판대상이 된 사항에 한하여 법령위반의 상고이유로 삼을 수 있도록 상고를 제한하는 「형사소송법」 규정은 재판청구권을 침해하여 위헌이다.

② 기피신청에 대한 재판을 그 신청을 받은 법관의 소속 법원 합의부에서 하도록 한 「민사소송법」 규정은 공정한 재판을 받을 권리를 침해하지 않는다.

③ 재심사유를 알고도 주장하지 아니한 때에는 재심의 소를 제기할 수 없도록 규정한 「민사소송법」 규정은 재판청구권을 침해하지 않는다.

④ 무죄판결이 확정된 형사피고인에게 국선변호인의 보수에 준하여 변호사 보수를 보상하여 주도록 규정한 「형사소송법」 규정은 재판청구권을 침해하지 않는다.

해설

① × 모든 사건의 제1심 형사재판 절차에서는 법관에 의한 사실적·법률적 심리검토의 기회가 충분히 보장되어 있고, 피고인이 제1심 재판결과를 인정하여 항소심에서 다투지 아니하였다면, 심판대상조항에 의하여 상고가 제한된다 하더라도 형사피고인의 재판청구권을 과도하게 제한하는 것은 아니다. 나아가, 항소심의 심판대상이 되지 않았던 사항이라도 항소심 판결에 위법이 있는 경우 대법원은 그 위법이 판결에 영향을 미친 헌법·법률·명령 또는 규칙의 위반이라고 판단한 때에는 직권으로 심판할 수 있으므로, 항소심 판결 자체의 위법을 시정할 기회는 피고인들에게 보장되어 있다. 그렇다면 심판대상조항이 합리적인 입법재량의 한계를 일탈하여 청구인들의 재판청구권을 침해하였다고 볼 수 없다(헌재 2015.9.24. 2012헌마798).

② ○ 기피재판은 일반적인 재판절차보다 신속성이 더욱 강하게 요구된다. 만약 기피신청을 당한 법관의 소속이 아닌 법원에서 기피재판을 담당하도록 한다면, 소송기록 등의 송부 절차에 시일이 걸려 상대방 당사자의 신속한 재판을 받을 권리를 저해할 수도 있다. 이 사건 법률조항은 기피를 신청하는 당사자의 공정한 재판을 받을 권리를 보장함과 동시에 상대방 당사자의 신속한 재판을 받을 권리도 조화롭게 보장하기 위하여 기피재판을 당해 법관 소속 법원의 합의부에서 하도록 하고 있다. … 따라서 이 사건 법률조항은 공정한 재판을 받을 권리를 침해하지 아니한다(헌재 2013.3.21. 2011헌바219).

③ ○ 상소를 제기할 수 있는 때 재심사유의 존재를 알고도 상소심에서 그 사유를 주장하지 아니하였거나 상소 자체를 제기하지 아니한 경우에는 상소심에서 재심사유에 관하여 판단 받을 기회를 스스로 포기한 것이므로, 이러한 경우까지 재심을 통하여 구제를 허용할 필요성은 거의 없다. 따라서 이러한 경우 재심의 소를 제기할 수 없도록 한 입법자의 판단이 현저히 자의적이라고 보기도 어려우므로, 심판대상 조항 중 '이를 알고도 주장하지 아니한 경우' 부분 역시 재판청구권을 침해하지 않는다(헌재 2013.6.27. 2012헌바414).

④ ○ 이 사건 법률조항은 무제한적인 비용보상으로 인한 국가의 지나친 재정 부담을 방지하고, 비용보상제도를 신속하고 안정적으로 운영하기 위한 것으로 입법목적이 정당하고, 수단의 적절성도 인정된다. 형사비용보상은 형사사법절차에 내재하는 불가피한 위험에 대하여 형사사법기관의 귀책사유를 따지지 않고 보상을 하는 것으로, 형사비용보상에서는 민사소송에서의 '소송목적의 값'과 같은 비용 상환기준을 제시하기가 어렵고, 국선변호인의 보수는 사안의 난이·수행직무의 내용 등을 참작하여 증액될 수도 있으며, 사법기관의 귀책사유가 있는 경우에는 국가배상청구 등을 통해 추가로 배상받을 수 있으므로 이 사건 법률조항은 침해최소성 및 법익균형성의 원칙에 반하지 않는다. 따라서 이 사건 법률조항은 과잉금지원칙에 위배하여 청구인의 재판청구권을 침해하지 아니 한다(헌재 2013.8.29. 2012헌바168).

정답 ①

39 재판청구권에 대한 설명으로 옳지 않은 것은? (다툼이 있는 경우 판례에 의함) 〈2015 국가직 7급〉

① 수형자인 청구인이 국선대리인인 변호사를 접견하는데 교도소장이 그 접견내용을 녹음, 기록한 행위는 청구인의 재판을 받을 권리를 침해하는 것이다.

② 공판기일의 소송절차로서 공판조서에 기재된 것은 그 조서만으로써 증명한다고 하여 공판조서의 절대적 증명력을 규정한 「형사소송법」 제56조가 재판을 받을 권리를 침해하는 것은 아니다.

③ 「국민의 형사재판 참여에 관한 법률」에서 정하는 대상사건에 해당하는 피고인은 국민참여재판을 받을 헌법상 권리를 가진다.

④ 「헌법재판소법」 제68조 제1항 본문 중 '법원의 재판을 제외하고는' 부분에 대하여 헌법재판소는 '법원의 재판'에 헌법재판소가 위헌으로 결정한 법령을 적용함으로써 국민의 기본권을 침해한 재판이 포함되는 것으로 해석하는 한도 내에서 헌법에 위반된다고 본다.

해설

① ○ 수형자와 변호사와의 접견내용을 녹음, 녹화하게 되면 그로 인해 제3자인 교도소 측에 접견내용이 그대로 노출되므로 수형자와 변호사는 상담과정에서 상당히 위축될 수밖에 없고, 특히 소송의 상대방이 국가나 교도소 등의 구금시설로서 그 내용이 구금시설 등의 부당처우를 다투는 내용일 경우에 접견내용에 대한 녹음, 녹화는 실질적으로 당사자대등의 원칙에 따른 무기평등을 무력화시킬 수 있다. … 이 사건에 있어서 청구인과 헌법소원 사건의 국선대리인인 변호사의 접견내용에 대해서는 접견의 목적이나 접견의 상대방 등을 고려할 때 녹음, 기록이 허용되어서는 아니 될 것임에도, 이를 녹음, 기록한 행위는 청구인의 재판을 받을 권리를 침해한다(헌재 2013.9.26. 2011헌마398).

② ○ 이 사건 법률조항은 상소심에서 사건의 실체심리가 지연되거나 심리의 초점이 흐려지는 위험을 방지하고자 공판조서의 기재에 절대적 증명력을 부여하는 것이므로 목적의 정당성 및 수단의 적절성이 인정된다. 또한 공판조서의 절대적 증명력은 공판기일의 소송절차에 한하여 인정되는 점, 형사소송법은 공판조서 기재의 정확성을 담보하기 위해 작성주체, 방식, 기재요건 등에 관하여 엄격히 규정하고 있고, 피고인 등으로 하여금 공판조서에 대한 열람 또는 등사 등을 통하여 기재 내용에 대한 이의를 진술할 수 있도록 함으로써 기본권 침해를 최소화하고 있으며, 이 사건 법률조항으로 인한 기본권 제한이 상소심에서의 심리지연 등으로 인한 피해보다 크다고 볼 수 없으므로, 피해의 최소성과 함께 법익균형성의 요건도 갖추었다 할 것이므로, 이 사건 법률조항이 청구인의 재판을 받을 권리를 침해한다고 볼 수 없다(헌재 2012.4.24. 2010헌바379).

③ × 국민참여재판을 받을 권리는 헌법상 기본권으로서 보호될 수는 없지만, 「재판참여법」에서 정하는 대상 사건에 해당하는 한 피고인은 원칙적으로 국민참여재판으로 재판을 받을 법률상 권리를 가진다고 할 것이고, 이러한 형사소송절차상의 권리를 배제함에 있어서는 헌법에서 정한 적법절차원칙을 따라야 한다(헌재 2014.1.28. 2012헌바298).

④ ○ 헌법재판소는 헌법재판소법 제68조 제1항 본문 중 '법원의 재판을 제외하고는' 부분에 대하여도 이미 '법원의 재판'에 헌법재판소가 위헌으로 결정한 법령을 적용함으로써 국민의 기본권을 침해한 재판을 포함되는 것으로 해석하는 한도 내에서 헌법에 위반된다는 취지의 한정위헌결정을 선고하여 위헌 부분을 제거하면서 그 나머지 부분이 합헌임을 밝힌 바가 있다(헌재 2007.11.29. 2005헌바12).

정답 ③

40 형사보상에 관한 설명 중 가장 적절하지 않은 것은? (다툼이 있는 경우 판례에 의함)

〈2022 경찰공채 1차〉

① 형사보상의 청구에 대한 보상의 결정에 대하여는 불복을 신청할 수 없도록 단심재판으로 규정한 「형사보상법」 조항은 형사보상인용결정의 안정성을 유지하고, 신속한 형사보상절차의 확립을 통해 형사보상에 관한 국가예산 수립의 안정성을 확보하며, 나아가 상급법원의 부담을 경감하고자 하는 데 그 목적이 있으므로 청구인들의 형사보상청구권을 침해하지 않는다.

② 형사보상의 청구를 무죄재판이 확정된 때로부터 1년 이내에 하도록 규정하고 있는 「형사보상법」 조항은 입법재량의 한계를 일탈하여 청구인의 형사보상청구권을 침해한다.

③ 「형사보상 및 명예회복에 관한 법률」에 따르면 본인이 수사 또는 심판을 그르칠 목적으로 거짓 자백을 하거나 다른 유죄의 증거를 만듦으로써 기소, 미결구금 또는 유죄재판을 받게 된 것으로 인정된 경우에는 법원은 재량으로 보상청구의 전부 또는 일부를 기각할 수 있다.

④ 국가의 형사사법행위가 고의·과실로 인한 것으로 인정되는 경우에는 국가배상청구 등 별개의 절차에 의하여 인과관계 있는 모든 손해를 배상받을 수 있으므로, 형사보상절차로써 인과관계 있는 모든 손해를 보상하지 않는다고 하여 반드시 부당하다고 할 수는 없다.

해설

① × 보상액의 산정에 기초되는 사실인정이나 보상액에 관한 판단에서 오류나 불합리성이 발견되는 경우에도 그 시정을 구하는 불복신청을 할 수 없도록 하는 것은 형사보상청구권 및 그 실현을 위한 기본권으로서의 재판청구권의 본질적 내용을 침해하는 것이라 할 것이고, 나아가 법적안정성만을 지나치게 강조함으로써 재판의 적정성과 정의를 추구하는 사법제도의 본질에 부합하지 아니하는 것이다. 또한, 불복을 허용하더라도 즉시항고는 절차가 신속히 진행될 수 있고 사건수도 과다하지 아니한데다 그 재판내용도 비교적 단순하므로 불복을 허용한다고 하여 상급심에 과도한 부담을 줄 가능성은 별로 없다고 할 것이어서, 이 사건 불복금지조항(형사보상의 청구에 대한 보상의 결정에 대하여는 불복을 신청할 수 없도록 단심재판으로 규정한 「형사보상법」 조항)은 형사보상청구권 및 재판청구권을 침해한다고 할 것이다(헌재 2010.10.28. 2008헌마514 등).

② ○ 권리의 행사가 용이하고 일상 빈번히 발생하는 것이거나 권리의 행사로 인하여 상대방의 지위가 불안정해지는 경우 또는 법률관계를 보다 신속히 확정하여 분쟁을 방지할 필요가 있는 경우에는 특별히 짧은 소멸시효나 제척기간을 인정할 필요가 있으나, 이 사건 법률조항(형사보상의 청구를 무죄재판이 확정된 때로부터 1년 이내에 하도록 규정하고 있는 「형사보상법」 조항)은 위의 어떠한 사유에도 해당하지 아니하는 등 달리 합리적인 이유를 찾기 어렵고, 일반적인 사법상의 권리보다 더 확실하게 보호되어야 할 권리인 형사보상청구권의 보호를 저해하고 있다(헌재 2010.7.29. 2008헌가4).

③ ○

형사보상 및 명예회복에 관한 법률 제27조 (피의자에 대한 보상)

제2항 다음 각 호의 어느 하나에 해당하는 경우에는 피의자보상의 전부 또는 일부를 지급하지 아니할 수 있다.

1. 본인이 수사 또는 재판을 그르칠 목적으로 거짓 자백을 하거나 다른 유죄의 증거를 만듦으로써 구금된 것으로 인정되는 경우
2. 구금기간 중에 다른 사실에 대하여 수사가 이루어지고 그 사실에 관하여 범죄가 성립한 경우
3. 보상을 하는 것이 선량한 풍속이나 그 밖에 사회질서에 위배된다고 인정할 특별한 사정이 있는 경우

④ ○ 형사보상은 과실책임의 원리에 의하여 고의·과실로 인한 위법행위와 인과관계 있는 모든 손해를 배상하는 손해배상과는 달리, 형사사법절차에 내재하는 불가피한 위험에 대하여 형사사법기관의 귀책사유를 따지지 않고 형사보상청구권자가 입은 손실을 보상하는 것이다. 그런데 형사피고인 등으로서 구금되었던 자가 무죄판결 등을 받았다고 하더라도, 형사피고인 등이 구속된 사유나 무죄판결을 선고받게 된 이유는 매우 다양하므로, 그 모든 경우에 국가의 형사사법작용인 구금이 위법·부당한 것이었다고 단정할 수는 없다. 따라서 형사피고인 등으로서 적법하게 구금되었다가 후에 무죄판결 등을 받음으로써 발생하는 신체의 자유 제한에 대한 보상은 형사사법절차에 내재하는 불가피한 위험으로 인한 피해에 대한 보상으로서, 국가의 위법·부당한 행위를 전제로 하는 국가배상과는 그 취지 자체가 상이한 것이고, 따라서 그 보상범위도 손해배상의 범위와 동일하여야 하는 것이 아니다. 국가의 형사사법행위가 고의·과실로 인한 것으로 인정되는 경우에는 국가배상청구 등 별개의 절차에 의하여 인과관계 있는 모든 손해를 배상받을 수 있으므로, 형사보상절차로써 인과관계 있는 모든 손해를 보상하지 않는다고 하여 반드시 부당하다고 할 수는 없을 것이다(헌재 2010.10.28. 2008헌마514 등).

정답 ①

41 형사보상청구권에 대한 설명으로 옳은 것은? 〈2021 국가직 5급〉

① 보상청구는 무죄재판을 한 법원의 상급법원에 대하여 하여야 한다.

② 보상을 청구하는 경우에는 국가배상을 청구할 수 없다.

③ 보상청구는 무죄재판이 확정된 사실을 안 날부터 3년, 무죄재판이 확정된 때부터 5년 이내에 하여야 한다.

④ 보상청구는 대리인을 통하여 할 수 없다.

해설

① ×

형사보상 및 명예회복에 관한 법률 제7조 (관할법원) 보상청구는 **무죄재판을 한 법원**에 대하여 하여야 한다.

② ×

형사보상 및 명예회복에 관한 법률 제6조 (손해배상과의 관계)

① 이 법은 보상을 받을 자가 다른 법률에 따라 **손해배상을 청구**하는 것을 금지하지 아니한다.

③ 다른 법률에 따라 손해배상을 받을 자가 같은 원인에 대하여 이 법에 따른 **보상을 받았을 때**에는 그 **보상금의 액수를 빼고 손해배상의 액수**를 정하여야 한다.

③ ○

형사보상 및 명예회복에 관한 법률 제8조 (보상청구의 기간) 보상청구는 **무죄재판이 확정된 사실을 안 날부터 3년, 무죄재판이 확정된 때부터 5년 이내**에 하여야 한다.

④ ×

형사보상 및 명예회복에 관한 법률 제13조 (대리인에 의한 보상청구) 보상청구는 **대리인**을 통하여서도 할 수 있다.

정답 ③

42 형사보상청구권에 관한 다음 설명 중 가장 옳지 않은 것은? *〈2021 법원직 9급〉*

① 형사보상청구권은 국가의 공권력 작용에 의하여 신체의 자유를 침해받은 국민에 대해 금전적인 보상을 청구할 권리를 인정하는 것이므로, 형사보상청구권이 제한됨으로 인하여 침해되는 국민의 기본권은 단순히 금전적인 권리에 불과한 것이라기보다는 실질적으로 국민의 신체의 자유와 밀접하게 관련된 중대한 기본권이다.

② 형사보상의 구체적 내용과 금액 및 절차에 관한 사항은 입법자가 정하여야 할 사항으로 형사보상금을 일정한 범위 내로 한정하고 있는 형사보상법 조항은 형사보상청구권을 침해한다고 볼 수 없다.

③ 형사보상청구를 무죄재판이 확정된 때로부터 1년 이내에 하도록 규정한 형사보상법 조항은 그 청구기간이 지나치게 단기간이어서 입법목적 달성에 필요한 정도를 넘어선 것이다.

④ 형사보상청구에 대하여 한 보상의 결정에 대하여는 불복을 신청할 수 없도록 하여 형사보상의 결정을 단심재판으로 규정한 형사보상법 조항은 형사보상청구권 및 재판청구권을 침해한다고 볼 수 없다.

해설

① ○ 헌법 제28조의 형사보상청구권은 국가의 형사사법권이라는 공권력에 의해 인신구속이라는 중대한 법익의 침해가 발생한 국민에게 그 피해를 보상해주는 기본권이다. 이러한 형사보상청구권은 국가의 공권력 작용에 의하여 **신체의 자유를 침해**받은 국민에 대해 **금전적인 보상을 청구할 권리**를 인정하는 것이므로 형사보상청구권이 제한됨으로 인하여 침해되는 국민의 기본권은 단순히 금전적인 권리에 불과한 것이라기보다는 **실질적으로 국민의 신체의 자유와 밀접하게 관련된 중대한 기본권**이라고 할 것이다(헌재 2010.7.29. 2008헌가4).

② ○ 형사보상청구권은 헌법 제28조에 따라 '법률이 정하는 바에 의하여' 행사되므로 그 내용은 법률에 의해 정해지는바, **형사보상의 구체적 내용과 금액 및 절차**에 관한 사항은 **입법자가 정하여야 할 사항**이다. 이 사건 보상금조항 및 이 사건 보상금 시행령조항은 보상금을 일정한 범위 내로 한정하고 있는데, 형사보상은 형사사법절차에 내재하는 불가피한 위험으로 인한 피해에 대한 보상으로서 국가의 위법·부당한 행위를 전제로 하는 국가배상과는 그 취지 자체가 상이하므로 형사보상절차로서 인과관계 있는 모든 손해를 보상하지 않는다고 하여 반드시 부당하다고 할 수는 없으며, … 이 사건 보상금조항 및 이 사건 보상금시행령조항은 청구인들의 **형사보상청구권을 침해한다고 볼 수 없다**(헌재 2010.10.28. 2008헌마514).

③ ○ 이 사건 법률조항은 **형사보상청구권의 제척기간을 1년**으로 규정하고 있으나, 형사보상청구권은 위에서 열거하는 어떠한 사유에도 해당하지 아니하고 달리 그 제척기간을 단기로 규정해야 할 합리적인 이유를 찾기 어렵다. 특히 형사보상청구권은 국가의 형사사법작용에 의해 신체의 자유라는 중대한 법익을 침해받은 국민을 구제하기 위하여 헌법상 보장된 국민의 기본권이므로 일반적인 사법상의 권리보다 더 확실하게 보호되어야 할 권리이다. 그럼에도 불구하고 아무런 합리적인 이유 없이 그 **청구기간을 1년**이라는 **단기간으로 제한**한 것은 **입법 목적 달성에 필요한 정도를 넘어선 것**이라고 할 것이다. 따라서 이 사건 법률조항은 입법재량의 한계를 일탈하여 청구인의 **형사보상청구권을 침해한 것이다**(헌재 2010.7.29. 2008헌가4).

④ × 보상액의 산정에 기초되는 사실인정이나 보상액에 관한 판단에서 오류나 불합리성이 발견되는 경우에도 그 시정을 구하는 불복신청을 할 수 없도록 하는 것은 **형사보상청구권** 및 그 실현을 위한 기본권으로서의 **재판청구권의 본질적 내용을 침해**하는 것이라 할 것이고, 나아가 법적안정성만을 지나치게 강조함으로써 재판의 적정성과 정의를 추구하는 사법제도의 본질에 부합하지 아니하는 것이다. 또한, 불복을 허용하더라도 즉시항고는 절차가 신속히 진행될 수 있고 사건수도 과다하지 아니한데다 그 재판내용도 비교적 단순하므로 불복을 허용한다고 하여 상급심에 과도한 부담을 줄 가능성은 별로 없다고 할 것이어서, 이 사건 불복금지조항은 **형사보상청구권 및 재판청구권을 침해한다**고 할 것이다(헌재 2010.10.28. 2008헌마514 등).

정답 ④

43 형사보상청구권에 대한 설명으로 가장 적절한 것은? (다툼이 있는 경우 판례에 의함) 〈2021 경정승진〉

① 형사보상 결정에 대하여는 불복을 신청할 수 없도록 하여 형사보상의 결정을 단심재판으로 규정한 「형사보상법」 조항은 형사보상청구권을 침해한다.

② 형사보상청구는 무죄재판이 확정된 때로부터 1년 이내에 하여야 한다.

③ 형사피의자로서 구금되었던 자에게 보상을 하는 것이 선량한 풍속 그 밖에 사회질서에 위배된다고 인정할 특별한 사정이 있는 경우라도 피의자보상의 전부를 지급하여야 한다.

④ 형사보상제도에 따라 형사보상금을 수령한 피고인은 다시 「국가배상법」에 의한 손해배상을 청구할 수 없다.

해설

① ○ 보상액의 산정에 기초되는 사실인정이나 보상액에 관한 판단에서 오류나 불합리성이 발견되는 경우에도 그 시정을 구하는 불복신청을 할 수 없도록 하는 것은 형사보상청구권 및 그 실현을 위한 기본권으로서의 재판청구권의 본질적 내용을 침해하는 것이라 할 것이고, 나아가 법적안정성만을 지나치게 강조함으로써 재판의 적정성과 정의를 추구하는 사법제도의 본질에 부합하지 아니하는 것이다. 또한, 불복을 허용하더라도 즉시항고는 절차가 신속히 진행될 수 있고 사건수도 과다하지 아니한데다 그 재판내용도 비교적 단순하므로 불복을 허용한다고 하여 상급심에 과도한 부담을 줄 가능성은 별로 없다고 할 것이어서, 이 사건 **불복금지조항은 형사보상청구권 및 재판청구권을 침해한다**고 할 것이다(헌재 2010.10.28. 2008헌마514 등).

② ×

> **형사보상 및 명예회복에 관한 법률 제8조 (보상청구의 기간)** 보상청구는 무죄재판이 확정된 사실을 안 날부터 3년, 무죄재판이 확정된 때부터 **5년** 이내에 하여야 한다.

③ ×

> **형사보상 및 명예회복에 관한 법률 제27조 (피의자에 대한 보상)** ② 다음 각 호의 어느 하나에 해당하는 경우에는 피의자보상의 **전부 또는 일부**를 지급하지 아니할 수 있다.
>
> 3. **보상을 하는 것이 선량한 풍속이나 그 밖에 사회질서에 위배**된다고 인정할 특별한 사정이 있는 경우

④ ×

> **형사보상 및 명예회복에 관한 법률 제6조 (손해배상과의 관계)** ① 이 법은 보상을 받을 자가 **다른 법률에 따라 손해배상을 청구하는 것을 금지하지 아니한다**.
>
> ③ 다른 법률에 따라 손해배상을 받을 자가 같은 원인에 대하여 이 법에 따른 보상을 받았을 때에는 그 **보상금의 액수를 빼고** 손해배상의 액수를 정하여야 한다.

정답 ①

44 형사보상청구권에 대한 설명으로 가장 적절하지 않은 것은? (다툼이 있는 경우 판례에 의함)

〈2018 경정승진〉

① 형사피의자로 구금되었다가 법률이 정하는 불기소처분을 받은 자도 형사보상청구권을 행사할 수 있다.

② 형사보상의 청구에 대하여 한 보상의 결정에 대하여는 불복을 신청할 수 없도록 하여 형사보상의 결정을 단심재판으로 규정한 형사보상법 조항은 형사보상청구권 및 재판청구권을 침해한다.

③ 형사보상의 청구는 무죄재판이 확정된 때로부터 3년 이내에 하여야 한다.

④ 형사보상법은 보상을 받을 자가 다른 법률에 따라 손해배상을 청구하는 것을 금지하지 아니한다.

해설

① ○

헌법 제28조 형사피의자 또는 형사피고인으로서 구금되었던 자가 법률이 정하는 불기소처분을 받거나 무죄판결을 받은 때에는 법률이 정하는 바에 의하여 국가에 정당한 보상을 청구할 수 있다.

② ○ 보상액의 산정에 기초되는 사실인정이나 보상액에 관한 판단에서 오류나 불합리성이 발견되는 경우에도 그 시정을 구하는 불복신청을 할 수 없도록 하는 것은 형사보상청구권 및 그 실현을 위한 기본권으로서의 재판청구권의 본질적 내용을 침해하는 것이라 할 것이고, 나아가 법적안정성만을 지나치게 강조함으로써 재판의 적정성과 정의를 추구하는 사법제도의 본질에 부합하지 아니하는 것이다. 또한, 불복을 허용하더라도 즉시항고는 절차가 신속히 진행될 수 있고 사건수도 과다하지 아니한데다 그 재판내용도 비교적 단순하므로 불복을 허용한다고 하여 상급심에 과도한 부담을 줄 가능성은 별로 없다고 할 것이어서, 이 사건 불복금지조항은 형사보상청구권 및 재판청구권을 침해한다고 할 것이다(헌재 2010.10.28. 2008헌마514 등).

③ ×

형사보상 및 명예회복에 관한 법률 제8조 (보상청구의 기간) 보상청구는 무죄재판이 확정된 사실을 안 날부터 3년, 무죄재판이 확정된 때부터 5년 이내에 하여야 한다.

④ ○

형사보상 및 명예회복에 관한 법률 제6조 (손해배상과의 관계) ① 이 법은 보상을 받을 자가 다른 법률에 따라 손해배상을 청구하는 것을 금지하지 아니한다.

정답 ③

45 헌법 제28조와 관련한 설명으로 옳지 않은 것은? (다툼이 있는 경우 헌법재판소 판례에 의함)

〈2022 소방간부〉

① 형사피의자 또는 형사피고인으로서 구금되었던 자가 법률이 정하는 불기소처분을 받거나 무죄판결을 받은 때에는 법률이 정하는 바에 의하여 국가에 정당한 보상을 청구할 수 있다.

② 형사피고인으로서 구금되었던 자가 법률이 정한 무죄판결을 받은 경우에 국가에 대하여 물질적·정신적 피해에 대한 정당한 보상을 청구할 수 있는 권리를 보장하여 국가의 형사사법작용에 의하여 신체의 자유가 침해된 국민에게 그 구제를 인정하여 국민의 기본권 보호를 강화하는 데 그 목적이 있다.

③ 형사보상청구에 관하여 어느 정도의 제척기간을 둘 것인가의 문제는 원칙적으로 입법권자의 재량에 맡겨져 있는 것이지만, 그 청구기간이 지나치게 단기간이거나 불합리하여 무죄재판이 확정된 형사피고인이 형사보상을 청구하는 것을 현저히 곤란하게 하거나 사실상 불가능하게 한다면 이는 입법재량의 한계를 넘어서는 것으로서 헌법이 보장하는 형사보상청구권을 침해하는 것이라 하지 않을 수 없다.

④ 권리의 행사가 용이하고 일상 빈번히 발생하는 것이거나 권리의 행사로 인하여 상대방의 지위가 불안정해지는 경우 또는 법률관계를 보다 신속히 확정하여 분쟁을 방지할 필요가 있는 경우에는 특별히 짧은 소멸시효나 제척기간을 인정할 필요가 있기에 형사보상의 청구를 무죄재판이 확정된 때로부터 1년 이내에 하도록 하는 것은 헌법 제28조를 침해하지 않는다.

⑤ 형사보상청구에 관한 제척기간을 두고 있는 것은 형사보상에 관한 국가의 채무 관계를 조기에 확정하고 예산 수립의 불안정성을 제거하여 국가재정을 합리적으로 운영하기 위한 것이다.

해설

① ○

헌법 제28조 형사피의자 또는 형사피고인으로서 구금되었던 자가 법률이 정하는 불기소처분을 받거나 무죄판결을 받은 때에는 법률이 정하는 바에 의하여 국가에 정당한 보상을 청구할 수 있다.

② ○ 헌법 제28조는 "형사피의자 또는 형사피고인으로서 구금되었던 자가 법률이 정하는 불기소처분을 받거나 무죄판결을 받은 때에는 법률이 정하는 바에 의하여 국가에 정당한 보상을 청구할 수 있다."고 규정함으로써, 형사피고인으로서 구금되었던 자가 법률이 정한 무죄판결을 받은 경우에 국가에 대하여 물질적·정신적피해에 대한 정당한 보상을 청구할 수 있는 권리를 보장하고 있다. 형사보상청구권은 국가의 형사사법작용에 의하여 신체의 자유가 침해된 국민에게 그 구제를 인정하여 국민의 기본권 보호를 강화하는 데 그 목적이 있다(헌재 2010.7.29. 2008헌가4).

③ ○ 형사보상청구에 관하여 어느 정도의 제척기간을 둘 것인가의 문제는 원칙적으로 입법권자의 재량에 맡겨져 있는 것이지만, 그 청구기간이 지나치게 단기간이거나 불합리하여 무죄재판이 확정된 형사피고인이 형사보상을 청구하는것을 현저히 곤란하게 하거나 사실상 불가능하게 한다면 이는 입법재 량의 한계를 넘어서는 것으로서 헌법이 보장하는 형사보상청구권을 침해하는 것이라 하지 않을 수 없다(헌재 2010.7.29. 2008헌가4).

④ × 권리의 행사가 용이하고 일상 빈번히 발생하는 것이거나 권리의 행사로 인하여 상대방의 지위가 불안정해지는 경우 또는 법률관계를 보다 신속히 확정하여 분쟁을 방지할 필요가 있는 경우에는 특별히 짧은 소멸시효나 제척기간을 인정할 필요가 있으나, 이 사건 법률조항은 위의 어떠한 사유에도 해당하지 아니하는 등 달리 합리적인 이유를 찾기 어렵고, 일반적인 사법상의 권리보다 더 확실하게 보호되어야 할 권리인 형사보상청구권의 보호를 저해하고 있다. … 따라서 이 사건 법률조항은 입법재량의 한계를 일탈하여 청구인의 형사보상청구권을 침해한 것이다(헌재 2010.7.29. 2008헌가4).

⑤ ○ 형사보상청구에 관한 제척기간을 두고 있는 것은 형사보상에 관한 국가의 채무 관계를 조기에 확정하고 예산 수립의 불안정성을 제거하여 국가재정을 합리적으로 운영하기 위한 것이므로, 이는 공공복리를 추구하기 위한 정당한 입법 목적이라 할 것이다(헌재 2010.7.29. 2008헌가4).

정답 ④

46 다음 중 재판청구권에 대한 설명으로 옳지 않은 것은? (다툼이 있는 경우 헌법재판소 판례에 의함)

〈2016 국회직 9급〉

① 재판을 받을 권리는 사법권의 독립이 보장된 법원에서 재판을 받을 권리를 포함한다.

② 재판청구권은 권리구제절차를 규정하는 절차법에 의해서 구체적으로 형성·실현되며 동시에 이에 의하여 제한된다.

③ 군사법원에서 심판관을 일반장교로 임명할 수 있도록 규정하는 것이 재판청구권을 침해하는 것은 아니다.

④ 법관에 의한 재판을 받을 권리를 보장한다고 함은 법관이 사실을 확정하고 법률을 해석·적용하는 재판을 받을 권리를 보장하는 것이다.

⑤ 교원에 대한 징계처분에 관하여 재심청구를 거치지 아니하고서는 행정소송을 제기할 수 없도록 하는 것은 재판청구권을 침해하는 것이다.

해설

① ○ 재판청구권은 국가에 대하여 독립된 법원에 의하여 헌법과 법률이 정한 법관에 의한 재판을 받을 권리이다.

② ○ 재판청구권은 권리보호절차의 개설과 개설된 절차에의 접근의 효율성에 관한 법적 요청으로서, 권리구제절차 내지 소송절차를 규정하는 절차법에 의하여 구체적으로 형성·실현되며, 또한 이에 의하여 제한되는 것인바, 이 사건 법률조항은 행정상 즉시강제에 관한 근거규정으로서 권리구제절차 내지 소송절차를 규정하는 절차법적 성격을 전혀 갖고 있지 아니하기 때문에, 이 사건 법률조항에 의하여는 재판청구권이 침해될 여지가 없다(헌재 2002.10.31. 2000헌가12).

③ ○ 구「군사법원법」 제6조가 군사법원을 군부대 등에 설치하도록 하고, 같은 법 제7조가 군사법원에 군 지휘관을 관할관으로 두도록 하고, 같은 법 제23조, 제24조, 제25조가 국방부장관, 각 군 참모총장 및 관할관이 군판사 및 심판관의 임명권과 재판관의 지정권을 갖고 심판관은 일반장교 중에서 임명할 수 있도록 규정한 것은 헌법 제110조 제1항, 제3항의 위임에 따라 군사법원을 특별법원으로 설치함에 있어서 군대조직 및 군사재판의 특수성을 고려하고 군사재판을 신속·적정하게 하여 군기를 유지하고 군지휘권을 확립하기 위한 것으로서 필요하고 합리적인 이유가 있다고 할 것이다(헌재 1996.10.31. 93헌바25).

④ ○ 법관에 의한 재판을 받을 권리를 보장한다고 함은 법관이 사실을 확정하고 법률을 해석·적용하는 재판을 받을 권리를 보장한다는 뜻이고, 그와 같은 법관에 의한 사실 확정과 법률의 해석적용의 기회에 접근하기 어렵도록 제약이나 장벽을 쌓아서는 아니 되며, 만일 그러한 보장이 제대로 이루어지지 아니한다면 헌법상 보장된 재판을 받을 권리의 본질적 내용을 침해하는 것으로서 우리 헌법상 허용되지 아니한다(헌재 2002.2.28. 2001헌가18).

⑤ × 교원에 대한 징계처분은 그 적법성을 판단함에 있어서 전문성과 자주성에 기한 사전심사가 필요하고, 판단기관인 재심위원회의 독립성 및 공정성이 확보되어 있고 심리절차에 있어서도 상당한 정도로 사법절차가 준용되어 권리구제절차로서의 실효성을 가지고 있으며, 재판청구권의 제약은 경미한 데 비하여 그로 인하여 달성되는 공익은 크므로, 재심제도가 입법형성권의 한계를 벗어나 국민의 재판청구권을 침해하는 제도라고 할 수 없다(헌재 2007.1.17. 2005헌바86).

정답 ⑤

47 재판청구권에 대한 설명으로 옳지 않은 것은? (다툼이 있는 경우 판례에 의함) 〈2020 국회직 9급〉

① 통고처분에 대해 별도로 행정소송을 인정하지 않더라도 헌법이 보장하는 법관에 의한 재판을 받을 권리를 침해하는 것은 아니다.

② 토지수용위원회의 수용재결서를 받은 날로부터 60일 이내에 보상금증감청구소송을 제기하도록 한 「공익사업을 위한 토지 등의 취득 및 보상에 관한 법률」 규정은, 제소기간이 지나치게 짧다고 할 수 있어 토지소유자의 재판청구권을 침해하지 않는다.

③ 특별검사가 공소제기 한 사건의 재판기간과 상소절차 진행기간을 일반사건보다 단축하는 것은 공정한 재판을 받을 권리를 침해한다.

④ 국민참여재판을 받을 권리는 헌법이 보장하는 재판을 받을 권리의 보호범위에 속하지 않는다.

⑤ 즉시항고 제기기간을 3일로 제한하고 있는 「형사소송법」 규정은 당사자의 재판청구권을 침해한다.

해설

① ○ 통고처분에 대하여 이의가 있으면 통고내용을 이행하지 않음으로써 고발되어 형사재판절차에서 통고처분의 위법·부당함을 얼마든지 다툴 수 있기 때문에 관세법 제38조 제3항 제2호가 법관에 의한 재판받을 권리를 침해한다든가 적법절차의 원칙에 저촉된다고 볼 수 없다(헌재 1998.5.28. 96헌바4).

② ○ 공익사업의 안정적인 시행을 위하여서는 수용대상토지의 수용여부 못지않게 보상금을 둘러싼 분쟁 역시 조속히 확정하여야 할 필요가 있다. 또한 토지소유자는 협의 및 수용재결 단계를 거치면서 오랜 기간 보상금액수에 대하여 다투어 왔으므로, 수용재결의 보상금 액수에 관하여 보상금증감청구소송을 제기할 것인지 결정하는 데에 많은 시간이 필요하지 않다. 따라서 이 사건 법률조항이 정한 60일의 제소기간은 입법재량의 한계를 벗어났다고 보기 어려우므로, 보상금증감청구소송을 제기하려는 토지소유자의 재판청구권을 침해한다고 볼 수 없다(헌재 2016.7.28. 2014헌바206).

③ × 이 사건 법률 제10조가 재판기간을 단기간으로 규정한 것은 사안의 성격과 특별검사제도의 특수성을 감안하여 위 기간 내에 가능한 신속하게 재판을 종결함으로써 국민적 의혹을 조기에 해소하고 정치적 혼란을 수습하자는 것일 뿐, 피고인의 방어권이나 적정절차를 보장하지 않은 채 재판이 위 기간 내에 종결되어야 한다거나 위 기간이 도과하면 재판의 효력이 상실된다는 취지는 아니다. … 그렇다면 이 사건 법률 제10조가 공정한 재판을 받을 권리를 침해한다 할 수 없고, 이 사건 법률에 의한 특별검사에 의하여 공소제기 된 사람을 일반 형사재판을 받는 사람에 비하여 달리 취급하였다 하여 평등권을 침해한다 할 수 없다(헌재 2008.1.10. 2007헌마1468).

④ ○ 헌법과 법률이 정한 법관에 의한 재판을 받을 권리는 직업법관에 의한 재판을 주된 내용으로 하는 것이므로, 국민참여재판을 받을 권리가 헌법 제27조 제1항에서 규정한 재판을 받을 권리의 보호범위에 속한다고 볼 수 없다(헌재 2015.7.30. 2014헌바447).

⑤ ○ 「인신보호법」상 피수용자인 구제청구자는 자기 의사에 반하여 수용시설에 수용되어 인신의 자유가 제한된 상태에 있으므로 … 우편으로 즉시항고장을 접수하는 방법도 즉시항고장을 작성하는 시간과 우편물을 발송하고 도달하는 데 소요되는 시간을 고려하면 3일의 기간이 충분하다고 보기 어렵다. … 나아가 즉시항고 제기기간을 3일보다 조금 더 긴 기간으로 정한다고 해도 피수용자의 신병에 관한 법률관계를 조속히 확정하려는 이 사건 법률조항의 입법목적이 달성되는 데 큰 장애가 생긴다고 볼 수 없으므로, 이 사건 법률조항은 피수용 재판청구권을 침해한다(헌재 2015.9.24. 2013헌가21).

정답 ③

48 재판청구권에 관한 다음 설명 중 가장 옳지 않은 것은? (다툼이 있는 경우 헌법재판소 결정에 의함)

〈2015 법원직 9급〉

① 「형사소송법」 제405조의 즉시항고는 당사자의 중대한 이익에 관련된 사항이나 소송절차의 원활한 진행을 위해 신속한 결론이 필요한 사항을 대상으로 하는 것으로서 제기기간을 단기로 정할 필요성이 인정되는바, 그 기간을 3일로 제한한 것이 재판청구권 침해라고 볼 수 없다.

② 형사소송절차에서 국민참여재판제도는 사법의 민주적 정당성과 신뢰를 높이기 위하여 배심원이 사실심 법관의 판단을 돕기 위한 권고적 효력을 가지는 의견을 제시하는 제한적 역할을 수행하게 되고, 따라서 헌법상 재판을 받을 권리의 보호범위에 국민참여재판을 받을 권리가 포함되는 것은 아니다.

③ 형사보상의 청구에 대하여 한 보상의 결정에 대하여는 불복을 신청할 수 없도록 하여 형사보상의 결정을 단심재판으로 규정한 것은, 재판청구권 침해에 해당한다.

④ 「도로교통법」상 주취운전을 이유로 한 운전면허 취소처분에 대하여 행정심판의 재결을 거치지 아니하면 행정소송을 제기할 수 없도록 한 것은, 재판청구권을 침해한 것으로서 위헌이다.

해설

① × 형사재판 중 결정절차에서는 그 결정 일자가 미리 당사자에게 고지되는 것이 아니기 때문에 결정에 대한 불복 여부를 결정하고 즉시항고 절차를 준비하는데 있어 상당한 기간을 부여할 필요가 있다. … 형사재판절차의 당사자가 직접 또는 다른 사람의 도움을 받아 인편으로 법원에 즉시항고장을 제출하기 어려운 상황은 얼마든지 발생할 수 있고, 교도소 또는 구치소에 있는 피고인에게 적용되는 「형사소송법」 제44조의 재소자 특칙 규정은 개별적으로 준용규정이 있는 경우에만 그 적용을 받게 되며, 「형사소송법」상의 법정기간 연장조항이나 상소권회복청구 조항들만으로는 3일이라는 지나치게 짧은 즉시항고 제기기간의 도과를 보완하기에 미흡하다. 나아가 민사소송, 민사집행, 행정소송, 형사보상절차 등의 즉시항고기간 1주나, 외국의 입법례와 비교하더라도 3일이라는 제기기간은 지나치게 짧다. 즉시항고 자체가 형사소송법상 명문의 규정이 있는 경우에만 허용되므로 기간연장으로 인한 폐해가 크다고 볼 수도 없는 점 등을 고려하면, 심판대상조항은 즉시항고 제도를 단지 형식적이고 이론적인 권리로서만 기능하게 함으로써 헌법상 재판청구권을 공허하게 하므로 입법재량의 한계를 일탈하여 재판청구권을 침해하는 규정이다(헌재 2018.12.27. 2015헌바77 등).

② ○ 형사소송절차에서 국민참여재판제도는 사법의 민주적 정당성과 신뢰를 높이기 위하여 배심원이 사실심 법관의 판단을 돕기 위한 권고적 효력을 가지는 의견을 제시하는 제한적 역할을 수행하게 되고, 헌법상 재판을 받을 권리의 보호범위에는 배심재판을 받을 권리가 포함되지 아니한다. 그러므로 이 사건 참여재판 배제조항은 청구인의 재판청구권을 침해한다고 볼 수 없다(헌재 2014.1.28. 2012헌바298).

③ ○ 보상액의 산정에 기초되는 사실인정이나 보상액에 관한 판단에서 오류나 불합리성이 발견되는 경우에도 그 시정을 구하는 불복신청을 할 수 없도록 하는 것은 형사보상청구권 및 그 실현을 위한 기본권으로서의 재판청구권의 본질적 내용을 침해하는 것이라 할 것이고, 나아가 법적안정성만을 지나치게 강조함으로써 재판의 적정성과 정의를 추구하는 사법제도의 본질에 부합하지 아니하는 것이다. … 이 사건 불복금지조항은 형사보상청구권 및 재판청구권을 침해한다고 할 것이다(헌재 2010.10.28. 2008헌마514 등).

④ × 교통관련 행정처분의 적법성 여부에 관하여 판단하는 경우, 전문성과 기술성이 요구되므로, 법원으로 하여금 행정기관의 전문성을 활용케 할 필요가 있으며, 「도로교통법」에 의한 운전면허취소처분은 대량적·반복적으로 행해지는 처분이라는 점에서도 행정심판에 의하여 행정의 통일성을 확보할 필요성이 인정된다. … 이 사건 법률조항에 의한 재판청구권의 제한은 정당한 공익의 실현을 위하여 필요한 정도의 제한에 해당하는 것으로 헌법 제37조 제2항의 비례의 원칙에 위반되어 국민의 재판청구권을 과도하게 침해하는 위헌적인 규정이라 할 수 없다(헌재 2002.10.31. 2001헌바40).

정답 ①, ④

49 형사보상청구권에 관한 설명으로 가장 옳은 것은? 〈2018 서울시 7급〉

① 형사피의자의 경우, 보상을 하는 것이 선량한 풍속 기타 사회질서에 반한다고 할 특별한 사정이 있다 하더라도 보상의 전부를 지급해야 한다.

② 형사보상의 청구는 무죄재판이 확정된 때로부터 또는 검사로부터 공소를 제기하지 아니하는 처분의 고시나 통지를 받은 날로부터 6개월 이내에 하여야 한다.

③ 면소나 공소기각의 재판을 받은 경우에 형사보상을 청구할 수 있는 경우가 있다.

④ 형사보상제도에 따라 형사보상금을 수령한 피고인은 다시 「국가배상법」에 의한 손해배상을 청구할 수 없다.

해설

① ×

형사보상 및 명예회복에 관한 법률 제27조 (피의자에 대한 보상) ② 다음 각 호의 어느 하나에 해당하는 경우에는 피의자보상의 전부 또는 일부를 지급하지 아니할 수 있다.

3. 보상을 하는 것이 선량한 풍속이나 그 밖에 사회질서에 위배된다고 인정할 특별한 사정이 있는 경우

② ×

형사보상 및 명예회복에 관한 법률 제8조 (보상청구의 기간) 보상청구는 무죄재판이 확정된 사실을 안 날부터 3년, 무죄재판이 확정된 때부터 5년 이내에 하여야 한다.

제28조 (피의자보상의 청구 등) ③ 피의자보상의 청구는 검사로부터 공소를 제기하지 아니하는 처분의 고지(告知) 또는 통지를 받은 날부터 3년 이내에 하여야 한다.

③ ○

형사보상 및 명예회복에 관한 법률 제26조 (면소 등의 경우) ① 다음 각 호의 어느 하나에 해당하는 경우에도 국가에 대하여 구금에 대한 보상을 청구할 수 있다.

1. 「형사소송법」에 따라 면소(免訴) 또는 공소기각(公訴棄却)의 재판을 받아 확정된 피고인이 면소 또는 공소기각의 재판을 할 만한 사유가 없었더라면 무죄재판을 받을 만한 현저한 사유가 있었을 경우

④ ×

형사보상 및 명예회복에 관한 법률 제6조 (손해상과의 관계) ① 이 법은 보상을 받을 자가 다른 법률에 따라 손해배상을 청구하는 것을 금지하지 아니한다.

③ 다른 법률에 따라 손해배상을 받을 자가 같은 원인에 대하여 이 법에 따른 보상을 받았을 때에는 그 보상금의 액수를 빼고 손해배상의 액수를 정하여야 한다.

정답 ③

50 형사보상청구권에 대한 설명으로 옳지 않은 것은? 〈2016 국가직 7급〉

① 형사피의자로 구금되었다가 법률이 정하는 불기소처분을 받은 자는 법률이 정하는 바에 의하여 형사보상청구권을 행사할 수 있다.

② 형사보상을 청구할 수 있는 자가 그 청구를 하지 아니하고 사망하였을 때에는 그 상속인이 이를 청구할 수 있다.

③ 1개의 재판으로 경합범의 일부에 대하여 무죄재판을 받고 다른 부분에 대하여 유죄재판을 받았을 경우 법원은 보상청구의 전부를 인용하여야 한다.

④ 다른 법률에 따라 손해배상을 받을 자가 같은 원인에 대하여 「형사보상 및 명예회복에 관한 법률」에 따른 보상을 받았을 때에는 그 보상금의 액수를 빼고 손해배상의 액수를 정하여야 한다.

해설

① ○

헌법 제28조 형사피의자 또는 형사피고인으로서 구금되었던 자가 법률이 정하는 불기소처분을 받거나 무죄판결을 받은 때에는 법률이 정하는 바에 의하여 국가에 정당한 보상을 청구할 수 있다.

② ○

형사보상 및 명예회복에 관한 법률 제3조 (상속인에 의한 보상청구) ① 제2조에 따라 보상을 청구할 수 있는 자가 그 청구를 하지 아니하고 사망하였을 때에는 그 상속인이 이를 청구할 수 있다.

③ ×

형사보상 및 명예회복에 관한 법률 제4조 (보상하지 아니할 수 있는 경우) 다음 각 호의 어느 하나에 해당하는 경우에는 법원은 재량(裁量)으로 보상청구의 전부 또는 일부를 기각(棄却)할 수 있다.

3. 1개의 재판으로 경합범(競合犯)의 일부에 대하여 무죄재판을 받고 다른 부분에 대하여 유죄재판을 받았을 경우

④ ○

형사보상 및 명예회복에 관한 법률 제6조 (손해배상과의 관계) ③ 다른 법률에 따라 손해배상을 받을 자가 같은 원인에 대하여 이 법에 따른 보상을 받았을 때에는 그 보상금의 액수를 빼고 손해배상의 액수를 정하여야 한다.

정답 ③

51 범죄피해자구조청구권에 대한 설명으로 가장 적절하지 않은 것은? (다툼이 있는 경우 판례에 의함)

〈2018 경정승진〉

① 범죄피해자구조금을 받을 권리는 그 구조결정이 해당 신청인에게 송달된 날로부터 2년간 행사하지 않으면 시효로 인하여 소멸된다.

② 범죄피해자구조청구권의 대상이 되는 범죄피해에 해외에서 발생한 범죄피해의 경우를 포함하고 있지 아니한 것이 현저하게 불합리한 자의적 차별이라고 볼 수 없어 평등의 원칙에 위배되지 아니한다.

③ 자기 또는 타인의 형사사건의 수사 또는 재판에서 고소·고발 등 수사단서를 제공하거나 진술, 증언 또는 자료를 제출하다가 구조피해자가 된 경우에 범죄피해구조금을 지급한다.

④ 범죄피해구조금을 받을 권리는 그 2분의 1 상당액에 한하여 양도 또는 담보로 제공하거나 압류할 수 있다.

해설

① ○

범죄피해자 보호법 제31조 (소멸시효) 구조금을 받을 권리는 그 구조결정이 해당 신청인에게 송달된 날부터 2년간 행사하지 아니하면 시효로 인하여 소멸된다.

② ○ 범죄피해자 구조청구권을 인정하는 이유는 크게 국가의 범죄방지책임 또는 범죄로부터 국민을 보호할 국가의 보호 의무를 다하지 못하였다는 것과 그 범죄피해자들에 대한 최소한의 구제가 필요하다는데 있다. 그런데 국가의 주권이 미치지 못하고 국가의 경찰력 등을 행사할 수 없거나 행사하기 어려운 해외에서 발생한 범죄에 대하여는 국가에 그 방지책임이 있다고 보기 어렵고, 상호보증이 있는 외국에서 발생한 범죄피해에 대하여는 국민이 그 외국에서 피해구조를 받을 수 있으며, 국가의 재정에 기반을 두고 있는 구조금에 대한 청구권 행사대상을 우선적으로 대한민국의 영역 안의 범죄피해에 한정하고, 향후 해외에서 발생한 범죄피해의 경우에도 구조를 하는 방향으로 운영하는 것은 입법형성의 재량의 범위 내라고 할 것이다. 따라서 범죄피해자구조청구권의 대상이 되는 범죄피해에 해외에서 발생한 범죄피해의 경우를 포함하고 있지 아니한 것이 현저하게 불합리한 자의적인 차별이라고 볼 수 없어 평등원칙에 위배되지 아니한다(헌재 2011.12.29. 2009헌마354).

③ ○

범죄피해자 보호법 제16조 (구조금의 지급요건) 국가는 구조대상 범죄피해를 받은 사람(이하 "구조피해자"라 한다)이 다음 각 호의 어느 하나에 해당하면 구조피해자 또는 그 유족에게 범죄피해 구조(이하 "구조금"이라 한다)을 지급한다.
1. 구조피해자가 피해의 신부 또는 일부를 배상받지 못하는 경우
2. 자기 또는 타인의 형사사건의 수사 또는 재판에서 고소·고발 등 수사 단서를 제공하거나 진술 중인 또는 자료제출을 하다가 구조피해자가 된 경우

④ ×

범죄피해자 보호법 제32조 (구조금 수급권의 보호) 구조금을 받을 권리는 양도하거나 담보로 제공하거나 압류할 수 없다.

정답 ④

52 범죄피해자구조청구권에 관한 설명 중 가장 적절하지 않은 것은? (다툼이 있는 경우 판례에 의함)

〈2022 경정승진〉

① 타인의 범죄행위로 인하여 생명 신체에 대한 피해를 받은 국민은 법률이 정하는 바에 의하여 국가로부터 구조를 받을 수 있다.

②「범죄피해자 보호법」제17조 제2항의 유족구조금은 사람의 생명 또는 신체를 해치는 죄에 해당하는 행위로 인하여 사망한 피해자 또는 그 유족들에 대한 손해배상을 목적으로 하는 것으로서, 위 범죄행위로 인한 손해를 전보하기 위하여 지급된다는 점에서 불법행위로 인한 적극적 손해의 배상과 같은 종류의 금원이라고 봄이 타당하다.

③「범죄피해자 보호법」에 따르면 구조금의 지급신청은 해당 구조대상 범죄피해의 발생을 안 날부터 3년이 지나거나 해당 구조대상 범죄피해가 발생한 날부터 10년이 지나면 할 수 없다.

④「범죄피해자 보호법」에 따르면 국가는 구조피해자나 유족이 해당 구조대상 범죄피해를 원인으로 하여 손해배상을 받았으면 그 범위에서 구조금을 지급하지 아니한다.

해설

① ○

헌법 제30조 타인의 범죄행위로 인하여 생명·신체에 대한 피해를 받은 국민은 법률이 정하는 바에 의하여 국가로부터 구조를 받을 수 있다.

② × 범죄피해자 보호법에 의한 범죄피해 구조금 중 위 법 제17조 제2항의 유족구조금은 사람의 생명 또는 신체를 해치는 죄에 해당하는 행위로 인하여 사망한 피해자 또는 그 유족들에 대한 손실보상을 목적으로 하는 것으로서, 위 범죄행위로 인한 손실 또는 손해를 전보하기 위하여 지급된다는 점에서 불법행위로 인한 **소극적 손해**의 배상과 같은 종류의 금원이라고 봄이 타당하다(대판 2017.11.9. 2017다228083).

③ ○

범죄피해자 보호법 제25조 (구조금의 지급신청) ② 제1항에 따른 신청은 해당 구조대상 범죄피해의 발생을 안 날부터 3년이 지나거나 해당 구조대상 범죄피해가 발생한 날부터 10년이 지나면 할 수 없다.

④ ○

범죄피해자 보호법 21조 (손해배상과의 관계) ① 국가는 구조피해자나 유족이 해당 구조대상 범죄피해를 원인으로 하여 손해배상을 받았으면 그 범위에서 구조금을 지급하지 아니한다.

정답 ②

53 청원권 및 재판청구권에 대한 설명으로 가장 적절하지 않은 것은? (다툼이 있는 경우 판례에 의함)

〈2017 경정승진〉

① 청원이 단순한 호소나 요청이 아닌 구체적인 권리행사로서의 성질을 갖는 경우라면, 그에 대한 국가기관의 거부행위는 헌법소원의 대상이 되는 공권력의 행사라고 할 수 있다.

② 재판청구권에 '피고인 스스로 치료감호를 청구할 수 있는 권리'가 포함된다고 보기 어렵고, 피고인에게까지 치료감호청구권을 주어야만 절차의 적법성이 담보되는 것은 아니므로 치료감호청구권자를 검사로 한정하는 법률규정은 재판청구권을 침해하지 않는다.

③ 공권력이나 사인에 의해 기본권이 침해당하거나 침해당할 위험에 처해 있을 경우 재판청구권에 기하여 이에 대한 구제나 그 예방을 요청할 수 있으므로, 재판청구권은 다른 기본권의 보장을 위한 기본권이라는 성격을 가진다.

④ 국민참여재판을 받을 권리는 직업법관에 의한 재판을 받을 권리를 주된 내용으로 하는 헌법 제27조 제1항에서 규정한 재판을 받을 권리의 보호범위에 속한다.

해설

① ○ 청구인의 청원이 단순한 호소나 요청이 아닌 구체적인 권리행사로서의 성질을 갖는 경우라면 그에 대한 위 피청구인의 거부행위는 청구인의 법률관계나 법적 지위에 영향을 미치는 것으로서 당연히 헌법소원의 대상이 되는 공권력의 행사라고 할 수 있을 것이다(헌재 2004.10.28. 2003헌마898).

② ○ '피고인 스스로 치료감호를 청구할 수 있는 권리'가 헌법상 재판청구권의 보호범위에 포함된다고 보기는 어렵고, 검사뿐만 아니라 피고인에게까지 치료감호 청구권을 주어야만 절차의 적법성이 담보되는 것도 아니므로, 이 사건 법률조항이 청구인의 재판청구권을 침해하거나 적법절차의 원칙에 반한다고 볼 수 없다(헌재 2010.4.29. 2008헌마622).

③ ○ 헌법 제27조 제1항은 "모든 국민은 헌법과 법률이 정한 법관에 의하여 법률에 의한 재판을 받을 권리를 가진다."고 규정함으로써 모든 국민은 헌법과 법률이 정한 자격과 절차에 의하여 임명되고 물적 독립과 인적 독립이 보장된 법관에 의하여 합헌적인 법률이 정한 내용과 절차에 따라 재판을 받을 권리를 보장하고 있다. 이러한 재판청구권은 공권력이나 사인에 의해서 기본권이 침해당하거나 침해당할 위험에 처해 있을 경우 그에 대한 구제 또는 예방을 요청할 수 있는 권리라는 점에서 다른 기본권의 보장을 위한 기본권이라는 성격을 가지고 있다(헌재 2011.6.30. 2009헌바430).

④ × 우리 헌법상 헌법과 법률이 정한 법관에 의한 재판을 받을 권리는 직업법관에 의한 재판을 주된 내용으로 하는 것이므로 국민참여재판을 받을 권리가 헌법 제27조 제1항에서 규정한 재판을 받을 권리의 보호범위에 속한다고 볼 수 없다(헌재 2009.11.26. 2008헌바12).

정답 ④

54 범죄피해자구조청구권에 대한 설명으로 가장 적절하지 않은 것은? 〈2015 경정승진〉

① 범죄피해자 구조청구권이라 함은 타인의 범죄행위로 인하여 생명·신체에 대한 피해를 입은 국민이 가해자로부터 충분한 배상을 받지 못한 경우에 국가에 대하여 경제적 구조를 청구할 수 있는 권리를 말한다.

② 범죄피해자구조는 피해자가 사망한 경우에는 유족이, 중상해 등을 당한 경우에는 본인이 청구한다.

③ 「범죄피해자보호법」에 의할 때 외국인이 구조피해자이거나 유족인 경우에는 구조를 청구할 수 없다.

④ 구조대상 범죄피해란 대한민국의 영역 안에서 또는 대한민국의 영역 밖에 있는 대한민국의 선박이나 항공기 안에서 행하여진 사람의 생명 또는 신체를 해치는 죄에 해당하는 행위로 인하여 사망하거나 장해 또는 중상해를 입은 것을 말한다.

해설

① ○ 헌법 제30조는 "타인의 범죄행위로 인하여 생명·신체에 대한 피해를 받은 국민은 법률이 정하는 바에 의하여 국가로부터 구조를 받을 수 있다."라고 규정하고 있다. 범죄피해자구조청구권이라 함은 타인의 범죄행위로 말미암아 생명을 잃거나 신체상의 피해를 입은 국민이나 그 유족이 가해자로부터 충분한 피해배상을 받지 못한 경우에 국가에 대하여 일정한 보상을 청구할 수 있는 권리이며, 그 법적 성격은 생존권적 기본권으로서의 성격을 가지는 청구권적 기본권이라고 할 것이다(헌재 2011.12.29. 2009헌마354).

② ○

범죄피해자 보호법 제17조 (구조금의 종류 등) ① 구조금은 유족구조금·장해구조금 및 중상해구조금으로 구분하며, 일시금으로 지급한다.
② 유족구조금은 구조피해자가 사망하였을 때 제18조에 따라 맨 앞의 순위인 유족에게 지급한다. 다만, 순위가 같은 유족이 2명 이상이면 똑같이 나누어 지급한다.
③ 장해구조금 및 중상해구조금은 해당 구조피해자에게 지급한다.

③ ×

범죄피해자 보호법 제23조 (외국인에 대한 구조) 이 법은 외국인이 구조피해자이거나 유족인 경우에는 해당 국가의 상호보증이 있는 경우에만 적용한다.

④ ○

범죄피해자 보호법 제3조 (정의) ① 이 법에서 사용하는 용어의 뜻은 다음과 같다.
4. "구조대상 범죄피해"란 대한민국의 영역 안에서 또는 대한민국의 영역 밖에 있는 대한민국의 선박이나 항공기 안에서 행하여진 사람의 생명 또는 신체를 해치는 죄에 해당하는 행위(「형법」 제9조, 제10조 제1항, 제12조, 제22조 제1항에 따라 처벌되지 아니하는 행위를 포함하며, 같은 법 제20조 또는 제21조 제1항에 따라 처벌되지 아니하는 행위 및 과실에 의한 행위는 제외한다)로 인하여 사망하거나 장해 또는 중상해를 입은 것을 말한다.

정답 ③

55 범죄피해자구조청구권에 대한 설명으로 옳은 것은? *〈2019 국가직 5급〉*

① 외국인이 구조피해자이거나 유족인 경우에는 해당 국가의 상호보증이 있는 경우에 한하여 범죄피해자구조청구권을 행사할 수 있다.

② 범죄피해자구조청구권은 생명, 신체에 대한 피해를 입은 경우에 적용되는 것은 물론이고 재산상 피해를 입은 경우에도 적용된다.

③ 구조대상 범죄피해는 대한민국 영역 안에서 또는 대한민국 영역 밖에서 행하여진 범죄로 인한 피해를 말한다.

④ 범죄피해자구조금의 지급신청은 해당 구조대상 범죄피해의 발생을 안 날부터 3년이 지나거나 해당 구조대상 범죄피해가 발생한 날부터 5년이 지나면 할 수 없다.

해설

① ○

범죄피해자 보호법 제23조 (외국인에 대한 구조) 이 법은 외국인이 구조피해자이거나 유족인 경우에는 해당 국가의 상호보증이 있는 경우에만 적용한다.

② ×

헌법 제30조 타인의 범죄행위로 인하여 생명·신체에 대한 피해를 받은 국민은 법률이 정하는 바에 의하여 국가로부터 구조를 받을 수 있다.

③ ×

범죄피해자 보호법 제3조 (정의) ① 이 법에서 사용하는 용어의 뜻은 다음과 같다.
4. "구조대상 범죄피해"란 대한민국의 영역 안에서 또는 대한민국의 영역 밖에 있는 대한민국의 선박이나 항공기 안에서 행하여진 사람의 생명 또는 신체를 해치는 죄에 해당하는 행위(「형법」 제9조, 제10조 제1항, 제12조, 제22조 제1항에 따라 처벌되지 아니하는 행위를 포함하며, 같은 법 제20조 또는 제21조 제1항에 따라 처벌되지 아니하는 행위 및 과실에 의한 행위는 제외한다)로 인하여 사망하거나 장해 또는 중상해를 입은 것을 말한다.

④ ×

범죄피해자 보호법 제25조 (구조금의 지급신청) ② 제1항에 따른 신청은 해당 구조대상 범죄피해의 발생을 안 날부터 3년이 지나거나 해당 구조대상 범죄피해가 발생한 날부터 10년이 지나면 할 수 없다.

정답 ①

56 범죄피해자구조청구권에 대한 설명으로 옳은 것은? (다툼이 있는 경우 판례에 의함)

〈2018 지방직 7급〉

① 범죄피해구조금은 국가의 재정에 기반을 두고 있는 바, 구조금청구권의 행사대상을 우선적으로 대한민국의 영역 안의 범죄피해에 한정하고, 향후 구조금의 확대에 따라서 해외에서 발생한 범죄피해의 경우에도 구조를 하는 방향으로 운영하는 것은 입법형성의 재량의 범위 내라고 할 수 있다.

② 대한민국의 영역 안에서 과실에 의한 행위로 사망하거나 장해 또는 중상해를 입은 경우에도 범죄피해자구조청구권이 인정된다.

③ 범죄행위 당시 구조피해자와 가해자 사이에 사실상의 혼인관계가 있는 경우에도 구조피해자에게 구조금을 지급한다.

④ 범죄피해구조금을 받을 권리는 그 구조결정이 해당 신청인에게 송달된 날부터 1년간 행사하지 아니하면 시효로 인하여 소멸된다.

해설

① ○ 범죄피해자 구조청구권을 인정하는 이유는 크게 국가의 범죄방지책임 또는 범죄로부터 국민을 보호할 국가의 보호의무를 다하지 못하였다는 것과 그 범죄피해자들에 대한 최소한의 구제가 필요하다는데 있다. 그런데 국가의 주권이 미치지 못하고 국가의 경찰력 등을 행사할 수 없거나 행사하기 어려운 해외에서 발생한 범죄에 대하여는 국가에 그 방지책임이 있다고 보기 어렵고, 상호보증이 있는 외국에서 발생한 범죄피해에 대하여는 국민이 그 외국에서 피해구조를 받을 수 있으며, 국가의 재정에 기반을 두고 있는 구조금에 대한 청구권 행사대상을 우선적으로 대한민국의 영역 안의 범죄피해에 한정하고, 향후 해외에서 발생한 범죄피해의 경우에도 구조를 하는 방향으로 운영하는 것은 입법형성의 재량의 범위 내라고 할 것이다(헌재 2011.12.29. 2009헌마354).

② ×

범죄피해자 보호법 제3조 (정의) ① 이 법에서 사용하는 용어의 뜻은 다음과 같다.
4. "구조대상 범죄피해"란 대한민국의 영역 안에서 또는 대한민국의 영역 밖에 있는 대한민국의 선박이나 항공기 안에서 행하여진 사람의 생명 또는 신체를 해치는 죄에 해당하는 행위(「형법」 제9조, 제10조 제1항, 제12조, 제22조 제1항에 따라 처벌되지 아니하는 행위를 포함하며, 같은 법 제20조 또는 제21조 제1항에 따라 처벌되지 아니하는 행위 및 과실에 의한 행위는 제외한다)로 인하여 사망하거나 장해 또는 중상해를 입은 것을 말한다.

③ ×

범죄피해자 보호법 제19조 (구조금을 지급하지 아니할 수 있는 경우) ① 범죄행위 당시 구조피해자와 가해자 사이에 다음 각 호의 어느 하나에 해당하는 친족관계가 있는 경우에는 구조금을 지급하지 아니한다.
1. 부부(사실상의 혼인관계를 포함한다)

④ ×

범죄피해자 보호법 제31조 (소멸시효) 구조금을 받을 권리는 그 구조결정이 해당 신청인에게 송달된 날부터 2년간 행사하지 아니하면 시효로 인하여 소멸된다.

정답 ①

57 **청구권적 기본권에 대한 설명으로 옳지 않은 것은? (다툼이 있는 경우 판례에 의함)** 〈2018 국회직 9급〉

① 형사재판에 피고인으로 출석하는 수형자에 대하여 사복착용을 불허하는 것은 공정한 재판을 받을 권리를 침해하는 것이다.

② 형사피해자의 재판절차진술권의 형사피해자는 범죄피해자구조청구권의 범죄피해자보다 넓은 개념이다.

③ 범죄피해자구조청구권은 대한민국의 주권이 미치는 영역에서 발생한 범죄로 인한 피해자만이 주체가 될 수 있다.

④ 형사피의자와 형사피고인이 형사보상청구권을 주장하기 위해서는 무죄판결을 받아야 한다.

⑤ 생명·신체의 침해로 인한 국가배상청구권은 양도·압류하지 못한다.

해설

① ○ 수형자라 하더라도 확정되지 않은 별도의 형사재판에서만큼은 미결수용자와 같은 지위에 있으므로, 이러한 수형자로 하여금 형사재판 출석 시 아무런 예외 없이 사복착용을 금지하고 재소자용 의류를 입도록 하여 인격적인 모욕감과 수치심 속에서 재판을 받도록 하는 것은 재판부나 검사 등 소송관계자들에게 유죄의 선입견을 줄 수 있고, 이미 수형자의 지위로 인해 크게 위축된 피고인의 방어권을 필요 이상으로 제약하는 것이다. … 따라서 심판대상조항이 형사재판의 피고인으로 출석하는 수형자에 대하여 사복착용을 허용하지 아니한 것은 청구인의 공정한 재판을 받을 권리, 인격권, 행복추구권을 침해한다(헌재 2015.12. 23. 2013헌마712).

② ○ 형사피해자의 재판절차진술권이라 함은 범죄로 인한 피해자가 당해사건의 재판절차에 증인으로 출석하여 자신이 입은 피해의 내용과 사건에 관하여 의견을 진술할 권리를 말한다. 여기서의 형사피해자는 헌법 제30조의 범죄피해자보다 넓은 개념이다. 제30조의 범죄피해자는 생명과 신체에 피해를 입은 자에 한정되지만 제27조 제5항의 형사피해자는 모든 범죄행위로 인한 피해자를 의미하기 때문이다.

③ ○ 국가의 주권이 미치지 못하고 국가의 경찰력 등을 행사할 수 없거나 행사하기 어려운 해외에서 발생한 범죄에 대하여는 국가에 그 방지책임이 있다고 보기 어렵고, … 따라서 범죄피해자구조청구권의 대상이 되는 범죄피해에 해외에서 발생한 범죄피해의 경우를 포함하고 있지 아니한 것이 현저하게 불합리한 자의적인 차별이라고 볼 수 없어 평등원칙에 위배되지 아니한다(헌재 2011.12.29. 2009헌마354).

④ ×

헌법 제28조 형사피의자 또는 형사피고인으로서 구금되었던 자가 법률이 정하는 불기소처분을 받거나 무죄판결을 받은 때에는 법률이 정하는 바에 의하여 국가에 정당한 보상을 청구할 수 있다.

⑤ ○

국가배상법 제4조 (양도 등 금지) 생명·신체의 침해로 인한 국가배상을 받을 권리는 양도하거나 압류하지 못한다.

정답 ④

58 **청구권적 기본권에 관한 설명으로 옳지 않은 것은? (다툼이 있는 경우 헌법재판소 결정례에 의함)**

〈2020 소방간부〉

① 군인 또는 군무원이 아닌 국민은 대한민국의 영역 안에서는 중대한 군사상 기밀·초병·초소·유독음식물공급·포로·군용물에 관한 죄중 법률이 정한 경우와 비상계엄이 선포된 경우를 제외하고는 군사법원의 재판을 받지 아니한다.

② 형사피의자 또는 형사피고인으로서 구금되었던 자가 법률이 정하는 불기소처분을 받거나 무죄판결을 받은 때에는 법률이 정하는 바에 의하여 국가에 정당한 보상을 청구할 수 있다.

③ 타인의 범죄행위로 인하여 생명·신체에 대한 피해를 받은 국민은 법률이 정하는 바에 의하여 국가로부터 구조를 받을 수 있다.

④ 국회나 지방의회에 대한 청원에 국회의원이나 지방의회의원의 소개를 얻도록 규정한 법률조항은 청원심사의 효율성을 확보하기 위한 적절한 수단이지만, 의원 모두가 소개되기를 거절한 경우에 청원권을 행사할 수 없게 된다는 점에서 헌법에 위반된다.

⑤ 국민참여재판을 받을 권리는 헌법 제27조 제1항에서 규정한 헌법과 법률이 정한 법관에 의한 재판을 받을 권리의 보호범위에 속한다고 볼 수 없다.

해설

① ○

헌법 제27조 ② 군인 또는 군무원이 아닌 국민은 대한민국의 영역 안에서는 중대한 군사상 기밀·초병·초소·유독음식물공급·포로·군용물에 관한 죄중 법률이 정한 경우와 비상계엄이 선포된 경우를 제외하고는 군사법원의 재판을 받지 아니한다.

② ○

헌법 제28조 형사피의자 또는 형사피고인으로서 구금되었던 자가 법률이 정하는 불기소처분을 받거나 무죄판결을 받은 때에는 법률이 정하는 바에 의하여 국가에 정당한 보상을 청구할 수 있다.

③ ○

헌법 제30조 타인의 범죄행위로 인하여 생명·신체에 대한 피해를 받은 국민은 법률이 정하는 바에 의하여 국가로부터 구조를 받을 수 있다.

④ × (1) 청원권의 구체적 내용은 입법활동에 의하여 형성되며, 입법형성에는 폭넓은 재량권이 있으므로 입법자는 청원의 내용과 절차는 물론 청원의 심사·처리를 공정하고 효율적으로 행할 수 있게 하는 합리적인 수단을 선택할 수 있는 바, 의회에 대한 청원에 국회의원의 소개를 얻도록 한 것은 청원 심사의 효율성을 확보하기 위한 적절한 수단이다. 또한 청원은 일반의안과 같이 처리되므로 청원서 제출단계부터 의원의 관여가 필요하고, 의원의 소개가 없는 민원의 경우에는 진정으로 접수하여 처리하고 있으며, 청원의 소개의원은 1인으로 족한 점 등을 감안할 때 이 사건 법률조항이 국회에 청원을 하려는 자의 청원권을 침해한다고 볼 수 없다(헌재 2006.6.29. 2005헌마604).

(2) 지방의회에 청원을 할 때에 지방의회 의원의 소개를 얻도록 한 것은 의원이 미리 청원의 내용을 확인하고 이를 소개하도록 함으로써 청원의 남발을 규제하고 심사의 효율을 기하기 위한 것이고, 지방의회 의원 모두가 소개의원이 되기를 거절하였다면 그 청원내용에 찬성하는 의원이 없는 것이므로 지방의회에서 심사하더라도 인용가능성이 전혀 없어 심사의 실익이 없으며, 청원의 소개의원도 1인으로 족한 점을 감안하면 이러한 정도의 제한은 공공복리를 위한 필요·최소한의 것이라고 할 수 있다(헌재 1999.11.25. 97헌마54).

⑤ ○ 우리 헌법상 헌법과 법률이 정한 법관에 의한 재판을 받을 권리는 직업법관에 의한 재판을 주된 내용으로 하는 것이므로 국민참여재판을 받을 권리가 헌법 제27조 제1항에서 규정한 재판을 받을 권리의 보호범위에 속한다고 볼 수 없다(헌재 2009.11.26. 2008헌바12).

정답 ④

제3장 사회적 기본권

제1항 사회적 기본권의 의의

01 사회적 기본권에 관한 설명 중 가장 적절하지 않은 것은? (다툼이 있는 경우 판례에 의함)

〈2022 경정승진〉

① 「형의 집행 및 수용자의 처우에 관한 법률」 및 「치료감호법」에 의한 구치소·치료감호시설에 수용 중인 자는 당해 법률에 의하여 생계유지의 보호와 의료적 처우를 받고 있으므로 이러한 자에 대하여 「국민기초생활 보장법」에 의한 중복적인 보장을 피하기 위하여 개별가구에서 제외하기로 한 입법자의 판단이 헌법상 용인될 수 있는 재량의 범위를 일탈하여 인간다운 생활을 할 권리를 침해한다고 볼 수 없다.

② 인간다운 생활을 할 권리로부터 인간의 존엄에 상응하는 '최소한의 물질적인 생활'의 유지에 필요한 급부를 요구할 수 있는 구체적인 권리가 상황에 따라서는 직접 도출될 수 있다고 할 수는 있어도, 직접 그 이상의 급부를 내용으로 하는 구체적인 권리를 발생케 한다고 볼 수는 없다.

③ 근로자가 사업주의 지배관리 아래 출퇴근하던 중 발생한 사고로 부상 등이 발생한 경우에만 업무상 재해로 인정하는 「산업재해보상보험법」 규정은 도보나 자기 소유 교통수단 또는 대중교통수단 등을 이용하여 출퇴근하는 산업재해보상보험 가입 근로자를 합리적 이유 없이 자의적으로 차별하는 것이 아니므로 헌법상 평등원칙에 위배되지 않는다.

④ 지방자치단체장은 특정 정당을 정치적 기반으로 하여 선거에 입후보할 수 있고 선거에 의하여 선출되는 공무원이라는 점에서 헌법 제7조 제2항에 따라 신분보장이 필요하고 정치적 중립성이 요구되는 공무원에 해당한다고 보기 어려우므로 헌법 제7조의 해석상 지방자치단체장을 위한 퇴직급여제도를 마련하여야 할 입법적 의무가 도출된다고 볼 수 없다.

해설

① ○ '형의 집행 및 수용자의 처우에 관한 법률' 및 치료감호법에 의한 구치소·치료감호시설에 수용 중인 자는 당해 법률에 의하여 생계유지의 보호와 의료적 처우를 받고 있으므로 이러한 구치소·치료감호시설에 수용 중인 자에 대하여 '국민기초생활 보장법'에 의한 중복적인 보장을 피하기 위하여 개별가구에서 제외하기로 한 입법자의 판단이 헌법상 용인될 수 있는 재량의 범위를 일탈하여 인간다운 생활을 할 권리와 보건권을 침해한다고 볼 수 없다(헌재 2012.2.23. 2011헌마123).

② ○ 인간다운 생활을 할 권리로부터 인간의 존엄에 상응하는 "최소한의 물질적인 생활"의 유지에 필요한 급부를 요구할 수 있는 구체적인 권리가 상황에 따라서는 직접 도출될 수 있다고 할 수는 있어도, 직접 그 이상의 급부를 내용으로 하는 구체적인 권리를 발생케 한다고 볼 수는 없다. 이러한 구체적 권리는 국가가 재정형편 등 여러 가지 상황들을 종합적으로 감안하여 법률을 통하여 구체화할 때에 비로소 인정되는 법률적 차원의 권리이다(헌재 2006.11.30. 2005헌바25).

③ × 도보나 자기 소유 교통수단 또는 대중교통수단 등을 이용하여 출퇴근하는 산업재해보상보험(이하 '산재보험'이라 한다) 가입 근로자(이하 '비혜택근로자'라 한다)는 사업주가 제공하거나 그에 준하는 교통수단을 이용하여 출퇴근하는 산재보험 가입 근로자(이하 '혜택근로자'라 한다)와 같은 근로자인데도 사업주의 지배관리 아래 있다고 볼 수 없는 통상적 경로와 방법으로 출퇴근하던 중에 발생한 재해(이하 '통상의 출퇴근 재해'라 한다)를 업무상 재해로 인정받지 못한다는 점에서 차별취급이 존재한다. … 이상과 같이 통상의 출퇴근 재해에 대한 보상에 있어 혜택근로자와 비혜택근로자를 구별하여 취급할 합리적 근거가 없는데도, 혜택근로자의 출퇴근 재해만 업무상 재해로 인정하는 심판대상조항은 합리적 이유 없이 비혜택근로자에게 경제적 불이익을 주어 이들을 자의적으로 차별하는 것이므로, 헌법상 평등원칙에 위배된다(헌재 2016.9.29. 2014헌바254).

④ ○ 지방자치단체장은 특정 정당을 정치적 기반으로 하여 선거에 입후보할 수 있고 선거에 의하여 선출되는 공무원이라는 점에서 헌법 제7조 제2항에 따라 신분보장이 필요하고 정치적 중립성이 요구되는 공무원에 해당한다고 보기 어려우므로 헌법 제7조의 해석상 지방자치단체장을 위한 퇴직급여제도를 마련하여야 할 입법적 의무가 도출된다고 볼 수 없고, 그 외에 헌법 제34조나 공무담임권 보장에 관한 헌법 제25조로부터 위와 같은 입법의무가 도출되지 않는다(헌재 2014.6.26. 2012헌마459).

정답 ③

02 헌법상 사회적 기본권(사회권)에 관한 다음 설명 중 가장 옳지 않은 것은? 〈2019 법원직 9급〉

① 검정고시로 고등학교 졸업학력을 취득한 사람들의 수시모집지원을 제한하는 내용의 피청구인 국립교육대학교 등의 「2017학년도 신입생 수시모집 입시요강」은 검정고시 출신자인 청구인들의 균등하게 교육을 받을 권리를 침해한다.

② 공무원연금법에 따른 퇴직연금일시금을 지급받은 사람 및 그 배우자를 기초연금 수급권자의 범위에서 제외하는 기초연금법 조항은 위 퇴직연금일시금을 지급받은 사람 및 그 배우자의 인간다운 생활을 할 권리를 침해하지 않는다.

③ 업무상 질병으로 인한 업무상 재해에 있어 업무와 재해 사이의 상당인과관계에 대한 입증책임을 이를 주장하는 근로자나 그 유족에게 부담시키는 「산업재해보상보험법」 조항이 해당 근로자나 그 유족의 사회보장수급권을 침해한다고 볼 수 없다.

④ 도시환경정비사업의 시행으로 인하여 철거되는 주택의 소유자를 위하여 임시수용시설을 설치하도록 규정하지 않은 「도시 및 주거환경정비법」 조항은 위 도시환경정비사업의 시행으로 철거되는 주택의 소유자에 대하여 최소한의 물질적 생활도 보장하지 않는 것이므로 인간다운 생활을 할 권리를 침해하는 것이다.

해설

① ○ 이 사건 수시모집요강은 기초생활수급자 및 차상위계층, 장애인 등을 대상으로 하는 일부 특별전형에만 검정고시 출신자의 지원을 허용하고 있을 뿐 수시모집에서의 검정고시 출신자의 지원을 일률적으로 제한하여 실질적으로 검정고시 출신자의 대학입학 기회의 박탈이라는 결과를 초래하고 있다. … 따라서 이 사건 수시모집요강이 수시모집에서 검정고시 출신의 응시자에게 수학능력이 있는지 어부를 평가할 수 있는 기회를 부여하지 아니하고 이를 박탈한다는 것은 수학능력에 따른 합리적인 차별이라고 보기 어렵다. … 이러한 사정을 종합하면, 이 사건 수시모집요강은 검정고시 출신자인 청구인들을 합리적인 이유 없이 차별하여 청구인들의 교육을 받을 권리를 침해한다고 할 수 있다(헌재 2017.12.28. 2016헌마649).

② ○ 「공무원연금법」에 따른 퇴직연금일시금 수급자 및 그 배우자를 기초연금 지급대상에서 제외한 것은 노인의 생활안정과 복리향상이라는 「기초연금법」의 입법목적을 달성하기 위하여 퇴직연금일시금을 받음으로써 소득기반을 제공받은 사람과 나아가 그러한 사람과 하나의 생활공동체를 형성하여 소득기반을 공유하는 사람인 배우자를 제외하기 위한 것으로서, 그 입법목적의 합리성을 인정할 수 있다. … 따라서 심판대상조항이 공무원연금법에 따른 퇴직연금일시금을 받은 사람과 그 배우자의 인간다운 생활을 할 권리를 침해한다고 할 수 없다(헌재 2018.8.30. 2017헌바197 등).

③ ○ 업무와 재해 사이의 상당인과관계 여부와 상관없이 업무상 발생한 모든 재해를 산재보험으로 보장하거나 재해근로자의 상당인과관계에 대한 입증책임을 면해 준다면, 재해근로자와 그 가족의 생활을 보다 많이 보장할 수는 있겠으나, 보험재정의 건전성에 문제를 발생시켜 결과적으로 생활보호가 필요한 근로자와 그 가족을 보호할 수 없게 하는 사태를 초래할 수 있다. 따라서 심판대상조항이 업무와 재해 사이의 상당인과관계에 대한 입증책임을 근로자 측에게 부담시키는 것은 합리적인 이유가 있다. … 이러한 점들을 고려할 때, 근로자 측이 현실적으로 부담하는 입증책임이 근로자 측의 보호를 위한 산재보험제도 자체를 형해화시킬 정도로 과도하다고 보기도 어렵다. 따라서 심판대상조항이 청구인들의 사회보장수급권을 침해하였다고 볼 수 없다(헌재 2015.6.25. 2014헌바269).

④ × 헌법 제34조 제1항에 따른 인간다운 생활을 할 권리는 사회권적 기본권의 일종으로서 인간의 존엄에 상응하는 최소한의 물질적인 생활의 유지에 필요한 급부를 국가에게 적극적으로 요구할 수 있는 권리를 의미한다. 그런데 도시환경정비사업의 시행으로 인하여 철거되는 주택의 소유자를 위하여 사업시행기간 동안 거주할 임시수용시설을 설치하는 것은 국가에 대하여 최소한의 물질적 생활을 요구할 수 있는 인간다운 생활을 할 권리의 향유와 관련되어 있다고 할 수 없다. … 그렇다면 이 사건 법률조항이 인간다운 생활을 할 권리를 제한하거나 침해한다고 할 수 없다(헌재 2014.3.27. 2011헌바396).

정답 ④

03 사회적 기본권에 대한 설명으로 옳지 않은 것은? (다툼이 있는 경우 판례에 의함) *〈2015 지방직 7급〉*

① 국가는 생활능력 없는 국민을 보호할 의무가 있다는 헌법 규정은 모든 국가기관을 기속하지만, 그 기속의 의미는 입법부 또는 행정부의 경우와 헌법재판소의 경우가 동일하지 않다.

② 사회적 기본권은 입법과정이나 정책결정과정에서 사회적 기본권에 규정된 국가목표의 무조건적인 최우선적 배려가 아니라 단지 적절한 고려를 요청하는 것이다.

③ 국가는 사회적 기본권에 의하여 제시된 국가의 의무와 과제를 국가의 현실적인 재정·경제능력의 범위 내에서 다른 국가 과제와의 조화와 우선순위결정을 통하여 이행할 수밖에 없다.

④ 사회적 기본권에 관한 법률유보는 주로 권리의 내용을 구체화하는 기본권구체화적 법률유보를 의미하기 때문에, 국회가 사회적 기본권을 구체화하는 입법의무를 게을리 할 경우 헌법재판소 결정의 형식으로 스스로 입법할 수 있다.

해설

① ○ 모든 국민은 인간다운 생활을 할 권리를 가지며 국가는 생활능력 없는 국민을 보호할 의무가 있다는 헌법의 규정은 모든 국가기관을 기속하지만, 그 기속의 의미는 적극적·형성적 활동을 하는 입법부 또는 행정부의 경우와 헌법재판에 의한 사법적 통제기능을 하는 헌법재판소에 있어서 동일하지 아니하다(헌재 1997.5.29. 94헌마33).

②, ③ ○

국가는 사회적 기본권에 의하여 제시된 국가의 의무와 과제를 언제나 국가의 현실적인 재정·경제능력의 범위 내에서 다른 국가과제와의 조화와 우선순위결정을 통하여 이행할 수밖에 없다. 그러므로 사회적 기본권은 입법과정이나 정책결정과정에서 사회적 기본권에 규정된 국가목표의 무조건적인 최우선적 배려가 아니라 단지 적절한 고려를 요청하는 것이다(헌재 2002.12.18. 2002헌마52).

④ × 국가가 인간다운 생활을 보장하기 위한 헌법적인 의무를 다하였는지의 여부가 사법적 심사의 대상이 된 경우에는, 국가가 생계보호에 관한 입법을 전혀 하지 아니하였다든가 그 내용이 현저히 불합리하여 헌법상 용인될 수 있는 재량의 범위를 명백히 일탈한 경우에 한하여 헌법에 위반된다고 할 수 있다(헌재 1997.5.29. 94헌마33).

정답 ④

04 사회적 기본권에 대한 설명으로 가장 적절하지 않은 것은? (다툼이 있는 경우 판례에 의함)

〈2018 경정승진〉

① 근로자가 시업주의 지배관리 아래 출퇴근하던 중 발생한 사고로 부상 등이 발생한 경우에만 업무상 재해로 인정하는 「산업재해보상보험법」 조항은 평등원칙에 위배되지 아니한다.

② 「공무원연금법」상 퇴직연금의 수급자가 사립학교교직원연금법 제3조의 학교기관으로부터 보수 기타 급여를 지급받고 있는 경우 퇴직연금의 지급을 정지하도록 한 「공무원연금법」 조항은 헌법에 위배되지 않는다.

③ 사회적 기본권의 성격을 가지는 연금수급권은 국가에 대하여 적극적으로 급부를 요구하는 것이므로 법률에 의한 형성을 필요로 한다.

④ 청원경찰의 복무에 관하여 「국가공무원법」 제66조 제1항을 준용함으로써 노동운동을 금지하는 청원경찰법 조항은 국가기관이나 지방자치단체 이외의 곳에서 근무하는 청원경찰인 청구인들의 근로3권을 침해한다.

해설

① × 사업장 규모나 재정여건의 부족 또는 사업주의 일방적 의사나 개인 사정 등으로 출퇴근용 차량을 제공받지 못하거나 그에 준하는 교통수단을 지원받지 못하는 비혜택근로자는 비록 산재보험에 가입되어 있다 하더라도 출퇴근 재해에 대하여 보상을 받을 수 없는데, 이러한 차별을 정당화할 수 있는 합리적 근거를 찾을 수 없다. … 따라서 심판대상조항은 합리적 이유 없이 비혜택근로자를 자의적으로 차별하는 것이므로, 헌법상 평등원칙에 위배된다(헌재 2016.9.29. 2014헌바254).

② ○ 한정된 재원으로 보다 많은 공무원과 그 유족에게 적절한 사회보장적 급여를 실시하기 위하여는 연금지급이 필요하지 않은 경우에 그 지급을 정지할필요성이 있으므로 「공무원연금법」 제47조 제1항 제1호의 목적은 공공복리를 위한 것으로서 정당하고, 공무원연금제도와 사립학교교직원연금제도는 보험의 대상이 서로 달라 각각 독립하여 운영되고 있기는 하지만 동일한 사회적 위험에 대비하기 위한 하나의 통일적인 제도로서 이들 사이에서 직종을 옮긴다 하더라도 전체적인 사회보험의 관점에서 보면 적용 법률이 달라질 뿐 퇴직이라는 사회적 위험이 발생한 것은 아니며 「공무원연금법」상 퇴직연금의 수급자가 학교기관의 교직원으로 재직하는 경우에는 실질적으로 퇴직연금의 자급사유가 있다고 보기 어렵고, 위 규정에 의하여 지급이 정지되는 것은 사립학교기관으로부터 보수를 지급받고 있는 기간 중의 퇴직연금만이고 퇴직수당 등 다른 급여의 자급이 정지되는 것은 아니므로 이는 입법목적달성을 위하여 필요하고 적정한 방법으로서 기본권제한의 입법한계를 일탈한 것으로 볼 수 없다(헌재 2000.6.29. 98헌바106).

③ ○ 헌법 제34조 제1항은 "모든 국민은 인간다운 생활을 할 권리를 가진다."고 하고, 제2항은 "국가는 사회보장·사회복지의 증진에 노력할 의무를 진다."고 규정하고 있는바, 이 법상의 연금수급권과 같은 사회보장수급권은 이 규정들로부터 도출되는 사회적 기본권의 하나이다. 이와 같이 사회적 기본권의 성격을 가지는 연금수급권은 국가에 대하여 적극적으로 급부를 요구하는 것이므로 헌법규정만으로는 이를 실현할 수 없고, 법률에 의한 형성을 필요로 한다(헌재 1999.4.29. 97헌마333).

④ ○ 청원경찰은 일반근로자일 뿐 공무원이 아니므로 원칙적으로 헌법 제33조 제1항에 따라 근로3권이 보장되어야 한다. 청원경찰은 제한된 구역의 경비를 목적으로 필요한 범위에서 경찰관의 직무를 수행할 뿐이며, 그 신분보장은 공무원에 비해 취약하다. 또한 국가기관이나 지방자치단체 이외의 곳에서 근무하는 청원경찰은 근로조건에 관하여 공무원뿐만 아니라 국가기관이나 지방자치단체에 근무하는 청원경찰에 비해서도 낮은 수준의 법적 보장을 받고 있으므로, 이들에 대해서는 근로3권이 허용되어야 할 필요성이 크다. … 이상을 종합하여 보면, 심판대상조항이 모든 청원경찰의 근로3권을 전면적으로 제한하는 것은 과잉금지원칙을 위반하여 청구인들의 근로3권을 침해하는 것이다(헌재 2017.9.28. 2015헌마653).

정답 ①

05 사회적 기본권에 관한 다음 설명 중 가장 옳지 않은 것은? 〈2020 법원직 9급〉

① 사회보장수급권은 사회적 기본권으로서 국가에게 적극적으로 급부를 요구할 수 있는 권리를 주된 내용으로 하며, 헌법 제34조 제1항, 제2항에 의하여 보장된다.

② 국가가 인간다운 생활을 보장하기 위한 헌법적 의무를 다하였는지의 여부가 사법적 심사의 대상이 된 경우에는, 국가가 최저생활보장에 관한 입법을 전혀 하지 아니하였다든지, 그 내용이 현저히 불합리하여 헌법상 용인될 수 있는 재량의 범위를 명백히 일탈한 경우에 한하여 헌법에 위반된다.

③ 인간다운 생활을 보장하기 위한 객관적인 내용의 최소한을 보장하고 있는지 여부는 심판대상조항만을 가지고 판단하여서는 안 되고, 다른 법령에 의거하여 국가가 최저생활보장을 위하여 지급하는 각종 급여나 각종 부담의 감면 등도 함께 고려하여 판단하여야 한다.

④ 보건복지부장관이 고시한 생계보호기준에 따른 생계보호의 수준이 일반 최저생계비에 못 미친다면, 인간다운 생활을 보장하기 위하여 국가가 실현해야 할 객관적 내용의 최소한도의 보장에도 이르지 못한 것이므로 청구인들의 행복추구권과 인간다운 생활을 할 권리를 침해한 것이다.

해설

① ○ 헌법은 제34조 제1항에서 국민에게 인간다운 생활을 할 권리를 보장하는 한편, 동조 제2항에서는 국가의 사회보장 및 사회복지증진의무를 천명하고 있다. … 이 헌법의 규정에 의거하여 국민에게 주어지게 되는 사회보장에 따른 국민의 수급권은 국가에게 적극적으로 급부를 요구할 수 있는 권리를 주된 내용으로 하기 때문에, 국가가 국민에게 '인간다운 생활을 할 권리'를 보장하기 위하여 국가의 보호를 필요로 하는 국민들에게 한정된 가용자원을 분배하는 이른바 사회보장권에 관한 입법을 할 경우에는 국가의 재정부담능력, 전체적인 사회보장수준과 국민감정 등 사회정책적인 고려, 제도의 징기직인 지속을 전제로 하는 데서 오는 제도의 비탄력성과 같은 사회보장제도의 특성 등 여러 가지 요소를 감안하여야 하는 것이어서 입법자에게 광범위한 입법재량이 부여되지 않을 수 없고, 따라서 헌법상의 사회보장권은 그에 관한 수급요건, 수급자의 범위, 수급액 등 구체적인 사항이 법률에 규정됨으로써 비로소 구체적인 법적 권리로 형성되는 것이다(헌재 2000.6.1. 98헌마216).

② ○ 국가가 인간다운 생활을 보장하기 위한 헌법적인 의무를 다하였는지의 여부가 사법적 심사의 대상이 된 경우에는, 국가가 생계보호에 관한 입법을 전혀 하지 아니하였다든가 그 내용이 현저히 불합리하여 헌법상 용인될 수 있는 재량의 범위를 명백히 일탈한 경우에 한하여 헌법에 위반된다고 할 수 있다(헌재 1997.5.29. 94헌마33).

③ ○

④ × 국가가 행하는 생계보호의 수준이 그 재량의 범위를 명백히 일탈하였는지의 여부, 즉 인간다운 생활을 보장하기 위한 객관적 내용의 최소한을 보장하고 있는지의 여부는 「생활보호법」에 의한 생계보호급여만을 가지고 판단하여서는 아니 되고 그 외의 법령에 의거하여 국가가 생계보호를 위하여 지급하는 각종 급여나 각종 부담의 감면 등을 총괄한 수준을 가지고 판단하여야 하는바, 1994년도를 기준으로 생활보호대상자에 대한 생계보호급여와 그 밖의 각종 급여 및 각종 부담감면의 액수를 고려할 때, 이 사건 생계보호기준이 청구인들의 인간다운 생활을 보장하기 위하여 국가가 실현해야 할 객관적 내용의 최소한도의 보장에도 이르지 못하였다거나 헌법상 용인될 수 있는 재량의 범위를 명백히 일탈하였다고는 보기 어렵고, 따라서 비록 위와 같은 생계보호의 수준이 일반 최저생계비에 못 미친다고 하더라도 그 사실만으로 곧 그것이 헌법에 위반된다거나 청구인들의 행복추구권이나 인간다운 생활을 할 권리를 침해한 것이라고는 볼 수 없다(헌재 1997.5.29. 94헌마33).

정답 ④

06 사회적 기본권에 관한 다음 설명 중 가장 옳지 않은 것은? 〈2021 법원직 9급〉

① 모든 국민은 인간다운 생활을 할 권리를 가지며 국가는 생활능력 없는 국민을 보호할 의무가 있다는 헌법의 규정은 헌법재판에 있어서는 다른 국가기관, 즉 입법부나 행정부가 국민으로 하여금 인간다운 생활을 영위하도록 하기 위하여 객관적으로 필요한 최소한의 조치를 취할 의무를 다하였는지를 기준으로 국가기관의 행위의 합헌성을 심사하여야 한다는 통제규범으로 작용하는 것이다.

② 국가는 사회적 기본권에 의하여 제시된 국가의 의무와 과제를 언제나 국가의 현실적인 재정·경제 능력의 범위 내에서 다른 국가과제와의 조화와 우선순위결정을 통하여 이행할 수밖에 없다.

③ 국가는 노인과 청소년의 복지향상을 위한 정책을 실시할 의무를 진다.

④ 헌법은 국가의 재해예방 의무에 대해서 아무런 규정을 두고 있지 않다.

해설

① ○ 모든 국민은 **인간다운 생활을 할 권리**를 가지며 국가는 **생활능력 없는 국민을 보호할 의무**가 있다는 **헌법의 규정**은 입법부와 행정부에 대하여는 국민소득, 국가의 재정능력과 정책 등을 고려하여 가능한 범위 안에서 최대한으로 모든 국민이 질적인 최저생활을 넘어서 인간의 존엄성에 맞는 건강하고 문화적인 생활을 누릴 수 있도록 하여야 한다는 행위의 지침 즉 행위규범으로서 작용하지만, **헌법재판**에 있어서는 다른 국가기관 즉 입법부나 행정부가 국민으로 하여금 인간다운 생활을 영위하도록 하기 위하여 **객관적으로 필요한 최소한의 조치를 취할 의무**를 다하였는지의 여부를 기준으로 **국가기관의 행위의 합헌성을 심사**하여야 한다는 통제규범으로 작용하는 것이다(헌재 1997.5.29. 94헌마33).

② ○ 국가는 사회적 기본권에 의하여 제시된 국가의 의무와 과제를 언제나 **국가의 현실적인 재정·경제능력의 범위 내**에서 **다른 국가과제와의 조화와 우선순위결정**을 통하여 이행할 수밖에 없다. 그러므로 사회적 기본권은 입법과정이나 정책결정과정에서 사회적 기본권에 규정된 국가목표의 무조건적인 최우선적 배려가 아니라 단지 적절한 고려를 요청하는 것이다(헌재 2002.12. 8. 2002헌마52).

③ ○

헌법 제34조 ④ 국가는 노인과 청소년의 복지향상을 위한 정책을 실시할 의무를 진다.

④ × 헌법은 국가는 재해를 예방하고 그 위험으로부터 국민을 보호하기 위하여 노력하여야 한다는 규정을 두고 있다.

헌법 제34조 ⑥ **국가는 재해를 예방**하고 그 위험으로부터 국민을 보호하기 위하여 노력하여야 한다.

정답 ④

07 사회적 기본권에 대한 설명으로 옳지 않은 것은? (다툼이 있는 경우 판례에 의함) *〈2019 국회직 5급〉*

① 산업재해보상보험의 생활보장적 성격을 감안하더라도 사용자가 제공하지 않는 통상의 출퇴근에서 발생한 재해를 업무상 재해로 인정하여 근로자를 보호해 줄 수 있는 헌법적 근거는 없다.

② 국가가 장애인의 복지를 향상해야 할 의무가 있다고 하여, '장애인을 위한 저상버스의 도입'과 같은 구체적인 국가의 행위의무를 도출할 수는 없다.

③ 헌법상의 사회보장권은 그에 관한 수급요건, 수급자의 범위, 수급액 등 구체적인 사항이 법률에 규정됨으로써 비로소 구체적인 법적 권리로 형성되는 것이다.

④ 자본주의 경제질서 하에서 근로자가 기본적 생활수단을 확보하고 인간의 존엄성을 보장받기 위하여 최소한의 근로조건을 요구할 수 있는 권리는 자유권적 기본권의 성격도 아울러 가지므로 이러한 경우 외국인 근로자에게도 그 기본권 주체성을 인정함이 타당하다.

⑤ 사회연대의 원칙은 사회보험체계 내에서의 소득의 재분배를 정당화하는 근거이며, 사회보험에의 강제가입의무를 정당화하고 재정구조가 취약한 보험자와 재정구조가 건전한 보험자 사이의 재정조정을 가능하게 한다.

해설

① × 산업재해보상보험제도는 피재근로자와 그 가족의 생활을 보장하기 위하여 국가가 책임을 지는 의무보험으로, 원래 사업주의 근로기준법상 재해보상책임을 보장하기 위하여 국가가 사업주로부터 보험료를 받아 그 재원으로 사업주를 대신하여 피재근로자에게 보상해주는 제도이다. … 통싱의 출퇴근 중 발생한 재해를 업무상 재해로 인정하여 근로자를 보호해 주는 것이 산재보험의 생활보장적 성격에 부합한다. 이상과 같이 통상의 출퇴근 재해에 대한 보상에 있어 혜택근로자와 비혜택근로자를 구별하여 취급할 합리적 근거가 없는데도, 혜택근로자의 출퇴근 재해만 업무상 재해로 인정하는 심판대상조항은 합리적 이유 없이 비혜택근로자에게 경제적 불이익을 주어 이들을 자의적으로 차별하는 것이므로, 헌법상 평등원칙에 위배된다 (헌재 2016.9.29. 2014헌바254).

② ○ 장애인의 복지를 향상해야 할 국가의 의무가 다른 다양한 국가과제에 대하여 최우선적인 배려를 요청할 수 없을 뿐 아니라, 나아가 헌법의 규범으로부터는 '장애인을 위한 저상버스의 도입'과 같은 구체적인 국가의 행위의무를 도출할 수 없는 것이다. … 국가에게 헌법 제34조에 의하여 장애인의 복지를 위하여 노력을 해야 할 의무가 있다는 것은, 장애인도 인간다운생활을 누릴 수 있는 정의로운 사회질서를 형성해야 할 국가의 일반적인 의무를 뜻하는 것이지, 장애인을 위하여 저상버스를 도입해야 한다는 구체적 내용의 의무가 헌법으로부터 나오는 것은 아니다(헌재 2002.12.18. 2002헌마52).

③ ○ 국가가 '인간다운 생활을 할 권리'를 국민에게 보장하기 위하여 국가의 보호를 필요로 하는 국민들에게 한정된 가용자원을 분배하는 이른바 사회보장권에 관한 입법을 할 경우에는 국가의 재정부담능력, 전체적인 사회보장수준과 국민감정 등 사회정책적인 고려, 제도의 장기적인 지속을 전제로 하는 데서 오는 제도의 비탄력성과 같은 사회보장제도의 특성 등 여러 가지 요소를 감안하여야 하기 때문에 입법자에게 광범위한 입법재량이 부여되지 않을 수 없고, 따라서 헌법상의 사회보장권은 그에 관한 수급요건, 수급자의 범위, 수급액 등 구체적인 사항이 법률에 규정됨으로써 비로소 구체적인 법적 권리로 형성된다고 보아야 할 것이다(헌재 1995.7.21. 93헌가14.).

④ ○ 근로의 권리의 구체적인 내용에 따라, 국가에 대하여 고용증진을 위한 사회적·경제적 정책을 요구할 수 있는 권리는 사회권적 기본권으로서 국민에 대하여만 인정해야 하지만, 자본주의 경제질서하에서 근로자가 기본적 생활수단을 확보하고 인간의 존엄성을 보장받기 위하여 최소한의 근로조건을 요구할 수 있는 권리는 자유권적 기본권의 성격도 아울러 가지므로 이러한 경우 외국인 근로자에게도 그 기본권 주체성을 인정함이 타당하다(헌재 2007.8.30. 2004헌마670).

⑤ ○ 사회보험은 사회국가원리를 실현하기 위한 중요한 수단이라는 점에서, 사회연대의 원칙은 국민들에게 최소한의 인간다운 생활을 보장해야 할 국가의 의무를 부과하는 사회국가원리에서 나온다. 보험료의 형성에 있어서 사회연대의 원칙은 보험료와 보험급여 사이의 개별적 등가성의 원칙에 수정을 가하는 원리일 뿐만 아니라, 사회보험체계 내에서의 소득의 재분배를 정당화하는 근거이며, 보험의 급여수혜자가 아닌 제3자인 사용자의 보험료 납부의무(소위 '이질부담')를 정당화하는 근거이기도 하다. 또한 사회연대의 원칙은 사회보험에의 강제가입의무를 정당화하며, 재정구조가 취약한 보험자와 재정구조가 건전한 보험자 사이의 재정조정을 가능하게 한다(헌재 2000.6.29. 99헌마289).

정답 ①

08 사회적 기본권에 대한 설명으로 가장 옳지 않은 것은? 〈2019 서울시 7급〉

① 교원 재임용의 심사요소로 학생교육·학문연구·학생지도를 언급하되 이를 모두 필수요소로 강제하지 않는「사립학교법」제53조의2 제7항 전문은 교원의 신분에 대한 부당한 박탈을 방지함과 동시에 대학의 자율성을 도모한 것으로서 교원지위법정주의에 위반되지 아니한다.

② 국가 또는 지방자치단체의 정책결정에 관한 사항이나 기관의 관리·운영에 관한 사항으로서 근무조건과 직접 관련되지 아니하는 사항을 공무원노동조합의 단체교섭 대상에서 제외하고 있는「공무원의 노동조합 설립 및 운영 등에 관한 법률」제8조 제1항 단서 중 '직접' 부분은 명확성원칙에 위반된다.

③ 모든 국민은 인간다운 생활을 할 권리를 가지며 국가는 생활능력 없는 국민을 보호할 의무가 있다는 헌법의 규정은 모든 국가기관을 기속하지만, 그 기속의 의미는 적극적·형성적 활동을 하는 입법부 또는 행정부의 경우와 헌법재판에 의한 사법적 통제기능을 하는 헌법재판소에 있어서 동일하지 아니하다.

④ 헌법 제32조 제1항이 규정하는 근로의 권리는 사회적 기본권으로서 국가에 대하여 직접 일자리를 청구하거나 일자리에 갈음하는 생계비의 지급청구권을 의미하는 것이 아니라 고용증진을 위한 사회적·경제적 정책을 요구할 수 있는 권리에 그치며, 근로의 권리로부터 국가에 대한 직접적인 직장존속청구권이 도출되는 것도 아니다.

해설

① ○ 학교법인은 다양한 교육수요에 적합한 강의전담교원과 연구전담교원을 재량적으로 임용할 수 있는바, 강의전담교원에 대한 재임용 심사는 직무의 성질상 학생교육이 주된 평가기준이 되어야 할 것인데 법에서 학문연구에 대한 평가를 강제한다면 적절한 평가가 이루어질 수 없을 것이고, 반대로 연구전담교원에 대한 재임용 심사에서 학문연구가 아닌 학생교육에 대한 평가를 강제한다면 역시 불합리할 것이다. 따라서 이 사건 법률조항이 교원 재임용 심사에 학생교육·학문연구·학생지도라는 3가지 기준을 예시하는 한편 이를 바탕으로 대학이 객관적이고 적절한 평가기준을 마련할 수 있도록 한 것은, 교원의 신분에 대한 부당한 박탈을 방지함과 동시에 대학의 자율성을 도모한 것으로서 교원지위법정주의에 위반되지 아니한다(헌재 2014.4.24. 2012헌바336).

② × 이 사건 규정에서 말하는 공무원노조의 비교섭대상은 정책결정에 관한 사항과 기관의 관리·운영에 관한 사항 중 그 자체가 공무를 제공하는 조건이 되는 사항을 제외한 사항이 될 것이다. 따라서 이 사건 규정상의 '직접'의 의미가 법집행 기관의 자의적인 법집행을 초래할 정도로 불명확하다고 볼 수 없으므로 명확성원칙에 위반된다고 볼 수 없다(헌재 2013.6.27. 2012헌바169).

③ ○ 모든 국민은 인간다운 생활을 할 권리를 가지며 국가는 생활능력 없는 국민을 보호할 의무가 있다는 헌법의 규정은 모든 국가기관을 기속하지만, 그 기속의 의미는 적극적·형성적 활동을 하는 입법부 또는 행정부의 경우와 헌법재판에 의한 사법적 통제기능을 하는 헌법재판소에 있어서 동일하지 아니하다(헌재 1997.5.29. 94헌마33).

④ ○ 헌법 제32조 제1항이 규정하는 근로의 권리는 사회적 기본권으로서 국가에 대하여 직접 일자리를 청구하거나 일자리에 갈음하는 생계비의 지급청구권을 의미하는 것이 아니라 고용증진을 위한 사회적·경제적 정책을 요구할 수 있는 권리에 그치며, 근로의 권리로부터 국가에 대한 직접적인 직장존속청구권이 도출되는 것도 아니다(헌재 2011.7.28. 2009헌마408).

정답 ②

09 사회적 기본권에 대한 설명으로 가장 적절하지 않은 것은? (다툼이 있는 경우 판례에 의함)

〈2017 경정승진〉

① 인간다운 생활을 할 권리 중 최소한의 물질적 생활의 유지 이상의 급부를 요구할 수 있는 구체적인 권리는 법률을 통하여 구체화할 때에 비로소 인정되는 법률적 차원의 권리이다.

② '의무교육은 무상으로 한다.'는 헌법 제31조 제3항은 초등교육에 관하여는 직접적인 효력규정으로서, 이로부터 개인은 국가에 대하여 초등학교의 입학금·수업료 등을 면제받을 수 있는 헌법상의 권리를 가진다.

③ 부모의 자녀교육권이란 부모의 자기결정권이라는 의미에서 보장되는 자유가 아니라, 자녀의 보호와 인격발현을 위하여 부여되는 것이므로, 자녀의 행복이란 관점에서 교육방향을 결정하라는 행위지침을 의미할 뿐 부모의 기본권이라고는 볼 수 없다.

④ 헌법상 보장되고 있는 학문의 자유 또는 교육을 받을 권리의 규정에서 교사의 수업권(授業權)이 파생되는 것으로 해석하여 기본권에 준하는 것으로 간주하더라도, 수업권을 내세워 국민의 수학권(修學權)을 침해할 수는 없다.

해설

① ○ 인간다운 생활을 할 권리로부터 인간의 존엄에 상응하는 "최소한의 물질적인 생활"의 유지에 필요한 급부를 요구할 수 있는 구체적인 권리가 상황에 따라서는 직접 도출될 수 있다고 할 수는 있어도, 직접 그 이상의 급부를 내용으로 하는 구체적인 권리를 발생케 한다고 볼 수는 없다. 이러한 구체적 권리는 국가가 재정형편 등 여러 가지 상황들을 종합적으로 감안하여 법률을 통하여 구체화할 때에 비로소 인정되는 법률적 차원의 권리이다(헌재 2006.11.30. 2005헌바25).

② ○ 의무교육의 실시범위와 관련하여 의무교육의 무상 원칙을 규정한 헌법 제31조 제3항은 초등교육에 관하여는 직접적인 효력규정으로서 개인이 국가에 대하여 입학금·수업료 등을 면제받을 수 있는 헌법상의 권리라고 볼 수 있다(헌재 1991.2.11. 90헌가27).

③ × 부모의 자녀교육권은 다른 기본권과는 달리, 기본권의 주체인 부모의 자기결정권이라는 의미에서 보장되는 자유가 아니라, 자녀의 보호와 인격발현을 위하여 부여되는 기본권이다. 다시 말하면, 부모의 자녀교육권은 자녀의 행복이란 관점에서 보장되는 것이며, 자녀의 행복이 부모의 교육에 있어서 그 방향을 결정하는 지침이 된다(헌재 2000.4.27. 98헌가16 등).

④ ○ 교사의 수업권은 전술과 같이 교사의 지위에서 생겨나는 직권인데, 그것이 헌법상 보장되는 기본권이라고 할 수 있느냐에 대하여서는 이를 부정적으로 보는 견해가 많으며, 설사 헌법상 보장되고 있는 학문의 자유 또는 교육을 받을 권리의 규정에서 교사의 수업권이 파생되는 것으로 해석하여 기본권에 준하는 것으로 간주하더라도 수업권을 내세워 수학권을 침해할 수는 없으며 국민의 수학권의 보장을 위하여 교사의 수업권은 일정범위 내에서 제약을 받을 수밖에 없는 것이다(헌재 1992.11.12. 89헌마88).

정답 ③

10 사회국가원리와 사회적 기본권에 관한 설명 중 가장 적절한 것은? (다툼이 있는 경우 판례에 의함)

〈2022 경정승진〉

① 우리 헌법은 '사회국가원리'를 헌법전문과 경제질서 부분에서 명문으로 직접 규정하고 있다.

② 사회국가란 경제·사회·문화의 모든 영역에서 정의로운 사회질서의 형성을 위하여 사회현상에 관여하고 간섭하고 분배하고 조정하는 국가이며, 궁극적으로는 국민 각자가 실제로 자유를 행사할 수 있는 그 실질적 조건을 마련해 줄 의무가 있는 국가이다.

③ 사회적 기본권은 입법과정이나 정책결정과정에서 사회적 기본권에 규정된 국가목표의 무조건적인 최우선적 배려를 요청하는 것이며, 이러한 의미에서 사회적 기본권은 국가의 모든 의사결정과정에서 사회적 기본권이 담고 있는 국가목표를 최우선적으로 고려하여야 할 국가의 의무를 의미한다.

④ 국가가 인간다운 생활을 보장하기 위한 헌법적 의무를 다하였는지의 여부가 사법심사의 대상이 된 경우, 국가가 최저생활보장에 관한 입법을 전혀 하지 아니한 경우에만 한하여 헌법에 위반된다고 할 수 있다.

해설

① × 우리 헌법은 사회국가원리를 명문으로 규정하고 있지는 않지만, 헌법의 전문, 사회적 기본권의 보장(헌법 제31조 내지 제36조), 경제 영역에서 적극적으로 계획하고 유도하고 재분배하여야 할 국가의 의무를 규정하는 경제에 관한 조항(헌법 제119조 제2항 이하) 등과 같이 사회국가원리의 구체화된 여러 표현을 통하여 사회국가원리를 수용하였다(헌재 2002.12.18. 2002헌마52).

② ○ 사회국가란 한마디로, 사회정의의 이념을 헌법에 수용한 국가, 사회현상에 대하여 방관적인 국가가 아니라 경제·사회·문화의 모든 영역에서 정의로운 사회질서의 형성을 위하여 사회현상에 관여하고 간섭하고 분배하고 조정하는 국가이며, 궁극적으로는 국민 각자가 실제로 자유를 행사할 수 있는 그 실질적 조건을 마련해 줄 의무가 있는 국가이다(헌재 2002.12.18. 2002헌마52).

③ × 국가는 사회적 기본권에 의하여 제시된 국가의 의무와 과제를 언제나 국가의 현실적인 재정·경제능력의 범위 내에서 다른 국가과제와의 조화와 우선순위결정을 통하여 이행할 수밖에 없다. 그러므로 사회적 기본권은 입법과정이나 정책결정과정에서 사회적 기본권에 규정된 국가목표의 무조건적인 최우선적 배려가 아니라 단지 적절한 고려를 요청하는 것이다. 이러한 의미에서 사회적 기본권은, 국가의 모든 의사결정과정에서 사회적 기본권이 담고 있는 국가목표를 고려하여야 할 국가의 의무를 의미한다(헌재 2002.12.18. 2002헌마52).

④ × 국가가 인간다운 생활을 보장하기 위한 헌법적 의무를 다하였는지의 여부가 사법적 심사의 대상이 된 경우에는, 국가가 생계보호에 관한 입법을 전혀 하지 아니하였다든가 그 내용이 현저히 불합리하여 헌법상 용인될 수 있는 재량의 범위를 명백히 일탈한 경우에 한하여 헌법에 위반된다고 할 수 있다(헌재 1997.5.29. 94헌마33).

정답 ②

제 2 항 인간다운 생활을 할 권리

01 인간다운 생활을 할 권리에 관한 설명 중 가장 적절하지 않은 것은? (다툼이 있는 경우 판례에 의함) *〈2022 경찰공채 2차〉*

① 인간다운 생활을 할 권리는 자연인의 권리이므로 법인에게는 인정되지 않고, 또한 국민의 권리이므로 원칙적으로 외국인에게는 인정되지 아니한다.

② 인간다운 생활을 할 권리에 관한 헌법상 규정은 모든 국가기관을 기속하지만, 그 기속의 의미는 적극적 형성적 활동을 하는 입법부 또는 행정부의 경우와 헌법재판에 의한 사법적 통제기능을 하는 헌법재판소에 있어서 동일하지 아니하다.

③ 주거환경개선사업 및 주택재개발사업의 시행으로 철거되는 주택의 소유자에 대해서는 임시수용시설의 설치 등을 사업시행자의 의무로 규정한 반면, 도시환경정비사업의 경우에는 이와 같은 규정을 두지 아니한 것은 청구인의 인간다운 생활을 할 권리를 제한한다.

④ 국가가 인간다운 생활을 보장하기 위한 헌법적 의무를 다하였는지의 여부가 사법적 심사의 대상이 된 경우에는, 국가가 최저생활보장에 관한 입법을 전혀 하지 아니하였다든지, 그 내용이 현저히 불합리하여 헌법상 용인될 수 있는 재량의 범위를 명백히 일탈한 경우에 한하여 헌법에 위반된다고 보아야 한다.

해설

① ○ 인간다운 생활을 할 권리는 **자연인인 국민은 주체**가 되나 법인과 외국인은 원칙적으로 주체가 아니다.

② ○ 모든 국민은 인간다운 생활을 할 권리를 가지며 국가는 생활능력 없는 국민을 보호할 의무가 있다는 헌법의 규정은 모든 국가기관을 기속하지만, 그 기속의 의미는 적극적·형성적 활동을 하는 입법부 또는 행정부의 경우와 헌법재판에 의한 사법적 통제기능을 하는 헌법재판소에 있어서 동일하지 아니하다(헌재 1997.5.29. 94헌마33).

③ × 이 사건 법률조항(주거환경개선사업 및 주택재개발사업의 시행으로 철거되는 주택의 소유자에 대해서는 임시수용시설의 설치 등을 사업시행자의 의무로 규정한 반면, 도시환경정비사업의 경우에는 이와 같은 규정을 두지 아니한 것)은 국가에 대하여 최소한의 물질적 생활을 요구할 수 있음을 내용으로 하는 인간다운 생활을 할 권리의 향유와는 관련이 없고, 이 사건 법률조항으로 인하여 거주지를 이전하여야 하는 것은 아니므로 거주이전의 자유와도 관련이 없다(헌재 2014.3.27. 2011헌바396).

④ ○ 국가가 인간다운 생활을 보장하기 위한 헌법적 의무를 다하였는지의 여부가 사법적 심사의 대상이 된 경우에는, 국가가 최저생활보장에 관한 입법을 전혀 하지 아니하였다든가 그 내용이 현저히 불합리하여 헌법상 용인될 수 있는 재량의 범위를 명백히 일탈한 경우에 한하여 헌법에 위반된다고 할 수 있다(헌재 2004.10.28. 2002헌마328).

정답 ③

02 인간다운 생활을 할 권리에 관한 설명 중 가장 적절하지 않은 것은? (다툼이 있는 경우 판례에 의함) *〈2022 경찰공채 1차〉*

① 국가가 인간다운 생활을 보장하기 위한 헌법적 의무를 다하였는지의 여부가 사법적 심사의 대상이 된 경우에는, 국가가 최저생활보장에 관한 입법을 전혀 하지 아니하였다든가 그 내용이 현저히 불합리하여 헌법상 용인될 수 있는 재량의 범위를 명백히 일탈한 경우에 한하여 헌법에 위반된다.

② 65세 미만의 일정한 노인성 질병이 있는 사람의 장애인 활동 지원급여 신청자격을 제한하는 「장애인활동 지원에 관한 법률」 제5조 제2호 본문 중 '「노인장기요양보험법」 제2조 제1호에 따른 노인 등' 가운데 '65세 미만의 자로서 치매 뇌혈관성질환 등 대통령령으로 정하는 노인성 질병을 가진 자'에 관한 부분은 합리적 이유가 있다고 할 것이므로 평등원칙에 위반되지 않는다.

③ 업무상 질병으로 인한 업무상 재해에 있어 업무와 재해 사이의 상당인과관계에 대한 입증책임을 이를 주장하는 근로자나 그 유족에게 부담시키는 「산업재해보상보험법」 규정이 근로자나 그 유족의 사회보장수급권을 침해한다고 볼 수 없다.

④ 「공무원연금법」에 따른 퇴직연금일시금을 지급받은 사람 및 그 배우자를 기초연금 수급권자의 범위에서 제외하는 것은 한정된 재원으로 노인의 생활안정과 복리향상이라는 「기초연금법」의 목적을 달성하기 위한 것으로서 합리성이 인정되므로 인간다운 생활을 할 권리를 침해한다고 볼 수 없다.

해설

① ○ 국가가 인간다운 생활을 보장하기 위한 헌법적 의무를 다하였는지의 여부가 사법적 심사의 대상이 된 경우에는, 국가가 최저생활보장에 관한 입법을 전혀 하지 아니하였다든가 그 내용이 현저히 불합리하여 헌법상 용인될 수 있는 재량의 범위를 명백히 일탈한 경우에 **한하여** 헌법에 위반된다고 할 수 있다(헌재 2004.10.28. 2002헌마328).

② × 65세 미만의 비교적 젊은 나이인 경우, 일반적 생애주기에 비추어 자립 욕구나 자립지원의 필요성이 높고, 질병의 치료효과나 재활의 가능성이 높은 편이므로 노인성 질병이 발병하였다고 하여 곧 사회생활이 객관적으로 불가능하다거나, 가내에서의 장기요양의 욕구·필요성이 급격히 증가한다고 평가할 것은 아니다. 또한 활동지원급여와 장기요양급여는 급여량 편차가 크고,

사회활동 지원 여부 등에 있어 큰 차이가 있다. 그럼에도 불구하고 65세 미만의 장애인 가운데 일정한 노인성 질병이 있는 사람의 경우 일률적으로 활동지원급여 신청자격을 제한한 데에 합리적 이유가 있다고 보기 어려우므로 심판대상조항은 평등원칙에 위반된다(헌재 2020.12.23. 2017헌가22).

③ ○ 업무상 질병으로 인한 업무상 재해에 있어 업무와 재해 사이의 상당인과관계에 대한 **입증책임**을 이를 주장하는 **근로자나 그 유족에게 부담**시키는 산업재해보상보험법 제37조 제1항 제2호가 **사회보장수급권**을 **침해**한다고 볼 수 **없다**(헌재 2015.6.25. 2014헌바269).

④ ○ 공무원연금법에 따른 퇴직연금일시금을 지급받은 사람 및 그 배우자를 기초연금 수급권자의 범위에서 제외하고 있는바, 이는 한정된 재원으로 노인의 생활안정과 복리향상이라는 기초연금법의 목적을 달성하기 위한 것으로서 합리성이 인정되고, 국가가 기초연금제도 외에도 다양한 노인복지제도와 저소득층 노인의 노후소득보장을 위한 기초생활보장제도를 실시하고 있으며, 퇴직공무원의 후생복지 및 재취업을 위한 사업을 실시하고 있는 점을 고려할 때 인간다운 생활을 할 권리를 침해한다고 볼 수 없다(헌재 2018.8.30. 2017헌바197).

정답 ②

03 인간다운 생활을 할 권리에 관한 설명으로 옳은 것은? (다툼이 있는 경우 헌법재판소 판례에 의함)

〈2021 소방간부〉

① 보건복지부장관이 최저생계비를 고시함에 있어서 장애인가구와 비장애인가구를 구분하지 않고 일률적으로 동일한 최저생계비를 적용한 것은 자의적인 것으로 볼 수는 없다.

② 생계급여를 지급함에 있어 '개별가구 또는 개인의 여건'에 관한 조건 부과 유예 대상자의 범위를 정할 때 '내학원에 재학 중인 사람' 또는 '부모에게 버림받아 부모를 알 수 없는 사람'에 대하여 조건 부과 유예사유를 두지 않은 것은 인간다운 생활을 할 권리를 침해한 것이다.

③ 모든 국민은 인간다운 생활을 할 권리를 가지며 국가는 생활능력 없는 국민을 보호할 의무가 있다는 헌법의 규정은 모든 국가기관을 기속하므로, 그 기속의 의미는 적극적·형성적 활동을 하는 입법부 또는 행정부의 경우와 헌법재판에의 한 사법적 통제기능을 하는 헌법재판소에 있어서 동일하다.

④ 경과실로 인한 범죄행위에 기인하는 보험사고에 대하여 의료보험급여를 부정하는 것이 사회보장제도로서의 의료보험의 본질을 침해하는 것은 아니다.

⑤ 수급권자에게 2 이상의 급여의 수급권이 발생한 때 그 자의 선택에 의하여 그 중의 하나만을 지급하고 다른 급여의 지급을 정지하도록 하는 것은 「헌법」 제37조 제2항의 기본권 제한의 입법적 한계를 일탈한 것이다.

해설

① ○ 국가가 생활능력 없는 장애인의 인간다운 생활을 보장하기 위한 조치를 취함에 있어서 국가가 실현해야 할 객관적 내용의 최소한도의 보장에도 이르지 못하였다거나 헌법상 용인될 수 있는 재량의 범위를 명백히 일탈하였다고는 보기 어렵고, 또한 **장애인가구와 비장애인가구**에게 **일률적으로 동일한 최저생계비를 적용**한 것을 **자의적인 것으로 볼 수는 없다**. 따라서 **보건복지부장관이 2002년도 최저생계비를 고시**함에 있어 장애로 인한 추가지출비용을 반영한 별도의 최저생계비를 결정하지 않은 채 가구별 인원수만을 기준으로 최저생계비를 결정한 것은 생활능력 없는 장애인가구 구성원의 인간의 존엄과 가치 및 행복추구권, 인간다운 생활을 할 권리, 평등권을 침해하였다고 할 수 없다(헌재 2004.10.28. 2002헌마328).

② × 이 사건 시행령조항은 조건 부과 유예 대상자로 '**대학원에 재학 중인 사람**'과 '**부모에게 버림받아 부모를 알 수 없는 사람**'을 규정하고 있지 않다. 그런데 국민기초생활 보장법은 조건 부과 유예 대상자에 해당하지 않는다고 하더라도, 수급자의 개인적 사정을 고려하여 근로조건의 제시를 유예할 수 있는 제도를 별도로 두고 있으므로, '대학원에 재학 중인 사람' 또는 '부모에게 버림받아 부모를 알 수 없는 사람'이 조건 제시 유예사유에 해당하면 자활사업 참여 없이 생계급여를 받을 수 있다. 여기에, 고등교육법과 '법학전문대학원 설치·운영에 관한 법률'이 장학금제도를 규정하고 있는 점, 생계급여제도 이외에도 의료급여와 같은 각종 급여제도 등을 통하여서도 인간의 존엄에 상응하는 생활에 필요한 '최소한의 물질적인 생활'을 유지하는 데 도움을 받을 수 있는 점 등을 종합하여 보면, 이 사건 시행령조항은 청구인의 **인간다운 생활을 할 권리도 침해하지 않는다**(헌재 2017.11.30. 2016헌마448).

③ × 모든 국민은 인간다운 생활을 할 권리를 가지며 국가는 생활능력 없는 국민을 보호할 의무가 있다는 헌법의 규정은 **모든 국가기관을 기속**하지만, 그 기속의 의미는 **적극적·형성적 활동**을 하는 **입법부 또는 행정부**의 경우와 헌법재판에 의한 **사법적 통제기능**을 하는 **헌법재판소**에 있어서 **동일하지 아니하다**(헌재 1997.5.29. 94헌마33).

④ × 경과실의 범죄로 인한 사고는 개념상 우연한 사고의 범위를 벗어나지 않으므로 **경과실로 인한 범죄행위에 기인하는 보험사고**에 대하여 **의료보험급여를 부정**하는 것은 우연한 사고로 인한 위험으로부터 다수의 국민을 보호하고자 하는 사회보장제도로서의 의료보험의 본질을 침해하여 **헌법에 위반**된다(헌재 2003.12.18. 2002헌바1).

⑤ × 이 사건 법률조항이 수급권자에게 **2 이상의 급여의 수급권이 발생**한 때 그 자의 선택에 의하여 **그 중의 하나만을 지급**하고 다른 급여의 지급을 정지하도록 한 것은 공공복리를 위하여 필요하고 적정한 방법으로서 **헌법 제37조 제2항의 기본권 제한의 입법적 한계**를 일탈한 것으로 볼 수 없고, 또 합리적인 이유가 있으므로 평등권을 침해한 것도 아니다(헌재 2000.6.1. 97헌마190).

정답 ①

04 인간다운 생활을 할 권리에 관한 설명으로 가장 옳지 않은 것은? *〈2019 서울시 7급〉*

① 헌법 제34조 제1항이 보장하는 인간다운 생활을 할 권리는 사회권적 기본권의 일종으로서 인간의 존엄에 상응하는 최소한의 물질적인 생활의 유지에 필요한 급부를 요구할 수 있는 권리를 의미한다.

② 인간다운 생활을 보장하기 위한 객관적인 내용의 최소한을 보장하고 있는지 여부는 특정한 법률에 의한 생계급여만을 가지고 판단하여서는 안 되고, 다른 법령에 의거하여 국가가 최저 생활보장을 위하여 지급하는 각종 급여나 각종 부담의 감면 등을 총괄한 수준으로 판단하여야 한다.

③ 구치소·치료감호시설에 수용 중인 자에 대하여 「국민기초생활 보장법」에 의한 중복적인 보장을 피하기 위하여 개별가구에서 제외하기로 한 입법자의 판단이 헌법상 용인될 수 있는 재량의 범위를 일탈하여 인간다운 생활을 할 권리와 보건권을 침해한다고 볼 수 없다.

④ 「국가유공자 등 예우 및 지원에 관한 법률」이 보상 받을 권리의 발생 시기를 국가보훈처장에게 등록신청을 한 날이 속하는 달부터 발생하도록 한 것은 행복추구권 및 인간다운 생활을 할 권리를 침해한다.

해설

① ○ 헌법 제34조 제1항이 보장하는 인간다운 생활을 할 권리는 사회권적 기본권의 일종으로서 인간의 존엄에 상응하는 최소한의 물질적인 생활의 유지에 필요한 급부를 요구할 수 있는 권리를 의미하는데, 이러한 권리는 국가가 재정형편 등 여러 가지 상황들을 종합적으로 감안하여 법률을 통하여 구체화할 때에 비로소 인정되는 법률적 권리라고 할 것이다(헌재 2009.11.26. 2007헌마734).

② ○ 국가가 생활능력 없는 장애인의 인간다운 생활을 보장하기 위하여 행하는 사회부조에는 보장법에 의한 생계급여 지급을 통한 최저생활보장 외에 다른 법령에 의하여 행하여지는 것도 있으므로, 국가가 행하는 최저생활보장 수준이 그 재량의 범위를 명백히 일하였는지 여부, 즉 인간다운 생활을 보장하기 위한 객관적 내용의 최소한을 보장하고 있는지 여부는 보장법에 의한 생계급여만을 가지고 판단하여서는 아니 되고, 그 외의 법령에 의거하여 국가가 최저생활보장을 위하여 지급하는 각종 급여나 각종 부담의 감면 등을 총괄한 수준으로 판단하여야 한다(헌재 2004.10.28. 2002헌마328).

③ ○ 다른 법령에 의하여 이러한 생계유지의 보호를 받고 있는 교도소·구치소에 수용 중인 자에 대하여 '국민기초생활 보장법'의 보충급여의 원칙에 따라 중복적인 보장을 피하기 위하여 개별가구에서 제외키로 한 입법자의 판단이 국가가 최저생활보장에 관한 입법을 전혀 하지 아니하였다든가 그 내용이 현저히 불합리하여 헌법상 용인될 수 있는 재량의 범위를 명백히 일탈한 경우에 해당한다고 볼 수 없으므로 이 사건 조항이 청구인들의 인간다운 생활을 할 권리를 침해한다고 볼 수 없다(헌재 2011.3.31. 2009헌마617 등).

④ × 법률이 정하고 있는 보상수준이 전공상자 등에게 인간다운 생활에 필요한 최소한의 물질적 수요를 충족시켜 주고 헌법상의 사회보장, 사회복지의 이념과 국가유공자에 대한 우선적 보호이념에 명백히 어긋나지 않는 한 입법자는 이를 정함에 있어 광범위한 입법재량권을 행사할 수 있다. … 이 사건 조항이 국가유공자로 등록된 자에게 예우법 제6조에 의한 등록신청일이 속한 달 이후의 보상금만 지급하도록 규정하고 있는 것은 지급대상자의 범위 파악과 보상수준의 결정에 있어서의 용이성, 국가의 재정적 상황 등 입법정책적 상황을 고려한 것이며, 앞서 살펴본 바와 같이 예우법은 보상금 이외에 생활조정수당(예우법 제14조)이나 간호수당(예우법 제15조) 등을 지급함으로써 국가유공자에게 인간다운 생활에 필요한 최소한의 물질적 수요를 충족시켜 주고 있다고 할 것이므로, 이 사건 조항이 입법재량의 범위를 넘어선 것으로 인간다운 생활을 할 권리를 침해하는 것은 아니다(헌재 2011.7.28. 2009헌마27).

정답 ④

05 사회보장수급권에 대한 설명으로 가장 옳지 않은 것은? 〈2018 서울시 7급〉

① 「산업재해보상보험법」에서 업무상 질병으로 인한 업무상 재해에 있어 업무와 재해 사이의 상당인과관계에 대한 입증책임을 이를 주장하는 근로자나 그 유족에게 부담시키는 것은 사회보장수급권을 위헌적으로 침해한다.

② 사립학교 교원에 대한 명예퇴직수당은 장기근속자의 조기퇴직을 유도하기 위한 특별장려금이라고 할 것이고 사회보장수급권에 해당하지 않는다.

③ 「공무원연금법」에서 다른 법령에 따라 국가나 지방자치단체의 부담으로 공무원연금법에 따른 급여와 같은 종류의 급여를 받는 자에게는 급여에 상당하는 금액을 공제하여 지급한다고 규정하고 있는 것은 사회보장수급권의 위헌적 침해로 볼 수 없다.

④ 산재보험수급권은 이른바 '사회보장수급권'의 하나로서 국가에 대하여 적극적으로 급부를 요구하는 것이지만 국가가 재정부담 능력과 전체적 사회보장 수준 등을 고려하여 그 내용과 범위를 정하는 것이므로 입법부에 폭넓은 입법형성의 자유가 인정된다.

해설

① × 업무상 재해의 인정요건 중 하나로 '업무와 재해 사이에 상당인과 관계'를 요구하고 근로자 측에게 그에 대한 입증을 부담시키는 것은 재해근로자와 그 가족에 대한 보상과 생활보호를 필요한 수준으로 유지하면서도 그와 동시에 보험재정의 건전성을 유지하기 위한 것으로서

그 합리성이 있다. 입증책임분배에 있어 권리의 존재를 주장하는 당사자가 권리근거 사실에 대하여 입증책임을 부담한다는 것은 일반적으로 받아들여지고 있고, 통상적으로 업무상 재해를 직접 경험한 당사자가 이를 입증하는 것이 용이하다는 점을 감안하면, 이러한 입증책임의 분배가 입법재량을 일탈한 것이라고는 보기 어렵다. … 근로자 측이 현실적으로 부담하는 입증책임이 근로자 측의 보호를 위한 산업재해보상보험제도 자체를 형해화시킬 정도로 과도하다고 보기도 어렵다. 따라서 심판대상조항이 사회보장수급권을 침해한다고 볼 수 없다(헌재 2015.6. 25. 2014헌바269).

② ○ 명예퇴직은 근로자의 청약(신청)에 대하여 사용자가 승낙함으로써 합의에 의하여 근로계약을 종료시키는 근로계약의 합의해지라고 할 것이다. 원칙적으로 계약의 자유가 보장되는 사적 자치의 영역이다. 사립학교법상 명예퇴직수당은 교원이 정년까지 근무할 경우에 받게 될 장래 임금의 보전이나 퇴직 이후의 생활안정을 보장하는 사회보장적 급여가 아니라 장기근속 교원의 조기 퇴직을 유도하기 위한 특별장려금이라고 할 것이다(헌재 2007.4.26. 2003헌마533).

③ ○ 이 사건 법률조항은 다른 법령에 따라 국가나 지방자치단체의 부담으로 공무원연금법에 따른 급이 같은 종류의 급여를 받는 자에게는 그 급여에 상당하는 금액을 공제하여 지급한다고 규정하고 있는바, 이는 연금수급자에게 적절한 사회보장제도를 제공하는 동시에 과도한 지출을 줄여 공무원연금 재정의 인정을 도모함으로써 연금 재정을 합리적으로 운용하기 위한 것이므로 그 목적이 정당하다. … 따라서 이 사건 법률조항이 입법자의 입법형성권을 넘는 자의적인 것으로서 청구인의 사회보장수급권이나 재산권을 침해하였다고 보기 어렵다(헌재 2013.9.26. 2011헌바272).

④ ○ 산재보험제도는 근로자에게 발생하는 업무상 재해라는 사회적 위험을 보험방식에 의하여 대처하는 사회보험제도이므로, 이 제도에 따른 산재보험수급권은 이른바 '사회보장수급권'의 하나로서 국가에 대하여 적극적으로 급부를 요구하는 것이지만, 헌법규정만으로는 이를 실현할 수 있고, 법률에 의한 형성을 필요로 한다. 이와 같이 사회적 기본권의 성격을 가지는 산재보험수급권은 법률에 의해서 구체적으로 형성되는 권리로서 국가가 재정부담 능력과 전체적인 사회보장 수준 등을 고려하여 그 내용과 범위를 정하는 것이므로 광범위한 입법형성의 자유영역에 있는 것이고, 국가가 헌법 제34조에 따른 사회보장의무에 위반하여 생계보호에 관한 입법을 전혀 하지 아니하였거나 또는 그 내용이 현저히 불합리하여 헌법상 용인될 수 있는 재량의 범위를 명백히 일탈한 경우에 한하여 헌법에 위반된다고 할 수 있다(헌재 2015.6.25. 2014헌바269).

정답 ①

06 사회보장수급권에 대한 설명으로 옳지 않은 것은? (다툼이 있는 경우 헌법재판소 판례에 의함)

〈2017 국회직 5급〉

① 「공무원연금법」상 퇴직연금의 수급자가 「사립학교교직원연금법」 제3조의 학교기관으로부터 보수 기타 급여를 지급받고 있는 경우, 그 기간 중 퇴직연금의 지급을 정지하도록 한 것은 기본권제한의 입법한계를 일탈한 것으로 볼 수 없다.

② 국민연금의 급여수준은 납입한 연금 보험료의 금액을 기준으로 결정하여야 하며, 한 사람의 수급권자에게 여러 종류의 수급권이 발생한 경우에는 중복하여 지급해야 한다.

③ 사회적 기본권의 성격을 가지는 연금수급권은 국가에 대하여 적극적으로 급부를 요구하는 것이므로 헌법규정만으로는 실현될 수 없고, 법률에 의한 형성을 필요로 한다.

④ 「군인연금법」상의 퇴역연금은 퇴역군인의 생활을 보장하기 위한 사회보험 내지 사회보장·사회복지적 성질도 함께 갖는 것이며, 이와 같은 법적 성질은 퇴역일시금의 경우도 기본적으로 같다.

⑤ 독립유공자 유족에 대한 부가연금지급에 있어서 독립유공자 본인의 서훈등급에 따라 차등을 두는 것은 합리적인 이유가 있으므로, 그 차등지급은 평등권을 침해하는 것이 아니다.

해설

① ○ 한정된 재원으로 보다 많은 공무원과 그 유족에게 적절한 사회보장적 급여를 실시하기 위하여는 연금지급이 필요하지 않은 경우에 그 지급을 정지할 필요성이 있으므로 「공무원연금법」 제47조 제1항 제1호의 목적은 공공복리를 위한 것으로서 정당하고, … 위 규정에 의하여 지급이 정지되는 것은 사립학교기관으로부터 보수를 지급받고 있는 기간 중의 퇴직연금만이고 퇴직수당 등 다른 급여의 지급이 정지되는 것은 아니므로 이는 입법목적달성을 위하여 필요하고 적정한 방법으로서 기본권제한의 입법한계를 일탈한 것으로 볼 수 없다(헌재 2000.6.29. 98헌바106).

② × 국민연금의 급여수준은 수급권자가 최저생활을 유지하는데 필요한 금액을 기준으로 결정해야 할 것이지 납입한 연금보험료의 금액을 기준으로 결정하거나 여러 종류의 수급권이 발생하였다고 하여 반드시 중복하여 지급해야 할 것은 아니므로, … 또 합리적인 이유가 있으므로 평등권을 침해한 것도 아니다(헌재 2000.6.1. 97헌마190).

③ ○ 이 법상의 연금수급권과 같은 사회보장수급권은 이 규정들로부터 도출되는 사회적 기본권의 하나이다. 이와 같이 사회적 기본권의 성격을 가지는 연금수급권은 국가에 대하여 적극적으로 급부를 요구하는 것이므로 헌법규정만으로는 이를 실현할 수 없고, 법률에 의한 형성을 필요로 한다(헌재 1999.4.29. 97헌마333).

④ ○ 「군인연금법」상의 퇴역연금의 법적 성질은 군인이 장기간 충실히 복무한 공로에 대한 공적보상으로서의 은혜적 성질을 갖는 한편, 퇴역연금 중 군인이 부담하는 기여금에 상당하는 부분은 봉급연불적인 성질과 군인인 기간 동안 및 퇴직 후에 있어서의 공적 재해보험의 성질이 있고, 국고의 부담금은 군인과 그 가족을 위한 사회보장 부담금으로서의 성질이 있다. 할 것이므로, 결국 퇴역연금은 퇴역군인의 생활을 보장하기 위한 사회보험내지 사회보장 사회복지적인 성질도 함께 갖는 것이며, 이와 같은 법적 성질은 퇴직일시금의 경우도 기본적으로 같다 할 것이다(헌재 1996.10.31. 93헌바55).

⑤ ○ 독립유공자 본인에 대한 부가연금지급에 있어 그 공헌과 희생의 정도에 따라 차등을 두는 것은 「독립유공자예우에 관한 법률」이 내세우는 보상의 원칙에 부합하는 것일 뿐만 아니라 실질적 평등을 구현한 것으로서 합리적인 이유가 있는 이상, 그 유족에 대한 부가연금지급에 있어서도 독립유공자 본인의 서훈등급에 따라 차등을 두는 것은 합리적인 이유가 있으므로, 그 차등지급은 평등권을 침해한 것이 아니다(헌재 1997.6.26. 94헌마52).

정답 ②

07 사회보장수급권에 관한 다음 설명 중 가장 옳지 않은 것은? (다툼이 있는 경우 헌법재판소 결정에 의함) *〈2016 법원직 9급〉*

① 입법자는 「공무원연금법」상 연금수급권의 구체적 내용을 정함에 있어 반드시 「민법」상 상속의 법리와 순위에 따라야 하는 것이 아니라 공무원연금제도의 목적 달성에 알맞도록 독자적으로 규율할 수 있다.

② 공무원과는 달리 산재보험에 가입한 근로자의 통상의 출·퇴근 재해를 업무상 재해로 인정하지 않더라도 입법자의 입법형성의 한계를 벗어난 자의적인 차별은 아니다.

③ 「공무원연금법」상의 각종 급여는 후불임금으로서의 성격을 띠므로, 그에 관한 입법자의 입법재량은 일반적인 재산권과 유사하게 제한된다.

④ 공무원이 유족 없이 사망하였을 경우, 연금수급자의 범위를 직계존비속으로만 한정하는 것은 공무원의 형제자매 등 다른 상속권자들의 재산권을 침해한 것으로 볼 수 없다.

해설

① ○ 「공무원연금법」상의 퇴직급여, 유족급여 등 각종 급여를 받을 권리, 즉 연금수급권에는 사회적 기본권의 하나인 사회보장수급권의 성격과 재산권의 성격이 불가분적으로 혼재되어 있으므로, 입법자로서는 연금수급권의 구체적 내용을 정함에 있어 반드시 「민법」상 상속의 법리와 순위에 따라야 하는 것이 아니라 공무원연금제도의 목적 달성에 알맞도록 독자적으로 규율할 수 있고, 여기에 필요한 정책판단·결정에 관하여는 입법자에게 상당한 정도로 형성의 자유가 인정된다(헌재 1999.4.29. 97헌마333).

② × 사업장 규모나 재정여건의 부족 또는 사업주의 일방적 의사나 개인 사정 등으로 출퇴근용 차량을 제공받지 못하거나 그에 준하는 교통수단을 지원받지 못하는 비혜택근로자는 비록 산재보험에 가입되어 있다 하더라도 출퇴근 재해에 대하여 보상을 받을 수 없는데, 이러한 차별을 정당화할 수 있는 합리적 근거를 찾을 수 없다. … 반면에 통상의 출퇴근 중 재해를 입은 비혜택근로자는 가해자를 상대로 불법행위 책임을 물어도 충분한 구제를 받지 못하는 것이 현실이고, 심판대상조항으로 초래되는 비혜택근로자와 그 가족의 정신적·신체적 혹은 경제적 불이익은 매우 중대하다. 따라서 심판대상조항은 합리적 이유 없이 비혜택근로자를 자의적으로 차별하는 것이므로, 헌법상 평등원칙에 위배된다(헌재 2016.9.29, 2014헌바 254).

③ × 「공무원연금법」 상의 각종 급여는 기본적으로 모두 사회보장적 급여로서의 성격을 가짐과 동시에 공로보상 내지 후불임금으로서의 성격도 함께 가지며 특히 퇴직연금수급권은 경제적 가치 있는 권리로서 헌법 제23조에 의하여 보장되는 재산권으로서의 성격을 가지는데 다만, 그 구체적인 급여의 내용, 기여금의 액수 등을 형성하는 데에 있어서는 직업공무원제도나 사회보험원리에 입각한 사회보장적 급여로서의 성격으로 인하여 일반적인 재산권에 비하여 입법자에게 상대적으로 보다 폭넓은 재량이 헌법상 허용된다고 볼 수 있다(헌재 2005.6.30. 2004헌바42).

④ ○ 공무원이 유족 없이 사망하였을 경우, 연금수급자의 범위를 직계존비속으로만 한정하고 있는 「공무원연금법」 규정은 공무원의 형제자매 등 다른 상속권자들의 재산권(상속권)을 침해하지 않는다(헌재 2014. 5.29. 2012헌마555).

정답 ②, ③

08 사회보장수급권에 관한 설명 중 가장 적절하지 않은 것은? (다툼이 있는 경우 판례에 의함)

〈2016 경정승진〉

① 「공무원연금법」상 퇴직연금의 수급자가 「사립학교교직원연금법」 제3조의 학교기관으로부터 보수 기타 급여를 지급받고 있는 경우, 그 기간 중 퇴직연금의 지급을 정지하도록 한 것은 기본권제한의 입법한계를 일탈한 것으로 볼 수 없다.

② 휴직자에게 직장가입자의 자격을 유지시켜 휴직전월의 표준보수월액을 기준으로 보험료를 부과하는 것은 사회국가원리에 위배되지 않는다.

③ 「공무원연금법」상의 연금수급권은 국가에 대하여 적극적으로 급부를 요구하는 것이므로 헌법규정만으로는 실현될 수 없고, 법률에 의한 형성을 필요로 한다.

④ 국민연금의 급여수준은 납입한 연금보험료의 금액을 기준으로 결정하여야 하며, 한 사람의 수급권자에게 여러 종류의 수급권이 발생한 경우에는 중복하여 지급해야 한다.

해설

① ○ 한정된 재원으로 보다 많은 공무원과 그 유족에게 적절한 사회보장적 급여를 실시하기 위하여는 연금지급이 필요하지 않은 경우에 그 지급을 정지할 필요성이 있으므로 「공무원연금법」 제47조 제1항 제1호의 목적은 공공복리를 위한 것으로서 정당하고, 공무원연금제도와 사립학교교직원연금제도는 보험의 대상이 서로 달라 각각 독립하여 운영되고 있기는 하지만 동일한 사회적 위험에 대비하기 위한 하나의 통일적인 제도로서 이들 사이에서 직종을 옮긴다 하더라도 전체적인 사회보험의 관점에서 보면 적용 법률이 달라질 뿐 퇴직이라는 사회적 위험이 발생한 것은 아니며 「공무원연금법」상 퇴직연금의 수급자가 학교기관의 교직원으로 재직하는 경우에는 실질적으로 퇴직연금의 지급사유가 있다고 보기 어렵고, 위 규정에 의하여 지급이 정지되는 것은 사립학교기관으로부터 보수를 지급받고 있는 기간 중의 퇴직연금만이고 퇴직수당 등 다른 급여의 지급이 정지되는 것은 아니므로 이는 입법목적달성을 위하여 필요하고 적정한 방법으로서 기본권제한의 입법한계를 일탈한 것으로 볼 수 없다(헌재 2000.6.29. 98헌바106).

② ○ 「국민건강보험법」 제63조 제2항이 휴직자도 직장가입자의 자격을 유지함을 전제로 기존의 보험료 부담을 그대로 지우고 있는 것은 일시적·잠정적 근로관계의 중단에 불과한 휴직제도의 본질, 휴직자에 대한 보험급여의 필요성, 별도의 직장가입자인 배우자 등이 있는 휴직자와 그렇지 않은 휴직자간의 형평성, 보험공단의 재정부담 등 여러 가지 사정을 고려한 것으로서, 입법형성의 범위 내에서 합리적으로 결정한 것이라 볼 수 있으므로 사회국가원리에 어긋난다거나 휴직자의 사회적 기본권 내지 평등권 등을 침해한다고 볼 수 없다(헌재 2003.6.26. 2001헌마699).

③ ○ 헌법 제34조 제1항은 "모든 국민은 인간다운 생활을 할 권리를 가진다."고 하고, 제2항은 "국가는 사회보장·사회복지의 증진에 노력할 의무를 진다."고 규정하고 있는바, 이 법상의 연금수급권과 같은 사회보장수급권은 이 규정들로부터 도출되는 사회적 기본권의 하나이다. 이와 같이 사회적 기본권의 성격을 가지는 연금수급권은 국가에 대하여 적극적으로 급부를 요구하는 것이므로 헌법규정만으로는 이를 실현할 수 없고, 법률에 의한 형성을 필요로 한다(헌재 1999.4.29. 97헌마333).

④ × 국민연금의 사회보장적 성격에 비추어 급여수준은 수급권자가 최저생활을 유지하는데 필요한 금액을 기준으로 결정해야 할 것이지 납입한 연금보험료의 금액을 기준으로 결정하거나 여러 종류의 수급권이 발생하였다고 하여 반드시 병급 즉 중복하여 지급해야 할 것은 아니다(헌재 2000.6.1. 97헌마190).

정답 ④

09 사회적 기본권에 대한 설명으로 옳지 않은 것은? (다툼이 있는 경우 판례에 의함) 〈2017 지방직 7급〉

① 참전명예수당은 국가를 위한 특별한 공헌과 희생에 대한 국가보훈적 성격과, 고령으로 사회활동능력을 상실한 참전 유공자에게 경제적 지원을 함으로써 참전의 노고에 보답하고 아울러 자부심과 긍지를 고양하며 장기적인 측면에서 수급권자의 생활보호를 위한 사회보장적 의미를 동시에 갖는 것이다.

② 경과실의 범죄로 인한 사고는 개념상 우연한 사고의 범위를 벗어나지 않으므로 경과실로 인한 범죄행위에 기인하는 보험사고에 대하여 의료보험급여를 부정하는 것은 우연한 사고로 인한 위험으로부터 다수의 국민을 보호하고자 하는 사회보장제도로서의 의료보험의 본질을 침해하여 헌법에 위반된다.

③ 국가가 인간다운 생활을 보장하기 위한 헌법적 의무를 다하였는지의 여부가 사법적 심사의 대상이 된 경우에는, 국가가 생계보호에 관한 입법을 전혀 하지 아니하였다든가 그 내용이 현저히 불합리하여 헌법상 용인될 수 있는 재량의 범위를 명백히 일탈한 경우에 한하여 인간다운 생활을 할 권리를 보장한 헌법에 위반된다고 할 수 있다.

④ 기초생활보장제도의 보장단위인 개별가구에서 교도소·구치소에 수용 중인 자를 제외하도록 한 규정은 이들의 인간다운생활을 할 권리를 침해하는 것이다.

해설

① ○ 이 사건 법률조항이 규정하는 참전명예수당은 국가를 위한 특별한 공헌과 희생에 대한 국가보훈적 성격과, 고령으로 사회활동능력을 상실한 참전 유공자에게 경제적 지원을 함으로써 참전의 노고에 보답하고 아울러 자부심과 긍지를 고양하며 장기적인 측면에서 수급권자의 생활보호를 위한 사회보장적 의미를 동시에 갖는 것이다(헌재 2003.7.24. 2002헌마522등).

② ○ 경과실의 범죄로 인한 사고는 개념상 우연한 사고의 범위를 벗어나지 않으므로 경과실로 인한 범죄행위에 기인하는 보험사고에 대하여 의료보험급여를 부정하는 것은 우연한 사고로 인한 위험으로부터 다수의 국민을 보호하고자 하는 사회보장제도로서의 의료보험의 본질을 침해하여 헌법에 위반된다(헌재 2003.12.18. 2002헌바1).

③ ○ 국가가 인간다운 생활을 보장하기 위한 헌법적인 의무를 다하였는지의 여부가 사법적 심사의 대상이 된 경우에는, 국가가 생계보호에 관한 입법을 전혀 하지 아니하였다든가 그 내용이 현저히 불합리하여 헌법상 용인될 수 있는 재량의 범위를 명백히 일탈한 경우에 한하여 헌법에 위반된다고 할 수 있다(헌재 1997.5.29. 94헌마33).

④ × 「형의 집행 및 수용자의 처우에 관한 법률」에 의한 교도소·구치소에 수용 중인 자는 당해 법률에 의하여 생계유지의 보호를 받고 있으므로 이러한 생계유지의 보호를 받고 있는 교도소·구치소에 수용 중인 자에 대하여 「국민기초생활 보장법」에 의한 중복적인 보장을 피하기 위하여 개별 가구에서 제외키로 한 입법자의 판단이 헌법상 용인될 수 있는 재량의 범위를 일탈하여 인간다운 생활을 할 권리를 침해한다고 볼 수 없다(헌재 2011.3.31. 2009헌마617 등).

정답 ④

10 인간다운 생활을 할 권리에 대한 설명으로 옳지 않은 것은? (다툼이 있는 경우 판례에 의함)

〈2020 국가직 7급〉

① 국가에게 헌법 제34조에 의하여 장애인의 복지를 위하여 노력을 해야 할 의무가 있다는 것은, 장애인도 인간다운 생활을 누릴 수 있는 정의로운 사회질서를 형성해야 할 국가의 일반적인 의무를 뜻하는 것이지, 장애인을 위하여 저상버스를 도입해야 한다는 구체적 내용의 의무가 헌법으로부터 나오는 것은 아니다.

② 구치소·치료감호시설에 수용 중인 자에 대하여 「국민기초생활 보장법」에 의한 중복적인 보장을 피하기 위하여 개별가구에서 제외하기로 한 입법자의 판단이 헌법상 용인될 수 있는 재량의 범위를 일탈하여 인간다운 생활을 할 권리와 보건권을 침해한다고 볼 수 없다.

③ 인간다운 생활을 보장하기 위한 객관적인 내용의 최소한을 보장하고 있는지 여부는 특정한 법률에 의한 생계급여만을 가지고 판단하면 되고, 여타 다른 법령에 의해 국가가 최저생활보장을 위하여 지급하는 각종 급여나 각종 부담의 감면 등을 총괄한 수준으로 판단할 것을 요구하지는 않는다.

④ 국가가 인간다운 생활을 보장하기 위한 헌법적 의무를 다하였는지의 여부가 사법적 심사의 대상이 된 경우에는, 국가가 최저생활보장에 관한 입법을 전혀 하지 아니하였다든가 그 내용이 현저히 불합리하여 헌법상 용인될 수 있는 재량의 범위를 명백히 일탈한 경우에 한하여 헌법에 위반된다고 할 수 있다.

해설

① ○ 장애인의 복지를 향상해야 할 국가의 의무가 다른 다양한 국가과제에 대하여 최우선적인 배려를 요청할 수 없을 뿐 아니라, 나아가 헌법의 규범으로부터는 '장애인을 위한 저상버스의 도입'과 같은 구체적인 국가의 행위의무를 도출할 수 없는 것이다. 국가에게 헌법 제34조에 의하여 장애인의 복지를 위하여 노력을 해야 할 의무가 있다는 것은, 장애인도 인간다운생활을 누릴 수 있는 정의로운 사회질서를 형성해야 할 국가의 일반적인 의무를 뜻하는 것이지, 장애인을 위하여 저상버스를 도입해야 한다는 구체적 내용의 의무가 헌법으로부터 나오는 것은 아니다(헌재 2002.12.18. 2002헌마52).

② ○ 「형의 집행 및 수용자의 처우에 관한 법률」에 의한 교도소·구치소에 수용 중인 자는 당해 법률에 의하여 생계유지의 보호를 받고 있으므로, 「국민기초생활 보장법」의 보충급여의 원칙에 따라 중복적인 보장을 피하기 위하여 위 수용자를 기초생활보장제도의 보장단위인 개별가구에서 제외키로 한 입법자의 판단이 헌법상 용인될 수 있는 재량의 범위를 일탈하여 수용자의 인간다운 생활을 할 권리를 침해하지 아니한다(헌재 2011.3.31. 2009헌마617 등).

③ × 국가가 생활능력 없는 장애인의 인간다운 생활을 보장하기 위하여 행하는 사회부조에는 보장법에 의한 생계급여 지급을 통한 최저생활보장 외에 다른 법령에 의하여 행하여지는 것도 있으므로, 국가가 행하는 최저생활보장 수준이 그 재량의 범위를 명백히 일탈하였는지 여부, 즉 인간다운 생활을 보장하기 위한 객관적 내용의 최소한을 보장하고 있는지 여부는 보장법에 의한 생계급여만을 가지고 판단하여서는 아니 되고, 그 외의 법령에 의거하여 국가가 최저생활보장을 위하여 지급하는 각종 급여나 각종부담의 감면 등을 총괄한 수준으로 판단하여야 한다(헌재 2004.10.28. 2002헌마328).

④ ○ 국가가 인간다운 생활을 보장하기 위한 헌법적인 의무를 다하였는지의 여부가 사법적 심사의 대상이 된 경우에는, 국가가 생계보호에 관한 입법을 전혀 하지 아니하였다든가 그 내용이 현저히 불합리하여 헌법상 용인될 수 있는 재량의 범위를 명백히 일탈한 경우에 한하여 헌법에 위반된다고 할 수 있다(헌재 2004.10.28. 2002헌마328).

정답 ③

제 3 항 교육을 받을 권리

01 교육을 받을 권리에 대한 설명으로 옳은 것은? (다툼이 있는 경우 판례에 의함) 〈2021 지방직 7급〉

① 헌법 제31조 제3항의 의무교육 무상의 원칙은 교육을 받을 권리를 보다 실효성 있게 보장하기 위하여 의무교육 비용을 학령아동의 보호자 개개인의 직접적 부담에서 공동체 전체의 부담으로 이전하라는 명령일 뿐, 의무교육의 비용을 오로지 국가 또는 지방자치단체의 예산으로 해결해야 함을 의미하는 것은 아니다.

② 헌법 제31조의 교육을 받을 권리는 국민이 국가에 대해 직접 특정한 교육제도나 학교시설을 요구할 수 있는 기본권이며, 자신의 교육환경을 최상 혹은 최적으로 만들기 위해 타인의 교육시설 참여 기회를 제한할 것을 청구할 수 있는 기본권이기도 하다.

③ 헌법 제31조 제4항에서 보장하고 있는 대학의 자율성에 따라 대학은 학생의 선발 및 전형 등 대학 입시 제도를 자율적으로 마련할 수 있으므로, 국립교육대학교 등이 검정고시 출신자의 수시모집 지원을 제한하는 것은 수시모집에 지원하려는 검정고시 출신자의 균등하게 교육을 받을 권리를 침해하는 것이 아니다.

④ 헌법 제31조 제1항에서 보장되는 교육의 기회균등권은 모든 국민에게 균등한 교육을 받게 하고 특히 경제적 약자가 실질적인 평등교육을 받을 수 있도록 국가에게 적극적 정책을 실현할 것을 요구하므로, 헌법 제31조 제1항으로부터 국민이 직접 실질적 평등교육을 위한 교육비를 청구할 권리가 도출된다.

해설

① ○ 의무교육무상에 관한 헌법 제31조 제3항은 교육을 받을 권리를 보다 실효성 있게 보장하기 위하여 의무교육 비용을 학령아동의 보호자 개개인의 직접적 부담에서 공동체 전체의 부담으로 이전하라는 명령일 뿐이고 **의무교육의 비용을 오로지 국가 또는 지방자치단체의 예산, 즉 조세로 해결해야 함을 의미하는 것은 아니다**(헌재 2008.9.25. 2007헌가9).

② × 헌법 제31조 제1항에 의해서 보장되는 교육을 받을 권리는 교육영역에서의 기회균등을 내용으로 하는 것이지, **자신의 교육환경을 최상 혹은 최적으로 만들기 위해 타인의 교육시설 참여 기회를 제한할 것을 청구할 수 있는 기본권은 아니므로**, 기존의 재학생들에 대한 교육환경이 상대적으로 열악해질 수 있음을 이유로 새로운 편입학 자체를 하지 말도록 요구하는 것은 교육을 받을 권리의 내용으로는 포섭할 수 없다(헌재 2003.9.25. 2001헌마814).

③ × 현행 대입입시제도 중 수시모집은 대학수학능력시험 점수를 기준으로 획일적으로 학생을 선발하는 것을 지양하고, 각 대학별로 다양한 전형방법을 통하여 대학의 독자적 특성이나 목표 등에 맞추어 다양한 경력과 소질 등이 있는 자를 선발하고자 하는 것이다. 수시모집은 과거 정시모집의 예외로서 그 비중이 그리 크지 않았으나 점차 그 비중이 확대되어, 정시모집과 같거나 오히려 더 큰 비중을 차지하는 입시전형의 형태로 자리 잡고 있다. 이러한 상황에서는 수시모집의 경우라 하더라도 응시자들에게 동등한 입학 기회가 주어질 필요가 있다. 그런데 이 사건 수시모집요강은 기초생활수급자·차상위계층, 장애인 등을 대상으로 하는 일부 특별전형에만 검정고시 출신자의 지원을 허용하고 있을 뿐 수시모집에서의 검정고시 출신자의 지원을 일률적으로 제한함으로써 실질적으로 검정고시 출신자의 대학입학 기회의 박탈이라는 결과를 초래하고 있다. 수시모집의 학생선발방법이 정시모집과 동일할 수는 없으나, 이는 수시모집에서 응시자의 수학능력이나 그 정도를 평가하는 방법이 정시모집과 다른 것을 의미할 뿐, 수학능력이 있는 자들에게 동등한 기회를 주고 합리적인 선발 기준에 따라 학생을 선발하여야 한다는 점은 정시모집과 다르지 않다. 따라서 수시모집에서 검정고시 출신자에게 수학능력이 있는지 여부를 평가받을 기회를 부여하지 아니하고 이를 박탈한다는 것은 수학능력에 따른 합리적인 차별이라고 보기 어렵다. 피청구인들은 정규 고등학교 학교생활기록부가 있는지 여부, 공교육 정상화, 비교내신 문제 등을 차별의 이유로 제시하고 있으나 이러한 사유가 차별취급에 대한 합리적인 이유가 된다고 보기 어렵다. 그렇다면 이 사건 수시모집요강은 검정고시 출신자인 청구인들을 합리적인 이유 없이 차별함으로써 **청구인들의 균등하게 교육을 받을 권리를 침해한다**(헌재 2017.12.28. 2016헌마649).

④ × 헌법 제31조 제1항에서 보장되는 교육의 기회균등권은 '정신적·육체적 능력 이외의 성별·종교·경제력·사회적 신분 등에 의하여 교육을 받을 기회를 차별하지 않고, 즉 합리적 차별사유 없이 교육을 받을 권리를 제한하지 아니함과 동시에 국가가 모든 국민에게 균등한 교육을 받게 하고 특히 경제적 약자가 실질적인 평등교육을 받을 수 있도록 적극적 정책을 실현해야 한다는 것'을 의미하므로, 실질적인 평등교육을 실현해야 할 국가의 적극적인 의무가 인정되지만, **이러한 의무조항으로부터 국민이 직접 실질적 평등교육을 위한 교육비를 청구할 권리가 도출되는 것은 아니다**(헌재 2003.11.27. 2003헌바39).

정답 ①

02 교육을 받을 권리에 대한 설명으로 옳지 않은 것만을 모두 고르면? (다툼이 있는 경우 판례에 의함)

〈2019 국회직 8급〉

㉠ 대학수학능력시험을 한국교육방송공사(EBS) 수능교재 및 강의와 연계하여 출제하기로 한 '2018학년도 대학수학능력시험 시행기본계획'은 헌법 제31조 제1항의 능력에 따라 균등하게 교육을 받을 권리를 직접 제한한다고 보기는 어렵다.

㉡ '부모의 자녀에 대한 교육권'은 비록 헌법에 명문으로 규정되어 있지는 않지만, 혼인과 가족생활을 보장하는 헌법 제36조 제1항, 교육을 받을 권리를 규정한 헌법 제31조 제1항에서 직접 도출되는 권리이다.

㉢ 교육을 받을 권리를 규정한 헌법 제31조 제1항은 헌법 제10조의 행복추구권에 대한 특별규정으로서, 교육의 영역에서 능력주의를 실현하고자 하는 것이다.

① ㉠ ② ㉢

③ ㉠, ㉡ ④ ㉡, ㉢

⑤ ㉠, ㉡, ㉢

해설

㉠ ○ 청구인 권○환, 허○민은 수능시험을 준비하는 사람들로서 심판대상계획에서 정한 출제 방향과 원칙에 영향을 받을 수밖에 없다. 따라서 수능시험을 준비하면서 무엇을 어떻게 공부하여야 할지에 관하여 스스로 결정할 자유가 심판대상계획에 따라 제한된다. 이는 자신의 교육에 관하여 스스로 결정할 권리, 즉 교육을 통한 자유로운 인격발현권을 제한받는 것으로 볼 수 있다. 한편, 청구인들은 심판대상계획으로 인해 교육을 받을 권리가 침해된다고 주장하지만, 심판대상계획이 헌법 제31조 제1항의 능력에 따라 균등하게 교육을 받을 권리를 직접 제한한다고 보기는 어렵다. 청구인들은 행복추구권도 침해된다고 주장하지만, 행복추구권에서 도출되는 자유로운 인격발현권 침해 여부에 대하여 판단하는 이상 행복추구권 침해 여부에 대해서는 다시 별도로 판단하지 않는다(헌재 2018.2.22. 2017헌마691).

㉡ × '부모의 자녀에 대한 교육권'은 비록 헌법에 명문으로 규정되어 있지는 아니하지만, 이는 모든 인간이 누리는 불가침의 인권으로서 혼인과 가족생활을 보장하는 헌법 제36조 제1항, 행복추구권을 보장하는 헌법 제10조 및 "국민의 자유와 권리는 헌법에 열거되지 아니한 이유로 경시되지 아니한다"라고 규정하는 헌법 제37조 제1항에서 나오는 중요한 기본권이다(헌재 2000.4.27. 98헌가16 등).

→ *헌법재판소는 교육을 받을 권리를 규정한 헌법 제31조 제1항을 부모의 자녀에 대한 교육권의 도출근거로 언급하지 않았다.*

㉢ × 헌법은 제31조 제1항에서 "능력에 따라 균등하게"라고 하여 교육영역에서 평등원칙을 구체화하고 있다. 헌법 제31조 제1항은 헌법 제11조의 일반적 평등조항에 대한 특별규정으로서 교육의 영역에서 평등원칙을 실현하고자 하는 것이다. 평등권으로서 교육을 받을 권리는 '취학의 기회균등', 즉 각자의 능력에 상응하는 교육을 받을 수 있도록 학교 입학에 있어서 자의적 차별이 금지되어야 한다는 차별금지원칙을 의미한다. 헌법 제31조 제1항은 취학의 기회에 있어서 고려될 수 있는 차별기준으로 '능력'을 제시함으로써, 능력 이외의 다른 요소에 의한 차별을 원칙적으로 제한하고 있다. 여기서 '능력'이란 '수학능력'을 의미하고 교육제도에서 '수학능력'은 개인의 인격발현과 밀접한 관계에 있는 인격적 요소이며, 학교 입학에 있어서 고려될 수 있는 합리적인 차별기준을 의미한다(헌재 2017.12.28. 2016헌마649).

정답 ④

03 교육을 받을 권리에 관한 설명 중 가장 적절하지 않은 것은? (다툼이 있는 경우 판례에 의함)

〈2022 경정승진〉

① 서울대학교 재학생이 재학 중인 학교의 법적 형태를 법인이 아닌 공법상 영조물인 국립대학으로 유지하여 줄 것을 요구할 권리는 학생의 교육받을 권리에 포함되지 아니한다.

② 헌법 제31조 제1항에 따라 국가에게 능력에 따라 균등한 교육기회를 보장할 의무가 부여되어 있다 하더라도, 군인이 자기계발을 위하여 해외유학하는 경우의 교육비를 청구할 수 있는 권리가 도출된다고 할 수는 없다.

③ 국·공립대학 도서관장이 승인하지 아니하여 대학구성원이 아닌 자가 대학도서관에서 도서를 대출할 수 없거나 열람실을 이용할 수 없게 되었다고 하여 그의 교육을 받을 권리가 침해된다고 볼 수는 없다.

④ 헌법 제31조 제1항에 따라 모든 국민은 능력에 따라 균등하게 교육을 받을 권리를 가지는 바, 교육을 받을 권리는 국가에 대하여 특정한 교육제도나 시설의 제공을 요구할 수 있는 권리까지 내포하고 있다.

해설

① ○ 심판대상조항은 재학 중인 학생들이 서울대에 계속하여 재학 내지 수강하는 것을 제한하는 내용을 담고 있지 않을 뿐만 아니라, 재학 중인 학교의 법적 형태를 법인이 아닌 공법상 영조물인 국립대학으로 유지하여 줄 것을 요구할 권리는 학생의 교육받을 권리에 포함되지 아니하므로 교육을 받을 권리의 침해 가능성도 인정되지 아니한다(헌재 2014,4,24, 2011헌마612).

② ○ 헌법 제31조 제1항에 의하여 국가에게 능력에 따라 균등한 교육의 기회를 보장할 의무가 부여되어 있다 하더라도 이로부터 군인이 자기계발을 위하여 해외유학하는 경우에 그 교육비를 청구할 수 있는 권리가 도출된다고 할 수는 없다. 또한, 동일한 사유로 휴직하는 다른 공무원에게 봉급의 일부를 지급할 수 있도록 하는 것이 교육비에 충당될 것을 예정하고 있는 것도 아니므로 자비 해외유학을 위한 휴직기간 동안 봉급 일부를 지급할지 여부와 청구인의 교육을 받을 권리의 침해 여부는 직접적인 관련성을 가지지 못한다고 할 것이다(헌재 2009.4.30. 2007헌마290).

③ ○, ④ ×

헌법 제31조 제1항에 따라 모든 국민은 능력에 따라 균등하게 교육을 받을 권리를 가지지만, 교육을 받을 권리가 국가에 대하여 특정한 교육제도나 시설의 제공을 요구할 수 있는 권리를 뜻하는 것은 아니다. 따라서 청구인이 이 사건 도서관에서 도서를 대출할 수 없다거나 열람실을 이용할 수 없다고 하여 청구인의 교육을 받을 권리가 침해된다고 볼 수도 없다(헌재 2016.11.24. 2014헌마977).

정답 ④

04 교육을 받을 권리에 대한 설명으로 옳지 않은 것은? (다툼이 있는 경우 판례에 의함)

〈2021 국가직 7급〉

① 초·중등학교 교사인 청구인들이 교육과정에 따라 학생들을 가르치고 평가하여야 하는 법적인 부담이나 제약을 받는다고 하더라도 이는 헌법상 보장된 기본권에 대한 제한이라고 보기 어렵다.

② 학교의 급식활동은 의무교육에 있어서 필수불가결한 교육 과정이고 이에 소요되는 경비는 의무교육의 실질적인 균등보장을 위한 본질적이고 핵심적인 항목에 해당하므로, 급식에 관한 경비를 전면무상으로 하지 않고 그 일부를 학부모의 부담으로 정하고 있는 것은 의무교육의 무상원칙에 위배된다.

③ 교육을 받을 권리가 국가에 대하여 특정한 교육제도나 시설의 제공을 요구할 수 있는 권리를 뜻하는 것은 아니므로, 대학의 구성원이 아닌 사람이 대학도서관에서 도서를 대출할 수 없거나 열람실을 이용할 수 없더라도 교육을 받을 권리가 침해된다고 볼 수 없다.

④ 학문의 자유와 대학의 자율성에 따라 대학이 학생의 선발 및 전형 등 대학입시 제도를 자율적으로 마련할 수 있다 하더라도, 국민의 '균등하게 교육을 받을 권리'를 위해 대학의 자율적 학생 선발권은 일정부분 제약을 받을 수 있다.

해설

① ○ 법률이 교사의 학생교육권(수업권)을 인정하고 보장하는 것은 헌법상 당연히 허용된다 할 것이나, **초·중등학교에서의 학생교육**은 교사 자신의 인격의 발현 또는 학문과 연구의 자유를 위한 것이라기보다는 **교사의 직무에 기초하여 초·중등학교의 교육목표를 실현하기 위한 것**이므로, 교사인 청구인들이 이 사건 교육과정에 따라 **학생들을 가르치고 평가하여야 하는 법적인 부담이나 제한**을 받는다고 하더라도 이는 헌법상 보장된 **기본권에 대한 제한이라고 보기 어려워** 기본권 침해 가능성이 인정되지 아니한다(헌재 2021.5.27. 2018헌마1108).

② × **학교급식**은 학생들에게 한 끼 식사를 제공하는 영양공급 차원을 넘어 교육적인 성격을 가지고 있지만, 이러한 교육적 측면은 기본적이고 필수적인 학교 교육 이외에 부가적으로 이루어지는 식생활 및 인성교육으로서의 보충적 성격을 가지므로 의무교육의 실질적인 균등보장을 위한 **본질적이고 핵심적인 부분**이라고까지는 할 수 **없다**. 이 사건 법률조항들(**급식에 관한 경비를 전면무상으로 하지 않고 그 일부를 학부모의 부담으로 정하고 있는 것**)은 비록 중학생의 학부모들에게 **급식관련 비용의 일부를 부담**하도록 하고 있지만, 학부모에게 급식에 필요한 경비의 일부를 부담시키는 경우에 있어서도 학교급식 실시의 기본적 인프라가 되는 부분은 배제하고 있으며, 국가나 지방자치단체의 지원으로 학부모의 급식비 부담을 경감하는 조항이 마련되어 있고, 특히 저소득층 학생들을 위한 지원방안이 마련되어 있다는 점 등을 고려해 보면, 이 사건 법률조항들이 입법형성권의 범위를 넘어 헌법상 **의무교육의 무상원칙에 반하는 것**으로 보기는 **어렵다**(헌재 2012.4.24. 2010헌바164).

③ ○ **교육을 받을 권리**가 국가에 대하여 **특정한 교육제도나 시설의 제공을 요구**할 수 있는 권리를 뜻하는 것은 **아니므로**, 청구인이 이 사건 도서관에서 **도서를 대출**할 수 없거나 **열람실을 이용**할 수 없더라도 청구인의 **교육을 받을 권리가 침해된다고 볼 수 없다**(헌재 2016.11.24. 2014헌마977).

④ ○ 헌법 제22조 제1항이 보장하고 있는 **학문의 자유**와 헌법 제31조 제4항에서 보장하고 있는 **대학의 자율성**에 따라 대학이 학생의 선발 및 전형 등 **대학입시 제도를 자율적으로 마련**할 수 있다 하더라도, 이러한 대학의 자율적 학생 선발권을 내세워 국민의 '**균등하게 교육을 받을 권리**'를 침해할 수 없으며, 이를 위해 **대학의 자율권은 일정부분 제약**을 받을 수 있다(헌재 2017.12.28. 2016헌마649).

정답 ②

05 **교육을 받을 권리에 대한 설명 중 가장 적절하지 않은 것은? (다툼이 있는 경우 판례에 의함)**

〈2015 경정승진〉

① 학교교육에 있어서 교사의 가르치는 권리를 수업권이라고 한다면 그것은 자연법적으로는 학부모에게 속하는 자녀에 대한 교육권을 신탁 받은 것이고, 실정법상으로는 공교육에 책임이 있는 국가의 위임에 의한 것이다.

② 헌법은 국가의 교육권한과 부모의 교육권의 범주 내에서 학생에게도 자신의 교육에 관하여 스스로 결정할 권리를 부여하고 있으므로 학생은 국가의 간섭을 받지 아니하고 자신의 능력과 개성, 적성에 맞는 학교를 자유롭게 선택할 권리를 가진다.

③ 교육을 받을 권리의 내용과 관련하여 헌법재판소는 실질적인 평등교육을 실현해야 할 국가의 적극적인 의무가 인정된다고 하여 이로부터 국민이 직접 실질적 평등교육을 위한 교육비를 청구할 권리가 도출된다고 볼 수 없다고 판시하였다.

④ 사립학교 법인이 의무의 부담을 하고자 할 때에는 관할청의 허가를 받도록 하는 것은 사립학교 운영의 자유를 침해하는 것이므로 위헌이다.

해설

① ○ 학교교육에 있어서 교사의 가르치는 권리를 수업권이라고 한다면 그것은 자연법적으로는 학부모에게 속하는 자녀에 대한 교육권을 신탁받은 것이고, 실정법상으로는 공교육의 책임이 있은 국가의 위임에 의한 것이다(헌재 1992.11.12. 89헌마88).

② ○ 아동과 청소년은 인격의 발전을 위하여 어느 정도 부모와 학교의 교사 등 타인에 의한 결정을 필요로 하는 아직 성숙하지 못한 인격체이지만, 부모와 국가에 의한 교육의 단순한 대상이 아닌 독자적인 인격체이며, 그의 인격권은 성인과 마찬가지로 인간의 존엄성 및 행복추구권을 보장하는 헌법 제10조에 의하여 보호된다. 따라서 헌법은 국가의 교육권한과 부모의 교육권의 범주내에서 아동에게도 자신의 교육에 관하여 스스로 결정할 권리, 즉 자유롭게 교육을 받을 권리를 부여한다(헌재 2000.4.27. 98헌가16 등).

③ ○ 헌법 제31조 제1항에서 보장되는 교육의 기회균등권은 '정신적·육체적 능력 이외의 성별·종교·경제력·사회적 신분 등에 의하여 교육을 받을 기회를 차별하지 않고, 즉 합리적 차별사유 없이 교육을 받을 권리를 제한하지 아니함과 동시에 국가가 모든 국민에게 균등한 교육을 받게 하고 특히 경제적 약자가 실질적인 평등교육을 받을 수 있도록 적극적 정책을 실현해야 한다는 것'을 의미하므로, 실질적인 교육을 실현해야 할 국가의 적극적인 의무가 인정되지만, 이러한 의무조항으로부터 국민이 직접 실질적 평등교육을 위한 교육비를 청구할 권리가 도출되는 것은 아니다(헌재 2003.11.27. 2003헌바39).

④ × 이 사건 법률조항이 학교법인으로 하여금 의무의 부담을 하고자 할 때 관할청의 허가를 받도록 하고 있어 사립학교운영에 관한 자유를 제한하고 있다 하더라도, 이는 공공복리를 위하여 필요한 권리를 제한한 경우에 해당하는 것이며, 일정액 미만의 넓은 범위에서 허가를 받지 않도록 예외를 두고 있고 시행상 일반적인 학교운영과 관련된 통상적인 의무부담은 허가에서 제외하고 있으며 일정액이상이라도 허가를 받아 자유롭게 처리할 수 있는 점 등을 보면 합리적인 입법한계를 일탈하였거나 기본권의 본질적인 부분을 침해하였다고 볼 수 없다(헌재 2001.1.18. 99헌바63).

정답 ④

06 교육을 받을 권리에 관한 설명으로 옳지 않은 것은? (다툼이 있는 경우 헌법재판소 판례에 의함)

〈2021 소방간부〉

① 국가는 학교에서의 교육목표, 학습계획, 학습방법, 학교조직 등 교육제도를 정하는 데 포괄적 규율권한과 폭넓은 입법형성권을 가진다.

② 부모의 자녀교육권은 헌법상 교육을 받을 권리와 불가분의 관계에 있으므로, "모든 국민은 능력에 따라 균등하게 교육을 받을 권리를 가진다."는 헌법규정에 의하여 보호된다.

③ 교육을 받을 권리는 국민이 인간으로서의 존엄과 가치를 가지며 행복을 추구하고 인간다운 생활을 영위하는 데 필수적인 전제이자 다른 기본권을 의미 있게 행사하기 위한 기초가 된다.

④ 교육을 받을 권리란 모든 국민에게 저마다의 능력에 따른 교육이 가능하도록 그에 필요한 설비와 제도를 마련해야 할 국가의 과제와 아울러, 사회적·경제적 약자도 능력에 따른 실질적 평등교육을 받을 수 있도록 적극적인 정책을 실현해야 할 국가의 의무를 뜻한다.

⑤ 자녀의 교육에 관한 부모의 권리와 의무는 서로 불가분의 관계에 있고 자녀교육권의 본질을 결정하는 구성요소이기 때문에, 부모의 자녀교육권은 '자녀교육에 대한 부모의 책임'으로도 표현될 수 있다.

해설

① ○ **국가**는 학교에서의 교육목표, 학습계획, 학습방법, 학교조직 등 **교육제도**를 정하는 데 **포괄적 규율권한**과 **폭넓은 입법형성권**을 갖는다. 대학 입학전형자료의 하나인 수능시험은 대학 진학을 위해 필요한 것이지만, 고등학교 교육과정에 대한 최종적이고 종합적인 평가로서 학교교육 제도와 밀접한 관계에 있다. 따라서 국가는 수능시험의 출제 방향이나 원칙을 어떻게 정할 것인지에 대해서도 폭넓은 재량권을 갖는다(헌재 2018.2.22. 2017헌마691).

② × 자녀의 양육과 교육은 일차적으로 부모의 천부적인 권리인 동시에 부모에게 부과된 의무이기도 하다. '**부모의 자녀에 대한 교육권**'은 비록 헌법에 명문으로 규정되어 있지는 아니하지만, 이는 모든 인간이 누리는 불가침의 인권으로서 혼인과 가족생활을 보장하는 **헌법 제36조 제1항**, 행복추구권을 보장하는 **헌법 제10조** 및 "국민의 자유와 권리는 헌법에 열거되지 아니한 이유로 경시되지 아니한다."고 규정하는 **헌법 제37조 제1항**에서 나오는 중요한 기본권이다(헌재 2000.4.27. 98헌가16 등).

③ ○ 헌법 제31조 제1항은 "모든 국민은 능력에 따라 균등하게 교육을 받을 권리를 가진다."라고 규정하여 국민의 교육을 받을 권리를 보장하고 있다. **교육을 받을 권리**는 국민이 인간으로서의 존엄과 가치를 가지며 행복을 추구하고(**헌법 제10조**) 인간다운 생활을 영위하는데(**헌법 제34조 제1항**) **필수적인 전제**이자 **다른 기본권을 의미 있게 행사하기 위한 기초**이고, 민주국가에서 교육을 통한 국민의 능력과 자질의 향상은 바로 그 나라의 번영과 발전의 토대가 되는 것이므로, 헌법이 교육을 국가의 중요한 과제로 규정하고 있는 것이다(헌재 2000.4.27. 98헌가16 등).

④ ○ 헌법 제31조 제1항은 "모든 국민은 능력에 따라 균등하게 교육을 받을 권리를 가진다."고 규정하여 국민의 교육을 받을 권리를 보장하고 있다. '교육을 받을 권리'란, 모든 국민에게 **저마다의 능력에 따른 교육**이 가능하도록 그에 **필요한 설비와 제도를 마련**해야 할 국가의 과제와 아울러 이를 넘어 **사회적·경제적 약자**도 **능력에 따른 실질적 평등교육**을 받을 수 있도록 **적극적인 정책을 실현해야 할 국가의 의무**를 뜻한다(헌재 2000.4.27. 98헌가16 등).

⑤ ○ 부모는 자녀의 교육에 관하여 전반적인 계획을 세우고 자신의 인생관·사회관·교육관에 따라 자녀의 교육을 자유롭게 형성할 권리를 가지며, 부모의 교육권은 다른 교육의 주체와의 관계에서 원칙적인 우위를 가진다. 한편, 자녀의 교육에 관한 **부모의 '권리와 의무'**는 서로 불가분의 관계에 있고 자녀교육권의 본질을 결정하는 구성요소이기 때문에, **부모의 자녀교육권**은 **'자녀교육에 대한 부모의 책임'**으로도 표현될 수 있다(헌재 2000.4.27. 98헌가16 등).

정답 ②

07 교육권 또는 교육을 받을 권리에 대한 설명으로 가장 적절하지 않은 것은? (다툼이 있는 경우 판례에 의함) *〈2021 경정승진〉*

① 학교 내·외의 교육영역에서 국가는 헌법 제31조에 의하여 원칙적으로 독립된 독자적인 교육권한을 부여받았고, 학교 밖의 교육영역에서는 원칙적으로 부모의 교육권보다 국가의 교육권한이 우위를 차지한다.

② 부모의 자녀에 대한 교육권은 비록 헌법에 명문으로 규정되어 있지는 않지만, 이는 모든 인간이 국적과 관계없이 누리는 양도할 수 없는 불가침의 인권이다.

③ 학교용지부담금의 부과대상을 수분양자가 아닌 개발사업자로 규정하고 있는 구「학교용지 확보 등에 관한 특례법」 조항은 의무교육의 무상원칙에 위배되지 않는다.

④ 의무교육의 무상성에 관한 헌법상 규정은 의무교육의 비용을 오로지 국가 또는 지방자치단체의 예산, 즉 조세로 해결해야 함을 의미하는 것은 아니다.

해설

① × 자녀의 교육은 헌법상 부모와 국가에게 공동으로 부과된 과제이므로 부모와 국가의 상호연관적인 협력관계를 필요로 한다. 자녀의 양육과 교육에 있어서 부모의 교육권은 교육의 모든 영역에서 존중되어야 하며, 다만, **학교교육의 범주 내**에서는 **국가의 교육권한**이 헌법적으로 독자적인 지위를 부여받음으로써 **부모의 교육권과 함께 자녀의 교육을 담당**하지만, **학교 밖의 교육영역**에서는 원칙적으로 **부모의 교육권이 우위**를 차지한다(헌재 2000.4.27. 98헌가16 등).

② ○ **'부모의 자녀에 대한 교육권'**은 비록 헌법에 명문으로 규정되어 있지는 아니하지만, 이는 **모든 인간이 누리는 불가침의 인권**으로서 혼인과 가족생활을 보장하는 헌법 제36조 제1항, 행복추구권을 보장하는 헌법 제10조 및 "국민의 자유와 권리는 헌법에 열거되지 아니한 이유로 경시되지 아니한다."고 규정하는 헌법 제37조 제1항에서 나오는 중요한 기본권이다(헌재 2000.4.27. 98헌가16 등).

③ ○ 의무교육의 무상성에 관한 헌법상 규정은 교육을 받을 권리를 보다 실효성 있게 보장하기 위해 의무교육 비용을 학령아동 보호자의 부담으로부터 공동체 전체의 부담으로 이전하라는 명령일 뿐 의무교육의 모든 비용을 조세로 해결해야 함을 의미하는 것은 아니므로, **학교용지부담금의 부과대상**을 수분양자가 아닌 **개발사업자**로 정하고 있는 이 사건 법률조항은 **의무교육의 무상원칙에 위배되지 아니한다**(헌재 2008.9.25. 2007헌가1).

④ ○ 의무교육의 무상성에 관한 헌법상 규정은 교육을 받을 권리를 보다 실효성 있게 보장하기 위해 의무교육 비용을 학령아동 보호자의 부담으로부터 공동체 전체의 부담으로 이전하라는 명령일 뿐 **의무교육의 모든 비용을 조세로 해결해야 함을 의미하는 것은 아니므로**, 학교용지부담금의 부과대상을 수분양자가 아닌 개발사업자로 정하고 있는 이 사건 법률조항은 의무교육의 무상원칙에 위배되지 아니한다(헌재 2008.9.25. 2007헌가1).

정답 ①

08 교육기본권에 대한 설명으로 옳지 않은 것은? (다툼이 있는 경우 판례에 의함) *〈2018 국가직 5급〉*

① 헌법은 초등교육과 중등교육을 의무교육으로 실시하도록 명문으로 규정하고 있다.

② 국·공립학교처럼 사립학교에도 학교운영위원회를 의무적으로 설치하도록 한 것은 현저히 자의적이거나 비합리적으로 사립학교의 공공성만을 강조하고 사립학교의 자율성을 제한한 것이라 보기 어렵다.

③ 개발사업지역에서 100세대 규모 이상의 주택건설용 토지를 조성·개발한 공동주택을 건설하는 사업자에 대하여 학교용지부담금을 부과하는 것은 헌법상 의무교육의 무상원칙에 위배되지 않는다.

④ 학교교육에 있어서 교사의 가르치는 권리를 수업권이라고 한다면 그것은 자연법적으로는 학부모에게 속하는 자녀에 대한 교육권을 신탁 받은 것이고, 실정법상으로는 공교육의 책임이 있는 국가의 위임에 의한 것이다.

해설

① ×

> **헌법 제31조** ② 모든 국민은 그 보호하는 자녀에게 적어도 초등교육과 법률이 정하는 교육을 받게 할 의무를 진다.

② ○ 헌법 제31조가 보호하는 교육의 자주성·전문성·정치적 중립성은 국가의 안정적인 성장 발전을 도모하기 위하여서는 교육이 외부세력의 부당한 간섭에 영향 받지 않도록 교육자 내지 교육전문가에 의하여 주도되고 관할되어야 할 필요가 있다는 데서 비롯된 것인 바, 비록 심판대상조항에 의하여 사립학교 교육의 자주성·전문성이 어느 정도 제한된다고 하더라도, 그 입법취지 및 학교운영위원회의 구성과 성격 등을 볼 때, 사립학교학교운영위원회제도가 현저히 자의적이거나 비합리적으로 사립학교의 공공성만을 강조하고 사립학교의 자율성을 제한한 것이라 보기 어렵다(헌재 2001.11.29. 2000헌마278).

③ ○ 의무교육의 무상성에 관한 헌법상 규정은 교육을 받을 권리를 보다 실효성 있게 보장하기 위해 의무교육 비용을 학령아동 보호자의 부담으로부터 공동체 전체의 부담으로 이전하라는 명령일 뿐 의무교육의 모든 비용을 조세로 해결해야 함을 의미하는 것은 아니므로, 학교용지부담금의 부과대상을 수분양자가 아닌 개발사업자로 정하고 있는 이 사건 법률조항은의무교육의 무상원칙에 위배되지 아니한다(헌재 2008. 9.25. 2007헌가1).

④ ○ 학교교육에 있어서 교사의 가르치는 권리를 수업권이라고 한다면 그것은 자연법적으로는 학부모에게 속하는 자녀에 대한 교육권을 신탁 받은 것이고, 실정법상으로는 공교육의 책임이 있는 국가의 위임에 의한 것이다. 그것은 교사의 지위에서 생기는 학생에 대한 일차적인 교육상의 직무권한(직권)이지만, 학생의 수학권의 실현을 위하여 인정되는 것으로서 양자는 상호협력관계에 있다고 하겠으나, 수학권은 헌법상 보장된 기본권의 하나로서 보다 존중되어야 하며, 그것이 왜곡되지 않고 올바로 행사될 수 있게 하기 위한 범위 내에서는 수업권도 어느 정도의 범위내에서 제약을 받지 않으면 안 될 것이다(헌재 1992.11.12. 89헌마88).

정답 ①

09 교육을 받을 권리에 대한 설명으로 가장 옳지 않은 것은? (다툼이 있는 경우 판례에 의함)

〈2017 서울시 7급〉

① 공개경쟁을 통한 입학시험제도는 합헌이지만, 능력이 떨어지는 사람에 대하여 국가는 이들을 교육하기 위한 적극적 배려를 하여야 한다.

② 학원설립등록의무를 부과하고 이를 어긴 경우 처벌하도록 규정하는 것은 행복추구권, 직업선택의 자유를 침해한다고 볼 수 없다.

③ 교육의 의무의 주체는 학령아동의 친권자 또는 그 후견인이다.

④ 학교용지부담금의 부과대상을 수분양자가 아닌 개발사업자로 정하고 있는 구「학교용지 확보 등에 관한 특례법」 조항은 의무교육의 무상원칙에 위배된다.

해설

① ○ 헌법 제31조 제1항은 "모든 국민은 능력에 따라 균등하게 교육을 받을 권리를 가진다."라고 규정하여 국민의 교육을 받을 권리를 보장하고 있고, 그 '교육을 받을 권리'는 국가로부터 교육에 필요한 시설의 제공을 요구할 수 있는 권리 및 각자의 능력에 따라 교육시설에 입학하여 배울 수 있는 권리를 국민의 기본권으로서 보장하면서, 한편, 국민 누구나 능력에 따라 균등한 교육을 받을 수 있게끔 노력해야 할 의무와 과제를 국가에게 부과하고 있는 것이다(헌재 2011.6.30. 2010헌마503).

② ○ 학원의 등록제도는 국민의 교육을 받을 권리를 실질적으로 보장하기 위하여 교육제도와 시설을 일정한 수준으로 유지시키고 이를 위하여 국가가 적절한 지도, 감독을 하기 위한 목적을 지닌 제도라고 할 수 있으므로 공공복리를 위한 입법목적을 가지고 있는 것이고, 학원의 등록제도는 위와 같은 입법목적을 달성하기 위한 효과적인 방법이라고 할 수 있다. 그리고 법에서 정하는 학원의 설립요건은 지나치게 엄격하다고 볼 수 없으며, 벌칙규정인 제22조 제1항 제2호의 법정형이 과도한 것이라고 할 수도 없다. 그러므로 이 사건 법률조항들이 헌법에 위배하여 국민의 행복추구권, 직업선택의 자유를 침해한다고 볼 수 없다(헌재 2001.2.22. 99헌바93).

③ ○ 헌법 제31조 제2항 및 제3항은 "모든 국민은 그 보호하는 자녀에게 적어도 초등교육과 법률이 정하는 교육을 받게 할 의무를 진다.", "의무교육은 무상으로 한다."고 규정함으로써 독립하여 생활할 수 없는 취학연령에 있는 미성년자의 교육을 받을 권리를 실효성 있게 확보하기 위하여 학령아동의 친권자 또는 후견인에 대해 그 보호아동에게 교육을 받게 할 의무를 부과하고, 그 의무교육을 무상으로 하고 있다(헌재 1994.2.24. 93헌마192)

④ × 의무교육의 무상성에 관한 헌법상 규정은 교육을 받을 권리를 보다 실효성 있게 보장하기 위해 의무교육 비용을 학령아동 보호자의 부담으로부터 공동체 전체의 부담으로 이전하라는

명령일 뿐 의무교육의 모든 비용을 조세로 해결해야 함을 의미하는 것은 아니므로, 학교용지 부담금의 부과대상을 수분양자가 아닌 개발사업자로 정하고 있는 이 사건 법률조항은 의무교육의 무상원칙에 위배되지 아니한다(헌재 2008.9.25. 2007헌가1).

정답 ④

10 교육의 권리에 대한 침해로 인정되는 것은? 〈2018 서울시 7급〉

① 학원의 종류 중 '유아를 대상으로 교습하는 학원'을 학교교과 교습학원으로 분류한 것

② 검정고시로 고등학교 졸업학력을 취득한 사람들의 수시모집지원을 제한하는 내용의 국립교육대학교의 신입생 수시모집 입시요강

③ 특정지역에 대하여 우선적으로 중학교 의무교육을 실시한 것

④ 고교평준화지역에서 일반계 고등학교에 진학하는 학생을 교육감이 학교군별로 추첨에 의하여 배정한 것

해설

① × 헌법 제31조 제4항에 의해 보장되는 교육의 자주성과 전문성은 '교육기관의 자유'와 '교육의 자유'를 보장함으로써 비로소 달성할 수 있는데, '교육기관의 자유'는 교육을 담당하는 교육기관의 교육운영에 관한 자주적인 결정권을 그 내용으로 하고, '교육의 자유'는 교육내용이나 교육방법 등에 관한 자주적인 결정권을 그 내용으로 한다. 그런데 심판대상 법률조항은 교육기관의 교육운영에 관한 자주적인 결정권을 제한하거나 교육내용이나 교육방법을 제한하는 규정이 아니므로 교육의 권리를 제한한다고 볼 여지가 없다(헌재 2013.5.30. 2011헌바227).

② ○ 수시모집의 학생선발방법이 정시모집과 동일할 수는 없으나, 이는 수시모집에서 응시자의 수학능력이나 그 정도를 평가하는 방법이 정시모집과 다른 것을 의미할 뿐, 수학능력이 있는 자들에게 동등한 기회를 주고 합리적인 선발 기준에 따라 학생을 선발하여야 한다는 점은 정시모집과 다르지 않다. 따라서 수시모집에서 검정고시 출신자에게 수학능력이 있는지 여부를 평가받을 기회를 부여하지 아니하고 이를 박탈한다는 것은 수학능력에 따른 합리적인 차별이라고 보기 어렵다. 피청구인들은 정규 고등학교 학교생활기록부가 있는지 여부, 공교육 정상화, 비교내신 문제 등을 차별의 이유로 제시하고 있으나 이러한 사유가 차별취급에 대한 합리적인 이유가 된다고 보기 어렵다. 그렇다면 이 사건 수시모집요강은 검정고시 출신자인 청구인들을 합리적인 이유 없이 차별함으로써 청구인들의 균등하게 교육을 받을 권리를 침해한다(헌재 2017.12.28. 2016헌마649).

③ × 중학교 의무교육을 일시에 전면 실시하는 대신 단계적으로 확대 실시하도록 한 것은 주로 전면실시에 따르는 국가의 재정적 부담을 고려한 것으로 실질적 평등의 원칙에 부합된다(헌재 1991.2.11. 90헌가27).

④ × 이 사건 시행령조항의 입법목적은 고등학교 교육 기회의 균등 제공, 고등학교 입시의 폐지로 인한 중학교 교육의 정상화 등으로서 정당하고, 교육감에 의한 입학전형 및 학교군별 추첨에 의한 배정방식 입법목적의 달성에 기여하므로 수단의 적절성도 인정되며, 추첨 배정을 받기 전에 학교를 선택 지원할 수 있는 기회가 대폭 확대되고, 고교평준화정책 시행 지역을 결정함에 있어서 객관적 타당성 및 민주적 정당성이 제고된 점 등을 고려하면, 입법목적을 달성하는 데 적합한 다른 대체수단이 존재한다고 보기도 어렵고, 또한 고교평준화제도를 통하여 달성하고자 하는 위와 같은 공익이 침해되는 청구인들의 학교선택권보다 크므로 피해의 최소성 및 법익균형성도 인정된다고 할 것이어서, 이 사건 시행령조항은 과잉금지원칙에 위반되지 아니하며 청구인들의 학교선택권을 침해한다고 할 수 없다(헌재 2012.11.29. 2011헌마827).

정답 ②

11 교육을 받을 권리에 대한 설명으로 가장 옳지 않은 것은? *〈2019 서울시 7급〉*

① 대학수학능력시험의 문항 수 기준 70%를 한국교육 방송공사 교재와 연계하여 출제하는 것은 대학수학능력시험을 준비하는 자들의 교육을 받을 권리를 제한하지만, 사교육비를 줄이고 학교교육을 정상화 하려는 것으로 과잉금지원칙에 위배되지 않아 이들의 교육을 받을 권리를 침해하지 않는다.

② 대학의 신입생 수시모집 입시요강이 검정고시로 고등학교 졸업학력을 취득한 사람들의 수시모집 지원을 제한하는 것은 검정고시 출신자들을 합리적인 이유 없이 차별하는 것으로 해당 대학에 지원하려는 검정고시 출신자들의 균등하게 교육을 받을 권리를 침해한다.

③ 대학 구성원이 아닌 사람의 도서관 이용에 관하여 대학도서관의 관장이 승인 또는 허가할 수 있도록 한 것은 교육을 받을 권리가 국가에 대하여 특정한 교육제도나 시설의 제공을 요구할 수 있는 권리를 뜻하는 것은 아니라는 점에서 대학 구성원이 아닌 자의 교육을 받을 권리가 침해된다고 볼 수 없다.

④ 의무교육의 무상성에 관한 헌법 규정은 교육을 받을 권리를 보다 실효성 있게 보장하기 위해 의무교육 비용을 학령아동보호자의 부담으로부터 공동체 전체의 부담으로 이전하라는 명령일 뿐 의무교육의 모든 비용을 조세로 해결해야 함을 의미하는 것은 아니므로, 학교용지 부담금의 부과대상을 수분양자가 아닌 개발사업자로 정하는 것은 의무교육의 무상원칙에 위배되지 않는다.

해설

① × 청구인 권○환, 허○민은 수능시험을 준비하는 사람들로서 심판대상계획에서 정한 출제 방향과 원칙에 영향을 받을 수밖에 없다. 따라서 수능시험을 준비하면서 무엇을 어떻게 공부하여야 할지에 관하여 스스로 결정할 자유가 심판대상계획에 따라 제한된다. 이는 자신의 교육에 관하여 스스로 결정할 권리, 즉 교육을 통한 자유로운 인격발현권을 제한받는 것으로 볼 수 있다. 한편, 청구인들은 심판대상계획으로 인해 교육을 받을 권리가 침해된다고 주장하지만, 심판대상계획이 헌법 제31조 제1항의 능력에 따라 균등하게 교육을 받을 권리를 직접 제한한다고 보기는 어렵다(헌재 2018.2.22. 2017헌마691).

② ○ 수시모집에서 검정고시 출신자에게 수학능력이 있는지 여부를 평가받을 기회를 부여하지 아니하고 이를 박탈한다는 것은 수학능력에 따른 합리적인 차별이라고 보기 어렵다. 피청구인들은 정규 고등학교 학교생활기록부가 있는지 여부, 공교육 정상화, 비교내신 문제 등을 차별의 이유로 제시하고 있으나 이러한 사유가 차별취급에 대한 합리적인 이유가 된다고 보기 어렵다. 그렇다면 이 사건 수시모집요강은 검정고시 출신자인 청구인들을 합리적인 이유 없이 차별함으로써 청구인들의 균등하게 교육을 받을 권리를 침해한다(헌재 2017.12.28. 2016헌마649).

③ ○ 교육을 받을 권리가 국가에 대하여 특정한 교육제도나 시설의 제공을 요구할 수 있는 권리를 뜻하는 것은 아니므로, 청구인이 이 사건 도서관에서 도서를 대출할 수 없거나 열람실을 이용할 수 없더라도 청구인의 교육을 받을 권리가 침해된다고 볼 수 없다(헌재 2016.11.24. 2014헌마977).

④ ○ 의무교육의 무상성에 관한 헌법상 규정은 교육을 받을 권리를 보다 실효성 있게 보장하기 위해 의무교육 비용을 학령아동 보호자의 부담으로부터 공동체 전체의 부담으로 이전하라는 명령일 뿐 의무교육의 모든 비용을 조세로 해결해야 함을 의미하는 것은 아니므로, 학교용지부담금의 부과대상을 수분양자가 아닌 개발사업자로 정하고 있는 이 사건 법률조항은 의무교육의 무상원칙에 위배되지 아니한다(헌재 2008.9.25. 2007헌가1).

정답 ①

12 교육을 받을 권리에 대한 설명으로 가장 적절하지 않은 것은? (다툼이 있는 경우 판례에 의함)

〈2020 경정승진〉

① 대학수학능력시험을 한국교육방송공사(EBS) 수능교재 및 강의와 연계하여 출제하기로 한 '2018학년도 대학수학능력시험 시행 기본계획'은 헌법 제31조 제1항의 능력에 따라 균등하게 교육을 받을 권리를 직접 제한한다고 보기는 어렵다.

② 학교용지부담금의 부과대상을 수분양자가 아닌 개발사업자로 정하고 있는 구「학교용지 확보 등에 관한 특례법」 조항은 의무교육의 무상원칙에 위배된다.

③ '부모의 자녀에 대한 교육권'은 비록 헌법에 명문으로 규정되어 있지는 아니하지만, 이는 모든 인간이 국적과 관계없이 누리는 양도할 수 없는 불가침의 인권이다.

④ 초등학교 교육과정의 편제와 수업시간은 교육현장을 가장 잘 파악하고 교육과정에 대해 적절한 수요예측을 할 수 있는 해당 부처에서 정하도록 할 필요가 있으므로, 「초·중등교육법」 제23조 제2항이 교육과정의 기준과 내용에 관한 기본적인 사항을 교육부장관이 정하도록 위임한 것 자체가 교육제도 법정주의에 반한다고 보기 어렵다.

해설

① ○ 수능시험을 준비하면서 무엇을 어떻게 공부하여야 할지에 관하여 스스로 결정할 자유가 심판대상계획에 따라 제한된다. 이는 자신의 교육에 관하여 스스로 결정할 권리, 즉 교육을 통한 자유로운 인격발현권을 제한받는 것으로 볼 수 있다. 한편, 청구인들은 심판대상계획으로 인해 교육을 받을 권리가 침해된다고 주장하지만, 심판대상계획이 헌법 제31조 제1항의 능력에 따라 균등하게 교육을 받을 권리를 직접 제한한다고 보기는 어렵다(헌재 2018.2.22. 2017헌마691).

② × 의무교육의 무상성에 관한 헌법상 규정은 교육을 받을 권리를 보다 실효성 있게 보장하기 위해 의무교육 비용을 학령아동 보호자의 부담으로부터 공동체 전체의 부담으로 이전하라는 명령일 뿐 의무교육의 모든 비용을 조세로 해결해야 함을 의미하는 것은 아니므로, 학교용지부담금의 부과대상을 수분양자가 아닌 개발사업자로 정하고 있는 이 사건 법률조항은 의무교육의 무상원칙에 위배되지 아니한다(헌재 2008.9.25. 2007헌가1).

③ ○ '부모의 자녀에 대한 교육권'은 비록 헌법에 명문으로 규정되어 있지는 아니하지만, 이는 모든 인간이 국적과 관계없이 누리는 양도할 수 없는 불가침의 인권으로서 혼인과 가족생활을 보장하는 헌법 제36조 제1항, 행복추구권을 보장하는 헌법 제10조 및 "국민의 자유와 권리는 헌법에 열거되지 아니한 이유로 경시되지 아니한다."고 규정하는 헌법 제37조 제1항에서 나오는 중요한 기본권이다(헌재 2000.4.27. 98헌가16 등).

④ ○ 초등학교의 교육목적과 교육목표를 달성하기 위한 교육과정은 국가 수준의 공통성뿐만 아니라 지역, 학교, 개인 수준의 다양성을 동시에 갖추어야 하는 과정으로서, 교육을 둘러싼 여러 여건에 따라 적절히 대처할 필요성이 있기 때문에 이에 관한 모든 사항을 법률에 규정하는 것은 입법기술상 매우 어렵다. 특히, 초등학교 교육과정의 편제와 수업시간은 교육여건의 변화에 따른 시의적절한 대처가 필요하므로 교육현장을 가장 잘 파악하고 교육과정에 대해 적절한 수요 예측을 할 수 있는 해당 부처에서 정하도록 할 필요가 있다. 따라서 「초·중등교육법」 제23조 제2항이 교육과정의 기준과 내용에 관한 기본적인 사항을 교육부장관이 정하도록 위임한 것 자체가 교육제도 법정주의에 반한다고 보기 어렵다(헌재 2016.2.25. 2013헌마838).

정답 ②

13 교육에 관한 기본권에 대한 설명으로 옳지 않은 것은? (다툼이 있는 경우 판례에 의함)

〈2020 국회직 9급〉

① 사립대학 교육기관의 교원을 정관이 정하는 바에 따라 기간을 정하여 임면할 수 있도록 한 구「사립학교법」 규정은 교원지위 법정주의에 위반되지 않는다.

② 사립학교법인이 의무의 부담을 하고자 할 때 관할청의 허가를 받도록 하는 「사립학교법」 규정은 사립학교 운영의 자유를 침해하지 않는다.

③ 대학의 자치의 주체를 기본적으로 대학으로 본다고 하더라도 교수나 교수회의 기본권 주체성이 부정된다고 볼 수 없다.

④ 자율형 사립고등학교를 후기학교로 정하여 신입생을 일반고와 동시에 선발하도록 하는 한편, 자율형 사립고등학교를 지원한 학생에게 평준화지역 후기학교에 중복지원 할 수 없도록 한 것은 학교법인의 사학운영의 자유를 침해한다.

⑤ 학교교과교습학원 및 교습소의 교습시간을 05:00부터 22:00까지 규정하고 있는 조례는 학부모의 자녀교육권을 침해하지 않는다.

해설

① ○ 대학교원의 기간임용제를 규정한 구「사립학교법」 제53조의2 제3항은 전문성·연구실적 등에 문제가 있는 교수의 연임을 배제하여 합리적인 교수인사를 할 수 있도록 하기 위한 것으로 그 입법목적이 정당하고, 대학교육기관의 교원에 대한 기간임용제와 정년보장제는 국가가 문화국가의 실현을 위한 학문진흥의 의무를 이행에 있어서나 국민의 교육권의 실현·방법 면에서

각각 장단점이 있어서, 그 판단·선택은 헌법재판소에서 이를 가능하기보다는 입법자의 입법정책에 맡겨 두는 것이 옳으므로, 위 조항은 헌법 제31조 제6항이 규정한 교원지위 법정주의에 위반되지 아니한다(헌재 1988.7.16. 96헌바33 등).

② ○ 이 사건 법률조항 학교법인으로 하여금 의무의 부담을 하고자 할 때 관할청의 허가를 받도록 하고 있어 사립학교운영에 관한 자유를 제한하고 있다 하더라도, 이는 공공복리를 위하여 필요한 권리를 제한한 경우에 해당하는 것이며, 일정액 미만의 넓은 범위에서 허가를 받지 않도록 예외를 두고 있고 시행상 일반적인 학교운영과 관련된 통상적인 의무부담은 허가에서 제외하고 있으며 일정액이상이라도 허가를 받아 자유롭게 처리할 수 있는 점 등을 보면 합리적인 입법한계를 일탈하였거나 기본권의 본질적인 부분을 침해하였다고 볼 수 없다(헌재 2001.1.18. 99헌바63).

③ ○ 대학의 자치의 주체를 기본적으로 대학으로 본다고 하더라도 교수나 교수회의 주체성이 부정된다고 볼 수는 없고, 가령 학문의 자유를 침해하는 대학의 장에 대한 관계에서는 교수나 교수회가 주체가 될 수 있고, 또한 국가에 의한 침해에 있어서는 대학 자체 외에도 대학 전 구성원이 자율성을 갖는 경우도 있을 것이므로 문제되는 경우에 따라서 대학, 교수, 교수회 모두가 단독, 혹은 중첩적으로 주체가 될 수 있다고 보아야 할 것이다(헌재 2006.4.27. 2005헌마1047 등).

④ × 과학고는 '과학 분야의 인재 양성'이라는 설립 취지나 전문적인 교육과정의 측면에서 과학 분야에 재능이나 소질을 가진 학생을 후기학교보다 먼저 선발할 필요성을 인정할 수 있으나, 자사고의 경우 교육과정 등을 고려할 때 후기학교보다 먼저 특정한 재능이나 소질을 가진 학생을 선발할 성은 적다. 따라 이 사건 동시선발 조항이 자사고를 후기학교로 규정함으로써 과학고와 달리 취급하고, 일반고와 같이 취급하는 데에는 합리적인 이유가 있으므로 청구인 학교법인의 평등권을 침해하지 아니한다(헌재 2019.4.11. 2018헌마221).

⑤ ○ 학원의 교습시간을 제한하여 학생들의 수면시간 및 휴식시간을 확보하고, 학교교육을 정상화하며, 학부모의 경제적 부담을 덜어주려는 이 사건 조례의 입법목적의 정당성 및 수단의 적합성이 인정되고, 원칙적으로 학원에서의 교습은 보장하면서 심야에 한하여 교습시간을 제한하면서 다른 사교육 유형은 제한하지 않으므로 청구인들의 기본권을 과도하게 제한하는 것이라고 볼 수 없으며, 이 사건 조항으로 인하여 제한되는 사익은 일정한 시간 학원이나 교습소에서의 교습이 금지되는 불이익인 반면, 이 사건 조항이 추구하는 공익은 학생들의 건강과 안전, 학교교육의 충실화, 부차적으로 사교육비의 절감이므로 법익 균형성도 충족하므로 이 사건 조항이 학교교과교습학원 및 교습소의 교습시간을 제한하였다고 하여 청구인들의 인격의 자유로운 발현권, 자녀교육권 및 직업수행의 자유를 침해하였다고 볼 수 없다(헌재 2009.10.29. 2008헌마635).

정답 ④

14 교육기본권에 대한 설명으로 옳지 않은 것은? (다툼이 있는 경우 판례에 의함) 〈2017 국가직 7급〉

① 교원의 정치활동은 교육수혜자인 학생의 입장에서는 수업권의 침해로 받아들이질 수 있다는 점에서 초·중등학교 교육공무원의 정당가입 및 신거운동을 제한하는 것은 헌법적으로 정당화될 수 있다.

② 고시·공고일을 기준으로 고등학교에서 퇴학된 날로부터 6월이 지나지 아니한 자를 고등학교 졸업학력 검정고시를 받을 수 있는 자의 범위에서 제외하는 것은, 국민의 교육을 받을 권리 중 그 의사와 능력에 따라 균등하게 교육받을 것을 국가로부터 방해받지 않을 권리, 즉 자유권적 기본권을 제한하는 것이므로, 그 제한에 대하여는 과잉금지원칙에 따른 심사를 하여야한다.

③ 조례에 의한 규제가 지역 여건이나 환경 등 그 특성에 따라 다르게 나타나는 것은 헌법이 지방자치단체의 자치입법권을 인정한 이상 당연히 예상되는 결과이나, 고등학생들이 학원교습시간과 관련하여 자신들이 거주하는 지역의 학원조례조항으로 인하여 다른 지역 주민들에 비하여 더한 규제를 받게 되었다면 평등권이 침해되었다고 볼 수 있다.

④ 교육을 받을 권리가 국가에 대하여 특정한 교육제도나 시설의 제공을 요구할 수 있는 권리를 뜻하는 것은 아니다.

해설

① ○ 교원의 정치활동은 교육수혜자인 학생의 입장에서는 수업권의 침해로 받아들여질 수 있다는 점에서 현 시점에서는 국민의 교육기본권을 더욱 보장함으로써 얻을 수 있는 공익을 우선시해야 할 것이라는 점 등을 종합적으로 감안할 때, 초·중등학교 교육공무원의 정당가입 및 선거운동의 자유를 제한하는 것은 헌법적으로 정당화될 수 있다(헌재 2004.3.25. 2001헌마710).

② ○ 헌법 제31조 제1항의 교육을 받을 권리는, 국민이 능력에 따라 균등하게 교육받을 것을 공권력에 의하여 부당하게 침해받지 않을 권리와, 국민이 능력에 따라 균등하게 교육받을 수 있도록 국가가 적극적으로 배려하여 줄 것을 요구할 수 있는 권리로 구성되는바, 전자는 자유권적 기본권의 성격이, 후자는 사회권적 기본권의 성격이 강하다고 할 수 있다. 그런데 이 사건 규칙조항과 같이 검정고시응시자격을 제한하는 것은, 국민의 교육받을 권리 중 그 의사능력에 따라 균등하게 교육받을 것을 국가로부터 방해받지 않을 권리, 즉 자유권적 기본권을 제한하는 것이므로, 그 제한에 대하여는 헌법 제37조 제2항의 비례원칙에 의한 심사, 즉 과잉금지원칙에 따른 심사를 받아야 할 것이다(헌재 2008.4.24. 2007헌마1456).

③ × 조례에 의한 규제가 지역 여건이나 환경 등 그 특성에 따라 다르게 나타나는 것은 헌법이 지방자치단체의 자치입법권을 인정한 이상 당연히 예상되는 결과이다. 청구인들이 자신들이 거주하는 지역의 학원조례조항으로 인하여 다른 지역 주민들에 비하여 더한 규제를 받게 되었다하여 평등권이 침해되었다고 볼 수는 없다(헌재 2016.5.26. 2014헌마374).

④ ○ 헌법 제31조 제1항에 의해서 보장되는 교육을 받을 권리는 교육영역에서의 기회균등을 내용으로 한다. 즉, 능력이 있으면서도 여러 가지 사회적·경제적 이유로 교육을 받지 못하는 일이 없도록, 국가가 재정능력이 허용하는 범위 내에서 가능하면 모든 국민에게 취학의 기회가 골고루 돌아가게끔 그에 필요한 교육시설 및 제도를 미련할 의무를 지게 하기 위한 것이 바로 이 교육을 받을 권리이다. 그러나 교육을 받을 권리는 국민이 국가에 대해 직접 특정한 교육제도나 학교시설을 요구할 수 있음을 뜻하지는 않으며, 더구나 자신의 교육환경을 최상 혹은 최적으로 만들기 위해 타인의 교육시설 참여 기회를 제한할 것을 청구할 수 있는 기본권은 더더욱 아닌 것이다(헌재 2003.9.25. 2001헌마814).

정답 ③

15 의무교육에 대한 설명으로 가장 옳지 않은 것은? 〈2019 서울시 7급〉

① 헌법상 의무교육 무상의 범위는 교육의 기회균등을 실현하기 위해 필수불가결한 비용을 말하므로, 단순한 영양공급 차원을 넘어 교육적 성격을 가지는 학교급식은 무상의 의무교육내용에 포함된다.

② 수업료나 입학금의 면제, 학교와 교사 등 인적·물적 기반 및 그 기반을 유지하기 위한 인건비와 시설유지비, 신규시설투자비 등의 재원마련 비용은 의무교육 무상의 범위에 포함된다.

③ 학교운영지원비는 운영상 교원연구비와 같은 교사의 인건비 일부와 학교회계직원의 인건비 일부 등 의무교육과정의 인적기반을 유지하기 위한 비용을 충당하는 데 사용되고 있으므로 의무교육 무상의 범위에 포함되어야 한다.

④ 의무교육 무상의 원칙이 의무교육을 위탁받은 사립학교를 설치·운영하는 학교법인 등과의 관계에서 이미 학교법인이 부담하도록 규정되어 있는 경비까지 국가나 지방자치단체의 부담으로 한다는 취지로 볼 수는 없다.

해설

① × 비록 학교급식이 학생들에게 한 끼 식사를 제공하는 영양공급의 차원을 넘어서 편식교정 지도 등 식생활 개선, 공동체 의식 및 협동심 함양 등 교육적 성격을 갖고 있다 하더라도, 급식활동으로 얻을 수 있는 교육적 측면은 기본적이고 필수적인 학교 교육 이외에 부가적으로 이루어지는 식생활 및 인성 교육으로서의 보충적 성격을 가지므로 의무교육의 실질적인 균등보장을 위한 본질적이고 핵심적인 부분이라고 까지는 할 수 없고, 따라서 학교급식 비용과 관련된 입법에 대하여는 입법자에게 입법형성의 재량이 인정된다고 봄이 상당하다(헌재 2012.4.24. 2010헌바164).

② ○ 의무교육에 있어서 무상의 범위에는 의무교육이 실질적이고 균등하게 이루어지기 위한 본질적 항목으로, 수업료나 입학금의 면제, 학교와 교사 등 인적·물적 시설 및 그 시설을 유지하기 위한 인건비와 시설유지비, 신규시설투자비 등의 재원 부담으로부터의 면제가 포함된다 할 것이며, 그 외에도 의무교육을 받는 과정에 수반하는 비용으로서 의무교육의 실질적인 균등보장을 위해 필수불가결한 비용은 무상의 범위에 포함된다(헌재 2012.4.24. 2010헌 164).

③ ○ 학교운영지원비는 그 운영상 교원연구비와 같은 교사의 인건비 일부와 학교회계직원의 인건비 일부 등 의무교육과정의 인적기반을 유지하기 위한 비용을 충당하는데 사용되고 있다는 점, 학교회계의 세입상 현재의 교육기관에서는 국고지원을 받고 있는 입학금, 수업료와 함께 같은 항에 속하여 분류되고 있음에도 불구하고 학교운영지원비에 대해서만 학생과학부모의 부담으로 남아있다는 점, 학교운영지원비는 기본적으로 학부모의 자율적 협찬금의 외양을 갖고 있음에도 그 조성이나 징수의 자율성이 완전히 보장되지 않아 기본적이고 필수적인 학교교육에 필요한 비용에 가깝게 운영되고 있다는 점 등을 고려해보면 이 사건 세입조항은 헌법 제31조 제3항에 규정되어 있는 의무교육의 무상원칙에 위배되어 헌법에 위반된다(헌재 2012.8.23. 2010헌바220).

④ ○ 의무교육의 무상성과 비용 부담에 관한 법령의 내용과 취지, 체계를 종합해 보면, 의무교육 등에 소요되는 경비의 재원에 관한 「지방교육자치에 관한 법률」 제37조, 「지방교육재정교부금법」 제11조 제1항은 헌법이 규정한 의무교육 무상의 원칙에 따라 경제적 능력에 관계없이 교육기회를 균등하게 보장하기 위하여 의무교육대상자의 학부모 등이 교직원의 보수 등 의무교육에 관련된 경비를 부담하지 않도록 국가와 지방자치단체에 교육재정을 형성·운영할 책임을 부여하고, 그 재원 형성의 구체적인 내용을 규정하고 있는 데 그칠 뿐, 더 나아가 의무교육을 위탁받은 사립학교를 설치·운영하는 학교법인 등과의 관계에서 관련 법령에 의하여 이미 학교법인이 부담하도록 규정되어 있는 경비까지 종국적으로 국가나 지방자치단체의 부담으로 한다는 취지까지 규정한 것으로 볼 수 없다(대판 2015.1.29. 2012두7387).

정답 ①

제 4 항 근로의 권리

01 근로의 권리에 관한 설명 중 가장 적절하지 않은 것은? (다툼이 있는 경우 판례에 의함)

〈2022 경찰공채 1차〉

① 근로의 권리는 국가의 개입 간섭을 받지 않고 자유로이 근로를 할 자유와, 국가에 대하여 근로의 기회를 제공하는 정책을 수립해 줄 것을 요구할 수 있는 권리 등을 기본적인 내용으로 하고 있고, 이 때 근로의 권리는 근로자를 개인의 차원에서 보호하기 위한 권리로서 개인인 근로자가 근로의 권리의 주체가 되는 것이고, 노동조합은 그 주체가 될 수 없다.

② 일용근로자로서 3개월을 계속 근무하지 아니한 자를 해고예고제도의 적용제외사유로 규정하고 있는 「근로기준법」 규정은 일용근로자인 청구인의 근로의 권리를 침해하지 않는다.

③ 청원경찰의 복무에 관하여 「국가공무원법」의 해당 조항을 준용함으로써 노동운동을 금지하는 청원경찰법 의 해당 조항 중 「국가공무원법」의 해당 조항 가운데 '노동운동' 부분을 준용하는 부분은 국가기관이나 지방자치단체 이외의 곳에서 근무하는 청원경찰인 청구인들의 근로3권을 침해한다.

④ 공항·항만 등 국가중요시설의 경비업무를 담당하는 특수경비원에게 경비업무의 정상적인 운영을 저해하는 일체의 쟁의행위를 금지하는 「경비업법」의 해당 조항은 특수경비원의 단체행동권을 박탈하여 근로3권을 규정하고 있는 헌법 제33조 제1항에 위배된다.

해설

① ○ 헌법 제32조 제1항이 규정한 근로의 권리는 근로자를 개인의 차원에서 보호하기 위한 권리로서 개인인 근로자가 그 주체가 되는 것이고 노동조합은 그 주체가 될 수 없다(헌재 2009.2.26. 2007헌바27).

② ○ 일용근로자로서 3개월을 계속 근무하지 아니한 자를 해고예고제도의 적용제외사유로 규정하고 있는 근로기준법 제35조 제1호가 일용근로자인 청구인의 근로의 권리를 침해한다고 보기 어렵다(헌재 2017.5.25. 2016헌마640).

③ ○ 청원경찰의 복무에 관하여 국가공무원법 제66조 제1항을 준용함으로써 노동운동을 금지하는 청원경찰법 제5조 제4항 중 국가공무원법 제66조 제1항 가운데 '노동운동' 부분을 준용하는 부분이 국가기관이나 지방자치단체 이외의 곳에서 근무하는 청원경찰인 청구인들의 근로3권을 침해한다(헌재 2017.9.28. 2015헌마653).

④ × 특수경비원에 대하여 단결권, 단체교섭권에 대한 제한은 전혀 두지 아니하면서 단체행동권 중 '경비업무의 정상적인 운영을 저해하는 일체의 쟁위행위'만을 금지하는 것은 입법목적 달성에 필요불가결한 최소한의 수단이라고 할 것이어서 침해의 최소성 원칙에 위배되지 아니한다. … 이 사건 법률조항은 과잉금지원칙에 위배되지 아니하므로 헌법에 위반되지 아니한다(헌재 2009.10.29. 2007헌마1359).

정답 ④

02 근로의 권리에 관한 설명 중 가장 적절하지 않은 것은? (다툼이 있는 경우 판례에 의함)

〈2022 경찰공채 2차〉

① 헌법 제32조 및 제33조에 각 규정된 근로기본권은 근로자의 근로조건을 개선함으로써 그들의 경제적· 사회적 지위의 향상을 기하기 위한 것으로서 자유권적 기본권으로서의 성격보다는 생존권 내지 사회적 기본권으로서의 측면이 보다 강한 것으로서 그 권리의 실질적 보장을 위해서는 국가의 적극적인 개입과 뒷받침이 요구되는 기본권이다.

② 근로의 권리는 사회적 기본권으로서 국가에 대하여 직접 일자리를 청구하거나 일자리에 갈음하는 생계비의 지급을 청구할 수 있는 권리를 의미하는 것이 아니라 고용증진을 위한 사회적·경제적 정책을 요구할 수 있는 권리에 그치며, 근로의 권리로부터 국가에 대한 직접적인 직장존속청구권이 도출되는 것도 아니다.

③ 매월 1회 이상 정기적으로 지급하는 상여금 등 및 복리후생비의 일부를 새롭게 최저임금에 산입하도록 한 「최저임금법」상 산입조항은 헌법상 용인될 수 있는 입법재량의 범위를 명백히 일탈하였다고 볼 수 없으므로 근로자들의 근로의 권리를 침해하지 아니한다.

④ 퇴직급여제도가 갖는 사회보장적 급여의 성격과 근로자의 장기간 복무 및 충실한 근무를 유도하는 기능을 감안하더라도, 소정근로시간이 1주간 15시간 미만인 이른바 '초단시간근로자'에 대해 퇴직급여제도 적용대상에서 제외하는 것은 "근로조건의 기준은 인간의 존엄성을 보장하도록 법률로 정하도록 규정"한 헌법 제32조 제3항에 위배된다.

해설

① ○ 헌법 제32조 및 제33조에 각 규정된 **근로기본권**은 근로자의 근로조건을 개선함으로써 그들의 경제적·사회적 지위의 향상을 기하기 위한 것으로서 자유권적 기본권으로서의 성격보다는 생존권 내지 사회권적 기본권으로서의 측면이 보다 강한 것으로서 그 권리의 실질적 보장을 위해서는 **국가의 적극적인 개입과 뒷받침이 요구되는 기본권**이다(헌재 1991.7.22. 89헌가106).

② ○ 헌법 제32조 제1항이 규정하는 근로의 권리는 사회적 기본권으로서 국가에 대하여 직접 일자리를 청구하거나 일자리에 갈음하는 생계비의 지급청구권을 의미하는 것이 아니라 고용증진을 위한 사회적·경제적 정책을 요구할 수 있는 권리에 그치며, 근로의 권리로부터 국가에 대한 직접적인 직장존속청구권이 도출되는 것도 아니다(헌재 2011.7.28. 2009헌마408).

③ ○ 이 사건 산입조항 및 부칙조항이 **매월 1회 이상 정기적으로 지급하는 상여금 등 및 복리후생비를 새롭게 최저임금에 산입**하도록 한 것이 현저히 불합리하여 헌법상 용인될 수 있는 입법재량의 범위를 명백히 일탈하였다고 볼 수 없으므로, 위 조항들은 청구인 근로자들의 **근로의 권리**를 **침해**하지 **아니한다**(헌재 2021.12.23. 2018헌마629 등).

④ × 소정근로시간이 1주간 15시간 미만인 이른바 '초단시간근로'는 일반적으로 임시적이고 일시적인 근로에 불과하여, 해당 사업 또는 사업장에 대한 **기여를 전제**로 하는 **퇴직급여제도**의 본질에 부합한다고 보기 **어렵다**. 소정근로시간이 짧은 경우에는 고용이 단기간만 지속되는 현실에 비추어 볼 때에도, '소정근로시간'을 기준으로 해당 사업 또는 사업장에 대한 전속성이나 기여도를 판단하도록 규정한 것 역시 합리성을 상실하였다고 보기도 어렵다. 따라서 심판대상조항(소정근로시간이 1주간 15시간 미만인 이른바 '초단시간근로자'에 대해 퇴직급여제도 적용대상에서 제외하는 것)은 헌법 제32조 제3항에 위배되는 것으로 볼 수 없다(헌재 2021.11.25. 2015헌바334).

정답 ④

03 근로의 권리에 관한 〈보기〉의 헌법규정 중 빈 칸에 알맞은 말을 순서대로 넣은 것은? *〈2019 소방간부〉*

> 헌법 제32조 ① 모든 국민은 근로의 권리를 가진다. 국가는 사회적·경제적 방법으로 근로자의 고용의 증진과 (㉠)의 보장에 노력하여야 하며, 법률이 정하는 바에 의하여 최저임금제를 시행하여야 한다.
> ② 모든 국민은 근로의 의무를 진다. 국가는 근로의 의무의 내용과 조건을 (㉡)원칙에 따라 법률로 정한다.
> ③ 근로조건의 기준은 (㉢)을 보장하도록 법률로 정한다.

	㉠	㉡	㉢
①	최저임금	법치주의	인간의 존엄성
②	최저임금	민주주의	평등원칙
③	적정임금	법치주의	평등원칙
④	적정임금	법치주의	인간의 존엄성
⑤	정임금	민주주의	인간의 존엄성

해설

헌법 제32조 ① 모든 국민은 근로의 권리를 가진다. 국가는 사회적·경제적 방법으로 근로자의 고용의 증진과 ㉠ 적정임금의 보장에 노력하여야 하며, 법률이 정하는 바에 의하여 최저임금제를 시행하여야 한다.
② 모든 국민은 근로의 의무를 진다. 국가는 근로의 의무의 내용과 조건을 ㉡ 민주주의원칙에 따라 법률로 정한다.
③ 근로조건의 기준은 ㉢ 인간의 존엄성을 보장하도록 법률로 정한다.

정답 ⑤

04 근로의 권리와 관련하여 현행 헌법에서 명문으로 규정한 것이 아닌 것은? 〈2018 법원직 9급〉

① 국가의 고용증진의무

② 여성 근로자의 특별한 보호

③ 장애인 근로자의 특별한 보호

④ 국가유공자 등에 대한 근로기회 우선보장

해설

① ○, ② ○, ④ ○

헌법 제32조 ① 모든 국민은 근로의 권리를 가진다. 국가는 사회적·경제적 방법으로 근로자의 ① ○ 고용의 증진과 적정임금의 보장에 노력하여야 하며, 법률이 정하는 바에 의하여 최저임금제를 시행하여야 한다.
② 모든 국민은 근로의 의무를 진다. 국가는 근로의 의무의 내용과 조건을 민주주의원칙에 따라 법률로 정한다.
③ 근로조건의 기준은 인간의 존엄성을 보장하도록 법률로 정한다.
④ ② ○ 여자의 근로는 특별한 보호를 받으며, 고용·임금 및 근로조건에 있어서 부당한 차별을 받지 아니한다.
⑤ 연소자의 근로는 특별한 보호를 받는다.
⑥ ④ ○ 국가유공자·상이군경 및 전몰군경의 유가족은 법률이 정하는 바에 의하여 우선적으로 근로의 기회를 부여받는다.

③ ×

헌법 제34조 ⑤ 신체장애자 및 질병·노령 기타의 사유로 생활능력이 없는 국민은 법률이 정하는 바에 의하여 국가의 보호를 받는다.

정답 ③

05 근로의 권리에 대한 설명으로 옳은 것은? (다툼이 있는 경우 판례에 의함) 〈2022 국회직 5급〉

① 근로의 권리는 사회적 기본권으로서 국가에 대하여 직접 일자리를 청구하거나 일자리에 갈음하는 생계비의 지급청구권을 의미하는 권리이다.

② 계속근로기간 1년 이상인 근로자가 근로연도 중도에 퇴직한 경우 중도퇴직 전 1년 미만의 근로에 대하여 유급휴가를 보장하지 않는 것은 근로의 권리를 침해한다.

③ 「근로기준법」 제23조 제1항의 부당해고제한조항을 4인 이하 사업장에 적용되는 조항으로 포함하지 않은 것은 근로자보호의 필요성이 크고 4인 이하 사업장에 그다지 큰 경제적 부담 전가가 되지 않으므로, 4인 이하 사업장을 5인 이상 사업장과 달리 차별하는 데에 합리적인 이유를 인정할 수 없어 청구인의 평등권을 침해한다.

④ 월급근로자로서 6개월이 되지 못한 자를 해고예고제도의 적용 예외 사유로 규정하고 있는 「근로기준법」 조항은 근로자보호와 사용자의 효율적인 기업경영 및 기업의 생산성이라는 측면의 조화를 고려한 합리적 규정이므로 헌법에 위배되지 않는다.

⑤ 근로자가 퇴직급여를 청구할 수 있는 권리는 헌법상 바로 도출되는 것이 아니라 「근로자퇴직급여 보장법」 등 관련 법률이 구체적으로 정하는 바에 따라 비로소 인정될 수 있는 것이므로, 계속 근로기간 1년 미만인 근로자가 퇴직급여를 청구할 수 있는 권리는 헌법 제32조 제1항에 의하여 보장된다고 보기 어렵다.

해설

① × 헌법 제32조 제1항이 규정하는 근로의 권리는 사회적 기본권으로서 국가에 대하여 직접일자리를 청구하거나 일자리에 갈음하는 생계비의 지급청구권을 의미하는 것이 아니라 고용증진을 위한 사회적·경제적 정책을 요구할 수 있는 권리에 그치며, 근로의 권리로부터 국가에 대한 직접적인 직장존속청구권이 도출되는 것도 아니다(헌재 2011.7.28. 2009헌마408).

② × 연차유급휴가의 판단기준으로 근로연도 1년간의 재직 요건을 정한 이상, 이 요건을 충족하지 못한 근로연도 중도퇴직자의 중도퇴직 전 근로에 관하여 반드시 그 근로에 상응하는 등의 유급휴가를 보장하여야 하는 것은 아니므로, 근로연도 중도퇴직자의 중도퇴직 전 근로에 대해 1개월 개근 시 1일의 유급휴가를 부여하지 않더라도 이것이 청구인의 근로의 권리를 침해한다고 볼 수 없다(헌재 2015.5.28. 2013헌마619).

③ × 심판대상조항이 부당해고제한조항과 노동위원회 구제절차를 4인 이하 사업장에 적용되는 근로기준법 조항으로 나열하지 않음으로써 4인 이하 사업장을 5인 이상 사업장에 비해 차별 취급한 것은, 근로기준법의 확대적용을 위한 지속적인 노력을 기울이는 과정에서 한편으로 일부 영세사업장의 열악한 현실을 고려하고, 근로기준법의 법규범성을 실질적으로 관철하기 위한 입법정책적 결정으로서 거기에는 나름대로의 합리적 이유가 있다(헌재 2019.4.11. 2017헌마820).

④ × 6개월 미만 근무한 월급근로자 또한 전직을 위한 시간적 여유를 갖거나 실직으로 인한 경제적 곤란으로부터 보호받아야 할 필요성이 있다. 그럼에도 불구하고 합리적 이유 없이 "월급근로자로서 6개월이 되지 못한자"를 해고예고제도의 적용대상에서 제외한 이 사건 법률조항은 근무기간이 6개월 미만인 월급근로자의 근로의 권리를 침해하고, 평등원칙에도 위배된다(헌재 2015.12.23. 2014헌바3).

⑤ ○ 근로자가 퇴직급여를 청구할 수 있는 권리도 헌법상 바로 도출되는 것이 아니라 퇴직급여법 등 관련 법률이 구체적으로 정하는 바에 따라 비로소 인정될 수 있는 것이므로 계속근로기간 1년 미만인 근로자가 퇴직급여를 청구할 수 있는 권리가 헌법 제32조 제1항에 의하여 보장된다고 보기는 어렵다(헌재 2011.7.28. 2009헌마408).

정답 ⑤

06 근로의 권리에 대한 설명으로 가장 옳지 않은 것은? 〈2019 서울시 7급〉

① 헌법재판소는 외국인에게 헌법상의 근로의 권리를 전면적으로 인정하기는 어렵다고 하더라도 '일할 환경에 관한 권리'는 기본권으로 보장된다고 판시하였다.

② 근로의 권리는 사회적 기본권으로서, 국가에 대하여 직접 일자리(직장)를 청구하거나 일자리에 갈음하는 생계비의 지급청구권을 의미하는 것이 아니라, 고용증진을 위한 사회적·경제적 정책을 요구할 수 있는 권리에 그치는 것이다.

③ 해고예고제도는 근로관계의 존속이라는 근로자보호의 본질적 부분과 관련되는 것이 아니므로, 해고예고제도를 둘 것인지 여부, 그 내용 등에 대해서는 상대적으로 넓은 입법형성의 여지가 있다.

④ 헌법 제32조 제6항에 의하여 법률이 정하는 바에 의하여 우선적으로 근로의 기회가 부여되는 대상이 누구인가에 대하여 헌법재판소는 국가유공자, 상이군경, 전몰군경의 유가족, 국가유공자의 유가족, 상이군경의 유가족이 포함된다고 판시하고 있다.

해설

① ○ 근로의 권리가 "일할 자리에 관한 권리"만이 아니라 "일할 환경에 관한 권리"도 함께 내포하고 있는바, 후자는 인간의 존엄성에 대한 침해를 방어하기 위한 자유권적 기본권의 성격도 갖고 있어 건강한 작업환경, 일에 대한 정당한 보수, 합리적인 근로조건의 보장 등을 요구할 수 있는 권리 등을 포함한다고 할 것이므로 외국인 근로자라고 하여 이 부분에까지 기본권 주체성을 부인할 수는 없다(헌재 2007.8.30. 2004헌마670).

② ○ 근로의 권리는 사회적 기본권으로서 국가에 대하여 직접 일자리를 청구하거나 일자리에 갈음하는 생계비의 지급청구권을 의미하는 것이 아니라 고용증진을 위한 사회적·경제적 정책을 요구할 수 있는 권리에 그치며, 근로의 권리로부터 국가에 대한 직접적인 직장존속청구권이 도출되는 것도 아니다(헌재 2011. 7.28. 2009헌마408).

③ ○ 해고예고제도는 해고자체를 금지하는 제도는 아니며, 대법원 판례 또한 예고의무를 위반한 해고도 유효하다고 봄으로 해고자체의 효력과도 무관한 제도이다. 즉 해고예고제도는 근로관계의 존속이라는 근로자보호의 본질적 부분과 관련되는 것이 아니므로, 해고예고제도를 둘 것인지 여부, 그 내용 등에 대해서는 상대적으로 넓은 입법 형성의 여지가 있다(헌재 2001.7.19. 99헌마663).

④ × 오늘날 가산점의 대상이 되는 국가유공자와 그 가족의 수가 과거에 비하여 비약적으로 증가하고 있는 현실과, 취업보호대상자에서 가족이 차지하는 비율, 공무원시험의 경쟁이 갈수록 치열해지는 상황을 고려할 때, 위 조항의 폭넓은 해석은 필연적으로 일반 응시자의 공무담임의 기회를 제약하게 되는 결과가 될 수 있다. 그렇다면 위 조항은 엄격하게 해석할 필요가 있다. 이러한 관점에서 위 조항의 대상자는 조문의 문리해석대로 "국가유공자", "상이군경", 그리고 "전몰군경의 유가족"이라고 봄이 상당하다(헌재 2006.2. 23. 2004헌마675 등).

정답 ④

07 근로의 권리에 관한 헌법재판소의 입장으로 옳지 않은 것? 〈2021 소방간부〉

① 계속근로기간 1년 미만인 근로자가 퇴직급여를 청구할 수 있는 권리가 근로의 권리에 의하여 보장된다고 보기는 어렵다.

② 근로의 권리는 국가의 개입·간섭을 받지 않고 자유로이 근로를 할 자유와, 국가에 대하여 근로의 기회를 제공하는 정책을 수립해 줄 것을 요구할 수 있는 권리 등을 기본적 내용으로 하고 있으며, 개인인 근로자가 권리의 주체가 되는 것이고, 노동조합은 그 주체가 될 수 없다.

③ 근로의 권리란 '일할 자리에 관한 권리'와 '일할 환경에 관한 권리'를 말하며, 후자는 건강한 작업환경, 일에 대한 정당한 보수, 합리적인 근로조건의 보장 등을 요구할 수 있는 권리 등을 의미하는바, 직장 변경의 횟수를 제한하고 있는 법률조항은 '일할 자리에 관한 권리'로서의 근로의 권리를 제한하는 것이다.

④ 연차유급휴가에 관한 권리는 인간의 존엄성을 보장받기 위한 최소한의 근로조건을 요구할 수 있는 권리로서 근로의 권리의 내용에 포함된다.

⑤ 최저임금을 청구할 수 있는 권리가 바로 근로의 권리에 의하여 보장된다고 보기는 어렵다.

해설

① ○ 근로자가 퇴직급여를 청구할 수 있는 권리도 헌법상 바로 도출되는 것이 아니라 퇴직급여법 등 관련 **법률이 구체적으로 정하는 바**에 따라 비로소 인정될 수 있는 것이므로 계속근로기간 1년 미만인 근로자가 **퇴직급여를 청구할 수 있는 권리**가 헌법 제32조 제1항에 의하여 **보장된다고 보기는 어렵다**(헌재 2011.7.28. 2009헌마408).

② ○ 헌법 제32조 제1항은 "모든 국민은 근로의 권리를 가진다. 국가는 사회적·경제적 방법으로 근로자의 고용의 증진과 적정임금의 보장에 노력하여야 하며, 법률이 정하는 바에 의하여 최저임금제를 시행하여야 한다."라고 정하고 있다. 이는 국가의 개입·간섭을 받지 않고 **자유로이 근로를 할 자유**와, 국가에 대하여 근로의 기회를 제공하는 **정책을 수립해 줄 것을 요구할 수 있는 권리** 등을 기본적인 내용으로 하고 있고, 이 때 근로의 권리는 근로자를 개인의 차원에서 보호하기 위한 권리로서 개인인 근로자가 근로의 권리의 주체가 되는 것이고, **노동조합**은 그 **주체가 될 수 없는 것**으로 이해되고 있다(헌재 2009.2.26. 2007헌바27).

③ × 근로의 권리란 "**일할 자리에 관한 권리**"와 "**일할 환경에 관한 권리**"를 말하며, 후자는 건강한 작업환경, 일에 대한 정당한 보수, 합리적인 근로조건의 보장 등을 요구할 수 있는 권리 등을 의미하는바, **직장변경의 횟수를 제한**하고 있는 이 사건 법률 조항은 위와 같은 **근로의 권리를 제한**하는 것은 **아니라 할 것**이다. 이 사건 법률조항은 외국인근로자의 사업장 최대변경가능 횟수를 설정하고 있는바, 이로 인하여 외국인근로자는 일단 형성된 근로관계를 포기(직장이탈)하는 데 있어 제한을 받게 되므로 이는 직업선택의 자유 중 **직장 선택의 자유를 제한**하고 있다(헌재 2011.9.29. 2007헌마1083 등).

④ ○ 헌법 제32조 제3항은 위와 같은 근로의 권리가 실효적인 것이 될 수 있도록 "근로조건의 기준은 인간의 존엄성을 보장하도록 법률로 정한다."고 하여 근로조건의 법정주의를 규정하고 있고, 이에 따라 근로기준법 등에 규정된 연차유급휴가는 근로자의 건강하고 문화적인 생활의 실현에 이바지할 수 있도록 여가를 부여하는데 그 목적이 있으므로 이는 인간의 존엄성을 보장하기 위한 합리적인 근로조건에 해당한다. 따라서 **연차유급휴가에 관한 권리**는 인간의 존엄성을 보장받기 위한 **최소한의 근로조건을 요구**할 수 있는 권리로서 **근로의 권리의 내용에 포함**된다 할 것이다(헌재 2008.9.25. 2005헌마586).

⑤ ○ 헌법 제32조 제1항 후단은 "국가는 사회적·경제적 방법으로 근로자의 고용의 증진과 적정임금의 보장에 노력하여야 하며, 법률이 정하는 바에 의하여 최저임금제를 시행하여야 한다."라고 규정하고 있어서 **근로자가 최저임금을 청구할 수 있는 권리**도 헌법상 바로 도출되는 것이 아니라 최저임금법 등 **관련 법률이 구체적으로 정하는 바**에 따라 비로소 **인정**될 수 있다(헌재 2012.10.25. 2011헌마307).

정답 ③

08 근로의 권리에 대한 설명으로 옳은 것은? (다툼이 있는 경우 판례에 의함) 〈2022 국가직 5급〉

① 고용 허가를 받아 국내에 입국한 외국인근로자의 출국만기보험금을 출국 후 14일 이내에 지급하도록 한「외국인근로자의 고용 등에 관한 법률」조항 중 '피보험자등이 출국한 때부터 14일 이내' 부분은 해당 외국인근로자의 근로의 권리를 침해한다.

② 근로의 권리는 사회적 기본권으로서, 고용증진을 위한 사회적·경제적 정책을 요구할 수 있는 권리뿐만 아니라, 국가에 대하여 직접 일자리(직장)를 청구하거나 일자리에 갈음하는 생계비의 지급청구권을 의미한다.

③ 해고예고제도의 적용제외사유 중 하나로 일용근로자로서 3개월을 계속 근무하지 아니한 자를 규정하고 있는「근로기준법」조항은 해당 일용근로자의 근로의 권리를 침해한다.

④ 사용자로 하여금 2년을 초과하여 기간제근로자를 사용할 수 없도록 한「기간제 및 단시간근로자 보호 등에 관한 법률」조항은 해당 기간제근로자의 계약의 자유를 침해하지 않는다.

해설

① × 외국인근로자의 불법체류가 증가하여 이로 인한 사회문제가 심각해지자 이를 방지하기 위한 특단의 조치가 필요하게 되었고, 입법자는 심판대상조항을 신설하여 출국만기보험금의 지급시기를 출국과 연계시키게 되었다. 비록 이 사건 출국만기보험금이 위에서 본 것처럼 근로자의 퇴직 후 생계 보호를 위한 퇴직금의 성격을 가진다고 하더라도 불법체류가 초래하는 여러 가지 문제를 고려할 때 불법체류 방지를 위해 그 지급시기를 출국과 연계시키는 것은 불가피하다. … 이러한 점을 종합하면 심판대상조항이 외국인근로자의 출국만기보험금의 지급시기를 출국 후 14일 이내로 정한 것이 청구인들의 근로의 권리를 침해한다고 볼 수 없다(헌재 2016.3.31. 2014헌마367).

② × 근로의 권리는 사회적 기본권으로서, 국가에 대하여 직접 일자리(직장)를 청구하거나 일자리에 갈음하는 생계비의 지급청구권을 의미하는 것이 아니라, 고용증진을 위한 사회적·경제적 정책을 요구할 수 있는 권리에 그친다. 근로의 권리를 직접적인 일자리 청구권으로 이해하는 것은 사회주의적 통제경제를 배제하고, 사기업 주체의 경제상의 자유를 보장하는 우리 헌법의 경제질서 내지 기본권규정들과 조화될 수 없다(헌재 2002.11.28. 2001헌바50).

③ × 근로제공이 일시적이거나 계약기간이 짧은 경우에는 근로자에게 계속하여 근로를 제공할 수 있다는 기대나 신뢰가 존재한다고 볼 수 없다. 해고예고는 본질상 일정기간 이상을 계속하여 사용자에게 고용되어 근로제공을 하는 것을 전제로 하는데, 일용근로자는 계약한 1일 단위의 근로기간이 종료되면 해고의 절차를 거칠 것도 없이 근로관계가 종료되는 것이 원칙이므로, 그 성질상 해고예고의 예외를 인정한 것에 상당한 이유가 있다. … 따라서 심판대상조항이 청구인의 근로의 권리를 침해한다고 보기 어렵다(헌재 2017.5.25. 2016헌마640).

④ ○ 기간제 근로계약을 제한 없이 허용할 경우, 일반 근로자층은 단기의 근로계약 체결을 강요당하더라도 이를 거부할 수 없을 것이고, 이 경우 불안정 고용은 증가할 것이며, 정규직과의 격차는 심화될 것이므로 이러한 사태를 방지하기 위해서는 기간제근로자 사용기간을 제한하여 무기계약직으로의 전환을 유도할 수밖에 없다. 사용자로 하여금 2년을 초과하여 기간제근로자를 사용할 수 없도록 한 심판대상조항으로 인해 경우에 따라서는 개별 근로자들에게 일시 실업이 발생할 수 있으나, 이는 기간제근로자의 무기계약직 전환 유도와 근로조건 개선을 위해 불가피한 것이고, 심판대상조항이 전반적으로는 고용불안 해소나 근로조건 개선에 긍정적으로 작용하고 있다는 것을 부인할 수 없으므로 기간제근로자의 계약의 자유를 침해한다고 볼 수 없다(헌재 2013.10.24. 2010헌마219 등).

정답 ④

09 근로의 권리에 관한 설명 중 가장 옳은 것은? (다툼이 있는 경우 헌법재판소 결정에 의함)

〈2015 법원직 9급〉

① 근로자가 퇴직급여를 청구할 수 있는 권리는 헌법에서 직접 도출된다.

② 근로자뿐만 아니라, 근로자의 모임인 노동조합도 근로의 권리의 주체가 된다.

③ 근로의 권리는 고용증진을 위한 국가의 정책을 요구할 수 있는 권리이다.

④ 근로자가 최저임금을 청구할 수 있는 권리는 헌법에서 직접 도출된다.

해설

① ×

② × 헌법 제32조 제1항은 "모든 국민은 근로의 권리를 가진다. 국가는 사회적·경제적 방법으로 근로자의 고용의 증진과 적정임금의 보장에 노력하여야 하며, 법률이 정하는 바에 의하여 최저임금제를 시행하여야 한다."라고 규정하고 있다. 이는 국가의 개입·간섭을 받지 않고 자유로이 근로를 할 자유와, 국가에 대하여 근로의 기회를 제공하는 정책을 수립해 줄 것을 요구할 수 있는 권리 등을 기본적인 내용으로 하고 있고, 이 때 근로의 권리는 근로자를 개인의 차원에서 보호하기 위한 권리로서 개인인 근로자가 근로의 권리의 주체가 되는 것이고, 노동조합은 그 주체가 될 수 없는 것으로 이해되고 있다(헌재 2009.2.26. 2007헌바27).

③ ○ 헌법 제32조 제1항이 규정하는 근로의 권리는 사회적 기본권으로서 국가에 대하여 직접 일자리를 청구하거나 일자리에 갈음하는 생계비의 지급청구권을 의미하는 것이 아니라 고용증진을 위한 사회적·경제적 정책을 요구할 수 있는 권리에 그치며, 근로의 권리로부터 국가에 대한 직접적인 직장존속청구권이 도출되는 것도 아니다. 나아가 근로자가 퇴직급여를 청구할 수 있

는 권리도 헌법상 바로 도출되는 것이 아니라 퇴직급여법 등 관련 법률이 구체적으로 정하는 바에 따라 비로소 인정될 수 있는 것이므로 계속근로기간 1년 미만인 근로자가 퇴직급여를 청구할 수 있는 권리가 헌법 제32조 제1항에 의하여 보장된다고 보기는 어렵다(헌재 2011.7.28. 2009헌마408).

④ × 헌법 제32조 제1항 후단은 "국가는 사회적·경제적 방법으로 근로자의 고용의 증진과 적정임금의 보장에 노력하여야 하며, 법률이 정하는 바에 의하여 최저임금제를 시행하여야 한다."라고 규정하고 있어서 근로자가 최저임금을 청구할 수 있는 권리도 헌법상 바로 도출되는 것이 아니라 최저임금법 등 관련 법률이 구체적으로 정하는 바에 따라 비로소 인정될 수 있다(헌재 2012.10.25. 2011헌마307).

정답 ③

10 다음 설명 중 가장 옳지 않은 것은? *〈2021 법원직 9급〉*

① 국가는 균형 있는 국민경제의 성장 및 안정과 적정한 소득의 분배를 유지하고, 시장의 지배와 경제력의 남용을 방지하며, 경제주체간의 조화를 통한 경제의 민주화를 위하여 경제에 관한 규제와 조정을 할 수 있다.

② 입법자는 공무원연금법상 연금수급권의 구체적 내용을 형성함에 있어 반드시 민법상 상속의 법리와 순위에 따라야 하는 것은 아니고, 공무원연금법의 입법목적에 맞도록 독자적으로 규율할 수 있다.

③ 부모의 자녀교육권은 다른 기본권과는 달리, 기본권의 주체인 부모의 자기결정권이라는 의미에서 보장되는 자유가 아니라 자녀의 보호와 인격발현을 위하여 부여되는 기본권이다.

④ 헌법 제32조 제1항이 규정한 근로의 권리는 개인인 근로자 외에 노동조합 또한 그 주체가 된다.

해설

① ○

헌법 제119조 ② 국가는 **균형 있는 국민경제의 성장 및 안정**과 **적정한 소득의 분배**를 유지하고, 시장의 지배와 경제력의 남용을 방지하며, **경제주체간의 조화**를 통한 **경제의 민주화**를 위하여 **경제에 관한 규제와 조정**을 할 수 있다.

② ○ 공무원연금법상의 퇴직급여, 유족급여 등 각종 급여를 받을 권리, 즉 연금수급권에는 사회적 기본권의 하나인 사회보장수급권의 성격과 재산권의 성격이 불가분적으로 혼재되어 있으므로,

입법자로서는 연금수급권의 구체적 내용을 정함에 있어 반드시 **민법상 상속의 법리와 순위**에 따라야 하는 것이 아니라 **공무원연금제도의 목적 달성에 알맞도록 독자적으로 규율**할 수 있고, 여기에 필요한 정책판단·결정에 관하여는 일차적으로 입법자의 재량에 맡겨져 있다(헌재 1999.4.29. 97헌마333).

③ ○ **부모의 자녀교육권**은 다른 기본권과는 달리, 기본권의 주체인 **부모의 자기결정권**이라는 의미에서 보장되는 자유가 아니라, **자녀의 보호와 인격발현을 위하여 부여되는 기본권**이다. 다시 말하면, 부모의 자녀교육권은 자녀의 행복이란 관점에서 보장되는 것이며, 자녀의 행복이 부모의 교육에 있어서 그 방향을 결정하는 지침이 된다(헌재 2009.10.29. 2008헌마635).

④ × 헌법 제32조 제1항이 규정한 **근로의 권리**는 근로자를 개인의 차원에서 보호하기 위한 권리로서 **개인인 근로자가 그 주체**가 되는 것이고 **노동조합은 그 주체가 될 수 없으므로**, 이 사건 법률조항이 노동조합을 비과세 대상으로 규정하지 않았다 하여 헌법 제32조 제1항에 반한다고 볼 여지는 없다(헌재 2009.2.26. 2007헌바27).

정답 ④

11 기본권에 관한 헌법재판소의 입장으로 옳지 않은 것은? (다툼이 있는 경우 헌법재판소 판례에 의함)

〈2022 소방간부〉

① 인격권은 헌법 제10조의 인간의 존엄과 가치로부터 유래한다.

② 헌법에 열거되지 아니한 기본권을 새롭게 인정하려면, 그 필요성이 특별히 인정되고, 그 권리내용이 비교적 명확하여 구체적 기본권으로서의 실체 즉, 권리내용을 규범 상대방에게 요구할 힘이 있고 그 실현이 방해되는 경우 재판에 의하여 그 실현을 보장받을 수 있는 구체적 권리로서의 실질에 부합하여야 한다.

③ '부모의 자녀에 대한 교육권'은 비록 헌법에 명문으로 규정되어 있지는 아니하지만, 이는 모든 인간이 누리는 불가침의 인권으로서 혼인과 가족생활을 보장하는 헌법 제36조 제1항, 행복추구권을 보장하는 헌법 제10조 및 "국민의 자유와 권리는 헌법에 열거되지 아니한 이유로 경시되지 아니한다."고 규정하는 헌법 제37조 제1항에서 나오는 기본권이다.

④ 헌법 제31조 제4항이 보장하는 대학의 자율성이란 대학의 운영에 관한 모든 사항을 외부의 간섭 없이 자율적으로 결정할 수 있는 자유를 말한다.

⑤ 출국만기보험금의 지급시기에 관한 것은 근로조건의 문제이고 생존권적 성격을 가지므로 외국인에게는 기본권 주체성이 인정되지 않는다.

해설

① ○ 헌법 제10조는 모든 기본권 보장의 종국적 목적이자 기본이념이라 할 수 있는 인간의 본질적이고 고유한 가치인 인간의 존엄과 가치로부터 유래하는 인격권을 보장하고 있다(헌재 2018.2.22. 2016헌마780).

② ○ 헌법에 열거되지 아니한 기본권을 새롭게 인정하려면, 그 필요성이 특별히 인정되고, 그 권리내용(보호영역)이 비교적 명확하여 구체적 기본권으로서의 실체 즉, 권리내용을 규범 상대방에게 요구할 힘이 있고 그 실현이 방해되는 경우 재판에 의하여 그 실현을 보장받을 수 있는 구체적 권리로서의 실질에 부합하여야 할 것이다(헌재 2009.5.28. 2007헌마369).

③ ○ '부모의 자녀에 대한 교육권'은 비록 헌법에 명문으로 규정되어 있지는 아니하지만, 이는 모든 인간이 누리는 불가침의 인권으로서 혼인과 가족생활을 보장하는 헌법 제36조 제1항, 행복추구권을 보장하는 헌법 제10조 및 "국민의 자유와 권리는 헌법에 열거되지 아니한 이유로 경시되지 아니한다"고 규정하는 헌법 제37조 제1항에서 나오는 중요한 기본권이다(헌재 2000.4.27. 98헌가16 등).

④ ○ 헌법 제31조 제4항이 보장하는 대학의 자율성이란 대학의 운영에 관한 모든 사항을 외부의 간섭 없이 자율적으로 결정할 수 있는 자유를 말한다. 국립대학인 세무대학은 공법인으로서 사립대학과 마찬가지로 대학의 자율권이라는 기본권의 보호를 받으므로, 세무대학은 국가의 간섭 없이 인사·학사·시설·재정 등 대학과 관련된 사항들을 자주적으로 결정하고 운영할 자유를 갖는다(헌재 2001.2.22. 99헌마613).

⑤ × 헌법상 근로의 권리는 '일할 자리에 관한 권리'만이 아니라 '일할 환경에 관한 권리'도 의미하는데, '일할 환경에 관한 권리'는 인간의 존엄성에 대한 침해를 방어하기 위한 권리로서 외국인에게도 인정되며, 건강한 작업환경, 일에 대한 정당한 보수, 합리적인 근로조건의 보장 등을 요구할 수 있는 권리 등을 포함한다. 여기서의 근로조건은 임금과 그 지불방법, 취업시간과 휴식시간 등 근로계약에 의하여 근로자가 근로를 제공하고 임금을 수령하는 데 관한 조건들이고, 이 사건 출국만기보험금은 퇴직금의 성질을 가지고 있어서 그 지급시기에 관한 것은 근로조건의 문제이므로 외국인인 청구인들에게도 기본권 주체성이 인정된다(헌재 2016.3.31. 2014헌마367).

정답 ⑤

제 5 항 노동3권(근로3권)

01 근로3권에 대한 설명으로 옳지 않은 것은? (다툼이 있는 경우 판례에 의함) *〈2021 국회직 5급〉*

① 노동조합이 노동조합으로서 자주성 등을 갖추고 있는지를 심사하여 이를 갖추지 못한 단체의 설립신고서를 반려하도록 하는 것은 근로자의 단결권을 침해한다고 볼 수 없다.

② 교육공무원이 아닌 대학 교원의 단결권을 인정하지 않는 것은 헌법에 위배되지만, 교육공무원인 대학 교원의 단결권을 인정하지 않는 것은 헌법에 위배되지 않는다.

③ 「국가공무원법」 제66조 제1항이 근로3권이 보장되는 공무원의 범위를 사실상 노무에 종사하는 공무원에 한정한 것이 입법자에게 허용된 입법재량권의 범위를 벗어난 것이라 할 수 없다.

④ 노조전임자에 대한 급여 지원을 금지하는 것은 노조전임자나 노동조합의 단체교섭권 및 단체행동권을 침해하지 않는다.

⑤ 청원경찰에 대하여 직접행동을 수반하지 않는 단결권과 단체교섭권을 인정하더라도 시설의 안전유지에 지장이 된다고 단정할 수 없다.

해설

① ○ 노동조합 설립신고에 대한 심사와 그 신고서 반려는 근로자들이 자주적이고 민주적인 단결권을 행사하도록 하기 위한 것으로서 만약 노동조합의 설립을 단순한 신고나 등록 등으로 족하게 하고, 노동조합에 요구되는 자주성이나 민주성 등의 요건에 대해서는 사후적으로 차단하는 제도만을 두게 된다면, 노동조합법상의 특권을 누릴 수 없는 자들에게까지 특권을 부여하는 결과를 야기하게 될 뿐만 아니라 노동조합의 실체를 갖추지 못한 노동조합들이 난립하는 사태를 방지할 수 없게 되므로 노동조합이 그 설립 당시부터 노동조합으로서 자주성 등을 갖추고 있는지를 심사하여 이를 갖추지 못한 단체의 설립신고서를 반려하도록 하는 것은 과잉금지원칙에 위반되어 근로자의 단결권을 침해한다고 볼 수 없다(헌재 2012.3.29. 2011헌바53).

② × (1) 교원노조를 설립하거나 가입하여 활동할 수 있는 자격을 초·중등교원으로 한정함으로써 교육공무원이 아닌 대학 교원에 대해서는 근로기본권의 핵심인 단결권조차 전면적으로 부정한 측면에 대해서는 그 입법목적의 정당성을 인정하기 어렵고, 수단의 적합성 역시 인정할 수 없다. … 심판대상조항은 과잉금지원칙에 위배된다.

(2) 교육공무원인 대학 교원에 대하여 보더라도, 교육공무원의 직무수행의 특성과 헌법 제33조 제1항 및 제2항의 정신을 종합해 볼 때, 교육공무원에게 근로3권을 일체 허용하지 않고 전면적으로 부정하는 것은 합리성을 상실한 과도한 것으로서 입법형성권의 범위를 벗어나 헌법에 위반된다(헌재 2018.8.30. 2015헌가38).

③ ○ 법 제66조 제1항은 근로3권이 보장되는 공무원의 범위를 사실상 노무에 종사하는 공무원에 한정하고 있으나, 이는 헌법 제33조 제2항에 근거한 것이고, 전체국민의 공공복리와 사실상 노무에 공무원의 직무의 내용, 노동조건 등을 고려해 보았을 때 입법자에게 허용된 입법재량권의 범위를 벗어난 것이라 할 수 없다(헌재 2007.8.30. 2003헌바51).

④ ○ 이 사건 노조법 조항들은 노조전임자에 대한 비용을 원칙적으로 노동조합 스스로 부담하도록 함으로써 노동조합의 자주성 및 독립성 확보에 기여하는 한편, 사업장 내에서의 노동조합 활동을 일정 수준 계속 보호·지원하기 위한 것이다. … 따라서 이 사건 노조법 조항들이 과잉금지원칙에 위반되어 노사자치의 원칙 또는 청구인들의 단체교섭권 및 단체행동권을 침해한다고 볼 수 없다(헌재 2014.5.29. 2010헌마606).

⑤ ○ 청원경찰에 대하여 직접행동을 수반하지 않는 단결권과 단체교섭권을 인정하더라도 시설의 안전 유지에 지장이 된다고 단정할 수 없다. 헌법은 주요방위산업체 근로자들의 경우에도 단체행동권만을 제한하고 있고, 경비업법은 무기를 휴대하고 국가중요시설의 경비 업무를 수행하는 특수경비원의 경우에도 쟁의행위를 금지할 뿐이다(헌재 2017.9.28. 2015헌마653).

정답 ②

02 근로3권에 대한 설명으로 옳지 않은 것은? (다툼이 있는 경우 헌법재판소 판례에 의함)

〈2018 국회직 8급〉

① 노동조합으로 하여금 행정관청이 요구하는 경우 결산결과와 운영상황을 보고하도록 하고 그 위반 시 과태료에 처하도록 하는 것은 노동조합의 단결권을 침해하는 것이 아니다.

② 근로자에게 보장된 단결권의 내용에는 단결할 자유뿐만 아니라 노동조합을 결성하지 아니할 자유나 노동조합에 가입을 강제당하지 아니할 자유, 그리고 가입한 노동조합을 탈퇴할 자유도 포함된다.

③ 국가 비상사태 하에서라도 단체교섭권·단체행동권이 제한되는 근로자의 범위를 구체적으로 제한함이 없이 그 허용 여부를 주무관청의 조정결정에 포괄적으로 위임하고 이에 위반할 경우 형사처벌하도록 규정하는 것은 근로3권의 본질적인 내용을 침해하는 것이다.

④ 「노동조합 및 노동관계조정법」상의 근로자성이 인정되는 한, 출입국관리 법령에 의하여 취업 활동을 할 수 있는 체류자격을 얻지 아니한 외국인 근로자도 노동조합의 결성 및 가입이 허용되는 근로자에 해당된다.

⑤ 하나의 사업 또는 사업장에 두 개 이상의 노동조합이 있는 경우 단체교섭에 있어 그 창구를 단일화하도록 하고 교섭대표가 된 노동조합에게만 단체교섭권을 부여한 교섭창구단일화제도는 교섭대표노동조합이 되지 못한 노동조합의 단체교섭권을 침해하는 것이 아니다.

해설

① ○ 노동조합의 재정 집행과 운영에서의 적법성, 민주성 등을 확보하기 위해서는 조합자치 또는 규약자치에만 의존할 수는 없고 행정관청의 감독이 보충적으로 요구되는바, 이 사건 법률조항은 노동조합의 재정 집행과 운영의 적법성, 투명성, 공정성, 민주성 등을 보장하기 위한 것으로서 정당한 입법목적을 달성하기 위한 적절한 수단이다. … 따라서 이 사건 법률조항은 과잉금지원칙을 위반하여 노동조합의 단결권을 침해하지 아니한다(헌재 2013.7.25. 2012헌바116).

② × 근로자가 노동조합을 결성하지 아니할 자유나 노동조합에 가입을 강제당하지 아니할 자유, 그리고 가입한 노동조합을 탈퇴할 자유는 근로자에게 보장된 단결권의 내용에 포섭되는 권리로서가 아니라 헌법 제10조의 행복추구권에서 파생되는 일반적 행동의 자유 또는 제21조 제1항의 결사의 자유에서 그 근거를 찾을 수 있다(헌재 2005.11.24. 2002헌바95 등).

③ ○ 심판대상조항은 단체교섭권·단체행동권이 제한되는 근로자의 범위를 구체적으로 제한함이 없이, 단체교섭권·단체행동권의 행사요건 및 한계 등에 관한 기본적 사항조차 법률에서 정하지 아니한 채, 그 허용 여부를 주무관청의 조정결정에 포괄적으로 위임하고 이에 위반할 경우 형사처벌하도록 하고 있는바, 이는 모든 근로자의 단체교섭권·단체행동권을 사실상 전면적으로 부정하는 것으로서 헌법에 규정된 근로3권의 본질적 내용을 침해하는 것이다(헌재 2015.3.26. 2014헌가5).

④ ○ 타인과의 사용종속관계하에서 근로를 제공하고 그 대가로 임금 등을 받아 생활하는 사람은 노동조합법상 근로자에 해당하고, 「노동조합법」상의 근로자성이 인정되는 한, 그러한 근로자가 외국인인지 여부나 취업자격의 유무에 따라 「노동조합법」상 근로자의 범위에 포함되지 아니한다고 볼 수는 없다(대판 2015. 6.25. 2007두4995).

⑤ ○ 「노동조합 및 노동관계조정법」상의 교섭창구단일화제도는 근로조건의 결정권이 있는 사업 또는 사업장 단위에서 복수 노동조합과 사용자 사이의 교섭절차를 일원화하여 효율적이고 안정적인 교섭체계를 구축하고, 소속 노동조합과 관계없이 조합원들의 근로조건을 통일하기 위한 것으로, 교섭대표노동조합이 되지 못한 소수 노동조합의 단체교섭권을 제한하고 있지만, 소수 노동조합도 교섭대표노동조합을 정하는 절차에 참여하게 하여 교섭대표노동조합이 사용자와 대등한 입장에 설 수 있는 기반이 되도록 하고 있으며, 그러한 실질적 대등성의 토대 위에서 이뤄낸 결과를 함께 향유하는 주체가 될 수 있도록 하고 있으므로 노사대등의 원리 하에 적정한 근로조건의 구현이라는 단체교섭권의 실질적인 보장을 위한 불가피한 제도라고 볼 수 있다. … 따라서 위 「노동조합 및 노동관계조정법」 조항들이 과잉금지원칙을 위반하여 청구인들의 단체교섭권을 침해한다고 볼 수 없다(헌재 2012.4.24. 2011헌마338).

정답 ②

03 근로3권에 관한 다음 설명 중 가장 옳지 않은 것은? *〈2021 법원직 9급〉*

① 근로자는 근로조건의 향상을 위하여 자주적인 단결권·단체교섭권 및 단체행동권을 가진다.

② 공무원인 근로자는 법률이 정하는 자에 한하여 단결권·단체교섭권 및 단체행동권을 가진다.

③ 법률이 정하는 주요방위산업체에 종사하는 근로자의 단체행동권은 법률이 정하는 바에 의하여 이를 제한하거나 인정하지 아니할 수 있다.

④ 노동조합에는 헌법 제21조 제2항의 결사에 대한 허가제금지원칙이 적용되지 않는다.

해설

① ○

> **헌법 제33조** ① **근로자**는 **근로조건의 향상**을 위하여 **자주적인 단결권·단체교섭권 및 단체행동권**을 가진다.

② ○

> **헌법 제33조** ② **공무원인 근로자**는 **법률이 정하는 자에 한하여** 단결권·단체교섭권 및 단체행동권을 가진다.

③ ○

> **헌법 제33조** ③ 법률이 정하는 **주요방위산업체**에 종사하는 근로자의 **단체행동권**은 법률이 정하는 바에 의하여 이를 제한하거나 인정하지 아니할 수 있다.

④ × 근로자의 단결권이 근로자 단결체로서 사용자와의 관계에서 특별한 보호를 받아야 할 경우에는 헌법 제33조가 우선적으로 적용되지만, 그렇지 않은 통상의 결사 일반에 대한 문제일 경우에는 헌법 제21조 제2항이 적용되므로 **노동조합**에도 헌법 제21조 제2항의 결사에 대한 **허가제금지원칙이 적용**된다(헌재 2012.3.29. 2011헌바53).

정답 ④

04 근로3권에 대한 설명으로 옳지 않은 것은? (단, 다툼이 있는 경우 판례에 의함) 〈2019 국회직 9급〉

① 근로3권을 향유하는 근로자는 노동을 제공하고 그 대가를 받는 자이면 족하므로 육체적·정신적 노동자를 포괄한다.

② 근로3권은 자유권적 성격과 사회권적 성격을 함께 갖고 있으며, 근로3권이 자유권적 성격을 가진다는 것은 국가가 근로자의 단결권을 존중하고 부당하게 침해해서는 안 된다는 것을 의미한다.

③ 사용자의 성실교섭의무 위반에 대한 형사처벌은 계약의 자유와 기업의 자유를 침해하여 위헌이다.

④ 교원노조를 설립하거나 가입하여 활동할 수 있는 자격을 초·중등 교원으로 한정함으로써 교육공무원이 아닌 대학 교원에 대해서 근로기본권의 핵심인 단결권조차 전면적으로 부정한 법률조항은 그 입법목적의 정당성을 인정하기 어렵고, 수단의 적합성 역시 인정할 수 없다.

⑤ 국가의 행정관청이 사법상 근로계약을 체결한 경우 국가는 사업주로서 단체교섭의 당사자의 지위에 있는 사용자에 해당한다.

해설

① ○ 근로3권을 향유하는 자는 근로자이다. 근로자라 함은 직업의 종류를 불문하고 임금·급료 기타 이에 준하는 수입에 의하여 생활하는 자를 말한다. … 노동을 제공하고 그 대가를 받는 자이면 육체적·정신적 노동자를 포괄한다.

② ○ 헌법 제33조 제1항은 "근로자는 근로조건의 향상을 위하여 자주적인 단결권·단체교섭권 및 단체행동권을 가진다."고 하여 근로3권을 보장한다. 근로3권은 사회적 보호기능을 담당하는 자유권 또는 사회권적 성격을 띤 자유권이라고 할 수 있다. 자유권적 성격과 사회권적 성격을 함께 갖는 근로3권은, 국가가 근로자의 단결권을 존중하고 부당한 침해를 하지 아니함으로써 보장되는 자유권적 측면인 국가로부터의 자유뿐만 아니라, 근로자의 권리행사의 실질적 조건을 형성하고 유지해야 할 국가의 적극적인 활동을 필요로 한다(헌재 2017.9.28. 2015헌마653).

③ × 이 사건 법률 조항은 헌법상 보장된 단체교섭권을 실효성 있게 하기 위한 것으로서 정당한 입법목적을 가지고 있다. 입법자는 이 사건 조항으로써 사용자에게 성실한 태도로 단체교섭 및 단체협약체결에 임하도록 하는 수단을 택한 것인데, 이는 위와 같은 입법목적의 달성에 적합한 것이다. … 따라서 이 사건 조항이 비례의 원칙에 위배하여 청구인의 계약의 자유, 기업활동의 자유, 집회의 자유를 침해한 것이라 볼 수 없다(헌재 2002.12.18. 2002헌바12).

④ ○ 심판대상조항으로 인하여 교육공무원 아닌 대학 교원들이 향유하지 못하는 단결권은 헌법이 보장하고 있는 근로3권의 핵심적이고 본질적인 권리이다. 심판대상조항의 입법목적이 재직 중인 초·중등교원에 대하여 교원노조를 인정해 줌으로써 교원노조의 자주성과 주체성을 확보한다는 측면에서는 그 정당성을 인정할 수 있을 것이나, 교원노조를 설립하거나 가입하여

활동할 수 있는 자격을 초·중등교원으로 한정함으로써 교육공무원이 아닌 대학 교원에 대해서는 근로기본권의 핵심인 단결권조차 전면적으로 부정한 측면에 대해서는 그 입법목적의 정당성을 인정하기 어렵고, 수단의 적합성 역시 인정할 수 없다. … 최근 들어 대학 사회가 다층적으로 변화하면서 대학 교원의 사회·경제적 지위의 향상을 위한 요구가 높아지고 있는 상황에서 단결권을 행사하지 못한 채 개별적으로만 근로조건의 향상 도모해야 하는 불이익은 중대한 것이므로, 심판대상조항은 과잉금지원칙에 위배된다(헌재 2018.8.30. 2015헌가38).

⑤ ○ 국가의 행정관청이 사법상 근로계약을 체결한 경우 그 근로계약관계의 권리·의무는 행정주체인 국가에 귀속되므로, 국가는 그러한 근로계약관계에 있어서 「노동조합 및 노동관계조정법」 제2조 제2호에 정한 사업주로서 단체교섭의 당사자의 지위에 있는 사용자에 해당한다(대판 2008.9.11. 2006다40935).

정답 ③

05 공무원의 근로3권에 대한 설명으로 옳지 않은 것은? (다툼이 있는 경우 판례에 의함)

〈2020 국회직 9급〉

① 국가공무원 중 사실상 노무에 종사하는 공무원은 노동운동을 할 수 있다.

② 5급 공채 이상 공무원의 노동조합가입을 금지하고 6급 이하의 공무원 중에서도 인사·보수 등 행정기관의 입장에 서는 자 등의 노동조합가입을 금지하는 것은 공무원들의 단결권을 침해하지 않는다.

③ 공무원노동조합은 정책결정에 관한 사항이나 임용권의 행사 등 근무조건과 직접 관련이 없는 사항에 대해서는 정부 측 교섭대표 및 지방자치단체의 장과 교섭하고 단체협약을 체결한다.

④ 공무원노동조합이 체결하는 단체협약의 내용 중 법령·조례 또는 예산에 의해 규정되는 것은 단체협약으로서의 효력이 인정되지 않는다.

⑤ 공무원에게 금지되는 집단행위란 공무 이외의 일을 위한 집단행위 중 공익에 반하는 행위를 말한다.

해설

① ○ 「국가공무원법」 제66조 제1항은 근로3권이 보장되는 공무원의 범위를 사실상 노무에 종사하는 공무원에 한정하고 있으나, 이는 헌법 제33조 제2항에 근거한 것이고, 전체국민의 공공복리와 사실상 노무에 공무원의 직무의 내용, 노동조건 등을 고려해 보았을 때 입법자에게 허용된 입법재량권의 범위를 벗어난 것이라 할 수 없다(헌재 2007.8.30. 2003헌바51).

② ○ 공무원의 업무수행 현실을 보면, 제반 주요정책을 결정하고 그 소속 하위직급자들을 지휘·명령하여 분장사무를 처리하는 역할은 통상 5급 공채 이상의 공무원에게 부여되는 것이 일반적이고, 6급 이하의 공무원들 중에서도 '지휘·감독권 행사자', '업무 총괄자', '인사·보수 등 행정기관의 입장에 서는 자', '노동관계의 조정·감독 등 업무 종사자'는 '항상 사용자의 이익을 대표하는 자'의 입장에 있거나 그 업무의 공공성·공익성이 크며, 이들이 노조에 가입할 경우 예상되는 노조 운영 등에의 지배·개입 등 노조의 자주성을 훼손하는 것을 방지하고, 노사 대항적 관계의 단체교섭에 있어서 노사 간 힘의 균형을 확보해 줌으로써 집단적 노사자치를 실현한다는 집단적 노사관계법의 기본적인 법 원리에 따라 이들 공무원을 노조가입대상에서 제외한 것으로 보인다. … 그러므로 위 법률조항은 헌법 제33조 제2항이 공무원 신분의 특수성과 수행하는 업무의 공공성을 고려하여 단결권 및 단체교섭권의 향유주체가 될 수 있는 공무원의 범위를 정하도록 하기 위하여 입법자에게 부여하고 있는 형성적 재량권의 범위를 일탈한 것으로 볼 수 없고, 따라서 헌법에 위반되는 것이라고 할 수 없다(헌재 2008.12.26. 2005헌마971 등).

공무원의 노동조합 설립 및 운영 등에 관한 법률 제6조 (가입 범위) ① 노동조합에 가입할 수 있는 공무원의 범위는 다음 각 호와 같다.

1. 6급 이하의 일반직공무원 및 이에 상당하는 일반직공무원

② 제1항에도 불구하고 다음 각 호의 어느 하나에 해당하는 공무원은 노동조합에 가입할 수 없다.

2. 인사·보수에 관한 업무를 수행하는 공무원 등 노동조합과의 관계에서 행정기관의 입장에서 업무를 수행하는 공무원

③ × 근무조건과 '직접' 관련되지 않는 국가 또는 지방자치단체의 정책결정이나 임용권의 행사와 같은 기관의 관리·운영에 관한 사항 등 행정기관이 전권을 가지고 자신의 권한과 책임 하에 집행해야 할 사항을 교섭대상에서 배제하고 있는 「공무원노조법」 조항은 공무원노조의 단체교섭권에 대한 과도한 제한이라고 보기 어렵다(헌재 2013.6.27. 2012헌바16).

공무원의 노동조합 설립 및 운영 등에 관한 법률 제8조 (교섭 및 체결 권한 등) ① 노동조합의 대표자는 그 노동조합에 관한 사항 또는 조합원의 보수·복지, 그 밖의 근무조건에 관하여 국회사무총장·법원행정처장 헌법재판소사무처장·중앙선거관리위원회사무총장·인사혁신처장(행정부를 대표한다)·특별시장·광역시장·특별자치시장·도지사·특별자치도지사·시장·군수·구청장(자치구의 구청장을 말한다) 또는 특별시·광역시·특별자치시·도·특별자치도의 교육감 중 어느 하나에 해당하는 사람(이하 "정부교섭대표"라 한다)과 각각 교섭하고 단체협약을 체결할 권한을 가진다. 다만, 법령 등에 따라 국가나 지방자치단체가 그 권한으로 행하는 정책결정에 관한 사항, 임용권의 행사 등 그 기관의 관리·운영에 관한 사항으로서 근무조건과 직접 관련되지 아니하는 사항은 교섭의 대상이 될 수 없다.

④ ○

공무원의 노동조합 설립 및 운영 등에 관한 법률 제10조 (단체협약의 효력) ① 제9조에 따라 체결된 단체협약의 내용 중 법령·조례 또는 예산에 의하여 규정되는 내용과 법령 또는 조례에 의하여 위임을 받아 규정되는 내용은 단체협약으로서의 효력을 가지지 아니한다.

⑤ ○ 국가공무원법이 위와 같이 '공무 외의 일을 위한 집단행위'라고 다소 포괄적이고 광범위하게 규정하고 있다 하더라도, 이는 공무가 아닌 어떤 일을 위하여 공무원들이 하는 모든 집단행위를 의미하는 것이 아니라, 언론·출판·집회·결사의 자유를 보장하고 있는 헌법 제21조 제1항, 공무원에게 요구되는 헌법상의 의무 및 이를 구체화한 국가공무원법의 취지, 국가공무원법상의 성실의무 및 직무전념의무 등을 종합적으로 고려하여 '공익에 반하는 목적을 위한 행위로서 직무전념의무를 해태하는 등의 영향을 가져오는 집단적 행위'라고 해석된다(대판 2017.4.13. 2014두8469).

정답 ③

06 근로3권에 대한 설명으로 옳지 않은 것은? (다툼이 있는 경우 헌법재판소 결정에 의함)

〈2017 국가직 5급〉

① 노동조합을 설립할 때에 행정관청에 설립신고서를 제출하도록 하고 그 요건을 충족하지 못하는 경우 설립신고서를 반려하도록 규정하고 있는 노동조합법 규정은 노동조합법상 요구되는 요건만 충족하면 노동조합의 설립이 자유롭다는 점에서 헌법에서 금지하는 결사에 대한 허가제에 해당하지 않는다.

② 근로자가 노동조합을 결성하지 아니할 자유나 노동조합에 가입을 강제당하지 아니할 자유는 단결권의 내용에 포섭되는 것이 아니라, 일반적 행동자유권 또는 결사의 자유에서 그 근거를 찾을 수 있다.

③ 「교원의 노동조합 설립 및 운영 등에 관한 법률」의 적용을 받는 교원의 범위를 초·중등학교에 재직 중인 교원으로 한정하고 있는 것은 전국교직원노동조합 및 해직 교원들의 단결권을 침해하지 아니한다.

④ 노동조합이 당해 사업장에 종사하는 근로자의 3분의 2 이상을 대표하고 있을 때에는 근로자가 그 노동조합의 조합원이 될 것을 고용조건으로 하는 단체협약의 체결을 부당노동행위의 예외로 하는 법률규정은, 노동조합의 적극적 단결권이 근로자 개인의 단결하지 않을 자유보다 중시된다고 할 수 없고 노동조합에게 위와 같은 조직강제권을 부여하는 것은 근로자의 단결하지 아니할 자유의 본질적인 내용을 침해하는 것이므로 근로자의 단결권을 보장한 헌법에 위반된다.

해설

① ○ 이 사건 법률조항은 노동조합 설립에 있어 노동조합법상의 요건 충족여부를 사전에 심사하도록 하는 구조를 취하고 있으나, 이 경우 노동조합법상 요구되는 요건만 충족되면 그 설립이 자유롭다는 점에서 일반적인금지를 특정한 경우에 해제하는 허가와는 개념적으로 구분되고, … 이 사건 법률조항의 노동조합 설립신고서 반려제도가 헌법 제21조 제2항 후단에서 금지하는 결사에 대한 허가제라고 볼 수 없다(헌재 2012.3.29. 2011헌바53).

② ○ 근로자가 노동조합을 결성하지 아니할 자유나 노동조합에 가입을 강제당하지 아니할 자유, 그리고 가입한 노동조합을 탈퇴할 자유는 근로자에게 보장된 단결권의 내용에 포섭되는 권리로서가 아니라 헌법 제10조의 행복추구권에서 파생되는 일반적 행동의 자유 또는 제21조 제1항의 결사의 자유에서 그 근거를 찾을 수 있다(헌재 2005.11.24. 2002헌바95 등).

③ ○ 이 사건 법률조항은 대내외적으로 교원노조의 자주성과 주체성을 확보하여 교원의 실질적 근로조건 향상에 기여한다는 데 그 입법목적이 있는 것으로 그 목적이 정당하고, 교원노조의 조합원을 재직 중인 교원으로 한정하는 것은 이와 같은 목적을 달성하기 위한 적절한 수단이라 할 수 있다. … 이 사건 법률조항은 청구인들의 단결권을 침해하지 아니한다(헌재 2015.5.28. 2013헌마671 등).

④ × 이 경우 근로자의 단결하지 아니할 자유와 노동조합의 적극적 단결권(조직강제권)이 충돌하게 되나, 근로자에게 보장되는 적극적 단결권이 단결하지 아니할 자유보다 특별한 의미를 갖고 있고, 노동조합의 조직강제권도 이른바 자유권을 수정하는 의미의 생존권(사회권)적 성격을 함께 가지는 만큼 근로자 개인의 자유권에 비하여 보다 특별한 가치로 보장되는 점 등을 고려하면, 노동조합의 적극적 단결권은 근로자 개인의 단결하지 않을 자유보다 중시된다고 할 것이고, 또 노동조합에게 위와 같은 조직강제권을 부여한다고 하여 이를 근로자의 단결하지 아니할 자유의 본질적인 내용을 침해하는 것으로 단정할 수는 없다(헌재 2005.11.24. 2002헌바95 등).

정답 ④

07 근로3권에 대한 설명으로 옳지 않은 것은? (다툼이 있는 경우 판례에 의함) 〈2019 지방직 7급〉

① 교섭창구단일화제도는 노동조합의 교섭력을 담보하여 교섭의 효율성을 높이고 통일적인 근로조건을 형성하기 위한 불가피한 제도라는 점에서 노동조합의 조합원들이 향유할 단체교섭권을 침해한다고 볼 수 없다.

② 단결권은 '사회적 보호기능을 담당하는 자유권' 또는 '사회권적 성격을 띤 자유권'으로서의 성격을 가지고 있다.

③ 청원경찰의 복무에 관하여 「국가공무원법」 제66조 제1항을 준용함으로써 노동운동을 금지하는 「청원경찰법」 제5조 제4항 중 「국가공무원법」 제66조 제1항 가운데 '노동운동' 부분을 준용하는 부분은 국가기관이나 지방자치단체 이외의 곳에서 근무하는 청원경찰의 근로3권을 침해한다.

④ 「교원의 노동조합 설립 및 운영 등에 관한 법률」에 의하면 사립학교 교원은 단결권과 단체교섭권이 인정되고 단체행동권이 금지되지만, 국·공립학교 교원은 근로3권이 모두 부인된다.

해설

① ○ 「노동조합 및 노동관계조정법」상의 교섭창구단일화제도는 근로조건의 결정권이 있는 사업 또는 사업장 단위에서 복수 노동조합과 사용자 사이의 교섭절차를 일원화하여 효율적이고 안정적인 교섭체계를 구축하고, 소속 노동조합과 관계없이 조합원들의 근로조건을 통일하기 위한 것으로, 교섭대표노동조합이 되지 못한 소수 노동조합의 단체교섭권을 제한하고 있지만, 소수 노동조합도 교섭대표노동조합을 정하는 절차에 참여하게 하여 교섭대표노동조합이 사용자와 대등한 입장에 설 수 있는 기반이 되도록 하고 있으며, 그러한 실질적 대등성의 토대 위에서 이뤄낸 결과를 함께 향유하는 주체가 될 수 있도록 하고 있으므로 노사대등의 원리 하에 적정한 근로조건의 구현이라는 단체교섭권의 실질적인 보장을 위한 불가피한 제도라고 볼 수 있다. … 따라서 위 「노동조합 및 노동관계조정법」 조항들이 과잉금지원칙을 위반하여 청구인들의 단체교섭권을 침해한다고 볼 수 없다(헌재 2012.4.24. 2011헌마338).

② ○ 근로자는 노동조합과 같은 근로자단체의 결성을 통하여 집단으로 사용자에 대항함으로써 사용자와 대등한 세력을 이루어 근로조건의 형성에 영향을 미칠 수 있는 기회를 갖게 된다는 의미에서 단결권은 '사회적 보호기능을 담당하는 자유권' 또는 '사회권적 성격을 띤 자유권'으로서의 성격을 가지고 있고 일반적인 시민적 자유권과는 질적으로 다른 권리로서 설정되어 헌법상 그 자체로서 이미 결사의 자유에 대한 특별법적인 지위를 승인받고 있다(헌재 2005.11.24. 2002헌바95 등).

③ ○ 청원경찰은 일반근로자일 뿐 공무원이 아니므로 원칙적으로 헌법 제33조 제1항에 따라 근로3권이 보장되어야 한다. 청원경찰은 제한된 구역의 경비를 목적으로 필요한 범위에서 경찰관

의 직무를 수행할 뿐이며, 그 신분보장은 공무원에 비해 취약하다. 또한 국가기관이나 지방자치단체 이외의 곳에서 근무하는 청원경찰은 근로조건에 관하여 공무원뿐만 아니라 국가기관이나 지방자치단체에 근무하는 청원경찰에 비해서도 낮은 수준의 법적 보장을 받고 있으므로, 이들에 대해서는 근로3권이 허용되어야 할 필요성이 크다. … 그럼에도 심판대상조항은 군인이나 경찰과 마찬가지로 모든 청원경찰의 근로3권을 획일적으로 제한하고 있다. 이상을 종합하여보면, 심판대상조항이 모든 청원경찰의 근로3권을 전면적으로 제한하는 것은 과잉금지원칙을 위반하여 청구인들의 근로3권을 침해하는 것이다(헌재 2017.9.28. 2015헌마653).

④ ×

교원의 노동조합 설립 및 운영 등에 관한 법률 제2조 (정의) 이 법에서 "교원"이란「초·중등교육법」제19조 제1항에서 규정하고 있는 교원을 말한다. 다만, 해고된 사람으로서「노동조합 및 노동관계조정법」제82조 제1항에 따라 노동위원회에 부당노동행위의 구제신청을 한 사람은「노동위원회법」제2조에 따른 중앙노동위원회(이하 "중앙노동위원회"라 한다)의 재판정이 있을 때까지 교원으로 본다.

→ *교원노조법상 국·공립학교 교원도 사립학교 교원과 마찬가지로 교원에 포함되므로 (근로3권이 모두 부인되는 것이 아니라) 단결권과 단체교섭권은 인정되고 단체행동권만이 금지된다.*

정답 ④

08 근로3권에 관한 설명 중 가장 적절하지 않은 것은? (다툼이 있는 경우 판례에 의함) 〈2016 경정승진〉

① 헌법은 근로자의 단결권·단체교섭권·단체행동권을 보장하고 있다.

② 국가의 행정관청이 사법상 근로계약을 체결한 경우 국가는 그러한 근로계약관계에 있어서 사업주로서 단체교섭의 당사자의 지위에 있는 사용자에 해당한다.

③ 헌법재판소는 단결권·단체교섭권·단체행동권의 자유권적 성격을 강조하여 법적 성격을 근로3권은 '사회적 보호기능을 담당하는 자유' 또는 '사회권적 성격을 띤 자유권'이라고 밝힌 바 있다.

④ 헌법재판소는 소극적 단결권은 헌법 제33조 제1항의 단결권에 포함된다고 보고 있다.

해설

① ○

헌법 제33조 ① 근로자는 근로조건의 향상을 위하여 자주적인 단결권·단체교섭권 및 단체행동권을 가진다.

② ○ 국가의 행정관청이 사법상 근로계약을 체결한 경우 그 근로계약관계의 권리·의무는 행정주체인 국가에 귀속되므로, 국가는 그러한 근로계약관계에 있어서 「노동조합 및 노동관계조정법」 제2조 제2호에 정한 사업주로서 단체교섭의 당사자의 지위에 있는 사용자에 해당한다(대판 2008.9.11. 2006다40935).

③ ○ 근로3권은 국가공권력에 대하여 근로자의 단결권의 방어를 일차적인 목표로 하지만, 근로3권의 보다 큰 헌법적 의미는 근로자단체라는 사회적 반대세력의 창출을 가능하게 힘으로써 노사관계의 형성에 있어서 사회적 균형을 이루어 근로조건에 관한 노사간의 실질적인 자치를 보장하려는 데 있다. 근로자는 노동조합과 같은 근로자단체의 결성을 통하여 집단으로 사용자에 대항함으로써 사용자와 대등한 세력을 이루어 근로조건의 형성에 영향을 미칠 수 있는 기회를 가지게 되므로 이러한 의미에서 근로3권은 '사회적 보호기능을 담당하는 자유권' 또는 '사회권적 성격을 띤 자유권'이라고 말할 수 있다(헌재 1998.2.27. 94헌바13 등).

④ × 헌법 제33조 제1항은 "근로자는 근로조건의 향상을 위하여 자주적인 단결권·단체교섭권 및 단체행동권을 가진다."고 규정하고 있다. 여기서 헌법상 보장된 근로자의 단결권은 단결할 자유만을 가리킬 뿐이고, 단결하지 아니할 자유 이른바 소극적 단결권은 이에 포함되지 않는다고 보는 것이 우리 재판소의 선례라고 할 것이다(헌재 2005.11.24. 2002헌바95 등).

정답 ④

09 **근로의 권리와 근로3권에 대한 설명으로 가장 적절하지 않은 것은? (다툼이 있는 경우 판례에 의함)**

〈2021 경정승진〉

① 근로자가 최저임금을 청구할 수 있는 권리는 헌법상 바로 도출되는 것이 아니라 「최저임금법」 등 관련 법률이 구체적으로 정하는 바에 따라 비로소 인정될 수 있다.

② 헌법 제32조 제1항이 규정한 근로의 권리는 개인 근로자뿐만 아니라 노동조합도 그 주체가 될 수 있다.

③ 헌법 제33조 제1항의 단결권에는 개별 근로자가 노동조합 등 근로자단체를 조직하거나 그에 가입하여 활동할 수 있는 개별적 단결권뿐만 아니라 근로자단체가 존립하고 활동할 수 있는 집단적 단결권도 포함된다.

④ 근로의 권리로부터 국가에 대한 직접적인 직장존속청구권이 도출되는 것은 아니다.

해설

① ○ 헌법 제32조 제1항 후단은 "국가는 사회적·경제적 방법으로 근로자의 고용의 증진과 적정임금의 보장에 노력하여야 하며, 법률이 정하는 바에 의하여 최저임금제를 시행하여야 한다."라고 규정하고 있어서 근로자가 최저임금을 청구할 수 있는 권리도 헌법상 바로 도출되는 것이 아니라 **최저임금법 등 관련 법률이 구체적으로 정하는 바에 따라 비로소 인정**될 수 있다(헌재 2012.10.25. 2011헌마307).

② × 이는 국가의 개입·간섭을 받지 않고 자유로이 근로를 할 자유와, 국가에 대하여 근로의 기회를 제공하는 정책을 수립해 줄 것을 요구할 수 있는 권리 등을 기본적인 내용으로 하고 있고, 이 때 **근로의 권리**는 근로자를 개인의 차원에서 보호하기 위한 권리로서 개인인 근로자가 근로의 권리의 주체가 되는 것이고, **노동조합은 그 주체가 될 수 없는 것**으로 이해되고 있다(헌재 2009.2.26. 2007헌바27).

③ ○ 근로3권 중 **단결권**에는 개별 근로자가 노동조합 등 근로자단체를 조직하거나 그에 가입하여 활동할 수 있는 개별적 단결권뿐만 아니라 **근로자단체가 존립하고 활동할 수 있는 집단적 단결권도 포함**된다(헌재 2015.5.28. 2013헌마671).

④ ○ 근로의 권리는 사회적 기본권으로서 국가에 대하여 직접 일자리를 청구하거나 일자리에 갈음하는 생계비의 지급청구권을 의미하는 것이 아니라 고용증진을 위한 사회적·경제적 정책을 요구할 수 있는 권리에 그치며, **근로의 권리**로부터 국가에 대한 직접적인 **직장존속청구권이 도출되는 것도 아니다**(헌재 2011.7.28. 2009헌마408).

정답 ②

10 근로의 권리 및 근로3권에 대한 설명으로 옳지 않은 것은? (다툼이 있는 경우 판례에 의함)

〈2019 국회직 5급〉

① 근로의 권리는 개인 근로자가 주체이며, 노동조합은 그 주체가 될 수 없다.

② 교육공무원에게 근로3권을 일체 허용하지 않고 전면적으로 부정하는 것은 입법형성권의 범위를 벗어난다.

③ 법률이 정하는 주요방위산업체에 종사하는 근로자의 단체행동권은 법률로 제한할 수 있다.

④ 노동조합이 비과세 혜택을 받을 권리는 헌법 제33조 제1항이 당연히 예상한 권리에 포함된다고 보기 어렵고, 위 헌법조항으로부터 그러한 권리가 파생된다거나 이에 상응하는 국가의 조세법규범 정비의무가 발생한다고 보기도 어렵다.

⑤ '65세 이후 고용된 자'에게 실업급여에 관한 「고용보험법」의 적용을 배제하는 것은 근로의 의사와 능력의 존부에 대한 합리적인 판단을 결여한 것이다.

해설

① ○ 법 제32조 제1항이 규정한 근로의 권리는 근로자를 개인의 차원에서 보호하기 위한 권리로서 개인인 근로자가 그 주체가 되는 것이고 노동조합은 그 주체가 될 수 없으므로, 이 사건 법률조항이 노동조합을 비과세 대상으로 규정하지 않았다 하여 헌법 제32조 제1항에 반한다고 볼 여지는 없다(헌재 2009.2. 26. 2007헌바27).

② ○ 교육공무원인 대학 교원에 대하여 보더라도, 교육공무원의 직무수행의 특성과 헌법 제33조 제1항 및 제2항의 정신을 종합해 볼 때, 교육공무원에게 근로3권을 일체 허용하지 않고 전면적으로 부정하는 것은 합리성을 상실한 과도한 것으로서 입법형성권의 범위를 벗어나 헌법에 위반된다(헌재 2018.8.30. 2015헌가38).

③ ○

> **헌법 제33조** ③ 법률이 정하는 주요방위산업체에 종사하는 근로자의 단체행동권은 법률이 정하는 바에 의하여 이를 제한하거나 인정하지 아니할 수 있다.

④ ○ 청구인이 주장하는 것과 같은 노동조합이 비과세 혜택을 받을 권리는 노사간의 세력 균형을 이루게 하고 근로3권이 실질적으로 기능하게 하기 위하여 헌법 제33조 제1항이 당연히 예상한 권리의 내용에 포함된다고 보기 어렵고, 또 근로3권을 규정한 헌법 제33조 제1항으로부터 노동조합이 조세법상 비과세 혜택을 받을 권리가 파생한다거나 이에 상응하는 국가의 조세법규범 정비의무가 발생한다고 보기도 어렵다(헌재 2009.2.26. 2007헌바27).

⑤ × 실업급여를 포함한 고용보험제도는 개개인의 특수한 사정이나 선택에 의하여 보험관계가 설정되는 사보험이 아니라 보험의 내용이 모두 법률에 의하여 강제되거나 확정되는 공적보험이라는 점에서, 근로의 의사와 능력이 있는지 여부에 대하여는 일정한 연령을 기준으로 하는 것이 특별히 불합리하다고 단정할 수는 없다. … 이상에서 본 바와 같이, 심판대상조항이 '65세 이후 고용' 여부를 기준으로 실업급여 적용 여부를 달리한 것은 합리적 이유가 있다고 할 것이므로, 이로 인해 청구인의 평등권이 침해되었다고 보기 어렵다(헌재 2018.6.28. 2017마238).

정답 ⑤

11 근로의 권리 및 근로3권에 관한 설명 중 가장 적절하지 않은 것은? (다툼이 있는 경우 판례에 의함)

〈2020 경정승진〉

① 근로자에게 보장된 단결권의 내용에는 단결할 자유뿐만 아니라 노동조합을 결성하지 아니할 자유나 노동조합에 가입을 강제당하지 아니할 자유, 그리고 가입한 노동조합을 탈퇴할 자유도 포함된다.

② 근로의 권리는 국민의 권리이므로 외국인은 그 주체가 될 수 없는 것이 원칙이나, 근로의 권리 중 일할 환경에 관한 권리에 대해서는 외국인의 기본권 주체성을 인정할 수 있다.

③ 근로의 권리는 사회적 기본권으로서, 국가에 대하여 직접 일자리를 청구하거나 일자리에 갈음하는 생계비의 지급청구권을 의미하는 것이 아니라, 고용증진을 위한 사회적 경제적 정책을 요구할 수 있는 권리에 그치는 것이다.

④ 교원노조를 설립하거나 가입하여 활동할 수 있는 자격을 초·중등 교원으로 한정함으로써 교육공무원이 아닌 대학 교원에 대해서 근로기본권의 핵심인 단결권조차 전면적으로 부정한 법률조항은 그 입법목적의 정당성을 인정하기 어렵고, 수단의 적합성 역시 인정할 수 없다.

해설

① × 근로자가 노동조합을 결성하지 아니할 자유나 노동조합에 가입을 강제당하지 아니할 자유, 그리고 가입한 노동조합을 탈퇴할 자유는 근로자에게 보장된 단결권의 내용에 포섭되는 권리로서가 아니라 헌법 제10조의 행복추구권에서 파생되는 일반적 행동의 자유 또는 제21조 제1항의 결사의 자유에서 그 근거를 찾을 수 있다(헌재 2005.11.24. 2002헌바95 등).

② ○ 근로의 권리가 '일할 자리에 관한 권리"만이 아니라 "일할 환경에 관한 권리"도 함께 내포하고 있는바, 후자는 인간의 존엄성에 대한 침해를 방어하기 위한 자유권적 기본권의 성격도 갖고 있어 건강한 작업환경, 일에 대한 정당한 보수, 합리적인 근로조건의 보장 등을 요구할 수 있는 권리 등을 포함한다고 할 것이므로 외국인 근로자라고 하여 이 부분에까지 기본권 주체성을 부인할 수는 없다(헌재 2007.8.30. 2004헌마670).

③ ○ 근로의 권리는 사회적 기본권으로서 국가에 대하여 직접 일자리를 청구하거나 일자리에 갈음하는 생계비의 지급청구권을 의미하는 것이 아니라 고용증진을 위한 사회적·경제적 정책을 요구할 수 있는 권리에 그치며, 근로의 권리로부터 국가에 대한 직접적인 직장존속청구권이 도출되는 것도 아니다(헌재 2011. 7.28. 2009헌마408).

④ ○ 심판대상조항으로 인하여 교육공무원 아닌 대학 교원들이 향유하지 못하는 단결권은 헌법이 보장하고 있는 근로3권의 핵심적이고 본질적인 권리이다. 심판대상조항의 입법목적이 재직 중인 초·중등교원에 대하여 교원노조를 인정해 줌으로써 교원노조의 자주성과 주체성을 확보한다는 측면에서는 그 정당성을 인정할 수 있을 것이나, 교원노조를 설립하거나 가입하여 활동할 수 있는 자격을 초·중등교원으로 한정함으로써 교육공무원이 아닌 대학 교원에 대해서는

근로기본권의 핵심인 단결권조차 전면적으로 부정한 측면에 대해서는 그 입법목적의 정당성을 인정하기 어렵고, 수단의 적합성 역시 인정할 수 없다. … 또 최근 들어 대학 사회가 다층적으로 변화하면서 대학 교원의 사회·경제적 지위의 향상을 위한 요구가 높아지고 있는 상황에서 단결권을 행사하지 못한 채 개별적으로만 근로조건의 향상을 도모해야 하는 불이익은 중대한 것이므로, 심판대상조항은 과잉금지원칙에 위배된다(헌재 2018.8.30. 2015헌가38).

정답 ①

12 근로기본권에 대한 설명으로 옳지 않은 것은? (다툼이 있는 경우 판례에 의함) *〈2020 국가직 5급〉*

① 청원경찰은 일반근로자일 뿐 공무원이 아니므로, 이들의 근로3권을 전면적으로 제한하는 것은 헌법에 위반된다.

② 헌법에서는 국가유공자의 유가족, 상이군경의 유가족 및 전몰군경의 유가족은 법률이 정하는 바에 의하여 우선적으로 근로의 기회를 부여받는다고 규정하고 있다.

③ 근로의 권리란 인간이 자신의 의사와 능력에 따라 근로관계를 형성하고, 타인의 방해를 받음이 없이 근로관계를 계속 유지하며, 근로의 기회를 얻지 못한 경우에는 국가에 대하여 근로의 기회를 제공하여 줄 것을 요구할 수 있는 권리를 말한다.

④ 근로의 권리는 사회적 기본권으로서, 국가에 대하여 직접 일자리를 청구하거나 일자리에 갈음하는 생계비의 지급청구권을 의미하는 것이 아니다.

해설

① ○ 청원경찰은 일반근로자일 뿐 공무원이 아니므로 원칙적으로 헌법 제33조 제1항에 따라 근로3권이 보장되어야 한다. 청원경찰은 제한된 구역의 경비를 목적으로 필요한 범위에서 경찰관의 직무를 수행할 뿐이며, 그 신분보장은 공무원에 비해 취약하다. 또한 국가기관이나 지방자치단체 이외의 곳에서 근무하는 청원경찰은 근로조건에 관하여 공무원뿐만 아니라 국가기관이나 지방자치단체에 근무하는 청원경찰에 비해서도 낮은 수준의 법적 보장을 받고 있으므로, 이들에 대해서는 근로3권이 허용되어야 할 필요성이 크다. 청원경찰에 대하여 직접행동을 수반하지 않는 단결권과 단체교섭권을 인정하더라도 시설의 안전 유지에 지장이 된다고 단정할 수 없다. … 그럼에도 심판대상조항은 군인이나 경찰과 마찬가지로 모든 청원경찰의 근로3권을 획일적으로 제한하고 있다. 이상을 종합하여 보면, 심판대상조항이 모든 청원경찰의 근로3권을 전면적으로 제한하는 것은 과잉금지원칙을 위반하여 청구인들의 근로3권을 침해하는 것이다(헌재 2017.9.28. 2015헌마653).

② × 종전 결정에서 헌법재판소는 헌법 제32조 제6항의 "국가유공자·상이군경 및 전몰군경의 유가족은 법률이 정하는 바에 의하여 우선적으로 근로의 기회를 부여받는다."는 규정을 넓게 해석하여, 이 조항이 국가유공자 본인뿐만 아니라 가족들에 대한 취업보호제도(가산점)의 근거가 될 수 있다고 보았다. 그러나 오늘날 가산점의 대상이 되는 국가유공자와 그 가족의 수가 과거에 비하여 비약적으로 증가하고 있는 현실과, 취업보호대상자에서 가족이 차지하는 비율, 공무원시험의 경쟁이 갈수록 치열해지는 상황을 고려할 때, 위 조항의 폭넓은 해석은 필연적으로 일반 응시자의 공무담임의 기회를 제약하게 되는 결과가 될 수 있으므로 위 조항은 엄격하게 해석할 필요가 있다. 이러한 관점에서 위 조항의 대상자는 조문의 문리해석대로 "국가유공자", "상이군경", 그리고 "전몰군경의 유가족"이라고 봄이 상당하다(헌재 2006.2.23. 2004헌마675 등).

헌법 제32조 ⑥ 국가유공자·상이군경 및 전몰군경의 유가족은 법률이 정하는 바에 의하여 우선적으로 근로의 기회를 부여받는다.

③ ○ 근로의 권리란 인간이 자신의 의사와 능력에 따라 근로관계를 형성하고, 타인의 방해를 받음이 없이 근로관계를 계속 유지하며, 근로의 기회를 얻지 못한 경우에는 국가에 대하여 근로의 기회를 제공하여 줄 것을 요구할 수 있는 권리를 말하며, 이러한 근로의 권리는 생활의 기본적인 수요를 충족시킬 수 있는 생활수단을 확보해 주고 나아가 인격의 자유로운 발현과 인간의 존엄성을 보장해 주는 것으로서 사회권적 기본권의 성격이 강하므로 이에 대한 외국인의 기본권주체성을 전면적으로 인정하기는 어렵다(헌재 2007. 8.30. 2004헌마670).

④ ○ 헌법 제32조 제1항이 규정하는 근로의 권리는 사회적 기본권으로서 국가에 대하여 직접 일자리를 청구하거나 일자리에 갈음하는 생계비의 지급청구권을 의미하는 것이 아니라 고용증진을 위한 사회적·경제적 정책을 요구할 수 있는 권리에 그치며, 근로의 권리로부터 국가에 대한 지접적인 직장존속청구권이 도출되는 것도 아니다(헌재 2011.7.28. 2009헌마408).

정답 ②

13 근로기본권에 대한 설명으로 옳지 않은 것은? (다툼이 있는 경우 판례에 의함) 〈2018 국가직 5급〉

① 헌법은 "법률이 정하는 주요방위산업체에 종사하는 근로자의 단결권은 법률이 정하는 바에 의하여 이를 제한하거나 인정하지 아니할 수 있다."라고 규정하고 있다.

② 합리적 이유 없이 "월급근로자로서 6개월이 되지 못한 자"를 해고예고제도의 적용대상에서 제외한 것은 근무기간이 6개월 미만인 월급근로자의 근로의 권리를 침해하고, 평등원칙에도 위배된다.

③ 헌법은 여자 및 연소자 근로의 특별한 보호와 최저임금제의 시행에 관하여 규정하고 있다.

④ 근로의 권리로부터 국가에 대한 직접적인 직장존속청구권을 도출할 수는 없다.

해설

① ×

헌법 제33조 ③ 법률이 정하는 주요방위산업체에 종사하는 근로자의 단체행동권은 법률이 정하는 바에 의하여 이를 제한하거나 인정하지 아니할 수 있다.

② ○ "월급근로자로서 6월이 되지 못한 자"는 대체로 기간의 정함이 없는 근로계약을 한 자들로서 근로관계의 계속성에 대한 기대가 크다고 할 것이므로, 이들에 대한 해고 역시 예기치 못한 돌발적 해고에 해당한다. 따라서 6개월 미만 근무한 월급근로자 또한 전직을 위한 시간적 여유를 갖거나 실직으로 인한 경제적 곤란으로부터 보호받아야 할 필요성이 있다. 그럼에도 불구하고 합리적 이유 없이 "월급근로자로서 6개월이 되지 못한 자를 해고예고제도의 적용대상에서 제외한 이 사건 법률조항은 근무기간이 6개월 미만인 월급근로자의 근로의 권리를 침해하고, 평등원칙에도 위배된다(헌재 2015.12.23. 2014헌바3).

③ ○

헌법 제32조 ① 모든 국민은 근로의 권리를 가진다. 국가는 사회적·경제적 방법으로 근로자의 고용의 증진과 적정임금의 보장에 노력하여야 하며, 법률이 정하는 바에 의하여 최저임금제를 시행하여야 한다.
④ 여자의 근로는 특별한 보호를 받으며, 고용·임금 및 근로조건에 있어서 부당한 차별을 받지 아니한다.
⑤ 연소자의 근로는 특별한 보호를 받는다.

④ ○ 헌법 제15조의 직업의 자유 또는 헌법 제32조의 근로의 권리, 사회국가원리 등에 근거하여 실업방지 및 부당한 해고로부터 근로자를 보호하여야 할 국가의 의무를 도출할 수는 있을 것이나, 국가에 대한 직접적인 직장존속보장청구권을 근로자에게 인정할 헌법상의 근거는 없다(헌재 2002.11.28. 2001헌바50).

정답 ①

제 6 항 환경권

01 환경권에 관한 설명 중 가장 적절하지 않은 것은? (다툼이 있는 경우 판례에 의함)

〈2022 경찰공채 1차〉

① 「공직선거법」이 정온한 생활환경이 보장되어야 할 주거지역에서 출근 또는 등교 이전 및 퇴근 또는 하교 이후 시간대에 확성장치의 최고출력 내지 소음을 제한하는 등 사용시간과 사용지역에 따른 수인한도 내에서 확성장치의 최고출력 내지 소음 규제기준에 관한 규정을 두지 아니한 것은 청구인의 건강하고 쾌적한 환경에서 생활할 권리를 침해한다.

② 독서실과 같이 정온을 요하는 사업장의 실내소음 규제기준을 만들어야 할 입법의무가 헌법의 해석상 곧바로 도출된다고 보기는 어렵다.

③ 환경권의 내용과 행사는 법률에 의해 구체적으로 정해지는 것이기는 하나(헌법 제35조 제2항), 이 헌법조항의 취지는 특별히 명문으로 헌법에서 정한 환경권을 입법자가 그 취지에 부합하도록 법률로써 내용을 구체화하도록 한 것이지 환경권이 완전히 무의미하게 되는데도 그에 대한 입법을 전혀 하지 아니하거나, 어떠한 내용이든 법률로써 정하기만 하면 된다는 것은 아니다.

④ 국가가 국민의 건강하고 쾌적한 환경에서 생활할 권리에 대한 보호의무를 다하지 않았는지 여부를 헌법재판소가 심사할 때에는 국가가 이를 보호하기 위하여 적어도 적절하고 효율적인 최소한의 보호조치를 취하였는가 하는 이른바 '과잉입법금지원칙' 내지 '비례의 원칙'의 위반 여부를 기준으로 삼아야 한다.

해설

① ○ **「공직선거법」**이 선거운동의 자유를 감안하여 선거운동을 위한 확성장치를 허용할 공익적 필요성이 인정된다고 하더라도 정온한 생활환경이 보장되어야 할 주거지역에서 출근 또는 등교 이전 및 퇴근 또는 하교 이후 시간대에 확성장치의 최고출력 내지 소음을 제한하는 등 사용시간과 사용지역에 따른 수인한도 내에서 확성장치의 최고출력 내지 소음 규제기준에 관한 규정을 두지 아니한 것은, 국민이 건강하고 쾌적하게 생활할 수 있는 양호한 주거환경을 위하여 노력하여야 할 국가의 의무를 부과한 헌법 제35조 제3항에 비추어 보면, 적절하고 효율적인 최소한의 보호조치를 취하지 아니하여 국가의 기본권 보호의무를 과소하게 이행한 것으로서, 청구인의 건강하고 쾌적한 환경에서 생활할 권리를 침해하므로 헌법에 위반된다(헌재 2019.12.27. 2018헌마730).

② ○ 독서실과 같이 정온을 요하는 사업장의 실내소음 규제기준을 만들어야 할 입법의무가 헌법의 해석상 곧바로 도출된다고 보기도 어렵다. 결국 독서실과 같이 정온을 요하는 사업장의 실내소음 규제기준을 제정하여야 할 입법자의 입법의무를 인정할 수 없으므로, 이 사건 심판청구는

헌법소원의 대상이 될 수 없는 입법부작위를 대상으로 한 것으로서 부적법하다(헌재 2017.12.28. 2016헌마45).

③ ○ 환경권의 내용과 행사는 법률에 의해 구체적으로 정해지는 것이기는 하나(헌법 제35조 제2항), 이 헌법조항의 취지는 특별히 명문으로 헌법에서 정한 환경권을 입법자가 그 취지에 부합하도록 법률로써 내용을 구체화하도록 한 것이지 환경권이 완전히 무의미하게 되는데도 그에 대한 입법을 전혀 하지 아니하거나, 어떠한 내용이든 법률로써 정하기만 하면 된다는 것은 아니다. 그러므로 일정한 요건이 충족될 때 환경권 보호를 위한 입법이 없거나 현저히 불충분하여 국민의 환경권을 침해하고 있다면 헌법재판소에 그 구제를 구할 수 있다고 해야 할 것이다(헌재 2019.12.27. 2018헌마730).

④× 일정한 경우 **국가**는 사인인 제3자에 의한 국민의 환경권 침해에 대해서도 **적극적으로 기본권 보호조치를 취할 의무**를 지나, 헌법재판소가 이를 심사할 때에는 국가가 국민의 기본권적 법익 보호를 위하여 적어도 적절하고 **효율적인 최소한의 보호조치를 취했는가** 하는 이른바 **"과소보호금지원칙"**의 위반 여부를 기준으로 삼아야 한다(헌재 2008.7.31. 2006헌마711).

정답 ④

02 헌법상 환경권 등에 관한 다음 설명 중 가장 옳지 않은 것은? 〈2021 법원직 9급〉

① 국가가 사인인 제3자에 의한 국민의 환경권 침해에 대해서 적극적으로 기본권 보호조치를 취할 의무를 지는 경우 헌법재판소가 이를 심사할 때에는 과잉금지원칙을 심사기준으로 삼아야 한다.

② 환경권의 내용과 행사에 관하여는 법률로 정한다.

③ 국가는 주택개발정책 등을 통하여 모든 국민이 쾌적한 주거생활을 할 수 있도록 노력하여야 한다.

④ 환경권을 행사함에 있어 국민은 국가로부터 건강하고 쾌적한 환경을 향유할 수 있는 자유를 침해당하지 않을 권리를 행사할 수 있고, 일정한 경우 국가에 대하여 건강하고 쾌적한 환경에서 생활할 수 있도록 요구할 수 있는 권리가 인정되기도 하는바, 환경권은 그 자체 종합적인 기본권으로서의 성격을 지닌다.

해설

① × 일정한 경우 국가는 사인인 제3자에 의한 국민의 환경권 침해에 대해서도 **적극적으로 기본권 보호조치를 취할 의무**를 지나, 헌법재판소가 이를 심사할 때에는 국가가 국민의 기본권적 법익 보호를 위하여 적어도 적절하고 효율적인 최소한의 보호조치를 취했는가 하는 이른바 **"과소보호금지원칙"**의 위반 여부를 기준으로 삼아야 한다(헌재 2008.7.31. 2006헌마711).

② ○

헌법 제35조 ② 환경권의 내용과 행사에 관하여는 법률로 정한다.

③ ○

헌법 제35조 ③ 국가는 주택개발정책 등을 통하여 모든 국민이 쾌적한 주거생활을 할 수 있도록 노력하여야 한다.

④ ○ 환경권을 행사함에 있어 국민은 국가로부터 건강하고 쾌적한 환경을 향유할 수 있는 자유를 **침해당하지 않을 권리**를 행사할 수 있고, 일정한 경우 국가에 대하여 건강하고 쾌적한 환경에서 생활할 수 있도록 **요구할 수 있는 권리**가 인정되기도 하는바, 환경권은 그 자체 **종합적 기본권으로서의 성격**을 지닌다(헌재 2019.12.27. 2018헌마730).

정답 ①

03 환경권에 관한 설명으로 옳지 않은 것은? (다툼이 있는 경우 헌법재판소 판례에 의함)

〈2021 소방간부〉

① 환경권은 생명·신체의 자유를 보호하는 토대를 이루며 궁극적으로 삶의 질 확보를 목표로 하는 권리이다.

② '건강하고 쾌적한 환경에서 생활할 권리'를 보장하는 환경권의 보호대상이 되는 환경에는 자연환경뿐만 아니라 인공적 환경과 같은 생활환경도 포함되므로, 일상생활에서 소음을 제거·방지하여 정온한 환경에서 생활할 권리는 환경권의 한 내용을 구성한다.

③ 국민은 국가로부터 건강하고 쾌적한 환경을 향유할 수 있는 자유를 침해당하지 않을 권리를 행사할 수 있고, 일정한 경우 국가에 대하여 건강하고 쾌적한 환경에서 생활할 수 있도록 요구할 수 있는 권리가 인정되기도 하는바, 환경권은 그 자체로 종합적 기본권으로서의 성격을 지닌다.

④ 「공직선거법」이 주거지역에서의 최고출력 내지소음을 제한하는 등 대상지역에 따른 수인한도 내에서 공직선거운동에 사용되는 확성장치의 최고출력 내지 소음 규제기준을 두고 있지 않았다고 하여 국가의 기본권 보호 의무를 과소하게 이행한 것은 아니다.

⑤ 환경침해는 사인에 의해서 빈번하게 유발되므로 입법자가 그 허용 범위에 관해 정할 필요가 있다는 점을 고려하면 일정한 경우 국가는 사인인 제3자에 의한 국민의 환경권 침해에 대해서도 적극적으로 기본권 보호조치를 취할 의무를 진다.

해설

① ○ 헌법은 "모든 국민은 건강하고 쾌적한 환경에서 생활할 권리를 가지며, 국가와 국민은 환경보전을 위하여 노력하여야 한다."고 규정하여(제35조 제1항) 국민의 환경권을 보장함과 동시에 국가에게 국민이 건강하고 쾌적하게 생활할 수 있는 양호한 환경을 유지하기 위하여 노력하여야 할 의무를 부여하고 있다. 이러한 **환경권**은 **생명·신체의 자유를 보호하는 토대**를 이루며, 궁극적으로 **'삶의 질' 확보**를 목표로 하는 권리이다(헌재 2019.12.27. 2018헌마730).

② ○ '**건강하고 쾌적한 환경에서 생활할 권리**'를 보장하는 환경권의 보호대상이 되는 환경에는 **자연환경**뿐만 아니라 **인공적 환경과 같은 생활환경**도 포함되므로(환경정책기본법 제3조), 일상생활에서 소음을 제거·방지하여 '**정온한 환경에서 생활할 권리**'는 환경권의 한 내용을 구성한다(헌재 2019.12.27. 2018헌마730).

③ ○ **환경권을 행사**함에 있어 국민은 국가로부터 건강하고 쾌적한 환경을 향유할 수 있는 자유를 **침해당하지 않을 권리**를 행사할 수 있고, 일정한 경우 국가에 대하여 건강하고 쾌적한 환경에서 생활할 수 있도록 **요구할 수 있는 권리**가 인정되기도 하는바, 환경권은 그 자체 **종합적 기본권**으로서의 성격을 지닌다(헌재 2019.12.27. 2018헌마730).

④ × 심판대상조항이 선거운동의 자유를 감안하여 선거운동을 위한 확성장치를 허용할 공익적 필요성이 인정된다고 하더라도 정온한 생활환경이 보장되어야 할 **주거지역**에서 출근 또는 등교 이전 및 퇴근 또는 하교 이후 시간대에 확성장치의 최고출력 내지 소음을 제한하는 등 사용시간과 사용지역에 따른 수인한도 내에서 **확성장치의 최고출력 내지 소음 규제기준에 관한 규정**을 두지 아니한 것은, 국민이 건강하고 쾌적하게 생활할 수 있는 양호한 주거환경을 위하여 노력하여야 할 국가의 의무를 부과한 헌법 제35조 제3항에 비추어 보면, 적절하고 효율적인 최소한의 보호조치를 취하지 아니하여 **국가의 기본권 보호 의무를 과소하게 이행**한 것이다. 따라서 심판대상조항은 국가의 기본권 보호 의무를 과소하게 이행한 것으로서, 청구인의 건강하고 쾌적한 환경에서 생활할 권리를 침해한다(헌재 2019.12.27. 2018헌마730).

⑤ ○ 국가가 국민의 기본권을 적극적으로 보장하여야 할 의무가 인정된다는 점, 헌법 제35조 제1항이 국가와 국민에게 환경보전을 위하여 노력하여야 할 의무를 부여하고 있는 점, 환경침해는 사인에 의해서 빈번하게 유발되므로 입법자가 그 허용 범위에 관해 정할 필요가 있다는 점, 환경피해는 생명·신체의 보호와 같은 중요한 기본권적 법익 침해로 이어질 수 있다는 점 등을 고려할 때, 일정한 경우 국가는 **사인인 제3자에 의한 국민의 환경권 침해**에 대해서도 **적극적으로 기본권 보호조치를 취할 의무**를 진다(헌재 2019.12.27. 2018헌마730).

정답 ④

04 환경권에 대한 설명으로 옳지 않은 것은? (다툼이 있는 경우 판례에 의함) 〈2020 국회직 8급〉

① 모든 국민은 건강하고 쾌적한 환경에서 생활할 권리를 가지며, 국가와 국민은 환경보전을 위하여 노력하여야 한다.

② 헌법 제35조 제1항은 환경정책에 관한 국가적 규제와 조정을 뒷받침하는 헌법적 근거가 되며 국가는 환경정책 실현을 위한 재원마련과 환경침해적 행위를 억제하고 환경보전에 적합한 행위를 유도하기 위한 수단으로 환경부담금을 부과·징수하는 방법을 선택할 수 있다.

③ 헌법이 환경권에 대하여 국가의 보호의무를 인정한 것은, 환경피해가 생명·신체의 보호와 같은 중요한 기본권적 법익 침해로 이어질 수 있다는 점 등을 고려한 것이므로, 환경권 침해 내지 환경권에 대한 국가의 보호의무 위반도 궁극적으로는 생명·신체의 안전에 대한 침해로 귀결된다.

④ 일정한 경우 국가는 사인인 제3자에 의한 국민의 환경권 침해에 대해서도 적극적으로 기본권보호조치를 취할 의무를 지나 헌법재판소가 이를 심사할 때에는 국가가 국민의 기본권적 법익 보호를 위하여 적어도 효율적인 최소한의 보호조치를 취했는가 하는 이른바 '과소보호금지원칙'의 위반 여부를 기준으로 삼아야 한다.

⑤ 국민의 생명·신체의 안전이 질병 등으로부터 위협받거나 받게 될 우려가 있는 경우, 국가는 국민의 생명·신체의 안전을 보호하기 위하여 필요한 적절하고 효율적인 입법·행정상의 조치를 취함으로써 침해의 위험을 방지하고 이를 유지할 구체적이고 직접적인 의무를 진다.

해설

① ○

> **헌법 제35조** ① 모든 국민은 건강하고 쾌적한 환경에서 생활할 권리를 가지며, 국가와 국민은 환경보전을 위하여 노력하여야 한다.

② ○ 헌법 제35조 제1항은 환경정책에 관한 국가적 규제와 조정을 뒷받침하는 헌법적 근거가 되며 국가는 환경정책 실현을 위한 재원마련과 환경침해적 행위를 억제하고 환경보전에 적합한 행위를 유도하기 위한 수단으로 환경부담금을 부과·징수하는 방법을 선택할 수 있다(헌재 2007.12.27. 2006헌바25).

③ ○ 생명·신체의 안전에 관한 권리는 인간의 존엄과 가치의 근간을 이루는 기본권으로서, 헌법은 "모든 국민은 보건에 관하여 국가의 보호를 받는다."고 규정하여(제36조 제3항) 질병으로부터 생명·신체의 보호 등 보건에 관하여 특별히 국가의 보호의무를 강조하고 있고, 그 외에도 "모든 국민은 건강하고 쾌적한 환경에서 생활할 권리를 가지며, 국가와 국민은 환경보전을 위하여 노력하여야 한다."고 규정하여(제35조 제1항) 국가에게 환경보전을 위하여 노력하여야 할 의무도 부여하고 있다. 그런데 후자와 같이 환경권에 대하여 국가의 보호의무를 인정한 것은,

환경피해는 생명·신체의 보호와 같은 중요한 기본권적 법익 침해로 이어질 수 있다는 점 등을 고려한 것이므로, 환경권 침해 내지 환경권에 대한 국가의 보호의무위반도 궁극적으로는 생명·신체의 안전에 대한 침해로 귀결된다(헌재 2015.9.24. 2013헌마384).

④ ○ 일정한 경우 국가는 사인인 제3자에 의한 국민의 환경권 침해에 대해서도 적극적으로 기본권 보호조치를 취할 의무를 지나, 헌법재판소가 이를 심사할 때는 국가가 국민의 기본권적 법익 보호를 위하여 적어도 적절하고 효율적인 최소한의 보호조치를 취했는가 하는 이른바 "과소보호금지원칙"의 위반 여부를 기준으로 삼아야 한다(헌재 2008.7.31. 2006헌마711).

⑤ × 생명·신체의 안전에 관한 권리는 인간의 존엄과 가치의 근간을 이루는 기본권일 뿐만 아니라, 헌법은 "모든 국민은 보건에 관하여 국가의 보호를 받는다."고 규정하여 질병으로부터 생명·신체의 보호 등 보건에 관하여 특별히 국가의 보호의무를 강조하고 있으므로(제36조 제3항), 국민의 생명·신체의 안전이 질병 등으로부터 위협받거나 받게 될 우려가 있는 경우 국가로서는 그 위험의 원인과 정도에 따라 사회·경제적인 여건 및 재정사정 등을 감안하여 국민의 생명·신체의 안전을 보호하기에 필요한 적절하고 효율적인 입법·행정상의 조치를 취하여 그 침해의 위험을 방지하고 이를 유지할 포괄적인 의무를 진다 할 것이다(헌재 2008.12.26. 2008헌마419 등).

정답 ⑤

05 환경권과 관련한 다음 설명 중 가장 옳지 않은 것은? (다툼이 있는 경우 대법원 판례 및 헌법재판소 결정에 의함. 이하 같음) *〈2018 법무사〉*

① 환경권은 명문의 법률규정이나 관계 법령의 규정 취지 및 조리에 비추어 권리의 주체, 대상, 내용, 행사 방법 등이 구체적으로 정립될 수 있어야만 인정되는 것이므로, 사법상의 권리로서의 환경권을 인정하는 명문의 규정이 없으면 환경권에 기하여 직접 방해배제청구권을 인정할 수는 없다.

② 환경영향평가 대상사업이라도 그 대상 지역 밖의 주민의 경우에는 그들이 누리는 환경상의 이익은 공익으로서의 추상적 이익에 해당하므로 대상사업을 허용하는 허가나 승인처분 등의 취소를 구할 원고적격이 전혀 인정되지 않는다.

③ 환경에는 자연환경 뿐 아니라 생활환경까지도 포함된다.

④ 환경권은 건강하고 쾌적한 환경에 대한 침해배제를 청구할 수 있는 자유권적 측면과 쾌적한 환경에서 생활할 수 있도록 배려하는 보호·보장청구권의 측면을 모두 가지고 있다.

⑤ 환경보전은 단순히 국가의 노력만으로 이루어지기는 어려우므로 헌법은 국민의 환경보전 노력 의무도 규정하고 있다.

해설

① ○ 환경권은 명문의 법률규정이나 관계 법령의 규정 취지 및 조리에 비추어 권리의 주체, 대상, 내용, 행사 방법 등이 구체적으로 정립될 수 있어야만 인정되는 것이므로, 사법상의 권리로서의 환경권을 인정하는 명문의 규정이 없는데도 환경권에 기하여 직접 방해배제청구권을 인정할 수 없다(대판 1997.7.22. 96다56153).

② × 환경영향평가 대상지역 밖의 주민이라 할지라도 공유수면매립면허처분 등으로 인하여 그 처분 전과 비교하여 수인한도를 넘는 환경피해를 받거나 받을 우려가 있는 경우에는, 공유수면매립면허처분 등으로 인하여 환경상 이익에 대한 침해 또는 침해우려가 있다는 것을 입증함으로써 그 처분 등의 무효확인을 구할 원고적격을 인정받을 수 있다(대판 2006.3.16. 2006두330).

③ ○ '건강하고 쾌적한 환경에서 생활할 권리'를 보장하는 환경권의 보호대상이 되는 환경에는 자연 환경뿐만 아니라 인공적 환경과 같은 생활환경도 포함된다. 환경권을 구체화한 입법이라 할 「환경정책기본법」 제3조에서도 환경을 자연환경과 생활환경으로 분류하면서, 생활환경에 소음·진동 등 사람의 일상생활과 관계되는 환경을 포함시키고 있다. 그러므로 일상생활에서 소음을 제거 방지하여 정온한 환경에서 생활할 권리는 환경권의 한 내용을 구성한다(헌재 2008.7.31. 2006헌마711).

④ ○ 환경권을 행사함에 있어 국민은 국가로부터 건강하고 쾌적한 환경을 향유할 수 있는 자유를 침해당하지 않을 권리를 행사할 수 있고, 일정한 경우 국가에 대하여 건강하고 쾌적한 환경에서 생활할 수 있도록 요구할 수 있는 권리가 인정되기도 하는바, 환경권은 그 자체 종합적 기본권으로서의 성격을 지닌다(헌재 2008.7.31. 2006헌마711).

⑤ ○

헌법 제35조 ① 모든 국민은 건강하고 쾌적한 환경에서 생활할 권리를 가지며, 국가와 국민은 환경보전을 위하여 노력하여야 한다.

정답 ②

제 7 항 보건권

01 보건권에 관한 설명 중 옳지 않은 것은 모두 몇 개인가? (다툼이 있는 경우 판례에 의함)

〈2022 경찰공채 2차〉

㉠ 우리 헌법은 1948년 제헌헌법에서 "가족의 건강은 국가의 특별한 보호를 받는다."라고 규정한 이래 1962년 제3공화국 헌법에서 "모든 국민은 보건에 관하여 국가의 보호를 받는다."라고 정하여 현행 헌법까지 이어져 오고 있다.

㉡ 치료감호 청구권자를 검사로 한정하고, 피고인의 치료감호 청구권을 따로 인정하지 않은 구「치료감호법」 조항은 국민의 보건에 관한 권리를 침해하는 것이다.

㉢ 국가의 국민보건에 관한 보호의무를 명시한 헌법 제36조 제3항에 의한 권리를 헌법소원을 통하여 주장할 수 있는 자는 직접 자신의 보건이나 의료문제가 국가에 의해 보호받지 못하고 있는 의료수혜자적 지위에 있는 국민이라고 할 것이므로, 의료시술자적 지위에 있는 안과의사가 자기 고유의 업무범위를 주장하여 다투는 경우에는 위 헌법규정을 원용할 수 없다.

㉣ 무면허 의료행위를 일률적, 전면적으로 금지하고 이를 위반한 경우 그 치료결과에 관계없이 형사처벌을 받게 하는「의료법」 조항은 헌법 제10조가 규정하는 인간으로서의 존엄과 가치를 보장하고 헌법 제36조 제3항이 규정하는 국민보건에 관한 국가의 보호의무를 다하고자 하는 것으로서, 국민의 생명권, 건강권, 보건권 및 그 신체활동의 자유 등을 보장하는 규정이지, 이를 제한하는 규정이라고 할 수 없다.

① 1개
② 2개
③ 3개
④ 4개

해설

㉠ ○ 우리 헌법은 1948년 제헌헌법 제20조에서 "가족의 건강은 국가의 특별한 보호를 받는다."라고 규정한 이래 1962년 제3공화국 헌법 제31조에서 "모든 국민은 보건에 관하여 국가의 보호를 받는다."라고 정하여 현행 헌법까지 이어져 오고 있다.

㉡ × 이 사건 법률조항(치료감호 청구권자를 검사로 한정한 구 치료감호법 조항)에서 청구인의 치료감호 청구권을 인정하지 않는다 하더라도 청구인의 보건에 관한 권리를 침해한다고 볼 수 없다(헌재 2010.4.29. 2008헌마622).

㉢ ○ 국가의 국민보건에 관한 보호의무를 명시한 헌법 제36조 제3항에 의한 권리를 헌법소원을 통하여 주장할 수 있는 자는 직접 자신의 보건이나 의료문제가 국가에 의해 보호받지 못하고 있는 의료 수혜자적 지위에 있는 국민이라고 할 것이므로, 의료시술자적 지위에 있는 안과의사가 자기 고유의 업무범위를 주장하여 다투는 경우에는 위 헌법규정을 원용할 수 없다(헌재 1993.11.25. 92헌마87).

㉣ ○ 이 사건 법률조항(**무면허 의료행위를 일률적, 전면적으로 금지하고 이를 위반한 경우 그 치료결과에 관계없이 형사처벌을 받게 하는 「의료법」 조항**)은 헌법 제10조가 규정하는 인간으로서의 존엄과 가치를 보장하고 헌법 제36조 제3항이 규정하는 국민보건에 관한 국가의 보호의무를 다하고자 하는 것으로서, 국민의 생명권, 건강권, 보건권 및 그 신체활동의 자유 등을 **보장**하는 규정이지, 이를 **제한**하거나 **침해**하는 규정이라고 할 수 **없다**(헌재 1996.10.31. 94헌가7).

정답 ①

02 보건에 관한 권리에 대한 설명으로 옳지 않은 것은? (다툼이 있는 경우 판례에 의함)

〈2021 국가직 5급〉

① 모든 국민은 보건에 관하여 국가의 보호를 받는다.

② 국가는 국민의 건강을 소극적으로 침해하여서는 아니 될 의무를 부담하는 것에서 한 걸음 더 나아가 적극적으로 국민의 보건을 위한 정책을 수립하고 시행하여야 할 의무를 부담한다.

③ 헌법 제10조, 제36조제3항에 따라 국가는 국민의 생명·신체의 안전이 위협받거나 받게 될 우려가 있는 경우 국민의 생명·신체의 안전을 보호하기에 필요한 적절하고 효율적인 조치를 취하여 그 침해의 위험을 방지하고 이를 유지할 포괄적 의무를 진다.

④ 국민의 보건에 관한 권리는 국민이 자신의 건강을 유지하는데 필요한 국가적 급부와 배려까지 요구할 수 있는 권리를 포함하는 것은 아니다.

해설

① ○

헌법 제36조 ③ 모든 국민은 **보건**에 관하여 **국가의 보호**를 받는다.

② ○, ④ ×

헌법 제36조 제3항이 규정하고 있는 **국민의 보건에 관한 권리**는 국민이 자신의 건강을 유지하는 데 필요한 **국가적 급부와 배려를 요구**할 수 있는 권리를 말하는 것으로서, 국가는 국민의 건강을 **소극적**으로 **침해하여서는 아니 될 의무**를 부담하는 것에서 한걸음 더 나아가 **적극적**으로 국민의 보건을 위한 **정책을 수립하고 시행하여야 할 의무**를 부담한다는 것을 의미한다(헌재 2012.2.23. 2011헌마123).

③ ○ 헌법 제10조, 제36조 제3항에 따라 국가는 국민의 생명·신체의 안전이 위협받거나 받게 될 우려가 있는 경우 **국민의 생명·신체의 안전을 보호**하기에 **필요한 적절하고 효율적인 조치**를 취하여 그 침해의 위험을 방지하고 이를 유지할 **포괄적 의무**를 진다. 국가가 위와 같은 조치를 취하지 못하였다면 이는 국가가 국민의 생명·신체 보호 의무를 위반하여 국민의 생명·신체의 안전에 관한 기본권 내지 보건권을 침해할 가능성이 있는 경우에 해당한다(헌재 2019. 6. 28. 2017헌마1309).

정답 ④

제8항 혼인의 자유와 모성을 보호받을 권리

01 혼인과 가족제도에 대한 설명으로 가장 적절하지 않은 것은? (다툼이 있는 경우 판례에 의함)

〈2021 경정승진〉

① 혼인 종료 후 300일 이내에 출생한 자를 전(前)남편의 친생자로 추정함으로써 친생부인의 소를 거치도록 하는 「민법」 조항은 혼인과 가족생활에 관한 기본권을 침해한다.

② 부모가 자녀의 이름을 지어주는 것은 자녀의 양육과 가족생활을 위하여 필수적인 것이고, 가족생활에 핵심적 요소라 할 수 있으므로, 부모가 자녀의 이름을 지을 자유는 혼인과 가족생활을 보장하는 헌법 제36조 제1항과 행복추구권을 보장하는 헌법 제10조에 의하여 보호받는다.

③ 원칙적으로 3년 이상 혼인 중인 부부만이 친양자 입양을 할 수 있도록 규정하여 독신자는 친양자 입양을 할 수 없도록 한 구「민법」 조항은 독신자의 가족생활의 자유를 침해한다.

④ 1세대 3주택 이상에 해당하는 주택에 대하여 양도소득세 중과세를 규정하고 있는 구「소득세법」 조항은 헌법 제36조 제1항이 정하고 있는 혼인에 따른 차별금지원칙에 위배되고, 혼인의 자유를 침해한다.

해설

① ○ 혼인 종료 후 300일 내에 출생한 자녀가 전남편의 친생자가 아님이 명백하고, 전남편이 친생추정을 원하지도 않으며, 생부가 그 자를 인지하려는 경우에도, 그 자녀는 전남편의 친생자로 추정되어 가족관계등록부에 전남편의 친생자로 등록되고, 이는 엄격한 친생부인의 소를 통해서만 번복될 수 있다. 그 결과 심판대상조항은 이혼한 모와 전남편이 새로운 가정을 꾸리는 데 부담이 되고, 자녀와 생부가 진실한 혈연관계를 회복하는 데 장애가 되고 있다. 이와 같이 민법 제정 이후의 사회적·법률적·의학적 사정변경을 전혀 반영하지 아니한 채, 이미 혼인관계가 해소된 이후에 자가 출생하고 생부가 출생한 자를 인지하려는 경우마저도, **아무런 예외 없이 그 자를 전남편의 친생자로 추정**함으로써 친생부인의 소를 거치도록 하는 심판대상조항은 입법형성의 한계를 벗어나 **모가 가정생활과 신분관계에서 누려야 할 인격권, 혼인과 가족생활에 관한 기본권을 침해**한다(헌재 2015.4.30. 2013헌마623).

② ○ 부모가 자녀의 이름을 지어주는 것은 자녀의 양육과 가족생활을 위하여 필수적인 것이고, 가족생활의 핵심적 요소라 할 수 있으므로, **'부모가 자녀의 이름을 지을 자유'**는 혼인과 가족생활을 보장하는 **헌법 제36조 제1항과 행복추구권을 보장하는 헌법 제10조에 의하여 보호**받는다(헌재 2016.7.28. 2015헌마964).

③ × 입양특례법에서는 독신자도 일정한 요건을 갖추면 양친이 될 수 있도록 규정하고 있으나, 입양의 대상, 요건, 절차 등에서 민법상의 친양자 입양과 다른 점이 있으므로, 입양특례법과 달리 **민법에서 독신자의 친양자 입양을 허용하지 않는 것**에는 합리적인 이유가 있다. 따라서 심판대상조항은 **독신자의 평등권을 침해한다고 볼 수 없다**(헌재 2013.9.26. 2011헌가42).

④ ○ 혼인으로 새로이 1세대를 이루는 자를 위하여 상당한 기간 내에 보유 주택수를 줄일 수 있도록 하고 그러한 경과규정이 정하는 기간 내에 양도하는 주택에 대해서는 혼인 전의 보유 주택수에 따라 양도소득세를 정하는 등의 완화규정을 두는 것과 같은 손쉬운 방법이 있음에도 이러한 완화규정을 두지 아니한 것은 최소침해성 원칙에 위배된다고 할 것이고, 이 사건 법률조항으로 인하여 침해되는 것은 헌법이 강도 높게 보호하고자 하는 헌법 제36조 제1항에 근거하는 혼인에 따른 차별금지 또는 혼인의 자유라는 헌법적 가치라 할 것이므로 이 사건 법률조항이 달성하고자 하는 공익과 침해되는 사익 사이에 적절한 균형관계를 인정할 수 없어 법익균형성원칙에도 반한다. 결국 이 사건 법률조항은 과잉금지원칙에 반하여 헌법 제36조 제1항이 정하고 있는 혼인에 따른 **차별금지원칙에 위배되고, 혼인의 자유를 침해한다**(헌재 2011.11.24. 2009헌바146).

정답 ③

02 혼인과 가족제도에 대한 설명으로 옳은 것만을 모두 고른 것은? (다툼이 있는 경우 판례에 의함)

〈2017 국가직 7급〉

㉠ 부부 자산소득 합산과세제도는 헌법 제11조 제1항에서 보장하는 평등원칙을 혼인과 가족생활에서 더 구체화함으로써 혼인한 자의 차별을 금지하고 있는 헌법 제36조 제1항에 위반된다.

㉡ 친생부인의 소의 제척기간을 규정한 「민법」 제847조 제1항 중 '부가 그 사유가 있음을 안 날로부터 2년 내' 부분은 친생부인의 소의 제척기간에 관한 입법재량의 한계를 일탈하지 않은 것으로서 헌법에 위반되지 아니한다.

㉢ 혼인 종료 후 300일 이내에 출생한 자를 전남편의 친생자로 추정하는 「민법」 제844조 제2항 중 '혼인관계 종료의 날로부터 300일 이내에 출생한 자'에 관한 부분은 모가 가정생활과 신분관계에서 누려야 할 인격권, 혼인과 가족생활에 관한 기본권을 침해하지 아니한다.

㉣ 육아휴직제도의 헌법적 근거를 헌법 제36조 제1항에서 구한다고 하더라도 육아휴직신청권은 헌법 제36조 제1항 등으로부터 개인에게 직접 주어지는 헌법적 차원의 권리라고 볼 수는 없다.

① ㉠, ㉡　　② ㉢, ㉣

③ ㉠, ㉡, ㉣　　④ ㉡, ㉢, ㉣

해설

㉠ ○ 이 사건 법률조항이 자산소득합산과세제도를 통하여 합산대상 자산소득을 가진 혼인한 부부를 소득세부과에서 차별 취급하는 것은 중대한 합리적 근거가 존재하지 아니하므로 헌법상 정당화되지 아니한다. 따라서 혼인관계를 근거로 자산소득합산과세를 규정하고 있는 이 사건 법률조항은 혼인한 자의 차별을 금지하고 있는 헌법 제36조 제1항에 위반된다(헌재 2002.8.29. 2001헌바82).

㉡ ○ 2년이란 기간은 자녀의 불안정한 지위를 장기간 방치하지 않기 위한 것으로서 지나치게 짧다고 볼 수 없다. 따라서 민법 제847조 제1항 중 "부(夫)가 그 사유가 있음을 안 날부터 2년내" 부분은 친생부인의 소의 제척기간에 관한 입법재량의 한계를 일탈하지 않은 것으로서 헌법에 위반되지 아니한다(헌재 2015.3. 26. 2012헌바357).

㉢ × 민법 제정 이후의 사회적·법률적·의학적 사정변경을 전혀 반영하지 아니한 채, 이미 혼인관계가 해소된 이후에 자가 출생하고 생부가 출생한 자를 인지하려는 경우마저도, 아무런 예외 없이 그 자를 전남편의 친생자로 추정함으로써 친생부인의 소를 거치도록 하는 심판대상조항은 입법형성의 한계를 벗어나 모가 가정생활과 신분관계에서 누려야 할 인격권, 혼인과 가족생활에 관한 기본권을 침해한다(헌재 2015.4. 30. 2013헌마623).

㉣ ○ 육아휴직신청권은 헌법 제36조 제1항 등으로부터 개인에게 직접 주어지는 헌법적 차원의 권리라고 볼 수는 없고, 입법자가 입법의 목적, 수혜자의 상황, 국가예산, 전체적인 사회보장수준, 국민정서 등 여러 요소를 고려하여 제정하는 입법에 적용요건, 적용대상, 기간 등 구체적인 사항이 규정될 때 비로소 형성되는 법률상의 권리이다(헌재 2008.10.30. 2005헌마1156).

정답 ②

03 혼인과 가족생활에 대한 설명으로 옳지 않은 것은? (다툼이 있는 경우 판례에 의함)

〈2018 지방직 7급〉

① 법적으로 승인되지 아니한 사실혼 또한 헌법 제36조 제1항에 규정된 혼인의 보호범위에 포함된다.

② 부모가 자녀의 이름을 지을 자유는 혼인과 가족생활을 보장하는 헌법 제36조 제1항과 행복추구권을 보장하는 헌법 제10조에 의하여 보호받는다.

③ 혼인 종료 후 300일 이내에 출생한 자를 전남편의 친생자로 추정하는 것은 모가 가정생활과 신분관계에서 누려야 할 혼인과 가족생활에 관한 기본권을 침해한다.

④ 친양자 입양을 청구하기 위해서는 친생부모의 친권상실, 사망 기타 동의할 수 없는 사유가 없는 한 친생부모의 동의를 반드시 요하도록 하는 것은 친양자가 될 자의 가족생활에 관한 기본권을 침해하지 않는다.

해설

① × 헌법 제36조 제1항에서 규정하는 '혼인'이란 양성이 평등하고 존엄한 개인으로서 자유로운 의사의 합치에 의하여 생활공동체를 이루는 것으로서 법적으로 승인받은 것을 말하므로, 법적으로 승인되지 아니한 사실혼은 헌법 제36조 제1항의 보호범위에 포함된다고 보기 어렵다(헌제 2014.8.28. 2013헌마119).

② ○ 부모가 자녀의 이름을 지어주는 것은 자녀의 양육과 가족생활을 위하여 필수적인 것이고, 가족생활의 핵심적 요소라 할 수 있으므로, '부모가 자녀의 이름을 지을 자유'는 혼인과 가족생활을 보장하는 헌법 제36조 제1항과 행복추구권을 보장하는 헌법 제10조에 의하여 보호받는다(헌재 2016.7.28. 2015헌마964).

③ ○ 혼인 종료 후 300일 내에 출생한 자녀가 전남편의 친생자가 아님이 명백하고, 전남편이 친생추정을 원하지도 않으며, 생부가 그 자를 인지하려는 경우에도, 그 자녀는 전남편의 친생자로 추정되어 가족관계등록부에 전남편의 친생자로 등록되고, 이는 엄격한 친생부인의 소를 통해서만 번복될 수 있다. 그 결과 심판대상조항은 이혼한 모와 전남편이 새로운 가정을 꾸리는 데 부담이 되고, 자녀와 생부가 진실한 혈연관계를 회복하는 데 장애가 되고 있다. 이와 같이 민법 제정 이후의 사회적·법률적·의학적 사정변경을 전혀 반영하지 아니한 채, 이미 혼인관계가 해소된 이후에 자가 출생하고 생부가 출생한 자를 인지하려는 경우마지도, 아무런 예외 없이 그 자를 전남편의 친생자로 추정함으로써 친생부인의 소를 거치도록 하는 심판대상조항은 입법형성의 한계를 벗어나 모가 가정생활과 신분관계에서 누려야 할 인격권, 혼인과 가족생활에 관한 기본권을 침해한다(헌재 2015.1.30 2013헌마623).

④ ○ 이 사건 법조항은 친생부모의 친권이 상실되거나 사망 그 밖의 사유로 동의할 수 없는 경우를 제외하고는 친생부모의 동의가 있어야 친양자 입양을 청구할 수 있도록 규정하여 친양자가 될 자의 가족생활에 관한 기본권 등을 제한하고 있는바, 친양자 입양은 친생부모와 그 자녀 사이의 친족관계를 완전히 단절시키는 등 친생부모의 지위에 중대한 영향을 미치는 점, 친생부모 역시 헌법 제10조 및 제36조 제1항에 근거한 가족생활에 관한 기본권을 보유하고 있다는 점에 비추어 볼 때 그 입법목적은 정당하고, 나아가 이 사건 법률조항은 친양자 입양에 있어 무조건 친생부모의 동의를 요하도록 하고 있는 것이 아니라, '친생부모의 친권이 상실되거나 사망 기타 그 밖의 사유로 동의할 수 없는 경우'에는 그 동의 없이도 친양자 입양이 가능하도록 예외규정을 두어 기본권 제한의 비례성을 준수하고 있으므로 헌법에 위반되지 아니한다(헌재 2012.5.31. 2010헌바87).

정답 ①

04 헌법 제36조 제1항이 규정하고 있는 혼인과 가족생활에 관한 설명 중 가장 옳지 않은 것은? (다툼이 있는 경우 헌법재판소 결정에 의함) *〈2015 법원직 9급〉*

① 헌법 제36조 제1항은 혼인과 가족에 관련되는 공법 및 사법의 모든 영역에 영향을 미치는 헌법원리이다.

② 육아휴직신청권은 헌법상 권리가 아닌 법률상 권리이다.

③ 독신자의 친양자 입양을 제한하는 것은 독신자의 가족생활의 자유를 침해하는 것이다.

④ 자녀에 대한 부모의 양육권은 헌법 제36조 제1항에 그 헌법적 근거를 두고 있다.

해설

① ○ 헌법 제36조 제1항은 혼인과 가족생활을 스스로 결정하고 형성할 수 있는 자유를 기본권으로서 보장하고, 혼인과 가족에 대한 제도를 보장한다. 그리고 헌법 제36조 제1항은 혼인과 가족에 관련되는 공법 및 사법의 모든 영역에 영향을 미치는 헌법원리 내지 원칙규범으로서의 성격도 가지는데, 이는 적극적으로는 적절한 조치를 통해서 혼인과 가족을 지원하고 제삼자에 의한 침해 앞에서 혼인과 가족을 보호해야 할 국가의 과제를 포함하며, 소극적으로는 불이익을 야기하는 제한조치를 통해서 혼인과 가족을 차별하는 것을 금지해야 할 국가의 의무를 포함한다(헌재 2002.8.29. 2001헌바82).

② ○ 육아휴직신청권은 헌법 제36조 제1항 등으로부터 개인에게 직접 주어지는 헌법적 차원의 권리라고 볼 수는 없고, 입법자가 입법의 목적, 수혜자의 상황, 국가예산, 전체적인 사회보장수준, 국민정서 등 여러 요소를 고려하여 제정하는 입법에 적용요건, 적용대상, 기간 등 구체적인 사항이 규정될 때 비로소 형성되는 법률상의 권리이다(헌재 2008.10.30. 2005헌마1156).

③ × 심판대상조항은 친양자가 안정된 양육환경을 제공할 수 있는 가정에 입양되도록 하여 양자의 복리를 증진하는 것을 목적으로 한다. 독신자 가정은 기혼자 가정에 비하여 양자의 양육에 있어 불리할 가능성이 높으므로, 독신자를 친양자의 양친에서 제외하는 것은 위 입법목적을 달성하기 위한 적절한 수단이다. … 심판대상조항은 과잉금지원칙에 위반하여 독신자의 가족생활의 자유를 침해한다고 볼 수 없다(헌재 2013.9.26. 2011헌가42).

④ ○ 자녀에 대한 부모의 양육권은 비록 헌법에 명문으로 규정되어 있지는 아니하지만, 이는 모든 인간이 누리는 불가침의 인권으로서 혼인과 가족생활을 보장하는 헌법 제36조 제1항, 행복추구권을 보장하는 헌법 제10조 및 '국민의 자유와 권리는 헌법에 열거되지 아니한 이유로 경시되지 아니한다.'고 규정한 헌법 제37조 제1항에서 나오는 중요한 기본권이다(헌재 2008.10.30. 2005헌마1156).

정답 ③

제4장 국민의 의무

01 국민의 기본적 의무에 관한 설명 중 옳은 것을 모두 고른 것은? (다툼이 있는 경우 판례에 의함)

〈2022 경찰공채 2차〉

> ㉠ 납세의 의무, 국방의 의무, 근로의 의무는 제헌헌법에서부터 규정되었고, 교육을 받게 할 의무는 1962년 제3공화국 헌법에서 처음 규정되었다.
>
> ㉡ 국방의 의무는 직접적인 병력형성의 의무뿐만 아니라 「향토예비군설치법」, 「민방위기본법」 등에 의한 간접적인 병력형성의무 및 병력형성 이후 군작전 명령에 복종하고 협력하여야 할 의무를 포함하는 것이다.
>
> ㉢ 「향토예비군설치법」에 따라 예비군훈련소집에 응하여 훈련을 받는 것은 국민의 의무를 다하는 것일 뿐만 아니라 국가나 공익목적을 위하여 특별한 희생을 하는 것이므로 보상하여야 한다.
>
> ㉣ 조세는 국가 또는 지방자치단체가 재정수요를 충족시키거나 경제적·사회적 특수정책의 실현을 위하여 국민 또는 주민에 대하여 아무런 특별한 반대급부 없이 강제적으로 부과징수하는 과징금을 의미한다.

① ㉠, ㉡, ㉢　　② ㉠, ㉡, ㉣

③ ㉠ ,㉢, ㉣　　④ ㉡, ㉢, ㉣

해설

㉠ ○ 근로의 권리와 의무, **납세의 의무**, **국방의 의무**, 균등한 교육을 받을 권리 : **제헌헌법**에서 최초 규정 능력에 따른 균등한 교육을 받을 권리, **교육을 받게 할 의무** : **1962년 제3공화국 헌법**에서 최초 규정

㉡ ○ 국방의 의무는 직접적인 병력형성의 의무뿐만 아니라 「향토예비군설치법」, 「민방위기본법」 등에 의한 간접적인 병력형성의무 및 병력형성 이후 군작전 명령에 복종하고 협력하여야 할 의무를 포함하는 것이다(헌재 1999.2.25. 97헌바3).

㉢ × 헌법 제39조 제1항은 "모든 국민은 법률이 정하는 바에 의하여 국방의 의무를 진다"고 규정하고 있는바, 이러한 국방의 의무는 외부 적대세력의 직·간접적인 침략행위로부터 국가의 독립을 유지하고 영토를 보전하기 위한 의무로서, 헌법에서 이러한 국방의 의무를 국민에게 부과하고 있는 이상 향토예비군설치법에 따라 예비군훈련소집에 응하여 훈련을 받는 것은 국민이 마땅히 하여야 할 의무를 다하는 것일 뿐, 국가나 공익목적을 위하여 특별한 희생을 하는 것이라고 할 수 없다(헌재 2003.6.26. 2002헌마484).

㉣ ○ 조세는 국가 또는 지방자치단체가 재정수요를 충족시키거나 경제적·사회적 특수정책의 실현을 위하여 국민 또는 주민에 대하여 아무런 특별한 반대급부 없이 강제적으로 부과징수하는 과징금을 의미한다(헌재 1990.9.3. 89헌가95).

정답 ②

02 헌법상 국민의 권리와 의무에 대한 헌법재판소 결정으로 옳지 않은 것은? 〈2016 국가직 7급〉

① 학교운영지원비를 학교회계 세입항목에 포함시키도록 하는 것은 헌법 제31조 제3항에 규정되어 있는 의무교육의 무상원칙에 위반되지 않는다.

② 조세의 부과·징수로 인해 납세의무자의 사유재산에 관한 이용·수익·처분권이 중대한 제한을 받게 되는 경우에는 재산권의 침해가 될 수 있다.

③ 국방의 의무는 「병역법」에 의하여 군복무에 임하는 등의 직접적인 병력형성의무만을 가리키는 것이 아니라, 「향토예비군설치법」, 「민방위기본법」 등에 의한 간접적인 병력형성의무도 포함하며, 병력형성이후 군작전명령에 복종하고 협력하여야 할 의무도 포함한다.

④ 헌법 제39조 제2항의 병역의무 이행으로 인한 '불이익한 처우'라 함은 단순한 사실상·경제상의 불이익을 모두 포함하는 것이 아니라 법적인 불이익을 의미한다.

해설

① × 학교운영지원비는 기본적으로 학부모의 자율적 협찬금의 외양을 갖고 있음에도 그 조성이나 징수의 자율성이 완전히 보장되지 않아 기본적이고 필수적인 학교 교육에 필요한 비용에 가깝게 운영되고 있다는 점 등을 고려해보면 이 사건 세입조항은 헌법 제31조 제3항에 규정되어 있는 의무교육의 무상원칙에 위배되어 헌법에 위반된다(헌재 2012.8.23. 2010헌바220).

② ○ 헌법 제23조 제1항이 보장하고 있는 사유재산권은 사유재산에 관한 임의적인 이용, 수익, 처분권을 본질로 하기 때문에 사유재산의 처분금지를 내용으로 하는 입법조치는 원칙으로 재산권에 관한 입법형성권의 한계를 일탈하는 것이고, 조세의 부과·징수는 국민의 납세의무에 기초하는 것으로서 원칙으로 재산권의 침해가 되지 않지만 그로 인하여 납세의무자의 사유재산에 관한 이용, 수익, 처분권이 중대한 제한을 받게 되는 경우에는 그것도 재산권의 침해가 될 수 있다(헌재 1997.12.24. 96헌가19 등).

③ ○ 국방의 의무는 외부 적대세력의 직·간접적인 침략행위로부터 국가의 독립을 유지하고 영토를 보전하기 위한 의무로서, 현대전이 고도의 과학기술과 정보를 요구하고 국민전체의 협력을 필요로 하는 이른바 총력전인 점에 비추어 (1) 단지 병역법에 의하여 군복무에 임하는 등의 직접적인 병력형성의무만을 가리키는 것이 아니라, (2) 병역법, 향토예비군설치법, 민방위기본법, 비상대비자원관리법 등에 의한 간접적인 병력형성의무 및 (3) 병력형성이후 군작전명령에 복종하고 협력하여야 할 의무도 포함하는 개념이다(헌재 2002.11.28. 2002헌바45).

④ ○ 헌법 제39조 제2항은 병역의무를 이행한 사람에게 보상조치를 취하거나 특혜를 부여할 의무를 국가에게 지우는 것이 아니라, 법문 그대로 병역의무의 이행을 이유로 불이익한 처우를 하는 것을 금지하고 있을 뿐이다. 그리고 이 조항에서 금지하는 "불이익한 처우"라 함은 단순한 사실상, 경제상의 불이익을 모두 포함하는 것이 아니라 법적인 불이익을 의미하는 것으로 보아야 한다(헌재 1999.12.23. 98헌마363).

정답 ①

03 **국민의 기본의무에 관한 설명 중 옳은 것을 모두 고른 것은? (다툼이 있는 경우 판례에 의함)**

〈2020 경정승진〉

㉠ 조세의 부과·징수로 인해 납세의무자의 사유재산에 관한 이용·수익 처분권이 중대한 제한을 받게 되는 경우에는 재산권의 침해가 될 수 있다.

㉡ 공무원 시험의 응시자격을 '군복무를 필한 자'라고 하여 군복무 중에는 그 응시기회를 제한하는 것은 병역의무의 이행을 이유로 불이익을 주는 것이다.

㉢ 병역의무는 국민 전체의 인간으로서의 존엄과 가치를 보장하기 위한 것이므로, 양심적 병역거부자의 양심의 자유가 국방의 의무보다 우월한 가치라고 할 수 없다.

㉣ 학교운영지원비를 학교회계 세입항목에 포함시키도록 하는 것은 헌법 제31조 제3항에 규정되어 있는 의무교육의 무상 원칙에 위반되지 않는다.

① ㉠, ㉡　　② ㉠, ㉢

③ ㉡, ㉣　　④ ㉢, ㉣

해설

㉠ ○ 헌법 제23조 제1항이 보장하고 있는 사유재산권은 사유재산에 관한 임의적인 이용, 수익, 처분권을 본질로 하기 때문에 사유재산의 처분금지를 내용으로 하는 입법조치는 원칙으로 재산권에 관한 입법형성권의 한계를 일탈하는 것일 뿐만 아니라 조세의 부과·징수는 국민의 납세의무에 기초하는 것으로서 원칙으로 재산권의 침해가 되지 않는다고 하더라도 그로 인하여 납세의무자의 사유재산에 관한 이용, 수익, 처분권이 중대한 제한을 받게 되는 경우에는 그것도 재산권의 침해가 될 수 있는 것이다(헌재 1997.12.24. 96헌가19 등).

㉡ × 이 사건 공고는 현역군인 신분자에게 다른 직종의 시험응시기회를 제한하고 있으나 이는 병역의무 그 자체를 이행하느라 받는 불이익으로서 병역의무 중에 입는 불이익에 해당될 뿐, 병역의무의 이행을 이유로 한 불이익은 아니므로 이 사건 공고로 인하여 현역군인이 타 직종에 시험응시를 하지 못하는 것은 헌법 제39조 제2항에서 금지하는 '불이익한 처우'라 볼 수 없다(헌재 2007.5.31. 2006헌마627).

㉢ ○ 이 사건 법률조항은 바로 이와 같이 가장 기본적인 국민의 국방의 의무를 구체화하기 위하여 마련된 것이다. 그리고 이와 같은 병역의무가 제대로 이행되지 않아 국가의 안전보장이 이루어지지 않는다면 국민의 인간으로서의 존엄과 가치도 보장될 수 없음은 불을 보듯 명확한 일이다. 따라서 병역의무는, 궁극적으로는 국민 전체의 인간으로서의 존엄과 가치를 보장하기 위한 것이라 할 것이고, 피고인의 양심의 자유가 위와 같은 헌법적 법익보다 우월한 가치라고는 할 수 없다(헌재 2004.10.28. 2004헌바61 등).

㉣ × 학교운영지원비는 그 운영상 교원연구비와 같은 교사의 인건비 일부와 학교회계직원의 인건비 일부 등 의무교육과정의 인적기반을 유지하기 위한 비용을 충당하는데 사용되고 있다는 점, 학교회계의 세입상 현재 의무교육기관에서는 국고지원을 받고 있는 입학금, 수업료와 함께 같은 항에 속하여 분류되고 있음에도 불구하고 학교운영지원비에 대해서만 학생과 학부모의 부담으로 남아있다는 점, 학교운영지원비는 기본적으로 학부모의 자율적 협찬금의 외양을 갖고 있음에도 그 조성이나 징수의 자율성이 완전히 보장되지 않아 기본적이고 필수적인 학교교육에 필요한 비용에 가깝게 운영되고 있다는 점 등을 고려해보면 이 사건 세입조항은 헌법 제31조 제3항에 규정되어 있는 의무교육의 무상원칙에 위배되어 헌법에 위반된다(헌재 2012.8.23. 2010헌바220).

정답 ②